KB101849

2024
최신판

합격의
마법서 **청소년상담사**

2급 필기 이론편 1

제 1교시 필수과목

이우경 · 이미옥 편저

학지사

# 머리말

최근 들어 우리 사회에서 심리적인 지원과 도움을 필요로 하는 사람들의 수는 계속해서 증가하고 있습니다. 특히 우리의 미래인 청소년들은 다양한 문제와 도전에 직면하고 있습니다. 이에 따라 발달과정에 있는 청소년들의 정신건강을 향상시키고 지원하기 위한 청소년상담사의 역할은 점점 더 중요해지고 있습니다.

청소년상담사는 청소년의 삶과 문제에 심층적으로 관여하고, 그들이 건강하고 긍정적으로 성장할 수 있도록 돕습니다. 이를 위해서는 상담사로서의 전문적인 지식과 기술이 필수적입니다.

이 책은 상담의 기본 원리부터 다양한 상담 기법, 청소년의 특수한 상황을 고려한 접근 방법까지 다루고 있어, 청소년상담사가 되기 위한 준비를 하는 분들을 위한 좋은 가이드가 될 것입니다. 또한 최신 기출문제를 반영한 이론서를 통해 실전 시험에 대비하는 데도 큰 도움이 될 것입니다.

이 책은 청소년상담사뿐만 아니라 다른 상담 관련 자격증을 준비하는 데도 도움이 될 것입니다. 그동안 상담사 자격증 시험을 준비하며 부족한 자료에 고민하셨던 분들을 위해, 이 책은 전문가들의 지식과 경험을 바탕으로 신뢰할 만한 자료를 제공합니다.

이 책이 청소년상담사로서의 기본 역량을 향상시키고, 조력자로서 청소년들이 건강하게 성장하고 발달할 수 있도록 하는 유용한 길잡이가 되기를 바랍니다. 함께 청소년들을 지원하고 도와주는 일에 헌신합시다. 이 책을 통해 여러분의 꿈을 이루는 데 한 발짝 더 나아가길 바랍니다. 함께 성공을 향해 나아가는 여정을 시작해 봅시다.

2024년 7월
편저자 일동

이 책의
구성과
특징

청소년상담사 2급 필기 이론편1, 2는 합격을 위한 학습을 최대한 효율적으로 이끌어 주기 위해 다음과 같은 특징을 가지고 있습니다.

## 실제 시험을 치러 본 전문가의 시각

편저자(이미옥)는 실제로 청소년상담사 자격증 시험을 치르고 합격한 전문가입니다. 이를 바탕으로 이론서를 작성하여 학습자들에게 필요한 관점과 팁을 제공하고자 하였습니다.

## 최근 기출문제 반영

최신 기출문제를 분석하여 이론서에 반영하였습니다. 이를 통해 학습자는 실제 시험에서 나올 가능성이 높은 주제와 유형을 사전에 파악할 수 있습니다.

수와 T 점수가
③ Z 점수 2023년
• Z 점수는 원점수
• 공식: Z 점수

• 공식: Z 점수=
④ T 점수 2021년, 2023년
• T 점수는 평균이
• 공식: T 점수=
MMPI에

$T = 10 \times Z$
에서 사용한다.
러(Wechsler) 지능검사는
사용한다. 2023년
Stanine) 점수(등급점수

5. 척도의 종류

(1) 척도의 4 유형 2014년, 2016년, 2021년
스티븐스(Stevens, 1946)는 측정
등가척도(interv

## 뇌리에 쏙쏙 박히는 내용

핵심 개념과 중요한 포인트를 강조하여 뇌리에 깊이 남도록 설명하고 있습니다. 이를 통해 학습자는 시험에서 필요한 정보를 빠르게 인지하고 기억할 수 있습니다.

④ 자기결정의 원리: 청소년 내담자 스스로 자신의 문제에 대한 해결책을 선택하고 의사결정을 할 수 있도록 내담자의 자기결정권을 존중해야 한다.

⑤ 비밀보장의 원리: 상담자는 상담 과정에서 알게 된 모든 정보를 제3자에게 공개해서는 안 된다. 상담 초기에 비밀보장과 그 한계에 대해서도 청소년 내담자에게 명확히 알려주는 것은 상담관계 형성에 중요하다.

**학습 plus**

**비밀보장의 예외 조건**
- 청소년 내담자가 타인 및 사회의 안전을 위협하는 경우
- 청소년 내담자가 신체적·정신적·성적 학대를 받고 있는 경우
- 청소년 내담자가 심각한 질병에 감염되있다는 확실한 정보를 가졌을 경우
- 법원이 청소년 내담자의 상담 관련 정보를 요구할 경우

(2) 청소년 상담의 기능

① 진단 및 예방적 기능: 내담자의 심리적 문제를 진단하여 적절한 개입을 시도하거나, 문제행동을 사전에 예방할 수 있도록 한다.

④ 심리적 안정감과 융통성, 타인을 지지하고 도와주려는 마음, 타인과의 조화로운 관계를 맺을 수 있는 능력이 필요하다.

(2) 청소년상담사의 전문가적 자질 2014년, 2016년

① 청소년 관련 기본 지식
- 청소년 개인, 환경, 청소년 문제에 대한 지식을 지녀야 한다.
- 진로상담, 학업상담, 비행상담 등 청소년들의 문제에 대한 상담이론과 상담기법에 대한 지식이 있어야 한다.
- 사례를 진행하는 절차, 관련법과 윤리, 상담 관련 조직, 사례관리 등과 같은 실무에 관한 지식이 필수적이다.

② 청소년 상담 관련 기술
- 청소년 내담자의 문제를 진단, 평가, 분류할 수 있어야 한다.
- 전문적 개입 능력과 효과적인 개입 전략을 적용할 수 있어야 한다.
- 청소년, 부모, 교사, 주변인들과 상호관계할 수 있는 일반적인 대인관계 능력이 필요하다.

## 쉽게 읽히는 스타일

복잡한 이론을 쉽게 이해할 수 있도록 자세하고 명확한 설명을 통해 쉽게 읽히는 스타일을 채택하였습니다. 또한 그림과 다이어그램을 활용하여 이해를 돕고 있습니다.

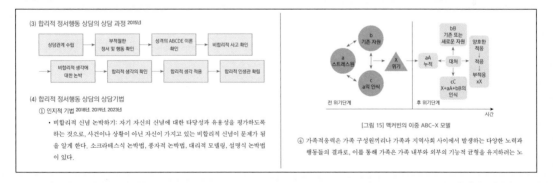

(3) 합리적 정서행동 상담의 상담 과정 2015년

상담관계 수립 → 부적절한 정서 및 행동 확인 → 성격의 ABCDE 이론 확인 → 비합리적 사고 확인 → 비합리적 생각에 대한 논박 → 합리적 생각의 확인 → 합리적 생각 적용 → 합리적 인생관 확립

(4) 합리적 정서행동 상담의 상담기법

① 인지적 기법 2018년, 2019년, 2023년
- 비합리적 신념 논박하기: 자기 자신의 신념에 대한 타당성과 유용성을 평가하도록 하는 것으로, 사건이나 상황이 아닌 자신이 가지고 있는 비합리적 신념이 문제가 됨을 알게 한다. 소크라테스식 논박법, 풍자적 논박법, 대리적 모델링, 설명식 논박법이 있다.

[그림 15] 맥커빈의 이중 ABC-X 모델

④ 가족적응력은 가족 구성원끼리나 가족과 지역사회 사이에서 발생하는 다양한 노력과 행동들의 결과로, 이를 통해 가족은 가족 내부와 외부의 기능적 균형을 유지하려는 노

이와 같은 특징을 가진 청소년상담사 2급 필기 이론편1, 2는 학습자들에게 최적의 학습 경험을 제공하여 합격을 향한 확신을 심어줄 것입니다.

시험안내

## 청소년상담사 자격시험 기본정보

### 1. 개요

청소년상담사란 「청소년기본법」(제22조 제1항)에 따라 실시되는 '청소년 상담'과 관련된 국내 유일의 국가자격증으로, 청소년상담사 자격시험에 합격하고 청소년상담사 연수기관에서 실시하는 100시간 이상의 연수 과정을 마친 사람에게 여성가족부 장관이 부여하는 국가자격증이다.

### 2. 수행직무

청소년상담기관인 한국청소년상담복지개발원, 시·도 청소년종합상담센터, 시·군·구 청소년상담센터를 비롯하여 청소년수련관, 청소년문화관, 사회복지관, 청소년쉼터, 청소년 관련 복지시설 및 청소년업무 지원 부서 등에서 청소년의 보호선도 및 건전생활의 지도, 수련활동의 여건 조성 장려 및 지원, 청소년단체의 육성 및 활동 지원, 청소년을 위한 지역사회의 유익한 환경의 조성 및 유해 환경의 정화활동 등의 직무를 수행한다.

### 3. 소관부처명

여성가족부(청소년자립지원과)

### 4. 실시기관

- 필기시험 시행, 응시자격서류 심사, 면접시험 시행: 한국산업인력공단
- 자격시험 연수, 자격증 교부: 한국청소년상담복지개발원

  ※ 한국청소년상담복지개발원 홈페이지(http://www.youthcounselor.or.kr/)

## 청소년상담사 자격시험 일정 안내

### 1. 자격시험 진행 과정

### 2. 필기시험 및 면접시험 일정

(※ 원서접수 시간은 원서접수 첫날 09:00부터 마지막 날 18:00까지임)

| 구분 | 2024년 23회 필기 | 2024년 23회 면접 |
|---|---|---|
| 접수 기간 | 2024. 08. 12. ~ 2024. 08. 16.<br>빈자리 추가접수 기간<br>2024. 09. 26. ~ 2024. 09. 27. | 2024. 11. 18. ~ 2024. 11. 22. |
| 서류 제출 기간 | – | – |
| 시험 일정 | 2024. 10. 05. | 2024. 12. 09. ~ 2024. 12. 14. |
| 의견 제시 기간 | – | – |
| 최종정답 발표 기간 | 2024. 11. 06. 오전 09:00 ~<br>2024. 01. 04. 오후 11:59 | – |
| 합격예정자 발표 기간 | 2024. 11. 06. 오전 09:00 ~<br>2025. 01. 04. 오후 11:59 | 2024. 12. 31. 오전 09:00 ~<br>2025. 02. 28. 오후 11:59 |

## 청소년상담사 응시자격

### 가. 응시자격

| 구분 | 자격요건 | 비고 |
|------|----------|------|
| 1급 | 1. 대학원에서 청소년(지도)학 · 교육학 · 심리학 · 사회사업(복지)학 · 정신의학 · 아동(복지)학 · 상담학 분야 또는 그 밖에 여성가족부령으로 정하는 상담 관련 분야(이하 "상담관련분야"라 한다)의 박사학위를 취득한 사람<br>2. 대학원에서 상담관련분야의 석사학위를 취득한 후 상담 실무경력이 4년 이상인 사람<br>3. 2급 청소년상담사로서 상담 실무 경력이 3년 이상인 사람<br>4. 제1호 및 제2호에 규정된 사람과 같은 수준 이상의 자격이 있다고 여성가족부령으로 정하는 사람 | 1. 상담 분야 박사<br>2. 상담 분야 석사＋4년<br>3. 2급 자격증＋3년 |
| 2급 | 1. 대학원에서 청소년(지도)학 · 교육학 · 심리학 · 사회사업(복지)학 · 정신의학 · 아동(복지)학 · 상담학 분야 또는 그 밖에 여성가족부령으로 정하는 상담 관련 분야(이하 "상담관련분야"라 한다)의 석사학위를 취득한 사람<br>2. 대학 또는 다른 법령에 따라 이와 동등한 학력을 인정받는 기관에서 상담관련분야 학사학위를 취득한 후 상담 실무 경력이 3년 이상인 사람<br>3. 3급 청소년상담사로서 상담 실무 경력이 2년 이상인 사람<br>4. 제1호부터 제3호까지에 규정된 사람과 같은 수준 이상의 자격이 있다고 여성가족부령으로 정하는 사람 | 1. 상담 분야 석사<br>2. 상담 분야 학사＋3년<br>3. 3급 자격증＋2년 |
| 3급 | 1. 대학 및 「평생교육법」에 따른 학력이 인정되는 평생교육시설의 청소년(지도)학 · 교육학 · 심리학 · 사회사업(복지)학 · 정신의학 · 아동(복지)학 · 상담학 분야 또는 그 밖에 여성가족부령으로 정하는 상담 관련 분야(이하 "상담관련분야"라 한다)의 학사학위를 취득한 사람<br>2. 전문대학 또는 다른 법령에 따라 이와 동등한 학력을 인정받는 기관에서 상담 관련 분야 전문학사를 취득한 사람으로서 상담 실무 경력이 2년 이상인 사람<br>3. 대학 또는 다른 법령에 따라 이와 동등한 학력을 인정받는 기관에서 학사학위를 취득한 후 상담 실무 경력이 2년 이상인 사람<br>4. 전문대학 또는 다른 법령에 따라 이와 동등한 학력을 인정받는 기관에서 전문 학사학위를 취득한 후 상담 실무 경력이 4년 이상인 사람<br>5. 고등학교를 졸업하고 상담 실무 경력이 5년 이상인 사람<br>6. 제1호부터 제4호까지에 규정된 사람과 같은 수준 이상의 자격이 있다고 여성가족부령으로 정하는 사람 | 1. 상담 분야 4년제 학사<br>2. 상담 분야 2년제＋2년<br>3. 타 분야 4년제＋2년<br>4. 타 분야 2년제＋4년<br>5. 고졸＋5년 |

※ 상담 관련 학과 인정 시 법령에 나열되어 있는 10개 '상담관련분야'(청소년학, 청소년지도
학, 교육학, 심리학, 사회사업학, 사회복지학, 정신의학, 아동학, 아동복지학, 상담학)와 이에 포
함된 10개 학과명의 조합일 경우 인정하고 조합된 학과명에 10개 학과명 이외의 추가적
인 문구 있을 때에는 인정 불가
- 인정 예시: 청소년＋상담학, 심리＋상담학, 교육＋심리학 등
- 상담관련분야 학과명 중에 '학'자는 빠져 있더라도 인정됨

※ **상담 관련 학과 인정 시 '학위'명이 아닌 '학과'명 또는 '전공'명으로 판단**
- 대학의 경우: 학부명, 학과명, 전공명 중 어느 한 곳에 상담관련분야가 명시되어 있으
면 인정
- 대학원의 경우: 학과명, 전공명 중 어느 한 곳에 상담관련분야가 명시되어 있으면 인정
(단, 교육학과의 경우에는 학과명만으로는 인정 불가하며 여성가족부령이 정하는 상담관련분
야에 해당할 경우 인정)

※ 국외에서 취득한 학위증명서, 졸업증명서 등은 원본 서류에 대해 대사관 확인(아포스티유
협약 가입 국가는 아포스티유 증명서로 대체 가능) 후 한국어로 번역·공증하여 서류심사 기
간 내에 공단 서류심사 기관에 제출하여야 함

### 나. 여성가족부령으로 정하는 그 밖의 '상담관련분야'

| | |
|---|---|
| ① 상담의 이론과 실제(상담원리, 상담기법) | ② 면접원리 |
| ③ 발달이론 | ④ 집단상담 |
| ⑤ 심리측정 및 평가 | ⑥ 이상심리 |
| ⑦ 성격심리 | ⑧ 사회복지실천(기술)론 |
| ⑨ 상담교육 | ⑩ 진로상담 |
| ⑪ 가족상담 | ⑫ 학업상담 |
| ⑬ 비행상담 | ⑭ 성상담 |
| ⑮ 청소년상담 또는 이와 내용이 동일하거나 유사한 과목 중 4과목 이상을 교과과목으로 채택하고 있는 학문 분야(「청소년기본법 시행규칙」 제7조) | |
| ※ 큐넷 청소년상담사 홈페이지－공지사항(동일·유사교과목) 참조 | |

※ **응시자격 참고사항**
- 복수전공으로 상담관련분야를 선택한 경우 인정(학위 취득자)

- 연계전공 혹은 부전공으로 상담관련분야를 선택했을 경우에는 상담 관련 과목을 전공으로 4과목 이상을 이수한 경우에만 인정

  :: 일반선택과목, 교양과목, 교직과목, 계절학기과목을 이수한 경우 인정되지 않음

※ 동일(유사)교과목 인정 여부 판단할 때 기존에 인정된 동일(유사)과목명(현재까지 인정된 과목은 공단 청소년상담사 홈페이지 공지사항 "동일유사교과목"에 첨부되어 있음)과 핵심 키워드가 일치하면 과목명에 "~론" "~학" "~연구" "~과정" "~세미나" "~이론" 등이 포함된 경우나 "의" "및" "과" "Ⅰ, Ⅱ" "1, 2" 등과 같이 조사나 숫자가 다른 경우에 동일(유사)과목으로 인정 가능[위의 문구 이외의 추가적인 문구가 있을 경우 동일(유사)교과목 심사 필요]

※ 동일(유사)교과목으로 등록 신청 시 해당 "학과장 직인"의 확인 서류를 공문으로 제출

### 다. 응시등급별 상담 실무경력 인정기준(1년간 기준)

| 응시등급 | 상담유형 | 실시 경력 | 비고 |
|---|---|---|---|
| 1급 및 2급 | 개인상담 | 대면상담 50회 이상 실시 | 관련 서류가 증빙될 경우에만 인정 |
| | 집단상담 | 24시간 이상 실시 | |
| | 심리검사 | 10사례 이상 실시 및 해석 | |
| 3급 | 개인상담 | 대면상담 20회 이상 실시 | |
| | 집단상담 | 6시간 이상 실시 또는 참가 | |
| | 심리검사 | 3사례 이상 실시 및 해석 | |

※ 내담자는 청소년, 학부모, 지도자, 일반인 등을 비롯한 모든 사람이 대상임

※ 개인상담, 집단상담, 심리검사 경력을 모두 만족할 경우 1년 경력으로 인정

- 개인상담: 대면 개인상담 경력(전화 상담, 인터넷 상담 해당 없음)
- 집단상담(집단원 5명 이상)
  - 1, 2급: 비구조화 집단상담, 구조화 집단상담을 지도자(리더, 코리더)로서 실시한 경력
  - 3급: 비구조화 집단상담, 구조화 집단상담, 집단상담 관련 워크숍에 실시(리더, 코리더) 및 참가(실시도 포함)한 경력
- 심리검사
  - 1, 2, 3급: 전국 표준화 검사와 투사검사

## 라. 상담 실무경력 인정기관

다음 표에 제시된 기관에서(정규직, 임시직, 파트타임 등으로) 개인상담, 집단상담, 심리검사를 실시한 경력임(단, 3급의 경우 집단상담 참가 경력도 인정)

- 청소년단체(「청소년기본법」 제3조 제8호)
- 청소년상담복지센터(「청소년복지 지원법」 제29조)
- 청소년복지시설: 청소년쉼터, 청소년자립지원관, 청소년치료재활센터(「청소년복지 지원법」 제31조)
- 학교 밖 청소년 지원센터(「학교 밖 청소년 지원에 관한 법률」 제12조)
- 각급 "학교"(「초중등교육법」 제2조) / 각종 "대학"(「고등교육법」 제2조)
- 청소년상담사 자격검정위원회에서 인정하는 기관(정부기관/공공상담기관/법인체상담기관 및 민간상담기관): 예시내용 참조

※ 정부기관·공공상담기관·법인체상담기관

예시) 법무부(보호관찰소, 소년원), 고용노동부(진로상담센터), 보건복지부[아동학대예방센터, 종합사회복지관(상담업무)], 국방부(군상담 부대 및 기관), 여성가족부(성폭력상담센터), Wee프로젝트(Wee스쿨, 클래스, 센터) 등

※ 민간상담기관

상담기관으로서 관할관청에 신고 또는 등록을 필한 후 상담활동(개인상담, 집단상담, 심리검사, 상담교육 등)의 실적을 제시할 수 있는 상담기관으로(비영리 법인: 고유번호증, 민간상담기관: 사업자등록증명원) 사업자등록증명원의 단체명, 업태, 종목에 '상담, 심리, 치료, 정신의학'이 명시된 기관은 인정

→ 인정 여부 결정을 위해 기관 실사 및 자격검정위원회에 회부를 할 수 있음

## 청소년상담사 시험과목 및 배점

| 구분 | 시험과목 | | | 시험방법 | |
|---|---|---|---|---|---|
| | 구분 | 과목 | | 필기 | 면접 |
| 1급<br>(5과목) | 필수<br>(3과목) | • 상담사 교육 및 사례지도<br>• 청소년 관련법과 행정<br>• 상담연구방법론의 실제 | | 필기시험<br>과목당 25문항 | 면접 |
| | 선택<br>(2과목) | • 비행상담, 성상담, 약물상담, 위기상담 중 2과목 | | | |
| 2급<br>(6과목) | 필수<br>(4과목) | • 청소년 상담의 이론과 실제<br>• 상담연구방법론의 기초<br>• 심리측정 평가의 활용<br>• 이상심리 | | 필기시험<br>과목당 25문항 | 면접 |
| | 선택<br>(2과목) | • 진로상담, 집단상담, 가족상담, 학업상담 중 2과목 | | | |
| 3급<br>(6과목) | 필수<br>(5과목) | • 발달심리<br>• 집단상담의 기초<br>• 심리측정 및 평가<br>• 상담이론<br>• 학습이론 | | 필기시험<br>과목당 25문항 | 면접 |
| | 선택<br>(1과목) | • 청소년이해론, 청소년수련활동론 중 1과목 | | | |

※ 비고: "청소년 관련법"이란 「청소년기본법」 「청소년복지지원법」 「청소년보호법」 「아동·청소년의 성보호에 관한 법률」 「청소년활동진흥법」 「학교폭력예방 및 대책에 관한 법률」 「소년법」을 말하며, 그 밖의 법령을 포함하는 경우 여성가족부 장관이 고시한다.

※ 시험과목 중 법령 관련 출제 기준일은 시험 시행일 기준임

## 청소년상담사 2급 시험 합격 기준

| 구분 | 합격 결정 기준 |
|---|---|
| 필기시험 | 매 과목 100점을 만점으로 하여 매 과목 40점 이상, 전 과목 평균 60점 이상 득점한 자 |
| 면접시험 | 면접위원(3인)의 평정점수 합계가 모두 15점(25점 만점) 이상인 사람<br>※ 다만 면접위원의 과반수가 어느 하나의 평가사항에 대하여 1점으로 평정한 때에는 평정점수 합계와 관계없이 불합격으로 한다. |

※ 필기시험 합격예정자는 응시자격 서류를 제출하여야 하며, 정해진 기간 내 응시서류를 제출하지 않거나 심사 결과 부적격자일 경우 필기시험을 불합격 처리함

□ 응시자격서류심사 및 면접시행

• 2014년도부터 서류심사 및 면접시험 시행을 공단에서 시행
• 응시자격 심사 기준일: 응시자격 서류심사 마감일

## 청소년상담사 자격시험 최근 5년간 합격률(2019~2023년)

### 1차 필기시험

| 구분 | | | 2019년 18회 | 2020년 19회 | 2021년 20회 | 2022년 21회 | 2023년 22회 |
|---|---|---|---|---|---|---|---|
| 1차 (필기) | 1급 | 대상 | 560 | 671 | 910 | 920 | 976 |
| | | 응시 | 390 | 470 | 677 | 646 | 734 |
| | | 응시율(%) | 69.64 | 70.04 | 74.40 | 70.22 | 75.20 |
| | | 합격 | 206 | 85 | 350 | 471 | 389 |
| | | 합격률(%) | 52.82 | 18.09 | 51.70 | 72.91 | 52.99 |
| | 2급 | 대상 | 5,291 | 5,933 | 6,015 | 5,447 | 5,459 |
| | | 응시 | 4,128 | 4,468 | 4,485 | 4,047 | 4,189 |
| | | 응시율(%) | 78.01 | 75.31 | 74.56 | 74.30 | 76.73 |
| | | 합격 | 1,769 | 2,050 | 2,802 | 1,854 | 2,253 |
| | | 합격률(%) | 42.85 | 45.88 | 62.47 | 45.81 | 53.78 |

| | | 2019년 18회 | 2020년 19회 | 2021년 20회 | 2022년 21회 | 2023년 22회 |
|---|---|---|---|---|---|---|
| 3급 | 대상 | 7,086 | 7,545 | 7,344 | 7,417 | 6,436 |
| | 응시 | 5,667 | 5,822 | 5,608 | 5,526 | 4,581 |
| | 응시율(%) | 79.97 | 77.16 | 76.36 | 74.50 | 75.37 |
| | 합격 | 1,549 | 3,056 | 1,469 | 2,859 | 2,446 |
| | 합격률(%) | 27.33 | 52.49 | 26.19 | 51.74 | 50.42 |

## 2차 면접시험

| 구분 | | | 2019년 18회 | 2020년 19회 | 2021년 20회 | 2022년 21회 | 2023년 22회 |
|---|---|---|---|---|---|---|---|
| 2차 (면접) | 1급 | 대상 | 238 | 134 | 357 | 561 | 531 |
| | | 응시 | 233 | 130 | 351 | 544 | 523 |
| | | 응시율(%) | 97.90 | 97.01 | 98.32 | 96.94 | 98.49 |
| | | 합격 | 173 | 91 | 239 | 354 | 361 |
| | | 합격률(%) | 74.25 | 70.00 | 68.09 | 65.07 | 69.02 |
| | 2급 | 대상 | 2,076 | 2,277 | 3,160 | 2,239 | 2,474 |
| | | 응시 | 2,024 | 2,191 | 3,052 | 2,136 | 2,375 |
| | | 응시율(%) | 97.50 | 96.22 | 96.58 | 95.40 | 96.08 |
| | | 합격 | 1,709 | 1,714 | 2,568 | 1,736 | 1,959 |
| | | 합격률(%) | 84.44 | 78.23 | 84.14 | 81.27 | 82.48 |
| | 3급 | 대상 | 1,675 | 3,200 | 1,782 | 2,914 | 2,758 |
| | | 응시 | 1,626 | 3,061 | 1,710 | 2,794 | 2,599 |
| | | 응시율(%) | 97.07 | 95.66 | 95.96 | 95.88 | 94.23 |
| | | 합격 | 1,382 | 2,629 | 1,508 | 2,342 | 2,232 |
| | | 합격률(%) | 84.99 | 85.89 | 88.19 | 83.82 | 85.87 |

## 청소년상담사 2급 필기 출제 영역

### 제1교시 필수과목

## 제1과목 청소년 상담의 이론과 실제

| 주요 항목 | 세부 항목 | | |
|---|---|---|---|
| 청소년 내담자의 이해 | • 청소년 내담자의 특성<br>• 발달과제와 문제 | • 청소년 문제의 이해 | |
| 청소년 상담이론 | • 정신분석<br>• 실존주의 상담<br>• 합리정서행동 상담<br>• 교류분석<br>• 통합적 접근 | • 개인심리학<br>• 인간중심 상담<br>• 인지치료<br>• 여성주의 상담 | • 행동주의 상담<br>• 게슈탈트 상담<br>• 현실치료/해결중심 상담<br>• 다문화 상담 |
| 청소년 상담의 기초 | • 청소년 상담의 의의<br>• 청소년 상담의 특성<br>• 청소년상담자의 태도 | • 청소년 상담의 목표<br>• 청소년상담자의 자질<br>• 청소년상담자 윤리 | |
| 청소년 상담의 실제 | • 상담의 시작<br>• 상담기술과 기법<br>• 청소년 사례 통합관리 | • 상담의 작업<br>• 상담의 유형(단회, 단기, 장기, 매체 등)<br>• 지역사회안전망 운영 | • 상담의 종결 |
| 기타 | 기타 청소년 상담의 이론과 실제에 관한 사항 | | |

## 제2과목 상담연구방법론의 기초

| 주요 항목 | 세부 항목 | |
|---|---|---|
| 상담연구의 기초 | • 상담 연구의 과학적 접근<br>• 전문적 글쓰기 | • 상담 연구의 패러다임 |
| 연구의 절차 | • 연구 문제 및 가설 설정<br>• 연구주제 선정<br>• 연구대상자 선정과 표집 | • 연구구인의 조작적 정의<br>• 변인결정 및 측정도구의 선정<br>• 자료수집과 분석방법 |
| 연구의 타당도 | • 내적 타당도<br>• 통계적 결론 타당도<br>• 검사도구의 신뢰도 | • 외적 타당도<br>• 검사도구의 타당도 |

| 실험설계 | • 실험연구의 개관 | • 상담성과 및 효과 연구 |
|---|---|---|
| | • 통계분석 절차 및 방법 | • 집단 간 설계 |
| | • 집단 내 설계 | • 혼합설계 |
| | • 준실험 설계 | • 단일사례연구설계 |
| | • 모의상담연구 | • 상관연구 |
| 질적연구 | • 현상학적 접근 | • 근거이론 |
| | • 사례연구 | • 합의적 질적연구(CQR) |
| | • 질적연구의 신뢰도와 타당도 | |
| 상담연구 윤리 | — | |
| 기타 | 기타 상담연구방법론의 기초에 관한 사항 | |

## 제3과목 심리측정 평가의 활용

| 주요 항목 | 세부 항목 |
|---|---|
| 심리검사 개론 | • 심리검사 및 평가의 개념과 역사 · 총론 |
| | • 면접법과 행동평가법 |
| | • 심리검사의 분류 · 선택 · 시행 |
| | • 심리검사의 제작과 기본통계 |
| 심리검사 각론 | • 지능검사　　　• 객관적 성격검사　　　• 투사적 검사 |
| 기타 | 기타 심리측정 평가의 활용에 관한 사항 |

## 제4과목 이상심리

| 주요 항목 |
|---|
| • 이상심리학의 이론적 입장　　　　　　• 이상심리의 분류 및 평가 |
| • 신경발달장애　　　　　　　　　　　• 조현병 스펙트럼 및 기타 정신병적 장애 |
| • 양극성 및 관련 장애/우울장애　　　　• 불안장애 |
| • 강박 및 관련 장애/외상 및 스트레스 관련 장애　• 해리장애/신체증상 및 관련 장애 |
| • 급식 및 섭식 장애/배설장애/수면-각성장애 |
| • 성 관련 장애(성기능 부전/성별 불쾌감/변태성욕장애) |
| • 파괴적, 충동조절 및 품행 장애/물질 관련 및 중독 장애 |
| • 신경인지장애 |
| • 성격장애 |
| • 기타(임상적 주의의 초점이 될 수 있는 기타의 상태 등) |
| • 기타 이상심리에 관한 사항 |

## 제2교시 선택과목

### 제1과목 진로상담

| 주요 항목 | 세부 항목 |
|---|---|
| 청소년 진로상담의 이론적 기초 | • 진로상담의 개관　　　　　• 진로선택이론<br>• 진로발달이론　　　　　　• 진로의사결정이론<br>• 직업적응 및 진로전환이론　• 진로상담이론의 최근 경향<br>• 특수영역 진로상담 이론(진학, 직업 능력, 다문화 등) |
| 청소년 진로상담의 실제 | • 진로상담의 과정　　　　　• 진로상담의 기법<br>• 진로심리검사　　　　　　• 진로정보의 활용<br>• 개인/집단 진로상담과 프로그램의 실제<br>• 특수영역 진로상담 실제(진학, 직업 능력, 다문화 등) |
| 기타 | 기타 진로상담에 관한 사항 |

### 제2과목 집단상담

| 주요 항목 | 세부 항목 |
|---|---|
| 청소년 집단상담의 이론 | • 집단상담의 기초<br>　-정의　　　　　　-목표　　　　　-치료적 요인<br>• 집단역동의 이해 및 집단상담의 과정<br>　-초기단계　　　　-중기단계　　　　-종결단계<br>• 집단상담의 제이론<br>　-정신분석 접근　　-개인심리학 접근　　-행동주의 접근<br>　-실존주의 접근　　-인간중심 접근　　-게슈탈트 접근<br>　-합리정서행동 접근　-인지치료 접근　　-현실치료/해결중심 접근<br>　-교류분석 접근<br>　-예술적 접근 등 기타 접근(심리극, 미술, 음악 등) |
| 청소년 집단상담의 실제 | • 집단상담자의 기술 및 문제상황 다루기<br>• 청소년 집단상담의 계획 및 평가<br>• 청소년 집단상담의 특징<br>　-윤리와 규범　　　-참여자의 권리와 책임<br>　-기타 특징 |
| 기타 | 기타 집단상담에 관한 사항 |

## 제3과목 가족상담

| 주요 항목 | 세부 항목 | |
|---|---|---|
| 가족상담의 기초 | • 가족상담을 위한 체계적 조망<br>• 가족상담 과정<br>• 가족상담 윤리 | • 가족상담의 기본 개념<br>• 가족상담 기술 |
| 가족상담의 이론과 실제 | • 가족상담의 이론적 기초<br>• 가족상담 이론<br>　−보웬의 체계적 가족치료<br>　−경험적 가족치료<br>　−해결중심 단기 가족치료<br>• 가족생활주기와 가족상담<br>• 가족상담 사정과 평가<br>• 가족상담 실제 | −구조적 가족치료<br>−전략적 가족치료<br>−이야기치료 |
| 청소년 가족−부모 상담 | • 청소년 가족 이해와 변화를 위한 개입전략<br>• 청소년 문제 유형별 가족상담(폭력, 중독, 자살 등)<br>• 청소년 가족−부모상담 사례 | |
| 기타 | 기타 가족상담에 관한 사항 | |

## 제4과목 학업상담

| 주요 항목 | 세부 항목 | |
|---|---|---|
| 학업문제의 이해 | • 학업문제의 특성 | • 학습부진의 정의 및 특성 |
| 학업 관련 요인 | • 인지적 영역<br>• 환경적 영역 | • 정의적 영역 |
| 학업 관련 문제 및 평가 | • 호소문제 유형<br>• 학업 관련 검사에 대한 이해 | • 학업/학습 관련 장애<br>• 진단 및 평가절차 |
| 학습전략에 대한 이해 및 실제 | • 학습전략의 종류 및 분류<br>• 상황별 학습전략(수업, 시험, 노트 작성 등)<br>• 학습전략 프로그램의 실제 | • 인지 및 초인지전략 |
| 학업문제 상담 및 개입전략 | • 학업상담의 특징 및 절차<br>• 주의 집중력 문제<br>• 시험불안 | • 학습동기 부족<br>• 학습부진 영재아<br>• 학습에서의 일반적인 부작용 |
| 기타 | 기타 학업상담에 관한 사항 | |

## 시험에 대비하는 지혜로운 학습 전략

### 1 목표 설정과 계획 수립

성공적인 시험 대비를 위해 명확한 목표를 설정하고 그에 맞는 계획을 세웁니다. 각 과목의 시험 일정과 시간 분배를 고려하여 계획을 세우면 효율적으로 공부할 수 있습니다.

### 2 전략적인 자료 수집과 활용

다양한 학습 자료를 수집하고 활용하여 지식을 쌓습니다. 교재뿐만 아니라 인터넷 강의, 모의고사, 기출문제 등을 활용하여 다양한 시각에서 지식을 이해하고 기억할 수 있습니다.

### 3 핵심 개념의 완벽한 이해

합격을 위해 중요한 것은 단순히 공부하는 것이 아닙니다. 핵심 개념을 완벽하게 이해하고 자신의 것으로 만드는 것이 중요합니다. 개념을 완벽하게 이해하면 시험에서도 자신감을 가질 수 있습니다.

### 4 효과적인 문제 해결 능력 향상

시험에서의 성공은 문제 해결 능력에 달려 있습니다. 따라서 다양한 유형의 문제를 풀어 보고 해결하는 능력을 향상시키는 것이 중요합니다. 모의고사나 기출문제를 풀면서 실전 감각을 키워 보세요.

### 5 긍정적인 마음가짐과 꾸준한 노력

마지막으로 중요한 것은 긍정적인 마음가짐과 꾸준한 노력입니다. 어려움을 만날 때마다 포기하지 않고 계속 노력하며, 학습 과정에서 자신을 격려하고 응원해 주세요. 자신을 믿고 계속해서 노력한다면 합격에 한 발짝 더 가까워질 것입니다. 파이팅하세요!

# 차례

## 제1교시_필수과목

### 제1과목 | 필수 | 청소년 상담의 이론과 실제

제3과목  필수  **심리측정평가의 활용**

제4과목 | 필수 | **이상심리**

## 제1교시

# 필수과목

## 제1과목(필수)
# 청소년 상담의 이론과 실제

제1과목

**제1과목**
**필수**

# 청소년 상담의 이론과 실제

CHAPTER 01 / **청소년 내담자의 이해**

## 1. 청소년기의 정의

### (1) 청소년기의 개요

① 청소년기(adolescence): 청소년은 사춘기로 접어드는 11~12세 경부터 성인의 법적 연령인 만 19세까지로 성인으로서의 책임 및 지위, 역할을 지니지 못한 시기다.

② 전환적 과도기: 아동기에서 성인기로의 전환적 과도기로 제2의 탄생이라 불리기도 한다.

③ 신체적 · 심리적 성숙: 신체적으로는 성적 성숙이 이루어지는 때이고, 심리적으로는 자아정체감을 확립하는 시기이다.

④ 다양한 학자들의 정의: 청소년기는 프로이트의 성기기(12세~), 피아제의 형식적 조작기(12세~), 에릭슨의 정체감 대 정체감 혼란(12~22세), 콜버그의 도덕발달 수준 중 인습적 수준(13세~)과 관련 있다.

⑤ 청소년을 일컫는 용어들: 제2성장 급등기, 사춘기, 심리적 이유기, 질풍노도기, 제2반항기, 주변인, 중간인, 지불유예기, 탈위성화, 제2의 탄생 등이 있다.

> **학습 plus**
>
> **다양한 발달영역 관점에서 본 청소년기의 시작과 끝**
>
> | 관점 | 청소년기의 시작 | 청소년기의 끝 |
> |---|---|---|
> | 신체적 | 사춘기의 시작 | 임신 가능 |
> | 정서적 | 부모로부터 정서적 분리 시작 | 부모로부터 분리된 정체감 성취 |
> | 인지적 | 합리적, 추상적 사고의 시작 | 합리적, 추상적 사고의 강화 |
> | 대인관계적 | 부모로부터 친구로 관심 전환 | 친구에 의한 친밀감 발달 |
> | 사회적 | 성인, 가족 구성원, 시민의 역할 수행을 위한 훈련 시작 | 성인의 지위와 특권 달성 |
> | 교육적 | 중학교 입학 | 고등학교 졸업 |
> | 법적 | 청소년 지위 달성 | 성인 지위 달성 |
> | 연령적 | 10대 | 20대 |
> | 문화적 | 통과의례를 위한 훈련 시작 | 통과의례 완료 예 할례 의식, 사냥 의식, 성인식 등 |

(2) 연령에 따른 청소년기 구분

① 국제 연합(UN): 15~24세 사이의 집단을 청소년으로 구분한다.

② 국제 식량기구(FAO): 10~24세 사이의 남녀인구를 결혼 유무 상관없이 청소년으로 구분하고 있다.

③ 우리나라: 「청소년 기본법」상 청소년이란 9~24세의 자를 말하며, 「청소년 보호법」에서는 만 19세 미만의 자(당해연도 1월 1일을 맞이한 자는 제외)를 말한다.

④ 법에 따른 구분: 청소년을 지칭하는 용어는 연소자, 소년, 아동, 미성년자 등 다양하다.

| 청소년 | 법률 | 연령 |
|---|---|---|
| 청소년* | 청소년 기본법 | 9세 이상 24세 이하 |
| | 청소년 활동진흥법 | |
| | 청소년복지 지원법 | |
| 청소년 | 청소년 보호법 | 만 19세 미만 |
| 아동·청소년 | 아동·청소년의 성보호에 관한 법률 (아청법) | 19세 미만 |
| 유사한 명칭 | 법률 | 연령 |
| 소년 | 소년법 | 19세 미만 |
| 아동 | 아동복지법 | 18세 미만 |
| 연소자 | 근로기준법 | 18세 미만(취직 최저연령 만 15세) |
| 미성년자 | 형법 | 14세 미만 |
| | 민법 | 19세 미만 |

*이 교재에서의 '청소년'은 「청소년 기본법」의 연령 기준에 따라 정의된다.

## 2. 청소년기의 발달적 특성 2015년, 2016년, 2017년, 2018년

(1) 청소년기의 신체적 발달

① 호르몬 분비: 제2차 성징의 변화는 남성호르몬인 안드로겐(androgen), 여성호르몬인 에스트로겐(estrogen)이 증가하면서 나타난다.

- 남자 청소년: 정소에서 테스토스테론(testosterone)의 분비로 외부생식기 및 신장의 증가, 음모가 자라고 음성의 변화가 일어난다.

- 여자 청소년: 난소에서 에스트로겐의 분비로 자궁과 가슴이 발달하고 생리를 시작하며 음모가 자란다.

:: 안드로겐은 남성호르몬의 작용을 나타내는 모든 물질을 일컫는 말이다.

② 신장과 체중의 증가: 신장과 체중이 빠르게 증가하고 성적 성숙도 급격히 이루어진다.

- 남·여 청소년의 성장 차이: 신장의 증가 시기는 여자가 남자보다 2년 정도 빠르며, 체중 증가 속도도 여자가 약간 높다.

③ 사춘기 신체적 성숙의 영향: 조숙과 만숙(early-maturing & late-maturing)

- 자신감 또는 열등감: 조숙한 소년, 만숙한 소녀는 자신의 신체에 긍정적이고 자신감이 생기지만 만숙한 소년, 조숙한 소녀는 자신의 신체에 부정적이며 열등감이 생기기도 한다.

### 학습 plus

**청소년기의 행동적 특성(충동성과 자극 추구)**

- 청소년기의 테스토스테론이나 에스트로겐 분비의 증가는 공격성에 영향을 미친다.
- 청소년기의 급속한 전두엽의 발달은 신경세포의 과잉생성 및 연결로 비효율적인 정보전달체계를 형성하고 미성숙한 신경망의 상태로 인해 행동적 특성에 영향을 미친다.
- 즉각적인 보상에 대한 뇌-보상회로의 활성화로 인해 충동성과 자극추구가 증가한다.

## (2) 청소년기의 인지적 발달 2014년, 2016년, 2018년

① 피아제(Piaget) 인지발달: 형식적 조작기

- 형식적 조작기: 피아제는 인지발달 4단계(감각운동기, 전조작기, 구체적조작기, 형식적 조작기) 중에서 청소년기 사고 특성을 형식적 조작기라고 명명하고 가설적·과학적·연역적 추론이 가능해진다고 보았다.
- 가설-연역적 사고의 발달: 추상적이고 융통성 있는 사고가 가능해지며 메타 인지적 사고가 가능하다.
- 논리적 사고와 다양한 가능성 고려: 미래에 대한 목표를 설정하고 융통성 있는 문제 해결이 가능해진다.
- 체계적·조합적 사고: 계획을 사전에 세우고 체계적으로 해결책을 생각해 낼 수 있다.
- 상징적 표현체계: 언어, 시각 정보와 같은 상징적 표현체계로 지식체계를 구성할 수 있다.
- 이상주의적 사고: 가치관 형성으로 이상적인 자기상과 이상적인 타인상을 형성하게 된다.

:: 최근 연구: 비약적 인지발달로 미래 전망적으로 사고할 수 있게 된 청소년기에 정서적 불안이나 우울증이 증가한다고 본 연구도 있다.

② 엘킨드(Elkind)의 자아중심적 사고와 사회인지의 발달 2015년, 2023년

- 개인적 우화(personal fable): 자신의 감정과 사고는 독특하고 특별해서 타인이 결코 이해할 수 없다고 믿는 것이다. 자신의 우정이나 사랑 등을 자신만이 경험하는 것이고 죽음이나 위험 혹은 위기 같은 부정적인 결과는 자신에게 일어나지 않을 것이라고 믿는다. 이로 인해 위험 행동의 부정적인 결과를 생각하지 않으며 무모한 행동을 하기도 한다.
- 상상적 청중(imaginary audience): 자신은 무대 위의 주인공, 타인은 구경꾼이라고 생각하고 행동하는 것을 말한다. 청소년기에는 타인의 눈에 띄고 싶어 하고 집중적인 관심과 주의의 대상이 되고 싶은 욕망이 있다고 본다.

  ** 자아중심적인 사고 경향이 과도해지면 현실성이 결여되어 무모하게 위험 행동에 몰입하게 되거나 우울해지고 자아존중감 발달에 부정적인 영향을 주게 된다.

③ 청소년기의 도덕성의 발달

- 도덕성의 개념: 도덕성이란 선악을 구별하고 옳고 그름을 바르게 판단하며 인간관계에서 지켜야 할 규범을 준수하는 능력을 말한다.
- 피아제의 도덕성 발달: 피아제는 타율적 도덕성과 자율적 도덕성의 두 단계로 구분하였다. 10세경이 되면 대부분의 아동은 자율적 도덕성 단계에 도달하고 규칙을 사람이 만들고 변경할 수 있다고 생각하며 상황적 요인을 고려하는 융통성을 보인다.
- 콜버그(Kohlberg)의 도덕성 발달: '전인습-인습-후인습' 수준의 정의지향적 도덕적 발달단계를 제시했다. 청소년기는 도덕적 사고를 가지는 시기로 인습 수준에 속하며, 타인이 입장을 이해하고 사회적 권위에 기초하여 도덕적 추론을 내면화한다. 사회관습이나 사회의 기대에 따른 행동을 도덕적 행동이라 간주하며, 도덕적 의무와 사회적 규범을 준수하려고 한다. 2016년

| 수준 | 단계 | | 도덕성 발달 내용 |
|------|------|------|------------------|
| 전인습 | 1단계 | 처벌과 복종 지향의 단계 | 보상과 처벌 여부를 기준으로 행동, 결과 중심 |
| | 2단계 | 도구적 상대주의 지향의 단계 | 자신의 이익 및 욕구 충족을 위해 규칙 준수 |
| 인습 | 3단계 | 대인 간 조화 또는 착한 소년/소녀 지향의 단계 | 타인으로부터의 승인 여부에 따라 행동을 결정, 의도와 동기 중심 |
| | 4단계 | 법과 질서 지향의 단계 | 사회가 정한 법과 규칙을 따라 행동 판단 |
| 후인습 | 5단계 | 사회계약 지향의 단계 | 복지와 권리를 보호하는 법과 사회계약 준수, 도덕적 융통성 지님 |
| | 6단계 | 보편적 윤리 지향의 단계 | 스스로 규정한 보편 윤리를 기준으로 행동 |

- 길리건(Gilligan)의 배려지향적 도덕성 발달: 길리건은 대인관계를 중시하는 협조, 봉사, 보살핌, 희생을 강조하는 도덕성 발달 이론을 제시하였다(돌봄의 윤리). 2019년

| 단계 | 도덕성 발달 내용 |
|---|---|
| 제1단계<br>자기중심적 | • 개인적 생존 지향<br>• 자신의 이익과 생존에 관하여 자기중심적으로 몰두 |
| 제1과도기<br>이기심 → 책임감 | • 도덕성 판단의 준거가 이기심에서 책임감으로 전환되기 시작하여, 자신의 개인적 욕구와 책임을 구별하기 시작 |
| 제2단계<br>자기희생과 타인배려 | • 자기희생으로 선을 지향<br>• 이기심을 벗고 타인 배려와 자기희생이 도덕적 행동의 판단 준거가 된다. 자신의 욕구를 억제, 타인의 요구에 응하려는 시도를 함<br>• 청소년기 동안 도덕성의 사회적 조망이 발달 |
| 제2과도기<br>선(善) → 진실 | • 도덕적 판단의 준거가 선에서 진실로 전환되기 시작<br>• 자신과 타인의 욕구를 모두 배려, 타인을 향한 배려인 선(善)의 본질과 자신에 대한 배려인 진실 추구 간 균형을 인식 |
| 제3단계<br>권리주장과 타인<br>배려 | • 비폭력성 도덕성 지향<br>• 개인적인 권리주장과 타인에 대한 배려가 조화를 이루는 것이 도덕성의 주요 지표 |

**⋮⋮** 이후 콜버그의 '정의지향적 도덕성 발달 이론'과 길리건의 '배려지향적 도덕성 발달 이론'에 근거한 도덕성 발달의 성별의 차이에 대한 연구가 활발히 진행되었다.

## (3) 청소년기의 정서 발달

① 격렬한 정서적 경험: 질풍노도의 시기로 청소년기의 성적·공격적 에너지가 불안정함으로 인해 불안감·죄책감·수치감을 경험한다. 대처 능력의 부족으로 자신의 내적·외적 변화에 대응하지 못하고 불안과 갈등을 경험하게 되어 작은 일에도 쉽게 화를 내거나 우울해지기도 한다.

② 방어기제 발달: 청소년 시기의 성적긴장에 적응하기 위해 금욕주의와 주지화 방어기제를 주로 사용한다(안나 프로이트).

③ 정서적 경험에 대한 자각적 태도: 자신이 경험하는 정서를 이해하고 행동하며 정서에 이름을 붙일 수 있게 된다.

④ 심리적 부적응의 행동화: 거식증, 강박증이 나타날 수 있고 정서의 은폐와 내면화는 성인기에 더 큰 문제를 초래하기도 한다. 비행 행동이나 자살이 빈번하게 일어날 수 있다.

**(4) 청소년기의 사회적 발달 2020년**

① 자율성과 책임감 획득: 부모에 대한 의존과 동일시를 벗어나 독특한 한 개별체임을 인식하고 자율성과 책임감을 가져야 하는 시기이다.

② 독립과 의존의 갈등: 청소년기에는 부모 및 다른 성인들로부터 의존하려는 욕구와 독립하려는 욕구가 갈등을 일으킨다. 이는 독립하기를 바라면서도 의존해 주기를 바라는 부모의 욕구갈등과 유사하다. 상담 시 공감과 온정이 지나치게 제공되지 않도록 해야 하는 이유다.

⁕⁕ 현대적 관점의 변화: 청소년은 부모와 안정된 애착관계를 유지하며 의사결정 능력 등 부족한 부분에 대해서는 지속적인 조언을 받고, 부모는 청소년 자녀를 독립적인 한 인격체로 존중해 주어야 한다는 것으로 부모-청소년 자녀와의 관계 관점이 변화하고 있다.

③ 또래집단에 몰두: 동성이나 이성친구 등 비슷한 경험을 하고 있는 또래집단에 몰두하는 시기로 그들로부터 수용과 인정을 받는 것이 청소년에게는 긍정적인 자아상을 확립하는 데 중요하다. 이성관계가 새로운 관심 대상이지만 동성 간의 친구 관계가 더 소중한 시기이다.

⁕⁕ 또래와의 연대를 통해 사회적·심리적 지지를 획득하고, 정체감 및 우정 관계 등을 형성한다.

**(5) 청소년기의 자아정체감 발달**

① 자아정체감의 개요

• 자아정체감의 개념: 내면에 대한 깊은 통찰을 통해 일관성 있게 지속되는 자신에 대한 확신과 신념을 말한다.

• 자아정체감의 확립효과: 자신에 대한 개별성, 총체성(통합성), 계속성을 경험한다.

• 청소년기의 자기평가: 자신이 중요하다고 여기는 부모, 또래집단 등 타인들의 평가에 크게 영향을 받는다. 부모의 사회경제적 지위, 자신의 외모나 신체적 매력의 역할도 크다.

② 에릭슨(Erikson)의 정체감 위기 이론

• 정체감 대 정체감 혼미: 에릭슨은 전 생애를 심리사회적 성격발달 8단계로 나누고 5단계인 자아정체감 대 정체감 혼미로 제시된 '정체성 위기'를 청소년기의 주요 위기로 보았다.

• 심리사회적 유예기: 청소년기를 자아정체감 확립에 대해 무관심하거나 방황하는 시기로 책임과 의무로부터 일종의 휴식시간을 갖는 시기로 심리사회적 유예기로 보았다.

- 정체성 위기의 극복: "나는 누구인가?"라는 의문에 답을 추구하는 과정에서 일어나는 긍정적 또는 부정적인 자기평가 간의 갈등을 극복하고 자신의 한계에 대한 인정과 수용을 통해 객관적 정체감을 획득하고 정체성 위기를 극복하게 된다.

③ 마르시아(Marcia)의 자아정체감 4가지 수준 이론 **2014년, 2016년**

- 분류의 기준: 자아정체감을 위기와 전념이라는 두 가지 준거를 통해 4수준으로 분류했다.
- 위기(crisis): 자신의 가치관을 재평가하고, 대안적 가능성을 탐색하는 과정이다.
- 전념(commitment): 계획, 가치, 신념에 대해 능동적 의사결정을 내린 상태를 말한다.
- 정체감의 발달 방향: 전 생애에 걸쳐 반드시 한 방향으로 발달하지는 않는다.

| 수준(준거) | 정체감 수준 4단계의 내용 |
|---|---|
| 정체감 혼미<br>(위기×, 전념×) | 자신에 대한 안정되고 통합적인 견해를 갖지 못했으며 위기를 경험하지 않았다. 직업이나 이념선택에 관심도 없고 의사결정을 하지도 않은 경우다. |
| 정체감 유실<br>(위기×, 전념○) | 자신의 신념, 직업선택 등의 중요한 의사결정에 있어 부모나 타인의 가치와 기대를 그대로 수용, 그들과 비슷한 선택을 하는 경우를 말한다. 위기를 경험하지 않고 쉽게 결정한다. |
| 정체감 유예<br>(위기○, 전념×) | 정체감 위기에 있으면서 자아정체감 형성을 위해 다양한 역할, 신념, 행동 등을 실험하고 있으나 의사결정을 못한 상태이다. |
| 정체감 성취<br>(위기○, 전념○) | 자아정체감의 위기를 극복하고 신념, 직업, 정치적 견해 등에 스스로 의사결정을 할 수 있는 상태로 가장 성숙한 자아정체감 단계이다. |

## 3. 청소년기 발달과제와 문제

### (1) 청소년 발달과제

① 청소년기 발달과제의 종류와 내용

- 자아정체감 형성: 자신의 신체적 · 지적 능력과 적성뿐만 아니라 자신을 둘러싼 환경적 현실을 인정하고 수용하여 잘 활용함으로써 자아정체감을 형성해야 한다.
- 사회적인 역할 획득: 동성과 이성을 포함한 또래 친구들과 교우 관계를 맺으며 사회에서 기대하는 성역할을 포함한 사회적인 역할을 획득할 과제를 가진다.
- 독립적인 과업 성취: 부모나 다른 성인들로부터 정서적인 독립 추구, 자신의 적성에 맞는 진로선택 및 경제적인 독립을 위한 직업준비, 결혼과 가정생활을 준비하는 과제를 가진다.

- 사회적 가치관과 윤리체계 획득: 사회적으로 책임질 수 있는 행동을 하고, 행동지침이 되는 가치관과 이념을 획득하고 발달시켜야 하는 과제를 가진다.

② 하비거스트(Havighurst)의 청소년기의 발달과업 **2015년**

- 신체적·정신적 발달에 적응하고 남녀의 역할과 기능을 인식하고 수용한다.
- 또래(동성, 이성)와의 새로운 관계를 형성한다.
- 부모나 다른 성인들로부터 정서적·정신적 독립을 요구하여야 한다.
- 경제적으로 독립해야 할 필요성을 인식하고 그에 대한 확신을 갖는다.
- 진로를 준비하고 선택, 결정하는 데 몰두한다.
- 시민으로서 생활에 필요한 지식기능, 태도, 개념을 습득하고 발달시킨다.
- 사회적으로 책임 있는 행동을 이해하고 성취한다.
- 결혼과 가정생활에 대해 준비해야 한다.
- 추상적·논리적 사고력을 배양하고 현실을 객관적으로 파악하는 태도와 적합한 가치관 및 윤리관을 확립하여야 한다.

## (2) 청소년 문제 유형 **2016년, 2022년**

① 학업 및 학업성적 문제

- 청소년 학업문제의 핵심은 학업성적으로 상위권 청소년들이 중·하위권보다 성적 유지와 부모의 기대에 부응해야 하는 더 큰 부담을 느낀다.
- 학업성적은 학교생활의 적응, 가족 관계, 교우 관계, 자아개념 등에도 영향을 끼친다.
- 학업문제로는 성적 저하에 의한 정서불안, 시험불안, 학업능률 저하를 가장 많이 호소한다.
- 주의집중력 부족, 부적절하고 잘못된 학습 습관과 비효율적 학습방법, 지능과 기초 학습능력 및 선행학습 수준 같은 인지적 요인, 공부에 대한 회의와 동기 저하로 학업문제가 발생할 수 있다.

**학습 plus**

- 학업중단: 학교 부적응 등을 이유로 자퇴하거나 퇴학하는 것을 말한다. 개인적인 요인과 학교, 사회적 요인 등 환경적인 요인도 있다. 학업중단 후 우울감, 소외감, 게임 중독, 비행 위험도가 증가한다.
- 학업중단 숙려제: 학업중단 징후 또는 의사를 밝힌 초·중·고 학생 및 학부모에게 Wee센터(Wee클래스), 청소년 상담복지센터 등에서 외부 전문 상담을 받으며 2주 이상 숙려하는 기간을 갖도록 하는 제도이다[과정: 자퇴원서 제출 → 상담의뢰 → 상담(진단, 상담)의 숙려기간 → 학교복귀와 학업중단 선택].

② 진로 및 진학 문제
- 진로는 한 개인이 전 생애 동안 일과 관련해서 경험하고 체험하는 모든 것으로써 청소년들은 자기이해, 일과 직업 종류에 대한 정보탐색 및 활용 능력, 합리적 의사결정 능력을 증진할 필요가 있다.
- 청소년들은 일과 직업에 대한 올바른 가치관과 태도를 형성할 필요가 있다.
- 청소년들은 신체적 · 인지적 · 사회적인 변화를 겪고 있으며 현실과 이상의 괴리로 인해 진로 고민, 진로에 대한 막연한 압박감과 두려움, 진로 선택 시 갈등을 경험한다.

③ 대인관계 문제
- 청소년들은 대인관계 기술의 부족, 또래 관계 형성에 필요한 기본적 태도와 기술 부족, 대인관계 갈등의 해결 및 대처방안의 미숙, 부정적이고 파괴적인 대인관계로부터의 자기보호 능력의 부재로 대인관계 문제를 겪는다.
- 가족 관계에서는 부모와 형제자매 간의 갈등이 일어나며, 지나친 통제와 지배, 무관심과 방임 또는 지나친 의존적 관계에서 문제가 발생한다.

④ 비행 및 일탈 문제
- 사회적 규범을 위반하여, 미래 사회설정법인 형법을 위반할 가능성이 있는 모든 행동을 비행이라고 하며, 청소년 비행은 집단화 · 상습화되는 경향이 있다.
- 비행은 개인의 환경적 문제, 충동성, 호기심 등 청소년기의 심리적 발달특성에 기인한다.
- 강도나 절도 행위가 가장 많고 폭력, 약물, 교통사고, 오토바이 절도, 무면허 운전 등이 증가하고 있으며 비공격적 일탈로는 가출, 늦은 귀가, 거짓말, 도벽, 도박 등이 있다.
- 가출: 18세 미만 청소년이 보호자의 동의 없이 24시간 이상 집 밖에서 머무르는 행위이다. 가출 유형으로는 시위형, 도피형, 탈출형, 탐험형, 유희추구형, 생존성 가출 등이 있다.
- 폭력적 행동: '학교폭력'을 포함해 또래, 선후배 간의 폭력, 금품갈취, 불량서클을 통한 집단적 비행이 이루어진다.
- 성범죄 및 성비행: 원조교제, 또래 간의 성폭력, 인터넷 채팅을 통한 성적 일탈이 유발되며, 신체적 · 생리적인 급격한 변화로 혼란을 경험하고 성인의 행동을 모방하고자 하는 과정에서 발생된다. 최근에는 인터넷 등 성적 유해환경에 쉽게 노출되고 청소년의 유해매체 경험도 성적 일탈을 부추긴다. **2015년**

- 약물남용: 술, 본드, 담배, 환각제, 각성제 등 중독성 물질을 상습적으로 남용한다.

⑤ 자아정체감 및 가치관 문제

- 자아정체감(Self-identity)은 자기내면에 대한 깊은 통찰을 통해 일관되게 지속되는 자기 자신에 대한 확신과 신념으로 개별성, 통합성, 계속성의 특성을 가진다.
- 청소년기는 급격한 신체적 · 인지적 발달과 성적성숙, 선택과 결정에 대한 압력이 있는 과도기적 시기로 자아정체감 발달과업이 중요한 시기이다.
- 정체감의 문제유형은 자기개념과 관련된 문제, 사회경제적 지위나 신분에 대한 불만과 열등감, 실존적 종교적 문제, 진학 및 진로선택의 문제 등이 있다.

⑥ 심리적 부적응 문제 **2023년**

- 흔히 심리적 부적응 문제는 내재화 문제(불안, 우울, 섭식 문제), 외현화 문제(품행 및 반사회성, 음주, 약물사용, 공격성, 자살 문제)로 구분한다.
- 불안장애: 막연한 대상이나 특정 상황, 사물, 사람에 대한 두려움 초조함, 공포감을 느끼며 불안장애, 공황장애, 강박장애, 외상후 스트레스장애 등을 유발시킨다.
- 우울: 청소년 시기의 불안과 함께 가장 흔히 겪는 정서적 장애로, 주원인은 학업이나 진로, 대인관계 스트레스, 학습된 무력감 등이다. 대인관계 위축, 권태와 무기력, 수면 및 섭식장애를 수반하기도 하며, 게임이나 인터넷에 집중하는 등의 모습을 보인다.
- 급식 및 섭식장애: 살찌는 것에 대한 두려움으로 음식 섭취를 거부하거나 한 번에 많은 음식을 먹고 토하는 등의 보상행동을 시도하는 모습을 보인다(예 폭식장애, 신경성 폭식증, 신경성 식욕부진증 등).
- 자살: 좌절과 불안에서 벗어나기 위한 수단으로 시도하거나 갈등을 극단적으로 표현, 관심을 얻으려는 수단으로 사용하기도 한다. 외부자극이나 변화에 민감하고 충동적이며 단순자살경향이 높고, 모방자살, 친구와의 동일시로 인한 집단자살 등이 많다. 가정의 불화, 성적비관, 신체결함, 경제적 어려움, 우울증, 약물남용 등의 원인도 있다. 죽고 싶다는 생각 및 구체적인 계획을 '자살사고'라고 하며, 행동으로 옮겼으나 실패한 경우를 '자살시도'라고 한다.
- 자해: 죽을 목적은 없으나 고의적으로 자신의 신체를 손상시키는 행동을 한다. 심리적 고통으로부터 일시적 도피를 위해 반복적이고 만성적으로 시도한다.
- 적대적 반항장애(ODD), 품행장애(CD): 규율을 무시하고 분노나 증오심을 표출하거나(ODD), 학교폭력, 결석, 지각, 기물파손, 갈취 등의 모습(CD)으로 나타난다.

> **학습 plus**
>
> **청소년 자살행동의 위험요인**
> - 일차적 위험요인: 정서장애, 과거 자살력의 유무
> - 이차적 위험요인: 물질남용, 성격장애
> - 상황적 위험요인: 가족기능과 가족력, 사회적 관계, 대중매체, 생활 스트레스의 영향

> **학습 plus**
>
> **비자살적 자해(Non-Suicidal Self-Injury: NSSI)의 진단기준**
> A. 지난 1년간, 5일 또는 그 이상, 신체 표면에 고의적으로 출혈, 상처, 고통을 유발하는 행동을 자신에게 함. 경도 또는 중등도의 신체적 손상을 유발할 수 있는 자해행동을 하려는 의도에 의한 것
> B. 다음 중 하나 이상의 기대하에 자해 행동 시도
> - 부정적 느낌이나 인지상태로부터 안도감
> - 대인관계 어려움 해결
> - 긍정적 기분상태 유도
> C. 최소 한 가지 연관된 자해행동
> - 대인관계 어려움, 부정적 느낌 또는 생각이 자해 직전에 일어남
> - 자해행위에 앞서 의도한 행동에 몰두하는 기간이 있고 이를 통제하기 어려움
> - 자해행위가 없을 때도 자해 생각을 빈번히 함

⑦ 인터넷 중독 및 게임중독 문제

- 영(Young, 1996)은 인터넷 중독을 '중독성 물질이 없는 충동조절장애'로 정의하였다.
- 사회적 고립, 우울, 낮은 자존감, 낮은 자기통제력, 스트레스에 취약한 모습으로 드러난다.
- 증상: 강박적 사용과 집착, 내성과 금단증상, 일상생활 기능장애, 신체적 증상, 일탈행위 및 현실 구분 장애, 정신병리 등이 있다.

> **학습 plus**
>
> **인터넷 중독 청소년을 상담할 때 상담자가 사용할 수 있는 효과적 방법 2016년**
> - 인터넷 외 다른 활동을 즐기게 한다.
> - 인터넷 사용 시간을 계획하고 실천하게 한다.
> - 청소년이 가지고 있는 부정적 정서를 조절하게 한다.
> - 인터넷에 몰입하게 된 상황이나 원인에 대해서 알아본다.

⑧ 다문화가정 자녀의 사회적응 문제

- 다문화가정이란 한 가족 내에 다양한 문화가 공존하는 가정으로 한국인과 외국인의 결혼(결혼이민자), 외국인 노동자, 유학생, 새터민 등 이주민 가정을 말한다.
- 학교생활 부적응: 피부색, 문화적 차이로 인한 놀림과 차별대우, 집단 따돌림 등을 겪는다

- 가족문제: 가족 내 의사소통 부족, 문화차이에 따른 개인부적응, 부부 및 고부갈등 등이 있다.
- 언어문제, 사회문화적 부적응, 사회적 수용과 인식의 부족으로 자녀교육에 어려움을 겪고 부모가 자녀에게 심리적 자원이 되지 못하는 경우도 발생한다.

⑨ 최근 우리나라 청소년 상담 문제의 전반적인 경향 **2014년. 2016년**
- 최근 다양한 계층에서 청소년들의 일탈이 증가하고 있다.
- 비행상담에서는 학교폭력 관련 문제가 가장 많다.
- 인터넷 중독 등 컴퓨터 사용과 관련된 문제가 증가하고 있다.
- 또래 관계는 대인관계 문제에서 가장 큰 비중을 차지하는 문제이다.
- 전체 상담에서 가장 큰 비중을 차지하는 것은 학업성적, 진로에 관한 고민이 많다.
- 진로상담에서는 진로정보탐색에 대한 요구가 큰 편이다.

## 4. 청소년 내담자의 특성

### (1) 청소년 내담자의 특성 **2014년. 2015년. 2016년. 2017년. 2020년**

① 상담 동기의 부족: 청소년 스스로 문제를 인식하고 상담을 신청하기보다 부모나 학교 등에 의해 의뢰된 경우가 많아 상담에 대한 동기가 낮은 상태로 상담실을 방문한다.

② 상담자에 대한 부정적 지각: 청소년은 상담자에 대해 부모와 마찬가지로 지시와 요구, 훈계나 평가를 하는 부정적인 존재로 인식하는 경향이 있다.

③ 지구력의 부족: 청소년은 상담 동기의 부족으로 상담에 지속적으로 참여할 수 있는 지구력이 부족하고 집중력의 한계가 있어서 자발적으로 꾸준하게 상담받는 것을 힘들어한다.

④ 인지능력의 부족: 청소년기는 형식적 조작기에 속하며 사고능력이 급격하게 발달하지만 자아중심적 경향이나 이상주의적 성향으로 여전히 인지능력의 부족함이 있다.

⑤ 동시다발적인 관심: 청소년들은 한 가지에 지속적인 관심을 갖는 것이 어렵고, 같은 시기에 다양한 것들에 대해 관심을 가진다.

⑥ 주변 환경의 지배적 영향: 청소년들은 가정과 학교의 보호와 도움이 필요한 시기이며, 부모, 교사, 또래 등으로부터 영향을 많이 받는다.

⑦ 급성장하는 불균형의 시기: 신체적 조건과 성적 성숙의 급속한 성장으로 인해 신체적 변화에 대한 부적응, 정체성의 혼란, 사고의 미성숙, 정서불안 등 청소년에게 많은 문제

를 야기할 수 있다. 이는 개인적 특성이라기보다 발달적 특성임을 이해하고 접근해야
한다.

⑧ 복합적이고 종합적 특성: 호소하는 문제 외에도 가정환경, 학교생활, 친구관계, 미래에
대한 생각이나 계획 등을 총체적으로 관찰하는 안목과 적극적이고 구체적인 개입이
필요하다.

⑨ 높은 감각적 흥미와 재미 추구: 청소년들은 감각적이고 빠른 변화를 선호한다. 상담 과정
에서 이런 특성을 충족시키지 못하면 조기종결로 이어지는 경향이 있다.

⑩ 언어 표현력 부족: 청소년들은 온라인상에서 자신들만의 언어를 사용하고 유행어, 비속
어, 줄임말 등 불건전한 언어습관으로 인해 상담장면에서도 언어표현 정도가 빈약할
수 있다. 이를 극복하기 위해 상담 진행 시 다양한 매개체를 사용하는 것이 도움이 될
수 있다.

## CHAPTER 02 / 청소년 상담의 이해

## 1. 청소년 상담의 특성

### (1) 청소년 상담의 정의

① 도움을 필요로 하는 청소년과 전문적인 훈련을 받은 상담자 간의 개별적인 관계를 통
해 자신의 주위 환경에 대한 이해를 촉진시킴으로써 적응과 발달을 위한 변화를 가져
오는 조력 활동이다.

② 청소년 및 청소년 관련인과 청소년 관련 기관을 대상으로 직접봉사, 자문활동 그리고
매체를 통하여 청소년의 바람직한 발달 및 성장을 추구하는 활동이다.

③ 청소년이 원하는 것을 청소년들에게 알맞은 방법으로 제공하여 그들이 행복하게 살아
갈 수 있도록 돕는 것이다.

### (2) 청소년 상담의 대상 2019년

① 청소년: 청소년 상담의 일차적 대상이다.

② 청소년 관련인: 청소년의 부모, 교사, 청소년 지도사 등 청소년 주변 사람들을 말한다.

③ 청소년 관련 기관: 가정, 학교, 청소년 고용업체, 청소년 수용기관, 청소년 봉사기관을
말한다.

(3) 청소년 상담의 특징 2015년, 2016년, 2017년, 2018년, 2019년, 2020년

① 광범위한 영역: 개인의 생활지도에서 정신병리, 청소년 범죄까지 광범위한 영역을 다룬다.

② 발달단계 고려: 청소년 상담에서는 개인적 발달단계 특성을 고려한 상담 개입을 한다.

③ 회복탄력성과 변화 가능성: 청소년들은 성인에 비해 회복탄력성과 변화 가능성이 높다. 문제를 고정된 것으로 보지 말고 변화의 가능성을 보고 개입한다.

④ 환경의 재적응 돕기: 환경의 영향을 많이 받고 사회변화에 민감한 시기이므로 환경의 재적응을 도울 필요가 있다.

⑤ 관련인 및 기관과 협력: 청소년 내담자는 부모나 교사의 의뢰에 의해 상담이 진행하는 경우가 많으므로 관련인 및 관련 기관과의 협력이 필요하다. 지역사회의 통합적 접근도 한다.

⑥ 정책의 영향: 청소년 상담은 청소년 관련 정책에 영향을 받는다.

⑦ 문제의 다양성: 학업문제, 폭력과 비행, 자율성 및 발달과 관련된 문제, 자살 및 자해, 약물남용 등과 관련된 문제 등이 상담에서 다루어진다.

**학습 plus**

| 청소년 상담과 성인 상담의 차이 | |
|---|---|
| 대상 | 청소년 상담은 청소년뿐만 아니라 관련인, 관련 기관 사람들을 포함한다. |
| 목표 | 청소년 상담의 목표는 심리치료적 측면뿐만 아니라, 청소년의 건전한 발달과 성장을 돕는 예방적 · 교육적 측면이 있으며, 위기에 처한 청소년들에 대한 직접 개입 및 지원, 자립도 포함된다. |
| 방법 | 청소년 상담은 일대일 개인 면접, 소규모나 대규모 형태의 집단교육 및 훈련, 컴퓨터나 전화 등의 매체 상담, 놀이, 게임, 작업 등 다양한 활동을 통해 이루어진다. |

## 2. 청소년 상담의 목표와 영역

(1) 청소년 상담의 목표 6가지 2023년

① 성장과 성숙: 청소년기에 공통적으로 직면하는 문제를 해결하고 성장과 성숙을 성취하도록 조력한다.

② 문제행동 예방: 가출이나 상담에서의 중도 탈락이 각종 부적응 행동, 일탈행동 등에 노출되는 경로로 작용하는 것을 예방한다.

③ 위기 청소년 심리 지원: 경제적 · 심리적 · 환경적 어려움으로 인해 위기에 빠진 청소년들의 심리 안정 및 환경 개선을 위해 조력한다.

④ 발달 촉진 및 잠재 가능성 실현: 성인기를 준비하고 환경적 변화를 주도할 수 있는 능력을 신장시킴으로써 청소년기 발달과업을 성취한다.

⑤ 탁월성 성취: 잠재능력을 계발하여 탁월성을 추구할 수 있도록 전략을 마련하고 활동을 시도하도록 조력한다.

⑥ 심리 장애 상담 및 치료: 발달과정에서 나타나는 다양한 심리 장애를 치료한다.

## (2) 청소년 상담의 목표설정 시 고려해야 할 사항 2014년, 2016년, 2017년

① 목표는 상담자가 일방적으로 정하는 것이 아니라 반드시 청소년 내담자와 합의해야한다. 청소년 내담자와의 합의는 상담에 적극적으로 참여할 수 있는 동기가 된다.

② 목표는 구체적이고 명확하게 작성해야 상담 후 목표 달성 여부를 평가할 수 있다.

③ 목표는 현실적이고 달성 가능해야 한다.

> **목표설정 SMART 원칙**
> - Specific(구체적): 목표를 구체적이고 명확하게 설정한다.
> - Measurable(측정 가능한): 구체적인 기준을 정하고 측정이 가능하도록 계획해야 한다.
> - Achievable(달성 가능한): 현실적으로 달성 가능한 것인지 고려해야 한다.
> - Realistic(현실적) or Relevant(관련성): 목표가 호소문제와 부합한 것인지 생각해야 한다.
> - Time-bound(기한이 있는): 목표를 언제까지 달성할 것인지, 그 기한 내에 무엇을 달성할지 결정해야 한다.

## 3. 청소년 상담의 원리 및 상담의 기능

### (1) 청소년 상담의 원리

① 개별화의 원리: 청소년 내담자의 독특한 특성을 이해하고 개개인의 특성에 맞게 상담을 진행해야 한다.

> **학습 plus**
>
> **개별화의 원리를 위해 상담자가 갖추어야 할 태도 4가지**
> 첫째, 상담자는 자신의 편견과 선입견을 내려놓아야 한다.
> 둘째, 청소년 내담자의 말을 경청하고 민감성을 갖추고 세밀하게 관찰해야 한다.
> 셋째, 청소년 내담자의 문제해결력과 동기수준을 점검하고 상담의 속도를 조절하는 것이 필요하다.
> 넷째, 청소년 내담자의 감정변화를 민감하게 포착하여 변화를 위한 실천을 촉진해야 한다.

② 의도적 감정표현의 원리: 청소년 내담자가 긍정적이든 부정적이든 자신의 감정을 자유롭고 의도적으로 표현할 수 있도록 허용적인 상담분위기를 조성하고 경청해야 한다.

③ 비판단적 수용의 원리: 상담자가 자신의 가치관이나 사회적 기준으로 청소년 내담자의

문제를 평가하고 판단하는 태도를 가져서는 안 된다. 하나의 인격체로 내담자를 존중한다는 것을 언어, 비언어적인 태도를 통해 전달할 수 있어야 한다.

④ 자기결정의 원리: 청소년 내담자 스스로 자신의 문제에 대한 해결책을 선택하고 의사결정을 할 수 있도록 내담자의 자기결정권을 존중해야 한다.

⑤ 비밀보장의 원리: 상담자는 상담 과정에서 알게 된 모든 정보를 제3자에게 공개해서는 안 된다. 상담 초기에 비밀보장과 그 한계에 대해서도 청소년 내담자에게 명확히 알려주는 것은 상담관계 형성에 중요하다.

> **학습 plus**
>
> **비밀보장의 예외 조건**
> - 청소년 내담자가 타인 및 사회의 안전을 위협하는 경우
> - 청소년 내담자가 신체적 · 정신적 · 성적 학대를 받고 있는 경우
> - 청소년 내담자가 심각한 질병에 감염되었다는 확실한 정보를 가졌을 경우
> - 법원이 청소년 내담자의 상담 관련 정보를 요구할 경우

### (2) 청소년 상담의 기능

① 진단 및 예방적 기능: 내담자의 심리적 문제를 진단하여 적절한 개입을 시도하거나, 문제행동을 사전에 예방할 수 있도록 한다.

② 교정적 기능: 부적응 행동을 바람직한 방향으로 수정하고 해결할 수 있도록 한다.

③ 치료적 기능: 청소년이 겪고 있는 심리적 고통이나 부적응의 증상들을 제거 · 치료한다.

④ 교육 및 발달적 기능: 발달적 측면을 고려하면서, 바람직한 방향으로 행동을 변화 · 성장하도록 한다.

## 4. 청소년상담사의 자질 및 태도

### (1) 청소년상담사의 인간적인 자질 2015년. 2020년

① 청소년에 대한 사랑과 관심, 청소년의 문제에 대한 민감한 관심, 의사소통 및 인간관계 능력, 안정되고 원만한 성품을 지녀야 한다.

② 호기심과 탐구심, 경청 능력, 대화 능력, 공감과 이해심, 정서적 통찰력, 내면을 탐색할 수 있는 내성 능력, 타인의 욕구를 우선시할 수 있는 능력, 친밀감 형성 능력, 유머 감각을 가져야 한다.

③ 자신의 가치관과 의식에 대한 자각, 자신의 욕구와 감정을 인식, 내담자에게 모델이

되는 만족스러운 사생활, 인간과 인간의 긍정적 변화에 대한 관심과 흥미를 지니고 있어야 한다.

④ 심리적 안정감과 융통성, 타인을 지지하고 도와주려는 마음, 타인과의 조화로운 관계를 맺을 수 있는 능력이 필요하다.

## (2) 청소년상담사의 전문가적 자질 2014년. 2016년

① 청소년 관련 기본 지식

- 청소년 개인, 환경, 청소년 문제에 대한 지식을 지녀야 한다.
- 진로상담, 학업상담, 비행상담 등 청소년들의 문제에 대한 상담이론과 상담기법에 대한 지식이 있어야 한다.
- 사례를 진행하는 절차, 관련법과 윤리, 상담 관련 조직, 사례관리 등과 같은 실무에 관한 지식이 필수적이다.

② 청소년 상담 관련 기술

- 청소년 내담자의 문제를 진단, 평가, 분류할 수 있어야 한다.
- 전문적 개입 능력과 효과적인 개입 전략을 적용할 수 있어야 한다.
- 청소년, 부모, 교사, 주변인들과 상호관계할 수 있는 일반적인 대인관계 능력이 필요하다.

③ 상담 이외의 능력과 자질

- 상담업무 이외에도 합당한 행정업무를 처리할 수 있는 능력을 지녀야 한다.
- 소속 조직에서 이루어지는 사업을 구성, 기획, 실행하는 사업추진 능력이 필요하다.
- 동료 및 조직 구성원 간의 원활하고 원만한 인간관계를 할 수 있어야 한다.
- 청소년의 상태와 문제해결을 위한 방안 고안, 과학적 검증 등 연구 관련 능력이 요구된다.
- 전문성을 향상하고 유지하기 위한 전문가로서의 자기 계발을 위한 노력을 해야 한다.

## (3) 청소년상담사의 태도 2014년. 2015년. 2016년

① 공감적 이해, 솔직하고 따뜻한 태도, 언어적 행동과 비언어적 행동의 일치가 요구된다.
② 내담자 자체의 가치를 순수하고 깊게 수용해야 한다.
③ 청소년의 발달특성과 행동에 대한 깊은 이해를 지니고 있어야 한다.
④ 내담자가 호소하고 있는 어려움과 비슷한 문제를 갖고 있어 상담에 영향을 주는 경우 다른 상담자에게 내담자의 상담을 의뢰한다.

⑤ 상담자는 자신이 어떤 사람이며 그것이 내담자에게 어떤 영향을 주는지 인식해야 한다.

⑥ 상담자로서의 전문성을 지녀야 할 뿐 아니라 호감을 주는 태도를 가져야 한다.

⑦ 상담의 정의에 대해 내담자에게 설명하고 전문가로서 상담자의 한계를 분명히 한다.

⑧ 상담의 목표는 내담자와 합의하에 설정하고 라포 형성을 위해 개방적 자세를 취한다.

## 5. 청소년 학교상담

### (1) 청소년 학교상담과 생활지도의 활동

① 청소년 이해 활동: 효과적인 상담 활동을 위해 청소년에 대한 자료수집, 기록, 조직, 해석하는 활동이다.

② 청소년 상담 활동: 청소년 개개인의 적응상의 문제 해결을 조력하고 미래의 인생설계를 자율적으로 수립할 수 있는 능력을 길러 준다.

③ 정보제공 활동: 청소년들이 문제에 직면하여 의사결정이 필요할 때, 자신과 자신을 둘러싼 환경을 이해하는 데 도움이 되는 다양한 정보를 제공해 주는 활동이다.

④ 정치(placement) 활동: 교육적 활동이나 진로 및 직업에 필요한 조력 활동으로 성장과 문제해결을 위해 다음 단계에서 청소년들이 무엇을 어떻게 할지 선택하고 실행할 수 있도록 돕는다.

⑤ 추수지도(follow-up) 활동: 이미 상담을 참여하고 상담을 마친 청소년들을 지속적으로 돕는 활동이다.

### (2) 학교상담자의 영역

① 학교상담자의 네 가지 개입 방법: 개인과 집단의 상담, 자문, 조정, 교실 생활교육을 통해 도움을 제공하는 특수전문가

② 핵심 업무: 학생 발달(학업, 진로, 개인, 사회성)과 종합적 학교 상담프로그램을 기획, 실행, 평가한다.

③ 학교상담자의 역할 4C: 상담(Counseling), 자문(Consultation), 조정(Coordination), 교실 생활교육(Classroom Guidance)

## 6. 청소년 상담 윤리 2014년, 2015년, 2016년, 2017년, 2018년

**(1) 청소년상담사의 윤리강령(청소년상담사 윤리강령 전문 참고)**

① 상담 과정에서 발생하는 여러 가지 문제와 갈등에 대해 상담자는 내담자와 상담자를 동시에 보호할 수 있는 판단을 해야 한다.

② 우리나라는 국가자격 청소년상담사 윤리강령이 있다.

③ 청소년상담사는 청소년 및 주변인에게 인간적 존엄성을 높이고자 노력하고 청소년이 자율적으로 결정할 수 있도록 도와주며 청소년의 아픔과 슬픔에 대해 책임을 다해야 한다.

④ 청소년상담사의 전문적 자세, 내담자의 복지, 상담 관계, 비밀보장, 심리평가, 슈퍼비전 등에 대한 다양한 윤리가 제정되어 있다.

**(2) 청소년 상담 장면에서 발생하는 윤리적 · 법률적 어려움**

① 청소년 내담자가 성폭행 피해자인 경우를 알게 되었을 때: 아동 · 청소년 관련 시설에 근무하는 청소년상담사가 만 19세 미만의 아동 · 청소년 대상 성범죄 발생 사실을 알게 된 때에는 즉시 수사기관에 신고할 의무가 있다.

② 내담자가 미성년자에 대한 성범죄를 저지른 사실을 알게 되었을 때: 만약 피해자가 19세 미만의 아동 · 청소년이라는 것을 알게 된 때에는 즉시 수사기관에 신고해야 할 의무가 있다.

③ 내담자가 아동학대를 당하는 것을 알았을 때: 기관에 종사하는 청소년상담사는 만 18세 미만의 아동에 대한 보호자의 아동학대 범죄를 알게 된 경우 즉시 수사기관에 신고할 의무가 있다.

④ 청소년상담사의 비밀보장의 의무

- 학교나 법원의 의뢰로 상담 시 상담 결과를 보고해야 할 의무가 있을 경우, 내담자에게 미리 문서로 동의를 구하는 것이 적절하다.
- 내담자가 미성년(만 19세 미만)일 경우, 법정대리인(부모님 등 보호자)의 동의가 필요하다.
- 내담자의 부모가 특별한 사유 없이 자녀에 대한 상담기록을 요구한 경우, 상담정보를 제공하지 않는 것이 적절하다.

**(3) 키치너(Kitchener)의 윤리적 결정원칙 2016년**

① 자율성(autonomy): 내담자가 타인에게 해를 끼치지 않는 범위 내에서 스스로 행동을 결정하고 책임질 수 있는 권리와 자율성을 가진 존재로 인정한다.

② 선의성(beneficence): 선행을 베풀겠다는 의도로 행동한다. 무능, 부정직은 내담자의 복지에 도움이 될 수 없음을 인식한다.

③ 무해성(nonmaleficence): 비유해성, 상담자는 내담자에게 손해를 입히거나 위험에 빠뜨리는 행동을 적극적으로 피해야 한다.

④ 공정성(justice): 상담자는 모든 내담자에게 균등한 기회를 주어야 한다. 즉, 내담자의 인종, 성별, 재정 상태, 종교 등과 상관없이 평등하고 공정한 기회를 보장하여야 한다.

⑤ 충실성(fidelity): 성실성, 상담자와 내담자는 신뢰할 수 있는 관계여야 한다. 즉, 상담자는 상담 과정에서 내담자와의 약속을 잘 지켜야 한다.

**(4) 윤리적 의사결정 모델(Welfel, 2009) 2017년, 2018년**

| 1단계 | 윤리적 민감성 키우기 | • 상황에 대한 윤리적 쟁점 인식 단계 |
|---|---|---|
| 2단계 | 사례와 관련된 정확한 사실과 사회문화적 맥락 파악하기 | |
| 3단계 | 핵심적인 쟁점과 가능한 대안 확인하기 | • 상급자 등과 의논<br>• 윤리적·법적 기준 확인 후 상황에 적용하는 단계 |
| 4단계 | 관련된 윤리적 기준이나 법/규정 찾아보기 | |
| 5단계 | 전문가 윤리 관련 문헌 확인하기 | |
| 6단계 | 윤리적 원칙을 주어진 상황에 적용해 보기 | |
| 7단계 | 슈퍼바이저나 관련 전문가에게 자문 구하기 | |
| 8단계 | 깊이 생각하고 결정하기 | • 윤리적 의사결정의 근거와 과정을 기록하는 단계 |
| 9단계 | 슈퍼바이저에게 알리고 행동을 취한 후 기록으로 남기기 | |
| 10단계 | 경험에 대해 반성하기 | • 모든 책임을 짐 |

**학습 plus**

**청소년상담사 윤리강령 전문** 2014년, 2015년, 2016년, 2017년, 2018년, 2022년, 2023년

청소년상담사 윤리강령 전문

- 서문 -

청소년상담사는 청소년의 인지, 정서, 행동, 발달을 조력하는 유일한 상담전문 국가자격증이다. 청소년상담사는 항상 청소년과 그 주변인들에게 인간으로서의 존엄성을 높이고자 노력하고, 청소년이 스스로 결정할 수 있도록 도와주며, 청소년의 아픔과 슬픔에 대해 청소년상담사로서의 책임을 다한다. 청소년상담사는 청소년이 사랑하는 가족, 이웃과 더불어 행복하게 살아갈 수 있도록 지원하기 위해 다음과 같이 윤리규정을 숙지하고 준수할 것을 다짐한다.

가. 제정 목적

    1. 청소년상담사의 책임과 의무를 분명하게 제시하여 내담자를 보호한다.

    2. 청소년상담사가 직무 중에 발생하는 문제를 처리할 수 있는 기준을 제공한다.

    3. 청소년상담사의 활동이 전문직으로서의 상담의 기능 및 목적에 저촉되지 않도록 기준을 제공한다.

    4. 청소년상담사의 활동이 지역사회의 도덕적 기대에 부합하도록 준거를 제공한다.

    5. 대한민국 청소년들의 건강·성장을 책임지는 전문가로서의 청소년상담사를 보호하는 기준을 제공한다.

나. 청소년상담사로서의 전문적 자세 2016년, 2022년

    1. 전문가로서의 책임

        가) 청소년상담사는 청소년 기본법에 따라 청소년의 권리와 책임을 다할 수 있게 지원해야 한다.

        나) 청소년상담사는 자기의 능력 및 기법의 한계를 인식하고, 전문적 기준에 위배되는 활동을 하지 않도록 한다.

        다) 청소년상담사는 검증되지 않고 훈련받지 않은 상담기법의 오·남용을 하지 않도록 유의한다.

        라) 청소년상담사는 청소년과 관련된 정책, 규칙, 법규에 대해 정통해야 하고 청소년 내담자를 보호하며 청소년 내담자가 최선의 발달을 이루도록 노력해야 한다.

    2. 품위유지 의무 2018년

        가) 청소년상담사는 전문상담자로서 품위를 손상하는 행위를 하지 않는다.

        나) 청소년상담사는 현행법을 우선적으로 준수하되, 윤리강령이 보다 엄격한 기준을 설정하고 있다면, 윤리강령을 따른다.

        다) 청소년상담사는 상담적 배임행위(내담자 유기, 동의를 받지 않은 사례 활용 등)를 하지 않는다.

    3. 보수교육 및 전문성 함양

        가) 청소년상담사는 자신의 전문성을 유지·향상시키기 위해 법적으로 정해진 보수교육에 반드시 참여한다.

        나) 청소년상담사는 다양한 사람들을 상담함에 있어서 상담에 필요한 이론적 지식과 전문적 상담 및 연구 능력을 향상시키기 위해 교육, 자문, 훈련 등 지속적인 노력을 기울여야 한다.

다. 내담자의 복지

    1. 내담자의 권리와 보호

        가) 청소년상담사는 내담자의 복지를 증진하고 존엄성을 존중하는 것에 최우선 가치를 둔다.

        나) 청소년상담사는 내담자가 상담 계획에 참여할 권리, 상담을 거부하거나 개입방식의 변경을 거부할 권리, 거부에 따른 결과를 고지받을 권리, 자신의 상담 관련 자료를 복사 또는 열람할 수 있는 권리 등을 보장해 주어야 한다. 단, 기록물에 대한 복사 및 열람이 내담자에게 해악을 끼친다고 판단될 경우 내담자의 기록물 복사 및 열람을 제한할 수 있다.

        다) 청소년상담사는 외부 지원이 적합하거나 필요할 때 의뢰를 요청할 수 있으며 이를 청소년 내담자 및 보호자(만 14세 미만 내담 청소년의 경우)에게 알리고 서비스를 받을 수 있도록 노력한다.

라) 청소년상담사는 자신의 질병, 죽음, 이동, 퇴직 등으로 인하여 상담을 중단해야 하는 경우 이에 대한 적절한 조치를 취해야 한다.

마) 청소년상담사는 청소년 내담자에게 무력, 정신적 압력 등을 사용하지 않는다.

2. 사전 동의

가) 청소년상담사는 상담을 시작할 때 내담자가 충분한 설명을 듣고 선택할 수 있도록 적절한 정보를 제공해야 하고, 상담자와 내담자 모두의 권리와 책임에 대해 알려 줄 의무가 있다.

나) 청소년상담사는 내담자에게 상담 과정의 녹음과 녹화 여부, 사례지도 및 교육에 활용할 가능성에 대해 설명하고, 내담자에게 동의 또는 거부할 권리가 있음을 알려야 한다.

다) 청소년상담사는 내담자가 만 14세 미만의 청소년인 경우, 보호자 또는 법정대리인의 상담 활동에 대한 사전 동의를 구해야 한다.

라) 청소년상담사는 내담자에게 상담의 목표와 한계, 상담료 지불 방법 등을 명확히 알려야 한다.

3. 다양성 존중

가) 청소년상담사는 모든 인간의 기본적인 권리, 존엄성, 가치를 존중하며 성별, 장애, 나이, 성적 지향, 사회적 신분, 외모, 인종, 가족형태, 종교 등을 이유로 내담자를 차별하지 않는다.

나) 청소년상담사는 내담자의 다양한 문화적 배경을 이해하고, 청소년상담사 자신의 고유한 문화적 정체성이 상담 과정에 영향을 주지 않도록 노력해야 한다.

다) 청소년상담사는 자신의 개인적 가치, 태도, 신념, 행위를 자각하고 내담자에게 자신의 가치를 강요하지 않는다.

라. 상담 관계

1. 다중관계

가) 청소년상담사는 법적, 도덕적 한계를 벗어난 다중관계를 맺지 않는다.

나) 청소년상담사는 내담자와 연애 관계 및 기타 사적인 관계를 맺지 않는다.

다) 청소년상담사는 내담자와 상담 비용을 제외한 어떠한 금전적, 물질적 거래 관계도 맺지 않는다.

라) 청소년상담사는 내담자와 상담 이외의 다른 관계가 있거나, 의도하지 않게 다중관계가 시작된 경우에는 적절한 조치를 취해야 한다.

2. 부모/보호자와의 관계

가) 청소년상담사는 부모(보호자)의 권리와 책임을 존중하고, 청소년 내담자의 건강한 성장을 위해 부모(보호자)에게 상담자의 역할에 대해 설명하여 협력적인 관계를 성립하도록 노력한다.

나) 청소년상담사는 내담자의 성장과 복지에 필요하다고 판단되는 경우, 내담자의 동의하에 부모(보호자)에게 내담자에 관한 최소한의 정보를 제공한다.

3. 성적 관계

가) 청소년상담사는 내담자 및 내담자의 가족, 중요한 타인에게 자신의 지위를 이용하여 성적 접촉 및 성적 관계를 가져서는 안 된다.

나) 청소년상담사는 이전에 연애 관계 또는 성적인 관계를 가졌던 사람을 내담자로 받아들이지 않는다.

마. 비밀보장

1. 사생활과 비밀보장의 의무

가) 청소년상담사는 내담자와 부모(보호자)의 사생활과 비밀보장에 대한 권리를 최대한 존중해야 한다.

나) 청소년상담사는 상담기관에 소속된 모든 구성원과 관계자 · 슈퍼바이저 · 주변인들에게도 내담자의 사생활과 비밀이 보호되도록 주지시켜야 한다.

다) 청소년상담사는 청소년 내담자 상담 시 사전에 상담에 대한 내담자의 동의를 받고 상담 과정에 부모나 보호자가 참여할 수 있으며, 비밀보장의 한계에 따라 정보를 제공할 수 있음을 알린다.

라) 청소년상담사는 청소년 내담자 상담 시, 상담 의뢰자(교사, 경찰 등)에게 내담자 및 보호자(만 14세 미만 내담 청소년의 경우)의 동의하에 정보를 제공할 수 있다.

마) 청소년상담사는 비밀보장의 의미와 한계에 대하여 청소년 내담자의 발달단계에 적합한 용어로 알기 쉽게 설명해 주어야 한다.

바) 청소년상담사는 강의, 저술, 동료 자문, 대중매체 인터뷰, 사적 대화 등의 상황에서 내담자의 신원 확인이 가능한 정보나 비밀 정보를 공개하지 않는다.

## 2. 기록 및 보관 **2023년**

가) 청소년상담사는 내담자에게 전문적인 서비스를 제공하기 위해 상담 내용을 기록하고 보관한다.

나) 기록의 보관은 공공기관이나 교육기관 등은 각 기관에서 정한 기록 보관 연한을 따르고, 이에 해당하지 아니한 경우에는 3년 이내 보관을 원칙으로 한다.

다) 청소년상담사는 기록 및 녹음에 관해 내담자의 사전 동의를 구한다.

라) 청소년상담사는 면접 기록, 심리검사 자료, 편지, 녹음 및 동영상 파일, 기타 기록 등 상담과 관련된 기록을 보관하고 처리하는 데 있어서 비밀을 준수해야 한다.

마) 청소년상담사는 원칙적으로 내담자 및 보호자(만 14세 미만 내담 청소년의 경우)의 동의 없이 상담의 기록을 제3자나 기관에 공개하지 않는다.

바) 청소년상담사는 내담자와 보호자가 상담 기록의 삭제를 요청할 경우 법적, 윤리적 문제가 없는 한 삭제하여야 한다. 상담 기록을 삭제하지 못할 경우 타당한 이유를 내담자와 보호자에게 설명해 주어야 한다. **2023년**

사) 청소년상담사는 퇴직, 이직 등의 이유로 상담을 중단하게 될 경우 기록과 자료를 적절한 절차에 따라 기관이나 전문가에게 양도한다.

아) 전자기기 및 매체를 활용하여 상담 관련 정보를 기록 · 관리하는 경우, 기록의 유출 또는 분실 가능성에 대해 경각심과 주의 의무를 가져야 하며 내담자의 정보보호를 위해 적극적인 노력을 해야 한다.

자) 내담자의 기록이 전산 시스템으로 관리되는 경우, 접근 권한을 명확히 설정하여 내담자의 신상이 공개되지 않도록 조치를 취한다.

## 3. 상담 외 목적을 위한 내담자 정보의 사용

가) 청소년상담사는 자신의 사례에 대해 보다 나은 전문적 상담을 위해 내담자 및 보호자(만 14세 미만 내담 청소년의 경우)의 동의를 구한 후 내담자에 대해 사실적이고 객관적인 정보만을 사용하여 동료나 슈퍼바이저에게 자문을 받을 수 있다.

나) 청소년상담사는 교육이나 연구 또는 출판을 목적으로 상담 관련 자료를 사용할 때는 내담자 및 보호자(만 14세 미만 내담 청소년의 경우)의 동의를 구해야 하며, 신상 정보 삭제와 같은 적절한 조치를 취하여 내담자에게 피해를 주지 않도록 한다.

## 4. 비밀보장의 한계 **2020년**

가) 청소년상담사는 상담 시 비밀보장의 1차적 의무를 내담자의 보호에 두지만 비밀보장의 한계가 있는 경우 청소년의 부모(보호자) 및 관계기관에 공개할 수 있다.

나) 비밀보장의 한계가 있는 경우는 다음과 같다.

　1) 청소년상담사는 내담자의 생명이나 사회의 안전을 위협하는 경우 비밀을 공개하여 그러한 위험의 목표가 되는 사람을 보호하기 위한 합당한 조치 등 안전을 확보한다.

　2) 청소년상담사는 법적으로 정보의 공개가 요구되는 경우 내담자에게 그 사실을 알리고 최소한의 정보만을 제공한다.

3) 청소년상담사는 내담자에게 감염성이 있는 치명적인 질병이 있을 경우 관련 기관에 신고하고, 그 질병에 노출되어 있는 제3자에게 정보를 공개할 수 있다.

다) 청소년상담사는 아동학대, 청소년 성범죄, 성매매, 학교폭력, 노동관계 법령 위반 등 관련 법령에 의해 신고 의무자로 규정된 경우 해당 기관에 관련 사실을 신고해야 한다.

**바. 심리평가 2023년**

1. 심리검사의 실시

가) 청소년상담사는 심리검사를 실시하고 해석할 수 있는 능력을 배양해야 한다.

나) 청소년상담사는 심리검사 실시 전에 내담자 및 보호자(만 14세 미만 내담 청소년의 경우)에게 사전 동의를 받아야 한다.

다) 청소년상담사는 검사 도구를 선택, 실시, 해석함에 있어서 모든 전문가적 기준을 고려하여 사용한다.

라) 청소년상담사는 내담자에게 적절한 심리검사를 선택해야 하며 검사의 타당도와 신뢰도, 제한점 등을 고려한다.

마) 청소년상담사는 다문화 배경을 가진 내담자를 위한 검사 선택 시 내담자의 사회문화적 맥락을 신중히 고려해야 한다.

2. 심리검사의 해석

가) 청소년상담사는 심리검사 해석에 있어 성별, 나이, 장애, 성적 지향, 인종, 종교, 문화 등의 영향을 고려하여 검사 결과를 해석한다.

나) 청소년상담사는 청소년이 이해할 수 있도록 심리검사의 목적, 성격, 결과에 대한 설명을 제공한다.

다) 청소년상담사는 심리검사 결과를 다른 이들이 오용하거나 외부에 유출하지 않도록 하여야 한다.

**사. 슈퍼비전**

1. 슈퍼바이저의 역할과 책임

가) 슈퍼바이저는 사례지도 방법과 기법들에 대한 교육과 훈련을 지속적으로 받음으로써 사례지도 역량을 향상시키기 위해 노력한다.

나) 슈퍼바이저는 전자 매체를 통하여 전송되는 모든 사례지도 자료의 비밀 보장을 위해서 주의하고, 필요한 조치를 취한다.

다) 슈퍼바이저는 사례지도를 시작하기 전에, 진행 과정에 대해 충분히 설명한 후 동의를 받음으로써 슈퍼바이지의 적극적 참여를 독려할 책임이 있다.

라) 슈퍼바이저는 슈퍼바이지에게 전문가적 · 윤리적 규준과 법적 책임을 숙지시킨다.

마) 슈퍼바이저는 지속적 평가를 통해 슈퍼바이지의 한계를 파악하고, 그가 자신의 한계를 인식하고 보완할 수 있도록 돕는다.

2. 슈퍼바이저와 슈퍼바이지의 관계

가) 슈퍼바이저는 슈퍼바이지와 상호 존중하며 윤리적, 전문적, 개인적 그리고 사회적 관계를 명료하게 정의하고 유지한다.

나) 슈퍼바이저와 슈퍼바이지는 성적 혹은 연애 관계, 그 외에 사적인 이익 관계를 갖지 않는다.

다) 슈퍼바이저와 슈퍼바이지는 상호 간에 성희롱 또는 성추행을 해서는 안 된다.

라) 슈퍼바이저는 가족, 친구, 동료 등 상대방에 대한 객관성을 유지하기 힘든 사람과 슈퍼비전 관계를 맺지 않는다.

**아. 청소년 사이버상담**

1. 사이버상담에서의 정보 관리

    가) 운영 특성상, 한 명의 내담자가 여러 명의 사이버상담자를 만나게 되는 경우 상담자들 간에 정보를 공유할 수 있음을 내담자에게 알린다.

    나) 사이버상담 운영기관에서는 이용자가 다른 사람의 신분을 도용하지 않도록 절차를 마련해야 한다.

2. 사이버상담에서의 책임

    가) 사이버상담자는 만약에 있을지 모르는 위기개입 등의 상황을 대비하기 위해서 내담자의 신분을 확인할 방법을 가지고 있어야 한다.

    나) 사이버상담이 내담자에게 부적절하다고 간주될 경우, 상담자는 대면상담 연계 등 이에 적합한 서비스 연계를 하여야 한다.

**자. 지역사회 참여 및 제도 개선에 대한 책임**

1. 지역사회를 돕는 전문가 역할

    가) 청소년상담사는 경제적 이득이 없는 경우에도 청소년의 최선의 유익을 위하여 지역사회의 기관, 조직 및 개인과 협력하고 사회공익을 위해 전문적 활동에 헌신함으로써 사회에 공헌하도록 한다.

    나) 청소년상담사는 내담자가 다른 정신건강 전문가와 상담을 받고 있음을 알게 되면, 내담자의 동의하에 그 전문가와 긍정적이고 협력적인 관계를 맺도록 노력한다.

2. 제도 개선 노력

    가) 청소년상담사는 청소년 및 복지 관련 법령, 정책 등의 적용과 개선을 위해 노력한다.

    나) 청소년상담사는 자문을 요청한 내담자나 기관의 문제 혹은 잠재된 사회문제를 규명하고 해결하는 데 도움을 준다.

**차. 상담기관 설립 및 운영**

1. 상담기관 운영자의 역할

    가) 청소년 상담기관을 운영하고자 할 경우, 운영자로서의 전문성 및 역량을 갖추도록 노력해야 한다.

    나) 상담기관 운영자는 직원이나 학생, 수련생, 동료 등을 교육, 감독하거나 평가 시에 착취하는 관계를 가져서는 안 된다.

    다) 상담기관 운영자는 자신과 현재 종사하고 있는 직원의 전문적 역량 향상에 책임이 있다.

    라) 상담비용은 내담자의 재정 상태 등을 고려하여 합리적으로 책정한다.

    마) 상담기관 운영자는 직원 채용 시 자격 있는 사람을 채용해야 한다.

2. 상담기관 종사자의 역할

    가) 청소년상담사는 자신이 종사하는 기관의 목적과 운영 방침을 따라야 하며, 기관의 성장 발전을 위해 노력해야 한다.

    나) 청소년상담사는 고용기관에 손해를 끼칠 수 있는 상황이나 기관의 효율성에 제한을 줄 수 있는 상황에 대해 미리 알려 주어야 한다.

**카. 연구 및 출판**

1. 연구 활동

    가) 청소년상담사는 청소년 문제 해결을 위해 윤리적 기준에 따라 과학적인 방법으로 연구를 계획하고 수행한다.

    나) 청소년상담사는 연구대상자를 심리적, 신체적, 사회적 불편이나 위험으로부터 보호하여야 한다.

    다) 청소년상담사는 연구참여자들에게 연구의 본질, 결과 및 결론에 대한 정보를 제공하는 것이 과학적 가치와 인간적 가치를 손상시키지 않는 한, 연구참여자들이 이에 대한 정보를 얻을 수 있는 기회를 제공한다.

2. 출판 활동

　　가) 청소년상담사는 연구 결과를 출판할 경우에 자료를 위조하거나 결과를 왜곡해서는 안 된다.

　　나) 청소년상담사는 투고논문, 학술발표원고, 연구계획서를 심사할 경우 제출자와 제출내용에 대해 비밀을 유지하고 저자의 저작권을 존중한다.

타. 자격 취소

1. 청소년상담사는 청소년기본법 제21조의2(자격의 취소)에 해당하는 경우 자격이 취소된다.

　　가) 청소년기본법 제21조의 결격사유에 해당하게 된 경우

　　　　① 미성년자, 피성년후견인 또는 피한정후견인

　　　　② 파산선고를 받고 복권되지 아니한 사람

　　　　③ 금고 이상의 형을 선고받고 그 집행이 끝나거나 집행을 받지 아니하기로 확정된 후 3년이 지나지 아니한 사람

　　　　④ 금고 이상의 형을 선고받고 그 집행유예의 기간이 끝나지 아니한 사람

　　　　⑤ 3호 및 4호에도 불구하고 다음 각 목의 어느 하나에 해당하는 죄를 저지른 사람으로서 형 또는 치료감호를 선고받고 확정된 후 그 형 또는 치료감호의 전부 또는 일부의 집행이 끝나거나(집행이 끝난 것으로 보는 경우를 포함한다) 집행이 유예·면제된 날부터 10년이 지나지 아니한 사람

　　　　　　㉠「아동복지법」제71조 제1항의 죄

　　　　　　㉡「성폭력범죄의 처벌 등에 관한 특례법」제2조의 성폭력범죄

　　　　　　㉢「아동·청소년의 성보호에 관한 법률」제2조 제2호의 아동·청소년 대상 성범죄

　　　　⑥ 법원의 판결 또는 법률에 따라 자격이 상실되거나 정지된 사람

　　나) 거짓이나 그 밖의 부정한 방법으로 자격을 취득한 경우

　　다) 자격증을 다른 사람에게 빌려주거나 양도한 경우

파. 청소년상담사 윤리강령 제·개정 및 해석

1. 한국청소년상담복지개발원은 청소년상담사 윤리강령 교육·보급을 위해 노력해야 한다.

2. 한국청소년상담복지개발원은 청소년상담사 대상 의견 수렴 및 전문가 토론회, 자격검정위원회의 보고 등 자문을 통해 청소년상담사 윤리강령 개정안을 수립한 후 청소년상담사 윤리강령을 개정할 수 있다.

3. 윤리강령과 관련하여 의견이 있거나 공문 등을 통해 윤리적 판단을 요청할 경우, 한국청소년상담복지개발원에서 전문적 해석을 제공할 수 있다.

부칙

1. (시행일) 이 강령은 공표한 날부터 시행한다.

출처: 한국청소년상담복지개발원. https://www.kyci.or.kr/userSite/index.asp

| CHAPTER 03 | 청소년 상담이론 |
|:----------:|:----------|

## 1. 정신분석 상담

### (1) 정신분석 상담의 개요 2014년

① 심리적결정론: 프로이트(Freud)는 성격의 기본적인 구조와 기능은 생후 5~6년 사이에 결정된다는 심리적결정론을 제시했다. 인간의 모든 행동은 원인이 있고 그 원인을 무의식에서 찾고 분석하여 의식의 세계로 노출시킴으로써 자아의 기능을 강화해야 한다고 보았다.

② 성격 구조: 인간의 마음 구조는 원초아(id), 자아(ego), 초자아(superego)로 되어 있다.

③ 본능이론: 삶의 본능(libido), 죽음의 본능(thanatos)으로 나눈다.

④ 심리성적 발달단계: 성격의 발달은 구강기, 항문기, 남근기, 잠재기, 성기기의 발달단계를 거치며 이루어지고 각 단계에서 미해결된 과제를 해결하지 못하고 고착되면 다음 단계에 영향을 미친다고 본다.

### (2) 정신분석 상담의 인간관

① 생물학적 존재: 인간의 행동과 사고, 감정은 생물학적 본능(리비도, 타나토스)의 지배를 받는다.

② 결정론적 존재: 인간의 행동은 비합리적인 힘과 무의식적 동기에 의해 결정된다.

③ 갈등론적 존재: 인간은 원초아, 자아, 초자아가 서로 갈등하는 존재다.

④ 무의식적 존재: 인간의 깨어 있는 의식은 무의식의 지배를 받아 심리적 증상이 형성된다.

### (3) 정신분석 상담의 주요 개념

① 의식의 구조(마음의 지형학적 모델)

- 의식 수준: 항상 지각하고 있는 지각, 사고, 정서경험 등이 해당되며 인간의 정신세계에서 극히 일부분이다.
- 전의식 수준: 평소에는 의식하지 못하지만 주의를 기울이면 의식할 수 있는 기억과 경험을 의미한다.
- 무의식 수준: 억압된 욕구, 감정, 기억의 보관소라고 할 수 있으며, 개인의 행동에 지대한 영향을 미친다.

② 성격 구조(성격의 삼원구조 이론)

- 원초아(id): 쾌락의 원리에 따라 작동하고 본능적 욕구를 즉각적으로 충족시키려 한다.
- 자아(ego): 현실의 원리로 합리적 방식으로 원초아와 초자아를 조절하여 욕구를 충족, 지연시키거나 다른 것으로 대체하는 기능을 한다.
- 초자아(superego): 양심의 원리, 도덕의 원리로 부모로부터의 물려받은 사회적 가치와 관습을 포함한다.

③ 성격 발달(심리성적 발달단계)

| 단계 | | 특징 |
|---|---|---|
| 구강기<br>(Oral stage) | 출생~<br>18개월 | • 리비도가 입에 집중, 깨물기, 빨기 등을 통해 욕구를 충족한다.<br>• 입을 통해 환경을 탐색하는 시기다.<br>• 부모 등 주 양육자와의 관계가 발달에 중요한 역할을 한다. |
| 항문기<br>(Anal stage) | 18개월~<br>3세 | • 리비도가 항문에 집중되는 시기로 배변훈련이 성격 형성에 중요한 역할을 한다.<br>• 부모의 규칙, 도덕적 규범 등을 습득한다. |
| 남근기<br>(Phallic stage) | 3~6세 | • 리비도가 성기에 집중하면서 이성의 부모에게 호감을, 동성의 부모에 대해서는 적대적 감정을 보이는 시기다.<br>• 동일시를 통해 오이디푸스 콤플렉스, 엘렉트라 콤플렉스가 형성되기도 한다. 자아와 초자아가 발달되는 시기다. |
| 잠재기<br>(Latency stage) | 7~12세 | • 리비도가 잠재된 시기로 다른 단계에 비해서 평온한 시기다.<br>• 학교, 놀이친구, 운동 등의 새로운 활동에 관심을 두게 된다. |
| 성기기<br>(Genital stage) | 13세 이후 | • 청소년기부터는 리비도가 다시 성기에 집중, 일평생 지속된다.<br>• 사춘기의 시작으로 이성에 대한 성적 흥미가 증가된다. |

④ 불안: 원초아(id), 자아(ego), 초자아(superego) 간의 갈등이 야기되면 불안이 발생한다. 불안은 현실적 불안, 신경증적 불안, 도덕적 불안으로 구분된다. **2016년, 2019년**

| 현실불안 | • 자아가 실제적 상황이나 구체적 대상에 느끼는 현실적 불안이다.<br>예 끓고 있는 기름에 화상을 입을까 불안 → 보호장갑을 끼는 것으로 대치 |
|---|---|
| 신경증적 불안 | • 자아가 원초아의 갈등으로, 더 이상 원초아를 통제하지 못해 충동적인 욕망과 감정의 표출로 죄책감과 수치심을 느낄 것 같은 불안이다.<br>예 폭력적 아버지에 대한 증오심과 분노 표출의 불안 → 청결에 대한 강박 |

| 도덕적 불안 | • 자아와 초자아 간의 갈등에서 오는 불안으로, 자아가 충동적인 원초아를 통제하지 못할 때, 초자아로부터 비난과 질책을 받아 죄책감을 느낀다.<br>예 폭행당하는 친구를 외면한 죄책감으로 학교를 자퇴하여 자신을 벌한다. |
|---|---|

⑤ 방어기제

- 원초아(id)와 자아(ego), 초자아(superego) 사이의 갈등 시 생기는 불안으로부터 자아를 보호하도록 돕는 사고나 행동을 방어기제라 한다.
- 억압이나 부인 같은 일차적 방어기제와 투사, 승화, 반동 형성 등 이차적 방어기제가 있다.
- 왜곡, 부인, 망상적 투사 등 현실과 동떨어진 정신병적 방어와 합리화, 주지화, 치환 등 정서적 어려움으로 인한 신경증적 방어가 있다.
- 프로이트에 의하면 청소년기에는 지적 활동에 몰두함으로써, 본능적 충동에 의한 정서적 혼란을 벗어날 수 있으므로 주지화 방어가 빈번하게 나타난다.

▶ **방어기제의 종류** 2023년

| 이타주의<br>(altruism) | • 다른 사람을 돕는 일에 힘을 쏟고 그것에서 만족을 얻는다.<br>예 타인에 대한 공격성을 타인을 돕는 것으로 해소한다. |
|---|---|
| 승화<br>(sublimation) | • 본능적 욕망이나 충동을 사회적, 문화적으로 수용되는 방향으로 전환하는 것이다.<br>예 분노와 공격성을 격투기, 권투 등으로 전환하여 표현 |
| 유머<br>(humor) | • 상황에 대한 부정적 결과를 생각하는 대신 재미와 즐거움을 찾아 긍정적으로 행동한다. |
| 억제<br>(suppression) | • 바람직하지 않은 충동과 욕망, 감정을 의도적으로 주의를 딴 곳으로 돌려 위험하고 불편한 감정을 완화시킨다. |
| 억압<br>(repression) | • 받아들이기 어려운 욕구, 충동, 생각 등으로 인한 심리적 고통을 무의식적으로 억눌러 버리는 것을 말한다.<br>예 중요한 발표날에 심한 부담감에 갇혀 일정을 완전히 잊어버림 |
| 부인<br>(denial) | • 외부 현실이나 사실을 감당할 수 없어 회피, 왜곡, 부인한다.<br>예 악성종양을 가진 사람이 자신은 암이 아니라고 하는 것 |
| 회피<br>(evasion) | • 문제상황이나 고통의 경험에 직면하는 것을 거부하는 것이다.<br>예 과제가 밀려 있는데 게임을 하거나 잠을 자는 것 |
| 투사<br>(projection) | • 자신이 용납하기 어려운 충동이나 욕망을 타인이나 외부 환경의 탓으로 돌리는 것을 말한다.<br>예 자신이 화난 걸 인지하지 못하고 상대가 화를 낸다고 여기는 것 |

| 전치 or 치환<br>(substitution) | • 자신의 충동이나 감정을 그 목표나 인물 대신 덜 위협적이거나 안전한 대상에게로 방향을 돌리는 것이다.<br>예 직장에서 상사에게 혼나고 자녀들에게 화풀이를 하는 것 |
|---|---|
| 취소<br>(undoing) | • 자신의 욕구와 행동이 타인에게 피해를 주었다고 무의식적으로 느낄 때, 그 행동을 철회하고 원상 복귀하려는 것이다.<br>예 전날 아내를 때린 남편이 퇴근길에 꽃을 사다 주는 것 |
| 합리화<br>(rationalization) | • 타당하지 않은 유리한 해석으로 자신의 행동을 정당화시킨다.<br>• 신포도형 합리화와 단레몬형 합리화가 있다. |
| 신체화<br>(somatization) | • 심리적인 갈등이나 현실적 불안이 신체 증상으로 전환되어 나타난다.<br>예 학교 가기 싫어 배가 아픈데, 내과적 이상은 없는 것 |
| 행동화<br>(acting out) | • 문제상황을 적절한 생각과 감정을 사용해 다루는 대신 비행 행동, 충동적 행동을 표출한다.<br>예 부모에 대한 부정적 생각을 가진 청소년이 방문을 부수거나 주먹으로 벽을 치는 것 |
| 동일시<br>(identification) | • 다른 사람의 태도, 행동 특성이나 그들이 이룬 업적을 나의 것으로 여기면서 불안으로부터 자신을 보호하는 것이다.<br>예 유명인과 교류하고 정서적 유대감을 형성, 자신의 가치를 높임 |
| 반동형성<br>(reaction<br>formation) | • 사회적으로 허용되지 않는 욕망이나 충동이 표출되는 것을 피하기 위해 반대되는 태도나 행동을 취함으로써 불안을 감소시킨다.<br>예 싫어하는 사람에게 친절하고 예의 바르게 행동하는 것 |
| 퇴행<br>(regression) | • 자신이 감당하기 어려운 상황에서 불안을 완화하기 위해 발달적으로 더 낮은 수준의 생각, 감정 행동을 보인다.<br>예 엄마에게 사랑받던 때를 생각하여 어린이처럼 행동하게 되는 것 |
| 해리<br>(dissociation) | • 어떤 상황에 대해 기억하거나 의식하지 못함으로써 그로부터 일시적으로 벗어나려고 한다. |

⑥ 청소년기 특징적인 방어기제

| 주지화<br>(intellectualization) | • 불안을 유발하는 감정을 회피, 인지적·추상적인 측면에만 몰입한다.<br>• 보통 청소년들은 자신의 공격적인 충동을 직면하지 않으려 사회적 화젯거리에 대해 매우 장황하게 이야기한다. |
|---|---|
| 금욕주의<br>(asceticism) | • 성적 욕구의 출현으로 인한 두려움을 해결하기 위해 성적 욕구 충족과 관련된 행동을 하는 것을 철저하게 부정하는 행동을 말한다.<br>• 성적인 행동뿐만 아니라 수면 등 일상생활 속 신체 행동들에 대한 거부와 혐오의 감정이나 행동을 나타낸다. |

## (4) 정신분석 상담의 상담 목표 2016년

① 무의식의 의식화: 무의식을 깊이 탐색하고 의식화하는 과정을 통해 억압된 충동들을 인식 · 표출하며 문제행동의 원인을 통찰한다.

② 자아의 강화: 개인의 성격 구조를 변화시키고, 본능적 충동을 따르지 않고 보다 현실적인 행동을 선택할 수 있도록 자아의 강화에 초점을 준다.

## (5) 정신분석 상담의 상담기법 2014년, 2015년, 2016년, 2018년

① 자유연상(free association): 내담자가 의식적인 자기검열 없이 마음에 떠오르는 생각이나 느낌을 상담자에게 보고하는 것으로 내담자의 무의식적 소망, 동기, 갈등 등의 단서를 의식화하는 상담기법이다.

② 꿈(dream) 분석: 수면 중에는 내담자의 방어가 약한 것을 이용해, 꿈을 기억하거나 기록해 상담 중에 떠올리도록 하여 꿈속에 숨어 있는 억압된 무의식적 욕구와 동기들을 해석하여 내담자의 증상에 대한 의미나 상태를 깨닫도록 하는 기법이다.

③ 해석(interpretation): 상담자가 꿈, 자유연상, 저항, 전이 등의 의미를 내담자에게 설명하는 것으로 내담자는 이를 통해 이전에 몰랐던 무의식적 내용들을 차츰 의식적으로 이해하게 된다.

④ 전이(transference) 분석: 내담자가 과거의 중요한 타인에게 느꼈던 감정이나 환상을 무의식적으로 치료자에게 나타내는 것으로 아동 초기 경험했던 감정이나 갈등을 치료자에게서 반복, 재경험하는 것이다.

### 🔊 학습 plus

**역전이(coutertransference) 2014년**

- 상담자가 내담자에게 느끼는 전이감정으로 무의식적인 감정이나 태도를 포함할 수 있으며 상담자가 지각하지 못하면 상담에 부정적 영향을 미친다.
- 상담자의 개인적인 문제나 콤플렉스가 역전이를 유발할 수 있다. 이러한 개인적인 측면을 이해하고 다루는 것이 중요하다.
- 내담자가 자신의 감정이나 경험을 상담자에게 무의식적으로 전이하면서 일으키는 투사적 동일시를 역전이로 볼 수 있다.
- 현대 정신분석에서는 상담자와 내담자 간의 양방향적인 역전이 현상을 이해하고 치료적으로 활용하려는 움직임이 있다. 양쪽의 감정 전이를 다루면서 상호작용하는 것이 중요하다.

**역전이의 해결 방법**

- 슈퍼비전: 다른 전문가나 슈퍼바이저가 상담자의 작업을 평가하고 지도하여 역전이에 대한 인식을 도울 수 있다.
- 자기탐색: 상담자가 자신의 감정과 경험을 탐구하면서 역전이에 대한 이해를 높일 수 있다.
- 교육분석: 상담자를 위한 전문적인 교육분석을 통해 상담자가 역전이 현상을 이해하고 다루고 해결하는 데 도움이 될 수 있다.

⑤ 저항(resistance) 분석: 내담자가 치료과정에서 나타내는 비협조적이고 저항적인 행동의 의미를 분석하는 것이다. 상담시간에 지각, 결석하거나, 무례한 행동, 중요치 않은 얘기 오래 하기, 자유연상을 잘못하는 것 등은 치료를 방해하고 무의식적인 내담자의 갈등을 반영하는 것이므로 주목해야 한다.

⑥ 훈습(working-through): 내담자의 무의식적 갈등이 어떻게 현실 생활에서 나타나고 있는지 통찰하고 그 통찰을 적응적 행동으로 실천하고 검토하며 변화하는 점진적인 과정이다.

> **학습 plus**

| 프로이트 이후의 정신분석 | |
|---|---|
| 자아심리학<br>(ego psychology) | • 안나 프로이트(Anna Freud): 방어기제를 상세히 밝힘<br>• 에릭 에릭슨(Erik Erickson): 심리사회적 발달과정을 자세히 제시함<br>• 독립적으로 존재하는 자율적인 자아가 존재, 자아기능의 강화에 초점<br>• 정체성, 친밀감, 자아통합성을 이루는 것이 자아분석의 목표<br>• 방어기제에 대한 통제력을 강화하도록 도움 |
| 대상관계이론<br>(object relations<br>theory) | • 멜라니 클라인(Melanie Klein): 대상관계이론을 창시, 편집분열자리, 투사적 동일시와 내사적 동일시, 시기, 우울적자리<br>• 로널드 페어베언(Ronald Fairbairn): 초기 대상관계 중요성 강조, 자아의 분열과 대상의 분열, 중심자아와 대상관계 체계, 거절하는 대상관계, 흥분시키는 대상관계<br>• 도널드 위니컷(Donald Winnicott): 충분히 좋은 엄마, 안아주기, 놀이, 일차 모성몰두, 중간대상, 중간현상, 참자기와 거짓자기<br>• 마가렛 말러(Margaret Mahler): 자폐적 단계, 공생단계, 차별화, 활동기, 갈등기, 개별화<br>• 오토 컨버그(Otto Kernberg): 대상관계이론과 추동이론을 통합, 자기애성 성격장애와 경계선 성격장애를 설명하고 치료하는 데 기여, 전이 초점적 분석 방법 제시 |
| 자기심리학<br>(self psychology) | • 하인즈 코헛(Heinz Kohut): 자기대상, 충분한 공감 속에서 적절한 좌절 경험, 자기애성 성격장애와 경계선 성격장애는 부모의 공감부족으로 인한 '자기장애' |

## 2. 분석심리학

(1) 분석심리학의 개요

① 이론적 배경: 융은 인간의 성격 전체를 '영혼(psyche)'이라 불렀으며 영혼은 사고, 감정, 행동, 의식과 무의식을 포함하며, 자기(self)의 중심이자 전체로 보았다. 또한 인간의 정신을 의식, 개인무의식, 집단무의식으로 구분하였다. 인간의 무의식은 개인으로 하여금 진정한 자기를 실현하도록 이끄는 지혜의 보고다.

② 인간관: 인간은 인간 정신의 통합적 발현, 즉 개성화를 향해 나아가는 존재이다. 인간

은 과거의 원인 때문에 행동할 뿐만 아니라 미래의 목적을 위해 행동한다.

③ 상담의 목표: 내담자로 하여금 무의식적으로 작동하는 정신원리를 의식화하고 개성화하는 과정을 촉진한다(융은 인간성격발달의 목표는 개성화 혹은 자기실현이라고 보았다).

## (2) 분석심리학의 주요 개념

① 정신의 구조: 의식, 개인무의식, 집단무의식으로 이루어져 있다.

- 의식(conscious): 개인이 유일하게 직접적으로 알수 있는 부분으로 출생부터 사망까지 지속적으로 성장한다. 타인과 구별되는 고유한 존재로 성장하는 과정을 개성화라고 한다.
- 개인무의식(personal unconscious): 자아에 의해 인정받지 못한 경험, 사고 감정, 지각, 기억을 의미한다. 이러한 개인 무의식의 고통스러운 사고, 기억, 감정들이 어떤 주제를 중심으로 뭉치고 연합되어 심리적 복합체를 이루는 것을 콤플렉스(complex)라고 한다.
- 집단무의식(collective unconscious): 인간에게 전해 내려오는 보편적인 경향성으로 신화적 모티브의 표상을 형성, 개인의 마음속에 존재하는 인류 보편적인 심리적 성향과 구조이다. 집단무의식은 행동을 일으키는 충동인 본능과 경험을 지각하고 구성하는 방식인 원형으로 이루어져 있다. **2019년**

② 정신에너지의 원리: 대립원리, 등가원리, 균형원리가 있다.

- 대립원리: 신체에너지에 반대되는 힘이 양극성으로 존재, 갈등을 야기한다. 갈등은 정신에너지를 생성하는 데 필요하다. 양극성 갈등이 커질수록 에너지는 더 많이 생성된다.
- 등가원리: 어떤 조건을 생성하는 데 사용된 에너지는 상실되지 않고 성격의 다른 부분으로 전환, 성격 내에서 에너지의 계속적인 재분배가 이루어진다.
- 균형원리: 성격 내에 평형경향성이 있다는 것으로 에너지는 보다 강한 욕망에서 약한 욕망으로 흐른다. 완전한 평형상태에서는 성격은 전혀 정신에너지를 갖지 못한다.

③ 원형: 집단무의식에 포함된 보편적 경험의 이미지이며 콤플렉스의 핵심이자 재료이다.

학습 plus

| 원형의 5가지 유형 | |
|---|---|
| 페르소나 | 라틴어로 '가면'이란 뜻으로, 개인이 다른 사람들에게 자신을 드러내는 방식을 말한다. 자아가 사회적 장면에서 겉으로 드러난 모습이다. |
| 아니마 | 남성 무의식 속에 있는 여성의 속성으로 다정함, 감성적 정서 등의 특징을 지닌다. |
| 아니무스 | 여성 무의식에 있는 남성적 속성으로 논리, 합리성 등을 포함하고 있다. |
| 그림자(음영) | 자아의 어두운 부분으로 개인이 받아들이기 힘든 동물적이며 공격적 충동을 포함하고 있다. 이를 의식으로 가져와 인식하고 표현하도록 돕는 것이 치료 목표이다. |
| 자기 | 의식과 무의식을 포함한 성격 전체의 중심으로 성격을 구성하고 통합하는 에너지를 제공한다. 개성화를 통해 자아(ego, 의식의 중심)와 자기(self, 성격 전체 중심)의 관계가 밀착되어 자기 실현하는 것이 목표이다. |

**(3) 분석심리학의 상담 과정 4단계**

① 고백: 내담자가 억제해 온 감정이나 비밀 등을 상담자에게 털어놓고 공유하는 과정이다.

② 해석: 꿈, 환상, 전이, 억압된 소망 등의 무의식적 소망을 해석해 무의식에 대한 이해를 확장하고 심화한다.

③ 교육: 정신분석의 훈습 단계와 같이 무의식적 통찰을 구체적 현실에 적용하도록 돕는다.

④ 변환: 상담자와 내담자의 깊은 인격적 교류를 통해 내담자의 변화가 생성되는 과정이다.

**(4) 분석심리학의 상담기법**

① 꿈 분석: 내담자의 무의식을 이해하는 데 사용되며 꿈은 적응을 위한 노력이며 성격의 결함을 교정하려는 시도라고 본다. 일정 기간 동안 내담자가 보고하는 일련의 꿈들을 함께 분석한다. 내담자의 콤플렉스를 이해하고 해소하는 데 필요한 지식을 얻을 수 있다.

② 전이와 역전이 분석: 자신의 무의식을 상대방에게 투사하여 내보이는 것으로 치료자와 내담자, 두 사람의 대화는 네 사람 간의 대화라고 할 수 있다. 전이는 내담자의 통합되지 못한 부분이나 억압된 부분이 치료자에게 투사되는 것이고 치료자 역시 내담자에게 역전이를 나타낼 수 있다.

③ 적극적 상상: 새로운 무의식적 주제들이 의식으로 떠오르도록 하는 다양한 방법이다.

④ 상징의 사용: 내담자의 꿈, 증상, 환상 등에서 상징적이거나 간접적 형태로 나타나며 내담자의 사고, 감정, 행동을 추동하는 역동과 패턴을 사용한다.

⑤ 단어연상검사: 어떤 자극 단어가 주어졌을 때 마음속에 떠오르는 어떤 단어로 반응하

는 투사기법이다. 융은 100개 단어로 이루어진 단어연상검사로 콤플렉스를 밝히는 데 사용했다.

⑥ 증상의 분석: 증상에 대한 자유연상을 통해 내용을 해석한다.

⑦ 사례사(생애사 재구성): 과거 경험에 대해 회상하도록 함으로써 현재의 신경증을 설명할 수 있는 발달패턴을 확인하고 생애사 재구성을 하게 한다.

⑧ MBTI: 성격유형검사로서 외향-내향, 사고-감정, 직관-감각, 지각-판단 차원을 조합해 16가지 성격유형으로 나타낸다.

⑨ 기타: 모래상자 놀이, 만다라 그리기, 춤, 운동하기, 시 쓰기, 빈 의자 기법 등을 사용한다.

## 3. 개인심리학

### (1) 개인심리학의 개요

① 인간 행동의 가장 기본적인 목적은 열등감의 극복이며 인간은 우월성을 추구하려는 선천적인 동기를 지니고 있다.

② 아들러는 개인의 주요 문제가 '사회적 관심의 결여' '상식의 결여' '용기의 결여'에 의한 것이라고 보았다.

③ 내담자를 행동 패턴이나 증상을 제거해야 하는 치료의 대상이 아니라 자신의 생활양식, 자아인식을 증대시키는 일에 관심을 두는 대상으로 보았다.

④ 자신의 열등감과 생활양식의 발달과정을 이해하도록 내담자를 돕고자 한다.

### (2) 개인심리학의 인간관 2017년, 2019년

① 목표지향적인 존재: 인간의 모든 행동에는 목적이 있고, 인간은 미래의 가상의 목표를 향해 자신의 삶을 창조적으로 개척해 나가는 목표지향적이고 창조적인 존재다.

② 우월성 추구의 존재: 인간은 열등감을 보상하기 위해 우월성, 완전성 그리고 유능감을 추구한다.

③ 사회적 존재: 인간은 타인과 유대감을 맺으려는 소속 욕구와 자신의 가치를 사회 속에서 실현하려는 욕구를 지녔다. 또한 사회와의 연결감 속에서 타인의 행복에 기여하려고 한다.

④ 통합적으로 움직이는 존재: 인간을 분리할 수 없는(indivisible) 전체적이고, 목표를 향해 일관성 있게 나아가는 통합된 존재로 보았다.

⑤ 주관적 존재: 객관적 현실보다 현실에 대한 주관적 인식을 강조하고 이를 창조적으로

해석하려는 의식의 힘을 중시한다.

## (3) 개인심리학의 주요 개념

### ① 열등감 극복과 우월성 추구 2018년

- 인간의 보편적인 경험인 열등감을 극복하고 우월감을 추구하고자 하는 노력은 긍정적인 자기 성장과 발전의 원동력이 될 수 있다.
- 열등감을 극복하려는 건강한 노력과 그것을 회피하려는 병적인 콤플렉스를 구별하는 것이 중요하다.

### ② 가상적인 최종목표 2016년, 2018년

- 인간은 누구나 자신의 인생에서 실현하고자 하는 궁극적인 목표를 지니고 있다. 이러한 가상적인 목표는 아동기(6세경)에 형성된다.
- 성격통합의 기본원리로 작동하며 개인의 삶을 인도하는 초점이 되며, 개인의 열등감을 보상하는 기능을 지닌다.
- 독일 철학자 바이힝거(Vaihinger)의 저서로부터 '가상적 목표' 개념의 영감을 받았다.

### ③ 생활양식 2018년

- 개인이 지니는 독특한 삶의 방식이며 자신과 타인, 세상에 대한 신념 체계와 행동양식이다. 어린 시절부터 온갖 경험에서 발달한다.
- 생활양식의 유형은 사회적 관심과 활동성 수준에 의해 구분된다.

| 생활양식 유형과 특징 | | |
|---|---|---|
| 지배형 | 사회적 관심↓, 활동수준↑ | 타인을 대할 때 지배적인 태도를 지닌다. |
| 의존형(기생형) | 사회적 관심↓, 활동수준↓ | 타인에게 많은 것을 의존한다. |
| 회피형 | 사회적 관심↑, 활동수준↓ | 타인과의 갈등이나 문제를 회피하려 한다. |
| 사회유용형 | 사회적 관심↑, 활동수준↑ | 타인에게 도움이 되는 방식으로 문제를 해결하려 하며 타인과 협력한다. |

### ④ 사회적 관심(공동체감, 공동체 의식)

- 사회적 관심의 수준이 개인의 성공적인 삶과 건강한 성격의 기준이 된다.
- 타고난 기질로서 사회적 관심과 교육과 훈련을 통해 함양할 수 있는 협동의 기술 그리고 타인과의 협동을 소중히 여기고 사회적 이익에 헌신하려는 의지를 의미한다.
- 3가지 삶의 과제는 우정 쌓기(사회적 과제), 친분 수립(사랑-결혼의 과제), 사회 공헌(직업적 과제)이고 이는 우정, 소속감, 기여, 자기가치, 협동 등의 정신적 능력을 필

요로 한다.

⑤ 가족구조와 출생순위 **2015년. 2018년. 2020년**

- 부모, 형제자매, 중요한 타인은 사회적 맥락으로서 개인의 행동양식에 영향을 미치므로, 어린 시절 가족경험과 출생순위가 개인의 생활양식이나 성격형성 과정에 중요한 요인이다.
- 출생순위는 성격형성 과정에 중요한 요인이지만, 가족 내 역할과 심리적 출생순위가 더 중요하다. 그러나 이런 특성들은 고정불변한 것이 아니다.

**학습 plus**

| | 출생순위와 성격특성 |
|---|---|
| 첫째 | • 동생이 태어나기 전까지 관심의 대상이었으나 동생의 존재와 함께 '폐위된 왕'으로서의 박탈감을 경험하며 착한 행동으로 우월한 지위를 되찾으려 노력한다.<br>• 책임감이 강하며, 타인을 배려하고 규칙을 중시하는 부수적 경향을 보인다.<br>• 퇴행적인 행동, 권위자나 규칙에 쉽게 동조, 미래에 대한 두려움, 적대적이고 비판적인 성향을 나타낸다. |
| 둘째 | • 태어날 때부터 경쟁자가 존재하여 항상 압박을 받는 상태로 느끼고 경쟁적이다.<br>• 적응적이고 야심 차며 공동체 지향적이다.<br>• 질투가 심하고 추종자가 되기를 거부하는 성향이 있다. |
| 중간 | • 자신의 지위에 압박감을 느끼고 불이익을 받는다고 지각하며 무력감을 느끼면 의존적이 될 수 있다.<br>• 갈등이 많은 가정 내에서는 조정자나 평화유지군 역할을 한다.<br>• 친구를 사귀거나 사회적 관계를 맺는 일에 강점을 보인다. |
| 막내 | • 관심의 집중을 인식하고 의존적이고 자기중심적이며 무책임할 수 있다.<br>• 열등감과 무력감을 느낄 수 있으나, 자유로움 속에서 자신의 길을 추구하려는 경향이 있다. |
| 외동 | • 맏이의 특징인 높은 성취동기를 갖고 있지만 협동을 배우기 어렵다. 어른 수준의 성취를 이루기 위해 노력하며 항상 무대 중앙에 있기를 원한다. |

**(4) 개인심리학의 상담 목표**

① 내담자의 사회적 관심을 증가시키며, 좌절감과 열등감을 극복하도록 돕는다.

② 내담자의 인생목표와 생활방식, 잘못된 동기를 변화시킨다.

③ 내담자가 타인과 평등한 존재라는 인식을 갖고 사회에 기여하는 구성원이 되도록 돕는다.

**(5) 개인심리학의 상담 과정 4단계 2015년. 2016년**

① 관계형성 단계: 상담 초기의 평등하고 협력적인 관계는 치료효과를 결정하는 바탕이 된다.

② 탐색 단계: 내담자의 생활양식을 이해하기 위해 가족구성, 분위기, 형제서열, 가족가치

등 다양한 영역의 정보를 수집한다. 초기기억은 내담자의 주된 동기나 목표, 신념과 정서를 이해하는 데 도움이 된다.

③ 해석 단계: 내담자의 무의식적인 동기와 목표 그리고 생활양식을 해석하는 과정이다.

④ 재교육 또는 방향 재설정 단계: 이전 단계의 해석을 통해 획득된 내담자의 통찰이 실제 행동으로 전환하도록 격려하는 단계이다. 긍정적인 행동변화를 이끌어 내기 위해 다양한 기법을 활용한다. 치료효과는 내담자의 참여와 협력을 이끌어 내는 상담자의 능력에 의해 결정된다.

## (6) 개인심리학의 상담기법 2023년

① 생활 양식 분석: 가족 구도, 가족 분위기, 가족 가치, 성역할 지침, 가족역할, 초기 발달적 경험 등에 대한 자료를 수집하고 해석하는 과정을 통해 내담자 스스로에 대한 인식을 발견하고 자신의 무의식적 목표를 의식 수준으로 끌어 올린다.

② 격려: '나는 있는 그대로의 너를 좋아한다.'라는 태도의 반영이며, 내담자의 내적인 동기에 초점을 맞추어 내담자가 자기통제력을 발달시키도록 돕는 방법이다. 격려를 통해 내담자는 용기를 얻게 된다.

③ '마치 ~인 것처럼' 행동하기: 스스로 할 수 없다고 생각하는 것을 성취할 수 있는 것처럼 역할놀이를 해 보도록 하는 개입 방법이다. 내담자의 신념과 문제의식을 변화시키고 통찰을 얻게 할 수 있으며 자존감과 자신감을 향상시킨다.

④ 수렁 피하기: 사람들이 흔히 빠지는 함정과 난처한 상황을 피하도록 돕는 기법이다.

⑤ 자신을 포착하기: 내담자가 반복적으로 범하는 부적응적인 행동을 자각하는 능력을 발달시킴으로써 스스로 자신의 행동을 점검하고 적응적 행동을 하도록 돕는다.

⑥ 단추(초인종) 누르기 기법: 유쾌한 경험과 불쾌한 경험을 떠올리게 한 다음 이 경험들에 수반되는 감정에 주의를 기울이는 것으로 내담자가 자신의 감정을 통제할 수 있음을 인식하도록 돕는 기법이다.

⑦ 수프에 침 뱉기: 내담자가 보이는 반복적인 자기패배적 행동의 부적절한 의도를 확인하고 드러내 밝힘으로써 내담자가 상상한 이익을 제거하는 것이다. 부적응적인 행동을 유발하는 내면적 동기에 침을 뱉어 혐오스러운 것으로 변화시킴으로써 그러한 행동의 반복을 억제하는 것이다. 2014년, 2016년

⑧ 즉시성: 상담 중 내담자가 지금 이 순간 무엇이 일어나고 있는지 지각하도록 돕는 기법으로 상담 과정에서 나타나는 문제를 개방적이고 직접적으로 다룬다. 2015년

⑨ 직면: 내담자의 잘못된 목표나 신념을 정면으로 자각하도록 하는 것으로 주관적 견해에 대한 직면, 잘못된 신념과 태도에 대한 직면, 부적응적 사적 목표에 대한 직면, 파괴적인 행동에 대한 직면 등이 있다.

⑩ 과제 부여: 내담자와 동의하에 문제해결을 위한 구체적 행동과제를 정하고 그 과제를 수행하게끔 하며 책임감과 과제수행 역량 증진에 도움을 준다.

⑪ 역설적 의도: 부적응적인 행동을 의도적으로 반복 실시하도록 하여 그 행동에 대해 더 이상 매력을 느끼지 않게 함으로써 멈추게 하는 방법이다. 2016년

## 4. 행동주의 상담

### (1) 행동주의 상담의 개요 2023년

① 이론적 배경: 인간의 부적응 문제를 관찰과 측정이 가능한 외현적 행동에 초점을 맞추고 실증적인 연구결과에 근거한 과학적인 설명 체계와 구체적인 치료기법을 제시한다.

② 인간관: 초기 학자들은 인간은 운명론적인 존재이며, 환경에 의해 형성되고 결정되며, 인간의 행동은 학습된다고 주장했다. 현대에는 인간은 환경과 행동을 능동적으로 수정할 수 있고, 환경을 변화시키는 주체자이며, 자유의지로 자신의 행동을 선택한다는 것을 강조한다.

③ 상담의 목표: 부적응 행동은 잘못된 학습 결과로 생기며 이러한 부적응 행동을 제거하고 치료적 학습을 통해 새로운 적응적인 행동으로 대체하는 것이다. 명확하고, 구체적이고, 목표달성 여부를 객관적으로 확인할 수 있도록 측정 가능한 형태로 목표를 설정한다. 2014년, 2016년, 2017년, 2020년

학습 plus

| 행동치료의 발전 과정(Hayes, 2004) | |
|---|---|
| 제1세대 행동치료 (1900년대 중반) | 스키너(Skinner), 울페(Wolpe), 반두라(Bandura) 등이 발전시킨 이론, 행동의 변화를 목표로 한다. |
| 제2세대 행동치료 (1970년대 이후) | 벡(Beck)의 인지치료, 엘리스(Ellis)의 합리적 정서 행동치료가 있으며, 문제행동을 유발하는 인지적 요인의 변화에 초점을 맞추는 치료로 인지행동치료라 불린다. |
| 제3세대 행동치료 (2000년 이후) | 변증법적 행동치료, 수용전념치료, 마음챙김에 근거한 인지치료 등 행동이나 인지의 내용보다 그 기능에 초점을 맞추어 문제행동을 유발하는 심리적 맥락을 중시하고 상위 인지(meta cognition) 태도의 변화에 초점을 맞춘다. |

제1교시 제1과목(필수)

(2) 행동주의 상담의 주요 개념

① 파블로프(Ivan F. Pavlov)의 고전적 조건형성
- 타액반사, 동공반사, 무릎반사 등의 자율신경계의 반사반응이 자극에 의해 학습되는 과정을 설명하는 것으로 반사조건화라고도 한다.
- 무조건 자극(음식)과 중성자극(종소리)을 반복적으로 결합하여 조건자극(종소리)에 대해 조건반응(타액분비)을 일으킨다. 예 개의 타액분비 조건화 과정
- 고전적 조건화에 기초한 행동수정에는 체계적 둔감법, 주장훈련법, 혐오기법 등이 있다.

② 스키너(B. F. Skinner)의 조작적 조건형성
- 대부분의 행동은 그 행동의 결과에 의해 통제를 받는다. 즉, 행동 후 보상이 오면 행동은 증가하고, 행동 후 처벌이 오면 행동은 감소한다. 행동은 조작 가능하다.
- 조작적 조건화에 기초한 행동수정에는 강화, 프리맥의 원리, 토큰경제, 행동조성(조형) 등이 있다.
- 수반성: 반응과 결과 간에 특별한 관계를 강화나 처벌의 수반성이라고 한다. 수반성에 필요한 3가지 구성요소는 자극, 반응, 결과이다.

③ 반두라(Albert Bandura)의 사회학습이론 **2014년**
- 다른 사람들의 행동을 관찰하고 모방하면서 학습이 일어난다(보보인형 실험).
- 청소년에게 관찰학습을 시킬 때는 모델이 매력적일수록 효과가 크며, 복잡한 행동에 대해서는 말로 설명해 주는 것이 도움이 된다. 실제 시연을 해 보는 것으로 더 정확한 학습이 가능하다.

④ 마이켄바움(Meichenbaum)의 인지행동수정
- 내담자가 자기대화를 인식하도록 하여 부정적인 생각에 대한 인지적 재구성을 하게 한다. 자기감찰(self-monitoring) 훈련을 거치고 내적 신념 체계를 긍정적으로 바꿀 수 있도록 한다.

(3) 행동주의 상담의 상담 과정

①

내담자 문제의 탐색 → 문제행동의 평가와 분석 → 목표설정 → 치료계획 수립 및 실행 → 치료효과 평가 → 재발 방지 계획 수립

② 상담자는 자문가, 교사, 조언가, 강화를 주는 사람, 촉진자로서의 역할을 수행한다.

**(4) 행동주의 상담의 상담기법** 2014년, 2015년, 2016년, 2017년, 2018년, 2022년

| 부적응 행동을 감소시키는 기법 | 처벌, 소거, 혐오적 조건형성, 노출법, 체계적 둔감법 |
|---|---|
| 적응 행동을 증진하는 기법 | 강화, 행동조성법, 모델링, 활동계획 세우기, 생활기술훈련, 자기지시훈련, 환표이용법, 행동연습법, 바이오피드백 등 |

① 강화와 처벌

| 강화 | • 행동에 대한 보상으로 그 행동을 유지, 증가시키는 것<br>• 정적 강화: 행동의 빈도를 증가시키기 위해 정적 강화물을 주는 것(심부름-용돈)<br>• 부적 강화: 행동의 빈도를 증가시키기 위해 혐오자극을 제거하는 것(심부름-청소 면제) |
|---|---|
| 처벌 | • 행동에 대한 고통을 줌으로써 그 행동을 감소, 억제시키는 것<br>• 정적 처벌: 행동을 감소시키기 위해 불쾌자극을 주는 것(동생과 싸움-벌 세움)<br>• 부적 처벌: 행동을 감소시키기 위해 불쾌자극을 제거하는 것(동생과 싸움-게임 금지) |

② 소거: 학습된 행동에 강화요인을 제거하여 행동을 감소하게 하는 기법이다.

③ 변별: 유사한 자극들의 차이를 알고 다르게 반응할 수 있도록 한다.

④ 자극 통제: 자극에 대한 변별학습의 결과로 특정한 자극에 반응이 일어나고 다른 자극에서는 반응을 일어나지 않게 하여 행동을 조절하는 기법이다.

⑤ 체계적 둔감법: 낮은 수준의 자극에서 높은 수준의 자극으로 점차적으로 유도하여 불안에서 벗어나도록 하는 기법이다. '탈조건 형성'이라고도 부른다.

> **학습 plus**
>
> **체계적 둔감법의 3단계: 이완훈련 → 불안위계 작성 → 둔감화 단계**
> - 이완훈련: 내담자에게 근육긴장을 이완시키는 방법을 훈련시킨다.
> - 불안위계 작성: 불안을 일으키는 목록을 작성한다. 불안의 강도를 낮은 것에서 높은 것 순으로 작성한다.
> - 둔감화 단계: 이완단계에서 불안을 일으키는 장면을 상상하도록 한다. 단계적으로 불안의 위계를 높여 간다. 불안을 느끼면 상상을 중지하고 다시 이완단계로 돌아가고 충분히 이완되면 불안의 위계를 점차 높여 간다.

⑥ 홍수법: 공포나 불안을 유발하는 자극이나 심상에 충분히 노출, 공포나 불안을 소거한다.

⑦ 혐오기법: 혐오자극을 제시하여 부적응 행동을 억제시킨다.

⑧ 토큰강화: 바람직한 행동을 할 때마다 강화물로 토큰이 제공되는 기법이다.

⑨ 타임아웃: 문제행동 발생 시 선호하는 상황에서 일정 시간 분리시키는 기법이다.

⑩ 조형: 행동조성법, 적응적 행동에만 강화를 하여 단계적으로 목표행동을 학습시키는 기법이다.

⑪ 바이오피드백: 심장박동률, 뇌파, 혈압 등 생리적 과정에 대한 정보를 제공, 순간순간의

생리적 변화를 조절할 수 있도록 한다.

⑫ 프리맥(Premack) 원리: 선호하는 행동을 강화물로 사용, 특정 행동을 강화하는 방법이다.

⑬ 용암법(fading): 바람직한 행동을 발달시키기 위해 연속적인 시도를 통해 반응을 통제하는 자극(자극 통제)을 점진적으로 변화시키는 방법이다. 도움이나 촉진행위를 점진적으로 줄이면서 스스로 문제를 해결하게 하는 기법이다.

⑭ 모델링: 모델의 적응적 행동을 관찰, 모방함으로써 적응행동을 학습시킨다.

⑮ 행동계약: 내담자와 협의하에 표적행동을 서면으로 체결하는 것이다.

⑯ 주장 훈련법: 자신의 권리, 의견, 욕구 등을 사회가 용납하는 방법으로 표현하도록 체계적인 훈련과 연습을 한다.

## 5. 합리적 정서행동 상담(REBT) 2023년

> "사람들은 사건 자체가 아니라 사건에 대한 생각에 의해 고통을 받는다." -에픽테토스-

### (1) 합리적 정서행동 상담의 개요 2017년. 2023년

① 이론적 배경: 스토아 학파, 고대 로마의 에픽테토스 사상의 영향을 받았다. 철학적 토대로는 '책임을 동반한 쾌락주의' '인본주의' '합리주의' 개념이다. 1950년 앨버트 엘리스가 발전시킨 이론으로 인간이 가진 인지, 정서, 행동이 상호작용하는 과정에서 인지가 핵심이 되어 감정 또는 행동이 달라진다고 본다. 심리학과 철학에 근거하고 있다.

② 인간관: 인간은 합리적일 수도 비합리적일 수도 있다. 외부의 어떤 조건에 의해서가 아니라 자기 스스로 정서적 혼란을 일으키는 여건을 만든다. 또한 인간은 자기대화, 자기평가, 자기항상성을 추구하며 성장과 자아실현 경향성을 타고 태어났다.

③ 상담 목표: 내담자의 부적절한 정서나 행동에 영향을 미치는 비합리적인 사고를 재검토하도록 도움으로써 성격이나 인생관을 근본적으로 변화시키도록 돕는다.

### (2) 합리적 정서행동 상담의 주요 개념

① 비합리적 사고 2014년. 2016년

- 요소: 자기, 타인, 세상에 대해 '~해야만 한다(must, should)'의 당위적 사고(비합리적 신념), '~하는 것은 끔찍하다'의 파국화, 좌절에 대한 낮은 인내심, 자기 및 타인에 대한 비하이다.

- 구분: 합리적 사고와 비합리적 사고의 구별기준은 논리성, 현실성, 실용성, 융통성, 파급효과이다.

> **학습 plus**
>
> **엘리스가 제시한 11가지 비합리적 사고**
>
> - 나는 내가 만나는 모든 사람에게 사랑받고 인정을 받아야 한다고 생각한다.
> - 어떤 사람들은 나쁘고 사악하고 악랄하기 때문에 반드시 비난과 벌을 받아야 한다.
> - 나는 완벽할 정도로 유능하고 합리적이며 가치 있고 성공한 사람으로 인식되어야 한다.
> - 내가 원하는 대로 일이 되지 않는 것은 내 인생에서 큰 실패를 의미한다.
> - 불행은 내가 통제할 수 없는 상황에 의해 발생한다.
> - 위험하거나 두려운 일들이 내게 일어나 큰 해를 끼칠 것이 항상 걱정된다.
> - 어떤 난관이나 책임은 부딪쳐 해결하려 하기보다 피하는 것이 더 쉽다.
> - 나는 다른 사람들에게 어느 정도는 의존해야 하며 나를 돌봐 줄 수 있는 사람들이 주위에 있어야 한다.
> - 과거의 영향은 결코 사라지지 않고, 과거 경험과 사건들은 현재 나의 행동을 결정한다.
> - 나는 다른 사람들의 문제나 고통을 나 자신의 일처럼 아파해야 한다.
> - 모든 문제에는 완벽한 해결책이 있으므로 그 해결책을 찾아야 한다. 그렇지 않으면 결국 큰 혼란이 생길 것이다.

② 엘리스의 ABCDE 모형

- Activating Events(촉발사건): 내담자에게 부정적 감정을 유발한 촉발사건이다.
- Belief Systems(신념): 촉발사건에 대한 내담자의 비합리적 사고방식이다.
- Consequences(결과): 비합리적 사고방식으로 생긴 부정적 정서적 · 행동적 결과이다.
- Disputes(논박): 비합리적 사고에 대한 논박, 다양한 관점에서 타당성을 평가한다.
- Effects(효과): 논박함으로써 얻게 되는 합리적 신념, 효과적인 철학을 형성한다.
- 새로운 감정과 행동: 부정적 감정을 느꼈던 사건에 대해 적절한 감정, 행동 경험을 한다.

> **학습 plus**
>
> **행동분석 A-B-C 모형 2021년**
>
> - 행동분석 A-B-C 모형에서 A는 선행조건(Antecedents), B는 행동(Behavior), C는 결과(Consequence)를 의미한다.
> - 선행사건과 예상되는 결과가 결합하여 개인이나 집단의 행동 선택에 영향을 미친다고 가정한다.
> - 특정 행동이 발생하는 조건과 그 결과를 분석하는 모델로 행동의 발생 원인과 그 행동이 가져오는 결과를 명확히 이해함으로써, 원하는 행동 변화를 유도하는 데 사용된다.
>
> | Antecedents(선행사건, 전제조건) | 어떤 행동이나 반응을 유도하거나 가능하게 하는 사건이나 상황 |
> |---|---|
> | Behavior(행동) | 관찰이 가능한 행동 |
> | Consequences(결과) | 행동 직후 즉시 나타나는 결과로 행동을 강화하거나 약화할 수 있음 |

**(3) 합리적 정서행동 상담의 상담 과정** 2015년

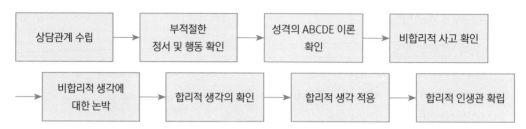

**(4) 합리적 정서행동 상담의 상담기법**

① 인지적 기법 2018년, 2019년, 2023년

- 비합리적 신념 논박하기: 자기 자신의 신념에 대한 타당성과 유용성을 평가하도록 하는 것으로, 사건이나 상황이 아닌 자신이 가지고 있는 비합리적 신념이 문제가 됨을 알게 한다. 소크라테스식 논박법, 풍자적 논박법, 대리적 모델링, 설명식 논박법이 있다.
- 인지적 과제 주기: 내담자가 치료 시간 외에 스스로 비합리적인 신념을 찾아 목록을 만들고 논박하고 합리적 신념을 찾아보는 과제를 낸다.
- 내담자의 언어 변화시키기: 언어가 왜곡된 사고를 일으키는 원인 중의 하나라고 보고, "만약 ~한다면, 그것은 정말 끔찍한 것이다."라는 말 대신, "만약 ~한다면 그것은 좀 불편할 것이다."라고 말할 수 있도록 한다.

> **학습 plus**
>
> **소크라테스식 논박법의 다섯 가지 질문 유형** 2023년
>
> - 논리적 논박: 그러한 신념이 타당하다는 논리적 근거는 무엇인가?
> - 경험적 논박: 그러한 신념이 타당하다는 사실적·경험적 근거는 무엇인가?
> - 실용적/기능적 논박: 그러한 신념은 당신이 추구하는 목적을 달성하는 데 도움이 되는가?
> - 철학적 논박: 그러한 신념이 당신을 행복하게 하는가? 어떤 의미가 있는가?
> - 대안적 논박: 이 상황에서 좀 더 타당한 대안적인 신념은 없는가?

② 정서적 기법

- 합리적 정서 심상법: 눈을 감고 자신에게 최악인 상황을 상상, 고통스러운 감정을 떠올리게 하고 현실로 돌아와 정서적 변화를 인식하게 하여 감정을 구별하고 스트레스 상황에서 건강한 감정을 느낄 수 있게 한다. 대표적 정서적·체험적 기법이다.
- 합리적 역할극: 내담자가 겪었거나 예상되는 심리적 고통의 상황을 상담자와 함께 역할연기를 통해 체험해 보는 것이다.

- 대처진술 숙달시키기: 합리적으로 대처하는 진술문을 작성, 상담시간에 연습한다.
- 유머의 사용: 비합리적 신념을 과장하여 우스꽝스러운 결론에 도달하게 함으로써 그 상황에 처한 자신을 가벼운 마음으로 바라볼 수 있게 한다.
- 기타: 내담자에 대한 격려, 치료자의 무조건적 수용, 다른 사람과의 참만남 집단활동 등이 있다.

③ 행동적 기법 2019년

- 강화와 벌칙 기법: 내담자가 특정한 과제를 성공적으로 수행했을 때 보상하고 실패했을 때 벌칙을 주는 방법이다.
- 수치심 깨뜨리기: 수치심이 정서장애의 핵심적 요인이라고 생각하고, 수치스럽고 부적절하다고 여겼던 일을 많은 사람 앞에서 시도해 보도록 함으로써, 내담자가 자신의 행동에 대한 불안과 부적절감을 덜 느끼게 되고 타인의 인정 없이도 충분히 견딜 수 있다는 것을 깨닫게 한다. 예 모르는 사람에게 돈 빌리기, 거리에서 노래 부르기 등 2017년
- 기술훈련: 사회적 훈련, 대인관계 기술훈련 등 내담자에게 부족한 행동기술을 향상시키기 위해 교육하고 훈련한다.
- 역설적 과제: 외부적으로는 내담자가 치료를 통해 변화를 원하는 모습과 반대로 행동하도록 하여 자신의 문제를 새로운 관점에서 바라보게 한다. 부작용을 주의한다. 예 불면증에 시달리는 내담자에게 '자지 말라'는 과제를 줌
- 기타: 합리적 생각만을 지닌 것처럼 행동하기, 힘든 상황에 머물러 보기를 통한 정서적 둔감화 이루기 등이 있다.

## 6. 인지치료

(1) 인지치료의 개요

① 이론적 배경: 엘리스는 비합리적 신념에, 아론 벡은 정보처리 과정의 인지적 왜곡에 초점을 두었다. 인지치료는 성격 및 정신병리에 관한 통합된 이론으로 부정적 인지가 부적응적 증상을 유발한다고 보고 있으며, 우울이나 공황장애, 대인공포증, 강박장애, 섭식장애의 치료에 효과를 거두고 있다. 2016년

② 인간관: 인간은 자신의 의식적 경험에 근거하여, 주체적으로 판단, 행동하는 존재이며, 더 나은 삶을 위해 변화하려는 의지를 지닌 존재이다.

③ 상담의 목표: 일차적으로 증상완화에 초점, 궁극적으로는 사고의 편향과 경직성을 제거하는 것을 목표로 한다. 내담자에게 스스로 선택하고 자신의 생각을 변화시키는 기술을 가르쳐 종결 후에도 활용할 수 있게 하는 것이 목표다. 자동적 사고의 변화, 인지도식의 재구성, 인지적 오류 수정 등을 통해 현재 당면한 문제를 해결하고 역기능적인 사고와 행동을 수정하여 적응적으로 대처하게 한다. **2016년**

## (2) 인지치료의 주요 개념

① 자동적 사고(Automatic Thoughts)

- 우울증 환자 연구에서 자동적으로 촉발되는 부정적 사고 경향을 발견, '자동적 사고'라 명명했다.
- 합리적 판단의 결과가 아니라 자동적으로 어떤 환경적 사건에 대해 떠오르는 생각과 심상으로 명료하게 인식되지 않고, 심리적 증상을 유발하는 매개요인이 된다.
- 우울 증상의 내담자들의 자동적 사고는 자신, 미래, 세상에 대한 부정적인 생각(인지 삼제)으로 구성되어 있다.

② 인지적 오류(Cognitive error) **2014년. 2017년**

- 어떤 사건이나 상황을 해석하는 정보처리 과정에서 일어나는 왜곡 또는 자동적 사고로 인해 부정적 감정과 행동을 유발하게 되는 체계적 오류를 말한다.

**학습 plus**

| 인지적 오류(왜곡)의 종류 2019년. 2020년. 2022년 | |
|---|---|
| 흑백논리 (이분법적 사고) | 사건의 의미를 이분법적 범주 중 하나로 해석한다. 예 성공 아니면 실패 |
| 과잉일반화 | 한두 번의 특수한 경험에서 일반적인 결론을 내려 그와 무관한 상황에도 그 결론을 적용한다. 예 '노력에 상관없이' '언제나, 항상' |
| 임의적 추론 | 어떤 일이나 상황에 대해 판단할 때, 명확한 근거나 증거가 없음에도 불구하고 주관적으로 추측하여 결론을 내리는 것이다. |
| 정신적 여과, 선택적 추상화 | 특정 사건과 관련된 일부 정보만 선택적 수용, 전체적 의미로 해석한다. 예 발표 시 제일 앞사람이 딴짓한 걸 보니 이번 발표는 실패야. |
| 의미확대와 의미축소 | 어떤 사건의 의미나 중요성을 실제보다 과대평가하거나 과소평가한다. |
| 개인화 | 자신과 무관한 외부 사건을 자신과 관련지어 잘못 해석한다. |
| 잘못된 명명 | 사람의 특성, 행위를 기술할 때 과장되거나 부적절한 이름을 붙여 기술한다. 예 나는 쓰레기야. |
| 독심술의 오류 | 충분한 근거 없이 타인의 마음을 마음대로 추측, 단정 짓는다. |
| 예언자의 오류 | 미래에 일어날 일을 예언하듯이 단정하고 확신한다. |
| 감정적 추리 | 현실적 근거 없이 막연한 감정을 근거하여 결론 내린다. |

③ 역기능적 인지도식과 신념 **2015년. 2016년. 2018년**

- 인지도식(cognitive schema): 과거 경험을 추상화하는 기억체계, 생활사건들의 정보를 선택하고 사건의 의미를 해석하여 미래의 결과를 예상하는 인지적 구조를 의미한다.
- 역기능적 인지도식(dysfunctional schema): 어린 시절 경험에 의해 형성, 성장 후에도 부정적 생활사건에 직면 시 활성화되어 부정적으로 의미를 왜곡하여 우울 증상을 유발한다.
- 역기능적 신념(dysfunctional beliefs): 삶에 대한 일반적 믿음이나 원칙, 절대주의적이고 완벽주의적이며 융통성 없이 경직되어 있다. 핵심신념, 중간신념으로 구분된다.

---

**학습 plus**

**핵심신념에서 중간신념을 거쳐 자동적 사고가 형성, 그 결과 다양한 심리적 반응표출**

예 나는 무능하다(핵심신념).
→ 만약 내가 완전히 이해할 수 없다면 나는 멍청한 것이다(중간신념).
→ 이것은 너무 어렵다, 나는 결코 이것을 이해할 수 없을 것이다(자동적 사고).
→ 슬픔(감정)
→ 책을 덮는다(행동).
→ 배가 아프다(생리적).

---

(3) 인지치료의 상담 과정

① 1단계: 상담의 구조화 단계
② 2단계: 역기능적 사고에 대한 통찰
③ 3단계: 역기능적 사고와 핵심신념에 대한 논박
④ 4단계: 상담 종결

(4) 인지치료의 상담기법

① 인지모델에 근거한 사례개념화: 면담을 통해 내담자의 증상이나 문제를 유발하는 자동적 사고, 중간신념, 핵심신념을 파악, 깊은 수준의 신념과 연결시켜 가설을 세우는 과정이다.
② 협동적 경험주의: 내담자가 인식하는 것을 숨겨진 추동이나 방어기제가 아니라 진정한 것으로 여긴다. 치료과정을 내담자와 공유한다.
③ 소크라테스식 대화: 신중한 질문을 통해 내담자가 스스로 해결책을 찾도록 돕는다.

④ 인도된 발견: 상담자는 내담자의 생각과 신념 속의 공통적 주제를 찾고 과거 경험과 관련성을 인식하도록 조력함으로써 내담자가 스스로 자신의 부정적 사고와 논리적 모순, 대안적 사고를 발견하도록 안내하는 치료적 과정이다.

⑤ 역기능적 사고 기록지: 기록지를 활용, 사고를 기록하는 과제를 부과하여 자기관찰 능력과 합리적 사고능력을 향상시킨다.

⑥ 하향 화살표 기법: 특정한 사건에 대한 자동적 사고로부터 그 기저의 신념을 계속 추적해 들어감으로써 역기능적 신념을 탐색하는 기법이다.

⑦ 행동실험: 사고의 타당성을 검증하기 위해 실제로 행동해 보고 결과를 확인하는 실험이다.

⑧ 이성적-감정적 역할연기: 내담자의 역기능적 신념을 인식할 수 있게 하는 기법으로 내담자가 신념의 '감정적' 부분을, 상담자는 '이성적' 부분의 역할을 맡아 연기 후 역할을 바꿔 재실행해 본다.

⑨ 기타: 대처카드, 활동계획표 사용, 과제부여 등이 있다.

# 7. 인간중심 상담 2014년, 2015년, 2020년

(1) 인간중심 상담의 개요

① 이론적 배경: 1930~40년대 칼 로저스의 이론에 근거하여 발전된 상담이론으로 비지시적 상담, 내담자중심 상담, 인간중심 상담으로 명칭이 변천되어 왔다.

② 인간관: 인간은 적절한 환경이 제공된다면 누구나 유기체로서 실현화 경향성을 발현시킬 수 있고 현상적 장에서 독특한 실존적 존재로서 자기실현을 이룰 수 있는 잠재력을 갖고 있다. 스스로 타고난 가능성과 잠재력을 발견하지 못하고 외적으로 부여한 가치조건에 맞춰 살려고 할 때 심리적 증상이 발생한다.

③ 상담의 목표: 내담자의 자기개념과 유기체적 경험 간의 불일치를 제거하고, 내담자가 충분히 기능하는 사람으로서 자기를 실현하도록 돕는 것이 상담의 목표이다. 2020년, 2023년

> **학습 plus**
>
> **실현화 경향성이 충분히 발현되기 위한 네 가지 조건**
> - 자신의 경험에 대한 개방적 태도
> - 자기수용과 자기신뢰
> - 자신의 경험과 기준에 의한 평가와 판단
> - 자신을 지속적으로 성장시키고자 하는 의지

(2) 인간중심 상담의 주요 개념 2016년, 2018년, 2019년

① 성격의 구성요소: 로저스는 성격의 핵심요소를 유기체, 현상적 장, 자기로 보았다.

- 유기체: 경험에 대해 반응하는 신체, 정서, 인지를 포함하는 전체로서의 인간을 말한다.
- 현상적 장: 끊임없이 변화하는 경험의 세계로 개인이 주관적으로 어떻게 지각하는가에 따라 달라지며, 유기체로서의 경험과 현상적 장이 일치할수록 건강한 성격이라 할 수 있다. 2020년
- 자기: 이상적 자기와 현실적 자기로 구분되고 일치할수록 건강한 성격이다.

② 성격의 발달과정 2016년, 2018년, 2019년

- 긍정적 관심의 욕구: 의미 있는 타인(특히 부모)에게 긍정적 존중과 사랑받고자 하는 욕구를 갖고 있다.
- 가치의 조건화: 타인의 관심과 애정을 받기 위해 그들의 기준이나 욕구에 맞춰 살아간다.
- 자아실현 경향성: 인간의 기본적 행동동기로 자기실현을 위해 끊임없이 노력하는 성장지향적 과정에서 직면한 고통이나 성장방해 요인을 극복할 수 있게 한다.

③ 충분히 기능하는 사람 2018년

- 경험에 개방적이며, 삶의 순간순간에 충실하게 실존의 삶을 살아가는 존재다.
- 자신의 유기체적 경험을 신뢰하여 자신이 옳다고 생각하는 대로 행동한다.
- 자신이 선택한 삶을 자유롭게 살아가며 자신의 행동에 책임을 진다.
- 자신이 살아가는 모든 영역에서 창의적이며 건설적으로 인생을 살아간다.

(3) 인간중심 상담의 상담 과정(상담의 필요충분조건 여섯 가지 과정)

① 두 사람이 심리적 접촉상태에 있다.

② 내담자는 불일치 상태에 있고 상처받기 쉬우며 불안한 상태에 있다.

③ 상담자는 두 사람의 관계에서 일치적이고 통합적이어야 한다.

④ 상담자는 내담자에게 무조건적인 긍정적 존중을 해 주어야 한다.

⑤ 상담자는 내담자의 내적 참조 틀을 공감적으로 이해하고 이 경험을 내담자에게 전달한다.

⑥ 내담자 자신이 무조건적 긍정적 존중과 공감적으로 이해받고 있음을 경험해야 한다.

**(4) 인간중심 상담의 상담기법**

① 상담자와 내담자의 성장 촉진적 관계를 중요시하였다. 2017년

② 무조건적 긍정적 존중: 내담자를 평가·판단하지 않고 아무런 전제나 조건 없이 내담자를 긍정적인 존재로 존중하는 태도를 유지한다.

③ 공감적 이해: 지금-여기에서 나타나는 내담자의 감정과 경험을 민감하고 정확하게 이해하는 것이며, 내담자의 감정에 동참하되 거기에 함몰되지 않는 것이다.

④ 진솔성: 내담자를 대함에 있어 상담자가 무엇을 경험하는가에 대해 그대로 느끼고 경험하고 인정하고 표현한다.

**학습 plus**

| 학자와 이론 | |
| --- | --- |
| 프로이트(1856~1939) | 1896년 '정신분석' 명명 |
| 아들러(1870~1937) | 1927년 '개인심리학의 실제와 이론' 발간 |
| 융(1875~1961) | 1913년 '분석심리학' 명명 |
| 스키너(1904~1990) | 1930년 '스키너 상자' 고안 |
| 로저스(1902~1987) | 1942년 '비지시적 치료' 지칭 |

## 8. 실존주의 상담

**(1) 실존주의 상담의 개요** 2015년, 2016년, 2017년, 2019년

① 이론적 배경: 실존주의 철학의 영향을 받았으며, 정신분석과 행동주의 이론의 한계에 직면, 인간의 삶의 의미를 탐구하고, 인간의 유한성과 그에 따른 의미를 찾는 데 초점을 둔 상담이론이다. 실존주의 상담가는 빅터 프랭클, 메이, 얄롬, 보스, 반스빈거가 있다. 빅터 프랭클이 의미치료의 기본형태를 잡았다. 2015년, 2019년

② 인간관: 인간은 존엄성과 가치, 자기인식 능력을 지니고, 계속해서 되어 가는 존재이며 자신을 초월할 능력을 가진 존재이다. 우연히 이 세상에 던져졌고, 언젠가 죽을 수밖에 없는 유한한 존재이다. 2016년, 2020년

③ 상담의 목표: 내담자가 자신의 실존을 있는 그대로 경험하도록 하면서 의미, 책임성, 인식, 자유 그리고 잠재성의 중요성을 자각하고, 능동적으로 삶의 방향을 선택하고 살아가도록 돕는다.

**(2) 실존주의 상담의 주요 개념** 2018년. 2020년

① 죽음과 비존재: 죽음의 불가피성을 자각하고 수용함으로써, 실존의 의미를 찾는다.

② 자유와 책임: 인간은 선택할 수 있는 자유를 가진 존재로 스스로 자기 운명을 결정하고 자신의 인생에 책임을 져야 하는 존재다.

③ 실존적 소외(고립): 개인 내 고립, 개인 간 고립, 실존적 고립, 영적인 고립이 있으며, 실존적 고립의 두려움이 정신병리를 초래한다. 고립을 자각·수용할 때 진정한 대인관계를 형성한다.

④ 무의미(삶의 의미성): 의미를 찾는 여정으로서의 삶에서 삶의 의미는 자신에게 적절한 방식으로 찾아야 하며, '창조적 가치' '경험적 가치' '태도적 가치'를 통해 찾을 수 있다.

⑤ 실존적 불안: 죽음, 자유, 소외, 무의미함이라는 실존적 조건의 불가피성으로 인해 느끼는 근본적인 불안이다. 자유와 불안은 동전의 양면으로 삶의 원동력이라고 본다. 새로운 경험을 추구하고 새로운 영역으로 나아가려는 욕망은 불안과 함께 다닌다. 불안은 도전과 변화의 일부로서 자유를 향한 원동력으로 작용할 수 있다.

⑥ 실존적 욕구좌절: 삶의 의미를 상실한 상태를 말한다. 프랭클은 무의미, 무익함, 무목적, 공허감을 지니고 실존적 공허 속에서 살아가는 것을 심령적 신경증(noogenic neurosis)이라고 했다.

**(3) 실존주의 상담의 상담 과정**

① 메이의 상담 과정: 친밀한 관계 수립 → 고백 → 해석 → 내담자의 인격 변형

② 프랭클의 의미치료 과정: 증상 확인 → 의미 자각 → 태도 수정 → 증상 통제 → 삶의 의미 발견

**(4) 실존주의 상담의 상담기법** 2016년. 2020년

① 지금-여기에서 일어나고 있는 일들과 내담자의 문제를 실존개념으로 분석하고, 다른 이론보다 기법을 덜 사용하나 다양한 기법에 개방되어 있으며, 인간중심 상담의 원리를 적용한다.

② 직면: 실존적 불안이나 공허감의 문제뿐만 아니라, 궁극적 관심사인 죽음, 자유, 고립, 무의미의 각각에 대해 직면함으로써 내적 갈등의 내용이 구성된다. 예 묘비명, 사망기사 쓰기 등

③ 역설적 의도: 내담자가 두려워하는 일 자체를 하도록 하거나 소망하도록 촉진하는 과정이다. 예 실수에 대한 지나친 염려로 발표상황을 회피해 온 발표불안 내담자에게

'실수하라'고 지시하기

④ 탈숙고: 프랭클이 제안. 지나친 숙고, 주의, 자기관찰이 문제가 되므로 지나친 숙고를 하지 않도록 자신 외에 다른 관심사에 대하여 초점을 맞추는 것이다. 예 불면증 환자의 관심을 음악 듣기나 다른 흥미 있는 일에 쏟음으로써 불면증이 완화되는 것

## 9. 게슈탈트 상담

### (1) 게슈탈트 상담의 개요

① 이론적 배경: 1949년 펄스(Fritz Perls)에 의해 창안되었다. 게슈탈트, 심리학, 실존철학, 현상학, 사이코드라마, 연극기법 등을 통합한 심리치료 이론이다.

② 인간관: 인간은 환경의 일부분이며, 현상학적 · 실존적 · 전체적 · 통합적인 존재이며 현재 중심적이다. 자신의 행동을 자유롭게 선택할 수 있으며 선하지도 악하지도 않다.

③ 상담의 목표: 내담자가 자신의 심리적 문제(회피, 두려움, 갈등 등)를 다양한 접촉을 통해 자각하고 게슈탈트를 완성하도록 돕는다. 삶에 존재하는 양극성 요인을 알아차리고 인정, 수용하고 통합을 이루도록 한다.

### (2) 게슈탈트 상담의 주요 개념

① 게슈탈트(gestalt): 독일어로 '형태 또는 전체적 모양'을 뜻하며 여러 부분을 관계성을 지닌 통합된 전체로 인식하는 것을 말한다. 개체가 자신이 처한 상황에서 유기체적 욕구나 감정을 실현 가능한 행동 동기로 조직화하여 지각하는 것을 말한다. 좋은 게슈탈트는 전경과 배경이 선명하여 명료한 알아차림을 유발한다.

② 전경과 배경: 우리의 마음은 새로운 감정과 욕구들이 전경으로 떠올랐다 배경으로 사라지는 과정의 연속이다. 건강한 개체는 자연스러운 전경과 배경의 교체가 일어나는데, 이것을 게슈탈트의 형성과 해소라고 부른다.

• 전경(figure): 어느 순간에 우리 의식의 초점이 되는 부분이다.

• 배경(background): 초점 밖에 놓여 있는 인식 대상이다.

③ 미해결 과제: 분명한 게슈탈트를 형성하지 못했거나 게슈탈트를 형성하긴 했지만 해결되지 못하고 배경도 전경도 아닌 채로 중간층에 남아 끊임없이 전경으로 떠오르려는 하고 있는 것을 미해결 과제라고 한다. 미해결 과제가 많아질수록 자신의 욕구 해소에 실패하고 심리적 · 신체적 장애를 일으키게 된다. 미해결 과제를 찾아 해소하기 위해 과거사를 파헤칠 필요 없이 항상 '지금-여기(here and now)'를 알아차리기만 하면 된다.

④ 알아차림과 접촉: 알아차림은 게슈탈트의 형성을 촉진하고, 접촉은 게슈탈트의 해소를 돕는다.

- 알아차림(자각, 의식): 개체가 자신의 욕구나 감정을 자각한 다음 게슈탈트로 형성하여 전경으로 떠올리는 행위로, 미해결 과제의 알아차림과 지금 여기에서 새로 형성되는 게슈탈트에 대한 알아차림이 있다.
- 접촉: 전경으로 떠오른 게슈탈트를 해소하기 위해 환경과 상호작용하는 행위로 게슈탈트를 형성한 후 해소할 수 있는 목표물을 찾아 행동하는 것을 말한다. 접촉은 알아차림과 서로 상호보완적으로 작용, '게슈탈트 형성-해소'의 순환 과정을 도와 유기체의 성장을 이룬다.

**학습 plus**

| 대상에 따른 알아차림 유형 2가지 | |
| --- | --- |
| 현상 알아차림 | 개체와 환경의 상호작용 과정에서 발생하는 외적·내적 현상을 알아차린다.<br>에 신체감각, 욕구, 감정, 환경, 상황 등 |
| 행위 알아차림 | 개체의 자기 행위방식, 특히 부적응적인 행동방식을 알아차리는 것이다.<br>에 접촉 경계 혼란, 고정된 사고패턴, 고정된 행동패턴 |

⑤ 알아차림 접촉주기: 배경에서 어떤 유기체 욕구나 감정이 신체의 감각의 형태로 나타나고 이를 개체가 알아차려 게슈탈트로 형성하여 전경으로 떠올리고 이를 해소하기 위하여 에너지(흥분)를 동원해서 행동하고 환경과의 접촉을 통해 게슈탈트를 해소한다. 이 순환 과정을 '게슈탈트의 형성과 해소' '전경과 배경의 교체'라고 한다.

⑥ 접촉경계혼란(접촉경계장애) 2014년. 2016년. 2018년. 2019년. 2020년. 2023년

- 개체와 환경 간의 경계에 문제가 생겨 개체와 환경의 유기적 접촉을 방해하는 상태로 미해결 과제가 생겨나고, 게슈탈트의 자연스러운 형성과 해소가 안 되며 정신병리적 현상이 발생한다.
- 개체와 환경이 서로 만나지 못하게 끼어 있는 중간층을 마야(maja)라고 한다.

학습 plus

| 접촉경계장애를 유발하는 주요한 심리적 원인(알아차림을 방해) | |
|---|---|
| 내사<br>(introjection) | 권위자 등 타인의 신념과 가치관을 무비판적으로 받아들임으로써 자기 것과 구별하지 못하고 행동이나 사고방식에 악영향을 미치게 하는 것이다. |
| 투사<br>(projection) | 자신이 접촉하기 싫은 자신의 생각, 욕구, 감정을 타인의 것으로 왜곡하여 지각하는 것이다. |
| 융합<br>(confluence) | 밀접한 관계에 있는 두 사람이 서로 간에 차이점이 없다고 느끼도록 함의함으로써 발생하는 접촉경계 혼란이다. 예 의존관계, 밀착 |
| 반전<br>(retroflection) | 개체가 타인이나 환경에 대하여 하고 싶은 행동을 자기 자신에게 하는 것 혹은 타인이 자기에게 해 주기를 바라는 행동을 스스로 자기 자신에게 하는 것이다. 예 분노의 반전-죄책감 |
| 자의식<br>(egotism) | 개체가 자신에 대해 지나치게 의식하고 관찰하는 현상으로 자신의 행동에 대한 타인의 반응을 지나치게 의식하기 때문에 생긴다. 예 대인공포 |
| 편향<br>(deflection) | 환경과의 접촉이 자신이 감당하기 힘든 내적갈등이나 외부 환경자극에 노출될 때, 압도당하지 않기 위해 환경과의 접촉을 회피하거나, 자신의 감각을 둔화시킨다. 예 장황하게 말하기, 시선 피하고 웃어 버리기 |

⑦ 신경층: 접촉경계혼란을 극복, 심리적 성숙에 이르기 위해 5개의 신경층을 통과해야 하고 한 층을 통과할 때마다 환경과의 접촉이 증진된다. **2016년**

학습 plus

| 5개의 신경층 | |
|---|---|
| 허위층-피상층<br>phony layer | • 거짓된 상태로 형식적이고 의례적으로 반응<br>• 습관적으로 상황을 처리<br>• 사회적 관계는 진실한 마음 없이 상투적으로 대하고 행동하는 수준이다. |
| 공포층(phobic layer)<br>=연기층(role playing layer) | • 자신이 원하는 것을 숨기고 부모나 주위 환경의 역할기대에 맞춰서 행동하며 살아간다.<br>• 자신의 행동이 연기임을 망각, 진정한 자신으로 착각한다. |
| 난국층=교착층<br>impasse layer | • 역할놀이를 그만두고 자립을 시도하지만 동시에 심한 공포를 체험하는 상태로 혼란스러움과 공허감을 느낀다.<br>• 실존적 딜레마에 빠진다. |
| 내적 파열층(내파층)<br>implosive layer | • 지금까지 억압하고 차단해 왔던 자신의 욕구와 감정을 인식하지만 안으로 억압하는 단계로, 욕구와 감정이 표현되지 못해 긴장 상태를 초래한다.<br>• 게슈탈트는 형성하지만 환경과 접촉을 통해 게슈탈트를 해소하지 못하고 부정적 감정을 자신에게 돌려 비난과 질타의 행동을 한다. |
| 폭발층<br>explosive layer | • 자신의 욕구나 감정을 외부로 표출하는 상태로, 강한 게슈탈트를 형성하여 환경과의 접촉을 통해 해소하는 수준이다. 타인과의 관계에서도 참만남이 가능하게 된다.<br>• 상담종결의 단계이다. |

**(3) 게슈탈트 상담의 상담 과정(3단계 변화 과정)**

① 발견 단계: 내담자가 자신, 문제, 상황에 대한 새로운 관점을 발견하게 된다.

② 조절 단계: 내담자 자신의 오래된 정체감을 바꿈으로써 자신이 새로운 선택을 하고 새로운 방식으로 시도할 수 있다는 것을 알게 되는 단계로 상담자의 치료적 지지가 중요하다.

③ 동화 단계: 내담자는 새로운 행동을 선택하고 시도하는 것에서 자신의 환경을 변화시키는 방법을 학습하고, 타인에게서 자신이 원하는 것을 얻기 위한 적절한 자기표현을 하게 된다.

**(4) 게슈탈트 상담의 상담기법 2023년**

① 지금 여기의 체험에 초점 맞추기(욕구와 감정, 신체, 언어, 환경)

- 욕구와 감정의 자각: 무엇을 느끼고 원하는지 알아차림으로써, 환경과 접촉하고 교류하게 한다.
- 신체자각: 미해결 감정이 여러 신체 부위에 집중, 긴장을 유발하거나 충동적 행동을 촉발시키는 것을 알아차림을 통해 내담자의 감정상태를 명확히 파악할 수 있다.
- 언어자각: 무심코 내뱉는 언어방식을 자각하고, 책임지는 문장으로 바꾸어 말하게 함으로써 자신의 언어행위에 대한 책임의식을 고양시킬 수 있다.
- 환경자각: 환경과의 생생한 접촉을 통해 내담자의 감정과 욕구를 잘 알아차리고 환경접촉을 증진, 미해결 과제를 더 잘 해결할 수 있게 된다.

② 직면시키기: 내담자의 부적응적인 언어와 행동방식을 지적함과 동시에 진정한 동기를 직면시킴으로써 미해결 과제를 해소하도록 돕는다.

③ 빈 의자 기법: 내담자에게 중요한 역동을 일으키는 사람이 빈 의자에 앉아 있다고 생각하고 실제 하고 싶은 말과 행동(억압된 부분)을 하게 하는 방법으로, 대상에 대한 감정을 명료하게 경험할 수 있다.

**학습 plus**

| | 빈 의자 기법의 활용 |
|---|---|
| 자기 부분 간의 대화 | 내담자의 인격에서 분열된 부분을 찾아 그들 간에 대화를 시킴으로써 분열된 자기 부분을 통합할 수 있도록 돕는다. |
| 상전과 하인의 대화 | 펄스는 신경증적인 '자기고문 게임'이라고 부르기도 한 기법이다. 무의식적 행동을 지배하는 두 부분을 각각 상전과 하인이라 한다. 상전(Top Dog)은 완벽주의적 성향, 엄격한 판단으로 초자아처럼 실천하기 어려운 이상적 행동을 요구한다. 하인(Under Dog)은 순종적이고 죄책감을 느끼지만, 변명, 회피, 억지 부리기 등으로 주인의 요구에 따르지 않는다. 상전과 하인 간의 대화를 통해 내면적 갈등을 해결한다. 2017년 |

제1교시 제1과목(필수)

④ 뜨거운 의자(뜨거운 자리): 집단상담 장면에서 많이 사용하며 한 구성원에게 집중적으로 초점을 맞춤으로써 자기 각성을 촉진시키는 기법이다.

⑤ 역할연기(실연, enactment): 어떤 상황을 가정하여 그 역할과 행동을 실제로 해 보게 하는 기법으로 그동안 회피했던 감정, 행동들을 실험해 볼 수 있다.

⑥ 창조적으로 투사하기: 자신의 투사를 자각하여 투사물이 자신의 것임을 알아차리게 한다. 예 다른 사람이 이기적이고 공격적이라고 불평하는 내담자로 하여금 이기적인 사람이 되어 연기해 보라고 해서 이기적 욕구나 감정이 자신의 것임을 알아차리도록 한다.

⑦ 꿈 작업: 꿈을 해석하거나 분석하는 것이 아니라 일상 속의 꿈을 가지고 와서 그것이 마치 지금 일어난 것인 것처럼 꿈에 등장하는 중요한 인물이나 사물이 되어 보게 함으로써 꿈의 실존적 메시지에 접근하도록 돕는다.

⑧ 기타: 환상기법, 역전기법, 과장하기, 실험 등이 있다.

## 10. 교류분석 상담

(1) 교류분석 상담의 개요

① 이론적 배경: 에릭 번(Eric Berne)이 1958년에 소개한 이론으로 성격의 인지적 · 합리적 · 행동적 측면을 모두 강조하였으며, 의사소통의 체계와 구성을 분석하는 방법을 제공하고 내담자가 새로운 결정(재결단)을 통해 삶의 과정을 바꿀 수 있도록 자각을 증대시킨다.

② 인간관: 정신분석적 접근을 기반으로 구축되었으나 낙관적 입장의 반결정론적 철학을 토대로 인간을 조망한다. 모든 인간은 존재가치가 있고, 자신의 운명을 결정할 수 있고 변화(재결단)할 수 있는 능력을 가진 긍정적, 자율적, 자유스러운 존재이다.

③ 상담의 목표: 내담자가 자각을 통해, 자율성 확립과 통합된 성인 자아의 확립을 성취하고 현재 행동과 삶의 방향에 새로운 결단을 내리도록 돕는 것이다.

④ 상담자의 역할: 교사, 훈련가, 깊이 관여하는 정보제공자 역할을 한다.

(2) 교류분석 상담의 주요 개념

① 자아 상태 모델 **2016년**

자아 상태를 크게 부모 자아(Parent), 성인 자아(Adult), 아동 자아(Child)로 나눈다.

| 부모 자아(P) | 정신분석의 '초자아(Superego)'처럼 가치체계, 도덕 및 신념을 표현하는 것으로 중요한 인물의 태도에 영향받아 아동기에 형성된다. 기능적으로 '비판적 부모 자아(CP)' '양육적 부모 자아(NP)'로 나눌 수 있다. |
|---|---|

| 성인 자아(A) | '자아(Ego)'와 유사하게 합리적이고 객관적으로 판단, 의사결정을 한다. 이성 적이고 적응적 행동을 가능하게 하는 성격의 일부이다. |
| --- | --- |
| 어린이 자아(C) | '원초아(Id)'와 유사하며, 출생 후 5세경까지의 외적인 일들에 대한 감정적 반 응체계가 내면화된 것이다. 기능적으로 '자유로운 어린이 자아(FC)'와 '순응적 인 어린이 자아(AC)'로 나눌 수 있다. |

② 구조분석 2020년

- 개인의 감정, 사고 행동을 자아 상태 모델의 관점에서 세 가지 자아 상태가 어떻게 구성되는지 분석하고 이해하는 방법이다.
- 여기서 자아 상태란 '상응하는 지속적인 행동패턴' '직접 관련되고 유지되는 감정과 경험패턴'을 말한다(Berne, 1964).
- 특정 자아 상태만을 지속적으로 나타내지 않고 필요한 경우 반응의 균형을 유지하 는 것이 중요하며 효과적으로 기능하는 사람으로 본다.

③ 기능분석 2020년

개인이 각 자아 상태를 어떻게 사용하는가를 보여 준다.

| 자아 상태 | 기능 | 언어적 표현 |
| --- | --- | --- |
| 비판적 부모 자아 | • 주장적, 처벌적, 권위적<br>• 타인을 가르치고 통제하고 비판<br>• 지나치게 높을 경우: 지배적 태도, 명령적 말투, 칭찬보다 질책 | • 비난: "그 정도밖에 못하니?"<br>• 처벌: "또 그러면 가만 안 둔다."<br>• 편견: "당연하지."<br>• 단정: "난 역시 안 돼." |
| 양육적 부모 자아 | • 배려, 격려, 관용<br>• 도움, 긍정적인 인정 자극<br>• 지나치게 높을 경우: 과보호의 경향 | • 위안: "힘을 내라."<br>• 격려: "내가 도와줄게."<br>• 배려: "잘했어." |
| 성인 자아 | • 합리적, 적응적<br>• 자아 상태 간의 갈등 중재<br>• 지나치게 높을 경우: 무미건조함, 컴퓨터 같은 느낌 | • 합리적: "이렇게 하는 것이 제일 적 절하겠어." "어떻게 하는 것이 제일 좋을까?" |
| 자유로운 어린이 자아 | • 타인배제, 자유로운 감정표현<br>• 본능적, 자기중심적, 쾌락주의<br>• 지나치게 높을 경우: 질서나 규범 무시 | • 자기중심적: "난 이게 좋아."<br>• 쾌락 추구: "좋아." |
| 순종적 어린이 자아 | • 타인수용, 순응적, 모범적 규범 준수<br>• 지나치게 높을 경우: 죄책감, 열등감 | • 순응: "알겠어요."<br>• 규범 준수: "그렇게 하는 것은 옳지 않아." |

④ 교류분석의 자아 상태 병리

- 혼합(오염, contamination): 성인 자아가 부모 자아나 어린이 자아로부터 영향받는 상태
  - 망상: 어린이 자아가 성인 자아를 침범할 때 발생한다(유아적 공포증 등).
  - 편견: 부모 자아가 성인 자아를 침범할 때 발생한다(지나친 과신, 엘리트 의식 등).
  - 이중 혼합: 부모 자아와 어린이 자아가 이중으로 혼합된 상태이다(언행 불일치, 급격한 태도변화 등).
- 배타(배제, 봉쇄, exclusion): 자아경계가 경직되어 심리에너지의 이동이 거의 없는 상태

⑤ 교류분석 2018년

- 대인관계에서 자신이 타인에게 사용하는 대화법, 타인이 자신에게 사용하는 관계 방식을 분석

| 보완적(상보) 교류 | 상대가 어떤 자아 상태에서 보낸 자극인지에 따라 원하는 반응을 한다. 평행선, 인정, 어루만짐(stroke)이 상호보완적으로 이루어진다.<br>예 A: 지금 몇 시야?　　　B: 7시 30분이야. |
|---|---|
| 교차적 교류 | 상대방의 욕구를 무시하거나 잘못 이해하여 엉뚱한 반응을 하는 것으로 대화가 자주 중단되며, 인간관계에서 부정적인 영향을 미친다.<br>예 A: 지금 몇 시야?　　　B: 당신은 눈이 없어? 내가 시계야? |
| 저의적(이면) 교류 | 이중 메시지처럼 숨겨져 있는 요구나 의도로 인해 언어적 메시지와 비언어적 메시지가 다른 경우로 심리적 게임이 일어난다.<br>예 A: 너무 늦은 거 아냐(늦었잖아.)?<br>　　B: 나름 일찍 온 거니까 그만해(나 때문이라고 말하냐?). |

⑥ 스트로크(stroke)

- 타인으로부터 얻어지는 인정자극으로, 사회적 상호작용의 기본동기이다.
- 긍정적, 무조건적인 스트로크로 심리적 안정과 성장을 촉진할 수 있다.

| 신체적 스트로크 | 신체접촉, 포옹, 머리 쓰다듬기 등 |
|---|---|
| 상징적 스트로크 | 얼굴 표정, 자세, 사용하는 말투와 언어 등 |
| 긍정적 스트로크 | 칭찬, 긍정적 평가. "오늘 참 멋지네." "참 잘했어." |
| 부정적 스트로크 | 차갑고 상처입히는 표현. "실망스럽구나." "이 정도밖에 안 되니?" |
| 조건적 스트로크 | "만약 네가 ~ 한다면, 나도 ~ 하겠어." |
| 무조건적 스트로크 | 상대의 존재나 행동에 관계없이 주는 인정자극 |

⑦ 라켓(rackets) 2017년, 2020년

- 게임을 통해 경험하는 불쾌한 감정, 초기결단을 강화할 목적으로 사용되고, 인생각

본의 구성요소가 된다.

- 어린 시절 스트로크를 받기 위해 가족 내 허락된 감정만을 느끼게 되는데 이로 인해 불쾌한 감정을 만성적으로 축적하게 되어 성인이 되었을 때, 부적절한 대응방식이 된다.

⑧ 생활각본 분석: 인생 초기의 경험이 현재 생활각본에 영향을 준다. 문제행동과 관련된 생활각본을 찾아 분석함으로써 자신의 자아 상태에 대한 통찰, 자기각본에 대한 이해를 통해 문제에서 벗어나는 것을 목표로 한다.

⑨ 생활자세 2016년

- 자기긍정-타인긍정(I am OK-you are OK): 발전적, 생산적 관계 형성, 건전한 방식
- 자기긍정-타인부정(I am OK-you are not OK): 공격적 관계 형성, 자신이 희생자
- 자기부정-타인긍정(I am not OK-you are OK): 피동적 관계 형성, 무력감, 우울감
- 자기부정-타인부정(I am not OK-You are not OK): 파괴적 관계 형성, 무의미한 삶

⑩ 게임: 스트로크를 얻기 위해 겉으로는 합리적이고 친밀한 대화로 보이나 그 이면에는 속임수나 함정이 포함되어 있는 교류로 모두에게 불쾌한 라켓 감정을 불러일으키는 역기능적 의사소통을 말한다. 2018년

- 게임의 공식(Berne, 1964)

| C | + | G | = | R | → | S | → | X | → | P |
|---|---|---|---|---|---|---|---|---|---|---|
| (Contract) | | (Gimmick) | | (Response) | | (Switch) | | (Crossed-up) | | (Pay-off) |
| 계략 | | 유인장치 | | 반응 | | 형태의 전환 | | 양자 간 혼란 | | 의외의 결말 |

- 인생게임의 흐름도

- 카프만(Karpman, 1968)의 드라마 삼각형 게임: '박해자' '구원자' '희생자'의 삼각구도로 된 '드라마 삼각형'으로 게임을 설명하였다.

| 박해자 | 지배적인 힘을 소유. 상대의 행동 억압 지시. 주로 비판적 부모 자아 |
|---|---|
| 구원자 | 희생자를 돕거나 박해자를 지지, 중재. 주로 양육적 부모 자아 |
| 희생자 | 이용당하거나 인내를 강요당함. 주로 어린이 자아 |

⑪ 심리적 욕구

- 자극갈망: 타인으로부터 신체접촉을 통한 친밀감을 갈망한다.
- 인정갈망: 긍정적·부정적, 조건적·무조건적 인정자극(strokes)을 원하는 경향이 있다. 인정자극의 유형은 삶의 입장, 인생각본, 게임에 영향을 준다.
- 구조갈망: 시간 구조화, 주어진 시간, 인생을 어떻게 보낼 것인가를 각각 발달시킨다.

| 철수(withdraw) | 타인으로부터 철수, 공상이나 상상으로 지낸다. |
| 의식(ritual) | 인사, 결혼식 등 사회적 관습을 따름으로써 습관적으로 일상을 살아간다. |
| 잡담(pastime) | 잡담을 하면서 시간을 보내는 단순한 교류를 한다. |
| 활동(activity) | 일 혹은 안전한 사회적 행동유형, 실용적 행동으로 시간을 구조화한다. |
| 게임(game) | 심리적 대가를 치르는 반복적인 일련의 저의적 교류로 부정적 인정자극(strokes)을 교환한다. |
| 친교(intimacy) | 신뢰로운 관계를 맺으며 자기긍정, 타인긍정의 진실한 교류를 한다. |

⑫ 부모의 각본 메시지 **2015년, 2018년**

- 부모가 어떻게 각본 메시지를 자녀에게 전달하는지 보여 준다. 이 메시지는 어린아이가 인생각본을 결정할 때 자신과 주위 사람 및 세상에 대한 반응에 영향을 미친다.

| 허용 | 부모의 어린이 자아에서 자녀의 어린이 자아로 전달된 메시지 중 긍정적인 경우 |
| 프로그램 | 부모의 성인 자아에서 자녀의 성인 자아로 전달된 메시지 |
| 금지령 | 부모의 내면에 있는 어린이 자아 상태(C)에서 자녀의 어린이 자아 상태에게 내리는 메시지이며, 어떤 것을 받아들이지 못하게 금지함으로써 부정적 메시지로 축적됨 예 ~하지 마라. 존재하지 마라. 가까이 오지 마라. |
| 대항금지령 | 부모의 부모 자아 상태에서 자녀의 부모 자아 상태에 제시되는 명령 혹은 메시지, 금지명령을 거스르는 것 예 ~해라. 완벽히 해라. 기쁘게 해라. |

(3) 교류분석 상담의 상담 과정 **2023년**

| ① 계약 | 상담의 목표 및 과정에 대해 상담자와 내담자가 합의한다. |
| ② 구조분석 | 세 가지 자아 상태(P-A-C)를 분석한다. |

| ③ 상호교류 | 구조적 분석을 기초로 타인과의 관계에서 일어나고 있는 상호교류 혹은 의사소통의 일상과 특성을 파악하는 분석 방법이다. 두 사람의 자아 상태에서 이루어지는 자극과 반응을 이해할 수 있다.<br>예 상보적 교류, 교차적 교류, 암시적 상호교류 등 |
| --- | --- |
| ④ 게임분석 | 예측 가능한 일련의 반복적이고 연속적인 교류의 결과로 파국적 결말, 즉 두 사람 모두 나쁜 감정으로 끝나는 상보적인 이면교류인 게임을 분석한다. |
| ⑤ 생활각본 분석 | 생활각본은 생의 초기에 경험하는 외적 사태들에 대한 개인의 해석을 바탕으로 형성되고 결정된 환경에 대한 반응행동 양식으로, 생활각본 분석을 통해 자신의 성격 형성 과정을 알고, 인생 초기 형성된 기본적인 인생태도를 파악할 수 있다. |
| ⑥ 재결단 | 내담자가 자율적이고 책임감 있는 진실한 인간으로 살아가기를 선택할 수 있도록 잘못된 초기 결단을 재경험하고 새롭고 건전한 결단을 하도록 돕는다. |

(4) 교류분석 상담의 상담기법 2018년, 2019년

① 상담분위기 형성기법: 허용, 보호, 잠재력이 있다.
- 허용: 부모 자아가 내담자에게 해서는 안 된다고 말했던 것을 허용해 주는 기법이다.
- 보호: 부모의 금지령을 포기, 성인 자아를 사용하도록 허용받은 내담자의 어린이 자아가 느끼는 두려움을 상담자가 지지해 주는 것이다.
- 잠재력: 적기에 적절한 상담기술을 사용할 수 있는 상담자의 능력을 말한다.

② 치료적 조작기법: 질의, 명료화, 직면, 설명, 예증, 확인, 해석, 결정화가 있다.
- 예증(illustraion): 기술, 일화, 비교 등의 방법으로 사례를 제시하는 것으로 유머와 생동감이 있어야 하며 성인 자아, 어린이 자아 수준에서 이해할 수 있어야 한다.
- 결정화(crystallizaton): 스트로크를 받기 위해 사용해 왔던 게임을 그만두고 원하는 방법으로 보다 나은 스트로크를 얻을 수 있고, 자유로워지도록 내담자에게 설명하는 과정이다.

# 11. 현실치료

(1) 현실치료 상담의 개요 2016년, 2022년, 2023년

① 이론적 배경: 윌리엄 글래서(William Glasser)가 창시하였고 행동의 선택이론에 바탕을 둔 심리치료이다. 내담자의 현재 행동에 초점을 두며 내담자의 가치 판단을 강조했다. 글래서는 중요한 사람과의 관계가 불행의 가장 주된 원인이라고 보았다.

② 인간관: 인간은 스스로 자기 행동을 결정하고 책임질 수 있는 존재이며, 자신과 환경을 통제할 수 있는 존재이다. 인간의 기본적 욕구를 충족시킬 수 있는 좋은 세상을 획득하기 위한 전체행동을 선택하는 하나의 통제시스템이다.

③ 상담의 목표: 내담자가 자신의 기본적 욕구를 충족시킬 효율적인 방법을 찾고, 자기가 선택한 행동에 책임지도록 함으로써, 자신의 삶에 대한 통제력을 회복하고, 성공적인 정체감을 갖도록 돕는다.

## (2) 현실치료의 주요 개념 2014년

① 선택이론: 우리 자신의 내적동기가 행동을 통제한다는 이론, 즉 모든 행동은 목적을 가지며 다른 사람을 통제할 수 없다. 2015년, 2017년

② 전체행동: 전체행동은 활동하기, 생각하기, 느끼기, 생리적 반응이라는 4개의 구성요소로 이루어지고 행위와 사고와 감정을 동반한다.

③ 5가지 기본 욕구: 인간은 생존, 사랑과 소속, 힘(권력), 자유, 즐거움의 욕구를 지닌다.

④ 좋은 세계(Quality World): 인간은 내적 욕구를 충족시키기 위해 특별한 바람이나 열망, 자신에게 중요하며 특별하다고 생각되는 사람들, 장소, 사물, 신념 그리고 생각에 대한 심상을 글래서가 '좋은 세계'라고 지칭한 내면세계에 간직한다.

⑤ 정체감
- 성공적 정체감: 합리적으로 욕구를 충족시키는 행동을 선택하고 성공경험을 하면 성공적 정체감이 형성된다.
- 패배적 정체감: 선택한 행동이 적절하지 못하고 비효율적이어서 욕구좌절이 반복되면 패배적 정체감이 형성된다.

**학습 plus**

| 현실치료의 성공적인 정체감 행동의 3가지 특성, 3R 2019년 | |
|---|---|
| 책임감(Responsibility) | 자신의 행동에 대한 책임과 욕구를 충족시킬 책임이 있다. |
| 현실감(Reality) | 현재 행동이 지금 이 시점에서 욕구충족에 현실성이 있는가? |
| 옳고 그름(Right and Wrong) | 타인에게 해가 되지 않는 가치 판단을 통해 자신의 욕구를 충족해야 한다. |

(3) 현실치료의 상담 과정 2017년, 2019년

① 신뢰로운 상담 관계, 상담 환경 가꾸기

🔊 학습 plus

**효과적인 상담을 위해 상담환경을 가꾸는 12가지 방법(김인자, 1999)**

- 내담자에게 주의를 기울여 경청하기
- '항상'의 법칙 사용하기[AB(Always Be)-사용하기]: 항상 침착하고 정중하기, 항상 신념을 가지기, 항상 열성적이기, 항상 확고하기, 항상 진실하기
- 내담자의 행동에 대한 판단을 보류하기
- 예상치 못한 행동하기
- 유머 사용하기
- 가장 자기다운 방법으로 상담하기
- 개방하기
- 은유적 표현에 귀 기울이기
- 주제에 귀 기울이기
- 요약하고 초점 맞추기
- 결과를 허용하고 책임지도록 하기
- 침묵을 허용하기

② 우볼딩(Wubbolding)의 상담진행 과정(R-W-D-E-P) 2017년, 2019년, 2022년

- R(Rapport): 치료적 환경조성 및 상호 협력적인 상담관계를 형성한다.
- W(Want): 내담자가 원하는 것이 무엇인지 소망과 욕구, 지각을 탐색한다.
  - "당신은 무엇을 원합니까?"
  - "당신은 어떤 사람이 되기를 소망합니까?"
- D(Doing): 현재 무슨 행동을 하는지, 무엇을 추구하고 있는지 살펴본다.
  - "당신은 지금 무엇을 하고 있습니까?"
- E(Evaluation): 현재 행동이 자신의 소망과 욕구를 충족시키는 데 효과적인지 평가한다.
  - "당신이 지금 원하고 있는 것이 현실적이고 실현 가능한 것입니까?"
  - "당신이 지금 하고 있는 행동이 원하는 것을 얻는 데 도움이 됩니까?"
  - "상담이 진행되어 나가면서 당신의 행동 변화에 대해 어떻게 약속하시겠습니까?"
- P(Plan): 소망과 욕구를 충족시킬 수 있는 새로운 행동을 계획하고 실천하도록 돕는다.
  - "원하는 것을 얻을 수 있는 효과적인 방법은 무엇입니까?"

(4) 현실치료의 상담기법 2016년

① 질문하기: 내담자의 소망과 욕구를 인식하고 자신의 행동을 평가하도록 촉진하는 기법이다.

② 동사로 표현하기: 능동태 동사와 현재형의 단어를 사용하여 책임의식을 증진한다.

③ 긍정적 태도로 접근하기: 긍정적인 것을 늘리는 데 초점을 둔다.

④ 은유적 표현 사용하기: 내담자가 자주 사용하는 은유적 표현을 이해하고 은유적 표현을

통해 메시지를 전달한다.

⑤ 직면시키기: 내담자의 무책임한 행동에 대해 변명을 받아들이지 않고 직면시킨다.

⑥ 역설적 기법: 내담자에게 모순되는 지시, 의도적 실수를 지시함으로써 통제감과 책임감을 증진시키기 위해 적용한다.

⑦ 유머 활용하기: 친밀한 관계를 형성하는 데 도움이 되며 재미와 즐거움의 욕구를 충족하게 한다.

> **학습 plus**
>
> **우볼딩의 현실치료 계획이 고려해야 할 사항(SAMIC3 Plans)**
>
> • Simple: 계획은 단순해야 한다.
> • Attainable: 계획은 도달할 수 있는 것이어야 한다.
> • Measurable: 계획은 측정할 수 있어야 한다.
> • Immediate: 계획은 즉각적이어야 한다.
> • Controlled: 계획은 계획자에 의해 통제되어야 한다.
> • Consistent: 계획은 일관성이 있어야 한다.
> • Committed: 계획은 이행하겠다는 언약이 있어야 한다.

## 12. 해결중심 상담

### (1) 해결중심 상담의 개요

① 이론적 배경: 드 세이저와 베르그(De Shazer & Berg)가 확립한 이론으로 '한 부분의 변화는 전체의 변화를 가져온다.'는 체계론적 관점, 즉 구성주의 학파의 이론에 근거하고 있으며, 상담의 초점을 문제의 원인이 아니라 내담자가 바라는 변화, 문제해결, 새로운 행동유형에 둔다. 단기상담을 지향하며 옳은 것, 효과적인 것에 초점을 둔다.

② 인간관: 근본적으로 인간은 건강하고 문제를 해결하려는 의지와 능력을 가지고 있어 스스로 문제해결을 위해 노력한다.

③ 상담의 목표: 내담자가 이미 가지고 있는 자원과 강점을 활용하여 문제해결을 성취하도록 돕는다. 내담자에게 중요한 것, 내담자가 가진 목표가 상담의 목표가 된다.

### (2) 해결중심 상담의 주요 개념

① 사회구성주의: 진리라고 여기는 것은 타인들과의 상호작용의 결과이다. 삶이나 세상을 이해하는 데 유일한 옳은 방법은 없다. 있는 그대로의 내담자의 실재를 존중한다.

② 해결중심 미래지향: 포스트모더니즘과 사회구성주의의 철학적 전제를 강조한다. 내담자는 자신에 대한 전문가이며 강화 가능한 장점을 보유하고 있다.

③ 예외상황: 내담자의 삶에서 효과적이었던 시기와 내담자의 강점을 부각시킨다.

④ 저항이 아닌 준비상태: 변화하지 않은 내담자는 아직 변화할 수 있는 메커니즘을 찾지 못한 것일 뿐이다. 내담자는 방문형, 불평형, 고객형이 있다.

**학습 plus**

**해결중심 상담에서의 내담자 3가지 유형**
- 방문형: 가족이나 기관, 교사 등에 의해서 상담이 의뢰된 경우로 비자발적이다.
- 불평형: 다른 사람 문제로 인해 자신이 힘들다고 불평하는 유형이다.
- 고객형: 자신에게 문제가 있다는 것을 알고 해결하기 위해 자발적으로 도움을 요청하는 내담자로 문제해결을 위한 행동 변화의 준비가 되어 있다.

**학습 plus**

**해결중심 상담의 기본원리 10가지** 2016년
- 변화는 필연적 · 지속적이다.
- 못 쓸 정도가 아니면 그대로 써라.
- 잘 작동하는 부분이 있다면, 그 부분을 더 활용하라.
- 작동하지 않으면, 다른 방법을 모색 · 사용하라.
- 내담자는 우리에게 자신의 자원과 강점을 알려 준다.
- 작은 진척이 큰 변화를 이끈다.
- 해결책과 문제 사이에 논리적인 관계가 있을 필요는 없다.
- 해결책 마련과 관련된 언어는 문제를 설명하는 데 필요한 언어와 다르다.
- 문제는 항상 일어나는 것이 아니고, 항상 활용할 예외상황이 있다.
- 미래는 창조되며 절충이 가능하다.

**학습 plus**

**해결중심 상담의 변화원리 10가지** 2016년
- 변화를 기회로 인식하라.
- 내담자가 문제로 여기지 않는 행동은 변화시키려 하지 말라!
- 무엇이 작동하고 있고 더 잘 기능할 것 같은가?
- 내담자에게 맞는 방법을 찾을 때까지 다른 행동을 시도하라!
- 내담자는 자신의 삶에서 어떤 것이 효과적이고, 어떤 것이 그렇지 않은지 알고 있다.
- 충분히 좋은 상태로 불릴 수 있을 정도로 점진적으로 나아가라.
- 바람 빠진 타이어를 고칠 때 왜 바람이 빠졌는지 아는 것보다는 고치는 것이 더 중요하다.
- 결핍, 병리, 부정적 언어를 사용하는 문제중심 접근보다는 해결에 초점을 맞추라!
- 문제에 대한 예외상황을 탐색하여 새로운 해결책을 도출하라.
- 내담자는 자기 운명의 건축가다. 대화를 통해 새로운 미래를 재창조하라.

**(3) 해결중심 상담의 상담 과정 7단계(단기치료)**

**(4) 해결중심 상담의 상담기법** 2018년, 2020년, 2022년

① 상담 전 변화에 대한 질문: 상담을 예약하고 오기까지 어떤 변화가 있는지 확인한다.

② 예외질문: 현재의 문제가 문제가 되지 않았던 경우를 탐색, 해결을 향한 노력의 가능성을 높인다.

③ 기적질문: 문제가 해결된 미래의 상태를 상상해 보게 하여 원하는 것을 명료화한다.

④ 척도질문: 내담자의 문제와 관련된 상황들은 0~10점 척도로 평정해 보도록 하여 문제 상황을 구체적으로 파악하고 해결된 상태를 예상한다.

⑤ 가설적 태도: 내담자를 전문가로 여기고 어려움을 겪는 이유에 대해 가정 또는 해석하는 자세를 취한다.

⑥ 기타 질문기법: 관계성 질문, 대처질문, 악몽질문, 목표선택질문, 평가질문 등이 있다.

## 13. 여성주의 상담 2017년, 2020년, 2023년

**(1) 여성주의 상담의 개요**

① 이론적 배경

- 전통적 심리치료가 사회적, 정치적인 배경 고려 없이 개인 내담자나 가족에만 초점을 맞춘 것에 이의를 제기하며 등장한 접근 방식으로 1960년대와 1970년대의 페미니즘 운동에서 시작, 비주류의 대응 논리와 그에 근거한 사회적 행위에 초점을 두고 있다.

- 길리건(Gilligan)의 「여성의 양육, 도덕발달에 대한 연구」(1982)와 밀러(Miller)의 「관계에서의 자기 모형 발달」(1996), 스톤센터 학자의 '관계 문화모형'은 이론의 발전에 큰 영향을 주었다. 2016년, 2019년

② 인간관

- 우렐과 리머(Worell & Remer, 1992)는 전통적 이론에 대비, 여성주의 이론을 제기했다. 성별에 무관하고, 유연성이 있으며 상호 교류적이고 전 생애를 포괄한다.

- 남녀평등 접근: 남성과 여성의 행동 차이를 사회화 과정에 의한 것으로 설명한다.
- 유연한 다문화주의 관점: 인종·나이·문화·성·성적 취향에 상관없이 개인과 집단에 모두 적용되는 개념과 방략을 사용한다.
- 상호교류 관점: 인간 경험의 사고·감정·행동 차원에 대한 명확한 개념과 상황적·환경적 요인에 대한 설명을 포함한다.
- 전 생애 관점: 인간 발달이 생애 전체에 걸쳐서 진행되는 과정이며, 성격 양상과 변화는 초기 아동기에 정해지는 것이 아니라 언제든지 일어날 수 있다고 보았다.

③ 상담의 목표

- 역량강화, 다양성의 가치와 지지, 적응보다는 변화를 위한 노력, 평등성, 독립성과 상호의존성의 균형, 사회적 변화 능이 포함된다.
- 핵심 목표: 자신과 타인에 대해 행동의 주체는 자기 자신이라는 생각을 갖도록 한다.
- 궁극적인 목표: 차별과 압박이 더 이상 지속되지 않는 사회를 만드는 것이다.

## (2) 여성주의 상담의 상담기법

① 역량강화: 목표설정, 계약체계 등의 서면동의에 주의를 기울여, 내담자를 능동적으로 참여시킴으로써 '능동적인 협력자'로 만들고 상담에서 주도적인 행동을 하게 한다.

② 자기개방: 내담자와 상담자의 평등한 관계, 모델링 제공, 내담자의 역량강화, 서면동의 등을 위해 치료적 자기개방을 한다.

③ 성역할 분석: 사회로부터 받는 성역할 기대감이 내담자의 심리에 미치는 영향과 미래 성역할 행동에 미치는 영향을 탐색한다.

④ 성역할 중재: 사회적 문제가 내담자 문제에 어떻게 영향을 끼쳤는지를 깨닫게 하기 위해 여성에 대한 사회적 역할 기대 맥락을 내담자가 볼 수 있게 한다.

⑤ 권력분석: 사회적인 지배집단과 그에 종속되는 집단 사이 및 남성과 여성 사이에 존재하는 권력 유형과 그 상호작용을 여성 내담자가 파악하게 하고 자신의 삶에 미치는 영향력을 인식하여 내담자 자신이 능동적인 영향을 미치고 적응할 수 있도록 한다.

⑥ 독서치료: 근친상간, 강간, 구타, 성희롱 등의 문제를 여성주의적 관점으로 읽는 것은 이러한 문제에 대해 일어나는 자기비난을 줄일 수 있게 하며 내담자의 전문성을 높이고 상담자와의 권력 불균형을 줄인다.

⑦ 표현해주기 훈련: 표현행동과 의사소통을 배우고 실행함으로써 대인관계 권리 의식, 고정관념적 성역할을 극복하고 내담자의 권력을 증가, 내담자가 원하는 것을 요구할 수

도 있다.

⑧ 재구성과 명명하기: '희생자를 비난하기'에서 내담자가 처한 환경의 사회적 요인이 원인일 수 있음을 고려하도록 생각을 이동시키는 것이다.

⑨ 사회활동: 내담자에게 성폭력상담소의 자원 봉사활동, 교육참여 등을 제안한다.

⑩ 집단치료: 사회관계망을 제공하고, 고립감을 감소시키며, 경험을 나눌 환경을 창조하여 내담자 자신이 혼자가 아니라는 사실을 이해하도록 돕는다.

## 14. 통합적 상담

### (1) 개요

상담에서 한 가지 치료모델을 임상 작업의 조망을 위한 기반으로 사용하면서 필요에 따라 다양한 이론적 접근의 개념과 기법을 체계적·조직적으로 선택·적용하는 접근법으로 심리치료의 효율성과 적용 가능성을 극대화하는 것이 그 목표이다.

> **학습 plus**
>
> **심리치료에 관한 전문 임상가들의 합의점**
> - 단일 이론과 기법 중심의 치료적 접근은 확실하게 임상적 한계가 있다.
> - 서로 다른 이론적 접근에 따라 숙련된 치료자들이 발표한 연구결과가 유사하다.
> - 여러 접근의 심리치료들은 매우 인상적인 공통점이 있다.
> - 경험이 풍부한 심리치료자들 대부분은 자신들을 절충주의자로 규정하고 있다.

### (2) 통합적 접근의 유형

① 기술적 통합: 최상의 상담기법을 선택하는 것에 중점을 두고 여러 접근에서 선택하며 기법을 채택한다. **예** 라자루스의 중다양식치료(Multimodal Therapy: MMT)

② 이론적 통합: 단순한 기법의 통합을 넘어 개념적·이론적 통합을 통한 창조를 제안한다. **예** 변증법적 행동치료(DBT), 수용전념치료(ACT), 정서중심 치료(EFT)

③ 동화적 통합: 특정 이론적 접근에 근거를 두고 다양한 치료적 접근에서 선택적으로 결합·적용한다. **예** 마음챙김 기반 인지치료(MBCT)

④ 공통요인적 통합: 다양한 이론으로부터 공통요소를 상담의 실제에 적용한다. **예** 공통요인, 작업동맹, 공감적 경청, 지지, 카타르시스, 행동 실험, 피드백, 내담자의 긍정적 기대, 개인적 갈등의 훈습, 내담자 요인, 대인관계 역동 이해, 상담실 밖 변화, 치료효과, 상담수행에 대한 성찰을 통한 학습 등

## (3) 통합적 상담모델의 예시들

### ① 라자루스(Lazarus)의 중다양식 치료(Multimodal Therapy: MMT) 2016년

- 인간의 성격에는 7가지 기능영역(BASIC-ID)이 있으며 이러한 특성 중 가장 우선적인 문제가 무엇인가를 파악하여 가장 적절한 치료방법을 찾아낸다. 면담상황에서 내담자의 문제를 파악, 확인하는 데 유용하게 사용될 수 있다.

> **학습 plus**
>
> **라자루스의 BASIC-ID**
>
> - B(Behavior, 행동): "당신은 얼마나 활동적입니까, 행동적입니까?"
> - A(Affect, 감정): "당신을 웃게 하는 것은 무엇입니까?" "얼마나 정서적입니까?"
> - S(Sensations, 감각): "당신은 감각에서 오는 쾌락과 고통에 얼마나 주의를 기울입니까?"
> - I(Images, 심상): "당신의 신체상은 어떤 이미지입니까?"
> - C(Cognitions, 인지): "당신의 사고가 당신의 감정에 어떻게 영향을 미칩니까?"
> - I(Interpersonal Relationships, 대인관계): "당신은 얼마나 타인과 소통합니까?"
> - D(Drugs or Biology, 약물-생물): "건강합니까? 몸을 돌봅니까? 해로운 물질 복용을 피합니까?"

### ② 영(Young)의 심리도식이론

- 인지행동치료, 애착이론, 대상관계 이론, 정신분석치료, 게슈탈트 치료 등을 통합, 성격장애를 설명하는 이론과 상담기법을 제시하고 있다.
- 영(Young)은 5개 영역, 18개 심리도식을 제시하고 있다.
- 아동기와 청소년기의 유해한 경험으로 인해 형성된 부적응 도식이 성격장애를 초래한다.
- 굴복, 회피, 과잉보상의 대처방식이 다양한 정서상태와 행동패턴에 영향을 미친다.
- 부적응상태로 몰아가는 초기 부적응도식을 파악하고 약화시키는 것이 치료의 목표이다.

| 영역(5) | 심리도식(18) |
|---|---|
| 단절 및 거절 | 유기/불안정, 불신/학대, 정서적 결핍, 결함/수치심, 사회적 고립/소외 |
| 손상된 자율성 및 손상된 수행 | 의존/무능감, 위험/질병에 대한 취약성, 밀착/미발달된 자기, 실패 |
| 손상된 한계 | 특권의식/과대성, 부족한 자기통제/자기훈육 |
| 타인-중심성 | 복종, 자기희생, 승인/인정욕구 |
| 과잉경계 및 억압 | 부정성/비관주의, 정서적 억압, 엄격한 기준/과잉비판, 처벌 |

### ③ ACT: 수용-전념치료(Acceptance-Commitment Therapy)

- 1982년 스티븐 C. 헤이즈(Steven C. Hayes)에 의해 고안

- 문자언어가 고통을 늘리고 그 고통을 해결하는 방법인 문제 해결적 사고를 과잉 확대하는 경향이 있다는 관계틀이론(RFT)에 근거하고 있다.
- ACT는 변증법적치료(DBT), 기능분석정신치료(FAP) 등과 함께 인지치료의 제3의 동향에 속한다.
- ACT의 목표: 치료 관계의 맥락에서 경험에 직접적으로 충분히 접촉하고, 실효성(workability)을 갖는 행동을 선택, 심리적 경직성으로부터 심리적 유연성으로 나아가는 것이다.
- 심리적 유연성의 증진은 마음챙김과 수용과정, 전념과 직접적 행동변화 과정이라는 두 가지 국면으로 구성된다.

④ DBT: 변증법적 행동 치료(Dialectical Behavior Therapy)

- 리네한(Linehan, 1993)이 개발, 원래는 유사 자살 행동에 대한 개입으로 개발했으나, 이후 경계선 성격장애 치료에 주로 활용되었고 현재는 대부분의 진단적 범주에 사용되고 있다.
- DBT의 목표: 혐오스러운 감정, 과거사, 현 상황을 있는 그대로 수용하도록 격려하면서 더 나은 삶을 위해 행동과 환경들을 변화시켜 나가도록 돕는 것이다.
- DBT의 기법: 정서조절, 고통감내, 마음챙김, 의미창출, 전략적 행동 기술 등이 있다.

⑤ EFT: 정서중심 치료(Emotionally Focused Therapy)

- 그린버그(L. Greenberg) 박사가 창안하였다.
- 정서를 적응적 정서와 부적응적 정서로 구분, 적응적 정서의 자각과 활성화를 지향하기 위해 부적응적 정서를 탐색, 변화시켜 역기능적 신념들을 완화, 자기통합적 정서의 개발을 돕게 하는 상담이다.
- 고통과 불균형 경험 시 정서에 영향을 미친 근본적인 이전의 경험을 재경험함으로써 정서표현을 극대화하여 정서적 변화를 도모하도록 한다.
- 각성을 돕기 위한 대화게임(상전과 하인의 대화)과 투사연기, 반대행동하기, 책임지기, 신체표현을 활용하기, 과장하기, 빈 의자 기법 등이 있다.

⑥ MBCT: 마음챙김 인지치료(Mindfulness-Based Cognitive Therapy)

- 티즈데일 등(Teasdale et al., 2002)은 탈중심화 또는 메타인지적 자각증진이 인지치료의 중요한 기제라고 보고, 우울증 재발방지를 위해서 마음챙김 스트레스 감소프로그램(Mindfulness-Based Stress Reduction Program; Kabat-Zinn, 1990/1998)을 인지치료와 통합하여 마음챙김 기반 인지치료를 개발하였다.

- MBCT에서는 생각이나 감정의 내용을 변화시키기보다는 그에 대한 관계를 수용적으로 변화시킴으로써 부정적 사고나 감정에 대한 메타인지적 태도를 기르는 데 역점을 둔다.

## CHAPTER 04 / 청소년 상담의 실제

## 1. 청소년 상담의 진행과정 2018년

### (1) 상담신청 받기

전화, 인터넷, 직접 상담실 방문을 통해 상담신청을 받는다.

### (2) 상담을 위해 고려해야 할 준비사항

① 물리적 환경 조성: 상담실의 위치, 내부 환경(조명, 위생, 소음차단, 편안함 등), 상담에 필요한 자료 등을 갖추어야 한다.

② 상담자의 준비: 상담자는 내담자를 맞이할 정서적ㆍ신체적 상태를 점검하고 편견이나 선입견 없이 청소년을 만날 수 있도록 마음가짐을 정리한다. 청소년 상담에 필요한 최신이론과 기술을 숙지한다.

### (3) 접수면접(intake interview) 2023년

① 정보수집 및 호소문제 파악: 상담신청과 정식 상담의 다리 역할을 하는 절차로 면접, 질문지, 행동관찰, 심리검사를 통해 내담자에 대한 정보를 수집한다.

- 성별, 생년월일, 연락처, 종교, 신체 및 정신적 질병 내력, 현재 투약 중인 약물, 신체적 장애, 이전 상담경험, 상담신청 경로 등 정보를 파악한다.
- 상담을 받으러 온 이유, 목적, 배경, 호소문제가 발생한 시기, 상황적 혹은 생물학적 배경, 문제가 된 경로, 현재의 상태와 심각성, 대인관계, 학업, 최근 기능상태, 스트레스 요인, 사회심리적 자원 등을 파악한다.
- 호소문제와 관련된 개인사 및 가족관계를 탐색한다.

② 접수면접 구조화: 접수면접의 목적, 절차, 소요시간, 역할, 규범 등을 설명한다.

③ 상담동의서 작성: 비밀보장의 원칙과 예외, 자료보호와 보관 등의 내용에 대해 설명한다.

⑷ 청소년 상담의 초기단계

① 상담의 구조화 2014년. 2016년. 2019년

- 상담의 첫 회기에 수행되는 작업으로 상담여건, 상담관계, 비밀보장에 대해 구조화한다.
- 상담에 대한 인식, 상담기간, 횟수, 비용, 약속이행 등에 대한 구조화를 한다.
- 상담관계 및 내담자와 상담자의 역할에 대한 구조화를 한다.

② 상담관계 형성 및 동기화

- 청소년 내담자는 자신의 문제를 인식하고 상담을 신청한 자발적 내담자와 교사, 부모 등 관계자에 의해 의뢰되었거나 문제행동으로 호출된 비자발적 내담자를 포함해 다양하다. 그러므로 상담관계를 형성하고 상담동기를 갖게 하는 것이 중요하다.
- 상담관계에 더욱 주의하여 신뢰할 수 있고 우호적이며 협동적인 관계를 형성해야 한다.
- 전문성에 대한 신뢰감 형성, 청소년 내담자와 눈높이 맞추기 등을 위한 노력이 필요하다.
- 내담자 중심, 온정적, 허용적, 진솔한 자세를 취하며 일관적 태도와 행동을 유지한다.
- 관심 기울이기, 경청, 공감, 개방형 질문 등을 사용하고 상담 초기에는 직면 기법은 권장하지 않는다. 2016년

③ 사례개념화

- 사례개념화는 내담자와 관련된 정보를 정리하고 체계화하여, 내담자의 문제의 성격과 원인에 대한 이론적 설명과 치료계획에 대한 하나의 가설을 세우는 작업이다.
- 초기에 세워진 가설은 추가적인 정보에 따라 지속적으로 타당성을 검토, 수정하고 보완할 수 있다.
- 상담자의 주 이론과 상담경험에 따라 사례개념화의 구체적 내용은 다소 다를 수 있다.
- 내담자의 주호소 문제 및 기능 수준과 문제의 원인, 현재 문제를 지속시키거나 촉진 또는 강화하는 요인, 상담 목표, 상담 개입계획 등이 포함된다.

④ 상담의 목표 합의하기 2017년. 2020년

- 상담 목표는 내담자와 합의하에 구체적이고, 명확하고, 현실적이어야 한다. 달성 가능한 목표로 달성 정도를 측정할 수 있어야 하며, 긍정적이어야 한다.
- 일차적 목표는 내담자의 호소문제 해결과 생활적응을 돕는 것이고 이차적 목표는 성격의 재구조화를 통한 내담자의 발달과 성숙을 돕는 것이다.

**(5) 청소년 상담의 중기단계** 2014년

① 목표달성을 위한 개입

• 목표달성을 위해 내담자와 상담자가 교류하고 촉진하는 단계이다.

• 공감, 경청, 직면, 수용 등 상담자의 다양한 상담기법이 사용되는 단계이다.

② 내담자의 자기탐색과 분석

• 내담자 자신의 성격과 심리적 문제의 근원을 이해하고, 자신의 관점, 태도, 환경, 사고, 감정, 행동패턴이 자신의 문제와 어떤 관계가 있는지 이해하게 된다.

③ 인식의 변화

• 자신의 현재상황과 그 상황의 유발원인에 대한 긍정적인 관점을 가능하게 하는 재구성(reframing) 과정을 통해 내담자의 인식이 변화된다.

• 해결할 수 있는 것과 해결할 수 없는 것을 구분하고, 현실적인 판단을 하게 된다.

• 상담자는 내담자의 저항과 통찰을 다루고 관찰내용을 피드백한다.

**(6) 청소년 상담의 종결단계** 2014년, 2015년, 2016년, 2018년, 2020년, 2023년

① 상담성과 평가: 치료목표에 대한 성취정도 및 성취여부를 회기별 평가와 전체 상담 과정 평가를 통해 확인한다.

② 미해결 과제: 상황적 제약으로 인해 다루지 못했거나, 충분히 다루지는 못했다는 느낌이 들게 하는 문제 등 미해결 과제의 점검은 내담자가 종결 후의 삶을 예측하고 준비하는 데 도움을 준다.

③ 종결 후 계획: 종결 후 일어날 수 있는 상황을 예상해 보고, 대처방안을 논의한다. 상담 과정에서 터득한 것을 실생활에 적용할 방법을 논의한다.

④ 종결에 대한 저항 2019년

• 종결 시 상실에 따른 고통, 외로움, 슬픔, 거부당하는 것에 대한 두려움, 욕구 미충족, 미해결 과제, 자주적으로 문제를 해결해야 하는 것에 대한 두려움 등을 이유로 내담자의 저항이 일어날 수 있다.

• 회기 종결 시 더 많은 상담시간 요구, 상담 목표 달성 후에도 계속 상담 요구, 새로운 문제 제시 등의 모습으로 내담자의 저항이 나타난다.

⑤ 종결 감정처리: 종결에 따른 불안감, 염려, 슬픔 등의 감정이 자연스러운 감정임을 확인해 주고 스스로 감당할 수 있음에 대한 자신감을 심어 준다. 증상이나 문제 재발 가능성에 대해 논의하고 대처방안 상기, 추가 면담과 후속 상담을 안내하여 종결감정을 다룬다.

⑥ 상담종결의 조건 2017년

- 내담자가 호소문제를 더 이상 경험하지 않을 때
- 현재의 상황에 잘 적응하고 있는 것으로 판단될 때
- 내담자가 호소문제를 경험하더라고 감내할 수 있을 정도로 호전되었다고 느낄 때
- 내담자가 스스로 해결했던 문제상황에 대해 더 많이 이야기하게 될 때

**학습 plus**

**조기종결** 2019년

- 외부요인에 의한 조기종결: 이사, 발병 등의 사유
- 상담자로 인한 조기종결: 상담자의 다양한 사유
- 내담자에 의한 조기종결: 일방적 관계 단절이 있을 때 내담자의 선택을 존중하고 향후 상담이 필요할 때 다시 찾아올 수 있음을 알려 준다.

## 2. 청소년 상담의 상담기법과 상담유형

(1) 상담기법 2019년, 2023년

① 경청하기 2016년, 2018년

- 경청은 내담자의 언어적 · 비언어적 메시지, 메시지 속 의미까지 주의 깊게 귀담아 듣는 태도를 말한다.

**학습 plus**

**힐과 오브라이언의 경청요령 10가지, ENCOURAGES**

- E(Eye): 내담자의 눈을 바라본다.
- N(Nod): 고개를 가볍게 끄덕인다.
- C(Cultural difference): 경청 방법의 문화적 차이를 이해하고 적용한다.
- O(Open): 내담자 쪽으로 몸을 약간 기울여 개방되고 여유로운 자세를 취한다.
- U(Uhm): 내담자의 말을 잘 듣고 있음을 나타내는 "음~" "아~" 등의 일종의 추임새이다.
- R(Relax): 여유가 있는 자세, 이완된 자세, 편안한 자세를 취한다.
- A(Avoid): 집중을 흩트리는 불필요한 동작이나 산만한 행동을 피한다.
- G(Grammatical style): 표현 방법에 있어 내담자의 문법적 스타일을 이해하고 민감하게 맞춘다.
- E(Ear): 귀를 열어 놓고 귀담아듣는다. 내담자가 표현하는 것을 진정으로 듣는다.
- S(Space): 내담자와 적당한 거리를 유지한다. 친밀감과도 관계가 있다.

② 재진술(앵무새말하기) 2020년

- 내담자의 표현 중 핵심내용을 동일한 의미로 상담자의 언어로 바꾸어 되돌려주는 기술이다.

- 내담자가 자신의 욕구와 상태를 이해할 수 있도록 돕고 경청하고 있음을 확인시켜 준다.

③ 반영 2015년, 2016년, 2017년, 2018년, 2020년

- 내담자가 표현한 언어, 느낌, 감정, 태도 등을 상담자의 말로 되돌려주는 것이다.
- 내담자를 수용하면서 내담자의 언어적 · 비언어적 메시지의 핵심을 거울처럼 비추어 그대로 되돌려주려고 노력하는 것을 말한다.

> **학습 plus**
>
> **반영의 종류**
> - 언어적 반영: 내담자의 언어적 메시지의 핵심을 상담자의 말로 요약해서 표현해 준다.
> - 감정적 반영: 내담자의 감정에 초점을 맞추고 명확한 감정을 거울처럼 비춰 주는 것이다.
> - 행동과 태도에 대한 반영: 내담자의 얼굴표정, 몸의 자세, 눈의 초점 및 움직임, 손과 발의 움직임 등 비언어적인 표현내용을 알아차려서 적절한 시기에 반응을 되돌려준다.

④ 질문하기 2016년

- 내담자의 정보를 탐색하여 이해를 돕고 관계를 형성하기 위한 기법으로 질문방식에 따라 내담자의 문제와 해결에 대한 관점이 달라질 수도 있다.
- 개방형 질문과 폐쇄형 질문이 있으며 상담의 상황에 따라 융통성 있게 사용한다.
- "왜?"라는 질문은 변명이나 합리화를 유발하므로 "어떻게?"로 바꾸어 질문한다.

| 개방형 질문 | 폐쇄형 질문 |
| --- | --- |
| 상담장면에서 주로 사용되는 질문으로 더 많은 정보를 들을 수 있다(탐색, 명료화). 예 "그때 어떤 생각이 드셨나요?" | 구체적인 상황에 초점을 맞추거나 정확한 정보를 얻는 데 사용한다(시간 절약). 예 "그 상황에서 어머니가 떠나신 건가요?" |

⑤ 공감하기

- 내담자가 경험한 정서를 상담자도 같이 경험하는 것으로 상담자가 자신의 입장과 관점을 지니고 있으면서 동시에 내담자의 생각, 감정, 경험 등을 내담자의 입장이 되어서 함께 느끼는 것이다.
- 함께 느낀 그 감정을 내담자에게 말로 표현해서 전달해 주어야 한다.

> **학습 plus**
>
> **공감의 5단계(Carkhuff, 1969)**
> - 수준1: 상담자는 언어적 · 비언어적으로 내담자의 표현에 언어적 · 비언어적으로 주의 깊게 관심을 기울이지 않는다.
> - 수준2: 상담자는 내담자가 표현한 감정에 반응을 하기는 하지만 내담자가 의사소통한 중요한 정서를 간과한다.
> - 수준3: 상담자의 표현은 내담자의 표현에 상응하고 있다.
> - 수준4: 상담자는 내담자가 표현한 감정보다 한층 더 깊은 차원의 감정을 파악하고 반응한다.
> - 수준5: 상담자는 내담자가 표현한 내용에 담긴 중요한 감정과 의미까지 파악하여 반응한다.

⑥ 명료화

- 내담자의 모호한 진술에서 누락, 왜곡, 일반화된 부분을 탐색하거나 도전하는 질문 형식의 상담기술이다.
- "~라는 것은 ~라는 뜻인가요?" "~라는 것은 ~라는 말인가요?" 등의 질문을 통해, 내담자의 사고, 감정, 행동, 경험을 명확하게 기술하도록 하는 효과가 있다.

⑦ 요약 2015년

- 재진술과 반영이 확대된 기술로 내담자가 표현한 중요한 주제를 상담자의 말로 정리해 주는 것이다.
- 상담자가 내담자의 말에 주목하고 있음을 알려 주는 동시에, 내담자가 미처 의식하지 못한 자신의 생각과 느낌을 탐색하도록 도와 통찰을 촉진한다.
- 상담회기의 일부 또는 전체에 대해 정리하고 통합하는 방법으로도 사용한다.

⑧ 바꾸어 말하기 2015년, 2016년

- 내담자의 이야기를 귀담아듣고 상담자가 자신의 표현양식으로 바꾸어 말해 주는 것을 말한다.
- 내담자의 상태나 입장을 이해하고 있음을 전달하고 내담자의 생각을 구체화시킬 수 있다.
- 상담자가 내담자가 말한 것을 올바르게 이해했는지 확인할 수 있다.

⑨ 해석 2014년, 2018년, 2019년, 2020년

- 내담자가 명확하게 인식하지 못하는 특정 행동 또는 사건의 의미를 설명해 주는 기술이다.
- 말이나 사건을 연결해 주고, 인과관계를 설명해 주는 등 내담자가 새로운 관점에서 문제를 조망할 수 있도록 돕기 위해 사용한다.
- 상담 초기에는 감정을 반영해 주고, 이후에는 성격과 태도를 명확하게 하는 해석을 많이 한다.
- 심층적인 해석은 상담 중간에 하는 것이 일반적이다.

> **학습 plus**
>
> **해석의 단계 2018년**
> - 내담자가 해석을 들을 준비가 되어 있는지 확인한다.
> - 해석을 제공하고자 하는 상담자 자신의 의도를 제고한다.
> - 다양한 기법과 조화를 이루면서 해석을 제공한다.
> - 해석에 대해서 내담자가 어떻게 받아들이는지 확인한다.

> **학습 plus**
>
> **해석을 위한 지침 여섯 가지**
> - 내담자의 준비 정도를 파악해야 한다.
> - 내담자 스스로 문제를 이해하고 있는 수준을 파악해야 한다.
> - 내담자가 수용할 수 있을 정도의 해석을 제공한다.
> - 해석을 할 때 비판적이거나 평가적인 억양은 피하는 것이 좋다.
> - 해석은 내담자가 수용할 수 있도록 반복해서 제공하는 것이 좋다.
> - 몇 가지 근거를 기초해서 단정적으로 해석하지 말고 다양한 가능성을 고려하여 주의 깊게 해석한다.

⑩ 직면 2014년, 2015년, 2018년, 2019년, 2020년, 2023년

- 내담자의 언어, 사고, 감정, 행동에 불일치나 모순되는 부분을 상담자의 말로 돌려주어 내담자의 불일치, 비일관성, 부조화, 모순행동을 직시하도록 돕기 위해 사용한다.
- "당신은 ~(이)라고 말했는데, ~(하)게 행동하고 있군요." "당신은 ~(이)라고 말했는데, ~(이)라고도 말하고 있군요." "당신은 ~(이)라고 말했는데, 내 눈에는 ~(하)게 보이는군요." 등의 반응을 통해 내담자의 성장을 방해하는 모순, 왜곡 등의 방어에 도전하도록 한다.

⑪ 자기개방 2020년

- 상담자가 상담 과정 중에 자신의 사적인 일부, 즉 자신의 생각, 감정, 경험, 생활 철학 등을 드러내거나 자신에 관한 정보를 드러내는 것이다.
- 상담자의 자기개방은 내담자가 갈등을 자기 혼자만 겪는 문제로 인식하는 것을 변화시킬 수 있다.
- 내담자가 상담자를 인간적으로 느끼면서 상담관계가 강화될 수 있다.
- 내담자에게 모델링의 기회를 제공하여 내담자의 더 깊은 수준의 자기개방을 촉진할 수 있다.
- 내담자의 자기성찰이나 치료작업에 부정적인 영향을 미칠 수 있으므로 너무 자주 사용하지 않는 것이 좋다.

⑫ 정보제공

- 특정한 주제의 객관적 자료나 사실적 정보에 관해 구두로 설명해 주는 상담기술이다.
- 내담자에게 의사결정을 위한 대안을 제공하고 자신이 처한 상황을 다른 시각으로 볼 수 있게 한다.
- 내담자의 현재 욕구와 목표에 부응하고, 내담자가 수용할 수 있는 시점에 제공한다.
- 정보 제공 후 선택은 내담자 스스로 할 수 있도록 한다.

## (2) 상담유형

### ① 단기상담

- **개요**: 주 1회 25회기 미만을 단기상담으로 본다. 현재 중심의 치료적 초점, 직접적인 조언 및 정보의 제공이 중요한 전략이다. 상담자가 더욱 적극적이고 민감하게 반응해야 한다.
- **목표**: 현재 가장 절실한 불편함을 없애고 합리적이고 적절한 수준에서 기능하도록 한다.
- **장점**: 경제적이다. 시간과 비용이 절감된다. 시간적 여유가 없는 내담자에게 유용하다.
- **단점**: 상담시간의 제한성으로 인해 상담 목표의 제한성이 있다.

> **학습 plus**
>
> **단기상담에 적합한 내담자 2017년**
>
> - 구체적이고 비교적 경미한 문제를 지닌 내담자
> - 중요인물에 대한 상실로 생활상의 적응이 필요한 내담자
> - 급성 스트레스 상황으로 정서적인 어려움을 가진 내담자
> - 대인관계능력을 지닌 내담자
> - 발달과정에 있어 위기를 맞은 내담자
> - 정신기능이 능률적인 내담자 등

### ② 전화상담 2019년, 2020년, 2022년

- **개요**: 상담자와 내담자가 전화로 대화를 나누면서 상담하며 내담자의 적극성과 동기가 요구된다. 자살, 가출, 폭력 등의 위기개입, 진로, 성, 학업 등에 대한 각종 정보제공 등 내담자의 당면 문제를 해결하는 것에 초점을 두고 진행하며 대면상담으로 연계하는 역할을 할 수도 있다.
- **장점**: 전화상황이므로 내담자의 접근성이 높고, 즉각적인 도움을 줄 수 있으며 익명성이 보장된다.
- **단점**: 내담자의 음성에 의존, 익명성에 따른 거짓 정보 습득의 한계, 전화상 침묵의 한계, 일방적 종결로 인한 상담의 미완결, 상담관계의 불완전성 등이 초래된다.

> **학습 plus**
>
> **전화상담 신청 내담자의 특성**
>
> - 신분을 노출하지 않고 도움을 요청하고자 하는 경우
> - 대면상담에 거부감을 가지고 있는 경우
> - 시간상, 거리상, 생활상의 이유로 직접 찾아가서 상담하기가 어려운 경우
> - 응급상황에 누군가와 이야기를 나누고 싶어 하는 경우

③ 사이버상담 2015년, 2020년, 2022년, 2023년

- 개요: 컴퓨터를 매개로 한 상담자와 내담자의 의사소통이다. 온라인이나 모바일을 통해 채팅상담, 게시판상담, 이메일상담, 데이터베이스상담, 화상상담 등의 형태로 이루어진다.
- 장점: 접근의 용이성, 시간적 공간적 제약을 극복, 익명성의 보장, 내담자의 자발적 참여, 풍부하고 용이한 정보 획득, 다양한 상담유형, 감정정화 기능, 신속한 상담관계가 가능하다.
- 단점: 직설적 표현과 욕설, 거짓정보, 의도적 왜곡, 문자를 통한 의사소통의 한계, 상담의 연속성 문제, 신뢰문제가 있다. 위기 상황에 적극적으로 대처하기 어려우므로 정신병리가 심하거나 자살, 자해 등 고위험군에는 한계가 있다.

**학습 plus**

**사이버상담의 기법** 2016년, 2020년, 2022년

- 즉시성과 현실기법: 상담자가 내담자의 글에 대한 자신의 심정과 모습을 생생하게 시각화하여 표현한다.
- 정서적 표현에 괄호 치기: 글 속에 숨어 있는 정서적 내용을 보여 주며 사실에 대한 대화를 하면서 정서적 표현을 전달한다.
- 말줄임표 사용: 침묵하는 것이나 눈으로 글을 읽고 있음을 나타낼 때 사용한다.
- 비유적 언어사용: 문제나 상황에 대한 의미를 전달하고 싶거나 심화시키기 위해 비유적 언어를 사용한다.
- 글씨체 사용: 강조하고 싶을 때 큰 글씨를 사용하거나 내담자가 보내온 같은 글씨체나 크기를 사용 내담자와 내적 세계를 공유한다.

④ 기타 상담방법 2014년, 2016년, 2017년, 2020년

- 음악치료: 촉진적 관계형성과 상담 목표를 달성하기 위해 음악을 매개로 하는 치료 방법이다. 충분한 훈련과정을 거친 전문가가 치료목표에 따라 방법과 도구를 선택한다. 사용되는 음악은 내담자의 선호도가 계획되지 않은 객관적 기준으로 선정한다.
- 미술치료: 미술을 매개로 내담자의 심리적 고통뿐만 아니라 잠재력과 성장 가능성을 계발하는 경험을 제공한다.

**학습 plus**

**미술치료의 장점**

- 표현의 용이성: 언어로 표현하기 어려운 것을 쉽게 표현할 수 있다.
- 심상의 표현을 통해서 내담자의 경험을 이해한다.
- 상징적 표현을 통해 누구에게도 해를 가하지 않는 안전한 방법으로 내면을 표현한다.
- 방어의 감소, 자신의 문제에 대한 객관적 이해, 창조성과 신체 에너지를 유발한다.
- 자료의 영속성 및 회상 가능성으로 재검토 및 새로운 통찰이 가능하다.

- 연극치료: 연극을 치료적으로 활용하는 기법이다. 고립감 감소, 새로운 대처기술과 패턴 습득, 감정표현의 폭 확장, 긍정적 상호작용 경험, 관계발달에 도움이 된다. 역동적이고 활동적이며 경험적이다.
- 이야기치료: 문제를 외재화하기, 문제와 상반된 이야기를 찾아내기, 재진술을 통해 이야기를 풍부하게 하기 등을 통해 억압된 갈등이나 아픔으로부터 자유로움을 얻을 수 있다.
- 글쓰기치료: 내담자가 말보다는 쓰기를 통해 불안을 더 잘 표현하고 강한 감정을 풀어 놓음으로써 정화적인 효과를 얻을 수 있다. 자유로운 글쓰기, 관점변화, 시 쓰기, 꿈, 현인과의 대화, 보내지 않는 편지쓰기 등의 기법을 활용하기도 한다.
- 독서치료: 상담자는 내담자에게 독서를 권함으로써 내담자 자신을 더 잘 이해하고 문제를 해결할 수 있도록 도울 수 있다.
- 게임을 활용한 치료: 충동 조절의 어려움, 지나친 경쟁심, 사회성 부족, 문제해결 능력이 부족한 게임이라는 도구를 활용 치료적 관계 맺으며 자기통제, 인내, 좌절, 행동에 대한 제한 등을 받아들이고 게임의 규칙을 현실적으로 수용하는 경험을 한다.
- 놀이치료: 최근 청소년 상담에서도 놀이가 가진 치료적 기능을 활용하여 효과를 보고 있다. 번스(Berns, 1993)는 놀이치료의 기능을 관계형성, 자기노출, 치유의 세 가지로 정리했다.

## 3. 청소년 상담의 현장

### (1) 청소년 상담의 패러다임 전환

① 상담 목표의 전환: 유능성 모델에 입각하여 청소년의 긍정적 성장을 목표로 하고, 교정 및 증상 치료 위주의 활동에서 예방과 교육적인 활동으로 확대되어야 한다. 예방 활동은 내담자가 처해 있는 위험성의 수준, 문제의 심각도에 따라 개입 수준을 달리한다.
  - 1차적 예방활동: 모든 문제의 원인이 되는 공통적인 요인에 대해 개입한다.
  - 2차적 예방활동: 특정영역에서 문제가 발생하고 높은 환경적 위험 요소를 지닌 청소년들을 대상으로 조기에 발견하여 개입한다. 예 1388 및 긴급구조활동
  - 3차적 예방활동: 학업중단이나 성매매와 같이 심각한 특정 문제를 갖고 있는 청소년들이 사회적 적응 수준을 유지하면서 생활할 수 있도록 도와주기 위해 개입한다.
② 상담대상의 전환: 환경적 · 생태학적 측면을 강조하는 청소년 상담모형을 기반으로 해

서 다양한 관계망의 영향을 받는 발달단계에 있는 청소년을 도와주기 위해 인간망(사회관계망) 자체를 개입의 대상으로 삼아야 한다.

③ 상담방법의 전환
- 지역사회 상담의 통합적 서비스 체계: 통합적 서비스 체계는 지역사회의 각종 전문인력과 청소년 관련 집단 및 기관 상담 자원봉사 등 집단 사회에서 활용 가능한 자원 연계망을 구성하여 내담자 요구에 따라 협조 요청이 원활하게 이루어질 수 있는 조직으로, 우리나라에는 청소년 안전망(구 CYS-NET)이 구축되어 있다.
- 찾아가는 상담: 상담자가 청소년 내담자가 처해 있는 물리적 공간, 즉 생활현장, 문제현장을 찾아가는 것으로 고객 맞춤형 상담서비스를 제공하는 것이다.

> **학습 plus**
>
> **지역사회 기반 청소년 상담의 특성 2021년**
> - 한 가지 방법보다는 다양하고 복합적인 도움이 효과적이다.
> - 예방이 치료보다 효과적이다.
> - 환경은 개인의 성장과 발달을 촉진시키기도 하고 제한하기도 한다.
> - 공동체 상담모형은 다양한 청소년 관련 기관에 적용할 수 있다.
> - 상담의 목표는 개인과 공동체를 건강하게 만드는 것이다.
> - 지역사회 기반 위기개입 과정은 4단계로 이루어져 있다.
>   [1단계] 위기상황 발생과 문제 분석
>   [2단계] 지역공동체 개입 여부 결정
>   [3단계] 지역공동체 협력 위기개입
>   [4단계] 목표 달성과 종결 및 추후관리

④ 청소년상담사 역할의 전환
- 청소년상담사는 자문, 평가, 교육의 세부 활동을 통해 코치 역할을 해야 한다.
- 자문(consultation): 타 기관과의 효과적인 의뢰 체제를 확립, 통합적인 서비스를 구축, 청소년 내담자들에게 가장 적절한 형태로 제시해야 한다. 청소년 상담은 여러 수준의 전문가들로 구성된 팀 접근 형식으로 이루어져야 하고 서비스의 통합을 주도하는 것이 상담자의 자문역할이다.
- 평가(evaluation): 임상적 진단의 범위를 넘어 광범위한 평가 활동으로 개인과 개인에게 영향을 주는 체제를 평가대상으로 포함한다. 평가 결과에 따라 다양한 종류의 서비스와 개입팀이 구성되어 개입하게 된다.
- 교육(education): 문제해결뿐만 아니라 건전한 가치관 습득과 잠재력을 계발할 수 있도록 교육하며 청소년 외에도 학부모, 교사들을 대상으로 예방차원의 접근도 필요하다.

🔔 학습 plus

**청소년 상담 패러다임의 특성**

| 구분 | 기존의 상담 패러다임 | 청소년 상담 패러다임 |
|---|---|---|
| 상담 목표 | • 결핍 모델<br>• 사후치료 모델 | • 유능성 모델<br>• 사전예방 모델 |
| 상담 대상 | • 개인 대상<br>• 특정 문제 대상<br>• 심리내적 현상 | • 인간망 대상<br>• 문제와 관련된 복합적 요인<br>• 체계적 현상 |
| 상담 방법 | • 분절된 서비스<br>• 찾아오는 상담<br>• 단기적 상담 | • 통합적 접근<br>• 찾아가는 상담<br>• 지속적 접근 |
| 상담자 역할 | • 치료자 | • 코치(자문, 평가, 교육) |

**(2) 지역청소년 상담의 역할과 기능**

① 체계적 접근을 위한 지역사회 청소년 상담: 예방교육, 상담 활동, 지역사회 정책 수립, 청소년 권익옹호 및 자문의 역할을 한다.

② 지역사회 청소년통합 지원체제로서의 청소년 상담: 지역주민에 대한 책임 있는 서비스, 상담서비스의 접근용이성, 청소년들의 신체적 · 인지적 · 정서적 · 사회적 · 도덕적 발달 욕구를 총체적으로 다루는 포괄적 서비스, 다양한 전문직 간의 통합된 서비스를 제공한다.

**(3) 청소년 상담 시설의 운영현황**

| | |
|---|---|
| 청소년상담복지개발원 | • 청소년 상담의 중추기관으로 청소년 상담 및 복지 관련 정책 연구 등을 한다.<br>• 전국 청소년상담복지센터, 학교 밖 청소년 지원센터, 쉼터 및 회복지원 시설 등을 총괄한다.<br>• 청소년 상담의 지도 · 지원 · 자문과 청소년상담사 양성을 주관한다. |
| 시 · 도 및 시 · 군 · 구 청소년상담복지센터 | • 지역자치단체에서 설치하여 운영한다.<br>• 지역사회 내 청소년 예방상담, 긴급구조 등의 위기지원 업무를 한다.<br>• 상담 관련 교육 및 프로그램을 개발하고 운영한다.<br>• 2024. 06 현재, 240개의 청소년상담복지센터가 있다. |

(4) 대표적인 청소년상담 복지서비스

① 지역사회 청소년 통합지원 체계(Community Youth Safety-Network: CYS-Net):「청소년복지 지원법」제4장에 규정된 체계로 2006년 지역사회 청소년통합지원체계(CYS-Net)로 시 작하여 2019년 청소년안전망으로 명칭을 변경했다. 만 9~24세 청소년과 그 가족이 지원대상이다. CYS-net은 지역사회 활용 가능한 청소년 관련 자원들을 모두 연계하 여 청소년을 돕기 위한 청소년 지원 네트워크이다. 전국청소년상담복지센터가 허브 역할을 하고 상담을 통해 문제를 평가하고, 위기 청소년들에게 상담, 보호, 교육 등 맞 춤형 서비스를 제공함으로써 가정 및 학교 사회로 복귀를 지원하는 원스톱서비스를 제공한다.

> **학습 plus**
>
> **청소년 안전망 운영사업**
>
> | | |
> |---|---|
> | **청소년 전화 1388** | 365일 24시간 청소년과 관련된 고민상담에서부터 긴급한 위기문제 해결까지 종합적인 서비스를 제공한다. |
> | **청소년동반자** | 도움이 필요한 위기 청소년을 직접 찾아가 정서적 지지, 심리상담, 지역자원 및 기관연계 등 필요한 서비스를 제공한다. |
> | **1388 청소년지원단** | 위기 청소년을 조기에 발견하고 지원하는 역할을 수행하기 위한 민간의 자발적 참여조 직으로서 전국의 청소년상담복지센터에 소속되어 '발견 · 구조' '의료 · 법률' '복지지원' '상담 · 멘토' 등의 다양한 활동을 수행한다. |

② 학교 밖 청소년 지원사업(청소년지원센터 꿈드림): 2015년 5월 시행된「학교 밖 청소년 지원 에 관한 법률」에 따라 전국에 '청소년지원센터 꿈드림'이 220개소에 설치되어 있다. 한국청소년상담복지개발원은 꿈드림센터의 중앙지원기관으로서 컨트롤타워 역할을 수행하고 있다. 상담 및 프로그램 운영, 외부자원 연계, 진로 및 사회적응에 필요한 정 보제공, 권익보호 등 다양한 서비스를 제공하고 있다. 이전에는 두드림, 해밀 등의 이 름으로 청소년상담복지센터 사업의 일환으로 진행되었다.

③ 인터넷 · 스마트폰 과의존 예방 및 해소사업: 체계적인 대상자 발굴, 맞춤형 서비스 제공을 통하여 해마다 증가하는 청소년의 인터넷 · 스마트폰 과의존을 예방하고 치유하기 위 한 사업이다. 개별상담과 인터넷 치유캠프, 가족치유캠프 등 특화 프로그램을 운영하 고 있으며, 청소년 인터넷 · 스마트폰 과의존 개입을 위한 프로그램 개발 및 인터넷 · 스마트폰 과의존 대응 상담전문인력을 양성하고 있다.

④ 솔리언 또래상담 프로그램: 청소년폭력 예방지원사업의 일환으로 공감 · 배려의 청소년 문화 확산을 위해 개발, 청소년들의 고민상담 대상 1위인 또래 친구를 '또래상담자'로

양성하는 프로그램이다. 또래상담자들은 청소년폭력 징후를 조기에 발견하여 개입하고 공감·배려 중심의 청소년문화 조성을 목적으로 한다.

- 또래상담자 훈련 프로그램 운영: 촉진 활동, 집단토의, 역할연습, 모델링, 연습 및 과제수행 등으로 이루어져 있다.
- 또래상담자 훈련 프로그램의 목적과 훈련 과정: 목표를 정하고 또래의 도움을 통해 청소년 문제해결 및 예방에 기여, 청소년들에 대한 상담 활동 활성화, 타인을 보살피는 청소년 집단 분위기 형성이 목적이다. 훈련은 좋은 친구 되기, 또래상담자 되기, 청소년리더 되기의 3단계로 이루어져 있다.

⑤ 청소년 품성계발 프로그램: 한국청소년상담복지개발원에서 주관하는 도덕성 및 기본적인 품성 함양을 위한 프로그램이다.

- 프로그램의 훈련 방법: 직접적 교수법, 모델학습, 강화, 집단토론과 피드백으로 되어 있다.
- 프로그램 구성 내용: 1회기-만남의 장, 2회기-진실의 장, 3회기-화목의 장, 4회기-지혜의 장, 5회기-조절의 장, 6회기-결실의 장으로 이루어져 있다.

⑥ 청소년 인터넷·스마트폰 과의존 예방 및 해소 사업

- 여성가족부는 한국청소년상담복지개발원을 중심으로 전국 청소년상담복지센터와 함께 인터넷·스마트폰 대응체계를 구축 운영하고 있다.
- 고위험군 인터넷·스마트폰 과의존 청소년들을 위해 11박 12일간 기숙·치유캠프를 운영하고 있다.

**제2과목(필수)**

# 상담연구방법론의 기초

**제2과목** 필수
# 상담연구방법론의 기초

CHAPTER 01 / **상담연구의 기초**

## 1. 상담연구

### (1) 상담연구의 개요

① 상담연구는 정신건강 증진에 대한 진문지식을 가신 전문상담사가 정신건강을 원하는 내담자를 돕기 위해 과학적 방법을 사용해야 하는 공식적인 탐구활동이다.

② 상담학 연구의 목적은 대상과 관계의 관찰에 대한 서술(기록), 이론 정립, 예측, 통제 이다.

> 📚 **학습 plus**
>
> **이론의 정의**
> 이론은 과학적 방법을 통해 도출된 지식이나 법칙을 바탕으로 특정 원리를 논리적으로 구성하여 대상, 현상 및 그 관계를 예측하고 통제하기 위해 추론된 검증되지 않은 가정이다.

③ 상담학 연구의 주제는 상담 과정, 상담자 및 상담자 훈련, 전문성 문제, 직업상담, 학업성취, 검사/측정, 특정 대상을 위한 프로그램, 특정 상담집단의 특징, 정상인 집단의 발달 등이 있다. 학자마다 주제에 대한 분류가 다르다.

④ 상담학 연구는 토대로 하고 있는 과학 자체의 한계, 인간의 한계 및 윤리적 문제, 연구 방법의 한계, 상담학 연구 그 자체의 어려움으로 인한 한계가 존재한다.

### (2) 상담연구의 목적

① 보고: 연구결과를 단순하게 자료로 제시하는 것이다.

② 기술: 인간의 행동이나 사회현상 등을 기술하거나 정의하는 것이다.

③ 설명: 기술된 현상의 발생원인을 설명하여 사회현상의 인과관계를 설명하는 것이다.

④ 예측: 이론의 기초명제로부터 추론하여 수집된 자료를 분석하고, 미래의 상황을 추정하고 예측하는 것이다.

(3) 상담연구의 필요성 2016년

① 상담기법의 효과에 대한 연구에서 서로 일치하지 않는 결과가 많다.

② 현재 주로 사용되는 상담기법들이 최근 연구 동향과 일치하지 않는다.

③ 새로운 상담기법의 효과를 입증하고, 이를 효과적으로 전파하고자 한다.

④ 상담 이론과 일치하지 않는 상담 효과에 대한 연구결과가 자주 보고되고 있다.

(4) 상담연구의 방법

① 다양한 과학적 지식을 종합적으로 활용하여 연구를 수행한다.

② 인간행동과 사회환경에 대한 법칙을 발견하기 위해 노력한다.

③ 인간의 합리적인 사고 작용을 기반으로 한 방법론을 사용한다.

④ 주관이 개입되지 않고 객관적인 접근방법을 채택한다.

⑤ 경험을 중시하고 이를 토대로 한 경험주의적 방법을 사용한다.

> **학습 plus**
>
> **과학적 방법**
>
> ① 과학적 방법은 자연세계와 인간의 심리에 대해 객관성, 규칙성, 지식습득의 가능성, 추론의 가능성을 가정한다.
>
> ② 자연현상에 대한 규칙성의 가정은 분류 가능성, 항상성, 결정성이라는 세 가지 하위 가정을 내포하고 있다.
>
> ③ 과학적 방법은 증거를 중시하며, 검증된 이론은 행동을 안정적으로 예측하게 한다.

## 2. 상담연구의 과학적 접근

(1) 과학적 연구의 특징 2016년, 2018년, 2020년, 2021년, 2023년

① 경험성(실증성): 현실세계에 대한 직접적이거나 간접적인 방법을 통해 관찰되고 수집된 자료를 사용한다. 실험, 조사, 관찰 또는 인터뷰 등을 통해 자료를 수집하는 것을 포함한다.

② 재생 가능성: 표준화된 방법을 사용했을 때 누구나 같은 결과를 얻을 수 있는 가능성을 말한다. 절차에 관한 가능성을 입증 가능성 또는 타당성이라고 하며, 결과에 관한 재생 가능성을 산출 가능성 또는 신뢰성이라고 한다.

③ 반복검증의 필요성: 연구대상인 인간은 매 순간 역동적으로 변화하는 모습을 보일 수 있다. 비록 합리적 체계적 분석을 통해 연구결과를 얻었다고 하더라도 반복검증해야 한다.

④ 간주관성(상호주관성): 서로 다른 동기를 가지고 연구하더라도 동일한 방법과 동일한 과

정을 통해 검증한다면 동일한 결론에 도달할 수 있어야 한다. 연구과정과 결과가 다른 연구자들에게도 이해되어야 한다.

⑤ 수정 가능성(변화가능성): 기존의 이론, 신념, 연구결과는 새로운 검증을 통해 언제든지 비판, 수정 가능하다.

⑥ 객관성: 표준화된 도구와 절차 등을 통해 증거에 기초한 결과를 도출해야 한다.

⑦ 체계성: 연구 내용의 전개과정이나 조사과정이 잘 정의된 계획이나 연구설계를 따라 체계적 방식으로 진행되어야 한다.

⑧ 논리성: 사건 간의 연결이 객관적 사실에 근거해야 하며, 논리성을 유지하는 방법에는 연역적 추론과 귀납적 추론이 있다.

⑨ 통제성: 실험 연구에서 독립변수가 종속변수에 미치는 영향에 왜곡을 일으키는 변수를 제거해야 한다.

⑩ 일반화: 과학 연구는 특정 연구 표본 또는 맥락을 넘어 더 많은 인구에 적용되거나 여러 현상을 설명할 수 있는 일반적 원리를 추구해야 한다.

⑪ 구체성: 연구개념을 구체적으로 정의해야 한다. 개념의 조작화를 의미한다.

⑫ 간결성: 최소한의 설명변수만을 사용하여 가능한 최대의 설명력을 얻어 내야 한다. 다만, 간결성이 높아지면 설명력이 낮아지고 설명력이 높아지면 간결성이 떨어진다.

> **학습 plus**
>
> **상담학 연구의 특성**
>
> • 개념의 동일한 의미 사용: 용어의 의미를 분명히 하고 가능한 조작적 정의로 같은 연구물에서 특정 개념에 대한 의미가 동일하게 사용되도록 해야 한다.
> • 연구자료의 구체성: 구체적이고 행동적인 증거와 자기보고 및 타인보고에 의한 자료를 수집, 객관적이고 타당한 근거를 확보한다.
> • 체계적 수집 과정: 합리적이고 체계적인 방법을 통해 자료를 수집해야 한다.
> • 경험적 검증 가능성: 조건과 연구과정이 동일하다면 재검증에서도 동일한 결론을 얻어야 한다.
> • 검증의 반복: 새로운 검증을 통해 기존의 이론이나 연구결과를 수정할 수 있다.

## (2) 과학자-실무자(전문가) 모델 2015년

① 과학자-실무자(scientist-practitioner) 모델은 임상심리학자의 수련과 관련하여 1949년 미국 콜로라도의 볼더(Boulder)에서 개회된 미국 심리학회 회의에서 제시된 이론으로 과학연구와 증거기반 훈련을 업무에 통합하는 것을 강조한다. '볼더 모델'이라고도 한다.

② 과학자-실무자 모델은 연구를 비판적으로 평가하고 스스로 개입의 효과를 높이기 위한 연구를 수행할 것을 강조한다.

③ 개입에 있어 경험적 증거를 기반으로 하고 효과를 입증하도록 한다.

④ 실무자들이 지속적인 학습과 전문성 개발에 힘쓰고 개입의 결과와 효과를 평가하기 위해 프로그램을 평가하는 것을 중요시한다.

⑤ 일차적으로 과학자(심리학자)가 되고 그 이후에 임상가(전문가)가 될 것을 제시한다.

### (3) 과학적 연구의 논리전개 방식

① 연역법과 귀납법의 특징 2017년, 2018년, 2022년

- 연역적 추론

  - 연역적 추론은 일반적인 전제나 기존이론에 근거하여 새로운 가설을 세우고 이를 실증적으로 검증하여 구체적인 결론이나 예측을 도출하는 하향식 접근방법이다.

  - 전제가 참이라고 가정하고 주어진 전제에서 논리적으로 결론을 도출한다.

  - 연역적 추론은 종종 연구 맥락에서 가설을 검증하는 과정과 관련된다.

    예 모든 사람은 죽는다. ⇨ 공자는 사람이다. ⇨ 공자는 죽는다.

- 귀납적 추론

  - 귀납적 추론은 특정 관찰 또는 증거를 기반으로 일반화를 만드는 것을 수반하는 상향식 접근법으로 과학은 관찰과 경험에서 시작한다고 보는 견해이다.

  - 특정 사례에서 더 넓은 일반적인 결론으로 이동한다.

  - 귀납적 추론은 연구자가 가설 또는 이론을 생성해 나가는 과정으로 일반적으로 질적연구에서 쓰인다.

    예 공자가 죽었다. ⇨ 다른 사람들도 죽었다. ⇨ 모든 사람은 죽는다.

- 연역적 방법은 일반적인 전제에서 특정한 결론으로 이동하는 반면, 귀납적 방법은 특정한 관찰에서 더 넓은 일반화 또는 이론으로 이동한다. 상호보완적인 관계를 가진다.

### (4) 상담연구의 패러다임

|  | 존재론<br>(실재의 본질) | 인식론<br>(무엇을 알 수 있는지,<br>앎의 주체와 앎의<br>대상의 관계) | 방법론<br>(어떻게 지식이<br>획득되는가) | 최종산출물<br>(산출된 자료의<br>형태들) |
|---|---|---|---|---|
| 실증주의 | 실재는 연구되고 파악되고 이해되도록 저편에 있다. | 실제로 세계는 어떻게 질서를 이루고 있는가, 앎의 주체는 앎의 대상과 구별된다. | 실험, 유사실험, 조사, 상호관계연구 | 사실, 이론, 법칙예측 |

| 후기 실증주의 | 실재는 존재하나 결코 완전히 이해되지 못하며 단지 접근할 뿐이다. | 실재에 관한 접근, 연구자는 자료수집 도구이다. | 엄격하게 규정된 질적방식, 빈도수, 하위수준의 통계 | 일반화, 기술, 패턴, 근거이론 |
| --- | --- | --- | --- | --- |
| 구성주의 | 다양한 실재가 구성된다. | 인간 구성으로서의 지식: 연구자와 참여자는 이해를 상호구성한다. | 자연주의적인 질적 방식들 | 사례연구, 내러티브, 해석, 재구성 |
| 비판적/ 페미니즘 | 이해된 세계는 인종, 성별, 계층 등의 측면에서 물질적 차이가 있다. | 주관적이고 정치적인 지식: 연구자의 가치체계 안에서의 탐구 | 변형적 탐구 | 현존하는 권력구조에 도전하며 저항을 촉진하는 가치 중재적 비평들 |
| 후기 구조주의 | 질서는 무의미한 우주에 의미를 부여하고자 개인의 마음속에서 생겨난다. | 알려진 진리란 없다. 연구자는 있는 그대로를 통해서 세계를 고찰한다. | 해체, 계보화, 자료기반, 다성적 연구 (polyphonic research) | 해체, 계보학, 반성적·다성적 텍스트 |

## 3. 상담연구 윤리

### (1) 연구자의 윤리

#### ① 사전동의를 구하는 문제 2018년, 2021년

- 연구목적 및 설명: 연구의 목적, 예상 기간 및 절차에 대해 설명한다.
- 참여자의 권리와 동의: 연구에 참여하거나 연구 중 참여를 철회할 권리에 대해 설명한다.
- 위험 및 부작용 설명: 연구참여로 인한 잠재적 위험이나 부작용에 대한 안내를 한다.
- 비밀유지와 한계: 비밀유지 및 비밀보장의 한계에 대해 설명한다.
- 보상 및 불이익 안내: 참여에 따른 보상 및 불이익에 대한 정보를 제공한다.
- 개인정보 처리방침: 연구참여자의 개인정보 처리방침이나 보호조치에 대해 안내한다.
- 결과물 활용 설명: 연구에서 얻은 자료의 활용목적 및 결과물에 대한 설명을 포함한다.
- 임상연구의 경우 부가적 정보 제공: 임상연구일 경우 시험약물, 장비 또는 절차에 따른 부가적인 안전 및 유효성 정보를 제공한다.

② 연구대상의 선정과 제외의 문제

- 연구에 참여할 때 입을 수 있는 손실의 정도는 성별, 연령, 지적 능력, 심리적 특성, 건강 상태, 문화적 배경 등에 따라 다양하게 나타날 수 있음을 고려하여 연구대상을 선정하거나 제외해야 한다.

③ 지원자의 활용과 관련된 문제

- 지원자가 사회적인 약자인 경우, 연구대상이 의무감을 느낄 경우, 해당연구가 도입이 될 것이라 기대하는 대상자, 연구대상을 특정 개체나 결핍요인을 지닌 대상으로 간주할 경우 등의 문제를 신중히 고려해서 연구를 진행해야 한다.

④ 연구대상자를 속이는 문제

- 불가피하게 연구대상을 속인 경우, 연구가 끝난 후에 충분한 정보를 제공하는 시간을 갖는다. 연구결과를 요약해서 제공하는 것도 좋다.
- 이를 디브리핑(debriefing)이라 한다.

⑤ 비밀보장 및 사생활 보호의 권리

- 연구대상자의 신상, 개인적 태도, 의견, 습관, 특이사항 등에 대한 보호는 의무이다. 자료처리 과정에 비밀번호 설정 등도 활용될 수 있다.

⑥ 중도탈락의 권리

- 연구대상이 원할 시 언제든지 연구참여를 중단할 권리가 존중되어야 한다.

⑦ 연구에 따른 손실과 혜택의 고려

- 연구참여로 인해 겪는 손실이나 위험보다 더 많은 혜택이 돌아갈 수 있도록 해야 한다.

⑧ 연구대상의 시간소모에 대한 고려

- 연구와 관계없거나 의미 없는 결과도출로 연구대상의 시간을 낭비하지 않도록 한다.

⑨ 문화적 차이 고려

- 연구참여자들의 문화적 차이를 이해하고 연구자의 문화 혹은 특정 가치나 이념을 강요하지 않도록 주의한다.

(2) 벨몬트 보고서의 연구윤리 원칙 **2019년. 2023년**

① 벨몬트 보고서(1979)는 터스키기(Tuskegee) 연구소의 비치료적인 매독실험이 세상에 폭로되고, 이에 충격을 받은 미국 의회에서 1974년 국가연구법을 통과시키고 만든 보고서로 인간과 관련된 연구를 수행하기 위한 윤리적 원칙과 지침을 제공한다.

② "모든 실험참가자는 연구과정에서 보호받아야 한다."는 것이 핵심이며, '인간존중' '선행' '정의'의 세 가지 원칙이 적용된다.

- 선행(beneficence)의 원칙
    - 선행 또는 유익성, 이익의 원칙이라고도 번역되며, 연구자의 이득은 최대화하고 연구참여자에게 미칠 수 있는 위험은 최소화할 것을 요구한다.
    - 참여자의 안녕을 최적화하기 위한 연구 설계, 절차 및 개입에 대한 신중한 고려가 필요하다.
- 인간존중(respect for person)의 원칙
    - 개인의 자율성과 약자에 대한 보호를 기준으로 하고 있다.
    - 연구에 참여하는 개인을 존엄성과 자율성을 갖춘 존재로 대우할 것을 요구한다.
    - 연구에 참가하기 전에 잠재적인 참가자로부터 정보에 기초한 동의를 받아야 한다.
    - 아동 및 인지장애가 있는 사람과 같이 자율성이 제한된 개인은 특별한 보호가 필요하다.
- 정의(justice)의 원칙
    - 정의의 원칙은 연구의 이익과 부담의 공정한 분배에 초점을 맞추고 있다.
    - 연구자들이 자신의 편의를 위해 취약한 집단을 이용하거나 착취하는 것을 피해야 한다.
    - 대신 연구 기회의 공정한 분배를 위해 노력해야 한다.

> **학습 plus**
>
> **터스키기 매독실험**
>
> 터스키기 매독연구는 미국에서 1932년부터 1972년까지 40년 동안 지속되었던 가장 부도덕한 연구 중 하나이다. 약 600명의 흑인 남자를 포함한 실험연구로 동의서 없이, 잘못된 정보를 가지고 진행된 연구이다. 참여자들은 치료에 대한 정보도 치료약도 제대로 받지 못했으며 어느 기간 동안은 실험 참여자의 사망률이 대조군의 두 배에 이른다는 결과도 있었다.

**(3) 상담윤리의 일반적 원칙 2019년**

① 자율성(autonomy) 원칙: 타인에게 해가 되지 않는 한도 내에서 자신의 선택과 결정을 자율적으로 할 수 있는 권리를 인정한다.

② 무피해(nonmaleficence) 원칙: 상담자는 내담자에게 고통을 주거나 해를 끼칠 위험한 중재나 행동을 하지 않도록 노력한다.

③ 정의(justice) 원칙: 상담자는 내담자의 인종, 성별, 연령, 종교, 경제적 수준, 문화적 배경 등에 따라 차별하지 않고, 동등하고 공정한 서비스를 제공해야 한다.

④ 진실성(veracity) 원칙: 주로 의사소통에 관한 것으로 내담자에게 정확한 정보를 제공하고 속이거나 오해를 불러일으키는 행위를 자제하고 진실을 말하는 것을 말한다.

⑤ 선행(beneficence) 원칙: 상담자는 내담자의 위험을 최소화하고 최대의 이익을 제공해야 한다. 이를 위해 자신의 유능성을 발전시킨다.

⑥ 성실성(fidelity): 상담자는 신뢰와 비밀유지 등 내담자와 함께 약속한 것을 지키기 위해 책임을 다하고 헌신해야 한다.

## (4) 디브리핑(debriefing) 2016년

① 실험의 목적을 달성하기 위해 실험의 의도를 숨기거나 속이고 실험을 진행한 후에 실험 참여자에게 연구의 성질, 결과 및 결론에 대해 상세히 설명하는 구조화 과정이다.

② 실험 참여자들의 의문이나 오해를 제거하고, 연구자가 사용한 기만을 정당화하며, 기만으로 인한 오해나 불쾌감을 최대한 제거하기 위한 것이다.

③ 참여자의 안녕을 보장하고 연구자와 참여자 간의 투명성과 신뢰를 유지하기 위한 과정이다.

④ 연구목적, 연구결과 그리고 연구에서 사용된 속임수 또는 비밀리에 유지해야 하는 정보에 대한 설명을 포함하여 자신이 참여한 연구에 대해 충분한 정보를 가질 수 있도록 한다.

> **학습 plus**
>
> **신용의 원칙**
>
> 연구자와 연구윤리위원회의 검토로 기만이 정당화되더라도, 연구자는 기만의 불가피성을 설명하고 실험과 자료수집 후 '디브리핑(debriefing)' 절차를 이행하여 기만으로 인한 오해를 최대한 없애야 한다.

## (5) 연구결과 보고서 작성 시 연구윤리 위반 2021년, 2022년, 2023년

① 변조(fabrication): 연구 재료, 장비 혹은 연구 과정(절차)을 의도적으로 조작하거나 연구 자료를 인위적으로 변형, 삭제하여 연구 내용이나 결과를 왜곡하는 행위를 말한다.

② 표절(plagiarism): 타인의 아이디어, 연구 내용, 결과 등을 정당한 승인이나 출처 표기 없이 도용하는 행위를 말한다.

③ 위조(falsification): 실제로는 존재하지 않는 연구자료나 결과를 허위로 만들거나 기록하여 보고하는 행위를 말한다.

④ 중복게재(중복출판): 이전에 출판된 자신의 저작물의 전부 또는 일부를 출처 및 인용 표시 없이 새로운 자신의 저작물로 출판하는 것을 말한다.

⑤ 기타: 부당한 저자 표기, 기만 등이 있다.

## 4. 상담연구의 유형

### (1) 연구목적에 따른 연구유형

① 탐색적 연구: 연구설계를 확정하기 이전에 타당성을 검증하거나 연구문제에 대한 사전 지식이 부족한 경우에 수행되며, 문헌연구, 경험자 연구, 특례분석 연구 등이 해당된다.

② 기술적 연구: 현상을 정확하게 기술하는 것을 목적으로 하며, 둘 이상 변수 간의 상관관계를 기술할 때 적용된다. 자료수집에는 제한이 없으며, 횡단연구와 종단연구로 분류된다.

③ 설명적 연구: 기술적 연구결과의 축적을 기반으로 어떤 사실과의 관계를 파악하여 인과관계를 규명하거나 미래를 예측하는 연구이다. 왜(why)에 대한 대답을 제공하는 연구로, 단순한 기술적 설명이 아닌 인과론적 설명을 전개한다.

### (2) 자료수집 시점에 따른 연구유형

① 횡단연구
- 단일 시점에서 다수의 분석단위에 대한 자료를 수집하는 연구로, 표본연구에 해당한다.
- 대표적인 자료를 제공하며, 측정은 한 번만 이루어진다.
- 일정 시점을 기준으로 이루어지는 정태적 연구로, 연구대상을 특성에 따라 분류하여 비교 분석하며, 표본의 크기가 클수록 좋다.
- 인구연구, 여론연구 등이 횡단연구에 해당한다.

② 종단연구
- 둘 이상의 시점에서 동일한 분석단위를 연구하는 방법이다.
- 현장연구로, 새로운 표본에 관한 자료를 제공하며, 반복적인 측정이 이루어진다.
- 시간의 진행에 따라 조사대상 및 상황의 변화를 측정하는 동태적 연구로, 동일 대상자를 추적해 연구하며, 표본의 크기가 작을수록 좋다.
- 동년배집단 연구, 경향연구, 패널연구, 잠재성장모형 등이 종단연구에 해당한다.

③ 단기 종단연구 2017년
- 횡단연구와 종단연구의 장점을 절충한 방법으로, 상대적으로 짧은 시간 내에서 동일 대상의 변화를 연구한다.
- 연구대상의 손실이 결과의 타당성에 영향을 줄 수 있다.

④ 동년배집단 연구(코호트 연구, Cohort Study) 2015년, 2016년
- 실험 대상 집단들이 시간이 경과해도 유사한 특성을 유지하겠지만 서로 다른 경험

으로 인해 차이가 발생할 때 사용하는 연구 방법이다.
- 고정된 모집단에서 조사 시점마다 표본을 다르게 추출하여 변화 경향성을 분석하는 종단연구의 한 형태이다.
- 동일 연배 집단을 대상으로 시간 간격에 따라 동일하게 자료를 수집하고 분석하여 연구 주제의 시대적 변화를 탐구한다.
- 둘 이상의 시점에서 동일한 분석 단위를 조사하는 방법으로, 현장 연구를 통해 새롭게 표집된 표본에 관한 자료를 제공하며 반복적으로 측정이 이루어진다.
- 독립변수인 경험 또는 노출 정도에 따라 대상을 구획함으로써 연구의 내적 타당도를 높인다.

(3) 자료의 성격에 따른 분류 2013년, 2014년, 2016년, 2017년, 2018년, 2019년, 2020년, 2022년, 2023년
  ① 양적연구
  - 현상의 특성을 계량적으로 나타내고 이들 간의 관계를 통계분석을 통해 확인하는 연구방법이다.
  - 연구자는 연구주제나 결과에 대해 가치중립적 입장을 유지한다.
  - 객관적인 연구를 위해 정형화된 측정도구를 활용하며, 연구가설을 세우고 그에 따라 자료를 수집한다.
  - 연역법을 기반으로 하며, 결과를 일반화하는 것이 용이하다.
  - 실증주의적 인식론을 따르며, 객관성과 보편성을 강조하며 방법론적으로 일원주의를 주장한다.
  - 지식의 공허함을 방지하기 위해 관찰에 근거하지 않는다.
  - 일반화 가능성이 높지만, 구체적인 세부내용에 어려움이 있다. 질문지연구, 실험연구, 통계자료분석 등에 해당한다.

> **학습 plus**
>
> **양적연구 논문의 작성** 2021년
> - 선행연구의 결과를 인용할 때, 출처를 반드시 밝혀야 한다.
> - 연구가설은 반드시 제시되어야 하지만 연구모형이 반드시 함께 제시될 필요는 없다.
> - 연구가설의 지지 여부는 경험 분석, 실증분석을 통해 지지 여부를 검증해야 한다.
> - 결론에는 연구결과를 간략히 요약하고 제한점이나 후속 연구를 위한 제언을 기술함으로써 연구의 제한점을 기술하고 후속 연구의 방향성을 제안하는 것이 포함된다.
> - 연구의 제한점을 기술하고 후속 연구에 대한 제언을 한다.

② 질적연구

- 현상학적 인식론을 기반으로 하며, 연구자와 대상자 간의 밀접한 상호작용을 통해 진행된다.
- 언어, 몸짓, 행동 등 상황과 환경적인 측면을 연구대상으로 한다.
- 상대적으로 주관적인 연구를 수행하며, 연구자의 개인적인 판단을 반영한다.
- 객관적인 관찰은 존재하지 않고, 행위자가 자신의 경험에 부여하는 의미를 중요시한다.
- 주로 탐색적 연구에 사용되며, 귀납법에 기초, 결과의 일반화에 어려움이 있다.
- 현지연구, 사례연구, 담화분석 등이 이에 해당한다.

③ 혼합연구

- 질적연구와 양적연구의 강점을 결합한 방법이다.
- 각 방법의 장점을 활용하여 목적을 다양하게 충족시키며, 얻은 결론의 의미를 뚜렷하게 도출할 수 있다.
- 단일 연구에 비해 시간과 비용이 상대적으로 많이 소요된다.
- 질적 자료와 양적 자료의 가중치는 세부 연구 방법에 따라 다르게 적용되며, 삼각검증 설계에서는 양적 자료와 질적 자료를 동시에 수집한다.

### (4) 연구대상 범위에 따른 분류

① 전수조사

- 연구대상으로 선정된 전체 모집단을 대상으로 조사한다.
- 경제성과 신속성이 낮아 비용이 많이 들고, 표본조사에 비해 정확성이 감소할 수 있다.
- 표본오차는 없지만, 비표본오차가 상당히 크므로 정확성이 감소한다.
- 대표적인 사례로 인구조사가 있다.

② 표본조사

- 연구대상 중에서 전체를 대표할 수 있는 일부를 선정하여 조사한다.
- 비교적 경제적이며 심도 있는 조사가 가능하다.
- 표본추출 오류가 조사 결과에 영향을 미치지만, 표본오차는 전수조사에 비해 작아 더 정확한 자료를 얻을 수 있다.

제1교시 제2과목(필수)

(5) 조사연구(survey research) 2020년

① 체계적인 정보 수집과 분석을 위해 표준화된 설문이나 면접을 사용하는 연구 방법이다.

② 표본조사를 통해 전체 모집단을 대표할 수 있는 대상을 선정하여 조사를 수행하는 경우가 많다.

③ 조사연구의 장점

- 자료의 범위가 광범위하며 풍부한 정보를 얻을 수 있다.
- 응답 표본이 대표성을 갖추면 연구결과를 일반화할 수 있는 가능성이 높아진다.
- 수집된 자료는 상당한 정확성을 가지지만, 어느 정도의 오차는 발생할 수 있다.
- 질문지 조사의 경우 구조화된 설문지를 사용하여 자료수집이 용이하다.

④ 조사연구의 단점

- 얻은 정보가 표면적일 수 있다.
- 고도의 조사 지식과 기술을 요구한다.
- 대인 면접조사의 경우, 조사자와 응답자 간 상호작용이 응답에 영향을 미칠 수 있다.

(6) 실험연구 2017년, 2019년

① 독립변수의 영향을 측정하거나, 독립변수가 종속변수에 미치는 인과관계를 확인하기 위한 방법이다.

② 실험 조건을 조작하고 외부 요인을 의도적으로 통제하여 연구를 수행한다.

③ 인과관계를 파악하기 용이하며, 외부 변수를 통제하는 것이 비교적 쉽고, 변수를 명확하게 조작할 수 있다.

④ 연구는 변수를 조작할 수 있는 상황에서만 가능하며, 현장 조사에 비해 연구결과를 일반화하는 것이 어렵다.

(7) 모의상담연구 2013년, 2015년, 2016년, 2019년, 2022년

① 실험실에서 수행되는 주요 실험연구 유형 중 하나이다.

② 관찰하려는 상담 현상을 더 간단하게 모형화하는 연구 전략을 사용한다.

③ 모의상담연구의 장점

- 연구자는 독립변수를 계획대로 조작할 수 있다(실험 조건을 효과적으로 통제 가능).
- 연구와 무관한 변수(가외변수)들을 무작위로 조작하거나 다른 방법으로 통제가 가능하다.
- 모의상담 과정을 현실보다 간소화하여 결과를 해석하기 용이하다.

- 상담연구에서 발생하는 윤리적 문제를 감소시킬 수 있다.
- 대리 내담자(Surrogate)를 활용하여 실제 상담연구의 한계를 완화시킬 수 있다.

④ 모의상담연구의 단점
- 실험 조건을 통제하면 외적 타당도가 감소한다.
- 모의상담이 현실 상황보다 지나치게 단순화되어 연구결과를 일반화하기 어렵다.

◉ **양적연구와 질적연구의 비교**

| 구분 | 양적연구 | 질적연구 |
|---|---|---|
| 기본가정 | • 사회현상은 객관적으로 존재한다고 가정하여 복잡한 패러다임에 관계된 변인연구가 가능 | • 사회현상에는 주관성이 내재되어 있다고 가정, 단편적 연구가 아닌 총체적 연구의 필요성 주장 |
| 연구목적 | • 일반적 원리와 법칙 발견을 통해 연구 결과의 일반화, 인과관계 및 상관관계 파악 | • 특정 현상에 대한 이해와 해석, 의미구성 등을 파악 |
| 연구대상 | • 대표성을 갖는 많은 수의 표본<br>• 확률적 표집방법을 주로 사용 | • 적은 수의 표본<br>• 비확률적 표집방법을 주로 사용 |
| 가치중립/개입 | • 연구결과의 왜곡 방지를 위해 연구자는 연구대상과 거리유지, 가치중립 | • 연구자와 연구대상이 밀접한 관계유지, 가치개입 |
| 철학적 사조 | • 실증주의 | • 해석주의, 비판이론 등 |
| 자료수집 방법 | • 다양한 측정도구를 사용하여 구조화된 양적 자료 수집, 실험, 조사 수치로 측정 | • 관찰, 면담, 글로 기록, 비구조화된 질적 자료 수집 |
| 자료분석방법 | • 통계적 분석(기술통계, 추리통계방법 활용) | • 질적 분석(내용분석) 혹은 기술통계 분석 |

## 5. 연구보고서 작성 2016년, 2017년, 2023년

(1) 연구보고서 작성

① 보고서 작성은 연구결과를 해당 분야의 동일한 현상 또는 조건에 대해 어느 상황에서든 일반화할 수 있도록 경험적으로 기술하는 것을 의미한다.

② 보고서 작성 단계에서는 분석 결과를 해석하고 이론을 형성하며, 보고서 작성과 발표 과정이 진행된다.

③ 서론 부분에서는 연구의 목적, 방법, 연구문제, 연구의 필요성 그리고 연구 범위 등 연

구의 중요한 측면들을 소개하며, 이전 연구에서 미비한 부분이나 차이점도 기록한다.

④ 연구가설은 탐색적 질문과 검정을 위한 질문으로 구성할 수 있다.

⑤ 선행연구 결과를 인용할 때에는 반드시 출처를 명시해야 한다.

⑥ 연구결과는 논문의 구성내용 중 가장 객관적으로 표현되어야 한다.

⑦ 결론 및 논의 부분에는 수행한 연구결과의 요약이 포함된다.

## (2) 연구보고서의 구성

서론 → 이론적 배경 → 연구방법 → 연구결과 → 결론 및 논의

① 서론: 논문의 도입 부분으로 특정 사회현상에 대한 설명, 그에 따른 문제점과 의문점, 연구의 필요성과 연구의 목적 등을 기록한다.

② 이론적 배경: 연구에 기초가 되는 이론을 전개하는 부분으로 참고서적이나 문헌의 내용을 체계적으로 전개하는 부분이다.

③ 연구방법: 연구를 진행하는 절차를 기록하는 부분으로 연구대상, 표집방법, 연구절차, 실험·측정도구, 연구가설 등을 포함한다.

④ 연구결과: 연구결과 부분은 연구 방법에 따라 얻은 연구의 결과를 기록하는 부분이다.

⑤ 결론 및 논의: 연구에서 얻은 결과에 기초하여 결론을 내리고, 연구결과를 다른 연구들과 비교하여 논의하며, 연구의 문제점 및 연구를 진행하는 과정에서 발생한 문제점, 그로 인한 연구의 제한점 등을 기록한다.

> **학습 plus**
>
> **출판편향(publication bias) 혹은 책상서랍의 문제(file drawer problem) 2017년**
>
> 1979년, 심리학자 로젠탈(Rosenthal)이 제시한 것으로 과학저널과 연구자들이 특정 유형의 연구결과, 특히 통계적으로 유의하거나 긍정적인 결과를 가진 연구결과만을 출판하는 경향을 말한다. 이는 유의하거나 긍정적인 결과를 가진 연구는 받아들여질 가능성이 더 높은 반면, 유의하지 않거나 부정적인 결과를 가진 연구는 출판될 가능성이 더 낮거나 출판되지 않은 상태로 책상서랍 속에 방치되는 경우를 일컫는다. 그는 이로 인하여 모든 발표논문이 1종 오류를 범하고 있어, 출판편향이 1종 오류를 증가시킨다고 주장하였다.

> CHAPTER **02** | **상담연구의 절차**

## 1. 연구문제 및 가설설정

(1) 연구문제의 선정 2018년

① 연구의 첫 단계는 연구자가 취급하고자 하는 주제, 연구의 목적 그리고 연구의 실제적 중요성과 이론적 의의에 대한 명확한 계획을 세우는 것으로, 이러한 계획은 논리적으로 정립되어야 한다.

② 연구문제는 연구의 주제를 명시하고 그 주제에 대한 핵심적인 내용을 포함하고 있어야 한다.

③ 연구영역의 설정: 구체적인 문제를 선정하기 위해서는 연구하고자 하는 분야를 결정해야 한다. 이는 특정한 이론의 개발과 검정, 개인적인 동기와 학문적 유행, 연구비 등의 영향을 받아 결정된다.

④ 구체적 문제의 선정: 연구영역이 결정되면 그 분야에서 다룰 구체적인 문제를 결정하는 것이 중요하다.

⑤ 문제에 대한 이론적 준거의 설정: 선정된 문제에 대해 적절한 이론적 기반을 설정하기 위해 기존의 이론과 경험적 연구를 면밀하게 검토하여 이론적 준거를 설정하거나 새로운 이론적 틀을 만들 수 있다.

---

**학습 plus**

**연구주제의 선정 기준**
- 독창성(참신성): 기존 결과와 다른 관점을 도입하거나 기존의 내용들을 비교하거나 재구성해야 한다.
- 경험적 검증 가능성: 해답이 가능하며 그 진위 여부를 경험적 차원에서 입증할 수 있어야 한다.
- 구체성: 연구주제를 설명할 때 사용하는 용어는 의미나 범위에서 더 구체적이어야 한다.
- 공헌성: 문제에 대한 답이 이론적으로 학문 발전에 기여하고 실용적으로 사회구성원의 행복을 증진시킬 수 있어야 한다.
- 윤리성: 사생활 침해나 연구대상자, 사회에 불이익을 주지 않아야 한다.
- 현실적 제약성: 소요 비용, 시간, 노력 등을 현실적으로 고려해야 한다.

---

(2) 가설의 설정 2014년, 2015년, 2018년, 2019년, 2021년, 2023년

① 둘 이상의 변수 간의 관계에 대한 잠정적인 진술로, 문제 해결을 위해 제시된다.

② 확률적으로 표현되며, 실증적인 확인을 위해 간결하고 논리적이며 계량화가 가능한 현상과 관련성을 가져야 한다.

③ 광범위한 범위에 적용이 가능하고, 독립변수와 종속변수 간의 관계를 표현한다.

④ 가설설정 시 윤리성, 창의성, 실용성 등을 고려하며, 모든 변수는 실증 연구의 대상이 된다.

⑤ 문제의 설정에서 제기된 의문에 대한 가정적 해답을 제시하고, 경험적 검증을 위해 변수의 조작적 정의가 필요하다.

⑥ 최소한의 이론적 근거가 있어야 하며, 연구를 통해 진위 여부를 검증해야 한다.

⑦ 서술 방법에 따라 '서술적 가설'과 '통계적 가설'로 나눌 수 있다.

## 2. 연구구인의 조작적 정의 2014년, 2015년, 2016년, 2017년, 2018년, 2019년, 2020년, 2022년, 2023년

(1) 연구자가 연구하려는 변인에 대한 정의는 개념적 정의와 조작적 정의로 나뉜다.

① 개념적 정의(사전적 정의, conceptual definition)

- 개념적 정의는 이미 알고 있는 다른 용어를 사용하여 설명하는 것을 말하며, 그 의미가 보편타당하게 정의되어야 한다.

- 실제로 어떻게 측정되거나 관찰될 수 있는지에 대한 구체적인 설명 없이 그 개념에 대한 추상적 · 일반적 · 주관적인 이해를 제공한다.

- 연구자는 자신이 다루어야 할 개념의 의미를 정의함으로써 연구문제의 범위를 명료하게 하여 연구결과에 대한 해석의 오류를 방지하고 연구의 타당성을 보호할 수 있다.

- "자존감"에 대한 개념적 정의는 '자신의 가치, 가치에 대한 인식 그리고 자기 존중에 대한 개인의 전반적인 평가를 나타내는 심리적 구성물'이라고 말할 수 있다.

② 조작적 정의(operational definition)

- 조작적 정의는 추상적인 개념적 정의를 관찰 가능하고 측정 가능한 지표로 나타내는 것이다.

- 조작적 정의는 특정 연구에서 개념이 어떻게 측정, 조작 또는 평가되는지 설명한다.

- 조작적 정의는 특정 기준 또는 지표를 제공함으로써 개념을 구체화하고 연구자가 체계적으로 데이터를 수집할 수 있도록 한다.

- 구체적일수록 반복연구의 수행이 쉽다.

- 측정하고자 하는 구인과 논리적 관련성이 높다.

- 지식이 축적되면 조작적 정의를 변경해야 할 경우도 생긴다.

- 개념을 조작화할 때는 속성들에 대한 변동성의 범위를 분명히 해야 한다.
- 변인의 어떤 속성을 조작할 것인가에 대해 결정해야 한다.
- 주어진 변인을 구성하고 있는 다양한 속성에 대한 정밀성을 고려해야 한다.
- 조작화는 변인들을 구성하고 있는 속성들을 구체화하기 위해 단일지표를 사용할 수 있다.
- 다양한 속성의 측정을 위해 복수 지표가 활용될 수 있다.
- "자존감"의 조작적 정의는 '참가자들이 그들의 동의에 따라 응답하는 일련의 문항으로 구성된 로젠버그(Rosenberg) 자존감 척도와 같은 검증된 설문지를 사용하여 자존감이 측정될 것이다'라고 기술할 수 있다.

> **학습 plus**
>
> **조작적 정의(operational definition)의 특징**
> - 다양성: 한 개념이나 변수에 대해 여러 가지 조작적 정의가 가능하다.
> - 명확성: 조작적 정의는 명확하고 구체적이어야 한다. 이는 연구목적과 방법을 분명하게 보여 주며, 다른 연구자들이 비슷한 조건에서 연구를 수행할 수 있게 돕는다.
> - 측정 가능성: 조작적 정의는 측정 가능한 형태로 제시되어야 한다. 이는 연구자가 특정 변수를 어떻게 정량화하고 측정할 것인지를 명확하게 제시하는 것을 의미한다.
> - 논리적 관련성: 조작적 정의는 연구하고자 하는 개념 또는 변수와 논리적으로 관련되어야 한다. 연구의 목적과 관련이 없거나 무의미한 정의는 피해야 한다.
> - 적응성: 연구가 진행되면서 새로운 지식이나 정보가 얻어지면 조작적 정의를 조정하거나 업데이트해야 할 필요가 있다. 유연성을 유지하며 조작적 정의를 조정함으로써 연구의 진전에 대응할 수 있다.
>
> **개념적 정의와 조작적 정의의 상호보완성**
> 개념적 정의는 개념에 대한 이론적 이해를 확립하는 반면, 조작적 정의는 그 개념을 측정 가능하고 관찰 가능한 용어로 번역하여 경험적 연구를 가능하게 한다.

## 3. 연구대상자 선정을 위한 표본추출

(1) 표본추출(표집, sampling)의 개요

① 표본추출은 전체 모집단(population)에서 일부분을 선택하여 조사하는 과정이다.

② 모집단을 완벽하게 조사하는 것이 이상적이지만, 현실적으로는 시간과 예산의 제약으로 전수조사가 어렵다.

③ 표본추출의 핵심은 선택된 표본이 전체 대상을 대표할 수 있는지 여부이다. 즉, 표본의 대표성이 중요하다.

④ 이러한 과정은 표본추출 또는 표집이라 불리며, 이를 통해 조사 대상을 선정한다.

⑤ 연구자는 표본자료를 통해 전체 집단의 특성을 이해하고, 다양한 통계 이론과 방법을 활용하여 모집단의 특성을 추론한다(통계적 추론).

⑥ 표본은 주로 기술 통계분석의 대상이 되며, 이는 모집단을 고려하지 않고 표본 결과에 중점을 둔다.

⑦ 일부 표본에서 얻은 자료의 처리 결과도 모집단에 대해 일반화할 수 있어야 한다.

## (2) 표본추출의 목적

① 모집단의 특성 추론: 표본추출의 주된 목적은 모집단의 특성을 표본으로부터 얻은 통계를 사용하여 추론하는 것이다.

② 시간과 비용의 절약: 표본추출을 통해 선택된 표본을 분석하여 모집단에 대한 자료를 추론하면, 모집단 전체를 조사하는 데 필요한 예상 시간과 비용을 절감할 수 있다.

③ 대표성과 적절성의 조화: 표본추출에서는 조사 결과가 모집단을 얼마나 잘 대표하고 있는지와 같은 대표성이 중요하지만, 동시에 적은 비용으로도 일정한 정확성을 확보할 수 있는 표본 크기의 적절성도 고려해야 한다.

## (3) 표본추출의 장·단점

① 장점
- 모집단 전체를 조사하는 경우에 비해 시간과 비용을 절감할 수 있다.
- 자료수집, 집계, 분석과정을 신속하게 처리할 수 있다.
- 모집단 전체를 조사할 수 없는 경우에도 적용 가능하고 전수조사의 한계를 극복할 수 있다.
- 비표본오차를 감소시키고 조사 대상의 오염을 방지하여 보다 정확한 자료를 얻을 수 있다.
- 더 많은 조사 항목을 포함할 수 있어 다양한 정보를 획득할 수 있다.

② 단점
- 표본의 대표성 문제가 제기될 경우 일반화의 가능성이 낮아진다.
- 모집단의 크기가 작은 경우 표본이 무의미해질 수 있다.
- 표본설계가 복잡한 경우 시간과 비용이 낭비될 수 있다.
- 정확한 전문지식이 필요하다.
- 특정 성질의 조사대상을 찾을 때 효과적이지 않을 수 있다.

**(4) 표본추출의 주요 개념**

① 요소(element): 필요한 정보수집과 분석의 기본이 되는 최소단위를 나타낸다.

② 우주(universal): 모든 요소의 이론적이고 가설적인 결합을 의미한다.

③ 모집단(population): 요소들의 이론적 집합으로, 유한모집단과 무한모집단으로 나뉜다.

④ 서베이 모집단(survey population): 현실적으로 조사 가능한 실제 조사 표본이 추출된 요소들의 원래 집합을 나타낸다.

⑤ 표본추출 단위(sampling unit): 표본추출의 각 단계에서 실제로 표본으로 선정되는 요소나 요소의 집합이다. 추출단위는 중복되거나 누락되어서는 안 된다.

⑥ 표집간격(sampling interval): 모집단에서 표본을 추출할 때 사용되는 간격을 나타낸다. 체계적 표집에서 주로 사용하는 용어로 모집단의 전체 크기를 표본의 크기로 나눈 수치이다.

$$표집간격 = \frac{모집단의\ 전체\ 크기}{표본의\ 크기}$$

⑦ 표집오차(sampling error) **2017년, 2020년**

- 표집을 통해 얻은 모수치가 실제 모수와 얼마나 다른지를 나타내는 정도를 표현한다.
- 표집오차는 표본의 대표성에서 나타나는 오차로, 모집단이 동질적일수록 작아진다.
- 표본의 크기가 클수록 표집오차는 작아지지만, 비표집오차는 표본의 크기가 클수록 커진다.

> **학습 plus**
>
> **표준오차 2020년**
> - 평균의 표준오차(SEM)은 모집단의 평균을 나타낼 때 표본평균의 정밀도를 측정한다.
> - 표본의 크기가 증가할수록 SEM은 감소한다.
> - SEM=평균의 표준오차, $\sigma$=모집단의 표준편차, $n$=샘플 크기
> - $SEM = \dfrac{\sigma}{\sqrt{n}}$

⑧ 통계치(통계량, statistics)

- 통계치는 표본의 특성을 수치로 표현한 값이다.
- 대부분의 경우, 모집단의 특성은 통계치를 통해 측정된다.
- 그러나 모집단을 완벽하게 대표하는 표본을 찾는 것은 거의 불가능하다.
- 연구자들은 선택한 표본이 연구대상 모집단과 일치할수록 선호한다.
- 연구자는 선택한 표본이 연구대상 모집단과 얼마나 일치하는지를 검토해야 한다.

- 관련이 없는 개체가 표본에 포함되어 있지는 않은지 그리고 중요한 개체가 빠지지 않았는지를 세심하게 살펴봐야 한다.
- 이를 통해 연구결과의 타당성과 신뢰성을 높일 수 있다.

⑨ 모수치(모수, parameter)
- 모수는 모집단의 특성을 나타내는 수치이다.
- 모수는 한 변수의 특성이 모집단에서 어떻게 나타나는지를 나타낸다. 예를 들어, 선거에서 전체 유권자 집단의 특성을 '모수'로 지칭하며, 표본의 특성은 '통계치'로 표현되며, 이 두 값의 차이를 '표집오차'라고 한다.
- 실태조사의 목적은 표본을 관찰하여 이를 기반으로 모집단의 특성, 즉 모수를 추정하는 것이다.

⑩ 변수(variable)
- 성별, 수학 점수, 키, 몸무게 등 어떤 하나의 속성이 여러 가지 값을 가질 때 변수라고 한다. 변수는 '변이(variation)'를 포함한다. 한편, 남자, 여자, 60점, 85점, 184cm, 60kg 등 어떤 속성이 한 가지 값을 가지는 속성을 상수(constant) 또는 척도(scale)라고 한다.

⑪ 계층(stratum)
- 모집단을 구성하는 특성을 상호 배타적으로 구분해 놓은 부분집합을 말한다.
- 예를 들어, 조직 내에서 각 직위에 해당하는 사람들을 고루 포함시키기 위해 직위에 따라 모집단을 구별하는 경우, 각 직위는 계층으로 간주된다.

⑫ 편의(bias)
- 편의는 실제의 상태와 다르게 나타나는 평균적인 차이를 의미한다.
- 주로 통계적인 추정에서 사용되며, 표본에 기반하여 모집단의 추정치가 모수치의 실제 값과 계통적으로 차이가 나도록 만드는 오차를 나타낸다.
- 편의는 추정치가 모집단을 대표하지 못하고 편향되어 있는 경우 발생하며, 이는 통계적 분석 결과에 부정확성을 초래할 수 있다.

⑬ 유의수준(significance level)
- 유의수준은 표본추출의 오류를 추정하는 데 핵심적인 구성요소이다.
- 흔히 조사자는 통계치가 모수치로부터 얼마나 떨어져 있는지를 나타내는 특정한 거리에 대한 유의수준이라는 용어를 사용하여 표본통계의 정확성을 표현한다.
- 예를 들어, 조사자가 '50%의 유권자들이 A라는 후보를 지지한다'라는 통계치가 모

집단 모수치의 ±5% 범위 안에 속한다면, 이를 95%의 유의수준을 가진다고 선언할 수 있다.

- 유의수준이 증가함에 따라 조사자의 확신도가 증가한다. 예를 들어, 99%의 유의수준을 사용하면 더 높은 확신도로 결과를 해석할 수 있다.
- 유의수준은 통계적 검정에서 귀무가설을 기각할 결정을 내리는 기준을 제공하며, 통계적으로 유의한 결과를 얻을 때 해당 결과가 우연이 아니라고 주장하는 정도를 나타낸다.

⑭ 관계(relationship)
- 둘 이상의 변수가 서로 같이 변하는 것을 말한다.
- 상관관계는 두 변수가 상응하는 관계에 있는 경우이다. 예 수입의 크기와 집의 크기
- 인과관계는 누 변수가 원인과 결과의 관계에 있는 경우이다. 예 교통량의 증가가 교통사고 발생 건수에 영향을 미칠 때
- 허위적 상관관계는 두 변수 간에 어떠한 실제 상관관계도 없는 경우이다. 예 학교 성적과 성격

**(5) 표본조사설계의 절차**

① 표본조사는 '모집단의 확정(대상 확정) ⇨ 표집틀 선정 ⇨ 표본추출 방법 설정 ⇨ 표본추출의 크기 결정 ⇨ 표본추출'의 순서로 진행된다.

② 모집단의 확정(대상 확정)
- 연구결과를 보다 효과적으로 규명하기 위해 조사할 특정 집단을 정하는 것을 의미한다.
- 연구목적에 부합하는 데이터를 획득하기 위해서는 명확하고 정확한 대상을 설정한다.
- 모집단을 정하기 위해서는 조사대상, 표본의 범위, 연구의 적용 범위 그리고 조사 기간 등을 명확하게 정의해야 한다.

③ 표집틀(sampling frame) 선정
- 표집틀은 모집단 내에 속한 조사 대상자들의 명단이 기록된 목록을 의미한다.
- 학생명부로부터 학생들의 단순표본을 추출하는 경우, 해당 학생명부가 표집틀로 사용된다.
- 모집단이 확정된 후에는 적절한 표집틀을 선택하는 과정이 필요하다.
- 표집틀은 모집단의 모든 구성원을 포함해야 하며, 각 구성원은 중복으로 목록에 기재되지 않아야 한다.

학습 plus

**표집틀 구성의 평가요소**
- 포괄성: 연구대상으로 설정된 표집틀이 전체 모집단을 얼마나 포함하고 있는지를 고려한다.
- 추출 확률: 모집단에서 각 요소가 추출될 확률이 동일한지 여부를 확인하고, 그렇지 않은 경우 조정이 필요하다.
- 효율성: 표집틀에 가능한 한 조사자가 원하는 대상을 효과적으로 포함시키는 것이 중요하다.

④ 표본추출 방법 결정 2014년, 2016년, 2017년, 2018년, 2019년, 2020년

- 표집틀이 확정되면, 모집단의 대표성을 보장하기 위해 사용되는 표집 방법을 결정한다. 표집 방법은 주로 확률 표본추출 방법과 비확률 표본추출 방법 두 가지로 나뉜다.

⑤ 표집크기 결정

- 표집의 크기는 표집 방법이 확정된 후 결정된다.
- 이는 모집단의 특성, 시간과 비용, 조사원의 역량 등을 고려하여 정확도와 신뢰도를 나타내는 표본오차에 주의를 기울여 결정된다.

학습 plus

**표본의 크기를 결정하는 요인 2014년, 2015년, 2022년**
- 모집단의 표준편차, 신뢰수준, 최대허용오차는 표본의 크기를 결정하는 데 영향을 미친다.
- 내적 요인
  - 신뢰도와 정확도: 표본 크기 결정은 내적으로는 연구의 신뢰도와 정확도를 고려한다.
- 외적 요인
  - 모집단의 동질성: 모집단의 구성원들이 유사한 속성을 많이 갖고 있다면 표본의 크기는 상대적으로 작아도 된다.
  - 표집 방법과 절차: 표집 방법에 따라 표본 크기를 조절해야 한다. 층화표집은 작은 표본을 요구하며, 단순무작위 표집은 큰 표본을 필요로 하며, 군집표집은 가장 큰 표본이 필요하다.
  - 연구방법에 따른 연구유형: 상관연구나 실험연구에서는 최소 30명의 연구대상자가 권장되며, 상관관계가 낮을 경우 더 큰 표본이 필요하다. 또한 종속변수를 측정하는 연구도구의 신뢰도가 낮을 때도 큰 표본이 필요하다.
  - 자료분석방법: 수집된 자료가 분석되는 범주의 수가 증가할수록 각 범주에 일정 수의 표본이 필요하므로, 전체 표본 크기는 증가한다.
  - 통계적 검정력: 통계적 검정력이 커질수록 더 많은 표본이 필요하다.
- 기타 외적 요인
  - 시간, 예산, 조사자의 능력, 수집된 자료가 분석되는 카테고리의 수 등 다양한 외적 요인도 표본 크기 결정에 영향을 미친다.

학습 plus

**표본 크기의 결정 공식 2021년**

$$n = \left( \frac{Z \times \sigma}{e} \right)^2$$

($n$: 표본의 크기, $Z$: 정규분포의 $Z$값, $\sigma$: 모표준편차, $e$: 허용오차)

⑥ 표본추출

- 결정된 표집 방법을 통해 실제로 표본을 추출한다.
- 추출 방식에는 난수표 등을 활용할 수 있으며, 표본추출 시 무작위성을 유지하는 데 주의를 기울여야 한다.
- 표본추출 과정에서 항상 결과의 일반화 가능성을 염두에 두어야 한다.

> **학습 plus**
>
> **난수표(random number)**
> 대상이 되는 모든 숫자의 추출 확률이 같아지도록 한 상태에서 무작위로 뽑은 수

(6) **표본추출 방법** 2021년, 2022년, 2023년

① 표본추출의 대상, 추출 방법, 크기, 자료의 분석방법을 표본추출 과정에서 고려해야 한다.

② 확률 표본추출(확률표집, probability sampling)

확률 표본추출은 모집단의 각 단위가 모두 추출의 기회를 가지며, 각 단위가 추출될 확률을 정확히 알고 있는 무작위적인 방법을 사용하는 것이다. 확률 표본추출 방법에는 단순무선표집, 체계적 표집, 층화표집, 집락표집이 있다.

- 단순무선표집(단순 무작위 표집): 난수표, 제비뽑기, 컴퓨터를 이용한 난수 추출 등을 통해 무작위로 표본을 추출한다.
- 체계적 표집(계통표집): 모집단 목록에서 구성요소를 일정한 순서에 따라 매 K번째 요소를 추출하는 방법이다.
- 층화표집(유층표집): 모집단을 동질적인 집단으로 나눈 후, 각 계층별로 단순 무작위 또는 체계적인 표집을 실시한다. 집단 내는 동질적이고, 집단 간은 이질적이다.
- 집락표집(군집표집): 모집단 목록에서 구성요소를 여러 개의 이질적인 집락 또는 집단으로 나눈 후, 몇 개의 집락을 표본으로 추출하고 이를 통해 구성요소를 전수조사하는 방법이다. 집단 내는 이질적이고, 집단 간은 동질적이다.

③ 비확률 표본추출(비확률표집, nonprobability sampling) 2015년, 2021년, 2022년, 2023년

조사자나 면접자의 주관적인 판단에 의해 모집단에서 표본 구성원을 추출하는 방식이다. 확률추출법에 비해 훨씬 간편하고 경제적이나 모집단 내 각 구성원이 표본에 포함될 확률을 사전에 파악하기 어려워 표본이 모집단을 어떻게 대표하는지 알 수 없으며, 표본오차를 평가할 수 없다는 단점이 있다. 비확률 표본추출에는 눈덩이 표집, 의도적

표집, 편의 표집, 할당표집이 있다.

- 눈덩이 표집(누적표집): 연속적인 추천 과정을 통해 표본을 선정하는 방법으로, 주로 질적 조사에 활용된다. 일반화가 어려우며, 계량화가 어려워 질적 조사에 적합하다.
- 의도적 표집(판단표집, 유의표집, 목적표집): 연구자의 주관적인 판단에 따라 연구목 적에 도움이 될 것으로 생각되는 구성요소를 의도적으로 추출하는 방법이다. 연구 자의 주관적인 판단이 표집의 질을 결정하며, 간편하고 비용을 절약할 수 있는 장점 이 있다.
- 편의 표집(임의표집): 표본을 선정할 때 편리성을 기준으로 임의로 선택하는 방법이 다. 비용과 시간을 절약할 수 있지만, 표본의 대표성이 낮을 수 있다.
- 할당표집: 연구자가 모집단에 대한 사전지식을 기반으로 모집단의 특성을 나타내는 하위 집단에 대해 표본수를 할당한 후 표본을 추출하는 방법이다. 모집단의 대표성 이 상대적으로 높지만, 분류 과정에서 편견이 개입될 가능성이 있다.

## 4. 변인결정 및 측정도구의 설정

### (1) 변인의 결정

① 연구문제가 설정되면 연구 변인을 설정해야 한다.

② 변인이란 연구의 대상 또는 관심 대상으로, 무엇을 알아볼 것인지를 나타낸다. 논문이 나 연구에서는 주로 독립(조작)변인, 종속 변인, 통제 변인으로 나눌 수 있다.

- 독립(조작)변인: 연구자가 조작하거나 설정할 수 있는 변인으로, 연구의 주요 흥미 대상이다. 연구자가 의도적으로 조작 가능한 변인이다. 학생들의 학업 성취도를 조 사하는 경우, 연구자가 조작할 수 있는 변수로는 공부 시간, 학습 방법, 수업 참여 정도 등이 될 수 있다. 예를 들어, '공부 시간'이 독립(조작)변인이 될 수 있다.
- 종속 변인: 독립(조작)변인에 영향을 받는 변인으로, 연구의 결과를 나타낸다. 학업 성취도 연구에서 '시험 성적'이나 '학점'은 종속 변인으로 설정될 수 있다. 이는 연구 자가 조작한 독립변인(예 공부 시간)에 따라 어떻게 변하는지를 측정하는 대상이다.
- 통제 변인: 연구자가 인위적으로 통제해야 하는 변인으로, 독립변인과 종속 변인 간 의 관계를 더 정확히 이해하기 위해 제어해야 하는 다른 변인들을 말한다. 예를 들 어, 학업 성취도에 영향을 줄 수 있는 외부 요인으로는 학생들의 성별, 학년, 학교 종류 등을 통제해야 한다. 이를 통해 연구결과의 타당성을 높일 수 있다.

### (2) 설문지 작성의 과정

① 내용과 측정 범위의 결정

- 조사설계 방법을 토대로 개념화와 조작적 정의가 이루어지면, 어떤 내용을 질문할 것이며, 어느 범위까지 구체화해 측정할 것인지를 결정해야 한다.
- 응답 내용은 포괄성(모든 관련 내용을 다루는), 배타성(중복이 없이 각 항목이 독립적인), 단일개념(하나의 주제 또는 개념만 다루는)의 3가지 기준을 따라야 한다.

② 척도의 결정

- 척도는 실제로 측정하는 수준을 나타낸다.
- 질적척도(명목척도, 서열척도), 양적척도(등간척도, 비율척도)로 구성되며, 측정하고자 하는 내용과 응답자의 반응 수준 등에 신뢰할 만하고 타당한 정보를 얻을 수 있도록 결정한다.
- 리커트 척도나 거트만 척도 등 다양한 양식이 가능하다.

③ 질문화

- 설문지를 인쇄할 수 있는 수준으로 질문을 구체적으로 만든다.
- 사용하는 단어나 문장 표현 양식에 따라 의미 전달이 달라지므로 주의가 필요하며, 명확한 언어 사용의 중요성을 강조한다.
- 질문화가 완료되면 적절한 편집을 통해 마무리하고 어떤 종류의 편집이 필요한지 구체적으로 설명한다.

④ 내용의 조정과 보완

- 설문들을 전체적인 흐름이 매끄럽게 배치, 문맥에 맞도록 설문의 문구를 재수정한다.
- 의외로 국어 사용이 어려울 수 있으므로 구체적인 편집 예시를 제시하여 전체적인 의미 전달을 높인다.

⑤ 전문가 자문과 사전조사 그리고 설문 완성

- 전문가의 의견을 듣고 설문의 내용이나 흐름에 대한 조언을 받는다.
- 사전조사를 통해 설문지의 문제점을 경험적으로 수정할 수 있다. 이는 본 조사를 진행하기 전에 오류를 줄이는 마지막 작업이다.

### (3) 측정수준에 따른 척도 2022년, 2023년

측정수준에 따른 척도는 다양한 변수를 측정하기 위한 도구로, 각 수준에 따라 설문지 내용과 통계방법, 획득하는 정보의 양과 깊이가 차이가 난다. 여러 측정수준과 각 척도의 특징은 다음과 같다.

제2과목(필수)

① 명목척도(nominal scale)

- 변수의 질적, 추상적 속성을 배타적으로 분류하거나 구분하기 위해 사용된다.
- 숫자나 기호를 부여하지만 계량적 의미는 없다.
- 예시: 성별, 종교, 지역 등
- 분석: 빈도와 백분율, 최빈값, 교차분석

② 서열척도(ordinal scale)

- 명목척도와 유사하게 분류 기능을 가지며 속성의 크기, 순서, 높낮이를 서열 개념으로 제공한다.
- 척도의 계량적 의미는 없다.
- 예시: 학력, 자동차 등
- 분석: 빈도와 백분율, 최빈값, 교차분석, 서열 상관관계

③ 등간척도(interval scale)

- 서열화된 성격을 가지며 간격이 모두 동일하게 측정된다.
- 수량의 의미가 있어 수치 비교가 가능하지만 절대 기준이 없어 비교의 한계가 있다.
- 예시: IQ, 시험점수, 온도 등
- 분석: 평균, 표준편차, 평균비교, 상관관계, 회귀분석

④ 비율척도(ratio scale)

- 등간척도와 유사하지만 절대기준점 '0'이 존재하며 모든 값의 시작점이다.
- 시작점의 동일성은 측정의 정확성과 객관성을 높인다.
- 예시: 키, 몸무게, 거주기간 등
- 분석: 등간척도와 동일, 평균, 표준편차, 평균비교, 상관관계, 회귀분석

**학습 plus**

**중심극한 정리(Central Limit Theorem: CLT) 2023년**

- 모평균이 $\mu$, 모표준편차가 $\sigma$인 전집에서 표본의 크기 $n$의 독립적인 무선표집으로부터 얻은 표본평균($\overline{X}$)들의 분포는 표본의 크기 $n$이 증가함에 따라서 정규분포를 따른다는 것이다.
- 중심극한 정리의 원리에 따르면, 서열척도의 합이 충분한 표본 수에 대해서 정규분포에 가까워질 수 있어, 등간척도로 취급할 수 있는 경우가 있다. 이는 데이터의 통계적 분석에서 유용하게 활용될 수 있다.

(4) 서열척도의 구성: 평정척도, 리커트 척도, 거트만 척도(누적척도), 보가더스 사회거리척도

① 평정척도(rating scales)

- 평가자가 일정한 기준에 따라 측정대상(주어진 현상, 인물 또는 사물)의 속성을 평가

한다.

- 측정대상을 비교 평가하지 않고, 응답이 간편하며, 시간과 비용면에서 효율적이다. 그러나 평가자의 성격, 태도 등의 성향에 따라 편향된 평가가 이루어질 수 있다.

② 리커트 척도(Likert scale)

- 여러 문항의 응답 점수를 합하여 총화평정척도를 구성한다.
- 리커트 척도는 주로 5점 또는 7점 척도를 활용한다. 이는 응답자가 느낌의 강도를 쉽게 나타낼 수 있으며, 응답자들이 편리하게 참여할 수 있는 서열척도의 한 형태이다.

③ 거트만 척도(Guttman scale)

- 거트만 척도는 일차원 척도의 일종으로, 질문의 강도에 따라 응답자의 응답을 서열화하는 누적성을 가진다. 누적척도(cumulative scale)라고도 한다.
- 일관성이 없는 질문은 제외하고 사용되며, 처음부터 최소 10개 이상의 문항으로 충분히 작성하여 얻은 응답을 분석한다.
- 비현실적이며, 복잡한 현상을 단일 차원의 가정으로 측정한다는 것은 어렵다.

④ 보가더스 척도(Borgadus scale)

- 누적척도의 한 종류로, 인종, 민족, 사회계층 간의 사회심리적 거리감을 측정하는 데 활용된다.
- 응답자는 속하지 않은 다른 사회집단에 대한 감정을 측정하여 서로 다른 집단 간의 친밀감이나 혐오감을 평가한다.

## (5) 기타 척도

① 서스톤 척도(등간척도, Thurstone scale)

- 서스톤 척도는 유사동간척도로, 가중치가 부여된 일련의 문항을 나열하고 응답자가 각 문항에 찬성/반대 또는 Yes/No를 표시하여 응답자가 찬성하는 모든 문항의 가중치를 합산하여 평균을 낸 것으로 척도를 측정한다.

② 의미분화척도(semantic differential scale)

- 의미분화척도는 개념의 의미를 다차원에서 측정하여 태도의 변화를 더 정확하게 파악하기 위해 고안된 척도이다.
- 여러 차원에서 양극화된 형용사들을 짝지어 5점 내지 7점 척도로 구성되며, 평가 대상이 되는 특정 개념의 의미를 파악하기 위해 다양한 차원에서 평가한다.

③ 소시오메트리(sociometry) 척도

- 소시오메트리 척도는 집단 내 구성원 간의 거리를 측정하는 데 사용된다.
- 소집단이나 작은 규모의 지역 공동체에서 사람들 사이의 상호관계, 상호작용, 의사소통, 리더십, 사기, 사회적응, 사회적 지위, 집단 구조 등을 측정하는 데 활용된다.

## 5. 자료수집과 분석방법

### (1) 자료수집의 종류와 특징

① 자료는 조사연구에 사용되는 모든 종류의 정보를 포함하며, 작성원칙에 따라 1차 자료와 2차 자료로 구분되고 존재 형식에 따라 양적 자료와 질적 자료로 구분된다.

② 자료수집은 조사자가 원하는 자료의 특성, 조사설계에 따라 다양하게 달라진다.

③ 조사비용, 조사기간, 조사자나 수집원의 능력에 따라도 영향을 받는다.

④ 1차 자료

- 조사자가 현재 수행 중인 조사목적을 달성하기 위해 직접 수집한 자료이다.
- 1차 자료는 사전에 적절한 조사설계를 통해 수집된 자료로, 조사목적에 적합한 정확도, 신뢰도, 타당성을 평가할 수 있다.
- 1차 자료는 의사결정에 필요한 시기에 적절히 활용 가능하다.
- 그러나 1차 자료 수집은 일반적으로 2차 자료 수집에 비해 비용과 인력, 시간이 많이 소요된다.

⑤ 2차 자료

- 1차 자료를 제외한 모든 자료로, 기존의 정부간행물, 기업 자료, 학술지 논문 등이 포함된다.
- 2차 자료는 상대적으로 저렴하게 얻을 수 있으나, 자료수집 목적이 조사목적과 일치하지 않고, 측정단위나 정의의 차이로 주의가 필요하다.

### (2) 자료수집 방법

① 면접법

- 면접은 조사자(면접자)가 연구문제에 대한 적절한 해답을 얻기 위해 마련한 질문들을 응답자와 직접 대면한 상태에서 하며, 조사목적에 따른 특정 내용을 기반으로 하는 인간 간의 직접적인 커뮤니케이션 시스템이다.
- 구조화된 면접, 비구조화된 면접, 반구조화된 면접이 있다.

- 구조화된 면접(표준화 면접)
  - 모든 응답자에게 동일한 질문순서와 내용으로 자료를 수집한다.
  - 반복적인 면접이 가능하며, 결과를 비교하기 용이하다.
  - 신뢰도는 높지만 타당도는 낮다.
- 비구조화된 면접(비표준화 면접)
  - 질문내용, 형식, 순서를 미리 정하지 않고 응답자와 상호작용을 통해 자료를 수집한다.
  - 신축성과 유연성이 높아 깊이 있는 측정이 가능하다.
  - 타당도는 높지만 신뢰도는 낮다.
- 반구조화된 면접(빈표준화 면접)
  - 일부 질문은 표준화하고 나머지는 표준화하지 않는다.
  - 응답자에게 상황에 맞는 변형 질문을 제시할 수 있다.
  - 초점집단 면접법, 임상 면접법 등이 있다.
- 면접법의 장점
  - 면접자가 자료를 직접 기입하여 응답률이 높으며 내용을 상세하게 조사할 수 있다.
  - 응답자의 이해를 도와주고 내용을 점검하여 응답의 오류를 줄일 수 있다.
  - 잘못 기록하거나 기록하지 않는 것을 예방할 수 있다.
  - 추가적인 관련 정보를 수집할 수 있다.
  - 진행하는 환경을 표준화할 수 있다.
- 면접법의 단점
  - 비용과 시간이 많이 소요될 뿐 아니라 방문 시각을 고려하고 엄수해야 한다.
  - 면접자와 응답자 간의 친숙한 분위기가 형성되지 않으면 오류가 발생할 수 있다.
  - 응답자의 익명성이 결여되어 정확한 내용을 도출하기 어렵다.
  - 응답자에 대한 편의가 제한적이며 특수층의 사람에 대해 면접이 곤란한 경우가 있다.

② 질문지법

- 질문지는 연구자가 조사문제에 대한 응답을 효과적으로 수집하기 위한 도구로 사용되며, 일련의 상호 연관된 질문들로 구성되어 있다. 질문들은 논리적으로 연결되어 있어 조사의 목적에 부합하도록 설계된다.
- 종류에는 질문방식에 따라 직접질문법, 간접질문법이 있고 질문구성 양식에 따라

선택형의 구조적 질문지와 자유로이 응답할 수 있는 비구조적 질문지가 있다.

- 질문지법의 장점
    - 현장연구원이 필요 없고 응답자의 편의에 따라 응답을 완성할 수 있다.
    - 익명성이 보장되어 응답자가 안심하고 응답할 수 있다.
    - 표준화된 언어구성으로 모든 응답자에게 동일하게 적용된다.
    - 조사자의 편견을 배제할 수 있고 넓은 범위에서 쉽게 응답자에게 접근할 수 있다.
    - 시간과 비용을 절약할 수 있다.
- 질문지법의 단점
    - 질문의 요지를 설명할 수 있는 융통성이 낮고 무응답률이 높을 수 있다.
    - 비언어적 행위나 특성을 기록할 수 없으며 관심도가 낮은 질문에는 기록하지 않을 가능성이 있다.
    - 복합적인 질문지 형식을 사용할 수 없고 질문지에 대한 통제를 제대로 할 수 없다.

③ 우편조사법
- 우편조사법은 피조사자에게 발송된 질문지를 통해 자발적인 응답을 유도하고, 응답자가 질문지를 다시 조사자에게 우송하여 정보를 수집하는 방법이다.
- 우편조사법의 장점
    - 시간과 공간에 유연하게 대응할 수 있어 경제적이다.
    - 면접조사로 접근이 어려운 다양한 대상을 포함시킬 수 있다.
    - 조사자는 응답자의 외모나 편견을 상대적으로 쉽게 통제할 수 있다.
    - 응답자는 충분한 시간을 가지고 자유롭게 응답할 수 있다.
    - 응답자의 익명성이 보장되어 신중하고 솔직한 응답이 가능하다.
- 우편조사법의 단점
    - 우편 대상 주소록 작성이 시간과 노력을 요구한다.
    - 응답 내용이 모호한 경우 해명의 기회가 없으며 응답률이 낮은 것이 문제가 된다.
    - 무자격자의 응답을 통제하기 어렵고 주변 환경과 응답 시기를 통제하기 어렵다.
    - 질문은 간단하고 명확해야 한다.
    - 기입 오류나 응답 거부 가능성이 있다.
    - 융통성이 부족하며 비언어적 정보 수집이 어렵다.

④ 전화조사법
- 전화조사는 추출된 피조사자에게 전화를 걸어 질문을 읽어 주고, 응답자가 전화로

답변한 것을 조사자가 기록하여 자료를 수집하는 방법이다.

- 전화조사법의 장점
  - 적은 비용으로 단시간에 조사할 수 있어 경제적이다.
  - 전화번호부를 활용하여 비교적 쉽고 정확하게 표본을 추출할 수 있다.
  - 직접 면접이 어려운 경우나 개별면접에 비해 응답률이 높다.
  - 조사자는 응답자의 외모나 차림새 등의 편견을 용이하게 통제할 수 있다.
  - 컴퓨터에 의한 완전 자동화를 통해 효율성과 통일성을 극대화할 수 있다.
  - 현지조사가 불필요하며, 무작위 번호 통화를 통해 쉽게 표본을 추출할 수 있다.
- 전화조사법의 단점
  - 모집단이 불완전하며, 표본의 대표성에 문제가 발생할 수 있다.
  - 전화번호부의 부정확성 및 미등재 전화번호의 문제가 있다.
  - 소요시간은 짧지만 조사 분량이 제한되어 있다.
  - 응답자가 특정 주제에 대해 응답을 회피하거나 무성의하게 대답하기도 한다.
  - 전화상으로 질문을 주고받는 도중 응답자가 중간에 전화를 끊는 경우가 발생한다.
  - 응답자의 주변 상황이나 표정, 태도를 확인할 수 없으며, 보조도구 사용이 어려워 진다.

⑤ 인터넷 조사법

- 전산망 가입자들을 대상으로 전산망을 통해 직접 질문지 파일을 전송하고 응답 파일을 받는 방법이다.
- 인터넷 조사의 장점
  - 다른 방법에 비해 상대적으로 시간 및 공간적 제약이 적다.
  - 조사가 신속히 이루어지며, 양방향 소통이 가능하다.
  - 조사비용이 적게 들며, 조사대상자가 많아도 추가 비용이 발생하지 않는다.
  - 멀티미디어 자료의 활용 및 다양한 형태의 조사가 가능하다.
  - 구조화된 설문지 작성이 용이하고, 특수 계층에도 적용 가능하다.
  - 이메일 등을 통해 추가 질문을 할 수 있다.
- 인터넷 조사의 단점
  - 컴퓨터 및 인터넷 사용이 가능한 사람만을 대상으로 하므로 표본의 대표성 문제가 제기될 수 있다.
  - 컴퓨터 시스템 사용으로 고정 비용이 발생한다.

제1교시 제2과목(필수)

－응답자의 프라이버시 보호와 통신상의 예절 등에 주의가 필요하며, 응답자에 대한 통제가 쉽지 않아 응답률과 회수율이 낮게 나타날 수 있다.

⑥ 관찰법 2016년, 2021년

- 관찰법은 가장 기본적인 방법으로, 인간의 감각기관을 통해 현상을 귀납적으로 조사하는 방법이다.
- 관찰의 단계는 '관찰을 계획하는 단계 ⇨ 실제로 내담자를 관찰하는 단계 ⇨ 관찰을 기록하는 단계 ⇨ 기록내용을 분석하는 단계 ⇨ 각 내담자에 대한 분석단계'로 이루어진다.
- 관찰연구의 종류는 각 기준에 따라 다음과 같이 분류할 수 있다.
  －연구참여 여부: 연구자가 관찰 상황에 참여하는지 여부에 따라 참여관찰과 비참여 관찰로 나뉜다.
  －관찰의 통제 여부: 관찰의 통제 여부에 따라 통제관찰, 비통제관찰로 나뉜다.
  －관찰 상황의 인위적 조작 여부: 관찰이 일어나는 상황에 따라 자연적 관찰, 인위적 관찰로 나뉜다.
  －관찰 시기와 행동 발생 시기의 일치 여부: 직접 관찰은 두 시기가 일치하는 것으로 일방경을 통해 관찰하는 것을 예로 들 수 있다. 간접 관찰은 두 시기가 불일치하는 것으로 비디오 분석이 그 예이다.
  －관찰대상이나 환경의 공개 여부: 관찰하고 있다는 것을 관찰대상이 알고 있는 것은 공개적 관찰, 모르고 있는 것은 비공개적 관찰이다.
- 관찰법의 장점
  －현장에서 직접 관찰함으로써 현재의 상태를 가장 생생하게 기록할 수 있다.
  －응답과정에서 발생하는 오차를 줄일 수 있어 높은 신뢰성을 제공한다.
  －언어와 문자의 제약으로 측정하기 어려운 사실도 관찰을 통해 조사가 가능하다.
  －연구대상의 무의식적인 행동이나 인지하지 못한 문제도 관찰이 가능하다.
  －대상자가 표현능력은 있더라도 조사에 비협조적이거나 면접을 거부할 경우에도 효과적이다.
- 관찰법의 단점
  －대상자의 내면적인 특성이나 사적 문제, 과거사실에 대한 자료는 관찰을 통해 수집할 수 없다.
  －대상자가 관찰을 당하고 있다는 것을 알면 평소와 다른 행동양식을 보일 수 있다.

－조사대상의 변화양상을 포착할 수 없어 결과를 일반화하는 데 제약이 있다.

－관찰자가 선택적으로 관찰하게 되는 경우가 있어 완전한 객관성을 보장하기 어렵다.

－시간과 비용, 노력이 많이 소요되어 비효율적일 수 있다.

⑦ 문헌연구법 2013년

- 문헌연구법은 이미 공개된 연구결과나 역사적 문서를 수집하여 연구자가 다루려는 주제를 분석하는 방법을 나타낸다. 이 방법은 전체 연구가 문헌연구로 이루어질 수도 있지만, 종종 다른 연구 형태의 보조 수단으로 사용된다.

- 문헌이라 함은 글자로 기록된 것뿐만 아니라 라디오나 텔레비전, 테이프, 노래, 비디오 등도 포함된다.

- 문헌연구법의 장점
  - 시간과 공간 제약이 없으며, 시간과 비용을 절약할 수 있다.
  - 기존 연구의 동향을 파악할 수 있다.

- 문헌연구법의 단점
  - 연구자의 주관적 판단이 개입될 우려가 있다.
  - 문헌의 신뢰도 문제가 있을 때 연구에 영향을 미칠 수 있다.
  - 실험을 하지 않기 때문에 평면적이고 서술적인 연구가 될 수 있다.

⑧ 내용분석법

- 문헌연구의 유형 중 하나로, 서적, 신문, 문서 등을 중심으로 연구하는 방법이다.

- 내용분석은 인간의 상징적 기호로 표시된 의사소통 기록물의 내용적 특성을 체계적으로 기술하고, 동기, 원인, 결과, 영향을 체계적으로 추리하는 분석방법이다.

- 메시지를 분석 대상으로 하며, 현재적인 내용뿐만 아니라 잠재적인 내용도 분석 대상으로 한다.

- 객관성, 체계성, 일반성을 요구하며, 양적 및 질적 분석방법을 사용한다.

- 범주 설정 시 포괄성과 상호배타성을 확보해야 한다.

- 자료가 방대한 경우 내용분석법에서도 모집단 내에서 표본을 추출하여 분석할 수 있다.

- 내용분석법의 장점
  - 다양한 심리적 변수를 효과적으로 측정할 수 있다.
  - 가치, 요망, 태도, 창의성, 인간성 등을 분석 가능하며, 가치문제를 다루기에 유용하다.

- 다른 연구 방법과 병용이 가능하며, 실패 시 위험 부담이 적다.
- 비용과 시간이 절약된다.
- 내용분석법의 단점
  - 자료수집 상의 타당도는 확보할 수 있지만, 실제적인 타당도를 얻기 어렵다.
  - 자료의 입수가 제한되는 경우가 있고, 기록에 남아 있지 않은 것은 분석이 어렵다.

## (3) 자료수집 방법의 선택 시 고려할 사항

① 정보의 정확성: 개인적인 비밀이나 어려운 주제는 우편조사가 적합하며, 면접원의 태도나 응답자와의 관계에 영향을 받지 않고 시간적 여유를 가지고 설문을 작성할 수 있는 이점이 있다.

② 질문의 양: 응답자가 흥미를 유지하고 응답을 계속할 수 있도록 질문의 양이 적절해야 하며, 이는 질문 작성에 필요한 시간과 노력을 고려하여 결정되어야 한다.

③ 탄력성: 조사 상황에 맞게 신속하게 질문 방법, 절차, 순서, 내용을 조정할 수 있어야 한다.

④ 소요시간: 전국적 규모에서는 우편조사가 빠르지만, 전화조사, 면접조사(집단조사), 우편조사 순으로 소요시간이 증가한다.

⑤ 비용: 조사지역의 규모, 소요시간, 응답률에 따라 비용이 증가하지만, 전화조사나 우편조사보다 면접조사(집단조사)가 비용이 높을 수 있다.

⑥ 복잡성: 면접조사는 시각적인 효과와 응답자의 문제이해 정도를 확인하여 더 복잡한 정보를 수집할 수 있다.

---

### CHAPTER 03 / 상담연구의 타당도

## 1. 실험설계의 타당도 2014년, 2015년, 2016년, 2017년, 2018년, 2019년, 2020년, 2021년

### (1) 내적 타당도

① 정의: 내적 타당도는 독립변수가 분명히 종속변수에 중요한 차이를 가져왔는가 하는 인과관계의 충족 정도를 말하는 것이다. 즉, 독립변수의 종속변수에 영향을 미칠 수 있는 변량을 통제하여 종속변수의 변화가 진정으로 독립변수의 변화에 의한 것이라고 할 수 있는 정도를 말한다.

② 내적 타당도의 위험요인 2014년, 2015년, 2016년, 2017년, 2018년, 2019년, 2020년, 2021년, 2022년, 2023년

- 성숙효과(maturation effect): 시간이 경과함에 따라 연구대상 집단의 신체적, 심리적 변화나 자연적인 성장이 실험의 결과에 영향을 미치는 경우를 말한다. 시간의 경과나 자연적인 성숙효과 등이 연구설계에서 적절하게 통제될 때 연구에서 의도하는 변수들 간의 인과관계가 설명될 수 있다.

- 역사적 사건(history effect): 연구기간 동안 천재지변이나 예상치 않았던 통제 불가능한 사건이 일어나는 경우, 환경이 바뀌고 이에 따라 연구결과가 다르게 나타나는 경우를 말한다.

- 선별요인(선택요인): 두 그룹을 비교할 때 두 그룹이 실험 전 원래부터 이질적인 특성을 가지고 있어 실험 효과를 정확하게 측정하기 어려운 경우를 말한다.

- 편향된 표본선정: 편향된 표본선정으로 인해 변수들 간에 예상치 않은 관계가 나타나거나 실험집단과 통제집단 사이에 종속변수의 차이가 존재하는 경우 독립변수의 효과를 제대로 파악할 수 없다. 설계 과정에서 무선할당 방법을 사용하거나, 두 집단의 사전 차이를 파악하여 분석과정에서 통계적인 방법으로 조정하는 과정이 필요하다.

- 상실요인(mortality effect): 실험 대상의 탈락 또는 상실로 인해 남아 있는 대상이 처음의 관찰대상 집단과 다른 특성을 가지게 되어 실험 결과가 달라지는 경우이다. 그것을 배제한 상태에서 실험 전과 실험 후의 결과를 비교하는 것은 타당하지 않다.

- 반복검사요인(Re-testing effect): 검사의 친숙도. 두 번 이상의 검사를 실시하는 연구들에서 나타나는 현상으로 독립변수의 투입 여부에 관계없이 사전 검사의 경험 자체가 사후에 실시되는 검사 결과에 영향을 미칠 수 있다. 특정 프로그램의 효과를 알아보기 위해 동일한 검사를 두 번 실시하였을 경우 순수한 프로그램의 효과를 검증하기가 쉽지 않다.

- 검사도구 효과(instrument variation effect): 사전과 사후의 검사를 서로 다른 검사도구로 실시하였을 때 발생하는 문제이다. 시험효과를 줄이기 위해 사전과 사후의 검사를 다른 종류로 선택할 경우, 사전과 사후의 결과에 차이가 나타났을 때 그것이 검사도구의 차이인지 아니면 프로그램의 효과 때문인지를 구분하기 쉽지 않다.

- 통계적 회귀요인(statistical regression): 같은 현상을 여러 번 반복 측정하면 검사의 결과는 독립변수의 효과에 관계없이 평균 쪽으로 수렴하려는 회귀 성향을 가지는 특성으로 인해 결과가 달라지는 경우이다. 이러한 통계적 회귀 성향은 독립변수의

효과와 관련된 인과관계를 약화시킨다.

- 확산 혹은 모방효과(diffusion effect or imitation effect): 실험집단과 통제집단 간의 상호작용이나 모방으로 인해 의도했던 집단 간의 차이가 분명해지지 않게 되는 것을 의미한다. 이는 실험집단과 통제집단의 분리가 통제되지 않았을 경우 나타난다.
- 인과적 우선성(시간-순서): 시간-순서의 인과관계에서 독립변수와 종속변수 간의 인과관계 방향을 명확히 판단하기 어려운 상황을 말한다. 다시 말해, 독립변수가 종속변수에 영향을 미쳤는지 아니면 종속변수가 독립변수에 영향을 미쳤는지를 결정하기 어려운 경우이다.

## (2) 외적 타당도 2022년, 2023년

① 정의: 외적 타당도란 연구결과에서 도출된 인과관계가 연구대상 이외의 상황으로 일반화되거나 확장될 수 있는 정도를 나타낸다.

② 외적 타당도를 위협하는 요인

- 연구표본의 대표성 결여: 조사 대상이 모집단을 대표하지 못할 경우 일반화 가능성이 낮아진다.
- 선발과 처치의 상호작용: 대상자의 특성에 따라 실험 조건의 영향이 다르게 작용하는 경우 연구결과의 외적 타당도를 저해한다.
- 검사경험의 반응 효과: 사전 검사 경험이 결과의 일반화 가능성을 제약하는 경우이다.
- 복합적인 실험처치의 간섭: 동일 대상자를 대상으로 여러 실험처치를 할 때, 이전 실험처치 경험이 이후 처치를 받을 때까지 남아 영향을 미치는 것이다.
- 호손효과: 실험대상자가 실험의 대상이 되고 있다는 인식이 결과에 영향을 미치는 효과를 말한다.
- 존 헨리 효과: 특별한 처리를 받지 못한 통제집단의 피험자들이 행동이나 결과에 노력하여 실험집단보다 더 좋은 결과를 나타내는 효과이다.
- 연구자 효과: 실험자의 기대가 피험자에게 전달되어 구인타당도를 위협하는 것이다.
- 플라시보 효과(placebo effect): 거짓 약이 진짜 약으로 간주될 때 환자의 심리적 반응에 의해 호전되는 효과이다.
- 바닥(floor) 효과: 어떤 심리적 경향을 측정하려 할 때, 테스트 항목에 대한 피험자의 반응이 너무 낮아서 차이를 구별하기 어려울 정도로 점수가 미미한 경우를 나타낸

다. 아동들에게 성인용 IQ 테스트를 적용할 때, 테스트의 어려움에 따라 점수가 낮게 나와 차이를 확인하기 어려운 상황이 발생할 수 있다.

• 천장(ceiling) 효과: 테스트의 난이도가 너무 낮아서 테스트에 참여한 대상 모두가 매우 높은 점수를 얻는 경우를 의미한다. 이는 테스트가 대다수 참여자에게는 도전적이지 않다는 것을 나타내며, 따라서 그들의 실제 능력 차이를 확인하기 어려워진다.

③ 외적 타당도를 높이는 방법: 표본의 대표성을 높이는 방법인 무작위표집, 계획적 표집, 대표적 사례를 표본으로 선정하는 것이 있다.

> **학습 plus**
>
> **겔소(Gelso)가 제시한 4가지 연구설계와 타당도의 관계** 2016년, 2017년, 2018년, 2019년, 2020년, 2021년
>
> | 실험실 실험연구 | 내적 타당도↑, 외적 타당도↓ |
> |---|---|
> | 현장 기술(상관)연구 | 내적 타당도↓, 외적 타당도↑ |
> | 현장 실험연구 | 내적 타당도↑, 외적 타당도↑ |
> | 실험실 기술(상관)연구 | 내적 타당도↓, 외적 타당도↓ |

## 2. 통계적 결론 타당도

### (1) 정의

통계적 결론의 타당도는 주로 외적 타당도와 관련이 있으며, 연구결과가 표본에만 국한되지 않고 모집단 전체에 일반화될 수 있는 정도를 나타낸다. 통계적 결론은 주로 추론통계(통계적 추론)와 관련이 있으며, 통계적 검정에 대한 요소들은 다음과 같다.

① 표본을 통한 모집단 추정: 통계적 검정은 전체 모집단에 관한 정보를 표본 데이터를 기반으로 추정하는 과정이다.

② 영가설 설정: 통계적 검정에서는 영가설을 설정한다. 이는 검정하고자 하는 통계치가 우연에 의한 것이며 특별한 의미가 없다는 가정이다.

③ 검정 과정: 검정 과정은 영가설을 기각하거나 채택하는 것으로 진행된다. 통계적 결과가 우연이 아니라고 판단되면 영가설을 기각하고 대립가설을 채택한다.

### (2) 통계적 결론 타당도를 위협하는 요인

① 통계적 검정력의 부족: 통계적 검정력이 낮으면 영가설이 사실이 아님에도 불구하고 영가설을 기각하지 못하는 상황이 발생한다. 이는 그릇된 결론을 내릴 가능성을 높이므로 통계적 결론 타당도가 위협을 받는다.

② 통계적 가정의 위반: 통계적 가정은 분석 절차가 유효하기 위한 조건들을 의미한다. 이러한 가정들을 지나치게 위반하면 1종 오류를 증가시키고, 결과가 부정확한 결론으로 이어질 가능성이 높다.

> **학습 plus**
>
> **통계적으로 가설 검정 시 기본적인 가정 사항(common assumption)**
> - 정규성(normality): 데이터가 정규 분포를 따른다는 가정으로, 주로 회귀 분석이나 t-검정에서 사용된다. 이 가정이 위반되면 신뢰도가 감소할 수 있다.
> - 등분산성(equal variance): 데이터의 분산이 동일하다는 가정으로, 회귀 분석이나 분산분석에서 중요한 요소이다. 등분산성이 위반되면 오류의 분산이 다르게 되어 모델의 정확성이 저하될 수 있다.
> - 독립성(independence): 관측치들이 서로 독립적이다는 가정으로, 시계열 분석이나 회귀 분석에서 중요하다. 독립성이 없으면 통계적 검정 결과가 편향될 수 있다.
> - 무선 표본(random samples): 표본이 무선적이고 독립적으로 추출되었다는 가정으로, 통계 검정에서 중요한 전제 중 하나이다. 이 가정이 위반되면 결과의 왜곡이 발생할 수 있다.

③ 투망질식 검증: 투망질식 검증은 한 세트의 자료를 여러 번 검증하여 의미 있는 결과만을 뽑아내는 전략이다. 이는 오류를 증가시킬 수 있어 미리 설정된 가설에만 검증을 실시하는 것이 바람직하다.

④ 신뢰도 낮은 측정: 연구에 사용된 측정의 신뢰도가 낮으면 오차변량이 증가하고, 이는 통계적 검정력을 약화시킬 수 있다.

⑤ 신뢰롭지 못한 처치: 처치가 무작위적이지 않거나 매번 달라진다면 결과에 대한 신뢰도가 낮아진다. 이를 극복하기 위해 처치를 매뉴얼화하는 노력이 있다.

⑥ 반응의 무작위적 다양성: 실험 조건이나 상황에 따라 피험자들의 반응이 다양할 경우, 이는 오차변량을 증가시켜 통계적 결론 타당도를 위협할 수 있다.

⑦ 피험자의 무작위적 이질성: 연구참여자들이 동질하지 않을 경우, 결과에서 오차변량이 증가하고 진정한 관계를 발견하는 데 방해가 될 수 있다. 이때는 공변량 분석을 이용하여 공변량의 영향을 제거할 필요가 있다.

(3) 통계적 검정력을 높이는 방법 2016년, 2017년, 2018년, 2019년, 2020년, 2021년

① 통계적 검정력은 통계적 검정에서 대립가설이 사실일 때 해당 가설을 검정하여 유의한 결과를 얻을 확률을 나타낸다. 검정력은 또한 표본 크기, 효과 크기, 유의수준 등과 관련이 있다.

② 표본 크기의 영향: 표본 크기가 증가하면 통계적 검정력이 증가할 가능성이 있다. 큰 표본은 작은 효과도 통계적으로 유의미한 것으로 감지할 수 있기 때문이다.

③ 효과 크기의 영향: 대립가설이 사실일 때 발생하는 효과의 크기가 클수록 검정력이 증가한다. 즉, 효과 크기가 작으면 검정력이 낮아져 유의미한 결과를 찾아내기 어려워진다.

④ 유의수준의 설정: 유의수준(일반적으로 0.05 또는 0.01)이 낮을수록 검정력은 감소할 수 있다. 높은 유의수준은 더 많은 오류를 허용하지만 검정력을 높일 수 있다.

⑤ 양측검정보다는 단측검정: 가설의 방향을 미리 예측하여 단측검정을 사용하면, 검정력이 향상될 수 있다. 양측검정은 두 방향으로의 차이를 동시에 고려하기 때문에 검정력이 낮아질 수 있다.

⑥ 1종 오류의 한계를 높임: 1종 오류의 수준(알파 수준)을 높이면, 통계적으로 유의하지 않은 차이를 더 쉽게 기각하지 않도록 할 수 있다. 이로써 베타(2종 오류) 확률이 감소하여 검정력이 향상된다.

⑦ 대립가설이 참일 때 검정력 증가: 통계적 검정에서 검정력은 대립가설이 사실일 때 그 가설을 검정하여 유의한 결과를 얻을 확률이다. 따라서 대립가설이 사실이라면 검정력이 높을수록 해당 결과를 찾아낼 확률이 높아진다.

## 3. 측정도구(검사도구)의 타당도 2016년, 2017년, 2018년, 2019년, 2020년, 2021년

측정하고자 하는 개념이나 속성을 정확히, 제대로 측정하는 정도를 말한다. 측정도구인 척도가 측정하고자 하는 것을 정확히 측정할 때, 타당도를 갖는다고 말한다. 내용타당도, 준거 타당도, 개념타당도로 분류한다.

### (1) 내용타당도(논리타당도)

① 측정 도구가 측정하려는 개념이나 속성을 충분히 반영하고 있는지에 대한 정도를 나타낸다. 측정 도구의 내용이 목적과 부합하지 않으면 타당도가 낮다고 볼 수 있다.

② 학자에 따라 내용타당도와 안면 타당도를 같은 뜻으로 사용하기도 하고 구분하기도 한다.
  - 내용타당도(content validity): 검사를 구성하는 문항들이 관심 대상 영역의 대표적인 요소들로 구성되어 있느냐 하는 것이며, 해당 영역의 전문가들에 의해 검증받게 된다.
  - 안면 타당도(face validity): 검사 문항을 전문가가 아닌 수검자, 즉 일반인들이 읽고 타당성을 검증하는 낮은 수준의 타당도이다.

③ 상대적으로 적용이 쉽고 시간 절약에 유리하지만 전문가의 주관적인 편견이나 오류

가능성을 배제하기 어렵다.

④ 객관적인 검정력이 떨어지지만, 타당도를 측정하는 가장 기본적인 방법으로 널리 사용된다.

### (2) 준거 타당도(기준타당도, 경험적 타당도) 2023년

① 준거 타당도(criterion validity)의 결과는 이미 이론적으로 타당한 것으로 밝혀진 외부적 기준, 즉 기준이 되는 측정도구의 측정값과의 통계적 상관(관련성의 정도)에 의해 수치화된다.

② 내용타당도에 비해 객관적이며, 비교 기준을 사용하여 측정 결과와의 상관성을 평가하는 것이다.

③ 비교 기준의 타당성을 확인해야 하며, 결과는 외부적 기준인 기존 측정도구의 측정값과의 통계적 상관관계로 수치화된다.

④ 준거 타당도에는 동시 타당도와 예언 타당도가 있다.

- 동시 타당도(concurrent validity, 공존 타당도, 일치적 타당도, 공인 타당도): 현재 내용을 기준으로 측정 도구의 유용성을 평가한다. 현재 존재하고 있는 신뢰할 만한 측정도구와 비교하여 나타낸다.
- 예언 타당도(predictive validity, 예측 타당도): 현재 측정도구로 측정된 결과가 미래에 측정될 결과를 예측하는 데 얼마나 효과적인지를 평가한다.

### (3) 개념 타당도(구성타당도, 구인타당도) 2021년

① 개념 타당도는 특정 검사 도구가 측정하고자 하는 개념이나 이론을 정확하게 반영하고 있는 정도를 나타내는 타당도의 지표이다. 이는 검사 도구가 가정하는 인간의 특정 행동 특성이나 능력, 즉 개념을 얼마나 정확하게 측정하는지를 평가하는 데 사용된다.

② 개념 타당도를 평가하기 위한 주요 방법으로는 집단 간 차이 비교, 요인 분석, 측정검사의 내부 구조 연구, 검사 과정의 분석, 타 검사와의 상관 분석 등이 있다.

- 이해타당도(monological validity): 특정 개념에 대한 개념들 간의 관계가 체계적인지를 나타낸다. 측정에 사용된 개념과 실제 조사된 개념들 간의 관계 측면에서의 타당성을 나타낸다.
- 판별타당도(discriminant validity): 측정도구가 서로 다른 개념을 구별하는 데 얼마나 효과적인지를 나타낸다.

- 수렴타당도(convergent validity): 동일한 개념에 대해 여러 측정 도구를 사용했을 때, 그 결과가 서로 일치하는 정도를 측정한다.

---

**학습 plus**

**개념 타당도를 위협하는 요인**

- 조작화의 결여: 구인은 추상적인 차원에서 구체적인 차원으로 조작화(operationalize)되어야 한다. 그렇지 못할 경우 구인타당도가 떨어진다.
- 단일조작적 편향: 독립변수나 종속변수를 단일조작하면 특정 상황을 고려하지 못하고, 이는 구인타당도를 위협할 수 있다.
- 단일 측정 방법 사용: 독립변수와 종속변수를 다른 측정 방법으로 측정하지 않으면 측정에서 문제가 발생하고, 이는 구인타당도를 위협한다.
- 가설 추측: 피험자가 가설을 추측하면 의도와 다르게 반응할 수 있어 구인타당도가 위협된다.
- 평가 인식: 평가를 인식하면 자기를 왜곡시켜 구인타당도를 위협할 수 있다.
- 실험자의 기대: 실험자의 기대가 전달되면 구인타당도가 위협될 수 있다.
- 변수 수준 부족: 변수의 일부 수준만을 고려하면 결과가 왜곡되고, 이는 구인타당도를 위협한다.
- 처치들 간의 상호작용: 두 개 이상의 처치가 있을 경우 결과를 해석하기 어려워져 구인타당도가 위협된다.
- 검사와 처치 간의 상호작용: 사전 검사 결과에 따라 처치에 대한 반응이 변할 경우 구인타당도가 위협된다. 검사와 처치 간의 상호작용의 문제를 극복하기 위해서 고안된 실험설계법은 솔로몬 4집단설계이다.
- 중요한 구인 부족(구인 간 일반화의 제한): 일부 구인을 고려하지 않으면 구인타당도가 위협된다.

---

## 4. 측정도구(검사도구)의 신뢰도 2016년, 2017년, 2018년, 2019년, 2020년, 2021년, 2022년, 2023년

동일 대상자, 동일한 도구의 조건으로 측정을 반복할 경우에 동일한 결과를 얻을 수 있는 정도를 말한다. '측정이 신뢰도가 있다'라는 것은 안정성, 예측 가능성, 일관성을 갖는다는 것이다.

**(1) 검사-재검사 신뢰도(test-retest method)**

① 동일한 측정도구를 이용해 동일한 대상에게 시간 간격을 두고 반복 측정하여 신뢰도를 평가하는 방법이다.

② 측정도구를 직접 비교할 수 있는 장점이 있지만, 두 검사 사이의 외생변수와 학습효과, 기억력 등의 속성이 작용해 신뢰성을 측정하는 데 한계가 있다.

**(2) 반분신뢰도(split-half method)**

① 측정도구를 임의로 반으로 나눈 후, 각각을 독립된 척도로 취급하여 이들의 측정 결과를 서로 비교하는 방법이다.

② 측정시간이 다를 때의 시간 간격으로 인한 외생변수의 영향을 배제할 수 있으며, 학습 효과와 같은 검사효과도 배제할 수 있다.

③ 반분된 두 검사에서 얻은 신뢰도 계수는 반분된 검사의 신뢰도일 뿐이므로 전체 검사 의 신뢰도를 추정하기 위해 스피어만−브라운 교정공식을 사용해야 한다.

④ 항목을 구분하는 방식에 따라 신뢰도 계수 추정치가 달라질 수 있다.

## (3) 동형 검사 신뢰도

① 유사한 형태의 둘 이상의 측정도구를 사용하여 동일한 표본에 적용한 결과를 서로 비 교하여 신뢰도를 측정하는 방법이다.

② 복수양식법 또는 평행양식법이라고도 한다.

③ 단점: 동등한 두 개의 측정도구를 만들기 어렵고 첫 번째 측정이 두 번째 측정에 미치 는 영향을 완전히 배제할 수 없다.

## (4) 조사자 간 신뢰도

① 두 명 이상의 조사자 또는 평가자가 참여할 경우, 이들 간의 평가 점수가 일치해야 해 당 측정 도구의 신뢰도가 있다는 것을 나타낸다.

② 상호관찰자 기법이라고도 한다.

## (5) 내적 일관성 척도 2021년. 2023년

① 반분 검사로 신뢰도 계수를 단일하게 계산하는 것이 어려운 경우, 가능한 모든 반분신 뢰도를 구한 후 그 평균값을 신뢰도로 추정하는 방법이다.

② 크론바흐 알파계수(Cronbach's $\alpha$), KR−20, KR−21, 호이트(Hoyt) 신뢰도 등이 있다.

③ 가장 많이 쓰이는 것은 크론바흐 알파계수(Cronbach's $\alpha$)이다. 크론바흐 알파계수 (Cronbach's $\alpha$)는 이분문항뿐 아니라 연속적으로 점수가 부여되는 문항들의 신뢰도 추 정이 가능하며, 신뢰도 계산 공식의 유도 과정과 개념이 간단하기 때문에 흔히 사용 된다.

④ 동일한 자료라도 크론바흐 알파계수(Cronbach's $\alpha$), KR−20, KR−21, 호이트 신뢰도의 값은 다를 수 있다.

⑤ 크론바흐 알파계수(Cronbach's $\alpha$) 2019년. 2021년

• 문항 상호 간에 어느 정도 일관성을 가지는가를 측정한다.

• 문항 내적 일관성(internal consistency) 신뢰도를 평가하는 방법 중 가장 널리 사용된다.

- 크론바흐 알파 계수(Cronbach's $\alpha$)의 값은 '0~1' 사이의 값을 가지며, 값이 클수록 신뢰도가 높고, 1에 가까울수록 측정의 신뢰도가 높은 것으로 해석한다. 0.6 이상 (엄격하게는 0.7 이상)이면 대체로 측정의 신뢰도가 높다고 본다.
- 신뢰도가 낮은 경우 크론바흐 알파계수(Cronbach's $\alpha$)를 사용하여, 신뢰도를 저해하는 문항을 찾아내어 제거할 수 있다.
- 개별 문항들의 분산을 활용하여 구할 수 있다.
- 전체 문항 간 상관계수들의 평균값이 클수록, 문항 수가 증가할수록 크론바흐 알파 계수(Cronbach's $\alpha$) 값이 증가하는 경향이 있다.

> **학습 plus**
>
> **크론바흐 알파계수(Cronbach's $\alpha$) 구하는 공식 2022년**
>
> - 상관계수를 알 때: 문항 개수와 상관계수 평균을 이용하여 계산한다.
>
> $$\text{Cronbach's } \alpha = \frac{k \times r}{1 + (k-r) \times r}$$
>
> ($k$: 측정 문항의 수, $r$: 문항의 상관계수 평균)
>
> - 상관계수를 모를 때: 문항 개별분산과 문항 총점 분산을 이용하여 계산한다.
>
> $$\text{Cronbach's } \alpha = \frac{k}{k-1} \times \left(1 - \frac{\sigma_i^2}{\sigma_t^2}\right)$$
>
> ($k$: 측정 문항의 수, $\sigma_i^2$: 개별 항목의 분산, $\sigma_t^2$: 전체 항목의 총분산)

⑥ KR-20(Kuder-Richardson 20): KR-20은 이분채점문항에서 사용되며, 사지선다형 문항에서는 정답을 맞춘 경우에 1점, 틀린 경우에 0점을 할당하여 신뢰도를 추정하는 방법이다.

⑦ KR-21(Kuder-Richardson 21): KR-21은 문항의 점수가 리커트 척도와 같이 1, 2, 3, 4, 5점과 같을 때 검사의 신뢰도를 추정하는 방법이다.

⑧ 호이트(Hoyt) 신뢰도: 호이트(Hoyt) 신뢰도는 문항의 채점이 정오에 따라 1과 0으로 주어지는 검사에서 KR-20과 일치하며, 여러 가지 부분 점수를 주는 경우에도 적용될 수 있다.

## 5. 타당도와 신뢰도의 관계

### (1) 타당도와 신뢰도 관계

① 타당도와 신뢰도는 비대칭적인 관계이다.

② 타당도가 높다고 해서 반드시 신뢰도가 높은 것은 아니다.

③ 타당도가 낮다고 해서 반드시 신뢰도가 낮은 것은 아니다.

④ 타당도가 없어도 신뢰도를 가질 수 있다.

⑤ 타당도는 신뢰도의 충분조건이고, 신뢰도는 타당도의 필요조건이다.

⑥ 타당도가 있으면 반드시 신뢰도가 있다.

## (2) 타당도를 높이는 방법 2016년, 2017년, 2018년, 2019년, 2020년, 2021년

① 명료한 정의: 측정대상(구성개념/변수)을 명확하게 정의한다.

② 현상에 대한 충분한 이해: 측정대상의 배경 현상에 대해 충분한 이해를 갖는다.

③ 인정받은 측정도구 사용: 기존 관련 연구에서 타당성을 인정받은 측정도구(방법)를 사용한다.

④ 상호 상관관계 낮은 문항 제거: 측정대상과 이를 측정하는 문항들 간의 상관관계가 낮은 문항을 제거한다.

## (3) 신뢰도를 높이는 방법 2016년, 2017년, 2018년, 2019년, 2020년, 2021년

① 다양한 측정 항목과 중복 질문 사용: 응답 일관성을 높이기 위해 다양한 항목 도입과 중복 질문을 활용한다.

② 일관된 면접 방식과 태도 유지: 면접자들 간에 일관된 방식과 태도를 유지하여 응답의 일관성을 유도한다.

③ 모호성 제거: 명확한 언어 사용과 애매모호한 문구를 피함으로써 측정 도구 모호성을 제거한다.

④ 기존의 검증된 측정 도구 사용: 이미 검증된 도구 활용과 변별도가 높은 문항을 추가한다.

⑤ 피험자의 흥미 유도: 검사에 대한 흥미 유도 및 선택 동기를 높인다.

⑥ 능력 범위 및 개인차 고려: 집단의 능력 범위를 고려하고 개인차를 유지한다.

⑦ 적절한 난이도의 문항 사용: 적절한 난이도와 충분한 검사 시간 제공으로 효율적인 응답을 유도한다.

⑧ 동질적인 문항 구성 및 검사 내용 조절: 문항 간 동질성 유지와 검사 내용을 적절하게 구성하여 정확한 결과를 얻는다.

## (4) 측정도구를 선택할 때 고려해야 할 사항

① 타당도 고려 사항: 선택한 도구가 측정하고자 하는 성격 특성과 외부적인 행동 지표 등의 관련성, 준거와의 상관을 확인하여 타당도를 평가한다. 예를 들어, 성격 특성이 사

교성일 때, 도구의 측정 결과와 실험실에서의 사회적 행동 간의 상관성을 검토하여 타당성을 판단한다.

② 신뢰도 고려 사항: 도구 내 문항 간 일관성을 측정하는 문항 내적 합치도를 고려하여, 도구가 오차 없이 성격 특성을 정확하게 측정하는 정도를 평가한다.

③ 민감성 및 반응성 고려 사항: 도구가 실험연구에서 특성 조작 후의 변화를 민감하게 측정하고, 시간 경과에 따른 안정성을 가지는지 확인하여 도구의 민감성과 반응성을 평가한다. 예를 들어, 특정 중재 이후의 변화를 성격 특성 측정으로 잘 포착하는지 확인한다.

④ 시간 경과에 따른 안정성(신뢰도 측면): 동일한 성격 특성 검사를 동일한 대상에게 특정 시간 간격을 두고 두 번에 걸쳐 실시했을 때, 두 차례 시험에서 일은 점수가 얼마나 일치하는지를 나타낸다. 이것은 도구의 시간 경과에 따른 일관성과 안정성을 측정하여 도구의 신뢰도를 평가하는 중요한 측면이다.

### (5) 측정의 오류 2016년, 2017년, 2018년, 2019년, 2020년, 2021년

측정의 오류는 측정과정에서 발생하는 오류로, 체계적 오류와 비체계적 오류로 구분된다.

① 체계적 오류

- 변수에 일정하게 또는 체계적으로 영향을 주어 편향되고 왜곡되는 측정 결과를 일으키는 오류로, 체계적으로 발생하므로 원인을 파악하여 제거할 수 있다.
- 무작위 응답: 질문내용과 상관없이 앞의 대답과 유사한 대답을 하는 오류가 있다.
- 바람직한 편향: 사회에서 바람직하다고 간주되는 것을 답으로 선택하는 현상이다.
- 연쇄오류: 후광효과에 의한 오류로 한 측면에 높은 점수를 주면 전체적으로 높은 점수를 주게 되는 경향의 오류이다.
- 그 외에도 중앙화 경향오류, 관대화 오류, 엄격화 오류, 대조오류 등이 있다.

② 비체계적 오류(무작위적 오류)

- 우연히 발생하며 일관성 없이 나타나서 원인을 알 수 없는 경우가 많고 제거하기 쉽지 않다.
- 측정자에 의한 오류: 측정자의 건강상태나 주관적인 감정상태에 의해 측정 결과에 영향을 미치는 오류가 포함된다.
- 응답자에 의한 오류: 응답자의 피로, 긴장 상태가 측정 결과에 영향을 미치는 오류가 발생할 수 있다.

- 측정상황에 의한 오류: 측정 시간이나 장소, 분위기에서 기인하는 오류로, 이러한 외부적인 환경 요소가 측정 결과에 영향을 미칠 수 있다.
- 측정도구에 의한 오류: 측정도구에 의한 오류는 측정도구의 특성이나 응답자의 경험에 따른 오류로 발생한다. 측정도구 사용 시 적응이나 사전 교육이 영향을 미칠 수 있다.

## CHAPTER 04 / 실험설계

# 1. 실험연구의 개관

### (1) 실험설계의 기본절차

① 대상 선정: 연구대상을 선정하고 연구의 목적과 관련된 대상을 정의한다.

② 실험 환경 선정: 실험에 필요한 환경을 선정하며, 실험실, 도구 등을 준비한다.

③ 무작위 표집: 연구대상을 무작위로 표본추출하여 연구대상을 대표하는 표본을 얻는다.

④ 무작위 할당: 추출된 표본을 무작위로 실험집단과 통제집단으로 할당한다.

⑤ 사전 검사: 실험 전에 종속변수에 대한 사전 검사를 수행하여 기존의 상태를 확인한다.

⑥ 실험 조치: 통제집단을 그대로 놓은 채 실험집단에 대해 실험 조치를 시행한다.

⑦ 사후 검사: 실험집단과 통제집단에 대한 종속변수의 사후 검사를 수행하여 실험의 영향을 평가한다.

⑧ 비교 및 검증: 사전과 사후 검사 결과를 비교하고 의미 있는 변화가 있는지를 평가하며, 실험의 효과를 검증한다.

### (2) 실험설계의 원리

① 조사문제의 해답 제공: 실험설계의 주요 원리 중 하나로, 조사 질문에 대한 해답을 제공하거나 가설을 적절히 검증할 수 있도록 설계되어야 한다.

② 분산의 통제: 실험설계는 자료수집 및 분석에서 타당도를 확보하기 위해 분산을 적절히 통제해야 한다. 이를 위해 다음의 기본 원리를 확보해야 한다.

- 실험변수의 극대화: 실험변수의 극대화는 실험변수의 차이를 크게 함으로써 효과를 얻을 수 있으며, 종속변수의 총분산에서 독립변수의 효과를 구별할 수 있도록 실험변수의 차이를 크게 해야 한다.

- 가외변수의 통제
  - 조사목적 이외 변수의 영향을 최소화하고 고립화하는 것이 중요하며, 이를 위해 가외변수의 고정, 실험변수화, 무작위 추출 등의 방법을 사용한다.
  - 가외변수(외생변수)의 통제는 조사목적 이외 변수의 영향을 최소화·무효화·고립화하는 것이다.
  - 가외변수에는 표본의 편중, 시험효과, 모방효과 등이 있다.
- 오차분산의 최소화
  - 오차분산은 우연히 측정 과정에서 생기는 변동 또는 변화를 말하며, 총분산 중 체계적인 분산을 제외한 것이다.
  - 오차분산을 최소화하는 방법으로는 통제된 조건을 통한 측정오차의 감소 또는 측정의 신뢰도 증가 등이 있다.

## (3) 실험설계의 조건 2016년, 2017년, 2018년, 2019년, 2020년, 2021년

① 실험 대상의 무작위화: 실험 대상을 무작위로 선택하거나 무작위로 실험 조건을 할당하여 실험 그룹 간의 편향을 최소화한다.

② 독립변수의 조작: 실험 대상에게 적용되는 독립변수의 종류 및 강도 등을 조절하고, 독립변수의 변화가 종속변수에 미치는 영향을 관찰한다.

③ 외생변수의 통제: 종속변수에 영향을 미칠 수 있는 독립변수와 종속변수 이외의 변수의 영향을 제거하여 실험 결과를 정확히 해석한다.

④ 종속변수 값 간의 비교: 실험 조치를 받은 집단과 받지 않은 집단 간의 종속변수를 비교하거나, 실험 전과 후의 종속변수를 특정 집단에서 비교한다.

## (4) 실험설계의 구성요소

① 비교(comparison)

- 실험설계에서 비교는 주로 실험집단과 통제집단 간 또는 실험 전후의 상황을 비교하는 것, 즉 실험 여부와 관련한 종속변수의 변화를 비교하는 것을 의미한다.
- 두 변수 사이에 유의미한 차이가 있는지 확인하고, 실험효과를 평가하는 단계이다.

② 실험변수의 조작(manipulation)

- 실험에서 인과관계를 입증하기 위해 실험자가 의도적으로 독립변수를 조작하는 것이 필요하다.

- 실험자는 특정 시기에 실험변수를 도입하거나, 일부 집단에만 적용하여 인과관계를 확인한다.

③ 무작위 할당(random assignment)

- 무작위 할당은 실험집단과 통제집단 간의 동질성을 확보하기 위해 중요하다.
- 무작위 할당은 외생변수의 영향을 줄이고 실험의 내적 타당도를 향상시킨다.

## 2. 실험설계의 유형 2016년, 2017년, 2018년, 2019년, 2020년, 2021년, 2022년, 2023년

### (1) 전실험 설계

① 전실험 설계는 무작위 할당 없이 비교집단 동질성이 없고 독립변수의 조작에 따른 관찰이 제한된 경우에 사용되는 설계이다.

② 인과적 추론이 어렵고 내적 · 외적 타당도를 통제하기 어렵다.

③ 단일사례연구, 단일집단 사전사후 검사설계, 정태적 집단비교설계 등이 있다.

- 단일사례연구(one-shot case study)
  - 단일사례연구는 한 가지 실험조치를 단일 사례나 단일집단에 적용하고, 결과를 평가하는 방법으로 탐색적 목적에 유용하다.
  - 분석 결과를 일반화하거나 변수를 통제하기 어려워 비교 관찰이나 가설 검증에 한계가 있다. 비교의 준거점이 전혀 없다.

| 단일사례연구 |
| --- |
| X        $O_1$ (실험집단) |

- 단일집단 사전사후 검사설계(one-group pretest-posttest design)
  - 단일집단 사전사후 검사설계는 조사대상에 대해 사전 검사를 실시한 후 독립변수를 도입하고, 이후 사후 검사를 통해 인과관계를 추정하는 방법이다.
  - 실험조치의 전후에 나타난 일정 기간의 측정상 차이를 실험에 의한 영향으로 단정하기 어렵다. 내적 타당도를 확보하기 어렵다.
  - 외생변수로 역사요인이나 성숙요인 등을 통제하기 어렵다.
  - 대응표본 t검정이 효과 검증을 위해 가장 적합한 통계 분석방법으로 사용될 수 있다.

---

**단일집단 사전사후 검사설계**

$$O_1 \quad X \quad O_2 \text{ (실험집단)}$$

$$E = O_2 - O_1$$

- O: 사전 검사 또는 사후 검사의 관찰, 종속변수 측정
- X: 실험 대상에 대한 처치가 부여된 것을 의미, 개입, 독립변수
- E: 실험조치의 효과

---

- 정태적 집단비교설계(static group comparison)
  - 정태적 집단비교설계는 실험집단과 통제집단을 임의로 선정한 후 실험집단에는 실험조치를 가하는 반면, 통제집단에는 이를 가하지 않은 상태로 결과를 비교하는 방법이다.
  - 통제집단 후 비교설계에서는 무작위 할당이 제외된 형태로, 무작위 할당에 의한 동등화가 이루어지지 않아 그룹 선택의 편파가 발생하며, 두 집단 간의 교류를 통제하지 못하므로 모방 효과가 발생한다.

---

**정태적 집단비교설계**

$$X \quad O_1 \text{ (실험집단)}$$
$$O_2 \text{ (통제집단)}$$
$$E = O_2 - O_1$$

---

(2) **진실험 설계**(순수실험설계) **2020년. 2021년. 2023년**

① 순수실험설계(진실험 설계)는 실험 대상의 무작위화, 실험변수의 조작, 외생변수의 통제 등 실험적 조건을 갖춘 설계이다.

② 이 설계는 내적 타당도를 최대한 향상시키기 위해 내적 타당도를 저해하는 요인들을 효과적으로 통제하는 특징이 있다.

③ 주요한 순수실험설계 유형으로는 사전사후 검사 통제집단 설계, 사후 검사 통제집단 설계, 솔로몬 4집단 설계, 요인설계 등이 있다.

- 사전사후 검사 통제집단 설계(pretest-posttest control group design)
  - 무작위 할당을 통해 실험집단과 통제집단을 나눈 뒤, 실험집단에는 독립변수를 조작하고, 통제집단에는 아무런 조작 없이 두 집단 간의 차이를 비교하는 방법이다.

- 실험집단과 통제집단은 모두 사전-사후 검사를 받는다.
- 사전 검사를 통해 개입 전 종속변수를 측정하고, 이를 공변량으로 활용하여 개인 간의 오차 변량을 조정할 수 있다.
- 사전 검사를 활용하여 연구참여 지원자의 참여 여부를 결정할 수 있다.
- 두 집단의 동질성을 확보하며 외생변수를 통제할 수 있다.
- 내적 타당도는 높지만, 외적 타당도는 낮다.

---

**사전사후 검사 통제집단 설계**

$$R \quad O_1 \ X \ O_2 \ (\text{실험집단})$$
$$R \quad O_3 \quad \ O_4 \ (\text{통제집단})$$
$$E = (O_2 - O_1) - (O_4 - O_3)$$

- R: 무작위 할당에 의한 통제집단과 실험집단 설정
- O: 사전 검사 또는 사후 검사의 관찰, 종속변수 측정
- X: 실험 대상에 대한 처치가 부여된 것을 의미, 개입, 독립변수
- E: 실험조치의 효과

---

- 사후 검사 통제집단 설계(posttest control group design)
  - 실험대상자를 무작위로 할당하고 사전 검사 없이 실험집단에는 조작을 가하고 통제집단에는 아무런 조작을 가하지 않은 채 결과를 서로 비교하는 방법은 사전사후 검사 통제집단 설계의 단점을 보완한다.
  - 이 방법은 사전 검사의 영향을 제거하고, 간단하며 비용이 적게 소요된다는 장점이 있다.
  - 그러나 종속변수의 측정 결과를 독립변수의 조작에 의한 결과로만 단정할 수 없다.
  - 또한 사전 검사를 하지 않아 실험집단과 통제집단의 동질성을 확신할 수 없다는 한계가 있다.

---

**사후 검사 통제집단 설계**

$$R \ X \ O_1 \ (\text{실험집단})$$
$$R \quad \ O_2 \ (\text{통제집단})$$
$$E = (O_1 - O_2)$$

---

- 솔로몬 4집단 설계(solomon four group design)
  - 솔로몬 4집단 설계는 연구대상을 4개의 집단으로 무작위 할당한 혼합설계로, 사전사후 검사 통제집단 설계와 사후 검사 통제집단 설계를 결합한 방법이다.
  - 두 개의 집단 중 하나에는 사전 검사를 실시하고, 다른 하나에는 사전 검사를 하

지 않은 채 실험조치를 적용하여 실험집단을 형성하며, 나머지 두 집단은 실험조
치를 하지 않아 통제집단으로 구성된다.

- 이 설계는 사전 검사의 영향 제거로 내적 타당도를 높이는 동시에, 사전 검사와
실험처치의 상호작용 영향을 배제하여 외적 타당도를 높일 수 있는 특징이 있다.
- 실험집단과 통제집단의 선정 및 관리가 어렵고 비경제적인 측면이 있다.

---

**솔로몬 4집단 설계**

$$R \quad O_1 \quad X \quad O_2 \ (\text{실험집단})$$
$$R \quad O_3 \quad\quad O_4 \ (\text{통제집단})$$
$$R \quad\quad X \quad O_5 \ (\text{실험집단})$$
$$R \quad\quad\quad O_6 \ (\text{통제집단})$$

---

- 요인설계(factorial design)
  - 요인설계는 둘 이상의 독립변수가 있는 경우에 사용되는 실험설계 방법이다.
  - 실험집단과 통제집단을 설정한 후 각각의 독립변수와 종속변수 간의 인과관계를
  검증한다.
  - 각 독립변수가 종속변수에 미치는 영향뿐만 아니라 독립변수 간의 상호작용으로
  인한 효과도 분석할 수 있다.
  - 결과의 일반화가 높아져 외적 타당도가 높고 독립변수들의 상호작용의 영향을 알
  수 있다.
  - 그러나 독립변수의 수가 많을수록 시간과 비용 측면에서 비경제적이다.
  - 요인설계에는 요인의 개수와 설계 방법에 따라 완전무선화요인설계, 무선요인설
  계, 혼합요인설계, 무선구획설계, 2요인 교차설계, 2요인 배속설계 등이 있다.

> **학습 plus**
>
> • 주효과(main effect): 연구설계에 포함된 다른 모든 독립변인의 수준을 고려, 관심 있는 독립변인이 종속 변인에 미치는 효과를 말한다.
> • 상호작용효과(interaction effect): 한 독립변인의 수준에 따라 달라지는 다른 독립변인의 조건적인(conditional) 효과를 말한다.

**(3) 준실험 설계(유사실험설계)** 2016년, 2017년, 2018년, 2019년, 2020년, 2021년

① 준실험 설계는 실험집단이나 통제집단이 무작위적으로 배치되지 않는 실험설계를 말
한다.

② 실험적 조건 중 무작위 할당, 독립변수의 조작, 통제집단, 사전-사후 검사 중 한두 가

지가 결여된 설계유형이다.

③ 무작위 할당으로 실험집단과 통제집단을 동등하게 할 수 없는 경우, 실험집단과 유사한 비교집단을 구성한다.

④ 내적 타당도가 상대적으로 낮지만, 실제 실험설계에서의 인위적인 통제의 어려움을 고려하여 더 많이 적용된다.

⑤ 비동일 통제집단 설계, 단순 시계열 설계, 복수 시계열 설계, 회귀불연속설계 등이 있다.

- 비동일 통제집단 설계(nonequivalent control group design)
  - 실험집단과 통제집단이 무작위로 선택되지 않는다.
  - 임의적 선택 후 사전사후 검사를 통해 종속변수의 변화를 비교한다.
  - 임의적 선택으로 인한 편파성으로 인해 결과의 모방이 어려울 수 있다.

| 비동일 통제집단 설계 |
| --- |
| $O_1$   X   $O_2$ (실험집단) |
| $O_3$        $O_4$ (통제집단) |

- 단순 시계열 설계(simple time-series design)
  - 실험 전후로 주기적으로 종속변수를 측정한다.
  - 통제집단이 없어 실험 조치와 다른 변화 원인을 확인하기 어렵다.
  - 실험조치 이전 또는 이후의 기간 동안 영향을 미치는 사건을 확인할 필요가 있다.

| 단순 시계열 설계 |
| --- |
| $O_1$  $O_2$  $O_3$  $O_4$  X  $O_5$  $O_6$  $O_7$  $O_8$ |
| $D_1$(실험조치 사전의 경향)$=O_1 + O_2 + O_3 + O_4$ |
| $D_2$(실험조치 사후의 경향)$=O_5 + O_6 + O_7 + O_8$ |

- 복수 시계열 설계
  - 단순 시계열 설계에 하나 이상의 통제집단을 추가한 것이다.
  - 실험집단과 통제집단이 비슷한 특성을 가진 두 집단으로 선택되어, 실험집단은 실험조치 이전과 이후에 여러 번 관찰되면서 통제집단은 실험조치를 하지 않은 채 실험집단의 측정 시기에 따라 변화 상태를 계속해서 비교한다.
  - 실험집단과 통제집단의 동시 발생으로 인해 내적 타당도가 향상될 수 있으나, 무작위 할당이 아니므로 이질성이 발생할 수 있다.

복수시계열 설계

| | |
|---|---|
| 실험집단 | $O_1$ $O_2$ $O_3$ $O_4$ X $O_5$ $O_6$ $O_7$ $O_8$ |
| 통제집단 | $O_9$ $O_{10}$ $O_{11}$ $O_{12}$ $O_{13}$ $O_{14}$ $O_{15}$ $O_{16}$ |

$D_1$(실험집단의 사전사후 경향비교) $= [O_5 + O_6 + O_7 + O_8] - [O_1 + O_2 + O_3 + O_4]$
$D_2$(통제집단의 사전사후 경향비교) $= [O_{13} + O_{14} + O_{15} + O_{16}] - [O_9 + O_{10} + O_{11} + O_{12}]$
실험조치 효과 $= D_1 - D_2$

제1교시
제2과목(필수)

- 회귀불연속설계(regression discontinuity design)
  - 실험집단, 통제집단에 대한 회귀분석을 통해 효과를 측정하는 방법이다.
  - 각 집단에 대상을 배정할 때 분명한 기준을 적용하는 방법이다.
  - 정책평가에서 활용되며, 동시 발생하는 역사요인과 성장요인에 대한 통제가 가능하다.
  - 그러나 도구요인 및 실험 대상 탈락으로 내적 타당도가 감소할 가능성이 있다.

(4) 비실험 설계 2016년, 2017년, 2018년, 2019년, 2020년, 2021년

① 독립변수의 조작이 어려워 실험적인 연구를 실행할 수 없는 상황에서 사용하는 설계 유형이다.

② 자연적인 상황에서 발생하는 공동 변화와 그 순서를 관찰하여 인과적 과정을 추론한다.

③ 주로 순수실험설계가 부적절한 사회과학 분야에서 널리 사용되지만, 독립변수를 조작할 수 없고 해석 오류의 가능성이 있다.

④ 횡단적 연구설계와 종단적 연구설계 등이 있다.

- 횡단적 연구설계
  - 횡단적 연구설계는 한 시점에 대한 조사를 기반으로 하는데, 이는 일원 설계와 상관관계 설계를 포함한다.
  - 일원 설계: 특정 사건이나 현상에 대한 단 한 번의 조사를 통해 개개변수의 값의 빈도를 파악하는 방법이다.
  - 상관관계 설계(교차분석적 설계): 독립변수 또는 종속변수로 간주할 수 있는 각각의 변수에 해당 속성을 부여하여, 이를 분류하거나 교차함으로써 통계적 기법을 통해 상관관계를 추정하는 방법이다.
  - 이는 같은 시기에 서로 다른 여러 연령집단을 대상으로 하여 발달특성에 대한 자료를 수집하고, 연령집단 간의 비교를 통해 발달적 차이 및 비교를 진행하는 방법이다.

- 종단적 연구설계
  - 종단적 연구설계는 여러 시점에 걸친 조사를 기반으로 한 설계로, 횡단적 연구설계와는 다르다. 경향연구설계, 패널연구설계, 동년배집단 연구설계 등이 있다.
  - 경향연구설계: 일정 기간에 걸쳐 반복적으로 동일 연구대상에 대한 자료를 수집하여 변화 및 경향을 연구하는 설계이다.
  - 패널연구설계: 동일한 개체 또는 집단에 대한 자료를 일정 기간 동안 반복하여 수집하는 설계로, 개체 또는 집단의 변화를 연구한다.
  - 동년배집단 연구설계: 동일한 연도에 출생한 다양한 개체들을 연구하는 설계로, 동일 연도의 출생자들을 여러 시점에서 조사하여 변화를 관찰한다.
  - 종단적 연구설계는 여러 시점에서의 자료 수집을 통해 개체 또는 집단의 변화를 측정하고, 환경적 변인들 간의 상관을 분석할 수 있다.

## 3. 단일사례연구설계

(1) 단일사례연구설계(single-case research design)의 개요 2016년. 2017년. 2018년. 2019년. 2020년. 2021년. 2022년

① 하나의 단일표본: 한 개인 또는 집단을 상대로 연구대상 내 차이를 분석하여 처치효과를 추정한다.

② 경험적 절차: 표적행동에 대한 연구자의 의도적 개입의 효과를 관찰하기 위해 개입 전, 개입 과정, 개입 후에 걸쳐 반복적으로 측정하는 경험적 절차이다.

③ 반복 측정: 측정과 관련된 내적 타당도에 대한 위협을 통제하기 위해 반복 측정한다.

④ 개입방법 수정 가능: 개입 도중의 효과 측정을 통해 효과가 없는 개입을 수정, 효과적인 방안을 강구할 수 있다. 즉, 연구를 진행하면서 연구설계나 연구절차도 융통성 있게 수정할 수 있다.

⑤ 효과검증: 시각적 검증, 통계적 검증, 임상적 검증이 있다.

⑥ 과정: 문제의 확인 및 정의 → 개입목표와 표적행동의 설정 → 조사 설계 → 조사 실시(자료수집) → 개입의 평가(효과검증)

⑦ 종류: AB설계, ABA설계, ABAB설계, BAB설계, ABCD설계(복수요소설계), 다중기저선설계 등이 있다.

> **학습 plus**
>
> **집단 실험설계 vs 단일사례연구설계**
> - 집단 실험설계가 대규모 표본을 대상으로 모집단을 일반화하는 것이 목적이다.
> - 단일사례연구설계는 하나의 단일표본을 탐색적으로 조사연구 함으로써 문제의 본질과 개입방법 및 효과를 파악하려는 것으로 기본적으로 외적 타당도가 낮고, 연구 결과의 일반화 가능성에 제약이 있다.

**(2) 단일사례연구설계의 기본개념**

① 기초선(기저선, baseline): 연구자가 개입활동을 시작하기 전에 표적행동의 초기 상태를 관찰하거나 중재 없이 관찰된 표적행동의 상태를 수집하는 기간을 의미한다. 일반적으로 기초선은 'A'로 표시된다.

② 개입단계: 표적행동에 대한 개입활동이 이루어지는 기간으로 이 기간 동안 표적행동의 상태를 관찰한다. 관찰의 횟수나 기간은 기초선과 유사하게 설정하는 것이 바람직하다. 개입단계는 일반적으로 'B'로 표시된다.

③ 표적행동: 연구자가 개입을 통해 변화시키려는 특정 행동을 의미한다.

④ 가역성: 기저선이 확립된 후에 처치가 이루어지고, 처치나 개입 후에 나타나는 효과가 일어나는데 이는 일시적이며, 처치 이후에 효과가 사라지고 초기의 기저선이 복원되는 것을 말한다.

**(3) 단일사례연구설계의 유형**

① AB설계: 기본 단일사례연구설계
- AB설계는 매우 기본적인 단일사례연구설계로, 임상현장에 쉽게 적용할 수 있는 구조이다.
- 준실험 설계의 시계열 설계를 단일대상에 적용한 것이다.
- A와 B 두 개의 단계로 구성되어 있으며, 하나의 기초선 단계(A)와 하나의 개입 단계(B)로 이루어져 있다.
- 결과와 관찰점을 연결하여 그래프로 나타내며, 반복적인 관찰이 이루어진다.
- 외생변수에 대한 통제가 없기 때문에 개입이 표적행동의 변화에 미치는 효과의 신뢰도가 낮을 수 있다.

② ABA설계
- ABA설계는 AB설계에 개입 이후 또 하나의 기초선(A)을 추가한 설계이다.
- AB설계에 개입을 일정 기간 실시한 후, 개입을 중단하고 표적행동을 관찰한다.

- 추가된 첫 번째 A는 기존 A와는 다르게 "반전기간" 또는 "제2기초선"이라 불린다.
- 제2기초선을 추가하여 AB설계의 낮은 신뢰도 문제를 극복한다.
- 개입의 효과를 평가하기 위해 개입을 중단하는 것은 윤리적 문제가 될 수 있다.
- 제2기초선 동안에 문제가 더 악화되지 않으면, 이것이 개입 이외의 다른 외부적인 요인들이 영향을 미쳤기 때문인지, 아니면 개입의 효과가 계속 지속되기 때문인지 판단하기 어려울 수 있다.

③ ABAB설계(철회, 반전설계)

- ABAB설계는 AB설계에 또 하나의 AB(기초선 A와 개입단계 B)를 추가한 설계이다.
- 외생변수를 효과적으로 통제하기 위해 제2기초선(A)과 제2개입단계(B)를 추가하는 것이다.
- 개입의 효과를 가장 높이 확신할 수 있어 실천현장에서 유용하다.
- 기초선(A) 측정 후 일정 기간 동안 개입(B)을 하고, 일정 기간 동안 중단(A)한 후 다시 개입을 하는 구조이다.
- 제2기초선 단계에서 표적행동이 개입 이전의 제1기초선 단계의 표적행동 상태와 유사하다면, 개입이 표적행동에 효과가 있음을 추정할 수 있다.
- 두 번째 개입 이후 표적행동 상태가 제2기초선 단계와 비교하여 현격한 변화를 보인다면 개입의 효과를 더욱 신뢰할 수 있다.
- 이러한 구조를 통해 ABA설계의 외생변수의 요인을 통제할 수 있다.
- 표적행동의 변화가 개입이 아닌 성장, 외적 영향력 등에 의한 것일 수 있기 때문에 타당성의 문제가 제기될 수 있다.

④ BAB설계(개입-기초선-설계)

- 처음에는 기초선을 설정하지 않고, 바로 개입단계(B)로 진행한 뒤, 이후에 개입을 중단하는 기초선 단계(A)를 거쳐 다시 개입을 재개(B)하는 설계이다.
- 장점: 반복된 개입을 통해 효과를 확인할 수 있고, 개입단계로 빠르게 진입하여 신속한 개입이 가능하다.
- 단점: 외부요인을 통제하기 어렵고, 개입의 효과가 지속적인 경우 기초선 단계와 제2개입단계에서 표적행동의 상태가 유사하여 개입효과를 평가하기 어려울 수 있다.

⑤ ABCD설계(복수요인설계, 다중요소설계)

- ABCD설계는 여러 다른 개입 방법(BCD)을 하나의 기초선 자료에 도입하는 방법으로, 표적문제에 실제로 변화를 가져오는지 확인하거나 개입을 수정하는 데 유용하다.

- 복수 기초선 설계는 여러 개의 기초선을 설정하여 동일한 개입 방법을 여러 문제, 상황, 또는 사람들에게 적용하여 표적행동에 대한 개입 효과를 확인하기 위한 설계이다.
- 복수 기초선 설계에서는 둘 이상의 기초선을 사용하며, 각 기초선에서 개입을 중단하는 대신 동시에 시작한다.
- 문제 간 복수 기초선 설계는 여러 문제가 동일한 방법으로 해결되는 경우를 의미한다.
- 상황 간 복수 기초선 설계는 같은 문제가 둘 이상의 상황에서 해결되는 경우를 나타낸다.
- 대상자 간 복수 기초선 설계는 같은 상황에서 같은 문제를 가진 둘 이상의 사람이 동시에 치료받는 경우를 나타낸다. 이로써 개입이 표적행동의 변화를 가져왔다는 인과적인 관계를 높일 수 있다.
- 융통성이 있어 연속적인 단계에서 입증된 대로 개입 계획을 변경할 수 있지만 이월효과, 순서효과, 우연한 사건과 관련된 제한점들이 있다.

⑥ 중다 기초선 설계(다중-기저선 설계) 2016년, 2017년, 2018년, 2019년, 2020년, 2021년

- 여러 개의 기초선을 측정하여 순차적으로 중재를 적용하고 목표행동의 변화가 중재에 의한 것임을 입증하는 설계이다.
- 중재를 제거하거나 반전하지 않아도 되고 현장에서 실용적이다.
- 다수의 기초선을 동시에 측정하기 어려울 수 있다.
- 기초선 기간이 길어지면 피험자가 지치게 되어 문제가 될 수 있다. 이를 극복하기 위해 중다 간헐 기초선 설계가 개발되었다.

**학습 plus**

**중다 간헐 기초선 설계**
- 중다 기초선 설계의 변형으로, 중재를 시작하기 전에 기초선 수준에 큰 변화가 없었음을 확인할 정도로 간헐적으로 자료를 수집한다.
- 불필요한 기초선 측정을 막고 부적절한 행동을 줄일 수 있다.
- 단, 기초선이 안정적일 때만 사용해야 한다.

⑦ 중재비교설계

새로운 훈련방법이 기존의 훈련방법이나 프로그램보다 우월함을 입증하기 위해 여러 훈련조건을 비교하는 연구방법이다.

⑧ 중다중재설계

- 목표행동에 대한 두 개 이상의 중재조건의 효과를 검증하는 방법이다.

- 여러 중재 방법을 한 연구에서 검증할 수 있다.
- 단, 내적 타당도 문제(외부 변인, 발달 변인의 개입 가능성)가 발생할 수 있다.

⑨ 교대중재설계 2016년, 2017년, 2018년, 2019년, 2020년, 2021년

- 한 대상자에게 여러 중재를 빠른 간격으로 교대로 시행하여 중재들 간의 효과를 비교하는 설계이다.
- 장점: 기초선 측정을 반드시 하지 않아도 된다. 반전설계나 중다중재설계가 갖는 내적 타당도나 중재순서 및 간접효과에 대한 위협이 감소한다. 체계적으로 중재 간 균형을 맞추어 중다중재설계에서 보이는 중재 간 전이문제를 해결한다. 실험종료 시기가 빨라도 타당도에 문제가 되지 않는다.
- 단점: 훈련자의 독립변수 신뢰도가 매우 중요하며, 이에 대한 신뢰성을 확보하는 것이 필요하다. 중재방법이 인위적이며, 연구절차가 번거로워 연구의 진행과 분석에 일정한 어려움이 따를 수 있다.

⑩ 동시중재설계

- 두 중재를 동시에 제시하고 대상자가 선택하도록 하기 위해서는 두 명의 중재자가 필요하다.
- 장점: 교대중재설계의 장점과 동일하며, 중재 간 순서효과를 배제시킬 수 있다. 반전단계를 개입시키거나 중재단계에서의 기초선 측정이 필요 없어 시간적인 효율성이 있다.
- 단점: 다수의 중재자가 개입되어 중재자 변인이 결과를 오염시킬 위험이 있을 수 있다. 중재자 변수 이외에도 시간변수가 통제되지 않아 연구의 타당도를 위협할 수 있다. 대상자가 중재를 변별하기 어려울 수 있다. 설계방법이 복잡하여 많은 변수의 균형과 통제가 요구된다.

⑪ 평행중재설계

- 평행중재설계는 독립적이지만 유사한 난이도를 가진 행동에 대한 중재기법 간의 효과를 간접적으로 비교하는 설계이다.
- 중재 간 순서효과를 배제할 수 있고 대상자나 행동의 반복을 통해 타당도를 높일 수 있으나 중재 간의 효과 비교에는 비효율적이다.

⑫ 기준변동설계

- 단계적 중재설계는 독립변수를 활용하여 대상자의 행동 레퍼토리 안에서 단계적으로 증가 또는 감소시킬 수 있는 행동의 점진적 변화를 목표로 한다.

- 최종 목표에 도달하기까지의 시간이 소요되는 상황에 유용하며, 중재반전이 필요하지 않는 장점이 있다. 그러나 목표행동과 교수방법의 범위가 상대적으로 좁고, 기준 정도의 변동이 주관적인 예측에 의존하는 한편 단점도 고려해야 한다.

**▶ 프로그램 평가 설계 방법들의 특성 비교**

| 설계 방법 | 진실험 설계 | 준실험 설계 | 모의 실험 설계 | 단일사례설계 |
|---|---|---|---|---|
| 무선배정 | ○ | × | × | 해당 없음 |
| 독립변수 조작 | ○ | ○ | ○ | ○ |
| 사전사후 측정 | ○ | ○ | ○ | ABAB설계 시 |
| 실험집단 및 통제집단 구성 | ○ | ○ | ○ | 기초선 이용 |
| 외적 타당도 | 대체로 높음 | 낮음 | 매우 낮음 | 낮음 |
| 내적 타당도 | 높음 | 대체로 높음 | 매우 높음 | 대체로 높음 |

제1과목 제2과목(필수)

## 4. 집단 간 설계 2016년, 2017년, 2018년, 2019년, 2020년, 2021년

① 집단 간 설계(between-groups design)에서는 서로 다르게 처치된 집단 간의 종속 변인 값을 비교하며, 이는 피험자 간 설계(between-subjects design)로도 불린다.
② 각 피험자들이 실험 조건에 무선적으로 할당되고 한 가지 실험 조건에만 반응하는 설계이다.
③ 집단 간 설계로는 무선화된 집단설계, 요인설계, 배합집단설계 등이 있다.
④ 반복 측정으로 인한 이월효과를 쉽게 통제할 수 있으며, 상호작용 효과를 검정할 수 있다.
⑤ 그러나 통계적으로 절차가 까다롭고 변인을 찾아내기 어렵다.

## 5. 집단 내 설계 2016년, 2019년, 2020년, 2021년

① 집단 내 설계(within group design)는 동일한 참여자에게 반복적으로 처치를 주거나 둘 이상의 독립변인에 같은 참여자를 할당하는 설계이다.
② 처치에 대한 반응의 차이가 동일한 피험자 내의 차이, 즉 피험자 특성의 차이이므로 '피험자 내 설계'로도 불린다.
③ 피험자 특성의 차이에 따른 영향이 적어 상대적으로 적은 수의 피험자로도 연구가 가능하다.

④ 그러나 민감도가 떨어진다.

⑤ 집단 내 설계는 일요인 반복측정설계, 라틴정방형 설계, 교차설계(이요인 반복측정설계)가 있다.

> **학습 plus**
>
> **라틴정방형 설계** 2015년, 2021년
>
> • 사전에 통제할 두 요인을 종축과 횡축으로 설정하고, 각 처치를 무선적으로 배정하여 횡열과 종열에서 단 한 번씩만 나타나게 설계한다.
> • 무선구획설계가 횡열에서만 잡음변수의 효과를 통제한다면, 라틴정방형 설계는 횡열과 종열에서 모두 잡음변수를 효과적으로 통제한다.
> • 이 설계를 활용하는 주요 목적은 복수의 처치를 동일 대상에게 반복 시행하는 경우에 처치의 이월효과나 순서효과까지 통제하는 것이다.

## 6. 기타 실험설계

(1) 무선구획설계 2016년, 2017년, 2018년, 2019년, 2020년, 2021년

① 무선구획설계는 실험에서 피험자를 각 집단에 무선으로 배치하여 비교 집단 간의 동등성을 확보하는 방법이다.

② 추가적으로 구획을 설정하여 동일 구획 내에서는 각 집단에 동질적인 피험자들이 배치되도록 한다.

③ 구획은 종속변수와 상관이 높은 변수를 기준으로 설정되어 구획 내의 피험자들이 동질적인 반응을 보이게 한다.

④ 실험에서는 피험자들을 사전 점수의 순서대로 여러 구획에 배치하여 효과를 조사할 수 있다.

⑤ 이로써 오차분산이 감소하며 가설검정력을 향상시키는 효과가 있다.

(2) 배속설계(위계설계)

① 배속설계는 실험 외적 변수가 종속변수에 미치는 효과를 통제하기 위해 만들어진 설계로, 구획설계와 유사하지만 방식에서 차이가 있다.

② 구획설계에서는 외재변인을 구획을 나누어서 배치했다면, 배속설계에서는 외재변인을 하나의 독립변수로 간주하여 계산하는 것이 특징이다.

CHAPTER **05** / 질적연구

## 1. 질적연구의 개요

### (1) 질적연구의 의의

① 질적연구는 의미를 해석하는 데 중점을 둔 연구 방법으로, 해석학, 비판이론, 근대주의, 포스트모더니즘의 패러다임을 기반으로 한다.

② 양적연구에서 어려운 연구대상의 독특성과 맥락성에 주목한다.

③ 연구자는 참여자의 의미 부여를 직접 이해하며, 상대적이고 주관적인 특징을 갖는다.

④ 객관적 실재를 부정하고 상호영향을 강조하는 인식론적 틀을 가지며, 개별적인 이해와 풍부한 기술을 통해 상대적 진리를 형성한다.

⑤ 연구자의 가치관과 환경은 연구과정에 필연적으로 개입되며, 주관성, 정보 한계, 감정, 편견 등의 취약성도 고려된다.

⑥ 연구자는 직접 참여자와 상호작용하며, 가설 없는 자료 수집과 참여자의 이해를 강조한다.

⑦ 현상학적 연구, 문화기술지 연구, 사례연구, 내러티브 연구, 담화분석 연구, 근거이론 연구, 합의적 질적연구론 등이 있다.

### (2) 질적연구의 특징 2023년

① 주관성: 현상을 주관적으로 파악하는 관점을 갖는다. 연구자의 주관적 느낌과 해석을 활용하여 자료를 분석한다. 이런 특징으로 인해 일반화와 효율성 입증이 어렵다.

② 탐색과 기술성: 현상에 대한 심층적인 이해와 조사 대상자의 생활을 탐색하고 기술하는 데 주력한다.

③ 총체성: 조사 대상자의 세계를 포괄적으로 이해하려고 노력하며, 특정 변수나 범주에 국한되지 않고 다양한 자료를 수집한다.

④ 자연성: 조사 대상자의 자연적인 상태를 묘사하려고 하며, 상황적이고 환경적 맥락에서 관찰될 때 가장 잘 이해된다. 조사자 자신이 조사도구가 되며 작은 규모의 표본을 선정하여 자연스러운 상태의 생활환경이 연구의 장이 된다.

⑤ 귀납성: 경험적 자료를 수집하고 분석하여 이론을 귀납적으로 도출한다.

⑥ 연구절차의 유연성: 구조화된 연구절차가 없으며, 자료수집과 분석과정이 유연하게 이루어진다. 주로 관찰, 심층면접, 개인기록의 분석, 참여관찰, 포커스그룹 등 다양한 자

제1과목 제2과목(필수)

료수집 방법을 사용하며, 이야기 방식의 기술적인 묘사가 특징이다. 연구자의 직감과 경험에 따라 결정되며, 자료수집과 분석이 상호작용한다.

⑦ 연구도구로서의 연구자: 연구자 자신을 자료수집의 도구로 활용한다. 연구자의 관찰과 통찰을 통해 자료를 수집하고 분석한다.

> **학습 plus**
>
> **링컨과 구바(Lincoln & Guba)의 질적연구의 진실성(trustworthiness) 2018년**
> - 신뢰성(credibility): 결과의 진실성과 정확성에 대한 확신을 말하며 이를 위해 연구자들은 장기적인 참여, 지속적인 관찰 그리고 삼각측량과 같은 방법을 사용해야 한다.
> - 전이 가능성(transferability): 결과가 다른 맥락이나 환경에 적용되거나 전이될 수 있는 정도를 평가한다.
> - 안정성(dependability): 시간이 지남에 따라 그리고 다른 연구자들에 걸쳐 연구결과의 안정성과 일관성을 의미한다.
> - 확증 가능성(confirmability): 연구의 객관성과 연구결과가 참가자와 연구자의 편견에 의해 형성되는지 여부와 관련이 있다.

## 2. 현상학적 연구 2019년

① 현상학적 연구는 특정 현상이나 상황에 대한 개인의 살아 있는 경험을 이해하고 기술하고자 하는 질적연구 방법으로 개인이 특정 현상이나 사건에 귀속하는 주관적인 경험, 인식, 의미를 탐구한다.

② 현상학적 연구는 사람들에 대한 상세한 기술(description)을 통하여 인간의 경험을 검토한다.

③ 연구자들은 참가자들의 경험에 대한 풍부하고 상세한 설명을 수집하기 위해 심층 인터뷰, 관찰 또는 기타 질적인 기술을 사용한다.

④ 인간의 경험의 본질을 포착하여 개인이 살아 있는 현실을 어떻게 해석하고 이해하는지 밝히는 것을 목표로 한다.

> **학습 plus**
>
> **현상학적 연구의 특징 2022년**
> - 판단중지(epoche, 에포케): '평범하고 일상적인 방식으로 사물을 판단하는 것을 삼간다'는 뜻의 그리스어로 실제를 파악하기 전까지 연구자의 모든 가정과 선입견, 판단을 배제한다. 즉, 연구자를 괄호치기(bracketing)한다.
> - 현상학적 환원(phenomenological reduction): 판단중지를 통해 나타난 체험의 모습에서 본질적 의미의 구성요소를 찾는 것이다. 연구자는 현상학적 환원을 통해 현상, 경험을 질감을 살려 기술한다. 즉, 참여자의 생각, 감정, 아이디어, 상황 등을 모두 포함하는 경험을 완전하게 기술한다.
> - 현상학적 환원 후에 상상적 변형(imaginative description): 상상적 변형이란 다양한 각도와 관점에서 현상을 바라보며 구조적으로 기술하는 것이다. 경험, 지각, 기억뿐 아니라 자유로운 공상적 변형을 이용할 수도 있다.

## 3. 문화기술지 연구 2019년. 2020년

① 문화기술지는 특정한 문화를 공유하고 있는 집단이나 그 집단의 구성원을 연구대상으로 하며, 연구대상의 지식, 행동, 삶의 방식, 신념, 가치 등을 내부자 및 외부자 관점에서 탐색하고 연구하는 대표적인 질적연구 방법이다.

② 연구자의 수개월의 현장 참여로 오랜 연구기간이 소요되며 자료분석 시간도 오래 걸린다.

③ 어떤 한 부분이 아니라 모든 현상을 종합적으로 분석한다.

④ 문화기술지에서의 자료분석은 연계분석이 아니라 문화적 주제발견에 초점을 두고 참여관찰, 면접기법, 순환적 자료분석 절차를 거쳐 심층적 정보를 제공한다.

⑤ 문화기술지 연구는 상이한 문화의 사회구성원들이 사회현상에 대처하는 방식에 대한 연구에 유용하다.

⑥ 일반적이지 않은 특성을 상세하고 심층적으로 이해하고자 할 때 활용된다.

⑦ 특정 현상에 대한 의미의 차이 파악을 중시하는 현상학적 특징이 있다.

⑧ 자연 그대로의 상태에서 연구하며 연구상황을 인위적으로 조작하지 않는다.

## 4. 사례연구(case study) 2014년. 2019년

① 소수의 사례를 심층적으로 다루어 문제를 종합적으로 파악하는 방법이다.

② 사례유형화를 중심으로 진행되는 연구이다.

③ 역사적 맥락을 검토하고 관련 자료를 다룬다.

④ 종합적 · 해석적 설명을 지향한다.

⑤ 사례연구는 특정 사례에 대한 종합적 기술과 분석을 중요시한다.

⑥ 유형화된 다양성의 이해를 바탕으로 한다.

⑦ 자료수집은 면접, 관찰, 저널, 각종 문서, 시청각자료 등 다양한 자료원을 활용한다.

⑧ 개인, 조직, 사건의 일반적이지 않은 특성을 상세하고 심층적으로 이해하고자 한다.

⑨ 수집된 자료를 통해 이슈나 문제를 이해하고자 한다.

⑩ 장점
- 탐색적 작업에 활용: 어느 특정 사상이나 사례에 대한 특례 분석과 같은 탐색적 작업에 사용된다.
- 문제의 원인 파악: 조사대상에 대한 문제의 원인을 밝혀 줄 수 있다.

제2과목(필수) 제1영역

- 포괄적 파악: 조사대상을 포괄적으로 파악할 수 있다.

⑪ 단점

- 불분명한 대표성: 대표성이 불분명하다. 특정 사례에 기반하여 일반적인 판단을 내리기 어려울 수 있다.
- 비교의 어려움: 다른 조사와 같은 변수에 대하여 관찰이 이루어지지 않기 때문에 비교가 어렵다.
- 변수의 폭과 깊이의 불분명: 관찰할 변수의 폭과 깊이가 불분명하다. 연구의 범위와 목적에 따라 변수의 선택이 제한된다.
- 일반화의 문제: 특정 사례를 기반으로 한 연구이기 때문에 일반화의 문제를 지니고 있다. 특정 상황에서만 적용 가능한 결과가 나올 수 있다.

> **학습 plus**
>
> **사례사(case history) 연구**
> - 사례사(case history)는 특정 사례에 대해 상세히 조사하여 해당 사건이나 현상을 전체적으로 이해하고 실증적으로 분석하는 조사 방법이다.
> - 사례사 연구의 단점 **2016년**
>   - 변수의 통제 불가능: 연구에서 변수를 완전히 통제하기 어려워 다양한 변수들이 혼재될 수 있다.
>   - 인과적 결론 어려움: 특정 사례에 대한 연구이기 때문에 인과적인 결론을 내리기 어렵다.
>   - 연구자의 편견 가능성: 연구자의 주관적인 편견이 개입될 가능성이 있다.
>   - 기억에 의존된 자료: 조사된 자료가 피험자들의 기억에 의존하기 때문에 정확성에 제약이 있을 수 있다.

## 5. 내러티브 연구(narrative research) 2021년

① 클랜디닌과 코넬리(Clandinin & Connelly, 1990)가 발전시킨 질적연구의 한 방법이다.

② 연대기적 형식의 일련의 사건이나 행동에 대한 음성, 문서 텍스트, 작품 등의 자료를 통해, 인간의 총체적 경험을 해석하고 의미를 부여한다.

③ 한 개인이 삶에서 경험한 것을 과거, 현재, 미래라는 시간적 흐름에 따라 전개한다. 시간이 지남에 따라 사건이 어떻게 전개되는지 그리고 사건이 개인이나 집단에 미치는 영향을 탐구하는 것을 포함할 수 있다.

④ 사건이 발생하는 물리적 환경, 경험을 형성하는 설정, 내러티브 내에서 의미를 갖는 상징적 또는 은유적 공간을 포괄한다. 물리적 공간인 장소가 연구 전체 과정에서 지속적으로 고려되어야 할 요소이다.

⑤ 개인이 사회적 맥락 내에서 자신을 어떻게 위치시키며, 타인과의 관계에서 수행하는

역할, 사회적 요인이 자신의 경험과 내러티브를 형성하는 방식을 분석한다. 즉, 사회적 맥락 속의 상호작용으로의 경험을 한다.

## 6. 담화분석 2020년

① 담화란 문장 단위를 넘어서 언어 구성단위의 결합으로, 담화분석(discourse analysis)은 담화의 구조와 언어 사용의 패턴 및 맥락 간의 관계, 문장 간의 관계, 글의 결합력, 통일성을 연구한다.

② 언어형식과 기능 간의 관계를 통해 언어 사용 상황과 언어를 분석한다.

③ 담화분석을 통해 언어, 사회, 문화의 상호관계를 규명할 수 있다.

④ 대표적 담화분석 방법 중 하나로는 대화분석(conversation analysis)이 있다.

## 7. 근거이론 연구 2016년, 2017년, 2022년

① 근거이론(grounded theory) 연구의 특징: 체계적인 과정을 통해 현상에 대한 이론을 귀납적으로 도출하는 질적연구 방법이다. 대상자의 표현을 통해 주요 사건이나 문제점을 이해하며, 행위 다양성을 설명하고 관련 개념과 관계를 발견한다.

② 근거이론 방법론의 활용: 대상자의 주요 문제를 찾아내고 이들이 문제를 해결하는 사회과정을 발견하는 데 활용된다.

③ 자료분석과 연구과정: 새로운 개념이나 관계가 나타나지 않을 때까지 자료를 분석하며, 지속적 비교와 이론적 표집을 통해 표본에서 얻은 자료를 계속 분석한다. 새로운 내용이 나타나지 않으면 표본추출을 중단한다.

④ 근거이론 연구의 기반: 상징적 상호작용론에 기반하며, 개인이 사회과정에서 의미를 부여하고 상호작용하는 과정을 탐구한다.

⑤ 연구의 목적과 문제: 이론을 정립하는 것이 주요 목적이며, 자유로운 연구질문을 사용하여 특정 상황이나 조건에서의 상호작용과 결과를 설명하는 기본적인 사회심리적 과정에 초점을 맞춘다.

⑥ 자료수집의 중요성: 사건의 상징적 의미가 언어적 또는 비언어적 행동으로 나타나기 때문에 관찰이 중요하며, 초점은 주로 상호작용에 둔다.

⑦ 자료수집 방법: 직접 관찰, 인터뷰, 질문, 포커스그룹, 기록 등 다양한 자료수집 방법을 사용한다.

제1과시 제2과목(필수)

⑧ 표본

- 표본 크기는 생성된 자료에 대한 자료 분석에 따라 결정되며, 초기에는 특수성보다 개방성에 초점을 둔다.
- 자료는 포화가 이루어질 때까지 계속 수집하며, 포화 결정기준은 자료의 실증적 한계, 이론의 통합과 밀도, 연구자의 이론적 민감도이다.
- 연구자가 자료의 원인, 맥락, 결론 등과 관련된 질문에 대답할 수 있다면 자료는 포화된 것으로 간주된다.

⑨ 이론적 표본추출

- 이론적 표본추출은 전개되는 이론에 대해 입증된 이론과의 관련성을 가진 개념들을 근거로 표본을 추출하는 방법이다.
- 이론적 표본추출은 질문과 비교하면서 다양한 범주, 속성, 차원을 가리키는 사건 및 우연한 일들을 표본추출하여 그것들을 발전시키고 개념적으로 연결시키는 것을 목표로 한다.

⑩ 반복적 비교를 통한 분석

- 자료를 코딩하고 분석하는 동안 연구자는 패턴에 관심을 가지면서, 사건과 사건을 비교하고 사건과 범주 그리고 범주와 범주 혹은 개념과 개념을 비교한다.
- 연구자는 비교 분석을 통해 구조, 원인, 맥락, 차원, 결과 등 다양한 범주와의 관계를 연구하면서 생성된 개념이나 범주를 확정한다.
- 이런 속성에 대한 심층 조사는 행동적 변이를 설명하는 심층이론을 생성하게 된다.

⑪ 코딩

- 코딩은 자료를 분해하고 개념화하며 이론을 형성하도록 통합시키는 분석 과정을 의미한다.
- 코딩 과정은 개방코딩, 축코딩, 선택코딩의 순서로 진행된다.

**학습 plus**

**근거이론의 절차[슈트라우스와 코빈(Strauss & Corbin)의 3단계 분석 틀]** 2017년, 2018년, 2021년, 2023년

1. 개방 코딩(open coding)
   - 수집된 자료를 개념화하고 범주화하는 과정으로 특정 개념을 밝히고 그 속성과 차원을 발견해 가는 분석과정이다.
   - 코드이름 붙이기와 범주화를 통해 수집된 자료로부터 의미와 사고를 살펴보는 과정이다.
   - 새로운 개념, 범주, 차원 등을 찾아내기 위해 자료를 여러 번 읽고 반복적으로 코딩한다.
   - 개방 코딩은 보통 계층적으로 진행되며, 메모, 분류, 핵심 범주화의 반복적인 과정을 통해 데이터를 다양한 관점에서 탐색하고 해석한다.

- 메모: 연구기간 동안 생각이나 관련 아이디어를 즉시 기록하며, 날짜, 시간, 장소를 기록해 두어야 한다.
- 분류: 코드가 풍부하고 메모가 쌓이면 범주와 관계를 설명하는 논리적인 도표를 사용하여 조각난 자료를 응집력 있고 적용 가능한 전체로 결합한다.
- 핵심범주화 작업: 이론 생성의 핵심 개념으로, 연구자가 자료를 엄격하게 분석하여 발견된 밀도 높고 의미 있는 범주를 지칭한다.

2. 축 코딩(axial coding)
- 개방 코딩에서 생성된 다양한 개념과 범주를 연결하고 정제한다.
- 상호작용, 원인과 결과, 맥락, 차원 등의 관계를 분석하여 새로운 범주와 개념을 생성한다.
- 이를 통해 자료의 응집성을 높이고 상호 연결되는 핵심 범주를 찾아낸다.

3. 선택 코딩(selective coding)
- 최종적으로 발견된 핵심 범주들을 중심으로 연구자가 이론적 표본을 선택하고, 해당 범주를 중심으로 자료를 세부적으로 분석한다.
- 이를 통해 전체적인 이론을 형성하고 중요한 개념들을 정제하여 이론을 완성시킨다.
- 이론이 더 이상 새로운 정보를 생성하지 않을 때까지 분석을 진행한다.

⑫ 연구평가 기준의 4가지 속성
- 측정도구의 적합성은 연구에서 사용되는 도구가 실제 연구대상에 부합하여 사용될 수 있는 정도를 나타낸다.
- 표현의 이해는 독자나 평가자가 연구 내용을 쉽게 이해할 수 있는 정도를 의미한다.
- 일반성은 연구결과가 특정 상황뿐만 아니라 다양한 일상 상황에도 적용 가능한 정도를 나타낸다.
- 참여자의 통제는 연구참여자가 일상 상황의 일부를 부분적으로 제어할 수 있는 정도를 나타낸다.

## 8. 합의적 질적연구론(CQR) 2015년, 2023년

(1) 합의적 질적연구론(Consensual Qualitative Research: CQR)의 개요

① 힐(C. Hill) 등은 TCP에서 '합의적 질적연구(CQR)'라는 상담의 질적연구 가이드라인을 발표하였다.

② CQR은 연구 구성원 참여와 양적연구의 엄밀함을 도입, 체계적인 분석과 합의를 강조하였다.

③ 사례 안에서 주제 추출(Within Case Analysis) 후, 사례 간 주제 추출(Cross Case Analysis) 등 이중 분석 과정을 거쳐 연구참여자의 합의를 유도하였다.

④ 유연성과 정밀함을 겸비한 연구모델로 평가받았다.

⑤ 소수의 사례와 귀납적 방법: 소수의 사례를 통해 일반적인 원리나 특성을 유추하는 방법

으로, 개별 사례를 조사하여 일반적인 패턴을 찾는다.

⑥ 다양한 관점과 평정자의 참여: 여러 명의 평정자가 다양한 관점을 제공하며, 편견을 최소화하기 위해 토론과 합의 과정을 활용한다.

⑦ 편견 배제의 한계 인정: 연구자의 편견을 완전히 배제하기 어려우며, 이를 최소화하려는 노력이 있음을 인정한다.

⑧ 만장일치의 합의 과정을 통한 이해: 평정자들 간의 만장일치를 이루어 내는 합의 과정을 통해 연구 주제를 이해하고 결과를 도출해 낸다.

### (2) 합의적 질적연구론의 특징

① 다양한 관점을 위해 여러 명의 평정자를 참여시킨다.

② 반구조화된 자료수집 방법(개방형 질문)을 이용한다.

③ 면접 자료를 중심으로 연구참여자의 경험을 범주화하는 귀납적 연구방법이다.

④ 자료의 의미를 결정할 때 합의를 통해 진행한다.

⑤ 감시자가 1차 집단에서 초기 작업한 내용을 검토한다.

⑥ 합의를 통해 자료의 의미를 영역, 중심개념, 교차분석의 절차로 판단한다.

⑦ 질적연구의 타당성을 위협하는 가장 큰 문제는 연구자의 편견과 반응성이며, 연구자가 연구참여자에게 미치는 영향인 반응성에 대해서도 고려해야 한다.

⑧ 질적연구의 타당성을 확보하는 방법으로 삼각검증(자료수집의 다양화), 참여자 선정에서 엄격한 기준 제시, 다수평정자의 사용, 참여자 확인(도출된 결과를 참여자에게 확인하는 것), 양적인 자료들의 활용, 자기성찰(Self-reflection) 등이 있다.

### (3) 합의적 질적연구법의 코딩

① 합의적 질적연구법은 하위개념을 먼저 코딩하고 그다음 영역을 코딩하는 일반적인 연구방법과는 달리, 먼저 큰 영역을 코딩하고 이를 뒷받침해 줄 구체적 개념을 코딩한다.

② 영역 코딩은 유사한 내용을 묶어 영역을 만들고 평정자들이 함께 모아 일치, 불일치를 합의하는 과정이다.

③ 중심개념 코딩은 참여자의 단어를 간결하게 편집하고 중심개념을 추출하는 과정이다.

④ 교차분석은 영역에 대한 중심개념을 범주화하고 자료를 더 높은 추상화로 옮겨 가는 과정이며, 빈도표시를 사용하여 각 사례의 중심개념을 확인한다.

⑤ '일반적' '전형적' '변동적'으로 나누어 대부분의 사례에서 나타나는 경우, 과반수 이상의 사례에서 나타나는 경우, 과반수 이하의 사례에서 나타나는 경우를 나타낸다.

> 🔉 **학습 plus**
>
> **양적연구 방법과 질적연구 방법의 비교**
>
> | 양적연구 방법 | 질적연구 방법 |
> |---|---|
> | 사회현상의 사실이나 원인탐구, 논리추구, 실증주의적 입장 | 인간의 형태를 이해하는 현상학적인 입장 |
> | 어떤 현상은 안정적이다. | 어떤 현상은 항상 변화한다. |
> | 통제된 측정을 실시한다. | 비통제적 관찰을 한다. |
> | 연역적 연구방법의 특징을 가진다. | 귀납적 연구방법의 특징을 가진다. |
> | 객관적이며 일반화가 가능하다. | 주관적이며 일반화시킬 수 없다. |
> | 대규모 표본을 추출, 분석을 시행한다. | 소규모 표본으로 분석을 시행한다. |
> | 현상에 대한 원리와 결과를 추구한다. | 현상에 대한 이해는 추구하나 인과관계는 명확하지 않다. |
> | 설문지 조사연구, 실험설계 연구 등이 있다. | 관찰법, 면접법을 활용한 사례연구나 문화기술지 연구 등이 있다. |

## CHAPTER 06 / 상담학 연구를 위한 통계와 자료 분석

## 1. 통계의 기본개념

(1) 변수의 구분 2016년, 2018년

① 변수(variable)는 관심의 대상이 되는 사물이나 사건의 속성으로 서로 다른 두 가지 이상의 값을 가지며 단 하나의 값을 가지는 상수와 구별된다. 예 상수-여성, 남성/변수-성별

② 독립변수와 종속변수

- 독립변수(Independent variable): 다른 것에 영향을 주는 변수이다. 실험에서는 연구자에 의해 조작되는 변수로 예언변수, 설명변수, 원인변수라고도 한다.
- 종속변수(Dependent variable): 결과변수, 기준변수라고도 하며, 독립변수에 의해 영향을 받는 변수이다.
- 내생변수(endogenous variable): 다른 변수에 의해 설명되는 변수로 구조방정식에서 종속변수에 해당한다.

③ 제3의 변수

제3의 변수(third variable)란 두 변수 간의 직접적인 관계가 없으나 마치 관계가 있는 것처럼 영향을 주어 허구효과를 갖게 하는 변수로 다음과 같은 변수가 있다.

- 매개변수(mediator variable): 중재변수라고도 하며 독립변수의 영향을 받아 독립변수와 종속변수 간의 인과관계를 연결해 주는 변수이다.
- 조절변수(moderate variable): 독립변수와 종속변수 사이에서 강도와 방향을 조절하는 변수이다.
- 통제변수(control variable): 독립변수와 종속변수의 관계에 영향을 미칠 수 있는 제3의 변수 중 조사자가 통제하고자 하는 변수이다.
- 가외변수(extraneous variable): 외생변수라고도 하며, 종속변수에 영향을 미칠 것으로 예측되지만, 통제되어야 할 변수이다.
- 잠재변수(latent variable): 직접 관찰하거나 측정할 수 없어 다른 변수를 통해서 간접적으로만 측정할 수 있는 변인을 말한다. 지능은 잠재변수이고 이를 측정 가능한 언어능력, 수리능력, 공간능력 등의 관찰변수로 측정하게 된다.
- 외생변수(extraneous variable): 실제로 독립변수와 종속변수 간의 관계가 없는데, 있는 것처럼 보이게 하는 변수를 말한다. 외생변수의 통제를 통해 가식적 관계를 제거하는 것이 중요하다.
- 왜곡변수(distorter variable): 두 변수의 실제 관계를 정반대의 관계로 나타나게 하는 제3의 변수를 말한다.
- 억압변수(suppressor variable): 독립변수와 종속변수 간에 상관관계가 있으나 없는 것처럼 보이도록 만드는 변수이다.
- 측정의 수준에 따라 명명변인, 서열변인, 등간변인, 비율변인으로 구분할 수 있다.

> **학습 plus**
>
> **변수의 속성에 따른 분류**
> - 이산변수(discrete variable): 하나하나 셀 수 있는 변수를 말한다. 이산적인 값을 가지며, 불연속적인 데이터를 나타낸다. 예를 들어, 동전 던지기에서 앞면(1) 또는 뒷면(0)과 같은 값을 가지는 것이 이산변수이다.
> - 연속변수(continuous variable): 무한한 범위에서 어떤 값을 가지며, 연속적인 데이터를 나타낸다. 등간척도나 비율척도에 해당된다. 예 키, 몸무게 등
> - 더미변수(dummy variable): 보통 회귀분석 시에 명목형 변수를 독립변수로 사용하고자 할 때 더미변수화해서 사용한다. 두 가지 값을 가지며, 주로 이진 형태로 표현된다. 0 또는 1의 값을 갖는 변수로서, 어떤 사건이 발생했는지 여부를 나타낸다. 예 성별(남성: 1, 여성: 0)

(2) 통제

① '통제(control)'는 실험설계에서 독립변수(원인변수)와 종속변수(결과변수) 사이의 관찰된 공동 변화에 대한 제3의 변수의 개입을 제한하는 것이다.

② 이는 실험집단과 통제집단 간에 동등성 또는 동질성을 유지하여 내적 타당성을 확보하고 제3의 변수에 의한 설명을 배제하기 위한 과정이다.

③ 실험과 통제집단은 실험변수를 제외한 다른 모든 측면에서 동일하게 만들어져야 한다.

**(3) 외생변수의 통제방법** 2014년, 2015년, 2016년, 2017년, 2018년, 2019년, 2020년, 2021년

① 무작위 할당(random assignment)

- 무작위 할당은 실험 대상이나 연구 대상을 실험집단 또는 통제집단으로 무작위로 할당하는 방법이다.
- 각 대상이 어느 집단에 속할지에 대한 동일한 확률을 부여하여 변수를 통제한다.
- 조사자의 주관, 선입관, 판단이 개입되지 않도록 주의해야 한다.

② 짝짓기(matching)

- 짝짓기는 실험집단과 통제집단을 동일하게 만들기 위해 주요 변수들을 미리 알아내어 그 분포가 똑같이 나타나도록 하는 방법이다.
- 실험집단과 통제집단에서 각 대상을 미리 쌍을 지어 주어 변수의 분포를 동일하게 맞춘다.

---

**짝짓기 방법**
- 정밀 통제: 변수 하나하나를 조사하여 양 집단으로 나누는 방법으로, 변수의 수가 적을 때 유용하나 사례를 상실할 수 있다.
- 빈도분포 통제: 하나의 변수가 모든 변수를 대표한다고 가정하고 그 변수의 빈도분포에 따라 대상을 배합하는 방법으로, 변수가 많을 때 사용될 수 있으며, 정확성이 떨어지는 단점이 있다.

---

**(4) 집중경향(central tendency) 측정치**(평균, 최빈치, 중앙값)

① 집중경향(대푯값): 전체 분포에 대해 한 점수를 대표로 인정하는 통계적 기준으로 산술평균, 중앙값, 최빈값 등이 있다.

② 산술평균(mean): 분포되어 있는 점수를 다 합하여 점수의 개수로 나누어 계산한다.

- 모집단의 평균치는 그리스 문자 $\mu$로 나타낸다.
- 어느 한 표본의 평균치는 $\overline{X}$로 나타낸다.
- 평균값은 등간변인을 대상으로 하는 연구에 적합하다.

③ 최빈값(mode): 가장 최대의 빈도를 갖는 점수 또는 유목을 말한다.

- 명목변인을 대상으로 하는 연구에 적합한 것은 최빈값이다.

④ 중앙값(median): 50번째 백분위 점수, 즉 분포의 정확한 중앙점을 결정한다.

- 홀수일 때: 최저부터 최고 순서대로 적고, 바로 중앙에 있는 점수이다.
- 짝수일 때: 가운데 두 점수 사이의 절반 값이 중앙값이다.
- 중앙값은 서열 변인을 대상으로 하는 연구에 적합하다.

**(5) 변산성(variablility) 측정치**(분산, 표준편차, 범위, 사분위간 범위)

일반적으로 어떤 데이터의 집합이나 분포에서 값들이 얼마나 퍼져 있는지를 나타내는 통계적 개념을 의미한다. 평균에서의 이탈 정도는 점수의 가변성을 나타내며, 변산도는 이러한 가변성을 정량화하는 가장 기본적인 통계적 개념 중 하나이다. 표준편차, 분산, 범위, 사분위수범위, 사분편차, 평균편차, 변동계수 등이 있다.

① 분산(variance): 표준편차의 제곱으로, 데이터 값이 평균에서 얼마나 떨어져 있는지 제곱값으로 나타낸다.

② 표준편차(standard deviation)

- 평균으로부터의 평균 거리를 말하며 분산의 제곱근이다.
- 자료들의 평균과 각 데이터 점수 간의 차이를 나타내는 측정치로, 값이 클수록 데이터가 흩어져 있는 것을 의미한다.

③ 범위(range)

- 데이터의 최댓값과 최솟값의 차이를 나타내며, 값이 클수록 데이터가 퍼져 있다는 것을 의미한다.
- 극단값 2개에 의한 계산으로 분포 내의 다른 점수를 무시한다는 단점이 있어서 사분위 간 범위를 이용한다. 이상치를 제거하면 범위 값이 줄어든다.

④ 사분위 간 범위(IQR: Interquartile Range)

- 데이터의 상위 25%와 하위 25%의 차이를 나타내는 것으로, 분포의 중앙 50% 값의 범위(Q3-Q1)를 사용한다.
- 이상치의 영향을 줄이고 중앙값 주변의 데이터 분포를 확인하는 데 유용하다.
- 평균 절대 편차(mean absolute deviation): 각 데이터 포인트와 평균값 간의 절댓값의 평균을 나타내며, 데이터의 전반적인 퍼짐 정도를 측정한다.
- 변동 계수(coefficient of variation): 표준편차를 평균으로 나눈 값으로, 상대적인 변동성을 나타낸다.

## 2. 가설 <sup>2023년</sup>

### (1) 가설(Hypothesis)이란

① 가설(Hypothesis)은 아직 경험적으로 확인되지 않은 예비적인 이론으로, 두 개 이상의 변수 간의 관계에 대한 추측적인 진술이자 연구문제에 대한 답 그리고 변인 간의 관계를 명확하고 간결하게 제시한 것이다. 이는 실증적으로 검정이 가능해야 하며, 가설 내용은 긍정 또는 부정이 가능하도록 명시되어야 한다.

② 가설은 이론의 검증을 위해 수립된 잠정적 진술이다.

③ 가설의 도출은 기존의 이론 또는 새로운 현상의 관찰로부터 이루어진다.

### (2) 가설의 조건 <sup>2022년</sup>

① 명료성: 가설은 논리적이고 명료해야 하며 간결하게 표현되어야 한다.

② 가치중립성: 가설은 가치중립성이 있어야 하며 연구자의 주관적 견해, 가치, 편견이 없어야 한다.

③ 한정성: 좋은 가설은 구체적이고 특정한 면에 초점을 맞춘다. 한 번에 너무 많은 것을 포괄하려고 하면 안 된다.

④ 변수의 상관관계: 여러 변수가 관련된 가설을 세울 때는 변수들 간의 관계의 특성을 예측하는 것이 중요하다. 일반적으로 변수들이 양의 상관관계를 갖는지, 음의 상관관계를 갖는지, 또는 상관관계가 전혀 없는지에 초점을 맞춘다.

⑤ 검증 가능성: 가설은 구체적이며 경험적으로 검증 가능해야 한다. 검증을 필요로 하는 예비적 이론에 대한 가설이어야 하며 자명한 관계에 대한 가설설정은 지양한다.

⑥ 동의 반복 배제: 가설에서 개념은 동의 반복적이면 안 된다. 예를 들어 '자존감이 높은 사람은 자존감이 더 높다.'라는 가설은 동의 반복적인 가설이다. 이 경우 가설은 자존감과 관련된 다양한 요인 간의 구체적이고 측정 가능한 관계를 제시하지 않는다.

⑦ 설명 및 예측 가능성: 가설은 현재 알려진 '사실'뿐만 아니라, 미래를 '예측'할 수 있어야 한다.

### (3) 영가설과 대립가설 <sup>2018년, 2023년</sup>

① 영가설(귀무가설, null hypothesis)

- 연구에서 증명되는 가설로 대립가설과 반대입장이며 $H_0$으로 표시한다.
- 연구가설(대립가설)을 증명하기 위해 연구가설과 반대되는 영가설을 세우고, 영가

설이 기각되면 연구가설이 맞는 것으로 증명되며 반대로 영가설이 채택되면 연구가설이 틀리는 것으로 증명된다.

예 집단 간에 차이가 없다. 두 변수 간에 관계가 없다.

② 대립가설(연구가설, alternative hypothesis)

- 일반적으로 연구자가 연구에서 주장하고자 하는 가설이다.
- 영가설과 대립되는 가설로서 영가설이 거짓일 때 채택되며 $H_1$으로 표시한다.

예 집단 간에 차이가 있다. 두 변수 간에 관계가 있다.

> **학습 plus**
>
> **서술적 가설과 통계적 가설**
> - 서술적 가설: 영가설이나 대립가설을 언어로 표현한 가설이다.
> - 통계적 가설: 서술적 가설을 기호로 표현한 가설이다.
>
> **등가설과 부등가설**
> - 영가설이나 대립가설에 부등호가 있으면 부등가설, 없으면 등가설이라 한다.
> - 등가설에 의한 검증절차를 양측검증, 부등가설에 의한 검증절차를 단측검증이라 한다.

③ 가설검정의 의의

- 대상집단의 특성에 관한 가설을 세우고, 이를 모집단으로부터 추출한 표본을 사용하여 통계적으로 검증하는 과정이다.

④ 기각과 유의

- 통계학에서의 기각은 이론치와의 차이가 확률적인 오차를 넘어서 오류로 판단되어질 때 해당 가설을 기각(reject)하는 것을 의미한다.
- 가설을 기각하거나 채택하는 판단의 기준인 유의수준($\alpha$)은 유의한지 여부를 결정하며, 가설이 기각된 경우 '유의하다'라고 표현되며, 유의수준 몇 % 내에서 유의한지 강조하여 말한다.

**(4) 가설검정의 오류** 2014년, 2019년, 2021년

① 오류의 종류는 크게 1종 오류와 2종 오류로 나뉘며, 표본에서 얻은 통계치를 이용하여 모수치를 추정할 때 발생하는 오차를 가설검정의 오류라고 한다.

② 가설검정에서 귀무가설을 채택하든 기각하든 어느 하나를 결정할 때, 두 가지 오류 중 하나를 범할 가능성이 있다.

③ 일반적으로 2종 오류보다 1종 오류를 더 심각한 오류로 간주한다.

- 제1종 오류: 영가설이 참일 때 영가설을 기각하고 대립가설을 선택하는 오류로써

$\alpha$라고 표기한다. 1종 오류인 $\alpha$의 수준을 유의수준이라 한다.

　– 참인 $H_0$를 기각하는 잘못된 결정의 확률: $\alpha$

　– 참인 $H_0$를 채택하는 옳은 결정의 확률: $1-\alpha$

- 제2종 오류($\beta$ error): 영가설이 거짓일 때, 영가설을 채택하는 오류로써 $\beta$라고 표기한다. 2종 오류를 범하지 않을 확률, 즉 옳은 결정을 할 확률을 $(1-\beta)$를 검정력이라고 한다.

　– 거짓인 $H_0$를 채택하는 잘못된 결정을 할 확률: $\beta$

　– 거짓인 $H_0$를 기각하는 옳은 결정을 할 확률: $1-\beta$

**학습 plus**

**표본의 크기와 오류의 가능성**

- 표본의 크기와 1종 오류 및 2종 오류의 가능성은 모두 반비례 관계에 있다.
- 표본의 크기와 1종 오류: 표본의 크기가 증가하면, 모집단을 더 정확하게 대표할 수 있고, 통계적 검정력이 향상되므로 1종 오류를 범할 가능성이 감소한다. 따라서 표본의 크기가 증가할수록 1종 오류의 가능성은 감소한다.
- 표본의 크기와 2종 오류: 표본의 크기가 증가하면, 효과를 더 정확하게 식별할 수 있으므로 2종 오류를 범할 가능성이 감소한다. 따라서 표본의 크기가 증가할수록 2종 오류의 가능성은 감소한다.

**(5) 통계적 검정력과 유의수준, 유의확률 2021년, 2023년**

① 통계적 검정력(statistical power)

- 대립가설이 참일 때, 이를 참으로 결정, 옳은 결정을 할 확률이며 $1-\beta$와 같다.
- 검정력이 90%라고 하면, 대립가설이 참임에도 불구하고 영가설을 채택, 잘못된 결정을 할 확률(2종 오류)의 확률은 10%이다.
- 유의수준(1종 오류)이 커질수록, 두 모집단 간의 차이가 클수록, 표본의 크기가 클수록 검정력은 증가한다. 그러나 표준편차가 커지면 검정력은 나빠진다.
- 일반적으로 1종 오류의 확률이 작아질수록 2종 오류의 확률은 커지고 통계적 검정력은 작아진다.

② 유의수준(significance level)

- 통계적 가설검정에서 사용되는 기준값으로 $\alpha$로 표시하고 95%의 신뢰도를 기준으로 한다면 $(1-0.95)$인 0.05 값이 유의수준 값이 된다.
- 유의수준은 연구자가 이론적, 경험적 배경에 의하여 정하게 되며, 일반적으로 사회과학에서는 .01이나 .05로 정한다.
- 잘못된 판단을 했을 경우 심각한 영향을 미칠 것이라고 생각되는 경우라면, 유의수

준을 낮추어야 한다.

③ 유의확률(significance probability)

- 영가설이 옳다고 가정했을 때 통계치가 관측될 확률로, $p$-value 또는 $p$-값이라고 한다.
- 유의수준 값($\alpha$)과 유의확률 값($p$-값)을 비교하여 통계적 유의성을 검정한다.

예 유의수준($\alpha$)을 .05로 설정했을 때, 유의확률($p$-값)이 유의수준($\alpha$)인 .05보다 작다면 영가설을 기각하고 대립가설을 채택한다.

🔊 **학습 plus**

**통계적 가설검정과 유의수준**

통계적 가설검정에서는 일반적으로 유의수준(significance level)이 사전에 설정된다. 유의수준은 1종 오류의 허용범위, 귀무가설을 기각할 수 있는 최대 허용 오류의 확률을 나타내며, 주로 0.05 또는 0.01이 사용된다. 이 유의수준을 기반으로 검정 통계량의 값과 비교하여 귀무가설을 기각하거나 채택하는 결정을 내린다. 만약 검정 통계량의 값이 유의수준보다 작다면 귀무가설을 기각하고 대립가설을 채택하게 된다. 하지만 검정 통계량의 값이 유의수준보다 크거나 같으면 귀무가설을 기각하지 않고 유의하지 않다고 결론지을 수 있다.

(6) 통계적 유의성과 실제적 유의성

① 통계적 유의성: 통계적 가설검정을 위해 설정한 유의수준에 입각한 유의성을 말한다.

② 실제적 유의성: 연구결과가 실제상황에서 실질적인 의미가 있는지를 말하는 것이다.

③ 연구결과를 통계적으로만 해석해서는 안 되며 실제적인 차이도 고려해야 한다.

④ 통계적 유의성과 실제적인 유의성이 모두 있는 연구결과가 가장 바람직하다.

⑤ 최근 많은 연구가 실제적 유의성에 관심을 가지고 있다.

## 3. 통계 및 자료 분석의 방법

(1) $\chi^2$(카이제곱) 검정

① 독립변수와 종속변수가 모두 범주형일 때 사용하는 통계분석이다.

② 범주형 변수(질적변수)의 척도별 비율을 비교하거나 비율의 집단 간 차이를 검증하는 방법이다.

③ 범주형 변수가 서로 연관이 있는지 독립적인지를 판단하는 통계적 방법이다.

④ 주로 종속변수가 명목형 변수에 의한 질적 범주이거나 최소한 범주 변수 사이의 관계를 검증하는 데 사용된다. 예 가장 선호하는 색깔의 남녀 간 비교, 흡연 여부에 따른 폐암 발생률은 동일하다고 할 수 있는가?

⑤ $\chi^2$(카이제곱) 검정은 분포 형태의 차이를 검증하는 것으로 평균치를 낼 필요는 없다.

⑥ 가설 검정에서 $\chi^2$(카이제곱) 통계량을 계산 후 이 값이 기각역, 즉 영가설이 기각되는 영역에 들어가는지의 여부를 판정한다. 기각역은 주어진 유의수준에 해당하는 카이제곱 분포의 상위 %ile에 해당하는 값이다.

⑦ 교차분석: 교차분석은 두 개 이상의 범주형 변수를 동시에 분석하여 그 결과를 교차표로 나타내는 방법이다. 교차분석은 주어진 데이터를 범주별로 나누어 정리하고, 이를 토대로 변수들 간의 관계를 시각화하여 이해하는 데 사용되며, 이후에는 카이제곱 검정 등의 통계적 분석을 통해 관련성을 검증할 수 있다.

제2과목(필수)  제1장

> **학습 plus**
>
> **자유도 2019년, 2021년**
> - 집단 간 자유도＝집단 수－1
> - 집단 내 자유도＝전체 표본 수－집단 수
> - 전체 자유도＝전체 표본 수－1
> - 전체 자유도는 항상 '집단 간 자유도＋집단 내 자유도'와 같다.
> - $\chi^2$ 검정에서의 자유도는 '자유롭게 값을 가질 수 있는 빈도의 개수'로 '항목의 수－1'이다.
> - m×n개의 셀을 가진 교차분석에서의 자유도는 (m-1)×(n-1)이다.
> - F-분포에서는 분포의 모양이 자유도에 따라 달라진다.
> - F-분포에서는 자유도가 커지면 정규분포에 근접한다.

## (2) 상관분석

① 상관계수(correlation coefficient) **2023년**
- 상관계수는 두 변수가 함께 변하는 정도를 나타낸 것이다.
- '상관이 있다'는 것은 한 변수로 나머지 변수를 예측할 수 있는 경우를 의미한다.
- 상관계수는 $-1 \leq r \leq +1$ 사이의 값을 가지게 된다.
- −1에 가까우면 '부적 상관이 높다', ＋1에 가까우면 '정적 상관이 높다' 그리고 0에 가까울수록 '상관관계가 없다'라고 한다.
- 상관계수로 가장 많이 활용이 되는 것은 피어슨의 적률상관계수이다.

> **피어슨의 적률상관계수**
> - 피어슨(K. Pearson)이 개발한 상관계수로 적률상관계수(product-moment correlation coefficient)라고도 한다. 일반적으로 상관계수라고 하면 피어슨 상관계수를 말한다.
> - 피어슨의 적률상관계수는 선형 척도로 한 변수의 변화가 다른 변수의 변화와 연관되는 정도를 나타낸다.
> - 종종 'r'로 표시되며, 범위는 −1에서 1이다.
> - 값이 1이면 완벽한 양의 선형 관계를 나타내고, X가 증가하면 Y도 비례적으로 증가한다.

> - 값이 -1이면 완전한 음의 선형 관계를 나타내고, X가 증가할수록 Y는 비례적으로 감소한다.
> - 값이 0이면 변수들 사이에 선형 관계가 없음을 나타낸다.
> - 피어슨의 적률상관계수 공식에는 두 변수의 공분산 및 표준편차가 포함된다.
> - X와 Y의 공분산을 표준편차의 곱으로 나누어 상관계수를 계산하기 때문에, X와 Y의 표준편차가 일정하게 유지된다고 가정할 때, X와 Y의 공분산이 증가할수록 피어슨의 적률상관계수가 더 커진다.
> - 각 변수에 양의 상수를 곱한다고 해서 변수 간의 선형 관계가 변경되지 않으므로 피어슨 적률상관계수는 변하지 않는다.

② 공분산(covariance, 공변량)
- 공분산은 '변수 X의 편차점수와 변수 Y의 편차점수 곱의 평균'이다.
- 피어슨 적률상관계수와 달리 공분산은 척도의 영향을 받는다. 예를 들어, 키를 180cm라고 하는 것과 1.8m라고 한 경우를 비교할 때 공분산은 차이가 발생한다.

③ 해석 시 유의점
- 두 변수의 상관관계가 반드시 인과관계를 담보하지는 않는다. 인과관계가 되기 위한 필요조건이다.
- 각 집단별 상관관계와 전체 총합의 상관관계는 다를 수 있다.
- 상관분석 결과가 예상과 다를 경우, 이질적인 하위집단들의 존재 가능성을 확인한다.
- 극단치(outliers)로 인해 인위적인 상관관계가 있을 수 있다. 즉, 자료 내에 극단치가 있을 때, 실제로는 존재하지 않는 상관관계가 포착되거나, 반대로 존재하는 상관관계가 포착되지 못하는 경우가 생기기도 한다.

(3) $t$ 검정과 $z$ 검정
① $t$ 검정
- 모집단의 분산을 모를 때, 두 집단의 평균이 통계적으로 유의미한 차이가 있는지 검정하기 위해 이용한다.
- 비교할 집단이 독립적(무선배치설계)인지 종속적(반복측정설계)인지에 따라 '독립표본 $t$ 검정'과 '대응표본 $t$ 검정'으로 나뉜다.
- 종속변수가 연속형(양적변수)이고 모집단의 분산, 표준편차를 알지 못할 때 사용한다.
- 모집단의 분포가 정규분포여야 하며 등분산성 가정이 충족되어야 한다.

② $z$ 검정
- 모집단의 분산을 알고 있고, 정규분포를 따르는 표본에 대한 평균을 검정할 때 이용한다.

- 큰 표본 크기(일반적으로 30 이상)를 가진 경우, 표본 분포가 중심극한정리에 따라 정규분포를 따른다고 가정하고 평균을 검정할 때. '가설설정 → 유의수준 설정 → 표본추출 → 통계량 계산(z값) → 임곗값과 비교 → 귀무가설 기각 여부 결정'의 순서로 진행된다.

## (4) 분산분석(ANOVA) 2021년, 2023년

① 세 개 이상의 집단 간의 평균 차이를 비교하기 위한 통계적 기법으로 종속변수가 연속형(양적변수)이고 독립변수가 범주형(질적변수)일 때 사용된다.

② 정규성(각 집단에 해당되는 모집단의 분포가 정규분포여야 한다), 등분산성(각 집단의 분산이 동일해야 한다), 독립성(자료 간에 상호 독립적이다)의 가정을 만족해야 한다.

③ 즉, $t$ 검정과 $z$ 검정 그리고 $F$-검정의 기본가정은 종속변수가 양적변수, 정규분포 가정, 등분산 가정이 각각 충족되어야 한다.

④ 위 가정을 충족하고 하나의 독립변수가 있을 경우 일원분산분석, 두 개의 독립변수가 있을 경우 이원분산분석을 시행한다.

⑤ $F$-검정($F$-test)

- $F$-검정($F$-test)은 통계적으로 두 또는 그 이상의 모집단의 분산이 같은지 여부를 검정하는 데 사용되는 통계 검정 방법이다.
- 분산분석에서 그룹 간의 평균 차이를 비교하기 위해 사용된다.
- 그룹 간의 분산을 그룹 내의 분산으로 나눈 비율을 검정하여 그룹 간 차이가 통계적으로 유의한지 확인한다.

$$F = \text{Between-group variability}/\text{Within-group variability}$$

> **학습 plus**
>
> $F$-분포($F$-distribution, Snedecor's $F$ distribution, Fisher-Snedecor distribution)
> - $F$-검정에서 사용되는 $F$-통계량은 $F$-분포를 따른다.
> - $F$-분포를 따르는 확률변수는 항상 양(+)의 값을 갖는다.
> - 분포의 모양이 자유도에 따라 달라진다.
> - $F$-분포의 모양은 주로 비대칭이며 자유도가 커지면 좌우대칭에 가까워진다.
> - 두 표본의 분산의 차이를 비교할 때 주로 사용하는 분포로 양(+)의 값만 존재한다.
> - 자유도가 커지면 정규분포에 근접한다.
> - 두 개 표본 분산을 사용될 경우 두 개 표본의 자유도가 있다.

⑥ 사후비교(post-hoc comparison) 검정 2021년

- 주로 실험 또는 조사 후에 수행되는 통계적 비교 분석으로 일반적으로 그룹 간 평균

차이를 비교하기 위해 일원배치 분산분석(ANOVA)를 사용한다.
- 분산분석을 통하여 N(N≥3)개 집단의 평균이 통계적으로 유의미한 차이가 있음을 확인한 후, 구체적으로 어떤 두 집단 간의 차이가 통계적으로 유의미한 차이가 있는지 상호 비교하는 것을 '사후비교(post-hoc comparison)'라고 한다.
- 사후비교 검정방법에는 Turkey 검정, Scheffé 검정, Fisher 검정, Duncan 검정, Student-Newman-Keuls(S-N-K) 검정, Bonferroni 검정이 있다.

⑦ 등분산 검정(homogeneity of variance test)
- ANOVA를 수행하기 전에 각 그룹의 데이터들이 등분산성을 가지고 있는지 검정한다.
- 방법에는 Levene의 등분산 검정, Bartlett의 등분산 검정 또는 Fligner-Killeen의 등분산 검정이 있다. 모든 그룹이 정규분포를 따르는 경우, Levene의 등분산 검정을 사용한다.

⑧ 정규성 검정(normality test)
- ANOVA를 적용하기 위해서는 그룹 내의 데이터가 정규분포를 따르는지를 확인해야 한다.
- 대표적인 정규성 검정으로는 Shapiro-Wilk 검정이나 Kolmogorov-Smirnov 검정이 있다.

## (5) 회귀분석(regression analysis)

① 하나 이상의 독립변수와 종속변수 간의 관계를 이해하고 종속변수가 각 범주에 속할 확률을 예측하는 데 사용되는 분석방법이다. 회귀분석은 특정 독립변수가 종속변수에 미치는 영향, 즉 인과관계를 추론하는 데 사용된다.

② 일반적으로 선형 회귀분석과 로지스틱 회귀분석으로 나뉜다.
- 선형(Linear) 회귀분석: 연속형 종속변수와 하나 이상의 연속형 또는 범주형 독립변수 간의 관계를 모델링하는 데 사용된다. 종속변수와 독립변수 간의 관계를 선형적으로 가정한다.
- 로지스틱(Logistic) 회귀분석: 종속변수에 이산값이 있는 경우, 즉 0 또는 1, 참 또는 거짓, 흑 또는 백 등의 두 가지 값 중 하나만 취할 수 있는 경우에 사용된다. 종속변수가 범주형(일반적으로 두 가지 범주)이고, 독립변수가 연속형 또는 범주형일 때 사용된다.

③ 다중공선성(multicollinearity) 문제: 회귀분석에서 독립변수 간에 높은 상관관계가 나타나는 현상을 말한다. 이로 인해 회귀 계수의 추정치가 불안정하고 해석이 어려워지거나 결과가 왜곡될 수 있다. 분산팽창계수(Variance Inflation Factor: VIF)를 구하여 판단하며, 보통 10보다 크면 다중공선성이 있다고 판단한다.

## (6) 구조방정식(Structural Equation Modeling: SEM)

① 관측된 변수를 통해 잠재변수를 추정해 낸 다음, 잠재변수들 간의 이론적 인과관계를 하나의 모형을 통해 검증하는 분석방법이다.

② 모수의 추정과 함께 모형의 간명성(parsimony)과 적합도(fitness)를 제공한다.

③ 모형의 간명성과 적합도는 서로 상충적이다. 적합도가 높아질수록 간명성은 낮아지고 간명성이 높아질수록 적합도는 떨어진다.

④ 적합도: 선행적으로 설정한 가설이 관찰된 자료에서 유의하게 나타나는 정도를 의미한다. 적합도에는 절대적 적합도 지수(Absolute Fit Indexes)와 상대적 적합도 지수(Relative Fit Indexes)가 있다.

- 절대적 적합도 지수
  - 이론적으로 도출한 모형이 실제 자료와 얼마나 잘 일치하는지를 평가한다.
  - 카이제곱($\chi^2$), GFI(Goodness of Fit Index), AGFI(Adjusted Goodness of Fit Index), RMSEA(Root Mean Square Error of Approximation) 등
- 상대적 적합도 지수
  - 이론적으로 도출한 모형의 적합도를 최악의 독립모형의 적합도와 상대적으로 비교하는 모형 간의 상대적 평가이다.
  - CFI(Comparative Fit Index), NFI(Normed Fit Index), TLI(Tucker-Lewis Index)

제1권 제2과목(필수)

**변수, 연구목적, 기초통계 방법 정리**

1. 독립변수가 양적변수, 종속변수가 양적변수일 때
   - 한 집단의 변수들 간의 관계분석은 상관분석을 사용한다.
   - 한 집단 내 1개 이상의 변수의 다른 1개 변수에 대한 예언 정도 분석할 때는 회귀분석을 사용한다.
2. 독립변수가 질적변수, 종속변수가 양적변수일 때
   - 두 집단 이하 비교 시
     - 모분산($\sigma^2$)을 아는 경우에는 $z$ 검정을 사용한다.
     - 모분산($\sigma^2$)을 모르는 경우에는 $t$ 검정을 사용한다. 단 두 독립표본이고 등분산성을 가정할 수 없을 때 Welch-Aspin 검증을 사용한다.
   - 세 집단 이상을 비교할 경우
     - 독립변수가 1개면 일원분산분석(one-way ANOVA), 독립변수가 2개면 이원분산분석(two-way ANOVA)을 사용한다.

| 자료의 특징 | | | | | 통계 처리 방법 |
|---|---|---|---|---|---|
| 종속<br>변수<br>(연속형) | 독립변수<br>(범주형) | 두 집단<br>이하<br>비교 | 모분산($\sigma^2$)을 아는<br>경우 | 단일표본 | 단일표본 $z$ 검정 |
| | | | | 두 독립표본 | 두 독립표본 $z$ 검정 |
| | | | | 두 종속표본 | 두 종속표본 $z$ 검정 |
| | | | 모분산($\sigma^2$)을 모르는<br>경우 | 단일표본 | 단일표본 $t$ 검정 |
| | | | | 두 독립표본 · 등분산성 가정○ | 두 독립표본 $t$ 검정 |
| | | | | 두 독립표본 · 등분산성 가정× | Welch-Aspin 검정 |
| | | | | 두 종속표본 | 두 종속표본 $t$ 검정 |
| | | 세 집단<br>이상<br>비교 | 독립변수 1개 | | 일원분산분석<br>(one-way ANOVA) |
| | | | 독립변수 2개 | | 이원분산분석<br>(two-way ANOVA) |
| | 독립변수<br>(연속형) | 한 집단 | 변수들 간의 관계 분석 | | 상관분석 |
| | | | 1개 이상의 변수의 다른 1개 변수에 대한 예언 정도 분석 | | 회귀분석 |

제3과목(필수)

# 심리측정평가의 활용

# 제3과목 필수 심리측정평가의 활용

## CHAPTER 01 / 심리검사의 기초

## 1. 심리검사 및 심리평가

### (1) 심리검사의 개요 2015년, 2016년, 2017년, 2020년, 2023년

① 심리검사란 심리적 문제나 현상의 개인차를 비교하고, 수검자의 전체적 · 인격적 · 행동적 · 정서적 측면을 이해하기 위한 심리학적 측정 과정이다.

② 개인의 대표적인 행동 양식을 심리학적 평가 방식(측정도구나 측정기법)으로 측정하여 개인의 행동을 이해하고 예측 가능하게 한다.

③ 심리검사는 표준화된 방식에 따라 행동표본을 측정하는 도구로 규준을 통해 개인의 행동을 예견하고자 하는 체계적이고 전문적인 과정이다.

④ 심리검사를 통해 측정한 결과를 개인 간 비교, 개인 내 비교가 가능하다.

⑤ 심리검사는 피검자의 전체 행동이 아닌 일부 표집된(sampled) 행동을 대상으로 한다.

⑥ 심리검사는 심리적 구성개념을 측정하기 위한 도구이며 이를 통해 심리적 속성의 객관화가 가능하다.

> **학습 plus**
>
> **심리적 구성개념(construct) 2015년, 2016년, 2023년**
> • 심리적 구성개념은 심리검사가 측정하려고 하는 심리적 속성으로 심리학자들이 만들어 낸 추상적이고 가설적인 구성개념이다. 즉, 실제로 존재하지 않지만 인간의 행동을 이해하고 예측하기 위해 만들어 낸 이론적 개념이다. **예** 성격, 지능, 공격성 등
> • 직접 관찰할 수 없고 측정의 단위를 잘 정의하기 어렵다.
> • 심리검사를 통한 심리적 속성의 측정은 수량화, 객관화가 가능하다.
> • 심리적 속성은 조작적 정의를 통해 간접적으로 측정된다.
> • 심리적 구성개념은 조작적으로 완벽하게 정의하기는 어렵고 측정하는 방법도 다양하다.

### (2) 심리평가의 개요 2015년

① 심리평가는 수검자의 심리적 특성을 이해하기 위해 다양한 도구를 사용하여 양적 · 질적으로 측정하고 심리측정의 결과를 분석하고 해석하는 전문적인 과정이다.

② 심리평가 과정은 심리검사, 면담, 행동관찰 등으로 구성된다.

③ 심리평가는 수검자의 심리적 문제해결을 돕는 전문적인 활동으로 다양한 방식으로 얻은 정보들을 통합하는 과정으로 정신병리에 대한 전문적인 지식이 요구된다.

④ 평가 자료에서 나온 결과는 심리 평가자의 주관적 요소가 개입될 수 있기 때문에 가급적 타당화(validation) 작업을 거치는 과정이 필요하다.

### (3) 심리평가(심리검사)의 목적

① 임상적인 진단을 명확하게 하기 위해 진단적 인상을 제시한다.

② 수검자가 보이는 심리적 증상과 문제의 정도와 심각도를 평가한다.

③ 수검자의 자아강도와 인지능력 및 지적기능 수준을 평가한다.

④ 수검자에게 적절한 치료유형과 치료 전략 및 기법을 제시한다.

⑤ 수검자를 치료적 관계로 유도하며, 치료적 반응을 예상하고 치료효과를 평가한다.

### (4) 심리평가 과정 시 임상적 판단(진단적 시사점, 치료 방법 등)의 정확성을 높이는 방안 2015년

① 심리평가 과정에서 얻는 정보는 임상가(평가자)의 기억에 의존하기보다 가능한 한 상세하게 기록해야 한다.

② 정신병리, 심리평가 관련 문헌을 참고하여 과거의 경향과 새로운 동향을 늘 파악한다.

③ 평가자는 자신의 판단이 얼마나 정확한지에 대해 피드백을 받는 것이 좋다. 수련생일 경우 충분히 다양한 케이스에 대해 슈퍼비전을 받아야 하며 전문가라고 할지라도 자신의 판단이 틀릴 수도 있다는 가정하에 피드백에 열려 있는 자세를 가져야 한다.

④ 평가자는 검사 초기에 자신이 세운 가설을 지지하는 자료와 지지하지 않는 자료(불일치되는 자료)를 종합적으로 고려해서 판단해야 한다.

⑤ 평가자는 수검자의 고유하고 독특한 특성을 평가해야 하므로 누구에게나 적용할 수 있는 바넘효과를 임상적 판단의 기초로 삼아서는 안 된다.

---

**학습 plus**

**바넘효과(포러효과)**

'사람들은 보통 모호하고 일반적인 성격을 자신의 성격으로 묘사하면서 자신만이 가지고 있는 독특한 성격으로 믿으려는 경향이 있다'라고 믿는 현상이 있다. 이를 바넘효과(Barnum effect)라 한다. 바넘효과가 적용된 심리평가 및 심리평가 보고서는 코에 걸면 코걸이, 귀에 걸면 귀걸이인 상황을 만들게 되고 한 사람의 고유한 특성을 파악하기 어렵게 만든다.

**(5) 심리평가 보고서 2022년**

① 심리평가 보고서 작성은 수검자 및 주변 인물에 대한 면담, 행동관찰, 생활사적 정보, 평가 결과 등 다양한 자료를 살펴보고 이를 조직화하여 통합하는 과정이다.

② 심리보고서 작성 시 행동관찰을 기술할 때에는 수검자가 보인 특징적인 인상에 초점을 맞추어 구체적이고 명확하게 기술한다.

③ 검사에 의뢰된 사유에 대해 명확한 답을 제공하고 치료적 개입법을 제시한다.

④ 개인의 독특성을 구체적이고 세부적으로 기술하고 평균 지능을 가진 누구나 이해할 수 있도록 전문적인 용어보다 일반적인 용어 사용을 권장한다.

**(6) 심리검사 시행 시 고려해야 할 사항 2016년. 2018년. 2022년**

① 평가동맹 형성: 최선을 다해 수검자가 심리검사에 관심과 흥미를 갖고 협조적으로 검사에 임하도록 격려한다.

② 수검자 변인: 심리검사에 대해 부정적이고 거부적인 정서, 양가적 감정, 두려움, 긴장, 저항감 혹은 지나친 기대나 의존감을 가지고 검사상황에 들어오게 된다.

③ 평가자 변인: 평가자의 연령, 성, 인종, 직업적 지위, 수련과 경험, 성격 특징, 외모 등이 영향을 미칠 수 있다.

④ 검사 상황 변인: 지나친 소음과 자극으로부터 보호, 적절한 채광과 통풍, 안정된 자리 배치와 공간이 요구된다.

**(7) 심리평가와 관련된 윤리적 문제**

① 수검자의 안전성, 비밀 보장, 고통의 감소, 솔직함이 포함된다.

② 심리검사를 부적합한 맥락에서 사용하고 있다는 점, 비밀 보장과 관련된 것, 문화적 편견, 사생활의 침범, 검사 자료의 무분별한 방출, 타당도가 부족한 검사의 오남용 등이 문제로 제기된다.

③ 수검자의 권익보호, 사생활 보호 및 비밀유지를 준수하여야 한다.

④ 표준화된 도구의 사용, 평가도구의 도덕성 및 윤리성을 신중히 고려하여야 한다.

⑤ 수검자의 문제에 대한 인식과 평가 결과를 토대로 치료적 개입을 하여야 한다.

**(8) 심리검사의 발달과정 2016년. 2017년. 2018년. 2019년. 2020년. 2021년**

① 심리검사는 감각-운동 반응을 통해 개인차를 측정하고자 하는 시도로 시작되었다.

② 심리검사는 이해력이나 추리력 등 광범위한 지적 기능을 측정하면서 출발하였다.

③ 발달과정

- 1879년-분트(Wundt)가 독일 라이프치히에 심리학 연구를 위한 실험실을 열었다.
- 1883년-갈튼(Galton)은 '인간의 능력과 발달에 관한 탐구'를 저술했다.
- 1890년-카텔(Cattell)은 '정신검사(Mental Tests)'라는 용어를 처음으로 사용했다.
- 1892년-미국심리학회(American Psychological Association: APA)가 창설되었다.
- 1896년-비트머(Witmer)가 미국 펜실베이니아 대학교에 세계 최초의 심리진료소를 개설하였다.
- 1905년-비네(Binet)는 시몽(Simon)과 함께 초등학교 입학 시 지적 장애아를 식별하기 위한 아동용 지능검사, '비네-시몽 검사(Binet-Simon Test)'라는 최초의 지능검사를 개발했다.
- 1905년-칼 융(C. Jung)이 단어연상검사의 임상적 적용을 시행하였다.
- 1908년-연령척도의 도입으로 정신연령(Mental Age: MA)이라는 개념이 생겨났다.
- 1916년-터만(Terman)이 비네-시몽 검사를 개정, '스탠포드-비네 검사(Stanford-Binet Intelligence Scale)'를 발표하였고 처음으로 비율 지능지수(IQ)를 사용하였다. 우리나라에서는 전용신이 1971년 우리나라 아동을 대상으로 표준화한 '고대-Binet 검사'를 발표했다.
- 1917년-오티스(A. Otis)는 미국의 제1차 세계대전 중, 군 입대 대상자의 선정과 부대 배치를 위해 최초의 성인용 집단용 지능검사인 언어성 검사 'Army Alpha 검사'와 외국인이나 문맹자를 위한 최초의 비언어성 검사 'Army Beta 검사'를 개발하였다.
- 1921년-스위스 의사인 로샤가 잉크반점 검사인 '로샤 검사(Rorschach Test)'를 개발하였다. 1974년 이후, 엑스너(Exner)는 로샤의 채점체계를 종합하여 '로샤종합체계'를 발표했다.
- 1926년-굿이너프(Goodenough)가 '인물화에 의한 지능 측정'을 발표, 인물화(DAP) 검사가 개발되었다.
- 1935년-머레이(Murray)와 모건(Morgan)이 '주제통각검사(Thematic Apperception Test: TAT)'를 개발하였다.
- 1938년-벤더(Bender)가 기질적 장애의 판별을 목적으로 벤더 게슈탈트 검사(BGT)를 개발했다.
- 1939년-웩슬러가 '웩슬러-벨류부(Wechsler-Bellevue)' 성인용 지능척도를 개발하였다.

- 1943년 – '미네소타 다면적 인성검사(Minnesota Multiphastic Personality Inventory: MMPI)'가 개발되었다.
- 1949년 – '16성격 요인검사(16PF)'가 개발되었다.
- 1949년 – '아동용 주제통각검사(CAT)'가 개발되었다.
- 1955년 – '웩슬러 성인용 지능검사(Wechsler Adult Intelligence Scale: WAIS)'가 표준화되었다. 전용신 등은 1963년 '한국형 지능검사 WAIS', 1992년에 'K–WAIS'로 재표준화하였다.
- 1957년 – '마이어스–브릭스 성격유형검사(Myers-Briggs Type Indicator: MBTI)'가 개발되었다.

## 2. 평가면담과 행동평가

(1) 평가면담의 개요 2015년, 2023년

① 면담은 라포를 형성하는 일차적 수단이 되며 구조적 심리검사를 통해서는 쉽게 얻기 어려운 정보를 모으고, 문제행동에 대한 이해 및 해결 방향성과 지지를 피면담자에게 제공해 주기 위한 것이다.

② 면담을 통해 수검자의 방문사유, 태도, 가정 또는 직장 내 생활 및 적응 상태, 대인관계 양상, 개인력 등에 대한 중요한 정보를 얻을 수 있다.

③ 면담에서 수집된 자료는 심리검사에서 얻어진 자료와 통합, 전문적인 분석이 이루어질 때 유용한 정보원이 된다.

④ 행동주의 면담은 구조화된 면담을 선호하고, 인간중심 이론가들은 비구조화 면담을 선호한다.

(2) 구조화된 면담과 비구조화된 면담

① 구조화된(체계적) 면담 2015년, 2016년, 2017년, 2018년, 2020년

- 표준화된 방식으로 일정한 질문과 양식이 갖추어져 있어 비교적 신뢰할 수 있고 타당도가 높다.
- 구조화된 면담은 비구조화된 면담에 비해 타당도와 신뢰도가 더 커서 심리측정적으로 훨씬 양호하다.
- 전문가가 아닌 초보자의 경우에도 일정 기간의 훈련을 거친 후 실시 가능하다.
- 면담 자료를 구조화할 경우 면담자의 주관이 개입될 여지가 적고 객관적이고 체계

적으로 자료를 수집하는 것이 가능하다.

- 구조화된 면담에서는 개방형 질문보다 폐쇄형 질문이 더 많이 사용된다.
- 융통성을 발휘하기 어려워 수검자의 자발성이 억제되는 한계가 있다.
- 한국어판 SCID-5-CV, 해밀턴 평정 척도(The Hamilton Rating Scale) 등이 있다.

> **학습 plus**
>
> **SCID(Structural Clinical Interview for DSM) 2021년. 2023년**
> - 구조화된 면담이지만 평가대상의 모집단, 평가 맥락에 맞게 내용을 수정해서 사용할 수 있는 융통성이 어느 정도 허용된다.
> - SCID-5는 18세 이상의 성인에게 사용되는 것이 가장 적절하다. 그러나 질문의 용어를 조금 수정하면 청소년에게도 사용할 수 있다.
> - DSM-5에 대한 구조화된 임상적 면담(SCID-5)은 주요 DSM-5 진단(이전의 1축 진단)을 내리기 위한 지침서이다.

② 비구조화된 면담 2020년. 2021년

- 정해진 형식과 절차가 없이 검사자가 수검자의 반응을 조직화하고 수검자의 개인력에 대해 독특한 세부 사항을 평가하게 해주며, 융통성을 발휘할 수 있고, 라포 형성이 용이하다.
- 비구조화된 면담은 신뢰도와 타당도가 떨어지고 구조화된 면담에 비해 평정자 간 일치도를 산출하기가 더 어렵다. 또한 수집한 자료를 수량화하기 어렵고, 객관적인 평가가 어렵다는 단점이 있다.
- 다루는 내용, 절차, 기술과 창의성에 따라 자료수집의 효율성과 가치에 차이가 있을 수 있으므로 임상가의 숙련된 전문성이 필요하다.

③ 반구조화된 면담

- 정신과 인터뷰와 같이 일정한 틀은 있지만, 틀 안에서 내담자는 자유롭게 응답할 수 있다.
- 주호소, 현병력, 과거력, 가족력, 과거 병력 등

(3) 행동평가의 개요 2016년. 2017년. 2020년. 2021년

① 행동면담, 행동관찰, 인지행동평가, 자기보고식 질문지, 인지기록지, 정신생리평가 등이 있다.

② 행동평가는 대상의 행동에 대한 직접적인 평가 과정으로 행동주의 접근에서 출발하였다.

③ 평가대상인 개인의 성향보다 상황 요인을 더 중요시한다. 즉, 행동과 근접한 환경적

사건과 상황이 중요하며, 개인의 행동은 환경적 변화에 영향을 받고 또한 환경에 영향을 줄 수 있다고 가정하고 있다.

④ 모든 행동은 다양한 요인들의 상호작용에 의해 결정된다는 '다중 요인 결정론'을 전제한다.

⑤ 행동은 단편적인 요소들에 의해 구성되어 있다고 전제한다.

⑥ 규준적(nomothetic) 접근보다 개체특이적(idiographic) 접근을 따른다.

⑦ 검사자는 면담이나 검사장면에서 수검자의 행동을 주의 깊게 관찰, 수검자의 일상생활 속에서의 긴장과 압력, 대인관계, 문제 상황에서의 행동양상 등을 추론해 볼 수 있다.

⑧ 행동 평가의 장점은 직접 평가로 수검자의 일상생활에서의 행동을 반영한다. 그러므로 실제 속성에 근접한 자료를 얻을 수 있다. 행동에 대한 처치효과, 즉 처치 후에 문제행동을 재평가하는 데 유용하다.

⑨ 한계점은 시간과 인원, 장비 측면에서 비효율적이다. 수검자가 평가를 의식하는 경우, 실제 상황과는 다른 행동을 할 수 있다.

> **학습 plus**
>
> **행동평가의 목적 2018년**
> - 문제행동과 그것이 유지되는 조건을 확인한다.
> - 적합한 처치를 선별할 수 있다.
> - 처치방법을 수정할 수 있다.
> - 처치효과를 평가한다.

## (4) 행동평가 방법

① 행동면담
- 문제 확인 단계, 문제 분석 단계, 계획실행 단계, 치료평가 단계로 구성된다.
- 행동면담은 선행사건과 행동, 결과 간의 관련성을 기술하고 설명한다.
- 목표행동을 확인하고 추가적인 행동평가 과정을 선택하는 것이 목적이다.

② 행동관찰 **2018년, 2020년**
- 면담 시 관찰되는 행동의 특정 영역을 측정하는 구체적인 전략과 기법으로 발달장애 아동, 저항하는 수검자, 어린 아동의 경우 행동평가가 가장 중요한 평가방법 중 하나다.
- 관찰자 편향과 기대에 의해 결과가 왜곡되는 등 관찰자 요인과 영향을 받는다. 관찰 대상자가 자신이 관찰되고 있다는 것을 인지하게 되면, 평소와 다르게 행동하거나

관찰자 편향이나 기대에 의해 결과가 왜곡될 수 있다.
- 행동관찰의 유형으로는 자연관찰법, 유사관찰법, 참여관찰법, 자기관찰법이 있다.
- 행동관찰은 검사자가 직접 할 수 있으며, 교사나 부모가 하기도 하고, 수검자가 자기관찰 보고를 하기도 한다.
- 행동관찰 시 코딩 방법은 이야기 기록, 시간 간격 기록, 사건 기록, 평정 기록 등이 있다.

③ 행동관찰법의 유형 2015년

| 자연관찰법 | • 실험실 통제나 변인의 조작 없이 집, 학교 등 자연스러운 상황에서 관찰자가 내담자의 일상적인 행동을 체계적으로 관찰하고 기록하는 방법이다.<br>• 장점: 자연스러운 환경에서 수집한 정보의 타당성 확보가 용이하다.<br>• 단점: 상황의 통제가 어렵고 상당한 시간과 비용이 요구된다. |
|---|---|
| 유사관찰법<br>(실험적 관찰) | • 상담실이나 놀이치료실 같은 인공적으로 만들어진 통제된 환경에서 특정 행동이 일어나는 상황을 조작하여 관찰하고 기록하는 방법이다.<br>• 장점: 자연스러운 환경에서 관찰이 어렵고 발생빈도가 낮은 행동을 관찰할 수 있다. 경제적이고 효율적이며 신뢰도 검증이 쉽다.<br>• 단점: 관찰자의 기대에 영향을 받을 수 있어 타당도 확보가 쉽지 않다. |
| 자기관찰법 | • 흡연량, 횟수, 체중 증가량 기록 등 관찰대상자가 직접 자신의 생각, 정서, 행동을 체계적으로 관찰하고 기록하는 방법이다.<br>• 장점: 광범위한 행동수집이 가능하고 시간과 비용의 측면에서 효율적이다.<br>• 단점: 스스로 관찰을 의식하여 다르게 반응하거나 기록과 관찰자료의 체계성과 정확성 문제가 있을 수 있다. |
| 참여관찰법 | • 양육자, 선생님 등 관찰대상의 주변 인물이 자연적인 상황에서 행동평가를 하는 것이다.<br>• 장점: 광범위한 문제행동과 환경적 사건에 적용 가능하고 비용이 적게 든다.<br>• 단점: 관찰자의 선입견이나 편견, 숙련도의 문제가 있을 수 있다. |

④ 행동평가에서 행동 관찰 시 사용되는 코딩 방법 2017년, 2020년, 2023년
- 이야기 기록(narrative recording): 관찰자가 관심 있는 행동을 기록하는 것이다. 향후 관찰 이후 특정 행동을 구체적인 영역에서 양적 방법으로 측정할 수 있게 하고 장비가 필요 없고 수많은 가설을 세울 수 있다는 장점이 있다. 단점은 기록 내용을 수량화하기가 어렵다는 것이다. 2023년
- 시간 간격 기록(interval recording): 정해진 시간에 일정한 간격을 두고 일어나는 행동을 기록하는 것이다. 적당한 빈도로 나타나는 눈에 보이는 행동 측정, 시작과 끝

이 명확하지 않은 행동 측정에 좋다. 장점은 시간효율적이고, 특정 행동에 초점을 둘 수 있으며, 모든 행동 측정이 가능하다는 것이다. 단점으로는 목표 행동의 질적 측정이 안 되고 인위적이며 다른 주요 행동을 간과할 가능성이 있다. 시간표집과 간격표집 방법이 있다.

- 사건 기록(event recording): 일어나는 행동 자체를 기록하고, 행동의 빈도, 강도, 지속 기간을 기록하는 것이다. 낮은 빈도의 행동, 시간에 따라 바뀌는 행동을 측정한다는 장점이 있으나, 시작과 끝이 불분명한 행동이나 오랜 시간 지속되는 행동은 측정하기 어렵고 행동이 어떻게, 왜 일어나는가를 추측하기 어렵다는 단점이 있다.
- 평정 기록(ratings recording): 특정한 행동에 대해 체크리스트나, 1~5점 혹은 1~7점 척도상에서 기록하는 것이다. 다양한 행동에 적용하고 통계 분석에 이용 가능하며 비용효과적이라는 장점이 있는 반면, 평정자 간 일치도가 낮고 부정확한 측정 가능성이 있다는 단점이 있다.

⑤ 인지적 행동평가 <sup>2019년</sup>

- 수검자의 내부적 관점, 즉 인지에 초점을 맞추는 평가 과정이다.
- 모든 자료는 수검자가 자가 보고한 내용에서 나온 것이므로 왜곡의 가능성이 있다.
- 생각을 중얼거리며 말하기, 사적인 언어, 명확한 사고, 산출법, 사고목록 작성하기, 사고표집, 사건기록 등을 포함한 인지기록지를 사용한다.

| 생각을 중얼거리며 말하기<br>(think aloud) | • 5~10분 동안 계속적으로 떠오르는 생각을 말로 표현하도록 한다. |
|---|---|
| 사적인 언어<br>(private speech) | • 관찰자가 가까이서 활동을 지켜보면서 언어에 주목하고 기록하여 평가한다. 이러한 사적인 언어는 내적 사고와 밀접하게 부착되어 있다. |
| 명확한 사고<br>(articulated thoughts) | • 수검자가 보고하는 문제와 유사하게 구조화된 상황 또는 가상 상황을 만들고, 수검자에게 자기표현을 하게 한다.<br>• 이어서 비난과 공포 자극에 노출시키고 그 상황에서 떠오르는 생각을 명확히 표현하도록 한다. |
| 산출법<br>(production methods) | • 실제 상황(비난, 공포 자극 상황 등)에서 전형적으로 나타나는 생각을 기록하게 한다.<br>• 실제 자기보고(in vivo self-report)라고 부르기도 한다. |
| 사고목록 작성하기<br>(thought listing) | • 지속되는 생각을 계속해서 기술하기보다 관련된 생각을 요약하고 순서화하게 한다. |

| 사고 표집<br>(thought sampling) | • 생각 샘플을 모으게 한 다음, 알람기능을 통해 그때 일어났던 생<br>각을 기록한다. |
| --- | --- |
| 사건 기록<br>(thought recording) | • 관련된 사건이 일어날 때까지 기다렸다가 사건이 일어난 시점에<br>떠오른 생각을 기록하게 한다. |

⑥ 정신생리 평가
- 인지, 행동, 정서와 생리적 기능 간의 상호작용과 의존방식을 알아내는 평가방법
  이다.
- 심박수, 혈압, 체온, 근육긴장, 전기피부반응, EEG(뇌전도 검사)로 측정되는 뇌활동
  이 해당된다.

⑦ 정신상태검사(Mental Status Examination) **2016년, 2017년, 2022년**
- 면담 시 수검자의 현재의 정신상태와 증상 및 징후를 체계적으로 평가한다.
- 행동, 감정, 지각, 감각, 사고를 평가하기 위한 표준화된 질문과 관찰들로 구성되어
  있다.
- 수검자의 심한 인지능력 손상으로 면담이 어려울 시 보호자나 지인을 동석시켜 정
  보를 수집해야 한다.

⑧ 정신상태 검사의 주요 항목
- 전반적인 용모 및 행동: 옷, 자세, 몸짓, 말투, 위생 상태, 눈맞춤 등 전반적인 용모
  와 행동, 정신운동(초조나 지체) 수준, 면담자에 대한 태도 등의 평가
- 감정, 정서, 기분: 수검자의 언어, 내용, 표정, 신체 움직임에서 객관적, 주관적 감정
  경험 유추
- 지각: 세상과 자신을 지각하는 방식으로 환청 혹은 착각이 있는지 여부를 평가
- 감각과 인지: 의식, 주의력, 집중력, 기억력, 지식, 지능, 추상적 사고능력, 시간, 장
  소, 사람에 대한 지남력
- 사고: 지적 기능, 지남력, 사고형태와 과정, 사고내용, 자살 및 타살 사고, 통찰력과
  판단력(병식)을 평가
  - 사고형태와 과정: 어떻게 사고하는가, 사고의 전개 방식 혹은 연상의 흐름
  - 사고내용: 무엇을 이야기하는가. **예** 현실에서 벗어난 망상
  - 지남력: 자신이 누구인지, 어디에 있는지, 과거와 현재 사건이 일어난 시간에 대
    한 인지능력
  - 통찰력과 판단력: 자신의 행동의 의미와 영향력을 해석하는 능력, 병식

## 3. 심리검사의 분류

### (1) 최대수행검사와 습관적 수행검사: 검사 측정 내용에 따른 분류

#### ① 최대수행검사(능력검사, 인지적검사) 2015년, 2016년, 2018년, 2020년, 2021년

- 검사에 임하는 수검자가 자신의 능력을 최대한으로 발휘하려고 노력한다는 것을 전제로 한다.
- 수검자의 능력 전체를 측정하는 것이 아니라 일부의 능력을 측정하는 검사로 주로 인지기능과 발달적 기능의 수준과 양상을 측정하는 것을 목적으로 한다.
- 검사 문항이 보통 정답과 오답이 존재하며, 시간 제한이 적용되는 검사도 있다.
- 정답률에 따라 피검자의 능력이나 지능의 손상 유무, 발달에 대한 성숙도를 말해 주는 검사이다.
- 지능검사, 적성검사, 학업성취도 검사, 운동능력 검사, 창의력 검사, 신경심리검사, 발달수준 검사 등이 있다.

| 지능검사 | • 인지적 능력을 평가한다.<br>• 웩슬러 지능검사(K-WAIS-IV 등), 비네 지능검사, 그림검사 등이 있다. |
|---|---|
| 적성검사 | • 지능보다 광범위한 지식이나 특수한 기술을 습득하고 숙달할 수 있는 능력을 평가한다.<br>• 일반 직업적성검사(GATB), 차이적성검사(DAT) 등이 있다. |
| 신경심리검사 | • 주의력, 기억력, 관리기능 등 특정 인지기능을 평가한다.<br>• Boston Naming Test-언어능력 검사, Visual Span Test-기억력 검사, Wisconsin Card Sorting Test-실행 기능 등 |

#### ② 대표적 행동 특성(typical performance) 검사(성향검사, 성격검사) 2023년

- 인지영역을 제외한 수행을 측정하는 검사로 일상생활에서의 대표적인 행동 특성(습관적 행동)을 측정하는 데 주목적이 있다.
- 대부분 정답과 오답이 존재하지 않고 시간제한이 적용되지 않는다.
- 수검자가 선호하는 반응을 토대로 성격, 정서, 태도, 동기, 흥미, 가치, 요구와 압력, 정신역동 등을 측정한다.
- 성격검사, 동기 및 태도 검사, 홀랜드(Holland) 직업유형검사, 스트롱-캠벨 흥미검사 등이 있다.

| | |
|---|---|
| 성격검사 | • 성향, 기질 등을 측정하며, 주로 자기보고식으로 이루어지고 있다. 성격의 객관적 판단이 어려운 경우 중요한 타인에 의해 평가할 수도 있다.<br>• MMPI, MBTI, PAI, CPI, 로샤 검사, 주제통각검사(TAT), HTP 등이 있다. |
| 동기 및 태도 검사 | • 특정 대상 혹은 특정 분야에 대한 동기와 태도를 평가한다.<br>• 직무만족도 검사, 동기검사 등이 있다. |
| 흥미검사 | • 특정 대상 혹은 특정 분야에 대한 흥미를 측정한다.<br>• 직업선호도 검사, 스트롱 검사 등이 있다(*직업 적성 검사는 최대수행 검사). |
| 태도검사 | • 부모양육 태도검사(PAT), 직무만족도 검사(JSS) 등이 있다. |

(2) 객관적 검사와 투사적 검사: 구조화 수준 또는 검사자극 특성에 따른 분류

① 객관적 검사(objective tests) 2015년, 2016년, 2017년, 2021년, 2022년

- 검사과제와 실시지침 및 채점 과정이 구조화되어 있어 '구조화 검사(structured test)'라고도 한다.
- 주로 표준화된 점수를 사용하고 이에 따라 해석규준이 제시되어 있다.
- 개인의 독특성보다는 공통적으로 지니고 있는 특성을 상대적으로 비교하는 데 목적이 있다.
- 웩슬러 지능검사(K-WAIS, K-WISC)와 MMPI, MBTI, TCI 등의 성격검사 등의 질문지형 혹은 자기보고형 성향의 검사들이 해당된다.
- 장점
  - 실시와 해석이 편리하다.
  - 표준화, 신뢰도, 타당도 확보가 용이하여 객관적 연구자료가 많다.
  - 개인 간 비교 제시가 가능하다.
  - 투사적 검사에 비해 신뢰도가 높은 편이다.
- 단점
  - 수검자 반응의 질적 독특성을 평가하기 어렵다.
  - 수검자의 언어이해력, 자기 표현 능력에 제한을 많이 받는다.
  - 수검자가 의도적으로 반응을 왜곡하거나 증상을 은폐 혹은 과장하는 것이 가능하다.
  - 사회적 바람직성과 개인의 독특한 반응경향성의 영향을 받는다.

② 투사적 검사(projective tests) 2016년, 2017년, 2021년, 2022년

- 비구조화된 검사 과제를 제시하여 '비구조화 검사(unstructured test)'라고도 한다.
- 모호하고 불분명한 검사자극을 제시한 후 자유로운 반응을 허용함으로써 수검자가 표현하는 내용(비의도적 · 자기노출적 반응)을 통해 자극을 인지하고 해석, 반응하는 과정을 평가한다.
- 수검자 스스로 인식하지 못하는 내적 사고과정 및 사고내용, 정서 동기, 욕구, 내적 갈등, 성격 등을 측정하고자 한다.
- 로샤 검사, 주제통각검사(TAT), 집−나무−사람 검사(HTP), 문장완성검사(SCT), 인물화 검사(Draw−A−Person: DAP) 등이 해당한다.
- 장점
  - 풍부하고 독특한 반응을 이끌어 낼 수 있다.
  - 수검자의 의도에 따른 방어(왜곡)가 어려워 무의식적 내용을 평가하기 용이하다.
  - 언어 이해력에 제한이 있는 대상에게도 실시가 가능하다.
- 단점
  - 검사자 간 채점 결과의 일치도가 더 낮다.
  - 채점 과정에서 평가자(검사자)의 주관이 개입될 소지가 있다.
  - 신뢰도와 타당도가 낮다.
  - 상황적 변인(평가자의 태도 등)에 의해 수검자의 반응이 영향받을 수 있다.
  - 객관적 검사에 비해 실시, 채점, 해석 시 전문성이 더 요구된다.

> **학습 plus**
>
> **머레이(Murray, 1938)의 투사 원리**
> - 개인은 금지된 욕구로 인해 갈등을 경험하게 되면 그 감정을 타인이나 외부 대상에 투사하게 된다고 가정한다.
> - 모호한 자극이 제시될수록 개인의 욕구나 갈등 및 감정이 투사될 수밖에 없다.
> - 검사 자극이 모호할수록 제시된 자극을 인지적으로 해석하는 과정에서 개인의 욕구와 심리적 구조가 영향을 더 강하게 미치게 된다.

(3) 규준참조 검사와 준거참조 검사: 검사의 사용목적에 따른 분류

① 규준참조 검사(norm-referenced test) 2019년

- 규준참조 검사는 개인의 검사점수를 규준집단 내의 다른 사람들의 점수와 비교하여 얼마나 높은지, 낮은지에 대한 상대적 정보를 얻는 것이 목적이다.
- 동료 집단이나 표준화된 표본과의 비교를 통해 수검자의 수행에 대한 상대적 평가

를 제공한다.

- 대부분의 지능검사, 성격검사, 성취 및 적성 검사, 흥미검사 등이 규준참조 검사에 속한다.
- 표준점수, 스테나인 점수, 백분위 점수 등으로 기술된다.

예 학생 A가 수학능력고사의 수학시험에서 원점수가 82점이고 백분위가 75%라고 하면 원점수 82점 미만의 학생들이 75%가 있다는 것이고 학생 A는 상위 25% 안에 든다는 것을 의미한다.

② 준거참조 검사(criterion-referenced test)

- 준거참조 검사란 수검자들이 그 검사 영역을 숙달한 정도를 나타내는 것을 목표로 하며, 연구자가 미리 기준 점수를 설정해 둔다.
- 개인은 자신의 합격, 불합격 여부가 중요하지 다른 사람과 비교해서 얼마나 잘했는지는 중요하지 않으므로 목표를 성취하기 위한 경쟁의식이나 동기를 가지기 어렵다.
- 검사가 측정하고자 하는 바를 구체적으로 정의한 내용영역, 성취목표의 기준이 설정되어 있다.
- 개인이 정해진 준거(점수)에 도달했는지를 평가하므로 절대평가라고도 한다.
- 운전면허시험, 청소년상담사시험 등을 비롯한 각종 국가자격시험이 준거참조 검사에 해당한다.

예 승진시험 혹은 자격시험에서 60%의 정답률 이상을 합격기준으로 정하고 시험을 시행하였다.

(4) 검사 대상에 따른 분류 2022년

① 성인검사: MMPI-2, K-WAIS-Ⅳ, MBTI, TCI 등

② 아동 · 청소년검사: MMPI-A, K-WISC-Ⅳ, K-WISC-Ⅴ, K-ABC, MMTIC, J-TCI, K-CBCL, K-WPPSI

학습 plus

**아동 · 청소년 심리검사의 종류**

| 평가영역 | 검사유형 | 검사도구 | 실시 연령 |
|---|---|---|---|
| 발달 및 인지평가 | 발달검사 | 한국판 베일리 영유아 발달검사Ⅱ(K-BSID-Ⅱ) | 1~12개월 |
| | | 한국형 덴버Ⅱ(DDST-Ⅱ) | 0~6세 |
| | | 한국판 바인랜드 적응행동척도 2판(K-Vineland-Ⅱ) | 0~90세 |
| | 지능검사 | 한국 유아용 웩슬러 지능검사 Ⅳ판(K-WPPSI-Ⅳ) | 2세 6개월~7세 7개월 |
| | | 한국 아동용 웩슬러 지능검사 Ⅳ판(K-WISC-Ⅳ) | 6~16세 11개월 |
| | | 한국 카우프만 지능검사 2판(K-ABC-Ⅱ) | 3~18세 |
| | 신경심리검사 및 학습기능검사 | 벤더 게슈탈트 검사(BGT) | 5세 이상 |
| | | 정밀 주의력 검사(ATA) | 5세 이상 |
| | | 같은 그림 찾기 검사(MFFT) | 5세 이상 |
| | | 위스콘신 카드분류 검사(WCST) | 6세 6개월 이상 |
| | | 단어유창성 검사 | 7세 이상 |
| | | 선로잇기 검사 | 5세 이상 |
| | | 아동 색 선로검사(CCTT) | 5~15세 |
| | | 스트룹 검사 | 5~14세 |
| | | 기초학습 기능검사 | 유치원~초등학생 |
| 성격 및 정서상태 평가 | 행동평가척도 | 유아행동평가척도(K-CBCL. 1.5~5) | 18개월~5세 |
| | | 아동 청소년 행동평가척도(K-CBCL. 6~18) | 6~18세 |
| | | 청소년 자기행동평가척도(K-YSR) | 12~18세 |
| | 객관적 성격검사 | 다면적 인성검사(MMPI-A) | 15~18세 |
| | | 아동청소년 MBTI(MMTIC) | 8~13세 |
| | 투사적 검사 | 로르샤흐검사 | 5세 이상 |
| | | 주제통각검사(TAT, K-CAT) | TAT: 10세 이상<br>K-CAT: 5세 이상 |
| | | 집-나무-사람(HTP) 검사 | 5세 이상 |
| | | 운동성 가족화(KFD) 검사 | 5세 이상 |
| | | 문장완성검사(SCT) | 5세 이상 |

출처: 하은혜(2021), pp.28-9.

(5) 기타 분류 **2016년**

① 실시방법에 따른 분류: 수검자의 단위(수)에 따른 개인검사와 집단검사가 있다.

② 시간제한 유무에 따른 분류: 속도검사와 역량검사(총량검사)가 있다.

③ 문항의 구성 형식: 지필검사와 도구검사(수행검사, 동작검사)가 있다.

④ 검사의 수행 방식: 최대수행검사와 습관적 수행(대표 행동 특성) 검사로 분류된다.

**학습 plus**

**심리검사 선택 시 고려할 사항 2015년**
- 선택된 검사의 신뢰도가 충분히 높은가?
- 검사가 측정하고자 하는 구성개념을 잘 측정하고 있는가?
- 선택된 검사가 수검자의 교육수준에 맞는가?
- 검사의 길이가 적당한가?
- 수검 대상자와 규준집단이 유사한가?
- 검사 지시가 얼마나 적절하게 표준화된 검사 실시를 따르고 있는가?

## 4. 심리검사의 제작과 기초통계

### (1) 검사제작자의 능력

① 검사목표와 검사내용, 검사과정에 대한 충분한 이해가 요구된다.

② 수검자 집단의 연령, 언어, 학습발달 수준, 이해력 수준 등 특성을 파악하고 있어야 한다.

③ 검사와 관련된 다양한 이론, 문항작성법을 숙지하고 있어야 한다.

④ 풍부한 문항 제작 경험뿐만 아니라 간결하고 명확하게 기술하는 탁월한 문장력도 요구된다.

⑤ 주관화 오류를 방지하기 위해 다른 평가자나 검토자 등의 의견에 수용적 태도를 가져야 한다.

⑥ 객관적 문항 제작을 위해 성별, 인종, 학력, 직업, 사회계층 등에 대한 편견이 없어야 한다.

⑦ 수검자의 이해력 및 창의성에 대한 효과적이고 종합적인 분석을 위해 높은 정신능력이 요구된다.

⑧ 다양한 문항들을 제작하는 과정을 통해 새롭고 창의적인 문항을 제작할 수 있어야 한다.

### (2) 심리검사의 제작 순서 2014년, 2015년, 2016년, 2019년, 2020년, 2023년

검사 제작 목적 및 방향 설정 ▶ 검사(측정) 내용의 정의 ▶ 검사 방법의 결정 ▶ 문항 개발 및 검토 ▶ 예비(사전)검사의 실시 ▶ 문항의 분석과 수정 ▶ 본 검사 실시 ▶ 신뢰도와 타당도 검토 ▶ 규준 및 검사요강 작성 ▶ 발행과 개정

✦✦ 객관적 심리검사 제작 절차이며 검사 제작 목적 및 방향 설정에 따라 세부 절차는 달라질 수 있다.

① 검사제작 목적 및 방향설정
  - 평정, 진단, 배치, 성과평가, 선발 등의 다양한 장면에서 검사의 사용목적에 따라 또는 시대적 학술적 요구에 따라 검사를 제작의 방향이 달라질 수 있다.
  - 기존에 제작된 유사한 심리검사가 있는지 확인하고 차별점을 분명히 밝혀야 한다.
② 측정 내용의 정의
  - 심리적 구성개념의 내용에 대한 정의가 분명해야 그에 맞는 문항을 제작할 수 있다.
  - 개념적 정의와 조작적 정의 2가지가 있다.

| 개념적 정의<br>(conceptual definition) | • 심리적 특성의 의미를 이론적이고 추상적으로 정의한 것이다.<br>• 심리검사 제작 시 개념적 정의가 꼭 필요한 것은 아니다. |
|---|---|
| 조작적 정의<br>(operational definition) | • 개념적 정의를 관찰 및 측정 가능한 형식으로 정의한 것이다.<br>• 추상적인 개념들을 구체적인 수치를 부여할 수 있는 측정 가능한 구체적 현상으로 연결시키는 과정이다. |

③ 검사 방법의 결정
  - 검사 실시형식, 척도 유형 및 척도화 방법, 문항 반응 유형 등을 결정해야 한다.
④ 문항 개발 및 검토
  - 문항의 개수는 최종본의 1.5~2배 정도를 개발한다.
  - 사용 언어의 수준, 문항의 길이, 문장의 유형(긍정문, 부정문, 이중부정문 등) 등을 고려하여 진술문을 작성한다.
  - 문항 검토 시, 측정하고자 하는 내용의 포함 정도, 내용의 적절성, 문법, 단어와 문장의 난이도 등을 검토한다.
  - 또한 성차별적이거나 인종차별적이거나 공격적인 용어에 대한 검토도 필요하다.

> **문항 작성 시 고려할 점(Crocker & Algina, 1986)**
> - 문장은 현재시제로 작성하고 이해하기 쉽고 문법적 오류가 없어야 한다.
> - 각 문항은 단일한 개념을 지니고 있어야 하며 애매한 문장은 삼간다.
> - 두 가지 이상의 의미로 해석이 가능한 중의적인 문장은 삼간다.
> - 명확하고 간단한 문장과 이해하기 쉬운 단어를 사용해야 한다.
> - 긍정과 부정의 감정을 나타내는 문항 수는 거의 같은 비율로 구성한다.
> - 긍정적 응답과 부정적 응답의 문항의 방향성을 적절하게 배치한다.
> - '항상' '반드시' '결코' '절대로' '모두' 등 전체 부정어 혹은 전체 긍정어는 피한다.
> - '거의' '단지' 등의 형용사나 '~하지 않을 수 없다' 등의 이중부정은 가급적 사용하지 않는다.
> - '만약 ~한다면' 등의 조건절이나 '~이기 때문에' 등의 이유절의 사용은 삼간다.
> - 사실적 또는 사실적인 것으로 해석될 수 있는 문장을 사용하지 않는다(예 규칙적인 운동은 건강에 좋다).
> - 거의 모든 사람이 '예' 또는 '아니요'로 답할 가능성이 많은 문장을 피하고, 될 수 있으면 문장의 길이를 짧게 한다.

⑤ 예비검사(pilot test)의 실시

- 문항의 적절성, 검사 소요 시간, 지시문 내용, 기타 검사 시 발생할 수 있는 문제점을 사전에 검토하고 수정 및 조절하고,
- 문항분석을 위한 자료(문항 난이도, 평균 및 표준편차 등)를 얻기 위한 목적으로,
- 전체 문항들을 소수의 응답자에게 실시, 어떤 문제점이 없는지 파악하는 과정이다.

⑥ 문항의 분석(item analysis)과 수정

- 신뢰도와 타당도를 높이는 좋은 문항을 변별하기 위해 문항 하나하나를 분석하는 과정이다.
- 문항분석을 위해서는 예비검사에서 얻은 검사 결과를 통계적으로 분석하는 것이 필요하다.
- 평균, 표준편차, 왜도, 첨도, 상관계수 등 다양한 문항 분석 지표를 활용하여 문항분석을 실시하여, 문항난이도, 문항변별도 등을 추정한다.
- 문항 분석은 3단계(예비검사단계, 통계분석단계, 문항선택단계)로 이루어진다.

⑦ 본 검사 실시

- 예비검사 실시 및 문항분석을 통해 본 검사를 만든 후, 타당도와 신뢰도를 검증하기 위해 많은 사람을 대상으로 검사를 실시한다.
- 피검자 표본추출은 정해진 표집방법에 따른다. 표집에는 단순무선 표집, 체계적 표집, 층화표집, 군집표집, 임의표집, 눈덩이 표집, 할당표집이 있다.
  - 표집(sampling) : 검사가 실시될 대상 중 일부(표본집단)를 모집하는 것을 표집이라 한다.
  - 규준 집단(norm group) : 표집 과정을 통해 얻은 집단으로 검사 대상(모집단)을 대표할 수 있는 집단을 말한다.

⑧ 신뢰도와 타당도 검토

- 검사가 측정하려는 것을 얼마나 안정적이고 일관성 있게 측정하였는지 신뢰도를 검토한다.

  예 검사-재검사 신뢰도, 동형검사 신뢰도, 내적 합치도, 평정자 신뢰도

- 검사가 원래 측정하려고 했던 것을 실제로 잘 측정하는 정도를 의미하는 타당도를 측정한다. 이는 검사 목적에 따른 검사 도구의 적합성과 관련이 있다.

  예 내용타당도, 준거 타당도, 구성타당도

⑨ 규준 및 검사요강 작성
- 규준(norm)은 규준집단의 점수를 가장 낮은 점수에서 가장 높은 점수 순으로 늘어놓아 각 점수가 전체 사람들 중에서 어느 정도의 위치에 있는가를 표시한 것이다. 보통 규준 표(norm table)를 의미한다.
- 체계적인 표집법을 통해 얻어진 대표성 있는 규준집단을 구성하고 검사요강을 작성한다.

⑩ 발행과 개정
- 출판사 및 검사 시행 기관 등과 접촉, 심리검사 발행과 관련된 사항, 즉 검사지, 검사도구 및 검사 지침서, 검사 개발 과정을 정리한 검사 개발보고서 등을 결정하고 표준화 심리검사를 발행한다.
- 검사 개발 후에는 시대의 변화에 따른 모집단의 특성의 변화를 반영할 수 있도록 지속적인 규준 개정이 필요할 수 있다.
- 시대가 변함에 따라 문항 내용이 시대에 맞지 않는 경우 문항 내용을 수정해야 하며, 검사 문항 내용이나 검사 구성이 변한 경우에는 규준을 새롭게 제작해야 한다.

## (3) 심리검사의 표준화(standardization)

① 심리검사의 표준화 개념은 시행의 표준화, 채점 및 해석의 표준화, 점수의 표준화, 개발절차의 표준화 등에 사용된다.
② 표준화(된) 심리검사란 언제, 어디서, 누가 실시해도 검사의 실시, 채점, 해석이 동일하도록 표준화 절차를 거쳐 모든 과정이 엄격하게 통제된 검사를 말한다.
③ 일반적으로 표준화 검사는 전문가가 제작하고 검사의 규준, 신뢰도, 타당도와 같은 통계적인 자료가 제시되어 있다.
④ 검사의 시행 이유 및 필요성에 대해 분명한 목적의식을 가지고 실행해야 하며, 그 결과를 오용할 수 있는 개인적, 조직적, 재정적 또는 정치적 상황이나 압력들에 대해 경계해야 한다.
⑤ 표준화 검사는 수검자의 행동 특성을 파악하기 위한 참고 자료로, 그 결과 자체가 절대적인 것은 아니다.
⑥ 표준화 검사의 시행·채점·해석에 대한 전문성과 책임감이 필요하다.

제1교시 제3과목(필수)

**학습 plus**

**표준화 심리검사의 특징**

- 검사의 목적 및 측정 내용이 측정하려는 구성개념에 대한 개념적 및 조작적 정의를 통해 비교적 명확하게 구체화되어 있다.
- 검사목적에 적합한 신뢰도 및 타당도가 확보되어 있다.
- 검사 실시의 표준 방법이 제시되어 있어 실시 과정에 대한 상세한 설명을 제공한다.
- 채점의 표준 방법이 제시되어 있어 문항별 정답, 역채점, 원점수의 환산 방법 등을 알 수 있다.
- 개인의 점수를 쉽게 해석할 수 있는 규준을 보유하고 있다.
- 점수의 의미, 점수 범위 및 범위의 의미 등 해석을 위한 지침이 제시되어 있다.
- 검사 개발 과정 및 검사 양호도에 대한 정보가 제시된다.

(4) 심리검사의 주요 규준점수 2015년. 2018년. 2020년. 2021년. 2023년

**학습 plus**

**점수 환산**

- 개인 간 비교 및 체계적인 해석을 위해서는 원점수(raw score)의 환산이 필요하다.
- 집단 내에서 개인의 점수가 차지하는 상대적 위치를 알 수 있다(개인 간 비교).
- 다른 종류의 검사에서 얻은 수행과 비교 가능한 측정치를 제공해 준다(개인 내 비교).
- 연령규준, 학령규준, 추적규준, 표준점수, 백분위, 표준등급, 여섯 가지가 대표적이다.
- 변환점수에는 백분위점수 Z점수, T점수, 편차점수 IQ 및 스테나인 점수가 있다.

① 백분위점수 2021년. 2023년

- 검사를 통해 얻은 점수자료를 크기 순으로 늘어놓아 100등분한 값이다.
- 특정 점수 이하의 점수를 얻은 사람들이 전체에서 차지하는 비율로 상대적 위치를 가리킨다.
- 계산이 간편하고 이해가 쉬우며, 모든 심리검사에서 보편적으로 이용할 수 있는 장점이 있다.
- 서열척도로 등간성이 없기 때문에 상대적 위치는 제공하나 실제 차이를 정확히 알 수 없다.

② 표준점수의 사용 2021년

- 하나의 검사를 통해 얻은 원점수를 다른 검사의 원점수와 비교할 수 있게 변환한 점수를 표준점수(standard scores)라 하며, 이를 통해 검사 결과의 비교와 상대적 위치 파악이 가능하다.
- 절대영점과 등간이 있어서 가감승제가 가능한 점수이다.
- 표준점수는 원점수의 분포 특성(평균, 표준편차)을 기준으로 산출되는 점수로, Z 점

수와 T 점수가 있다.

③ Z 점수 2023년

- Z 점수는 원점수를 평균이 0, 표준편차가 1이 되도록 원점수를 변환한 점수이다.

- 공식: $Z\text{ 점수} = \dfrac{\text{원점수} - \text{원점수의 평균}}{\text{원점수의 표준편차}}$

④ T 점수 2021년, 2023년

- T 점수는 평균이 50, 표준편차가 10이 되도록 Z 점수를 변환한 점수이다.

- 공식: T 점수 = 10 × Z 점수 + 50

- MMPI에서 사용한다.

- 웩슬러(Wechsler) 지능검사는 T 점수를 변환하여 평균이 100, 표준편차가 15인 T 점수를 사용한다. 2023년

⑤ 스테나인(Stanine) 점수(등급점수=9등급점수)

- 표준등급이라고도 하며, 원점수를 백분위점수로 변환한 후, 비율에 따라 1~9까지의 구간으로 구분하여 등급을 부여한 것이다.

- 평균은 5점이며, 표준편차는 2점이다(최저점수 1점과 최고점수 9점을 제외하여 계산).

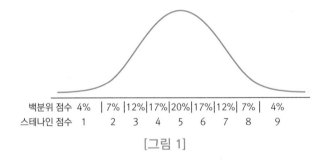

[그림 1]

## 5. 척도의 종류

(1) 척도의 4 유형 2014년, 2016년, 2021년

스티븐스(Stevens, 1946)는 측정 척도를 수준별로 명목척도(nominal scale), 서열척도(ordinal scale), 등간척도(interval scale), 비율척도(ratio scale)로 분류하였다.

① 명목척도(nominal scale)

- 성, 인종, 종교, 결혼 여부, 직업 등 사람이나 사물을 분류할 목적으로 측정대상의 속성에 수치를 부여하는 것을 말한다. 예 축구선수의 등번호

② 서열척도(ordinal scale)
- 그 속성에 할당된 수를 통해 서열이나 순위를 매길 수 있도록 수치를 부여한 척도이다.
- 단위 사이의 간격이 동일(equal distance)하지 않으며 절대량이 정해지지 않는다.
- 청소년상담사 2급처럼 자격등급, 사회계층, 선호도, 서비스 효율성 평가등급 등의 측정에 이용된다.

③ 등간척도(interval scale)
- 사물대상이나 현상을 분류(명명)하고 서열을 정하는 것 외에 추가로, 이들 수치 사이의 간격도 동일하다는 정보를 제공하는 척도이다.
- 지능, 온도, 시험점수 등이 해당하며 산술 계산은 가능하나 절대영점이 없어 비율 정보를 제시할 수 없다. 절대영점이 없다는 것은 절대적 기준점이 없다는 것으로 20℃는 10℃보다 두 배 뜨겁다고 할 수 없다.

④ 비율척도(ratio scale)
- 명목척도, 서열척도, 등간척도가 제공하는 정보 이외에 추가로 수의 비율에 관한 정보를 제공하는 척도이며, 척도를 나타내는 수가 등간일 뿐만 아니라 의미 있는 절대 영점을 가지고 있는 경우에 이용되는 척도이다.
- 키, 연령, 무게, 가족 수, 출생률, 사망률 등이 해당한다.

## 6. 신뢰도 추정방법 2014년, 2015년, 2017년, 2018년, 2020년

(1) 신뢰도
① 동일 또는 동형 검사를 반복 시행했을 때 측정하고자 하는 것을 안정적으로 일관성 있게 측정하는가 하는 것을 말하며, 안정성, 동등성, 동질성의 속성을 가진다.
② 연구결과의 일치도를 말하는 외적 신뢰도와 관찰자 간 일치도를 말하는 내적 신뢰도가 있다.
③ 측정의 오차가 적을수록 신뢰도는 높고, 개인차, 문항 수, 문항반응 수, 검사유형이 신뢰도에 영향을 미친다.

(2) 검사-재검사 신뢰도(test-retest reliability)
① 동일한 검사가 동일한 피검자 집단에 일정 시간 간격을 두고 두 번 실시하여 얻은 두 점수 간의 상관계수로 측정된다.
② 상대적으로 안정적인 변인을 측정할 때 선호되는 방법으로 '안정성 계수'라고도 한다.

③ 실시 간격, 연습효과, 기억이 신뢰도에 영향을 줄 수 있다.

④ 반분신뢰도와 동형 검사 신뢰도는 검사-재검사 신뢰도의 문제점을 보완해 준다.

## (3) 동형 검사 신뢰도(alternate form reliability)

① 특정 검사의 두 가지 유사한 형태 또는 판을 만든 다음 수검자 집단 표본에 실시한 후에 두 검사 점수 간의 상관을 통해 계산된다.

② 치료 효과를 평가하거나 다른 시점에 다른 형태로 실시함으로써 시간에 따른 수검자의 변화를 평가하는 데 유용한 방법으로 '동형성 또는 동등성 계수'라고도 한다.

## (4) 내적 합치도(internal consistency) 동질성 계수(내적 일관성 계수) **2014년**

① 한 검사를 두 부분으로 나눈 뒤 그 점수들 간의 상관을 통하여 신뢰도를 추정하는 것을 반분신뢰도(split half reliability)라고 한다.

② 대표적인 반분법으로 전후 절반법, 기우 절반법, 짝진 임의배치법이 있으며 나누는 방법에 따라 신뢰도 계수값이 조금씩 달라질 수 있다.

③ 전체 검사의 신뢰도 추정을 위해서는 스피어만-브라운 공식을 사용하여 교정한다.

④ 스피어만-브라운 공식이란 반분된 두 검사 각각의 표준편차(변량)가 동일함을 가정한 상황에서 계산된 것을 말한다.

⑤ Kuder-Richardson 계수(KR-20, KR-21)와 Cronbach's $\alpha$ 계수가 문항의 내적 일관성 신뢰도에 해당한다.

## (5) 채점자 간 신뢰도(interrater reliability)

① 검사를 채점하는 데 있어서 주관적인 판단이 요구되는 경우, 수검자의 표본에 의해 산출된 동일한 반응들이 둘 또는 그 이상의 채점자에 의해 채점되며 그 점수들 간의 상관이 계산된다.

## (6) 신뢰도에 영향을 미치는 요인

① 표본 특성, 문항 수와 문항 반응의 수, 문항 특성, 신뢰도 추정방법 등이 신뢰도에 영향을 미친다.

② 표본 특성: 개인차가 클수록 신뢰도 계수도 증가한다.

③ 문항 수: 검사 문항 수가 많을수록 공분산이 증가하므로 신뢰도는 어느 정도 높아진다.

④ 문항 반응 수: 문항 반응의 선택지 수에 따라 신뢰도가 영향을 받는다.

⑤ 문항 특성: 문항 난이도, 문항 모호성, 문항 동질성 등의 특성이 신뢰도에 영향을 미친다.

⑥ 보통 신뢰도 크기는 '내적 합치도 > 반분신뢰도 > 동형 검사 신뢰도 > 검사-재검사 신뢰도' 순이다.

## 7. 타당도 2016년

타당도는 검사가 원래 측정하고자 하는 특성을 실제로 잘 측정하는 정도를 말한다. 즉, 검사 도구가 평가 목적에 얼마나 적합한지를 보는 것이다. 타당도에는 내용타당도(안면), 준거 타당도(공인/예측), 구성타당도(수렴/변별)가 있다.

### (1) 내용타당도(content validity)

① 내용타당도란 검사 문항의 내용이 측정하고자 하는 영역의 내용에 관한 적절한 표본인지를 전문가가 판단하고 평가하는 것이다.

② 관련이 있는 개념은 안면 타당도(face validity)로 검사 이용자, 즉 수검자(일반인)에 의해 판단이 내려진다.

### (2) 준거 타당도(criterion validity) 2014년, 2018년

① 실용적 타당도 또는 경험 타당도라고도 하며, 공인 타당도, 예측 타당도가 있다.

| 공인 타당도<br>(동시 타당도) | • 새로 제작한 검사의 결과를 기존에 타당도가 검증되어 널리 쓰이고 있는 검사의 결과와 비교하여, 타당도를 검증한다. |
|---|---|
| 예측 타당도<br>(예언 타당도) | • 어떤 행위의 발생을 예측한 것과 실제 발생 대상군이 나타낸 행위 간의 관계를 측정한다.<br>• 예측 타당도는 생존분석, 파이계수, ROC분석, 로지스틱 회귀분석 등으로 측정한다.<br>• 예측 타당도가 높은 검사는 선발, 채용, 배치 등의 목적으로 검사를 사용할 수 있다. |

❖❖ 공존 타당도가 현재 상태, 즉 '수검자 ○○씨가 현재 부적응 상태인가'를 나타낸다면, 예언 타당도는 미래 상태, 즉 '수검자 ○○씨가 앞으로 부적응 상태가 될 것인가'를 나타낸다.

### (3) 구성타당도(construct validity) 2018년

① 개념타당도 또는 구인타당도라고도 하며, '검사가 측정하려고 하는 심리적 구성 개념을 얼마나 정확하게 측정해 주는가'에 해당된다. 수렴타당도, 변별타당도가 있다.

- 수렴타당도(convergent validity): 집중 타당도라고도 하며, 검사 결과가 해당 속성과 관련 있는 변수들과 어느 정도 높은 상관관계를 보이며 수렴하는지를 측정하는 것이다.
- 변별타당도(discriminant validity): 판별타당도라고도 하며 검사 결과가 해당 속성과 관련 없는 변수들과 변별(낮은 상관관계)되는지를 측정하는 것이다.

:: 요인분석법(factor analysis): 검사 개발 시 가정했던 이론적 요인 구조가 실제 검사 자료에서도 나타나는지 확인하는 통계적 방법이다.

> **중다특성-중다방법 행렬 2014년**
> - 캠벨과 피스크(Campbell & Fiske)가 고안한 구인타당도를 살펴보는 방법이다.
> - 둘 이상의 특성에 대해 둘 이상의 방법으로 측정하여 그 결과를 분석하는 방법으로서, 동일한 특성에 대해 서로 다른 방법으로 측정하여 그 결과가 어느 정도 상관관계를 나타내는지 확인하는 것이다.
> - 행렬에서 대각선에 존재하는 상관계수 값은 검사-재검사 신뢰도를 나타내는 값이다.
> - 수렴타당도와 변별타당도 등의 개념으로 구인타당도를 검증한다.

## 8. 문항분석 2014년, 2016년, 2019년, 2020년

① 어떤 문항이 신뢰도와 타당도를 높이는 좋은 문항인지를 알기 위해 문항을 하나하나 분석하는 과정을 말한다.

② 검사목적 및 문항 유형에 따라 예비검사에서 얻은 다양한 결과를 문항분석의 지표로 활용한다.

| 분석 방식 | 내용 |
|---|---|
| 문항의 난이도 | • 문항의 난이도 지수는 각 문항에 대한 총 수검자 수에 대한 정답 수검자 수의 비율로 각 문항의 쉽고 어려운 정도를 나타낸다.<br>• 문항 난이도 지수가 0에 근접할수록 어려운 문항이다.<br>• 난이도 수준이 0.5에 근접할수록 문항변별력이 적절하며, 0.5~0.6 사이를 최적 범위로 본다. |
| 문항변별도 | • 각 문항이 능력 수준에 따라 수검자를 통계적으로 변별해 주는 지표이다.<br>• 낮은 능력의 수검자보다 높은 능력을 가진 수검자가 맞힐 확률이 더 높은 문항이 문항변별력이 있는 문항이다.<br>• 문항변별지수(상관계수)가 −1.0~+1.0 사이의 값을 가지며, +1.0에 가까울수록 변별력이 높은 문항이다. 즉, 문항 전체 상관과 문항변별력은 비례한다. |
| 문항 반응분포 | • 수검자들이 반응한 정답과 오답의 비율을 분석하는 방식이다. |

| 평균 및 표준오차 | • 평균이 극단적인 값을 가지거나, 표준편차가 지나치게 작은 극단값의 경우는 나쁜 문항이다. |
|---|---|
| 문항특성곡선<br>(ICC) | • 피검자의 능력 수준과 문항에 정답으로 응답할 확률을 나타내는 곡선이다.<br>• 문항특성곡선의 기울기가 크면(가파르면) 문항변별도가 높아지고, 기울기가 작으면(완만하면) 문항변별도도 낮아진다. |

## CHAPTER 02 / 지능검사

## 1. 지능검사의 개요

(1) 지능의 정의와 학자들

① 학습 능력
- 지능이란 경험을 통해 학습, 계발되는 능력이다.
- 디어본(Dearborn), 게이츠(Gates) 등

② 적응 능력
- 지능이란 새로운 상황이나 문제 및 환경에 적응하는 능력이다.
- 핀트너(Pintner), 피아제(Piaget), 콜빈(Colvin), 스턴(Stern) 등

③ 추상적 능력
- 지능이란 추상적인 사고능력을 구체적인 사실에 관련시킬 수 있는 능력이다.
- 터만(Terman), 서스톤(Thurston), 스피어만(Spearman) 등

④ 조작적 정의
- 지능은 지능검사에 의해 측정된 것이다.
- 프리만(Freeman), 비네(Binet), 보링(Boring) 등

⑤ 총체적 종합적 능력
- 목적에 맞게 행동하고 합리적으로 생각하며, 환경을 효율적으로 다룰 수 있는 개인의 총체적이고 종합적인 능력이다.
- 웩슬러(Wechsler)

(2) 지능검사의 기본 철학

① 지능검사의 소검사는 개인의 학습해 온 것을 측정한다.

② 지능검사의 소검사는 행동의 표집일 뿐 총체는 아니다.

③ 개인대상의 표준화된 검사는 특정한 실험적 환경하에서의 정신기능을 평가한다.

④ 지능검사와 같은 종합검사는 이론적 모형에 근거하여 해석해야 유용하다.

⑤ 검사 프로파일을 통해 도출된 가설은 다양한 출처의 자료를 통해 지지되어야 한다.

(3) 지능검사의 목적

① 개인의 전반적인 지적능력의 수준을 평가하고 인지적 특성, 강점과 약점을 파악한다.

② 임상적 진단을 명료화하며, 기질적 두뇌손상 또는 두뇌손상에 따른 인지적 손상을 평가한다.

③ 지능검사 결과를 통해 치료계획 및 합리적인 치료목표를 수립한다.

(4) 지능의 구조 2015년, 2016년

① 스피어만(Spearman, 1927)의 2요인설

- 스피어만은 지적능력을 측정하는 여러 검사 간에 존재하는 상관관계를 설명하는 '요인(Factor)' 개념을 도입하여, 지능이 일반요인(General Factor)과 특수요인(Special Factor)으로 구성되어 있다고 주장했다.

| 일반요인<br>(G Factor) | • 모든 개인이 공통적으로 가지고 있는 생득적이고 보편적인 능력이다.<br>예 이해력, 관계추출 능력, 상관추출 능력 등 |
|---|---|
| 특수요인<br>(S Factor) | • 언어나 숫자 등의 특정한 분야에 대한 능력이다.<br>예 언어능력, 수리능력, 공간능력, 기계적 능력 등 |

② 서스톤(Thurstone, 1941)의 다요인설 2015년, 2016년

- 스피어만의 2요인설을 반대, 요인분석을 통해 지능의 7가지 요인을 발견하고 기초정신 능력(Primary Mental Ability: PMA)이라고 했다.

- 언어(V요인), 단어유창성(W요인), 추론능력(R요인), 수능력(N요인), 기억(M요인), 공간능력(S요인), 지각속도(P요인)을 각각 독립적 지능을 가진 개별적 능력이라고 주장했다.

③ 길포드(Guilford, 1967)의 지능구조 입체모형설(복합유형설) 2016년

- 길포드는 서스톤의 다요인설을 발전, 확대하여 지능구조 입체모형(Structure of Intellect

Model: SI)을 제안했다.

- 상이한 종류의 정보를 다양한 방법으로 처리하는 능력들의 총체로 지능을 설명하고 있다.
- 지능구조는 정보의 내용(content), 조작(operation), 결과(product)의 3개 차원으로 나뉘며, 각 차원의 세부요소 조합에 의해 120개의 구조로 구성된다.
- 길포드는 조작 과정에서 수렴적 사고를 강조했으며 현재 대부분의 지능검사가 수렴적 사고와 관계된 것으로 평가되고 있다.

| 내용차원(사고의 대상) | 그림, 상징, 의미, 행동 |
|---|---|
| 조작차원(사고의 과정) | 평가, 수렴, 확산, 인지 |
| 결과차원(사고의 결과) | 단위, 분류, 관계, 체계, 전환, 함축 |

**학습 plus**

**수렴적 사고와 확산적 사고**

| 수렴적 사고 (convergent thinking) | • 문제 해결 상황에서 기존 지식으로부터 가장 적합한 답을 찾아 수렴하는 사고의 방식이다.<br>예 '500×7=3500'과 같이 이미 알고 있는 공식에 대입, 문제를 해결한다. |
|---|---|
| 확산적 사고 (divergent thinking) | • 새롭고 다양한 문제해결 방식을 도출해 내는 능력으로 창의성과 관련이 있다.<br>예 3500원으로 무엇을 할 수 있을까?'와 같이 가능한 다양한 방안을 찾는다. |

④ 카텔(Cattell, 1963)의 유동성 지능과 결정성 지능 이론 **2019년, 2020년**

- 카텔은 지능을 유동성 지능(fluid intelligence)과 결정성 지능(crystallized intelligence)으로 분류하였고 제자인 혼(Horn)은 이를 토대로 두 가지 지능의 특징적 양상을 연구·보완하였다.

| 유동성 지능 (fluid intelligence) | • 유전적·선천적으로 타고나며 뇌와 중추신경계의 성숙에 비례하여 발달하고 쇠퇴하는 능력으로 경험이나 학습의 영향을 거의 받지 않는다.<br>• 이전에 경험하지 못한 새로운 상황에서의 문제 해결 능력과 관계되는 속도, 지각, 기계적 암기, 일반적 추론 등이 해당된다.<br>• 웩슬러(Wechsler) 지능검사의 '토막짜기' '숫자 외우기' '빠진 곳 찾기' '공통그림찾기' '차례 맞추기' '모양 맞추기' 소검사는 유동성 지능을 반영한다. |
|---|---|
| 결정성 지능 (crystallized intelligence) | • 유동 지능을 바탕으로 환경, 경험, 문화적 영향을 통해 후천적으로 습득, 계발되는 능력으로 연령과 경험이 증가하면서 계속 발달하는 경향이 있다.<br>• 언어이해, 문제해결 능력, 논리적 추리력, 상식 등이 해당된다.<br>• 웩슬러 지능검사의 '공통성 문제' '어휘문제' '기본지식' '이해문제' 등의 소검사는 결정성 지능을 반영한다. |

⑤ 가드너(Gardner, 1993)의 다중지능이론 2016년, 2018년, 2019년, 2020년

- 지능의 일반적인 측면을 강조하는 전통적 지능이론에 반대한 가드너는 지능을 특정 문화권이나 사회적 상황에서 중요한 문제를 해결하고 산물을 창조하는 능력이라 정의했다.
- 가드너는 지능을 언어(linguistic) 지능, 논리-수학(logical-mathmatical) 지능, 개인 내적(intrapersonal) 지능, 음악(musical) 지능, 대인관계(interpersonal) 지능, 공간(spatial) 지능, 신체-운동(bodily kinetic) 지능이라는 7가지 지능을 제시했다.
- 가드너(Gardner, 2006)는 자연적(naturalistic) 지능, 실존적(existential) 지능을 추가하여 9가지의 독립된 지능을 제시했다.

⑥ 스턴버그(Slernberg, 1996)의 삼원지능이론 2016년

- 개인의 내부세계와 외부세계에서 비롯되는 경험과 맥락을 강조하는 삼원이론을 주장, 지능을 분석적 지능(analytical intelligence), 창조적 지능(creative intelligence), 실천적 지능(practical intelligence)으로 구분하였다.
- 각 지능의 하위이론 지능은 분석적 지능-성분적 지능, 창조적 지능-경험적 지능, 실천적 지능-상황적 지능이 포함된다.

> **학습 plus**
>
> **삼원지능이론의 각 하위이론**
> - 성분적 지능(내부영역): 3가지 정보처리 성분으로, 수행방법의 학습을 위한 지식습득성분, 과제입력 및 해결전략에 관계하는 수행성분, 무엇을 할 것인지 결정, 점검, 평가하는 상위성분(메타요소)으로 구성된다.
> - 경험적 지능(경험영역): 언제 어떤 행동이 적절한가를 통찰하는 지능으로 새로운 문제를 처리하는 능력인 신기성과 정보처리의 자동화 능력인 자동성이 있다.
> - 상황적 지능(외부영역): 기존환경, 즉 현실상황에 적응하고, 새로운 환경을 선택하는 능력이다. 실용적 지능이라고도 하며 문제해결력, 적응능력, 사회적 유능성으로도 본다.

⑦ 젠센(A. Jensen)의 유전지능이론 2016년

- 유전적 지능이 문화나 교육을 통한 지능보다 영향력이 높다고 주장했다.
- 인종 간 나타나는 지능의 차이는 유전자적 차이에서 온다고 분석했다.

(5) 지능지수 산출(비율지능지수와 편차지능지수) 2014년, 2015년, 2016년, 2019년, 2020년, 2021년

① 비율지능지수(비율 IQ)

- 터만(Terman)이 제시, 스탠포드-비네(Stanford-Binet) 검사에서 적용되며, 개인의 지적능력을 정신연령과 생활연령의 관계를 비율로 나타낸 것이다.

$$지능지수(IQ) = \frac{정신연령(Mental\ Age:\ MA)}{생활연령(Chronological\ Age:\ CA)} \times 100$$

- 비율지능지수는 연령 증가에 따라 지능은 계속 증가한다는 전제로 하고 있으나, 생활연령 수준에 따른 정신연령 범위의 증감 폭을 충분히 고려하지 못해 다른 연령대의 대상자와 상대적 위치 비교가 불가능하다.
- 생활연령과 달리 정신연령은 대략 15세 이후로 증가하지 않으므로 15세 이후의 청소년이나 성인에게 적용하는 것은 부적합하다.

② 편차지능지수(편차 IQ) 2015년, 2016년, 2023년

- 웩슬러는 스탠포드-비네 검사의 비율 IQ의 문제점을 해결하고자 개인이 속한 동일 연령대 집단에서의 상대적인 위치로 환산하는 편차 IQ 개념을 도입하였다.
- 웩슬러 지능검사에서는 IQ가 정규분포를 보인다고 가정하고, 해당 연령 규준에 대해 평균 100, 표준편차 15인 표준점수로 전환하여 IQ를 산출한다.

$$지능지수(IQ) = 15 \times 개인점수 - \frac{해당\ 연령\ 규준의\ 평균}{해당\ 연령\ 규준의\ 표준편차} + 100$$

- 개인 내 영역별 소검사의 점수를 비교할 수 있고, 동일 연령대 개인 간 점수 비교가 가능하다. 또한 모든 연령집단에 대해 동일한 방법으로 해석이 가능하다.

(6) 지능검사의 실시와 유의점 2016년

① 수검자와 검사를 위한 평가 동맹, 즉 라포 형성과 유지를 위해 노력한다.

② 채광, 온도, 소음 등을 고려한 검사 환경을 쾌적하게 유지하고 주변 자극을 차단한다.

③ 지시문이나 질문은 정해져 있는 대로 따라야 하며, 표준화된 절차를 따라 실시한다.

## 2. 웩슬러 지능검사

(1) 웩슬러(Wechsler) 지능검사의 개요 2016년, 2017년, 2023년

① 웩슬러가 1939년에 제작한 개인지능검사로, 스탠포드-비네 검사와 함께 가장 널리 사용되고 있다.

② 구조화된 객관적 검사이며, 상대적 지능 정도를 표시하는 편차지능지수를 도입했다.

③ 개발 당시 비네-시몽(Binet-Simon) 검사, 군대용 알파검사, 군대용 베타검사를 참조하였다.

④ 언어이해, 지각추론, 작업기억, 처리속도의 4개의 지표(지수)로 구성되어 있다.

⑤ 현재의 지능수준뿐만 아니라 병전 지능을 추정하여 정신병리를 파악할 수 있으며, 이를 위해 사용되는 소검사는 '어휘' '상식' '토막짜기'이다.

⑥ 검사자가 문제를 언어나 동작으로 제시하고, 수검자의 반응을 기록할 수 있도록 하여, 글을 모르는 사람도 검사를 받는 것이 가능하다.

---

**학습 plus**

**웩슬러 지능검사의 실시 목적**

• 개인의 전반적인 지적 능력을 평가하고자 한다.
• 지능검사의 소검사 프로파일을 통해 개인의 인지적 특성, 인지적 강점 및 약점을 파악하고자 한다.
• 지능검사의 결과에 기초해 임상적 진단을 명료화하고 두뇌손상 여부 및 두뇌손상으로 인한 인지적 손상을 평가하고자 한다.
• 지능검사의 결과에 기초해 치료계획 및 합리적인 치료목표를 수립하고자 한다.

---

**(2) 웩슬러 검사의 종류와 발달순서**

| 유아용 | 만 4~6세 | WPPSI(Wechsler Preschool & Primary Scale of Intelligence) ⇨ WPPSI ⇨ R-WPPSI-111(2002) |
|---|---|---|
| 아동용 | 만 6~16세 | WISC(Wechsler Intelligence Scale for Children) ⇨ WISC-R ⇨ WISC-III ⇨ WISC-IV(2003) ⇨ WISC-V(2014) |
| 성인용 | 만 16세 이상 | WAIS(Wechsler Adult Intelligence Scale) ⇨ WAIS-R ⇨ WAIS-III ⇨ WAIS-IV(2008) |

## 3. 한국판 웩슬러 성인용 지능검사 4판(K-WAIS-Ⅳ)

**(1) K-WAIS-Ⅳ의 개요 및 특징** 2015년. 2016년. 2017년. 2018년. 2019년. 2020년. 2022년

① K-WAIS-IV는 WAIS의 최신 개정판으로 최신 지능이론에 기초, 임상적 유용성을 향상시키고 심리측정적 요소를 개선하기 위해 개정되었다.

② K-WAIS-IV는 16세 0개월부터 69세 11개월까지 연령 범위를 확장함으로써 발달적 적합성을 강화했다.

③ 언어성 및 동작성 지능지수가 폐지되었다.

④ 언어이해, 지각추론, 작업기억, 처리속도의 4요인 구조가 K-WAIS-IV에서 그대로 적용되었으며, 부가적인 지표로서 일반 능력지표(GAI)가 추가되었다.

⑤ 10개의 핵심 소검사에 기초, 전체 IQ 및 지표점수를 산출함으로써 검사 소요시간을 단축했다.

⑥ 차례 맞추기와 모양 맞추기 소검사가 제외되었다.

⑦ 퍼즐, 무게비교, 지우기, 행렬추론, 동형찾기, 순서화와 같은 새로운 형식의 소검사가 추가되었으며 전체 소검사는 15개의 소검사로 이루어져 있다.

⑧ 전체지능지수(FSIQ)의 범위를 확대(40~150)하여 검사 적용 측정 범위를 확장하였다.

⑨ 시간보너스의 비중을 줄이고 언어적 지시의 단순화, 시각적 자극의 크기 확대 등으로 실시를 간편화하고 핵심소검사만 실시할 경우 시간을 단축시킬 수 있다.

⑩ 시범문항과 연습문항의 도입하고 지시문의 난이도를 낮춤으로써 과제 수행을 용이하게 하였다.

⑪ K-WAIS-IV에서 제한시간이 있는 소검사는 토막짜기, 산수, 동형찾기, 퍼즐, 기호쓰기, 무게비교, 지우기, 빠진 곳 찾기이다.

**(2) K-WAIS-IV의 4가지 지표와 소검사 구성(⏱ : 시간제한) 2016년, 2018년, 2022년**

| 구분 | 언어이해(VCI) | 지각추론(PRI) | 작업기억(WMI) | 처리속도(PSI) |
|---|---|---|---|---|
| 핵심 소검사 | 공통성<br>어휘<br>상식 | 토막 짜기 ⏱<br>행렬추리<br>퍼즐 ⏱ | 숫자<br>산수 ⏱ | 동형찾기 ⏱<br>기호쓰기 ⏱ |
| 보충 소검사 | 이해 | 무게비교 ⏱<br>빠진 곳 찾기 ⏱ | 순서화 | 지우기 ⏱ |

**(3) WAIS-IV의 실시 시 주의점 2015년**

① 검사자는 각 소검사에 대한 시작 문항, 중지 및 통과기준, 시범시행, 연습시행 여부, 재시도 규칙 등을 숙지하고 적용해야 한다.

② 숫자와 순서화 소검사에서 숫자(글자)는 1초에 하나씩 불러 주고, 마지막 숫자는 음조를 낮추어 읽어 준다.

③ 이해 소검사에서 수검자의 요구가 있어도 제시된 단어의 의미를 설명하지 않는다.

④ 산수 소검사 실시 시 수검자가 요구할 경우, 문제를 반복해서 제시할 수 있다.

⑤ 수검자의 요청으로 문제를 반복 설명할 경우, 시간 측정을 멈추지 않고 계속 잰다.

(4) '되돌아가기' 규칙 **2014년. 2015년. 2016년**

① 1번 문항부터 시작하지 않고 시작점을 제시하는 소검사에 적용되며, 시작점 앞에 있는 문항들은 언제 실시할 것인지, 언제 중지할 것인지에 대한 지침이 제시되어 있다.

　　**예** 토막짜기: 연습문항 후 5번 문항(시작점)에서 시작하며, 5번과 6번 중 어느 하나라도 0점이면 두 문항 연속해서 완전한 점수를 얻을 때까지 역순으로 이전 문항을 실시한다. 두 문항 연속해서 0점이면 중지한다(중지규칙).

② 검사 실시의 시작점이 연령에 따라 다른 소검사도 있으므로 실시 시 주의해야 한다.

③ 시작점 이후 실시된 첫 두 문항에서 수검자가 완전한 점수를 받으면 계속 검사를 진행하고 시작점 이전의 문항을 득점한 것으로 간주한다.

(5) 기록용지 작성 **2022년**

① 수검자의 반응을 기록할 때에는 수검자가 말한 그대로(verbertim)를 모두 기록해야 한다.

② 수검자인 아동의 반응이 불완전하거나 명료하지 않을 경우 검사자가 기록용지에 'Q'라고 기록하며 추가 질문을 한다.

③ 기록용지에 'Prmt'라고 작성한 경우는 촉구한 것을 의미한다.

④ 기록 용지에 'P'는 수검자가 정확히 반응했을 때, 'F'는 부정확한 반응에 기록한다.

⑤ DK는 수검자가 모른다고 했을 경우 기록한다.

⑥ 이 밖에 NR(No Response, 무응답), INC(Incomplete, 제한시간 내 완성하지 못할 때), OT(Over Time, 제한시간 초과) 등을 기록한다.

(6) K-WAIS-IV의 실시 순서와 설명

*( )는 보충소검사

| 번호 | 소검사 | 약어 | 설명 |
|---|---|---|---|
| 1 | 토막짜기 | BD | 제시된 모형이나 그림을 보고 토막을 사용, 동일한 모양을 만든다. |
| 2 | 공통점 | SI | 제시된 두 단어에 대해 공통점을 찾아서 말하는 과제이다. |
| 3 | 숫자 | DS | 평가자가 읽어 주는 숫자를 제시한 대로 따라 하는 과제이다. |
| 4 | 행렬추론 | MR | 일부가 빠진 매트릭스를 보기에서 선택하여 완성하는 과제이다. |
| 5 | 어휘 | VC | 그림이나 언어로 제시된 단어의 뜻을 설명하는 과제이다. |
| 6 | 산수 | AR | 제시된 산수문제를 암산으로 푸는 과제이다. |
| 7 | 동형찾기 | SS | 표적기호와 동일한 기호를 보기에서 찾아 표시하는 과제이다. |

| 8 | 퍼즐 | VP | 제시된 자극과 동일한 형태를 만들기 위해 3개의 조각을 찾는 과제이다. |
| 9 | 상식 | IN | 다양한 분야의 일반지식에 대해 답하는 과제이다. |
| 10 | 기호쓰기 | CD | 각 숫자에 해당하는 기호를 찾아서 옮겨 적는 과제이다. |
| 11 | (순서화) | LN | 평가자가 읽어 준 숫자와 요일을 듣고 순서대로 말하기 과제이다. |
| 12 | (무게비교) | FW | 제시된 저울그림의 균형을 맞출 수 있는 반응을 찾는 과제이다. |
| 13 | (이해) | CO | 주어진 상황에 대한 일반적 원칙이나 관습에 대한 이해를 바탕으로 질문에 답하는 과제이다. |
| 14 | (지우기) | CA | 표적자극과 색, 모양이 같은 도형을 찾아 표시하는 과제이다. |
| 15 | (빠진 곳 찾기) | PCn | 주어진 그림에서 빠져 있는 부분을 찾아내는 과제이다. |

### (7) K-WAIS-Ⅳ의 해석절차

① 1단계: FSIQ의 보고 및 기술-지표 점수 간 최대 차이(23점)에 근거해 FSIQ를 적용할지, GAI를 적용할지 결정한다.

② 2단계: 각 지표별 보고 및 기술-지표 점수를 해석할 경우 하위 소검사 간 최대 차이 5점 이상이면 단일 지표로 해석하기 어려워 대안적 요인 분석을 고려해야 한다.

③ 3단계: 지수 수준에서의 차잇값 비교의 평가

④ 4단계: 강점과 약점의 평가

⑤ 5단계: 소검사 수준에서의 차잇값 비교의 평가

⑥ 6단계: (선택적) 소검사 내의 점수 패턴 평가

⑦ 7단계: (선택적) 과정 분석의 수행

### (8) K-WAIS-Ⅳ의 조합점수별 측정내용

| 구분 | 내용 |
| --- | --- |
| 전체지능지수 (FSIQ) | • 전반적인 지적 능력에 대한 점수이며, 언어이해지수(VCI), 지각추론지수 (PRI), 작업기억지수(WMI), 처리속도지수(PSI)를 산출하는 데 포함된 소검사 환산점수들의 합으로 계산한다.<br>• 지표 간 유의미한 차이(23점 초과)가 나는 경우 전반적 지능을 대표할 수 없으므로 추가 지표 GAI와 CPI를 사용한다. |
| 일반능력지수 (GAI) | • 논리적 사고 및 문제해결 능력과 연관된 척도이다.<br>• 언어이해(공통성, 어휘, 상식)와 지각추론(토막짜기, 행렬추론, 퍼즐)의 소검사를 모두 합해서 환산한 점수이다. |

| 인지효율지수<br>(CPI) | • 정보처리 효율성과 연관된 척도로 기본 인지능력을 얼마나 효율적으로 사용하는지 파악한다.<br>• 작업기억의 주요 소검사(숫자, 산수)와 처리속도의 주요 소검사(동형찾기, 기호쓰기)로 구성된 조합점수이다. |
|---|---|

① GAI<CPI일 경우: 기본 인지능력은 양호하나 그 능력을 활용할 정보처리 효율성은 떨어진다.

② GAI>CPI일 경우: 정보처리 효율성은 양호하나 기본적인 지적 능력이 부족하다.

> **학습 plus**
>
> **웩슬러 지능검사의 지능지수 산출방법 2020년**
>
> 첫째, 채점을 통해 소검사의 원점수를 구한다.
> 둘째, 원점수를 표준점수로 환산하여 환산점수를 도출한다.
> 셋째, 조합점수(합산점수)를 도출한다.
> 넷째, 환산점수 및 조합점수 대응 표준편차와 백분위를 구한다.

(9) 4가지 지표와 소검사 해석 2016년. 2018년. 2020년. 2022년. 2023년

① 언어이해 지표(공통성, 어휘, 상식, 이해)

- 언어적 정보에 대한 개념 형성능력(공통성, 어휘), 사실적 지식(상식), 사회적 지식(이해)의 습득 정도를 측정한다.
- 언어이해 지표는 환경 및 문화적 여건의 영향을 많이 받는다.

| 소검사 | 내용 |
|---|---|
| 공통성<br>(similarity) | • 핵심적이고 본질적인 속성과 덜 중요하고 비본질적인 속성을 구별하는 능력, 언어적 개념형성 능력과 추상적 추론 능력을 나타낸다. |
| 어휘<br>(vocabulary) | • 어휘력을 포함한 축적된 언어학습능력을 측정한다.<br>• 수검자의 지적 능력을 가장 잘 반영하는 소검사이다.<br>• 다른 소검사에 비해 어휘가 유의미하게 높을 때는 초기 학습 환경이 좋아 획득된 지식이 높다는 것을 의미하지만 한편으로는 주지화 경향성을 고려해 볼 수 있다. |
| 상식<br>(information) | • 학교교육 및 문화적 경험 등을 통해 장기간 축적된 폭넓은 영역의 일반 지식을 측정한다. |
| 이해<br>(comprehension) | • 도덕, 사회규칙, 양심 등 일반적 원리와 사회적 상황에 대한 이해 및 태도를 측정한다.<br>• 자신의 과거 경험을 선택, 조직화하여 활용, 평가하는 능력 및 판단력을 측정한다. |

제1교시

제3과목(필수)

② 지각추론 지표(토막짜기, 행렬추론, 퍼즐, 무게비교, 빠진 곳 찾기)

- 시공간 자극에 반응하는 능력, 지각적 및 유동적 추론능력, 표상화 및 심사화 능력, 시각-운동 통합능력을 측정한다.
- 제한된 시간 내에 시각적으로 인식된 자료를 해석하고 조직화하는 능력, 비언어적 시각정보에 대한 작업기억력 등 유동 지능을 반영한다.

| 소검사 | 내용 |
|---|---|
| 토막짜기<br>(block design) | • 유동적 지능, 추상적인 시각적 자극을 분석하고 통합하는 능력, 비언어적 개념형성 및 추론, 광범위한 시각적 지능, 시지각 및 조직화 능력, 동시적 처리 과정, 시각-운동 협응 능력, 전경과 배경을 구별하는 능력 등을 측정한다. |
| 행렬추론<br>(matrix reasoning) | • 유동적 지능 2023년<br>• 시지각 능력 및 시지각적 조직화 능력, 시공간 추론 및 추상적 사고력, 전체를 세부 구성 요소들로 분석하는 능력을 측정한다. |
| 퍼즐<br>(visual puzzles) | • 유동적 지능, 동시적 처리능력, 전체를 개별 구성 요소로 분석하는 능력, 시지각적 조직화 및 통합 능력, 심상화(visualiztion) 능력, 동시적 처리능력 등을 측정한다. |
| 무게비교(보)<br>(figure weights) | • 비언어적 시각 정보에 대한 수학적 추론능력, 주의전환 능력 및 인지적 유연성, 수량에 대한 추론능력, 시각적 주의집중력 및 작업기억력을 측정한다. |
| 빠진 곳 찾기(보)<br>(picture completion) | • 시각적 기민함 및 주의집중력, 시각적 장기기억력, 습득해 놓은 정보를 인출하는 능력, 현실 접촉과 환경의 세부 요소를 인식하는 능력, 전체와 세부 요소 간의 관계를 지각하는 능력을 측정한다. |

③ 작업기억 지표(숫자, 산수, 순서화)

- 외부 단서 없이도 그 정보를 활성화하여 사용할 수 있는 작업기억능력을 측정한다.
- 주의집중력, 청각적 단기기억, 수리능력, 부호화 능력, 청각적 처리기술, 인지적 유연성 등을 반영한다.
- 우울, 조증/경조증, 불안 등의 정서 상태나 동기 수준이 영향을 많이 미친다.
- 만성 조현병, ADHD, 두뇌 외상 등 신경인지기능 결함에 민감하다.

| 소검사 | 내용 |
|---|---|
| 숫자<br>(digit span) | • 자극을 수동적으로 수용하는 능력, 즉각 회상 및 기계적 학습, 주의폭 및 단기기억의 범위를 측정한다.<br>• 가역적 사고능력(거꾸로 따라 하기, 순서대로 따라 하기), 인지적 유연성, 사고패턴을 전환하는 능력)을 측정한다. |

| 산수<br>(arithmetic) | • 청각적 주의집중력 및 주의 지속 능력, 연속적 처리능력, 학교교육을 통한 학습정도, 습득된 지식, 수리적 추론능력, 정신적 조작, 단기 및 장기기억 등을 측정한다. 2023년 |
|---|---|
| 순서화(보)<br>(letter-number sequencing) | • 청각적 주의집중력 및 주의 통제력, 연속적 처리능력, 정신적 조작 능력, 주의력, 집중력, 작업기억력 등을 측정한다. |

④ 처리속도 지표(동형찾기, 기호쓰기, 지우기)

- 비언어적 정보를 처리하고 문제를 해결할 때 요구되는 정신 속도 및 운동 속도를 반영한다.
- 시지각 변별능력, 정신-운동 협응 능력, 지속적 주의집중력, 시각-운동 협응 능력, 인지적 유연성 등을 반영한다.
- ADHD, 학습장애, 외상성 뇌손상 등에 민감하며, 강박적 성향, 충동성 성향에 영향을 받는다.

| 소검사 | 내용 |
|---|---|
| 동형찾기<br>(symbol search) | • 시각적 탐지 속도 및 정보처리속도, 시각적 경계 및 주의집중력, 단기적 시각 기억력, 시각-운동 협응 능력, 인지적 유연성, 정신운동 속도, 정신적 조작 속도, 지각적 조직화 능력, 유동적 지능, 계획 및 학습능력을 측정한다. |
| 기호쓰기<br>(coding) | • 단기기억, 정신운동 속도, 주의 지속능력, 시각-운동 협응 능력, 시각적 탐색 능력, 인지적 유연성, 주의력, 시간 압력하에 작업하는 능력, 동기 등을 측정한다. |
| 지우기(보)<br>(cancellation) | • 시각적 경계(vigilance) 및 집중력, 무시(neglect) 증후군 등을 평가한다.<br>• 시지각적 재인 및 변별능력, 지속적 주의력 및 선택적 주의력을 측정한다. |

**결과에 영향을 미치는 요소** 2016년, 2018년
- 지각추론 지표에 해당되는 소검사들의 수행은 불확실성에 반응하는 능력에 영향을 받는다.
- 숫자, 산수, 순서화, 동형찾기와 기호쓰기 소검사의 검사 수행에는 불안, 주의산만 등의 수검자 요인이 작용할 수 있다.

제1교시<br>제3과목(필수)

⑩ 웩슬러 지능검사의 IQ 곡선 및 다른 표준점수와의 관계 2015년. 2016년. 2017년. 2020년. 2023년

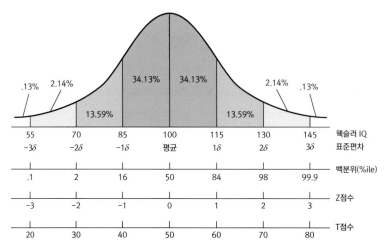

[그림 2] 웩슬러 지능검사의 IQ 곡선 및 다른 표준점수와의 관계

출처: 이우경 외(2019), p.85.

| 구분 | Z점수 | 지능점수<br>평균 100 | T점수<br>평균 50 | 소검사<br>평균 10 | 백분위 |
|------|-------|------------|----------|------------|--------|
| 68.26% | −1~+1 | 85~115 | 40~60 | 7~13 | 15.87~84.13 |
| 95.44% | −2~+2 | 70~130 | 30~70 | 4~16 | 2.28~97.72 |
| 99.72% | −3~+3 | 55~145 | 20~80 | 1~19 | 0.14~99.86 |

## 4. 한국판 웩슬러 아동용 지능검사 4판(K-WISC-Ⅳ) 2014년. 2016년. 2020년. 2023년

(1) K-WISC-Ⅳ의 개요 및 특징

① K-WISC-Ⅳ는 6세 0개월~16세 11개월까지의 아동 및 청소년의 인지적 능력을 평가하기 위한 개별 검사도구이다.

② K-WISC-Ⅳ는 K-WISC-Ⅲ와 동일한 10개 소검사와 5개의 새로운 소검사(공통그림찾기, 순차처리, 행렬추리, 선택, 단어추리)를 포함, 15개의 소검사로 구성되어 있다.

③ K-WISC-Ⅳ에서 제한시간이 있는 소검사는 토막짜기, 기호쓰기, 동형찾기, 빠진 곳 찾기, 선택, 산수이다.

④ K-WISC-Ⅳ에서 역순으로 돌아가기 규칙이 없는 소검사는 숫자, 순차연결, 기호쓰기, 동형찾기, 선택 소검사이다.

## (2) K-WISC-IV의 소검사 구성(⊘ : 시간제한, ↺ : 되돌아가기) 2016년

| 구분 | 언어이해(VCI) | 지각추론(PRI) | 작업기억(WMI) | 처리속도(PSI) |
|---|---|---|---|---|
| 핵심 소검사 | 공통성 ↺<br>어휘 ↺<br>이해 ↺ | 토막짜기 ⊘<br>공통그림찾기 ↺<br>행렬추리 ↺ | 숫자<br>순차연결 | 기호쓰기 ⊘<br>동형찾기 ⊘ |
| 보충 소검사 | 상식 ↺<br>단어추리 ↺ | 빠진 곳 찾기 ⊘, ↺ | 산수 ⊘, ↺ | 선택 ⊘ |

## (3) K-WISC-IV의 하위 소검사의 유형 2018년, 2020년, 2021년, 2023년

### ① 언어이해

| | |
|---|---|
| 공통성(SI) | • 언어적 표현, 언어적 추론과 개념 형성을 측정한다.<br>• 청각적 이해, 기억, 본질과 비본질적인 특성 간의 구분 능력을 측정한다. |
| 어휘(VC) | • 언어 지식의 축적, 개념형성, 학습 능력, 장기기억, 언어발달의 정도 측정한다. |
| 이해(CO) | • 일반적인 원칙, 사회적 상황에 대한 이해, 행동의 보편적 기준에 대한 지식과 실제적 지식을 발휘하는 능력을 측정한다. |
| 상식(IN) | • 과거 학습, 학교 교육 등 교육의 정도와 광범위한 일반적 지식을 획득, 유지, 인출하는 능력을 측정한다. |
| 단어추리(WR) | • 서로 다른 유형의 정보를 통합, 대체 개념을 만들어 내는 능력을 측정한다.<br>• 가정환경과 성취동기에 영향을 받는다. |

### ② 지각추론(PRI) 2023년

| | |
|---|---|
| 토막짜기(BD) | • 시각-운동 협응 능력, 시지각 및 시각적 조직화, 동시처리, 전체 구성 요소를 분석하고 종합하는 능력을 측정한다. |
| 행렬추리(MR) | • 유동성 지능, 일반 지적 능력, 시각적 정보처리와 추상적 추론 능력을 측정한다. |
| 공통그림찾기(PCn) | • 2~3줄의 그림을 제시, 공통 특성으로 묶을 수 있는 그림을 찾도록 한다.<br>• 추상화와 범주적 추론 능력을 측정한다. |
| 빠진 곳 찾기(PCm) | • 시각적 기민성, 시지각 및 시각적 조직화, 집중력, 사물의 본질과 비본질적인 세부에 대한 구분능력을 측정한다. |

제1교시 | 제3과목(필수)

③ 작업기억

| 숫자(DS) | • 주의집중력, 청각적 단기기억, 사고 패턴 전환 능력을 측정한다.<br>• 기계적 암기 학습과 더불어 인지적 유연성과 정신적 기민함을 측정한다. |
|---|---|
| 순차연결(LN) | • 주의력, 청각적 단기기억, 계열화, 정신적 조작, 시공간적 형상화, 처리 속도 능력을 측정한다. |
| 산수(AR) | • 정신적 조작, 집중력, 주의력, 청각적 단기기억 및 장기기억, 수와 관련된 추론 능력을 측정한다. |

④ 처리속도

| 기호쓰기(CD) | • 주의력, 단기기억, 시각-운동 협응 능력, 학습능력, 인지적 유연성, 주의력, 지시를 따르는 능력, 동기를 측정한다. |
|---|---|
| 동형찾기(SS) | • 시각적 단기기억, 시각-운동 협응 능력, 인지적 유연성, 시각적 변별, 주의집중력을 측정한다. |
| 선택(CA) | • 무선 또는 일렬로 배열된 그림을 제시, 제한 시간 내 목표 그림에 표시한다.<br>• 각성, 처리속도, 시각적 선택주의, 시각적 무시를 측정한다. |

(4) 과정점수 2021년

① 과정점수(process scores)는 수검자의 인지능력에 대해 보다 자세한 정보를 알기 위한 것으로 수검자에 지능에 대한 질적분석을 위해 활용한다.

예 WISC-Ⅳ에서는 3개의 소검사, 토막짜기, 숫자, 선택 등 소검사에 대해 7개의 과정점수를 제공한다. 합산점수에 포함되지는 않는다.

| K-WAIS-Ⅳ의 과정점수 | K-WISC-Ⅳ의 과정점수 |
|---|---|
| 1. 시간 보너스 없는 토막짜기 | 1. 시간 보너스 없는 토막짜기 |
| 2. 숫자 바로 따라 하기 | 2. 숫자 바로 따라 하기 |
| 3. 숫자 거꾸로 따라 하기 | 3. 숫자 거꾸로 따라 하기 |
| 4. 숫자 순서대로 따라 하기 | 4. 가장 긴 숫자 바로 따라 하기 |
| 5. 최장 숫자 바로 따라 하기 | 5. 가장 긴 숫자 거꾸로 따라 하기 |
| 6. 최장 숫자 거꾸로 따라 하기 | 6. 선택(무선배열)-문항1 |
| 7. 최장 숫자 순서대로 따라 하기 | 7. 선택(일반배열)-문항2 |
| 8. 최장 순서화 | |

(5) K-WISC-Ⅳ 해석 순서 **2016년**

① 전체 지능점수 분류 및 해석

② 지표점수(언어이해, 지각추론, 작업기억, 처리속도) 해석

③ 소검사 간 분산분석 및 해석

④ 소검사 내 분산분석 및 해석

## 5. 한국 웩슬러 아동지능검사 5판(K-WISC-Ⅴ) **2020년**

(1) K-WISC-Ⅴ의 개요

① 16개의 소검사로 구성, 기본소검사 10개외 추가소검사 6개로 구분되어 있다.

② K-WISC-Ⅳ에서 K-WISC-Ⅴ로 바뀌면서, 기본지표척도 중 지각추론이 시공간, 유동추론으로 변경되었다.

③ 소검사의 순서가 일부 변경되고 빠진 곳 찾기, 단어추리가 빠지고 무게비교, 퍼즐, 그림기억 검사가 추가되었다.

④ 이해, 공통그림찾기, 순차연결은 핵심검사에서 보충검사로 이동되었다. 이외에도 5가지 추가지표점수가 제시되었다.

⑤ K-WISC-Ⅴ에서 제한시간이 있는 소검사는 토막짜기, 퍼즐, 무게비교, 산수, 그림기억, 기호쓰기, 동형찾기, 선택이다.

⑥ K-WISC-Ⅴ는 전체 IQ(FSIQ)와 5가지 기본지표점수(언어이해, 시공간, 유동추론, 작업기억, 처리속도)와 5가지 추가지표점수(양적 추론, 청각작업기억, 비언어, 일반능력, 인지효율)를 제공한다.

⑦ K-WISC-Ⅴ에서 전체 IQ(FSIQ)의 점수 산출에 필요한 소검사는 공통성, 어휘, 토막짜기, 행렬추리, 무게비교, 숫자, 기호쓰기의 7개다.

## (2) K-WISC-Ⅳ와 K-WISC-Ⅴ의 실시 순서 비교

| K-WISC-Ⅳ | K-WISC-Ⅴ |
| --- | --- |
| 1. 토막짜기 | 1. 토막짜기 |
| 2. 공통성 | 2. 공통성 |
| 3. 숫자 | 3. 행렬추리 |
| 4. 공통그림찾기 | 4. 숫자 |
| 5. 기호쓰기 | 5. 기호쓰기 |
| 6. 어휘 | 6. 어휘 |
| 7. 순차연결 | 7. 무게비교 |
| 8. 행렬추리 | 8. 퍼즐 |
| 9. 이해 | 9. 그림기억 |
| 10. 동형찾기 | 10. 동형찾기 |
| 11. 빠진 곳 찾기 | 11. 상식 |
| 12. 선택 | 12. 공통그림찾기 |
| 13. 상식 | 13. 순차연결 |
| 14. 산수 | 14. 선택 |
| 15. 단어추리 | 15. 이해 |
|  | 16. 산수 |

① 아동이 어떤 특별한 소검사 시행을 거부한다면, 해당 소검사를 일시적으로 중지하고 다음 소검사를 실시한다. 이후, 다시 중지했던 그 소검사로 되돌아갈 수 있다.

**학습 plus**

**대체검사**

- K-WISC-Ⅴ 채점 프로그램에서 전체 IQ(FSIQ)점수 산출 시, 한 개의 대체검사 선택이 가능하다.
- 소검사 대체 시 동일한 기본지표에 해당하는 소검사 중 하나로 대체 가능하다.
- 전체 IQ(FSIQ)는 소검사 대체를 허용하는 유일한 합산점수이다.
- 단, 산수 소검사는 유동추론지표 소검사 중 무게비교 소검사만을 대체할 수 있다.

| FSIQ 산출에 필요한 소검사 | 대체 가능한 소검사 |
| --- | --- |
| 공통성 | 상식, 이해 |
| 어휘 | 상식, 이해 |
| 토막짜기 | 퍼즐 |
| 행렬추리 | 공통그림찾기 |
| 무게비교 | 공통그림찾기, 산수 |
| 숫자 | 그림기억, 순차연결 |
| 기호쓰기 | 동형찾기, 선택 |

## (3) K-WISC-Ⅴ의 5개 지표

| | |
|---|---|
| 언어이해(VCI) | 언어적 추론, 이해, 개념화, 단어지식 등을 이용하는 언어능력을 측정한다. |
| 시공간(VSI) | 시공간 조직화 능력, 전체-부분 관계성의 통합 및 종합능력, 시각적 세부 사항에 대한 주의력, 시각-운동 협응 능력 등을 측정한다. |
| 유동추론(FRI) | 귀납적 추론과 양적 추론능력, 전반적인 시각 지능, 동시처리, 개념적 사고, 추상적 사고능력 등을 측정한다. |
| 작업기억(WMI) | 주의력, 집중력, 작업기억(제시되는 정보를 효율적으로 처리하기 위해 아주 짧은 시간 동안 머릿속에 정보를 유지하는 능력) 등을 측정한다. |
| 처리속도(PSI) | 간단한 시각적 정보를 빠르고 정확하게 탐색하고 변별하는 능력, 정신속도와 소근육 처리속도 등을 측정한다. |

## (4) K-WISC-Ⅴ의 전체척도의 구성( ⏱ : 시간제한)

① 기본지표척도에는 핵심소검사 부분만 해당된다.

- VCI: Verbal Comprehension Index
- VSI: Visual Spatial Index
- FRI: Fluid Reasoning Index
- WMI: Working Memory Index
- PSI: Processing Speed Index

② FSIQ는 핵심소검사 7개로 산출

| | 언어이해(VCI) | 시공간(VSI) | 유동추론(FRI) | 작업기억(WMI) | 처리속도(PSI) |
|---|---|---|---|---|---|
| 핵심<br>소검사 | 공통성<br>어휘 | 토막짜기 ⏱<br>퍼즐 | 행렬추리<br>무게비교 ⏱ | 숫자<br>그림기억 ⏱ | 기호쓰기 ⏱<br>동형찾기 ⏱ |
| 보충<br>소검사 | 상식<br>이해 | | 공통그림찾기 ⏱<br>산수 ⏱ | 순차연결 | 선택 ⏱ |

## (5) K-WISC-Ⅴ의 추가지표척도

① 추가지표척도는 핵심소검사 10개에 2개의 보충소검사(산수, 순차연결)가 해당된다.

- QRI: Quantitative Reasoning Index
- AWMI: Auditory Working Memory Index
- NVI: Nonverbal Index
- GAI: General Ability Index

• CPI: Cognitive Proficiency Index

| 지표 | 소검사 |
|---|---|
| 양적추론지표(QRI) | 무게비교, 산수 |
| 청각작업기억지표(AWMI) | 숫자, 순차연결 |
| 비언어지표(NVI) | 토막짜기, 퍼즐, 행렬추리, 무게비교, 그림기억, 기호쓰기 |
| 일반능력지표(GAI) | 공통성, 어휘, 토막짜기, 행렬추리, 무게비교 |
| 인지효율지표(CPI) | 숫자, 그림기억, 기호쓰기, 동형찾기 |

## 6. 카우프만 아동용 지능검사(K-ABC, K-ABC-II) 2014년, 2018년

### (1) 카우프만 아동용 지능검사(K-ABC)

① 카우프만(Kaufman)은 아동용 지능검사(K-ABC)를 1983년에 개발하였고 좌반구의 계열적, 순차적 처리와 우반구의 동시적 처리 간의 차이를 제시하였다.

② 이와 같은 좌반구와 우반구의 기능 차이에 초점을 두고 선천적·후천적 지능을 측정한다.

③ 순차처리척도, 동시처리척도, 인지처리과정 종합척도(순차처리+동시처리), 습득도 척도의 4개의 하위척도와 16개의 하위검사로 구성되었다.

④ 2세 6개월~12세 5개월을 대상으로 하지만, 실시되는 하위검사 수는 연령에 따라 달라진다.

⑤ 순차처리척도와 동시처리척도는 유동성 지능과, 습득도 처리는 결정성 지능과 유사하다.

> 학습 plus
>
> **K-ABC의 하위검사의 구성**
> • 순차처리척도: 손동작, 수회생, 단어배열
> • 동시처리척도: 마법의 창, 얼굴기억, 그림통합, 삼각형, 시각유추, 위치기억, 사진순서
> • 습득도 척도: 표현어휘, 인물과 장소, 산수, 수수께끼, 문자해독, 문장이해

### (2) 카우프만 아동용 지능검사-II(K-ABC-II)

① K-ABC의 개정판으로 정보처리와 인지능력 측정을 목적으로 개발, 사고력과 전반적인 인지능력을 모두 측정하는 개인지능검사이다.

② 측정 결과를 치료교육, 계획, 배치 등을 세우는 데 활용 가능하며, 평균 100, 표준편차 15의 지능검사이다.

③ 만 3~18세로 대상의 연령을 확대하고 일반아동, 특수아동, 영재아동 모두를 대상으로 한다.

④ 비언어성 척도를 포함, 제한된 언어능력의 아동에게도 활용 가능하다.

⑤ K-ABC-Ⅱ는 이원적 이론구조(CHC와 Luria 모델)를 적용하여, 다양한 관점에서 진단 가능하다.

⑥ 기존의 16개의 하위검사 중 8개만 유지하였고 새로운 하위검사 10개를 추가하였다.

⑦ 새롭고 더 어려운 문항들을 포함하여, 대상에 따라 적절한 난이도의 문항을 제시할 수 있게 되었다.

> **학습 plus**
>
> **K-ABC-Ⅱ의 하위검사의 구성**
>
> • 순차처리척도: 손동작, 수회생, 단어배열
> • 동시처리척도: 블록세기, 관계유추, 얼굴기억, 형태추리, 빠른 길 찾기, 이야기 완성, 삼각형, 그림통합
> • 계획력: 형태추리, 이야기 완성
> • 학습력: 이름기억, 암호해독, 이름기억-지연, 암호해독-지연
> • 지식(CHC 모델에만 해당): 표현어휘, 수수께끼, 언어지식

## 7. 사회성숙도 검사와 바인랜드 적응행동척도 2판

지적 능력을 평가하거나 지적장애 진단을 내릴 때 반드시 사회성숙도 검사나 적응행동척도 등을 통해 일상생활에 적응하는 능력의 정도를 함께 평가하는 것이 중요하다.

> **학습 plus**
>
> **적응행동**
>
> • 개인의 대처 방법의 기본이며 다음 세 가지 능력 등을 포함한다.
>  - 독립 기능: 일반사회나 특정 연령층에 전형적으로 기대되는 행동과 개인적으로 요구되는 행동을 수행할 수 있는 능력이다.
>  - 개인적 책임: 중요한 일을 성취하려는 의지와 행동에 대해 책임질 수 있는 능력이다.
>  - 사회적 책임: 사회집단의 일원으로서 책임을 받아들이는 능력이다.

(1) 사회성숙도검사(Social Maturity Scale: SMS) (김승국, 김옥기, 1995)

① 0~30세를 대상으로 표준화 실시, 117개의 문항으로 구성되었다.

② 자조, 이동, 작업, 의사소통, 자기관리, 사회화의 6개 영역에서 발달 정도를 평가한다.

③ 수검자의 정보제공 능력에 상관없이 수검자가 아니라 수검자를 잘 알고 있는 부모나 보호자, 형제 또는 자매, 친척, 후견인 등과의 면담을 통해 정보를 제공받는다.

④ 사회지수(Social Quotient: SQ) $= \dfrac{\text{사회연령(Social Age: SA)}}{\text{생활연령(CA)}} \times 100$

⑤ 적응능력을 통한 일상생활에서 기능하는 수준에 대한 평가는 재활 또는 교육 목표를 설정하기 위한 목적으로 활용된다.

(2) 한국판 바인랜드 적응행동척도 2판(K-Vineland-Ⅱ) (황순택, 김지혜, 홍상황, 2015)

① 만 0세 0개월~90세 11개월을 대상으로 영유아에서 노인까지 검사 가능 연령이 확대되었다.

② 사회 성숙도 검사의 개정판으로 독립적인 일상 활동 유지, 타인과의 상호작용 등을 포함한 개인의 적응행동 수준을 평가하기 위한 검사이다.

③ 의사소통, 생활기술, 사회성, 운동기술의 4가지 주영역과 하위영역 11개로 구성되었다.

④ 면담형과 보호자 평정형이 있어 검사자와 피검사의 상황에 맞는 검사 방식을 선택할 수 있다.

⑤ 면담형은 보호자와 면담을 통해 실시하며, 보호자 평정형은 보호자가 직접 평가한다.

⑥ 언어이해나 언어표현의 문제로 일반적 지능검사 실시가 어려운 경우에 현재 기능수준을 어느 정도는 추정할 수 있다.

> **학습 plus**
>
> **K-Vineland-Ⅱ의 구성: 주영역과 하위영역**
>
> | 주영역 | 의사소통 영역 | 생활기술 영역 | 사회성 영역 | 운동기술 영역 |
> |---|---|---|---|---|
> | 하위영역 | 수용<br>표현<br>쓰기 | 개인<br>가정<br>지역사회 | 대인관계<br>놀이 및 여가<br>대처기술 | 대근육 운동<br>소근육 운동 |

CHAPTER **03** / 객관적 성격검사1 – MMPI-2 / MMPI-A

## 1. 미네소타 다면적 인성검사(MMPI)의 이해

### (1) MMPI의 개요와 특성

① 미네소타 대학병원의 심리학자 해더웨이(Hathaway)와 정신과의사 매킨리(Mckinley)에 의해 1943년에 제작된 대표적인 객관적 성격검사로 세계적으로 가장 널리 쓰이고 연구되는 검사다.

② 기존의 합리적 제작방식에서 벗어나 실제 환자를 대상으로 경험적 제작방식을 사용했다.

③ 원래 임상진단 목적으로 제작되었으나 일반적 성격평가도구로도 사용되고 있다.

④ 자기보고식 검사로 검사의 실시 및 채점, 해석이 용이하고 시간과 노력이 절약된다.

⑤ 원점수를 T 점수로 환산, 평가하며 평균이 50, 표준편차는 10이다.

⑥ 규준집단과 비교 피검자점수의 상대적 위치를 파악할 수 있고 개인 내 각 척도의 상대적 비교도 가능하다.

⑦ 수검태도에 대한 타당도를 측정하는 최초의 검사이다.

### (2) MMPI의 실시 2016년

① MMPI-2는 만 18세 이상의 성인들을 대상으로 실시되며 초등학교 6학년 이상의 독해력이 요구된다.

② 검사 시간은 보통 60분 내지 90분 정도 소요된다.

③ 검사지의 지시문을 주의 깊게 읽고 피검자가 이해하는 대로 답을 하도록 안내하고 검사에 대한 여러 가지 질문에 대해 친절하게 답변하여 협조적으로 실시 가능하게 한다.

④ 가능한 한 검사자의 감독하에 실시하는 것이 바람직하나 검사용지를 가져가서 실시하거나 온라인상의 실시도 가능하다.

⑤ 실시 후 답안지를 끝까지 완성하였는지, 빠트린 문항은 없는지, 반복적으로 지우거나 수정하였는지 점검한다.

⑥ 검사를 채점 후 다시 수검자와 면접을 실시하며, 필요시 보호자나 주변 인물과의 면담을 실시하여 객관적인 정보를 얻을 수 있다.

⑦ 수검자가 비협조적이고 반항적일 경우나 극도의 불안, 우울 증상을 보이는 경우는 라포를 충분히 형성하거나 증상이 경감된 후 검사를 시행할 수 있다.

(3) MMPI의 해석 절차

① 타당성 확인: 타당도 척도를 통하여 수검 태도 및 검사 결과의 타당성을 확인한다.

② 임상 척도 점수 확인: 임상 척도 T 점수의 범위뿐만 아니라 임상 소척도, 재구성 임상 척도, 피검자의 성별, 연령, 교육 수준, 환자의 증상이나 상황, 의뢰 사유 등을 고려하여 해석한다.

③ 프로파일의 코드 타입 및 척도 간 연관성을 확인: 가장 높이 상승되어 있는 2~3개의 임상 척도군에 기초하여 해석한다.

④ 통합적 해석을 통한 가설 생성: 내용 척도, 내용 소척도, 보충 척도 점수 및 결정적 문항들을 검토한다.

⑤ 결과 해석을 기술: 수검태도, 적응 수준, 증상, 정서 및 행동, 성격특성, 대인관계, 심리적 강점과 약점 등을 기술하고 진단적 시사점과 치료점 함의를 기술한다.

⁑ 자동 해석 프로그램을 사용하기도 하지만, 수검자의 배경 정보, 상황적 맥락, 기타 개인적 변인을 충분히 고려한 해석이 불가능하다는 단점이 있다.

## 2. 미네소타 다면적 인성검사 II (MMPI-2)

(1) MMPI-2의 개요 **2014년, 2019년**

① 18세 이상의 성인 남녀(한국 19세 이상)가 대상이며, 만 13~18세는 MMPI-A를 실시한다.

② 총 567개의 문항과 함께 재구성 임상 척도, 내용 척도, 보충 척도, 성격병리 5요인척도(PSY-5척도, 1995) 등이 포함되었다.

③ 부적절한 문항, 특정 종교 편향, 구시대적인 표현, 성차별적인 문구, 이중부정문, 관용적 표현 등이 제외되는 대신 새로운 자살 및 약물 문제 등이 포함되었다.

④ 실시와 채점이 용이하므로 간단한 훈련을 받으면 MMPI-2를 실시할 수 있다.

⑤ MMPI-2에서는 65T 이상의 점수를 높은 점수로 간주하며, 점수가 높을수록 각 척도에서 설명하고 있는 환자군에 해당될 가능성이 높다.

(2) MMPI-2의 개발 **2015년, 2016년, 2017년, 2018년, 2019년**

① 시대적 변화를 반영하여 구시대적이거나 이의 제기 소지가 있는 문항을 삭제하고 새로운 척도들을 포함하는 등 대대적인 개편이 이루어졌다.

② 타당도 척도와 임상 척도를 유지하는 등 원판 MMPI와 연속성을 확보하면서 개편되

어, 현재 MMPI-2와 MMPI-2-RF, MMPI-A가 사용되고 있다.

③ MMPI는 4개의 타당도, 10개의 임상 척도, 566문항으로 구성되었으나 MMPI-2는 10개의 타당도, 10개의 임상 척도, 중복이 없는 567문항으로 개정되었다.

④ 대표성이 있으면서도 광범위한 표집으로 임상적 문제를 정확하게 반영함과 동시에 단일한 백분위로 분류될 수 있는 규준을 포함한다.

⑤ 내용 척도, 보충 척도 등의 새로운 척도가 추가되었다.

⑥ 6개의 타당도 척도, 즉 VRIN, TRIN, F(B)와 F(P), FBS, S척도가 추가되었다.

## (3) MMPI-2 구입 및 사용이 가능한 자격 조건(한국 기준)

① 아래 제시한 자격을 획득했음을 증빙하는 법적인 서류를 제출하면 검사지 구입 및 사용이 가능하다.

- 임상심리전문가, 정신건강임상심리사 1급과 2급, 정신과 전문의
- 심리학 관련 학과 석사학위 소지자 중 심리평가(심리검사)와 정신병리(이상심리)를 이수한 자
- 해당 과목을 이수하지 않은 자는 임상심리전문가가 실시하는 MMPI 교육(15시간 이상)과 정신병리 교육(20시간 이상) 이수한 자

## (4) MMPI-2의 구성 2015년, 2016년, 2019년, 2020년, 2021년

### ① 각 척도와 하위영역

| 타당도 척도<br>10개 | • ? 무응답척도<br>• VRIN 무선반응 일관성<br>• TRIN 고정반응 일관성<br>• F | • F(B) 비전형 후반부<br>• F(P) 비전형 정신병리과정<br>• FBS 증상타당도 | • L<br>• K<br>• S 과장된 자기제시 |
|---|---|---|---|
| 임상 척도<br>10개 | 1. Hs 건강염려증<br>2. D 우울증<br>3. Hy 히스테리성<br>4. Pd 반사회성 | 5. Mf 남성-여성특성<br>6. Pa 편집증<br>7. Pt 강박증<br>8. Sc 조현병 | 9. Ma 경조증<br>0. Si 내향성-외향성 |
| 재구성<br>임상 척도<br>9개 | • Rcd dem 의기소침<br>• Rc1 som 신체증상 호소<br>• Rc2 lpe 낮은 긍정정서<br>• Rc3 cyn 냉소적 태도 | • Rc4 asb 반사회적행동<br>• Rc6 per 피해의식<br>• Rc7 dne 역기능적 부정정서 | • Rc8 abx 기태적 경험<br>• Rc9 hpm 경조증적 상태 |

| 성격병리<br>5요인<br>(PSY-5) | • AGGR 공격성<br>• PSYC 정신증 | • DISC 통제 결여<br>• NEGE 부정적 정서성 | • INTR 내향성 |
|---|---|---|---|
| 내용 척도<br>15개 | • ANX 불안<br>• FRS 공포<br>• OBS 강박성<br>• DEP 우울<br>• HEA 건강염려 | • BIZ 기태적 정신상태<br>• ANG 분노<br>• CYN 냉소적 태도<br>• ASP 반사회적 특성<br>• TPA A유형행동 | • LSE 낮은 자존감<br>• SOD 사회적 불편감<br>• FAM 가정문제<br>• WRK 직업적 곤란<br>• TRT 부정적 치료지표 |
| 보충 척도<br>15개 | • A 불안<br>• R 억압<br>• Es 자아강도<br>• Do 지배성<br>• Re 사회적 책임감 | • Mt 대학생활 부적응<br>• PK 외상후 스트레스 장애<br>• MDS 결혼생활 부적응<br>• Ho 적대감<br>• O-H 적대감 과잉통제 | • MAC-R 알코올중독<br>• AAS 중독 인정<br>• APS 중독 가능성<br>• GM 남성적 성역할<br>• GF 여성적 성역할 |

⁂ 내용척도와 보충척도에 공통으로 포함되는 척도는 불안이다(내용척도 ANX, 보충척도 A).

② 임상 소척도

- MMPI-2 10개의 임상 척도 중 6개의 척도(2, 3, 4, 6, 8, 9)는 임상 소척도(Harris-Lingoes 소척도)로 구성되어 있다.
- '사회적 소외'는 임상 척도 4번(Pd4)과 8번(Sc1)에 공통으로 포함되어 있다.

> **임상 소척도 Harris-Lingoes 소척도 2015년, 2016년, 2019년, 2020년**
> • 2번 척도(D): 주관적 우울감, 정신운동 지체, 신체적 기능장애, 둔감성, 깊은 근심
> • 3번 척도(Hy): 사회적 불안의 부인, 애정 욕구, 권태-무기력, 신체증상 호소, 공격성의 억제
> • 4번 척도(Pd): 가정불화, 권위불화, 사회적 침착성, 사회적 소외, 내적 소외
> • 6번 척도(Pa): 피해의식, 예민성, 순진성
> • 8번 척도(Sc): 사회적 소외, 정서적 소외, 자아통합 결여-인지적, 자아통합 결여-동기적, 자아통합 결여-억제부전, 기태적 감각경험
> • 9번 척도(Ma): 수줍음/자의식, 사회적 회피, 내적/외적 소외

## (5) MMPI-2 타당도 척도의 해석 2016년, 2018년, 2021년

| 범주 | 척도명 | 측정 내용 |
|---|---|---|
| 성실성 | ?(무응답), VRIN, TRIN | • 모든 문항에 빠짐없이 응답했는지, 문항을 잘 읽고 응답했는지를 측정한다. |
| 비전형성 | F, F(B), F(P), FBS | • 일반적으로 반응하지 않은 방식으로 응답할 때 채점된다.<br>• 자신의 증상을 부정적인 방향으로 과장하거나 왜곡할 때 상승한다. |

| 방어성 | L, K, S | • 자신의 심리적 어려움을 축소하고 긍정적인 쪽으로 보이고<br>자 했을 때 상승한다. |
|---|---|---|

① ? 척도(무응답 척도)

- 주어진 문항에 응답하지 않거나 '예'와 '아니요' 모두에 응답하는 경우를 말하며 무응답 문항이 10개 이상이면 조심스럽게 해석해야 하며, 30개 이상이면 무효로 간주된다.
- 무응답 문항이 많을 경우, 독해 능력의 부족, 부주의, 혼란, 정신병적 증상의 발현, 강박증적 경향이나 반추적 요소로 답을 결정하지 못할 가능성도 있으며, 정보나 경험 부족, 질문이 피검자에게 해당되지 않는 경우를 고려해 볼 수 있다.
- 방어적인 책략으로 문항을 빠뜨리는 경우는 드물다.

② VRIN 척도(무선반응 비일관성 척도: Variable Response Inconsistency)

- 문항에 상관없이 아무렇게나 응답하는 수검자의 무선반응 자세를 탐지하는 척도이다.
- 내용이 서로 비슷하거나 상반되는 67개의 문항 쌍으로 이루어져 있고, T 점수가 80 이상이면 타당하지 않을 가능성이 있으며, 비전형(F) 척도를 고려해서 해석한다.
- 극도의 정신적 혼란감, 의도적인 무선 반응, 수검자의 독해 능력 부족이 VRIN 척도의 상승에 영향을 미칠 수 있다.

③ TRIN 척도(고정반응 비일관성 척도: True Response Inconsistency)

- 정반대의 문항에도 내용과 상관없이 모든 문항에 대해 '그렇다' 또는 '아니다'로 무작위 반응을 하는 경향을 탐지하는 척도이다.
- 내용이 서로 상반되는 20개의 문항 쌍만으로 이루어져 있고, T 점수가 80 이상일 경우 타당하지 않다고 판단, 해석하지 않는다.

  ❖❖ 비일관성 척도(VRIN, TRIN)의 상승은 읽기능력의 부족, 동기저하, 비협조적인 자세, 정신병적 혼란, 부주의 또는 답을 잘못 표기하는 경우를 고려할 수 있다.

④ F 척도(비전형 척도: Infrequence)

- 규준 집단 중 10% 미만의 사람들만 응답한 비전형적인 60문항으로 구성되어 있다.
- F 척도 점수가 높을수록 수검자의 문제의 정도가 심각한 것을 나타낸다.
- F 척도가 상승하는 이유로는 비일관적인 반응, 읽기의 어려움, 질문 항목에 대한 이해부족, 채점이나 기록에서의 오류, 심각한 정신병리로 보이려는 고의적인 시도(흔히 F가 90T 이상일 때), 증상의 과장을 통해 도움을 간청하는 경우 등을 고려해 볼 수

있다.

- 비임상 장면에서는 T 점수가 80 이상인 경우 타당하지 않은 것으로 간주한다.
- 정신병리, 부정 가장(faking bad)에 민감한 척도이기 때문에 F 척도가 상승할 경우 VRIN, TRIN 척도를 함께 고려해야 한다.

⑤ F(B) 척도(비전형–후반부 척도: Back Infrequency) **2023년**

- 검사 후반부의 부정왜곡 경향을 탐색하는 척도로, 검사과정에서 수검자의 태도변화를 알 수 있으며 후반부에 위치한 보충 척도 및 내용 척도의 타당성에 대한 근거를 제시한다.
- 규준집단의 10% 이내의 사람만이 응답한 40개 문항으로 구성되어 있다. **2023년**
- 비임상 장면에서는 T 점수가 90 이상, 임상 장면에서는 T 점수가 110 이상일 경우 타당하지 않은 것으로 간주한다.
- F(B) 척도의 T 점수가 F 척도의 T 점수보다 30 이상 더 높다면, 검사 후반부에 수검자 태도에 유의한 변화가 있었음을 의미하므로, 검사 후반부에 배치되는 보충 척도, 내용 척도 및 기타 척도들을 해석하지 말아야 한다.

⑥ F(P) 척도(비전형–정신병리 척도: Infrequency Psychopathology)

- 정신과 환자조차 낮은 빈도로 반응하는 문항으로 구성, 부정왜곡을 탐색하는 척도이다.
- T 점수가 100 이상일 경우, VRIN 혹은 TRIN 척도의 T점수가 80 이상이면 타당하지 않은 프로파일로 해석이 불가능하고 부정왜곡(faking bad) 가능성을 고려해야 한다.
- T 점수가 70~99인 경우, 관심과 도움을 청하려는 의도로서 증상을 과장했을 가능성을 고려하여 해석한다.

⑦ FBS 척도(증상 타당도 척도: Symptom Validity)

- 신체장애 판정 등급을 받거나 상해 관련 소송에서 개인적 이득을 위한 증상의 과장 또는 가장을 탐지할 목적으로 개발된 척도이다.
- 처음에는 부정왜곡 척도(Faking Bad Scale)로 명명되었으나, 현재 증상 타당도 척도로 불린다.
- 개인상해 소송 시 꾀병을 탐지하기 위해 Lees-Haley 등이 선정한 43문항으로 이루어져 있다.
- T 점수가 100 이상일 경우, 과대 보고로 타당하지 않다고 본다. T 점수가 70~99일 경우, 주요 신체적·인지적 증상들의 과대 보고의 가능성도 고려한다.

⑧ L 척도(부인척도, Lie)
- L 척도는 대부분의 사람들이 쉽게 인정하는 사소한 실수, 자신의 약점을 부정하고 사회적으로 바람직한 쪽으로 좋게 보이려고 하는 고의적이고, 세련되지 못한 시도를 측정하려는 15문항으로 구성된 척도이다.
- L 척도가 의미 있게 상승할 경우 자신의 증상이나 문제를 부인할 가능성이 높고 단순한 방식으로 좋게 보이려는 의도를 가지고 있다.
- L 척도가 80T 이상으로 높은 경우 무효한 프로파일로 간주되며 TRIN이 정상범위일 경우 긍정왜곡(faking good)의 가능성이 있다.
- 낮은 L 척도 점수(45T 이하)는 피검자가 가벼운 결점이나 단점들을 인정하고 솔직하게 반응하는 자신감이 있고 허용적인 사람임을 나타낼 수 있다.

⑨ K 척도(교정 척도)
- K 척도는 정상적인 프로파일을 보이는 환자집단을 식별하기 위한 것으로 경험적으로 선택된 30개 문항으로 구성되어 있다.
- 자신의 심리적 문제 대한 방어적인 태도는 L 척도에서보다 세련되게 나타난다.
- K 척도가 낮을 경우 스트레스나 일상생활의 상황적 요구에 대처할 수 있는 심리적 자원이 제한되어 있을 가능성이 있다.
- K 척도가 65T 이상일 경우, 극단적으로 억제적이고 방어적이어서 치료에 비협조적이고 예후도 나쁠 가능성이 있다.
- 인사 선발과 같은 평가장면에서는 K 척도가 높은 것이 보통이며, 교육수준과 사회경제적 지위가 높은 경우에도 척도가 상승하는 경향이 있다.
- K 교정 척도(1, 4, 7, 8, 9번 척도), 특히 척도 7, 척도 8에는 K 척도의 원점수 전부를 더하고, 척도 1, 척도 4, 척도 9에는 K 척도의 점수 일부를 더하여 교정하고 있다.
- 임상 장면에서 T 점수가 65 이상인 경우와 40 미만인 경우, 비임상 장면에서 T 점수가 75 이상인 경우와 40 미만인 경우 검사 결과가 타당하지 않다고 본다.

⑩ S 척도(과장된 자기제시 척도)
- S 척도는 인사 선발, 보호 감찰, 양육권 평가 등 비임상 집단에서 자신의 도덕적 결함을 강하게 부인하는 '과장된 방식으로 자기를 표현하는 경향성'을 평가하기 위해 개발되었다.
- K 척도와 매우 높은 상관을 보이며, S를 해석할 경우, 높은 점수에서는 L과 K를, 낮은 점수에서는 F, FB, Fp, F-K를 함께 고려하면 설명력을 높일 수 있다.

- 임상 장면에서 T 점수 70 이상인 경우, 비임상 장면에서 T 점수 75 이상일 경우에 프로파일이 타당하지 않을 수 있다.
- TRIN 척도가 '아니다' 방향으로 유의하게 상승해 있다면 S 척도의 상승을 타당하게 해석하기 어렵다.

## (6) MMPI-2 임상 척도와 Harris-Lingoes 임상 소척도

### ① 척도 1 Hs(Hypochondriasis, 건강염려증) 2023년

- 신체적 기능 및 건강에 대한 과도하고 병적인 관심을 드러내는 50명의 신경증, 건강염려증환자들의 반응을 근거로 신체적인 증상들과 이를 통한 다른 사람의 조종 가능성을 측정하는 32문항으로 구성되어 있다.
- 수검자가 보이는 불안이나 집착은 정신병적 상태라기보다는 신경증적 양상에서 비롯된다.
- 65T 이상일 경우 만성적인 경향이 있는 모호한 여러 신체 증상(예 피로감, 두통 및 감각 이상, 특정 신체기관에 대한 불편감 등)을 호소한다.
- 낮은 점수는 낙천적이고 건강에 대한 염려가 없는 사람임을 시사하나 30T 이하로 지나치게 낮은 점수는 신체적 결함에 대한 강한 부인을 나타낼 가능성도 있다.
- 신체증상 장애, 우울 장애, 불안 장애 범주의 진단을 받는 경우가 흔하다.
- 스트레스로 인해 신체 증상이 나타나는 경우가 많지만 자신의 심리 상태에 대한 통찰이 부족하여, 전통적인 심리 치료나 통찰 지향적인 상담에 적합하지 않다.

### ② 척도 2 D(Depression, 우울증)

- 검사수행 당시 수검자의 상대적인 기분 상태(우울)를 알아보기 위한 척도이다.
- 우울한 기분, 자기비하, 흥미의 상실, 사기 저하, 자신에 대한 과소평가, 열등감, 지나친 걱정, 현재 자신의 생활환경이나 신체적인 불평, 불만 등을 측정한다.
- 70T 내외의 경우는 치료 예후가 좋으나 80T 이상으로 상승 시 우울에 압도당하며 무능력해진다.
- 40T 이하인 경우 적응적으로 기능하는 사람인 반면, 지나치게 낮은 경우, 주의력 부족 또는 자기과시적 성향을 나타내기도 한다.
- 자살 가능성에 대한 확인이 필요하며, 자살 가능성이 높은 경우 입원 치료가 적합하다.

> **척도 2의 Harris-Lingoes 소척도**
>
> • D1 주관적 우울감
>  – 우울감, 깊은 근심, 낮은 자존감, 문제에 대처할 에너지 부족으로 힘들다.
>  – 주변 상황에 무관심해지고 친한 친구 및 친척을 제외한 타인과의 관계를 피한다.
>  – 주의집중의 어려움, 식욕저하, 수면의 어려움이 있다.
> • D2 정신운동지체
>  – 무기력, 사회적 관계에서의 철수, 사람들을 피하고 틀어박혀 있다.
>  – 적대적이거나 공격적인 충동을 부인한다.
> • D3 신체적 기능장애
>  – 자신의 신체 기능에 대한 생각에 몰두, 신체 기능장애를 호소한다.
>  – 허약함, 식욕부진, 메스꺼움이나 구토 및 경련 등의 다양한 신체 증상을 경험한다.
> • D4 둔감성
>  – 낮은 에너지, 반응성이 떨어짐, 주의집중, 우울증의 인지적 쇠약을 반영한다.
>  – 긴장해 있고 자신감이 부족하며 자신의 심리적 기능을 불신한다.
>  – 정신을 집중하기 어렵고 기억 및 판단력이 저하된다.
> • D5 깊은 근심
>  – 깊은 근심, 반추, 울음, 에너지 저하를 겪으며, 사고 과정을 통제하지 못하는 듯하다.
>  – 스스로 열등하고 쓸모없으며 살 가치가 없다고 느끼며 쉽게 기분이 나빠지는 경향이 있다.
>  – 비판받으면 쉽게 속상해하고 화를 잘 낸다.

③ 척도 3 Hy(Hysteria, 히스테리)

- 현실적 어려움이나 갈등에 대한 책임 회피나 관심 획득의 목적으로 신체 증상을 이용한다.
- 스트레스가 증가하면 두통, 소화기증상, 흉통, 빈맥 등 신체적 문제의 악화를 호소하기도 한다.
- 전환 장애, 통증 장애와 같은 신체증상 장애 등의 진단 가능성이 있다.
- 부인, 억제 등의 방어기제를 사용하고, 심리적 불편감이나 행동의 근본적인 동기와 원인에 대한 통찰을 얻는 속도가 느리다.
- 직접적인 조언, 단순한 문제 해결책 제시에 반응을 잘하며, 단기적인 목표에 초점을 맞출 경우 효과적일 수 있다.

> **척도 3의 Harris-Lingoes 소척도**
>
> • Hy1 사회적 불안의 부인
>  – 사회적 외향성을 나타내는 척도이나 단 6개의 문항으로 구성되어 있어 T 점수 65점 이상을 얻는 것은 불가능하기 때문에 3번 척도의 상승을 설명하는 데 도움이 되지 않는다.
> • Hy2 애정욕구
>  – 관심과 애정을 받고 싶은 욕구가 강하며, 타인에 대한 낙관적 기대가 높고 잘 믿는다.
>  – 타인과의 관계를 의식해 갈등을 피하려 하고 자신의 감정을 솔직하게 표현하지 못한다.

제1교시  제3과목(필수)

- Hy3 권태/무기력
  - 신체적 불편감, 허약, 피로감, 식욕부진, 수면장애, 집중의 어려움이 있다.
  - 불행감 및 우울감을 느끼며 집안 환경에 대해 흥미를 느끼지 못한다.
- Hy4 신체 증상 호소
  - 심혈관 증상, 현기증, 두통, 메스꺼움, 구토 등 다양한 신체 증상을 호소한다.
  - 타인에 대해 적대감을 부인한다.
- Hy5 공격성의 억제
  - 적대적·공격적인 충동을 부인하며 범죄 및 폭력에 관한 기사에 관심이 없다.
  - 자신에 대한 다른 사람들의 반응에 민감하다.

④ 척도 4 Pd(Psychopathic Deviate, 반사회성)

- 사회의 보편적인 가치 기준, 관습, 도덕규범 등을 받아들이지 못하고 소소한 규칙 위반, 위법 행동을 자주 보여 권위자와의 불화나 가족 구성원과의 불화가 흔하다.
- 사회 전반에 대한 불만, 불평 및 권위적 대상에 대한 분노와 적대감이 나타난다.
- 반사회적 성격 장애, 수동-공격성 성격 장애로 진단 내려지는 경우가 흔하다.
- 주지화 방어를 하며 문제의 원인을 외부 탓으로 돌린다.
- 흔히 처벌을 피할 목적에서 치료 장면을 찾고 자신의 목적을 달성하고 나면 치료를 종결하는 경우가 흔하여, 심리 치료나 상담에 대한 예후가 좋지 않다.
- 나이가 들어 감에 따라 점수가 다소 낮아지고 65세 이상의 경우에는 반사회적 행동 이라기보다는 사회적 소외나 쾌락의 상실, 친밀한 관계 형성의 결여로 나타난다.

**척도 4의 Harris-Lingoes 소척도**

- Pd1 가정불화
  - 원가족 혹은 현재 가족 관계에서 사랑, 긍정적 관심, 이해, 지지가 부족했다고 느낀다.
  - 가족들이 비판적이고 비지지적이며, 독립성을 방해한다고 여긴다.
- Pd2 권위불화
  - 옳고 그름에 대한 단호한 입장을 취하며 자신의 신념을 옹호하며, 학교에서 말썽이나 법적 문제를 일으킨 적이 있다.
  - 사회적 규칙, 규범에 대한 반감, 적대감을 표현한다.
- Pd3 사회적 침착성
  - 사회적 상황을 편안하게 느끼며, 자신감이 있다. 자신의 의견을 강하게 옹호한다.
  - 단, 6개의 문항으로 구성되어 T점수 65점 이상을 얻을 수 없어 4번 척도 상승을 설명하는 데 유용하지 않다.
- Pd4 사회적 소외
  - 사람들로부터 이해나 공감받지 못한다고 느끼며 부당한 대우를 받는다고 여기고 소외감, 고립감을 느낀다.
  - 부당한 대우를 받는다고 느끼고 자신의 문제나 어려움을 다른 사람의 탓으로 돌린다.
- Pd5 내적 소외
  - 자신의 마음이 불편하고 불행하다고 묘사한다.
  - 집중하기 어렵고, 일상에서 즐거움이나 보람을 찾지 못한다.
  - 과거의 행동에 대한 후회, 죄책감, 회한을 보이나 피상적이다.

⑤ 척도 5 Mf(Masculinity-Femininity, 남성-여성특성)

- 동성애 경향을 측정하기 위해 개발되었으나, 성역할의 유연성을 측정하는 남성-여성특성 척도로 개정되었다.
- 척도 5는 병리적인 특성을 재는 척도가 아니기 때문에 다른 척도들을 해석한 후 척도 5의 특성과 통합시키는 것이 바람직하다.
- 남성의 경우 척도 5에서 높은 점수는 전통적인 남성적 역할이나 관심사보다는 예술적인 흥미를 지니며, 감수성이 풍부하며, 일반적인 남성들보다 자녀 양육, 가사 일에 더 많이 관여한다.
- 남성의 경우 척도 5에서 낮은 점수는 전통적인 남성적 면모를 과시하고자 하며 자신간 있고 거칠고 공격적임을 나타낸다.
- 여성의 경우 척도 5에서 높은 점수는 전통적인 여성적 성역할에 대해 거부적일 수 있고, 사회 통념상 남성적 역할에 부합한다고 알려진 직업, 취미, 활동에 관심이 많음을 나타낸다.
- 여성의 경우 척도 5에서 낮은 점수는 전통적으로 여성적 특성이라고 간주되는 활동에 흥미를 가지고 수동적이며 복종적이다. 교육 수준이 높은 여성의 경우 양성적인 라이프 스타일을 반영한다.

⑥ 척도 6 Pa(Paranoia, 편집증)

- 대인관계 예민성, 경직된 사고, 피해의식, 관계망상 등 편집증적 경향을 측정한다.
- 적대감, 분노감을 드러내며 논쟁적이며, 도덕성, 정당성, 공평무사함, 합리성을 지나치게 강조하며 집착한다.
- 투사나 외현화의 방어기제를 사용하며 피해망상, 과대망상, 관계사고를 보이며, 조현병, 망상장애 진단을 받기도 한다.

---

**척도 6의 Harris-Lingoes 소척도 2023년**

- Pa1 피해의식
  - 세상을 위협적인 곳이며, 자신은 부당한 대우와 불필요한 통제를 받는다고 느낀다.
  - 이해받지 못하고 부당한 비난을 받는다고 느끼며 타인을 의심하고 비난한다.
  - 높은 점수의 경우 관계 사고나 피해망상을 보일 수 있다.
- Pa2 예민성
  - 다른 사람들에 비해 민감하며 쉽게 강렬한 감정을 느끼고 흥분을 잘한다.
  - 외롭고 이해받지 못한다고 느끼고, 기분 전환을 위해 위험하거나 자극적인 활동을 추구한다.
- Pa3 순진성 2023년
  - 비현실적으로 낙관적인 태도를 취하며, 사람들이 정직하고, 이타적이고, 관대하다 여긴다.
  - 도덕적 기준이 높고 사람들을 잘 믿으며 적대감 및 부정적인 충동을 부인하며 타인을 의심하지 않는다.

⑦ 척도 7 Pt(Psychasthenia, 강박증)

- 만성적 불안, 긴장, 초조, 주의집중에 어려움 등을 측정한다.
- 강박 사고, 강박 행동, 의례적 행동, 반추적 사고를 보이며, 불안 관련 장애가 진단되기도 한다.
- 척도 7의 점수가 약간 높은 정상인의 경우 조직화, 시간 엄수, 체계적·분석적 능력을 나타낸다.
- 주지화, 합리화, 취소(undoing)의식을 방어기제로 사용하며, 심리적 불편감이 심해 치료와 변화에 대한 동기가 높을 수 있다.

⑧ 척도 8 Sc(Schizophrenia, 조현병)

- 사고의 혼란, 와해된 행동, 지남력 상실, 기태적 정신상태 등을 측정하는 지표로 활용된다.
- 척도 8의 점수가 약간 높은 정상인의 경우 감성적이고 창의성과 상상력이 풍부함을 반영한다.
- 높은 점수는 과잉활동성, 사고의 비약, 현실 검증력 저하, 충동 통제의 어려움, 피상적인 대인관계를 나타낼 수 있으며 만성적 심리장애를 보이는 경우가 많아 예후가 좋지 않다.
- 낮은 점수는 에너지 수준의 낮음, 무력감, 감정억제 등을 나타낸다.

---

**척도 8의 Harris-Lingoes 소척도**

- Sc1 사회적 소외
  - 이해받지 못하고 부당한 대우, 학대를 받고 있다고 믿는다.
  - 타인이 자신에 대해 원한을 품고 해를 입히려 한다고 믿는다.
  - 가족이 자신을 애 취급한다고 느끼며 적대감과 증오심을 품는다.
  - 사회적 상황 및 인간관계 회피, 외로움과 공허감을 느낀다.
- Sc2 정서적 소외
  - 우울 및 절망감, 무감동, 냉담함을 경험하며, 자살을 생각할 수 있다.
  - 가학적이거나 피학적인 욕구를 느끼기도 한다.
- Sc3 자아통합 결여, 인지적
  - 가끔 미칠지도 모른다고 느끼기도 하고 정신을 집중하거나 기억하는 데 어려움을 겪는다.
  - 기이한 사고 과정을 겪으며 비현실감을 느낀다.
- Sc4 자아통합결여, 동기적
  - 삶이 재미없고 힘들다고 느끼며, 우울 및 절망감을 경험하고 과도하게 걱정을 한다.
  - 스트레스 상황에서 공상 및 백일몽으로 빠지기도 하며 죽기를 바라기도 한다.
- Sc5 자아통합결여, 억제부전
  - 자신의 감정과 충동을 통제하지 못한다고 느끼며, 자신의 통제력 상실에 놀란다.

---

> – 안절부절못하고 과잉행동을 보이며, 짜증을 부리는 경향이 있다.
> – 웃음과 울음을 참지 못하는 때가 있다.
> – 자신이 무엇을 하고 있는지 모르고, 자신이 한 행동을 기억하지 못했던 경험이 있다.
> • Sc6 기태적 감각경험
> – 자신의 몸이 이상하고 유별나게 변하고 있다는 느낌이 든다.
> – 피부가 민감해지고, 뜨겁거나 차가운 느낌이 들고, 목소리가 변하고, 근경련이 일어나고, 동작이 서툴고, 몸의 균형을 잡는 데 어려움이 있고, 귀가 윙윙거리거나 울리고, 마비나 몸이 허약해지는 것을 경험한다.
> – 환각, 이상한 사고 내용을 경험하고, 외부의 어떤 힘이 작용한다고 생각한다.

⑨ 척도 9 Ma(Hypomanina, 경조증)

- 사고의 비약, 과잉활동, 지나치게 낙관적, 자기중심적, 충동적인 면 등의 불안정성을 반영한다.
- 척도 9의 점수가 약간 높은 경우 정상인의 경우, 적극적이고 열성적인 성격이라 볼 수 있으나, 과도한 스트레스 상황에서는 피상적이고 신뢰성이 결여되고 일을 끝맺지 못한다.
- 척도 9만을 단독으로 해석하는 경우는 드물지만 단독 상승 시 충동적이고 과격한 행동을 보인다.
- 측정 결과가 40T 이하로 매우 낮을 경우 만성적 피로나 흥미의 상실, 우울증을 반영할 수 있다. 겉으로는 우울한 감정을 호소하지 않더라도 우울 증상을 탐색해 볼 필요가 있다.

> **척도 9의 Harris-Lingoes 소척도**
> • Ma1 비도덕성
> – 사람들은 이기적이고 정직하지 못하며 기회주의적이라고 여기고 자신도 그와 같이 행동하는 것이 당연하다 생각하여, 타인을 속이고, 조종하고 착취하는 것에서 대리만족을 얻는다.
> • Ma2 심신운동항진
> – 말, 사고, 행동의 속도와 양이 증가되고 정서적으로 흥분상태에 있어 쉽게 지루해하며 이를 상쇄하기 위해 위험하고 모험적인 일을 찾게 된다.
> • Ma3 냉정함
> – 사회적 장면에서의 불안을 부인하고 대인관계 상호작용을 편하게 느낀다고 보고하지만 상대의 견해, 가치 및 태도에 관심이 없다.
> • Ma4 자아팽창
> – 자신의 능력과 가치에 비현실적으로 과장된 평가를 내리고 자신을 중요한 사람이라 여기며, 타인의 요구에 부당하게 취급받는다고 느끼고 분개할 수 있다.

⑩ 척도 0 S(Social Introversion, 내향성)

- 높은 점수는 내향적, 소극적, 수줍음의 특성과 사회적 불편감, 타인의 평판에 예민

함을 말한다.

- 낮은 점수는 외향적, 높은 자신감, 폭넓은 대인관계를 보고하나 피상적일 수 있다.

> **척도 0의 Ben-Porath(2009)의 소척도**
>
> - Si1 수줍음/자의식
>   - 대인관계 상황에 서툴고 수줍음이 많으며 쉽게 당황하는 경향이 있거나 낯선 환경에 대한 불편감을 나타낸다. 내용 척도의 소외감 척도인 SOD 2와 7문항이 중복된다.
> - Si2 사회적 회피
>   - 집단 활동이나 여러 사람과 어울리는 것 등의 사교적 활동을 회피하고 싫어하는 경향을 나타낸다. 내용 척도의 소외감 척도인 SOD 1과 모든 문항이 중복된다.
> - Si3 내적/외적 소외
>   - 자신을 자신감이 부족하고 자존감이 낮다고 여기며 자기비판적이고 자기회의적인 태도를 가지며, 우유부단함, 과민함, 두려움 등을 나타낸다.

### ▶ 임상 척도군의 유형

| 신경증 세 척도(neurotic triad) | 척도 1 Hs, 척도 2 D, 척도 3 Hy |
|---|---|
| 정신증 네 척도(psychotic tetrad) | 척도 6 Pa, 척도 7 Pt, 척도 8 Sc, 척도 9 Ma |
| 문제행동 3척도군 | 척도 4 Pd, 척도 6 Pa, 척도 9 Ma |

**(7) MMPI-2 재구성 임상 척도** 2014년, 2015년, 2016년, 2019년

① 재구성 임상 척도(Restructured Clinical: RC)의 개요

- 경험적으로 제작, 임상 척도 간 상관이 높고 문항들의 내용이 이질적인 문제가 있었다.
- 임상 척도 간의 상관을 배제하고 변별타당도를 높이기 위하여 9개의 재구성 임상 척도가 추가되었다.

② 재구성 임상 척도 개발 단계

- 개발 1단계: 척도 2(D)와 척도 7(Pt)의 문항을 요인분석하여 의기소침 요인을 추출해서 의기소침 척도(RCd)를 개발하였다.
- 개발 2단계: 재구성 척도들 간의 상관을 줄이고 변별타당도를 높이기 위해 각 임상 척도들에 공통적으로 반영된 일반적인 의기소침 문항을 요인분석 후 제거했다.
- 개발 3단계: 각 임상 척도의 핵심적 특성을 반영하는 씨앗척도(seed scale)를 제작했다.
- 개발 4단계: 12개의 씨앗척도와 MMPI-2 문항 간 상관을 구하고 수렴성과 변별성

을 갖춘 문항들만 뽑아서 재구성 임상 척도에 포함시켰다.

③ 재구성 임상 척도(RC)의 해석

| | |
|---|---|
| RCd: dem<br>의기소침<br>(24문항) | • 전반적인 정서적 불편감 및 동요를 나타내며 불쾌감, 불안, 무능력, 낮은 효능감 및 역량의 감소, 낮은 탄력성을 나타낸다.<br>• 낮은 점수의 경우 낙천적, 스트레스 대처에 자신감을 나타낸다. |
| RC1: som<br>신체증상 호소(27문항) | • 두통, 위통 등 일반적 신체 건강에 대한 집착과 염려가 심하다.<br>• 척도 1, 건강염려(HEA)와 20문항, Hy와 17문항을 공유 |
| RC2: lpe<br>낮은 긍정정서<br>(17문항) | • 욕구와 에너지, 흥미, 동기의 결여와 철수를 반영하며, 무쾌감, 무기력, 절망감, 지루함, 고립감, 비관적인 생각과 관련 있다.<br>• 척도 2나 DEP보다 우울증에 덜 민감하다. INTR과 9문항을 공유 |
| RC3: cyn<br>냉소적 태도<br>(15문항) | • 타인을 믿지 못하고 개인적 관심에서만 동기화된다는 관점을 반영한다.<br>• CYN과 11문항, 척도 3, HY2와 5문항 공유(반대로 채점) |
| RC4: asb<br>반사회적 행동<br>(22문항) | • 물질사용/남용, 비행, 사회적 규준에 따르지 않고, 권위자나 가족과 갈등을 반영한다.<br>• 낮은 점수는 규칙준수, 정직함, 원만한 대인관계를 시사한다. |
| RC6: per<br>피해 의식(17문항) | • 망상과 피해사고, 의심이 많아 신뢰할 수 있는 대인관계를 맺지 못한다.<br>• BIZ, PSYC와 10문항을 공유 |
| RC7: dne<br>역기능적 부정정서<br>(24문항) | • 불안, 근심, 걱정, 과민성, 성마름, 수면 곤란 등을 나타내며 자신과 타인에게 화가 나 있다.<br>• 낮은 점수는 스트레스 대처능력이 높고 관계도 잘함을 의미한다. |
| RC8: abx<br>기태적 경험<br>(18문항) | • 명백한 환각 및 기태적인 감각, 지각 경험 가능성이 높음, 현실 검증력이 손상된 망상적 사고 장애를 보인다.<br>• BIZ와 12문항을 공유, 높은 상관이 있다. |
| RC9: hpm<br>경조증적 상태(28문항) | • 비약적 사고, 갑작스런 분노 폭발, 보복행동, 지나친 활기, 갈등과 좌절에 취약, 쉽게 흥분하는 등 충동 통제의 어려움이 있다. |

**(8) 성격병리 5요인(PSY-5) 척도 2022년**

① 정상적인 기능과 임상적 문제 모두와 관련되는 기본적인 성격 특성을 평가, 척도화하였다.

② 정상 성격이나 성격장애를 기술하는 230개의 표현에서 다섯 개의 구성개념을 추출하고 MMPI-2 문항들과 구성개념 간의 일치도를 평정, 이를 바탕으로 구성한 척도이다.

• 공격성(Aggressiveness: AGGR): 반응적·방어적 공격이 아니라 타인을 지배, 정복,

파괴하고자 하는 적대적인 욕구를 반영하는 도구적 공격성을 평가한다.

- 정신증(Psychoticism: PSYC): 피해사고, 기이한 경험, 불신과 의심, 비현실감 등 활성화된 정신병적 양상을 평가한다.
- 통제 결여(Disconstraint: DISC): 충동성, 규칙무시, 신체적 위험에 대담, 성적 탈억제 등 행동 통제력의 상실, 관습과 도덕적 제약의 무시, 위험추구 성향을 측정한다.
- 부정적 정서성/신경증(Negative Emotionality/Neuroticism: NEGE): 높은 스트레스, 걱정, 초조, 짜증과 분노, 두려움과 죄책감 등 버거운 부정적 정서경험을 측정한다.
- 내향성/낮은 긍정적 정서성(Introversion/Low Positive Emotionality: INTR): 사회적 불편감 및 철수, 에너지 저하, 정서적 회복력의 결여, 낮은 자존감 등을 측정한다.

## (9) MMPI-2 내용 척도와 내용 소척도 2014년, 2019년

① 내용 척도는 논리적 접근과 통계적 방법을 조합하여 개발되었다.

② 내용 척도는 내적 일관성이 높고, 척도 간 중복 문항을 최소화하여 상대적으로 독립적이며 비교적 합리적이고 직관적이면서 임상 척도의 의미를 상세하게 해석할 수 있다.

③ '명백' 문항이 많이 포함되어 있어 수검자의 검사 태도(방어적)를 고려해서 해석한다.

④ 직관적이면서도 합리적이고 임상 척도의 의미를 상세하게 해석해 준다.

| 내용 척도(15개) | 내용 소척도(27개) |
|---|---|
| 불안(ANX) | • 지나친 걱정, 긴장, 수면 곤란과 주의집중의 문제 등 일반화된 불안 |
| 공포(FRS) | • 일반화된 공포(FRS1)<br>• 특정한 공포(FRS2): 쥐, 뱀, 거미 등의 동물들에 대한 공포와 지진 번개 등 자연적 현상에 대한 공포 |
| 강박성(OBS) | • 우유부단함, 침습적 사고 등 비효율적인 인지적 활동 |
| 우울(DEP) | • 동기결여(DEP1): 절망감, 무쾌감증, 자포자기한 느낌<br>• 기분부전(DEP2): 불쾌하고 우울한 기분, 주관적인 불행감<br>• 자기비하(DEP3): 자기불만족, 부정적 자기개념<br>• 자살 사고(DEP4): 자살을 원하는 염세주의적 사고 |
| 건강염려(HEA) | • 소화기 증상(HEA1): 메스꺼움, 구토, 위통, 변비 등의 증상<br>• 신경학적 증상(HEA2): 감각과 운동 문제, 의식 상실 등 호소<br>• 일반적 건강 염려(HEA3): 건강상태에 대한 걱정과 몰두 |
| 기태적 정신상태(BIZ) | • 정신증적 증상(BIZ1): 환청, 환시, 피해 및 조종 망상과 같은 정신증적 상태에 특징적인 양성증상 등<br>• 조현형 성격특성(BIZ2): 기이하고 특이하며 비현실감, 침습적 사고, 기이한 감각 경험 |

| 분노(ANG) | • 폭발적 행동(ANG1): 상해 및 기물파손 등 격렬한 행동<br>• 성마름(ANG2): 논쟁적, 불평, 성급함, 수동-공격적인 반응 |
|---|---|
| 냉소적 태도<br>(CYN) | • 인간혐오적 신념(CYN1): 이기적, 부도덕한 인간이라 불신<br>• 대인관계 의심(CYN2): 쉽게 비난받는다고 여기며, 냉소적, 적대적, 타인을<br>의심·경계, CYN1에 비해 더 불쾌감을 느낌 |
| 반사회적 특성<br>(ASP) | • 반사회적 태도(ASP1): 도덕성과 공감의 부재, 타인에 대한 일반화된 불신과<br>분노가 암묵적인 주제<br>• 반사회적 행동(ASP2): 무단결석이나 정학 등 학교 및 법적 당국과의 갈등을<br>포함, 과거의 일탈행동을 측정 |
| A유형 행동(TPA) | • 조급함(TPA1): 기다리는 것을 참지 못하고 짜증<br>• 경쟁욕구(TPA2): 경쟁심보다는 분노, 복수심, 가학성을 포함<br>• A유형 성격의 세 요소는 빠른 속도와 성급함, 직무 관여도, 지나친 경쟁심을<br>포함 |
| 낮은 자존감<br>(LSE) | • 자기회의(LSE1): 자신의 정체성을 포함, 부정적 자기태도<br>• 순종성(LSE2): 수동성, 비굴한 복종, 암묵적인 책임감의 회피 |
| 사회적 불편감<br>(SOD) | • 내향성(SOD1): 집단 및 사회적 상황, 대인관계에 대한 혐오<br>• 수줍음(SOD2): 사회적 억제, 수줍음, 쉽게 당황함, 사회관계에서의 불편감 |
| 가정 문제(FAM) | • 가족불화(FAM1): 가정 내 갈등과 원한을 강조, 비난, 싸움<br>• 가족소외(FAM2): 상실, 분노, 체념, 무관심, 가족관계와의 단절 |
| 직업적 곤란<br>(WRK) | • 일과 관련된 고통과 무능력, 패배주의, 포기 경향성 |
| 부정적 치료 지표<br>(TRT) | • 낮은 동기(TRT1): 개인적 자원 고갈로 인한 포기 경향성<br>• 낮은 자기개방성(TRT2): 개인정보 개방의 불편함 |

## ⑽ MMPI-2 보충척도 2019년

① 불안(Anxiety: A): 의사결정과 집중의 어려움, 불쾌감, 불안감, 걱정, 좌절, 열등감, 고립
감 등 자신의 무능함에 대한 느낌으로 나타난다.

② 억압(Regression: R): 정서를 억제하고, 사회적 상황에서 복종적이고, 쉽게 흥분하지 않
으며, 인습적이고, 예측 가능하다.

③ 자아 강도(Ego Strength: Es): 신체적·생리적 안정성, 공포증 및 불안을 포함한 스트레
스에 대한 적절한 대처능력, 자립심, 결단력, 현실감각을 포함한다.

④ 지배성(Dominance: Do): 주의집중력, 강박적 사고와 행동으로부터 자유로움, 자신감,
신체적 용모에 대한 관심, 건설적인 사회적 태도 등을 포함한다.

⑤ 사회적 책임감(Social Responsibility: Re): 사회적 규칙과 관습에 순응, 모범적 행동, 낮은 자극추구, 갈등의 회피, 타인과 협동, 성실성을 바탕으로 최상의 수행과 성취 등을 보인다.

⑥ 대학생활 부적응(College Maladjustment: Mt): 낮은 자존감, 활력 부족, 냉소적 태도/안절부절못함의 세 요인으로 구성된다.

⑦ 외상후 스트레스장애(Post-Traumatic Stress Disorder: PK): 침습적 사고와 정서적 혼란, 불안, 수면장애, 죄책감과 우울 등의 내용을 다룬다.

⑧ 결혼생활 부적응(Marital Distress: MDS): 가족 간의 갈등, 인생이 실패했다는 느낌 등을 반영하며 우울, 분노, 삶의 회의, 제한적 대인관계의 특징을 보인다.

⑨ 적대감(Hostility: Ho): 냉소적 태도, 과잉 민감성, 공격적 반응, 사회적 회피의 네 요인으로 구성되어 있다.

⑩ 적대감 과잉통제(Overcontrolled-Hostility: O-H): 적대감, 분노, 충동에 대한 과잉통제 및 이에 대한 인식 부족을 반영하며 어떤 형태의 심리적 어려움도 인정하려 하지 않는다. 3-4/4-3 코드와 관련 있다.

⑪ 맥앤드류(MacAndrew)의 알코올중독(MAC-R): 높은 점수의 사람들은 외향적, 자기주장적, 충동적, 반항적, 피상적 관계 등의 특징을 나타낸다.

⑫ 중독 가능성(Addiction Potential Scale: APS): 해로운 습관, 긍정적인 치료 태도, 사교성, 경조증, 위험감수, 수동성의 여섯 가지 요인을 포함하고 있다.

⑬ 중독 인정(Addiction Admission Scale: AAS): 음주 문제를 인정하는 강한 한 개 요인과 알코올 이외의 물질 사용 및 이로 인한 사회생활의 문제를 나타내는 약한 두 개 요인을 포함한다.

⑭ 남성적 성역할(GM): 자신감, 솔직 담백함, 목표에 대한 집념, 걱정이나 사회적 억제 등으로부터의 자유로움 등 전통적으로 남성적 강인함의 일부로 여겨져 온 속성들을 보이며, 점수가 높은 경우, 남녀 모두 잘 지내는 경향이 있다.

⑮ 여성적 성역할(GF): 사회적으로 세심한 주의, 신뢰성 있고 순종적이며, 책임 있는 위치에서 부적절한 행동과 갈등을 피하는 전통적인 여성적 속성과 연관되어 있다.

## 3. 청소년용 다면적 인성검사(MMPI-A)

### (1) MMPI-A의 개요 2016년, 2017년

① MMPI-A는 1992년에 청소년용으로 개발되었으며 14~18세(한국의 경우 13~18세)의 청소년에게 실시한다.

② MMPI 문항 중 청소년에게 적합하지 않은 문항들을 제외하고 청소년들에게 적절한 문항을 포함하였다.

③ 가족이나 학교, 또래집단 등과 관련된 중요한 영역의 문항이 추가되었으며 MMPI의 타당도 척도와 임상 척도의 큰 틀을 그대로 유지하였다.

④ 임상 척도, Harris-Lingoes 소척도, 성격병리 5요인 척도는 MMPI-2와 동일하다.

⑤ 총 478개의 문항과 함께 타당도 척도, 임상 척도, 내용 척도, 보충 척도로 구성되어 있으며, 재구성 임상 척도는 포함되어 있지 않다.

⑥ 청소년용으로 새로 개발된 4개의 내용 척도(A-aln, A-con, A-las, A-sch)가 포함되어 있다.

⑦ 청소년에게만 해당하는 보충 척도 IMM(미성숙) 척도가 포함되었다.

### (2) MMPI-A의 구성 2014년, 2017년, 2018년, 2020년

| 타당도 척도 8개 | 무응답 척도(?), 무선반응 비일관성 척도(VRIN), 고정반응 비일관성 척도(TRIN), 비전형 척도(F, F1, F2), 부인척도(L), 교정척도(K) |
|---|---|
| 임상 척도 10개 | 척도 1(건강염려증), 척도 2(우울증), 척도 3(히스테리), 척도 4(반사회성), 척도 5(남성성과 여성성), 척도 6(편집증), 척도 7(강박증), 척도 8(조현병), 척도 9(경조증), 척도 0(내향성) |
| 내용 척도 15개 | 소외(A-aln), 품행문제(A-con), 낮은 포부(A-las), 학교문제(A-sch) |
| | 불안, 강박성, 우울, 건강염려, 기태적 정신상태(BIZ), 분노, 냉소적 태도, 낮은 자존감, 사회적 불편감, 가정문제, 부정적 치료지표 |
| 보충 척도 6개 | 알코올/약물 문제인정, 알코올/약물문제 가능성, 미성숙 |
| | 불안, 억압, MacAndrew의 알코올중독 |
| PSY-5척도 | 공격성, 정신증, 통제결여, 부정적 정서성, 내향성/낮은 긍정적 정서성 |

(3) MMPI-A에 포함된 내용 척도, 보충 척도, PSY-5척도 2016년. 2017년. 2019년. 2022년

① 청소년을 위해 새롭게 개발된 4개의 내용 척도

- 소외(A-aln, Adolescent-Alienation): 타인과의 정서적 거리감을 측정한다. 다른 사람들로부터 정당한 대우를 받지 못하고 자신을 이해하거나 돌봐 주는 사람이 별로 없다고 느낀다.

  〈A-aln의 소척도〉
  A-aln1: Misunderstood, 이해받지 못함
  A-aln2: Social Isolation, 사회적 소외
  A-aln3: Interpersonal Skepticism, 대인관계 회의

- 품행 문제(A-con, Adolescent-Conduct Problems): 좀도둑질, 절도, 거짓말, 기물 파손, 무례함, 욕설, 반항적 행동 등의 행동문제의 경향을 나타낸다.

  〈A-con의 소척도〉
  A-con1: Acting-Out Behaviors, 표출 행동
  A-con2: Antisocial Attitudes, 반사회적 태도
  A-con3: Negative Peer Group Influences, 또래집단의 부정적 영향

- 낮은 포부(A-las, Adolescent-Low Aspirations): 성공하는 것에 대해 흥미를 보이지 않는 것이 특징이며 저조한 학업수행 및 학교활동에 참가하지 않으며 가출, 무단결석, 등교거부 등 반사회적 성향과도 관련 있다.

  〈A-las의 소척도〉
  A-las1: Low Achievement Orientation, 낮은 성취성
  A-las2: Lack of Initiative, 주도성 결여

- 학교 문제(A-sch, Adolescent-School Problems): 학업문제 및 학교에서의 행동문제들, 즉 낮은 성적, 정학, 무단결석, 교사에 대한 부정적 태도, 학교에 대한 혐오 등이 특징이다.

  〈A-sch의 소척도〉
  A-sch1: School Conduct Problems, 학교 품행 문제
  A-sch2: Negative Attitudes, 부정적 태도

- 그 외 11개의 MMPI-A의 내용 척도들은 MMPI-2의 내용 척도와 공통

② MMPI-A의 보충 척도(A, R, MAC-R은 MMPI-2와 공통)

- 알코올/약물 문제 인정 척도(Alcohol/Drug Problem Acknowledgment: ACK): 알코올 이나 다른 약물의 사용 및 관련된 증상들을 인정하는지를 평가하기 위해 개발하였으며 13개의 명백문항으로 구성되었다. 그러나 알코올/약물 문제를 부인하고자 할 때는 탐지가 불가능하다.
- 알코올/약물 문제 가능성 척도(Alcohol/Drug Problem Proneness: PRO): 또래집단의 부정적인 영향, 부모와의 갈등, 자극 추구, 규칙 위반, 성취에 대한 부정적인 태도, 판단력의 문제 등을 측정한다.
- 미성숙 척도(Immaturity: IMM): MMPI-A를 위해 개발된 척도로써 대인관계 양식, 인지적 복합성, 자기인식, 판단력 및 충동 조절의 측면에서 미성숙함을 반영하는 행동, 태도, 자기/타인 지각을 평가하는 척도이다. 자신감의 결여, 통찰과 내성의 결여, 자기중심성, 남 탓, 불신, 책임회피 등과 관련이 있다.

**학습 plus**

**MMPI-2와 MMPI-A의 내용 척도 비교**

| MMPI-2 | MMPI-A | | MMPI-2 | MMPI-A | |
|--------|--------|--|--------|--------|--|
| ANX | A-anx | Anxiety (불안) | ASP | | Antisocial Practices (반사회적 특성) |
| FRS | | Fears (공포) | | A-con | Conduct Problems (품행 문제) |
| OBS | A-obs | Obsessiveness (강박성) | TPA | | Type A (A 유형 행동) |
| DEP | A-dep | Depression (우울) | LSE | A-lse | Low Self-Esteem (낮은 자존감) |
| HEA | A-hea | Health Concerns (건강염려) | | A-las | Low Aspirations (낮은 포부) |
| | A-aln | Alienation (소외) | SOD | A-sod | Social Discomfort (사회적 불편감) |
| BIZ | A-biz | Bizarre Mentation (기태적 정신상태) | FAM | A-fam | Family Problems (가정 문제) |
| ANG | A-ang | Anger (분노) | WRK | | Work Interference (직업적 곤란) |
| CYN | A-cyn | Cynicism (냉소적 태도) | | A-sch | School Problems (학교 문제) |
| | | | TRT | A-trt | Negative Treatment Indicators (부정적 치료지표) |

제1교시 제3과목(필수)

学습 plus

**MMPI-2와 MMPI-A의 보충 척도 비교**

| MMPI-2 | MMPI-A | |
|--------|--------|---|
| A | A | Anxiety (불안) |
| R | R | Repression (억압) |
| Es | | Ego Strength (자아강도) |
| Do | | Dominance (지배성) |
| Re | | Social Responsibility (사회적 책임감) |
| Mt | | College Maladjustment (대학생활 부적응) |
| PK | | Post-Traumatic Stress D. (외상후 스트레스장애) |
| MDS | | Marital Distress (결혼생활 부적응) |
| Ho | | Hostility (적대감) |

| MMPI-2 | MMPI-A | |
|--------|--------|---|
| O-H | | Overcontrolled Hostility (적대감 과잉통제) |
| MAC-R | MAC-R | MacAndrew Alcoholism-R (MacAndrew의 알코올중독) |
| AAS | | Addiction Admission (중독 인정) |
| | ACK | Alcohol/Drug Problem Acknowledgment (알코올/약물 문제 인정) |
| APS | | Addiction Potential (중독 가능성) |
| | PRO | Drug Problem Proneness (알코올/약물 문제 가능성) |
| GM | | Masculine Gender Role (남성적 성역할) |
| GF | | Feminine Gender Role (여성적 성역할) |
| | IMM | Immaturity (미성숙) |

## 4. MMPI의 해석

### (1) MMPI의 해석 시 검토사항

① 기본적인 신상 자료를 검토한다. 성별, 연령, 교육수준에 따른 해석을 고려한다.

② 검사태도 및 검사 결과의 타당성을 확인한다. 검사태도와 소요시간, 타당도 척도를 확인한다.

③ 척도별 점수를 확인한다. 일반적으로 원점수가 아닌 T 점수를 사용한다.

④ 프로파일의 코드타입 및 척도 간 연관성을 확인한다. 상승 척도쌍, 형태적 분석을 한다.

⑤ 내용 척도, 내용 소척도, 보충 척도 및 결정적 문항들을 검토한다.

⑥ 결과 해석을 기술한다.

## (2) MMPI(MMPI-2)의 코드유형별 해석 2014년. 2015년. 2016년. 2020년. 2021년

### ① 코드유형

- MMPI 프로파일에서 가장 높이 상승한 임상 척도쌍을 말하며, 단독상승(spike), 2코드 타입, 3코드 타입으로 연결 지어 해석할 수 있다.
- 일반적으로 척도 5와 척도 0은 코드타입에 포함시키지 않는다.
- 유의하게 상승한 임상 척도(T≥65)에 대해 코드유형을 해석한다.
- 일반적으로 T 점수 5점 이상의 차이를 유의미한 차이로 간주하고 어느 한 척도가 다른 척도들보다 10T 이상 높다면 단독상승으로 해석한다.

### ② 주요 2코드 타입 유형 및 해석

| | |
|---|---|
| 1-3/3-1 | • 심리석인 문제를 신체적인 증상으로 전환 시켜 신체증상 장애를 보이고, 문제의 근원을 외재화하는 성향이 있다.<br>• 미성숙, 억압과 부인, 신체증상을 이용해서 타인을 조종, 자기중심적, 피상적 대인관계가 특징이다. |
| 2-4/4-2<br>2015년 | • 충동조절의 어려움, 행동화 후 죄책감과 불안, 대인관계 갈등 등이 특징이다.<br>• 알코올중독자/약물중독자들에게 자주 나타난다. 변화동기 부족, 예후가 나쁘다. |
| 2-6/6-2 | • 자기 자신 및 타인을 향한 분노감, 타인에 대한 의심, 적대감 등 부정적인 개념을 가지고 있다.<br>• 편집성 특성을 가진 우울로 나타날 수 있다. |
| 2-7/7-2 | • 부적절감, 우울 불안, 초조, 지나친 걱정, 완벽주의, 열등감, 죄책감이 특징이다.<br>• 불안장애, 우울증, 강박장애 진단을 받을 수 있으며 심리치료 동기가 강하다. |
| 2-9/9-2 | • 서로 반대되는 우울증과 경조증적 성향을 동시에 나타내며 매우 드문 경우이다.<br>• 기질적 뇌손상에 의한 통제력 상실, 조증상태의 양극성장애, 자기반추나 자기몰입의 상태를 반영할 수 있다. |
| 3-4/4-3 | • 공격성과 적개심을 통제할 수 있는가에 대한 지표로 만성적이고 강한 분노감이 특징이다.<br>• 분노를 잘 드러내지 못하고 심리적 통찰이 부족하며 자기중심적이다. |
| 3-6/6-3 | • 비판에 민감, 타인에 대한 의심, 두통, 소화기계통의 신체증상 호소가 특징이며 부인, 합리화의 방어기제를 사용한다.<br>• 낙천적 태도와는 달리 만성적이고 광범위한 분노와 적개심이 내재되어 있다. |
| 4-6/6-4 | • 비현실적, 과대망상적, 분노와 적개심, 불신이 특징이고 원인을 외부에 전가한다.<br>• 의심이 많고 적대적이며 화를 잘 낸다. 자기중심적인 경향이 강하며, 비난에 극도로 예민하며 따지기 좋아한다. |

제1교시

제3과목(필수)

| 4-7/7-4 | • 충동적인 분노 표출과 자기비난을 주기적으로 반복한다.<br>• 의존적이며 불안정한 사람들이고, 자신의 가치를 확인받기를 원한다. |
|---|---|
| 4-9/9-4 | • 분노의 충동적 표현, 그에 대한 죄의식 및 자기 비난을 주기적으로 반복한다.<br>• 충동적이고 무책임한 행동을 하며 처음에는 다른 사람에게 좋은 인상을 주기도 하지만 비순응적이어서 범죄, 사회규범의 위반과 관련된 문제를 나타내기도 한다. |
| 6-8/8-6 | • 사고 과정의 어려움, 판단력 장애, 편집증적 경향, 변덕스러움이 특징이다.<br>• 경계심과 의심이 많고 피해 사고, 망상, 환각 등이 나타날 가능성이 있다. |
| 6-9/9-6 | • 과잉통제와 정서적 폭발이 번갈아 나타나며, 공격적이고 적개심을 나타낸다.<br>• 주의집중의 곤란, 현실검증력 장애, 환청, 과대망상, 피해망상 등이 나타난다. |
| 7-8/8-7 | • 만성적인 불안, 우울, 긴장, 열등감, 주의집중의 어려움을 호소한다.<br>• 수동적이고 의존적인 대인관계나 회피적 대인관계를 나타내기도 한다. |
| 8-9/9-8 | • 주의집중력의 곤란, 망상, 환각, 지남력 장애, 현실 검증력에 손상이 있다.<br>• 조현병, 양극성 장애, 약물로 인한 정신증도 의심해 볼 수 있다. |

③ 주요 3코드 타입 유형 및 해석

| 1-2-3 | • 소화기 계통의 장애, 피로감, 신체적 허약 등 신체적 고통감이 주된 증상이다.<br>• 우울과 불안을 경험하며, 수동-의존적이고 짜증을 잘 낸다.<br>• 신체증상 장애, 불안장애, 우울장애의 진단이 흔히 내려진다. |
|---|---|
| 2-4-7 | • 만성적인 우울, 불안, 수동-공격적인 성격패턴을 특징으로 한다.<br>• 분노 감정을 적절히 표현하지 못하고 이에 대한 죄책감을 가진다. |
| 2-7-8 | • 자신의 심리적 상처를 계속 뜯는 사람이라는 뜻의 '심리적 scab picker'로 묘사될 만큼 자기비난적이며 자기처벌적이다.<br>• 사회적 소외, 거절에 대한 두려움, 자살사고가 특징이다. |
| 4-6-9 | • 분노나 공격성의 폭발, 부족한 판단력, 정서 통제력이 낮은 것이 특징이다.<br>• 기괴한 방식으로 갑작스럽게 파괴적이고 공격적인 폭력을 행사하기도 한다. |
| 6-7-8 | • 타인에 대한 의심, 분노감, 사회적 철수, 피해망상, 정서적 둔화 등이 특징이다.<br>• 척도 6과 8이 척도 7보다 유의하게 상승되어 있을 때, '정신증 V'라고 불린다. |

> **학습 plus**
>
> **MMPI에서 흔히 나오는 코드패턴(프로파일) 7가지**
>
> ① Conversion V: Hs, Hy > D(1, 3번 척도 65점 이상이면서, 2번 척도와 8점 이상 차이), 대개 다른 척도들은 상승하지만 1, 3 정도로 상승하지는 않음
>
> ② Paranoid valley or psychotic V: Pa, Sc ≥ Pt이면서 6, 8번 척도가 65점 이상
>
> ③ Spike profiles: 어떤 척도라도 65점 이상이고, 다른 척도보다 8점 이상 높음
>
> ④ Psychotic vs neurotic slope: 5번 척도를 기준으로 왼쪽은 neurotic, 오른쪽은 psychotic profile
>
> ⑤ Passive-aggressive V: Pd, Pa 65점 이상, 5번 척도 50점 미만
> - 여성: 수동공격형 성격장애나 특성 나타냄. 5번 척도(수동성 예측)가 낮을수록 더 수동적으로 자기파괴적임
> - 남성: 4, 5, 6 상승한 경우 수동공격형, 화나고 과민하지만 외현적 행동화는 억제할 가능성. 46/64 V 패턴은 공격적, 편집증적이며 망상적 조현병 가능성, 행동화 가능성 높음
>
> ⑥ K+ profile: 65 이상 임상 척도 없음, 6개 이상 임상 척도 ≤ 65점, L, K > F, K 60점 이상
> - K+ 척도는 다양한 상황에 나타나기 때문에[이 경우에 과도하게 통제된(overcontrolled) 상태일 수 있지만 잘 적응하고 있는 사람일 수 있음] 긍정왜곡의 의도가 있었는지 다른 타당도 척도, 과거력 참고
> - 해석: 과잉통제, 정서적 shutdown, 자신의 문제를 의식적/무의식적으로 부인함
>
> ⑦ Floating profile: F 척도 극단적 상승과 함께 1~9 척도 모두 65점 이상. BPD 가능성
> - 해석: Two-point 코드패턴으로 쪼개어서 해석. 결정적 문항, 내용 척도, 보충 척도를 통해 해석 다듬기

출처: Psychological Assessment with the MMPI-2/MMPI-2-RF(MMPI-2 해설서 한국판)

## 5. 다면적 인성검사 II 재구성판(MMPI-2-RF)

① MMPI-2의 단축되고 재구조화된 형태인 MMPI-2-RF는 50개의 척도, 338개의 문항이다.

② 성별에 따른 T 점수를 제공하는 게 아니라 전체 규준에 따른 T 점수를 제공한다.

③ 임상 척도는 재구성 임상 척도로 대체하고 있으며, PSY-5 단축형 버전은 그대로 유지되었다.

④ 정신병리 구성개념들이 위계적인 체계를 갖추고 서로 연결되어 있다는 관점에 바탕을 둔 척도로 문제 영역별로 조직된 위계구조를 가진다.

⑤ 총 50개의 척도는 8개의 타당도 척도, 3개의 상위차원 척도, 9개의 재구성 임상 척도, 23개의 특정 문제 척도(5개의 신체/인지증상 척도, 9개의 내재화 척도, 4개의 외현화 척도, 5개의 대인관계 척도), 2개의 흥미 척도, 5개의 성격병리 5요인 척도로 구성되어 있다.

⑥ 재구성 임상 척도에 대한 취약성의 정도나 규칙성이 아직 충분히 이해되지 않았으므로, MMPI-2-RF 점수를 해석할 때 주의를 해야 한다.

🎧 학습 plus

**MMPI 척도와 공격성과의 관계** 2014년

- Hy: 간접표현, 공격을 내면화하여 신체적 증상으로 발현
- Ma: 행동화 경향성
- Pd: 합리화, 분노의 초점 확산
- D: 자기로 향한 표현, 자기비난적, 자기파괴적

🎧 학습 plus

**법 정신 감정을 목적으로 MMPI를 활용할 때** 2014년

- F 척도, F-K 척도, 8번 척도의 상승
- 피검자가 법적상황에서 특정 방식으로 자신을 표현하거나 방어하려는 경향을 반영한다.

✂️ MMPI-2와 로샤 검사에서 정신병리의 심각성과 지각적 왜곡의 문제를 탐색할 수 있는 척도와 지표는 F 척도와 X-척도이다. 2015년

---

## CHAPTER 04 / 객관적 성격검사2 – MBTI, TCI, PAI, NEO–PI–R, 16PF

## 1. 마이어스-브릭스 성격유형검사(MBTI) 2018년. 2019년. 2020년

### (1) MBTI의 개요 2018년. 2020년

① MBTI(Myers–Briggs Type Indicator)는 칼 구스타프 융(C. G. Jung)의 심리유형 이론을 근거로 하여 모녀관계인 캐서린 쿡 브릭스(Katharine Cook Briggs)와 이사벨 브릭스 마이어스(Isabel Briggs Myers)가 제작하고 고안한 자기보고식 성격유형지표이다.

② 캐서린 쿡 브릭스가 자서전 연구에서 융의 심리유형 이론을 접하고, 개인의 성격 특성 및 개인차를 관찰하여 그 타당성을 경험적으로 검증하였고, 이를 캐서린의 딸 이사벨 브릭스 마이어스가 지속적으로 연구, MBTI를 개발하였다.

③ 1921년 연구를 시작한 이후 MBTI Form A, B, C, D, E를 거쳐, 1962년 Form F, 1975년 From G 개발, 현재 J, K, M, Q 등이 개발되었다.

④ 1990년에 한국에 도입되었고 현재 Form M이 널리 사용되고 있다.

⑤ MBTI는 인간의 건강한 심리에 토대를 두고 있으며, 각 개인은 외부로부터 제공되는 정보를 인식하고, 그 정보에 근거해 판단하는 과정에 있어 선호하는 방법이 제각기 다르다는 것을 전제한다.

⑥ 자신의 성격유형을 파악하여 자기이해 및 타인이해, 대인관계 향상, 직업선택에 도움

을 주는 것을 목표로 한다.

⑦ MBTI는 개인의 성격을 4개의 양극 차원으로 분류하고, 각 차원별로 2개의 선호 중 하나를 선택하도록 하여, 총 16가지의 성격유형으로 구분한다.

⑧ 문항 수는 95개이며 실시시간은 30분 정도 소요된다.

> **학습 plus**
>
> **칼 구스타프 융(C. G. Jung)의 심리유형론**
> - 융은 인간의 행동이 임의적으로 행동하는 것처럼 보이지만 사실은 사람들이 정신 능력을 사용하는 데 있어서 선호하는 방식에서 비롯된 결과라고 하였다.
> - 융의 사람들의 일반적인 삶의 태도를 나타내는 개념으로 외향성과 내향성을 제시하였다.
> - 융은 인간의 정신기능을 인식기능인 감각과 직관, 판단기능인 사고와 감정으로 분류하였다. 이 중 직관과 감각을 비합리적 기능, 사고와 감정을 합리적 기능이라 제시했다.
>
> | 기능유형<br>태도유형 | 인식기능 | | 판단기능 | |
> |---|---|---|---|---|
> | | 감각 | 직관 | 사고 | 감정 |
> | 내향성 | 내향적 감각형 | 내향적 직관형 | 내향적 사고형 | 내향적 감정형 |
> | 외향성 | 외향적 감각형 | 외향적 직관형 | 외향적 사고형 | 외향적 감정형 |

**(2) MBTI의 선호지표에 따른 성격유형** 2015년, 2016년, 2019년, 2020년

① 에너지의 방향: 외향형(Extroversion)/내향형(Introversion)

- 에너지의 방향이 외부로 향하는지 또는 내부로 향하는지를 나타내며, 상호보완적이다.
- 외향과 내향의 구분은 객체와 주체의 상대적 비중 면에서 차이가 있다.

| 외향형<br>(E) | • 주체보다 객체를 중요시, 외부 세계의 일이나 사람에게 에너지가 향한다.<br>• 외부활동을 선호하며 사교적, 적극적, 활동적, 정열적인 성격 특징이 있다.<br>• 경험한 다음 이해하며, 글보다는 말로 표현하려는 경향을 보인다. |
|---|---|
| 내향형<br>(I) | • 객체보다 주체를 중요시, 자신의 내부 세계나 아이디어에 집중한다.<br>• 신중하고 조용하며, 집중력이 있으며 현재 자신의 느낌에 관심이 있다.<br>• 이해한 다음 행동하며, 말보다는 글로 표현하려는 경향을 보인다. |

② 인식기능: 감각형(Sensing)/직관형(Intuition)

- 외부로부터 오는 정보의 인식 및 수집 방식에 있어서 선호 경향성을 반영한다.
- 감각–직관 구분은 사물을 인식하는 방법과 정보수집의 상대적 비중이 중요하다.

| 감각형<br>(S) | • 오감을 통한 실용적이고 현실적인 정보에 주의를 기울이는 것을 선호한다.<br>• 실제 경험을 강조하며, 과거지향적이며, 구체적인 사실을 추구한다.<br>• 정확한 일 처리를 선호하며, 숲보다는 나무를 보려는 경향을 보인다. |
|---|---|

| 직관형<br>(N) | • 육감을 통한 정보습득과 숨어 있는 의미를 알아차리는 것을 선호한다.<br>• 아이디어를 강조하며 미래지향적이며, 은유, 공상, 이미지 등과 관련 있다.<br>• 신속한 일 처리를 선호하며, 나무보다는 숲을 보려는 경향을 보인다. |
|---|---|

③ 판단기능: 사고형(Thinking)/감정형(Feeling)

- 인식된 정보를 토대로 판단 및 결정을 내리는 데 있어 선호도를 반영한다.
- 사고와 감정의 구분은 논리성과 친화성의 상대적 비중이 중요하다.

| 사고형<br>(T) | • 사실과 논리에 근거를 둔 객관적인 가치에 따른 결정을 선호한다.<br>• 옳고 그름에 대한 판단, 원리와 원칙, 논리적이고 지적인 비평을 강조한다. |
|---|---|
| 감정형<br>(F) | • 개인적인 가치와 인간중심적 가치에 따른 결정을 선호한다.<br>• 인간 및 인간관계가 주된 관심사이고 우호적인 협력을 추구한다. |

④ 생활양식: 판단형(Judging)/인식형(Perceiving)

- 외부세계에 대한 태도, 생활방식 및 적응양식의 선호도를 나타낸다.
- 의식과 무의식의 상대적 비중이 중요하다.

| 판단형<br>(J) | • 스스로의 판단과 빠른 결정, 철저한 준비와 계획, 임무완수를 선호한다.<br>• 명확한 목적의식, 확고한 의사표현, 조직력과 계획성, 통제성을 추구한다. |
|---|---|
| 인식형<br>(P) | • 결정보다 과정을 즐기며 가능성, 적응성, 개방성, 수용성을 선호한다.<br>• 융통적 · 잠정적이며, 상황에 따른 포용성을 발휘하고, 결정을 미룬다. |

**(3) MBTI의 16가지 성격유형 및 특징/적합한 직업**

① ISTJ-세상의 소금형. 신중함, 조용하며 집중력이 강하고, 정확성, 매사에 철저하다. 정확성과 조직력을 발휘하는 분야인 회계, 법률, 건축, 의료, 사무직, 생산, 관리직 등에서 능력을 발휘한다.

② ISFJ-임금 뒤편의 권력형. 조용함, 차분함, 책임감, 분별력이 있으며 헌신적이다. 타인을 향한 관심과 관찰력이 필요한 분야인 사회사업, 의료, 간호, 교직 등에 적합하다.

③ INFJ-예언자형. 인내심, 통찰력과 직관력, 양심적이며 화합을 추구한다. 직관력과 사람중심의 가치를 중시하는 분야인 심리치료, 성직, 상담, 순수과학, 예술과 문학 분야에서 능력을 발휘한다.

④ INTJ-과학자형. 독창적 사고, 창의적이고 냉철한 분석력이 뛰어나며 내적 신념이 강하다. 직관력과 통찰력이 활용되는 분야인 정치, 철학, 발명, 과학, 엔지니어링 분야

등에서 능력을 발휘한다.

⑤ ISTP–백과사전형. 과묵함과 절제된 호기심, 민감성, 도구를 다루는 뛰어난 능력이 특징이다. 판매, 통계 분야, 법률, 경제, 마케팅 등에 능력을 발휘한다.

⑥ ISFP–성인군자형. 다정함, 과묵함, 온화함, 친절함, 겸손함이 특징이다. 패션, 인테리어, 보석 세공, 예술, 식물학, 동물학 등에 능력을 발휘한다.

⑦ INFP–잔다르크형. 정열, 충실함, 낭만적, 목가적, 깊은 내적 신념이 특징이다. 심리학, 상담, 언어, 문학, 과학, 예술 분야에서 능력을 발휘한다.

⑧ INTP–아이디어 뱅크형. 조용함, 과묵함, 논리적, 분석적, 문제해결 등 지적 호기심이 특징이다. 연구, 수학, 순수과학, 엔지니어링 분야나 경제, 철학, 심리학 분야의 학문을 좋아한다.

⑨ ESTP–수완 좋은 활동가형. 현실적인 문제해결, 강한 적응력 관용이 특징이다. 경찰, 소방, 공인 중개, 손해 사정, 보험 설계, 투자 분석, 은행업무, 경매 등에서 능력을 발휘한다.

⑩ ESFP–사교적인 유형. 활동적, 수용적, 친절하고 낙천적이다. 간호직, 의료, 판매, 교통, 비서직, 유흥업, 감독직, 기계를 다루는 분야를 선호한다.

⑪ ENFP–스파크형. 따뜻함, 정열, 활기, 재능, 풍부한 상상력이 특징이다. 상담, 교육, 작가, 성직, 과학, 저널리스트, 광고 등의 분야에서 뛰어나다.

⑫ ENTP–발명가형. 민첩함, 독창적, 넓은 안목, 다양한 관심사가 특징이다. 컴퓨터 분석, 발명가, 과학자, 문제해결사, 저널리스트, 마케팅 등에서 능력을 발휘한다.

⑬ ESTJ–사업가형. 구체적, 현실적, 사실적, 활동을 조직화하고 주도해 나가는 지도력이 있다. 결과를 눈으로 볼 수 있는 일인 사업, 행정관리, 생산건축 등의 분야에서 능력을 발휘할 수 있다.

⑭ ESFJ–친선도모형. 공감적, 따뜻한 마음, 타인의 요구에 민감, 자신의 책임에 열정적으로 헌신한다. 사회복지사, 간호사, 유치원 교사, 비서, 영업직 등의 분야에서 능력을 발휘할 수 있다.

⑮ ENFJ–언변능숙형. 따뜻함, 적극성, 강한 책임감, 사교성, 동정심이 특징이다. 사람을 다루는 심리, 상담치료, 교직, 성직, 예술, 문학, 외교, 판매에 적합하다.

⑯ ENTJ–지도자형. 열성적, 솔직함, 단호함, 지도력과 통솔력이 특징이다. 정치인, 외교관, 사업가, 인적관리, 컨설턴트, 마케팅 등에 능력을 발휘한다.

## 2. 기질 및 성격검사(TCI) 2014년, 2015년, 2016년, 2017년, 2018년, 2019년

### (1) 기질 및 성격검사의 개요

① 클로닝거(Cloninger)가 심리생물학적 성격 모델에 기초하여 개발한 것으로, 기질측정 척도 4개와 성격측정 척도 3개의 척도를 포함, 총 7개의 기본척도로 이루어져 있다.

② 기존의 성격검사와는 달리 개인의 기질유형에 대한 이해, 성격장애 진단 및 예측, 성격장애의 발생과정에 대한 설명을 목적으로 개발되었다(1994년).

③ 기질은 자극에 대한 자동적 정서반응으로 편도체와 관련된 변연계에 의해 중재되는 정서적 추동이다. 유전적이며, 학습을 통해 습관화되며 비교적 안정적인 속성을 보인다.

④ 성격은 사회문화적 학습의 영향으로 평생 동안 지속적으로 발달한다. 기질의 영향을 받기도 하고 기질에 의한 자동적 정서반응을 조절하기도 한다. 성격이 성숙할수록 개인의 기질적 특성은 조절될 수 있다.

⑤ 동일한 개념의 기질/성격 차원을 만 3세부터 60세까지 평가할 수 있으며, 현재 성인용 검사인 TCI와 더불어 유아용인 JTCI 3-6, 아동용인 JTCI 7-11과 청소년용인 JTCI 12-18이 국내에서 표준화되었다.

### (2) TCI의 척도 및 특징

① 기질 척도

- 자극 추구(Novelty Seeking: NS): 두뇌의 행동조절 체계 중 행동 활성화 시스템(BAS)과 도파민 기제와 관련된 척도이다. 새로운 자극, 잠재적인 보상 단서 등에 행동이 활성화되는 유전적 경향성이다. 흥분과 보상을 추구하며 처벌과 단조로움은 적극적으로 회피한다.

- 위험 회피(Harm Avoidance: HA): 행동 억제 시스템(BIS)과 세로토닌 기제와 관련된 척도이다. 처벌이나 위험 단서에 대해 민감한 경향을 보이며, 행동을 억제하거나 이전 행동을 멈추는 등 수동적인 회피 성향을 보인다.

- 사회적 민감성(Reward Dependence: RD): 행동 유지 시스템(BMS)과 노르에피네프린 기제와 관련된 척도로 사회적인 보상 신호에 대해 매우 민감하게 반응하는 유전적 경향성을 측정한다. 타인의 칭찬, 찡그림 등의 사회적 보상단서와 기쁨, 슬픔, 분노 등의 타인의 감정에 민감하다.

- 인내력(Persistence: P): 사회적 민감성과 마찬가지로 행동 유지 시스템(BMS)과 관련

되어 있다. 보상이 없거나 간헐적 강화의 경우에도 한 번 보상된 행동을 일정 시간 꾸준히 지속하려는 경향성을 말한다.

② 성격 척도

- 자율성(Self-Directedness: SD): 자신이 선택한 목표와 가치를 이루기 위해 자기행동을 통제, 조절하고 적응시키는 능력을 측정한다.
- 연대감(Cooperativeness: CO): 자기 자신을 사회의 한 일부로 지각할 수 있기에 대한 척도로 타인을 수용하고 동일시하는 능력에서 개인차를 측정한다.
- 자기 초월(Self-Transcendence: ST): 자기 자신을 우주의 한 일부로 지각할 수 있는가에 관련된 척도로 우주 만물과 자연을 수용하고 일체감을 느끼는 개인의 능력을 측정한다.

## 3. 성격평가 질문지(PAI) 2014년, 2015년, 2016년, 2018년, 2021년, 2023년

(1) PAI(Personality Assessment Inventory)의 개요

① 1991년 미국의 심리학자 모레이(Leslie C. Morey)가 개발했다.

② 성격 및 부적응, 정신병리를 포괄적으로 평가하기 위해 개발한 자기보고형 검사이다.

③ 치료계획의 수립 및 치료의 시행, 평가에 관한 중요한 구성개념을 측정한다.

④ 실시 가능 연령은 18세(한국판 15세, 고등학생) 이상이며 소요시간은 50~60분 정도 걸린다.

⑤ 미국판 PAI는 18세 이상의 성인을 대상으로 표준화되었으나, 한국판 PAI의 경우 만 18세 미만의 고등학생까지 규준에 포함되었다.

⑥ 총 344문항, 22개의 척도로 구성되어 있으며 서로 다른 영역을 평가는 척도들로 분류했다.

⑦ 각 문항에 대해 4점 척도로 평정하며, 타당도 척도(4개), 11개의 임상 척도(11개), 치료 척도(5개), 대인관계 척도(2개)를 포함하고 있다.

⑧ 우울, 불안, 조증, 망상, 조현병과 같은 증상뿐만 아니라 반사회적, 경계선 성격 특징, 알코올 문제에 관한 정보를 제공한다.

⑨ MMPI와는 달리 척도명이 의미하는 구성개념과 실제 척도 내용 간에 직접적 관계가 있다.

⑩ PAI의 각 척도는 34개의 하위척도들로 구분되어 있어서 측정하고자 하는 증상이나 장애의 상대적 속성을 정확히 측정, 평가할 수 있다.

⑪ 10개의 임상 척도는 3~4개의 하위척도를 가지고 있다.

⑫ MMPI-2와는 달리 문항 간 중복이 없어 변별타당도가 높다.

⑬ 임상 장면에서 반드시 체크해야 할 잠정적 위기 상황에 관한 27개의 결정문항(critical items)을 통해 위기 상황에 즉각적으로 개입할 수 있다.

## (2) 척도 구성

### ① 타당도 척도

| | |
|---|---|
| ICN (비일관성) | 내용이 유사한 문항에 대한 수검자의 일관성 있는 반응태도를 평가하기 위한 척도로 정적 또는 부적 상관이 높은 문항 쌍으로 구성되어 있다. |
| INF (저빈도) | 부주의하거나 무선적인 반응 태도를 확인하기 위한 척도로 대부분의 사람이 극단적으로 인정하지 않는 문항들로 구성되어 있다. |
| NIM (부정적 인상) | 지나치게 나쁜 인상을 주거나 꾀병을 부리려고 반응을 왜곡하는 태도를 평가하기 위한 척도로 임상집단에서조차 반응할 비율이 매우 낮은 문항들을 포함하고 있다. |
| PIM (긍정적 인상) | 자신을 지나치게 좋게 보이려 하며, 사소한 결점도 부정하려는 태도를 측정하는 척도이다. |

### ② 임상 척도

| | |
|---|---|
| SOM (신체적 호소) | 건강과 관련된 문제에 대한 집착과 신체적 기능 및 신체화 장애 등 구체적인 신체적 불편감을 반영하는 문항들을 포함하고 있다. 전환(SOM-C), 신체화(SOM-S), 건강염려(SOM-H) 3개의 하위척도가 있다. |
| ANX (불안) | 불안과 관련 있는 임상적 특징들을 측정하는 문항들로 구성되어 있으며, 인지적(ANX-C), 정서적(ANX-A), 생리적(ANX-P) 불안의 3개 하위척도가 있다. |
| ARD (불안관련장애) | 구체적인 불안과 관련된 증상과 행동에 초점을 둔 문항들로 구성되어 있으며, 강박장애(ARD-O), 공포증(ARD-P), 외상적 스트레스(ARD-T)의 3개 하위척도가 있다. |
| DEP (우울) | 우울 증상에 초점을 둔 문항들로 구성된 척도로 인지적(DEP-C), 정서적(DEP-A), 생리적(DEP-P) 우울의 3개 하위척도가 있다. |
| MAN (조증) | 조증과 경조증의 정서적·인지적·행동적 특징을 측정하는 척도로, 활동수준(MAN-A), 과대성(MAN-G), 초조성(MAN-I)의 3개 하위척도가 있다. |
| PAR (편집증) | 망상 증상과 편집증적 증상 및 성격적 요소와 관련된 특성을 측정하는 척도이며, 과경계(PAR-H), 피해망상(PAR-P), 원한(PAR-R)의 3개 하위척도가 있다. |

| SCZ<br>(조현병) | 광범위한 조현병의 증상을 측정하기 위한 척도이며, 정신병적 경험(SCZ-P), 사회적 위축(SCZ-S), 사고장애(SCZ-T)의 3개 하위척도가 있다. |
|---|---|
| BOR<br>(경계선적 특징) | 충동성, 정서적 변동, 불안정한 대인관계 등 경계선 성격장애와 관련된 여러 특징을 평가하기 위한 척도이며, 높은 점수는 불안정한 대인관계를 시사한다. 정서적 불안정(BOR-A), 정체감 문제(BOR-I), 부정적 관계(BOR-N), 자기손상(BOR-S)의 4개 하위척도가 있다. |
| ANT<br>(반사회적 특징) | 권위적 인물과의 갈등, 공감결여, 범죄행위 등 반사회적 성격과 관련된 특징 및 행동을 평가하기 위한 척도이며, 사회적 행동(ANT-A), 자기중심성(ANT-E), 자극추구(ANT-S)의 3개 하위척도가 있다. |
| ALC<br>(알코올문제) | 문제적 음주 및 알코올의존과 관련된 행동과 그 결과를 평가하기 위한 척도이다. |
| DR<br>(약물문제) | 약물 사용에 따른 문제 및 약물의존과 관련된 행동과 그 결과를 평가하기 위한 척도이다. |

제1교시<br>제3과목(필수)

③ 치료척도 2018년, 2021년

| 공격성(AGG) | 공격성, 분노, 적개심과 관련된 태도와 행동적 특징을 평가한다. |
|---|---|
| 자살관련(SUI) | 죽음이나 자살사고 및 구체적인 계획 등에 관한 생각을 평가한다. |
| 스트레스(STR) | 개인이 현재 또는 최근에 경험한 생활 상황적 스트레스를 평가한다. |
| 비지지척도(NON) | 사회적 관계의 가용성과 질 등 지각된 사회적 지지의 부족을 평가한다. |
| 치료거부(RXR) | 심리적·정서적 변화에 대한 관심과 관련된 속성과 태도를 평가한다. |

④ 대인관계 척도 2023년

| 지배성(DOM) | 대인관계에서 통제와 독립성의 유지 정도를 평가하기 위한 척도로 점수가 높은 사람은 지배적이고 낮은 사람은 복종적이다. |
|---|---|
| 온정성(WRM) | 대인관계에서 지지적이고 공감하는 정도 점수가 높은 사람은 온정적, 외향적이고, 낮은 사람은 냉정하고 거절적이라고 해석할 수 있다. |

(3) 채점기준 2017년

① 문항 응답의 누락 정도 검토: 누락된 응답이 17개 이상이면 해석을 제한한다.

② 타당성 검토: 4개의 타당도 척도에서 반응 일관성과 부주의, 무관심, 왜곡 등의 문제가 있는지 살펴본다.

③ 결정문항의 검토: 결정문항에서 '그렇다' 반응이 한 개만 있어도 즉각적인 관심이나 개입이 필요한 행동 또는 정신병리가 있다고 봐야 한다.

④ 원점수, 표준점수(T 점수), 평균 50, 표준편차 10인 점수를 사용한다.

⑤ 척도수준에서의 해석: 임상 척도에서 T 점수 70 이상이면 정상집단으로부터 이탈되었다고 해석할 수 있다.

⑥ 프로파일 해석: 수검자의 검사 프로파일을 24개 진단군의 평균 프로파일과 비교할 수 있다.

## 4. 성격 5요인검사(NEO-PI-R) 2014년, 2015년, 2019년

### (1) NEO-PI-R(The Revised NEO Personality Inventory)의 개요

① 코스타와 맥크레이(Costa & McCrae)는 여러 성격검사들의 결합요인분석을 통해 공통특성요인 5요인을 추출하였다.

② 1985년에 신경증, 외향성, 개방성에 초점을 맞춘 성격검사 NEO PI를, 1992년에 친화성과 성실성이라는 하위 요인들을 보강하여 NEO-PI-R을 개발하였다.

③ 일반적으로 사용되는 5요인은 신경증(Neuroticism), 외향성(Extraversion), 개방성(Openness), 친화성(Agreeableness), 성실성(Conscientiousness)이다.

④ 개인의 성격이해뿐만 아니라 상담 및 임상 장면에서 내담자의 강점과 약점을 파악하여 구조적 평가를 가능하게 하고, 장애 관련 성격특징의 객관적 측정을 통해 진단에 도움을 줄 수 있다.

⑤ 아동용은 148문항, 청소년용과 성인용은 210문항으로 이루어져 있으며, 5점 척도(0점: 전혀~4점: 매우 그렇다)를 사용한다.

### (2) 척도의 구성 및 내용 2018년, 2019년, 2021년, 2023년

| 요인명 | 의미 | 내용 |
|---|---|---|
| N요인 (신경증) | • 일상생활에서 경험하는 불안, 적대감, 우울, 죄책감 등의 부정적 정서와 그에 대한 적응의 정도를 의미한다. <br> • 신경증이 높은 사람은 정서적으로 불안정하고 예민하며 스트레스에 취약할 수 있다. | • N1-불안 <br> • N2-적대감 <br> • N3-우울 <br> • N4-자의식 <br> • N5-충동성 <br> • N6-심약성 |

| | | |
|---|---|---|
| E요인<br>(외향성) | • 외향성이 높은 사람은 사교적이고 자기주장을 잘하며 열성적이고 낙천적인 것을 의미한다. 영업과 판매를 잘하는 사람들이 해당된다.<br>• 낮은 점수의 사람은 비사교적이고 조용하며, 우유부단하고 일의 속도가 늦을 수 있음을 의미한다. 혼자서 할 수 있는 일에 관심을 기울이는 사람들이 해당된다. | • E1-온정<br>• E2-사교성<br>• E3-주장<br>• E4-활동성<br>• E5-자극추구<br>• E6-긍정정서 |
| O요인<br>(개방성) | • 독립적인 판단, 변화에 대한 선호, 미적 감수성, 풍부한 상상력과 아이디어, 지적 호기심 등의 정도를 의미한다.<br>• 높은 점수의 사람은 세상에 대해 호기심이 많아 새로운 아이디어와 가치를 추구하며, 자신의 감정에 민감하고, 창조적이고 탐구적인 일을 좋아한다. | • O1-상상<br>• O2-심미성<br>• O3-감정개방<br>• O4-행동개방<br>• O5-사고개방<br>• O6-가치개방 |
| A요인<br>(친화성) | • 이타심과 관련이 있으며, 타인을 믿고 배려하는 정도와 정직하고 순종적인 정도를 의미한다.<br>• 외향성과 같은 개인의 대인관계 스타일을 잘 설명한다.<br>• 점수가 높은 사람은 이타적이고, 다른 사람을 신뢰하며, 정직하고, 순종적이다. | • A1-온정성<br>• A2-신뢰성<br>• A3-관용성<br>• A4-이타성<br>• A5-겸손<br>• A6-동정 |
| C요인<br>(성실성) | • 자신의 능력을 믿고 체계적이고 체계적으로 업무를 수행하며 자기통제의 정도를 의미한다.<br>• 높은 점수의 사람은 목적 지향적이고, 조직적이며, 시간을 엄수하며, 자신의 의무를 이행하는 데 있어 철저하다.<br>• 낮은 점수의 사람은 게으르고 원칙이 없는 사람은 아니지만 정해진 원칙을 정확하게 적용하는 데 어려움이 있거나 주어진 목표를 달성하려는 의지가 부족하다. | • C1-유능감<br>• C2-정연성<br>• C3-충실성<br>• C4-성취동기<br>• C5-자기통제<br>• C6-신중성 |

:: 해석의 예시: E-, O+인 사람은 도전적이고 개인적인 직업을 좋아하며 혼자서 하는 일에 관심을 기울이고 글쓰기 또는 생산적인 취미활동에 흥미를 느낀다.

## 5. 16PF와 다요인 인성검사

(1) 16PF **2014년, 2018년**

① 1949년 카텔(Cattell)이 16PF를 처음 발표하였고, 현재 5판(185문항)이 사용되고 있다.

② 16PF는 인간의 행동을 설명하는 수많은 형용사에서 최소의 공통 요인을 추출하는 요인 분석 방법이 적용되었다.

③ 16PF의 성격검사로서 가장 독특한 점은 지능 요인(B)이 포함되어 있다는 것인데, 이는 카텔이 중요 잠재특성 중 하나로 능력을 간주하였기 때문이다.

| 16PF 성격요인 | | | |
|---|---|---|---|
| A요인 | 냉정성 vs. 온정성 | B요인 | 낮은 지능 vs. 높은 지능 |
| C요인 | 약한 자아강도 vs. 강한 자아강도 | E요인 | 복종성 vs. 지배성 |
| F요인 | 신중성 vs. 정열성 | G요인 | 약한 도덕성 vs. 강한 도덕성 |
| H요인 | 소심성 vs. 대담성 | I요인 | 둔감성 vs. 예민성 |
| L요인 | 신뢰감 vs. 불신감 | M요인 | 실제성 vs. 공상성 |
| N요인 | 순진성 vs. 실리성 | O요인 | 편안감 vs. 죄책감 |
| Q1요인 | 보수성 vs. 진보성 | Q2요인 | 집단의존성 vs. 자기충족성 |
| Q3요인 | 약한 통제력 vs. 강한 통제력 | Q4요인 | 이완감 vs. 불안감 |

**(2) 다요인 인성검사의 개요**

① 카텔의 16PF를 토대로 염태호와 김정규(1990)가 우리나라 실정에 맞게 표준화한 검사이다.

② 16개의 일차 요인과 4개의 이차 요인 및 피검자의 태도를 측정하는 2개의 특수 척도로 구성되었다.

③ 2003년에 '다요인 인성검사' 명칭을 수정하였으며, B요인(지능)과 L요인(불신감)을 제외하고 14개의 일차 요인과 5개의 2차 척도, 2개의 특수 척도로 수정되어 사용되고 있다.

④ 임상 장면에서 정신 의학적 문제를 진단하는 데 매우 유용한 검사이며, 전반적인 특성인 성격 구조를 이해하고 특정 상황에서 취할 행동을 예측 가능하게 한다.

**(3) 다요인 인성검사의 척도 구성**

① 다요인 인성검사의 1차 요인과 특성

| 1차 요인 | 내용 | 낮은 점수 | 높은 점수 |
|---|---|---|---|
| A요인 | 온정성 척도 | 냉정성 | 온정성 |
| C요인 | 자아강도 척도 | 약한 자아강도 | 강한 자아강도 |
| E요인 | 지배성 척도 | 복종성 | 지배성 |
| F요인 | 정열성 척도 | 신중성 | 정열성 |

| G요인 | 도덕성 척도 | 약한 도덕성 | 강한 도덕성 |
|---|---|---|---|
| H요인 | 대담성 척도 | 소심성 | 대담성 |
| I요인 | 예민성 척도 | 둔감성 | 예민성 |
| M요인 | 공상성 척도 | 실제성 | 공상성 |
| N요인 | 실리성 척도 | 순진성 | 실리성 |
| O요인 | 자책성 척도 | 편안감 | 자책감 |
| Q1요인 | 진보성 척도 | 보수성 | 진보성 |
| Q2요인 | 자기결정성 척도 | 집단의존성 | 자기결정성 |
| Q3요인 | 자기통제성 척도 | 약한 통제력 | 강한 통제력 |
| Q4요인 | 불안성 척도 | 이완감 | 불안감 |

② 다요인 인성검사의 2차 요인과 특성

| 2차 요인명 | 낮은 점수 | 높은 점수 |
|---|---|---|
| 외향성 | 내향성 | 외향성 |
| 불안성 | 약한 불안 | 강한 불안 |
| 강인성 | 유약성 | 강인성 |
| 자립성 | 종속성 | 자립성 |
| 초자아 강도 | 약한 초자아 강도 | 강한 초자아 강도 |

③ 다요인 인성검사의 특수 척도명과 특성

| 특수 척도 | 요인명 | 낮은 점수 | 높은 점수 |
|---|---|---|---|
| 동기왜곡 척도 | MD | 솔직하게 대답 | 잘 보이려는 대답 |
| 무작위 척도 | RANDOM | 진지하게 대답 | 아무렇게나 대답 |

제1교시 제3과목(필수)

CHAPTER **05** / 투사 검사1 – 로샤

## 1. 로샤 검사

(1) 로샤 검사(Rorschach Test)의 개요 **2019년, 2020년**

① 로샤 검사(Rorschach Test)는 1921년 스위스 정신과 의사인 헤르만 로샤(Hermann Rorschach)가 유명한 논문「심리진단(Psychodiagnostik)」에서 최초로 소개하였다.

② 로샤는 로샤 검사의 반응과정을 지각과정 및 통각(apperception)과정으로 보았다.

③ 잉크반점(Ink-Blot)검사가 조현병을 진단하는 데 유효한지 검증하는 데서 출발했다.

④ 개인의 심층적인 무의식적 성격구조를 평가할 수 있고 그에 대한 깊은 통찰을 제공할 수 있다.

⑤ 대칭형의 잉크반점으로 이루어진 무채색 카드 5장, 부분적인 유채색 카드 2장, 전체적인 유채색 카드 3장으로 모두 10장의 카드로 구성되어 있다.

⑥ 카드에서 제시된 잉크반점을 조직하고 구조화하는 방식이 개인의 심리적 기능을 반영한다고 본다.

> **예** 음영 차원과 무채색 반응의 빈도가 높으면 우울함을 나타낼 수 있다.

⑦ 경계선 성격병리를 가진 사람의 경우 구조화가 덜 된 로샤검사에서 핵심 병리가 더 잘 드러난다.

⑧ 장점: 부정왜곡이나 긍정왜곡이 덜 일어나고, 검사 실시가 용이하며, 검사시간도 30분 이내로 짧다. 개인의 심층적인 무의식적 성격 구조를 평가할 수 있고, 숨겨진 정신병리 수준을 평가할 수 있다. 또한 임상적 증상 발현 전 미묘한 사고장애 과정을 감지할 수 있다는 것이다.

⑨ 단점: 객관적 검사에 비해 낮은 신뢰도와 타당도, 수검자에 의한 검열, 채점 오류 해석 시 미묘한 오류, 연령이나 교육배경을 고려하지 않은 해석, 평가자편향, 실시자의 상당한 훈련에 대한 요구 등이다.

> **❖** 엑스너(Exner)의 종합 체계: 정량적 분석이 가능해졌고 이를 사용한 연구들이 나오면서 기존의 로샤 검사의 신뢰도와 타당도에 관련된 제한점과 문제점이 많이 줄어들었다. 또한 경험적인 근거(실증적)인 접근(empirical approach)이 가능해졌다. **2023년**

## (2) 로샤 검사카드의 구성

| 카드 I | • 수검자가 새로운 스트레스 상황을 처리하는 대처방식을 알 수 있게 해 준다.<br>• 대개 박쥐 또는 나비라는 평범 반응이 쉽게 나오지만 무채색으로 인해 부정적 감정을 불러일으키기도 한다. |
|---|---|
| 카드 II | • 붉은색 영역은 분노감 혹은 상해와 관련된 심리적 고통의 반응을 야기할 수 있다.<br>• 남성과 여성의 성적인 해부학적 구조를 쉽게 볼 수 있어 성적인 반응은 수검자의 성적인 관심에 대한 단서를 파악할 수 있다. |
| 카드 III | • 두 사람이 어떤 상호작용하는 것을 통하여 투사가 나타날 수 있다.<br>• 대인관계나 사회적 상호작용에서 특정적인 태도나 관심사를 반영한다. |
| 카드 IV | • 크고, 강하고, 육중하고, 위협적인 것과 관련된 연상을 유발한다.<br>• 'Father Card'로 불리며 권위적인 사람들과의 불편한 관계를 예상하게 해 준다. |
| 카드 V | • 반점이 분명하고 잘 연결되어 있어 로샤 카드 중에서 비교적 쉽게 반응을 끌어낸다.<br>• 그러나 어두운색이 음울한 감정과 불쾌한 감정을 불러일으키거나 카드 IV에서 경험한 불안 감정이 지속된 반응이 나올 수도 있다. |
| 카드 VI | • 대인관계에서의 친밀감에 대한 지각과 이에 대한 연상을 유발하는 카드다.<br>• 성적인 지각과 주제를 가장 많이 보고하는 카드로 'Sex Card'라 불리기도 한다. |
| 카드 VII | • 여성적인 특성, 즉 매력적이고 부드럽고 약하고 수동적인 것을 표현한다.<br>• 'Mother Card'라고 불리며, 여성과의 갈등이나 미해결 문제를 반영할 수 있다. |
| 카드 VIII | • 파스텔 톤의 여러 색깔이 정서적인 자극으로 작용하며 '휴식카드'로 여겨진다.<br>• 위협적 반응의 표현은 복잡한 상황에서의 정서적 자극을 회피하고자 하는 것으로 볼 수 있다. |
| 카드 IX | • 모호하고 산만함, 혼합된 색, 분명하지 않은 형태가 반응을 어렵게 하는 카드다.<br>• 빈번하게 거부되는 카드이며, 복잡하고 비구조된 상황에 대한 대처능력을 본다. |
| 카드 X | • 9번 카드가 가지고 있는 불명확성과 복잡성을 모두 가지고 있어 조직화가 어렵다.<br>• 부분 반응이 많이 나타나며, 많은 것을 동시에 처리하는 능력을 평가할 수 있다. |

## (3) 로샤 검사 실시 방법과 절차 2014년, 2019년, 2023년

① 검사 실시 전: 수검자에게 검사를 소개하고 나서 검사지시를 한다.

② 자유연상 단계

• "이제 몇 장의 잉크반점 카드를 보여 드리겠습니다. 이 카드가 무엇처럼 보이는지 말해 주십시오."

• 간단한 지시문을 사용하는 것이 좋고 수검자의 반응을 유도해서는 안 된다.

- 전체 반응 수가 14개 미만일 경우 타당도가 훼손된다고 보고, 검사를 다시 할 수 있다.
- 첫 번째 카드에서 5개 이상을 반응을 하려고 하면 다음 카드로 넘어간다. II번 카드까지는 동일하게 개입한다.

③ 사후질문 단계

- "이제 모두 끝났어요. 이제부터 조금 전에 봤던 카드를 하나씩 다시 보여 드리려고 해요. 카드마다 ○○씨가 본 대로 저도 그렇게 볼 수 있도록 설명해 주시겠어요? ○○씨가 말한 것을 다시 읽어 줄 테니 어디에서 그렇게 보았는지, 어떤 점에서 그렇게 보았는지 제가 이해할 수 있도록 말해 주시겠어요?"
- 평가자는 질문 시 무엇을 보았는가(내용), 어디에서 그렇게 보았는가(영역), 어떤 점을 보고 왜 그렇게 보았는가(반응결정인)의 세 가지 요소에 초점을 둔다.

④ 한계검증 단계 2023년

- 대부분의 피검자들이 보고하는 평범반응이 나타나지 않은 경우, 피검자가 그러한 반응을 볼 수 있는지 평가한다. 단, 채점에는 포함시키지 않는다.
- 흔히 평범반응을 보고하는 2~3개의 잉크 반점을 선택한 후 평범반응을 알려 주고 "이제 검사를 마쳤습니다. 그런데 다른 사람들이 이 카드에서 □□을 봅니다. 당신도 그렇게 보이시나요?"라고 질문할 수 있다. '자유연상 단계 → 사후 질문하기 → 한계검증'의 순서로 진행하고 내담자의 반응을 그대로 기록한다.

## 2. 로샤 검사의 채점 및 해석 2015년, 2016년, 2019년, 2020년, 2021년

(1) 반응영역

① 반응영역(location)은 수검자의 주된 반응에 카드 반점의 어느 부분이 사용되었는가에 대한 것이다.

② 이를 통해 수검자의 로샤 카드에 대한 인지적 접근 방식을 평가한다.

| 기호 | 정의 | 기준 내용 |
|---|---|---|
| W | 카드 반점의 전체를 사용 | • 카드의 반점 전체가 반응에 사용되는 경우에 채점된다. |
| D | 흔히 사용되는 반점 영역에 대한 반응 | • 흔히 사용되는 반점 영역을 보는 경우에 기호화한다. |

| Dd | D 영역 외에 드문 부분 반응 (정상규준집단 5% 미만) | • D 영역 이외에 잘 사용되지 않는 반점 영역을 사용하였을 때 검사자의 판단상 그럴듯하게 보일 경우에 기호화한다. <br> • W나 D 반응이 아닐 경우 자동적으로 Dd로 기호화한다. |
|---|---|---|
| S | 카드의 흰 공백 부분이 사용되었을 경우 | • S는 단독으로 기호화할 수 없고, WS, DS 또는 DdS와 같이 언제나 다른 기호와 같이 사용한다. |

## (2) 발달질 2021년

① 발달질(developmental quality)은 반응에서 의미 있는 조직화 혹은 통합이 일어난 정도를 말한다.

② 지각한 대상에 구체적인 형태가 있는지를 고려해야 하고 지각한 대상들 간에 상호작용이 있는지 여부를 평가한다.

| 기호 | 정의 | 기준 내용 |
|---|---|---|
| + | 통합반응 (Synthesized Response) | 둘 이상의 대상이 서로 관련을 맺고 있고, 하나 이상 분명한 형태가 있을 때 채점한다. 예 곰 두 마리가 손을 맞대고 있다. |
| o | 보통반응 (Ordinary Response) | 단일 반점 영역이 단일한 구체적인 형태를 띤 대상으로 묘사는 경우 채점한다. 예 박쥐, 나비, 사람 |
| v | 모호반응 (Vague) | 구체적인 형태를 가지지 않은 단일 대상으로 묘사될 경우 채점한다. 예 구름, 피, 어둠 |
| v/+ | 모호–통합반응 (Vague/Synthesized Response) | 둘 이상의 대상이 서로 관련을 맺고 있으나 분명한 형태가 나타나지 않는 경우에 채점한다. 예 구름이 양쪽에서 서로 뭉쳐지고 있다. |

## (3) 결정인 2016년, 2017년, 2019년

① 결정인(determinant)이란 수검자의 반응을 이끈 반점의 특징이 무엇인가를 의미한다.

② 수검자가 반점의 형태, 움직임, 색채, 음영 혹은 대칭에 반응한 것인지를 파악하는 것이다.

③ 7개의 범주, 24가지 채점이 가능하다.

| 분류 | | 기호 및 채점 | 해석 |
|---|---|---|---|
| 형태 (Form) | F | • 형태 반응 <br> • 반점의 형태에만 근거해서 나온 반응, F는 다른 결정인과 함께 사용 가능(단, M은 제외) | 통제, 지연 |

| 운동<br>(Movement) | M | • 인간 운동 반응<br>• 사람의 움직임을 나타낼 때, 동물이나 가공의 인물이 인간의 동작을 하고 있을 때 | 개념화,<br>욕구, 스트레스 |
|---|---|---|---|
| | FM | • 동물 운동 반응<br>• 반응이 동물 특유의 자연스러운 움직임을 포함할 때 | |
| | m | • 무생물 운동 반응<br>• 무생물의 운동을 포함하고 있는 반응 | |
| | | • 운동이 능동인지(a), 수동인지(p), 능동과 수동 둘 다를 포함하는지(a-p) 결정하여 운동 결정인 옆에 소문자로 표시(예 Ma, FMp) | |

| 유채색<br>(Chromatic<br>Color) | C | • 순수 색채 반응<br>• 반점의 색채만을 근거로 반응한 경우 | 정서 표현의<br>조정 |
|---|---|---|---|
| | CF | • 색채-형태 반응<br>• 반점의 색채가 반응의 근거이고 이차적으로 형태가 사용된 경우 | |
| | FC | • 형태-색채 반응<br>• 반응이 주로 형태에 근거하고, 색채가 이차적으로 사용된 경우 | |
| | Cn | • 색채 명명 반응<br>• '이건 분홍색이에요'처럼 반점의 색채만 언급한 경우 | |

| 무채색<br>(Achromatic<br>Color) | C′ | • 순수 무채색 반응<br>• 반응이 반점의 무채색만을 근거한 경우 | 정서 억제 |
|---|---|---|---|
| | CF | • 무채색-형태 반응<br>• 무채색이 일차적 결정요인이고 이차적으로 형태가 사용된 경우 | |
| | FC′ | • 형태-무채색 반응<br>• 반응이 주로 형태에 근거하고, 이차적으로 무채색이 사용된 경우 | |

| 음영-재질<br>(Shading-<br>Texture) | T | • 순수 재질 반응<br>• 반응이 반점의 음영 특징 가운데 촉감에만 근거한 경우 | 애정 욕구 |
|---|---|---|---|
| | TF | • 재질-형태 반응<br>• 반응이 주로 촉감에 근거하고 이차적으로 형태가 사용된 경우 | |
| | FT | • 형태-재질 반응<br>• 형태에 따라 주로 반응이 일어나고, 이차적으로 음영의 특징이 재질을 나타날 때 | |

| | | | |
|---|---|---|---|
| 음영-차원<br>(Shading-<br>Dimension) | V | • 순수 차원 반응<br>• 반응이 음영 특징의 차원이나 깊이에만 근거할 경우 | 부정적<br>자기평가 |
| | VF | • 차원-형태 반응<br>• 주로 음영의 깊이나 차원에 근거하여 반응하고 이차적으로 형태가 사용된 경우 | |
| | FV | • 형태-차원 반응<br>• 반응이 주로 형태에 근거하고 음영 특징에 의한 깊이나 차원이 이차적으로 사용된 경우 | |
| 음영-확산<br>(Shading-<br>Diffuse) | Y | • 순수 음영 반응<br>• 반응이 반점의 음영에만 근거한 경우 | 불안감,<br>무력감 |
| | YF | • 음영-형태 반응<br>• 반응이 주로 음영에 근거하고 이차적으로 형태가 사용된 경우 | |
| | FY | • 형태-음영 반응<br>• 반응이 주로 반점의 형태에 근거하고 이차적으로 음영이 사용된 경우 | |
| 형태차원<br>(Form<br>Dimension) | FD | • 형태에 근거한 차원 반응<br>• 음영이 개입되지 않고, 반점의 모양이나 크기를 근거로 깊이나 거리, 차원의 인상을 지각할 때 채점<br>예 발이 굉장히 크고 머리는 작아 보여서 거인을 올려다보는 듯하다. | 내성 |
| 쌍반응<br>(Pairs)/<br>반사반응<br>(Reflections) | (2) | • 쌍반응<br>• 반점의 대칭성에 근거하여 두 개의 동일한 대상을 지각할 때<br>예 양쪽에 코끼리 두 마리가 있다. | 자기초점,<br>자아중심성 |
| | rF | • 반사-형태 반응<br>• 반점의 대칭성에 근거하여 반사되거나 거울에 비친 것이라고 보며, 대상의 형태가 분명하지 않은 것으로 반응한 경우<br>예 구름이 호수에 비친 것이다. | |
| | Fr | • 형태-반사 반응<br>• 반점의 대칭성에 근거하여 반사하거나 거울에 비친 것이라고 보며 대상의 형태가 분명한 것으로 반응한 경우<br>예 사람이 물속에 비친 자신의 모습을 들여다보고 있다. | |

> - 쌍반응 기호 '(2)'는 다른 결정인과 형태질 기호의 오른쪽에 표시한다.
> - 대상의 대칭성이라는 측면에서 쌍반응과 반사 반응은 동일하지만, 반사 반응은 대칭쌍이 반사된 또는 거울상이라는 점에서 구별된다.

---

**하나의 반응에 여러 개의 결정인이 사용되었을 때 다음과 같은 순서로 채점한다.**

1. 운동 반응(M, FM, m)을 먼저 적는다.
2. 형태, 색채, 음영을 그다음에 적는다.
3. 반영 반응(rf, Fr)을 마지막에 적는다.
4. 각 결정인 간에는 마침표를 찍는다(예 Mp. CF. rF).

---

## (4) 형태질(form quality)

형태질은 수검자가 지각한 대상의 형태와 반응에 사용한 반점 영역의 형태가 부합하는 정도를 평가한다.

| 기호 | 정의 | 기준 내용 |
| --- | --- | --- |
| + | 우수-정교한 | 반점의 형태에 맞게 정확하게 기술하였거나 형태의 사용이 매우 구체적이고 자세하게 묘사하여 반응의 질적 수준이 향상되었을 경우 |
| o | 보통의 | 일반적인 형태 특징을 분명하게 이해할 수 있는 방식으로 반응한 경우 |
| u | 드문 | 반점의 형태와 반응의 내용이 잘 맞지 않으나, 어느 정도는 그렇게 볼 수 있는 경우 |
| – | 왜곡된 | 반응에 나온 대상의 형태와 반점의 형태가 전혀 맞지 않고 왜곡된 반응 |

## (5) 반응내용(content) 2023년

① 반응에 나온 대상이 무엇이며 어떤 범주에 포함되는가를 말하며, 27개의 내용 범주가 있다.

② 수검자의 반응에 여러 내용이 포함될 경우 여러 개의 내용 부호가 채점될 수 있다.

| 기호 | 반응내용 | 기호 | 반응내용 |
| --- | --- | --- | --- |
| H | 사람의 전체 모습 | Bt | 식물의 전체 또는 부분 |
| (H) | 가공인물, 신화 속 인물, 거인, 유령, 요정, 악마 등의 전체 모양 | Cg | 의류, 모자, 신발, 벨트, 안경, 장화 등 |
| Hd | 사람 신체의 일부. 팔, 다리 | Cl | 구름(안개나 노을은 Na로 채점) |
| (Hd) | 가공인물 등의 신체의 일부 | Ex | 폭발, 불꽃놀이, 폭탄, 폭풍 |

| | | | |
|---|---|---|---|
| Hx | 인간의 정서, 감각경험 | Fi | 불이나 연기 |
| A | 동물의 전체 모습 | Fd | 사람이 먹는 음식 혹은 동물의 먹이 |
| (A) | 가공 동물이나 신화적 동물의 전체 | Ge | 지도. 지명이 있거나 없거나 모두 포함 |
| Ad | 동물의 일부 | Hh | 가구용품, 주방기구, 램프, 양탄자 |
| (Ad) | 가공 동물이나 신화적 동물의 일부 | Ls | 풍경, 산, 산맥, 언덕, 섬, 동굴 등 |
| An | 신체 내부, 뼈, 근육, 심장, 간 등 | Na | Bt와 Ls로 채점되지 않는 자연 대상, 태양, 달, 하늘, 안개, 노을, 무지개 등 |
| Art | 예술작품, 동상, 샹들리에, 장식물 | Sc | 직간접적인 과학 및 과학적 산물, 비행기, 자동차, 빌딩, 무기 등 |
| Ay | 역사 문화적 의미의 내용, 토템 | Sx | 성 기관이나 성행동과 관련된 반응 |
| Bl | 인간이나 동물의 피 | Xy | 엑스레이 사진을 지각. 뼈나 내부 기관 |

제1교시  제3과목(필수)

> **학습 plus**
>
> **주의해야 할 채점 내용**
> - 반응에 Na, Bt, Ls가 함께 포함될 경우, Na만 채점한다.
> - 반응에 Na가 없고, Bt, Ls가 들어갈 경우, 둘 중 하나만 채점한다.

(6) **평범반응** P(Popular) **2015년. 2021년**

① 반응 빈도가 높은 13개의 반응으로, p로 기호화, 반응내용의 기호 뒤에 기록한다.

② 객관적 기준에 따라 완전히 일치하지 않거나, 반응영역이 일치하지 않는 경우는 배제한다.

| 기호 | 영역 | 평범반응 | 기호 | 영역 | 평범반응 |
|---|---|---|---|---|---|
| I | W | 박쥐/나비 | VI | W 또는 D1 | 동물 가죽, 융단, 모피 |
| | | 나비 | VII | D9 | 인간의 얼굴이나 머리 |
| II | D1 | 동물의 전체 형태, 곰, 개 | VIII | D1 | 동물 전체 |
| III | D9 | 인간의 모습, 인형, 만화 | IX | D3 | 인간, 유사 형상, 괴물 |
| IV | W 또는 D7 | 인간, 거인 | X | D1 | 게 |
| V | W | 나비 | | | 거미 |
| | | 박쥐 | | | |

(7) 조직화 활동 2016년

① 조직화 활동이란 수검자가 자극영역을 인지적으로 조직화하려는 정도와 효율성을 말한다.

② 형태가 포함되어 있는 반응에 Z 점수를 줄 수 있다. 공백반응을 포함한 반응은 반점의 다른 영역도 포함하고 있어야 Z 점수를 채점할 수 있다.

③ 공백 공간을 포함하고 있는 반응에 대해 Z 점수를 채점하려면 반점의 다른 영역도 포함하고 있어야 한다.

| ZW | 전체 부분 | 반응에 사용된 영역이 전체이고 발달질이 +, o 또는 v/+인 반응에 채점한다. |
| ZA | 인접 부분 | 서로 다른 대상을 나타내는 인접해 있는 반점 영역이 의미 있는 관계를 맺고 있을 때 채점된다. |
| ZD | 비인접 부분 | 서로 다른 대상을 나타내는 멀리 떨어져 있는 반점 영역이 서로 의미 있는 관계를 맺고 있을 때 채점한다. |
| ZS | 공백 부분 통합 | 공백 공간과 다른 반점 영역을 통합시켜 반응한 경우 채점한다. |

(8) 특수 점수 2014년, 2017년, 2018년

종합체계 이전에는 내용분석의 대상이었던 여러 가지 반응 특징에 대한 수량화가 어느 정도 가능해졌다. 종합체계에서는 15가지의 특수 점수를 제시하고 있고, 그 분류는 다음과 같다.

### 특이한 언어반응(Unusual Verbalization)

- 특이한 언어반응의 종류: DV, DR, INCOM, FABCOM, CONTAM, ALOG
- 특이한 언어반응 6개는 구조적 요약에서 사고 장해 정도를 나타내는 WSum6를 구성한다.
- 특이한 언어반응은 일탈된 언어(DV, DR), 부적절한 조합(INCOM, FABCOM, CONTAM), 부적절한 논리(ALOG)로 구분된다.

① 일탈된 표현(deviant verbalization: DV): 신조어나 중복사용, 과잉 표현 사용 시 채점한다.

② 일탈된 반응(deviant response: DR): 부적절한 구, 우회적 표현 사용 시 채점한다.

③ 모순적 결합(incongruous combination: INCOM): 종의 속성과 관련이 없이 부적절하게 합쳐진 내용으로 표현 시 채점된다. 예 여자인데 머리는 닭 머리예요.

④ 우화적 결합(fabulized combination: FABCOM): 분리되어 있는 두 개 이상의 반점이 있을 수 없는 방식으로 관계 맺고 있음을 표현할 때 채점된다. 예 나뭇잎을 타고 가는 코끼

리예요.

⑤ 오염반응(contamination: CONTAM): 기괴하고 부적절한 조합으로 동일한 반점에서 2개 이상의 대상을 반응했을 때 채점된다. **예** 벌레 얼굴과 코뿔소 얼굴을 합쳐 벌레소 얼굴이네요.

⑥ 부적절한 논리(inappropriate logic: ALOG): 수검자가 자신의 반응을 정당화하기 위해 부적절하고 비합리적으로 근거를 말할 때 채점된다. **예** 사랑하는 사람들이요. 빨간색이 있으니까.

**학습 plus**

**6개의 결정적 특수점수 채점**

• DV, DR, INCOM, FABCOM, ALOG, CONTAM은 서로 관련이 있어 중복된 채점에서 주의가 필요하다.
• DV, DR, INCOM, FABCOM, ALOG는 CONTAM이 우선 채점되었다면 같이 채점할 수 없다.
• DV, DR, INCOM, FABCOM, ALOG는 독립적으로 채점될 수 있으나 중첩 시에는 가중치 높은 점수 하나만 채점한다.

### 반응 반복과 통합실패(perseveration and integration failure)

⑦ 반응반복(perseveration: PSV)

| | |
|---|---|
| 카드 내 반응 반복<br>(within card perseveration) | 하나의 카드 내에서 이전 반응과 정확하게 동일한 위치, 발달질, 결정인, 형태질, 내용 및 Z 점수까지 연속적으로 반응 시 채점 |
| 내용 반복<br>(content perseveration) | 수검자가 다른 카드의 새로운 대상을 이전의 대상과 동일하게 보고하는 것 |
| 기계적 반복<br>(mechanical perseveration) | 기계적으로 동일한 반응을 반복, 지적장애나 신경학적 손상의 경우 빈번하게 나타남 |

⑧ 통합 실패(Integration Failure: CONFAB): 반점에 어느 한 부분에 반응한 뒤, 더 큰 반점 영역이나 전체 반점으로 일반화시키는 경우 채점된다. **예** 여기가 발이니까 이건 곰이에요.

⁛ CONFAB은 심한 인지적 손상을 시사, CONFAB으로 채점된 반응은 ALOG 기준을 만족시켜도 채점하지 않는다.

### 특수 내용 4개(Special Contents): AB, AG, COP, MOR

⑨ 추상적 내용(abstract content: AB): '검은색은 죽음을 상징하는 거 같아 우울해요.'

⑩ 공격적 운동(aggressive movement: AG): '괴물이 뛰어올라 공격하려고 하고 있네요.'

⑪ 협동적 운동(cooperative movement: COP): '테이블을 같이 들고 있는 두 사람이에요.'

⑫ 병적 내용(morbid content: MOR): '한쪽 다리가 잘려 나간 전쟁터의 군인 같아요.'

> **기타 특수 반응: PER, CP, GHR/PHR**

⑬ 개인적 반응(personalized answer: PER): '생물 시간에 본 해부도 같아요. 내장을 해부한 거요.'

⑭ 색채투사(color projection: CP): 무채색 카드에서 '등에 푸른 점이 있는 노란 나비네요.'

⑮ 좋은 인간 표상(Good Human Representation: GHR)과 나쁜 인간 표상(Poor Human Representation: PHR)

---

**GHR과 PHR**

• 인간과 관련된 내용을 포함하는 반응[H, (H), Hd, (Hd), Hx], 결정인 사람 운동(M)을 포함하는 반응, 특수점수 COP나 AG를 포함하는 동물운동반응(FM)에 채점한다.

• GHR은 형태질이 +, o, u이고 인간에 대한 긍정적 표상을 담고 있는 반응에 부여한다.

• PHR은 형태질이 없거나 −일 때, 인간의 전체표상이 아니며[(H), Hd, (Hd)], 인간에 대한 부정적, 분열적 표상을 담고 있는 반응(AG, An, MOR, FACOM, INCON, CONTAM, DR 등)에 부과한다. 형태질이 +, u, o이고 ALOG, CONTAM, Level 2의 인지적 특수점수가 있을 때에도 PHR을 부과한다.

---

## 3. 로샤 검사의 구조적 요약 2014년, 2016년, 2017년, 2018년, 2019년, 2020년

(1) 로샤 검사의 구조적 요약

① 로샤 검사에서 얻은 결과를 체계적으로 요약하여 상단부, 하단부, 최하단부로 나눈다.

② 상단부: 위치, 발달질, 결정인, 형태질, 반응내용, 조직활동, 특수점수 등 각 변인의 빈도 및 비율을 기록한다.

③ 하단부: 상단부의 빈도 수치를 백분율로 환산 기록한 수치로 핵심, 관념, 중재, 처리, 정서, 대인관계, 자기지각 영역 등 7가지 주요 영역을 기록한다.

④ 최하단부: S−con(자살 가능성), PTI(지각사고 지표), DEPI(우울증 지표), CDI(대응손상 지표), HVI(과경계 지표), OBS(강박성향 지표) 등 6개의 특수지표를 제시한다.

(2) 구조적 요약 상단부: 빈도기록

① 영역: W/D/Dd/S

• 조직화 활동(Zf, Zsum, Zest), 반응 영역 기호(W, D, W+D, Dd, S), 발달질(+, o, v/+, v)이 포함된다.

② 결정인: 복합 반응(blend)/단일 반응(single)

- 각각의 결정인의 빈도를 기록하며 혼합반응은 별도의 혼합반응 기록란에 기입한다.

③ 형태질

- FQx(form quality extended)에는 형태를 사용한 모든 반응의 형태질 빈도를 기록한다.
- MQual: 모든 인간 운동 반응에서 형태질의 빈도를 기록한다.
- W+D(Common Area FQ): W와 D 영역을 사용한 반응 모두의 형태질 빈도를 기입한다.

④ 내용

- 27개의 범주에 빈도를 기록하며, 일차적 반응내용과 이차적 내용을 차례로 기록한다.

⑤ 인지적 접근 방식

- 수검자가 각 카드에서 선택한 반응 영역의 순서를 그대로 기록한다.

⑥ 특수점수

- Raw Sum6: 6개의 특수점수의 빈도를 합산한 값이다(수준1과 수준2를 구분하지 않음).

  Raw Sum6＝DV＋INCOM＋DR＋FABCOM＋ALOG＋CONTAM

- WSum6: 특수점수의 원점수에 가중치를 부여하고 합산한 값이다(수준1과 수준2를 구분).

  WSum6＝(1)×DV＋(2)×DV2＋(2)×INCOM＋(4)×INCOM2＋(3)×DR＋(6)×DR2＋
  (4)×FABCOM＋(7)×FABCOM2＋(5)×ALOG＋(7)×CONTAM

## (3) 구조적 요약 하단부: 비율

자료영역과 특수지표 부분으로 구성된다. 자료영역은 핵심, 관념, 정서, 중재, 처리, 대인관계, 자기지각 영역이다.

① 핵심 영역(core section)

- 7개의 빈도 자료: R(전체 반응 수), FM, m, Sum C, Sum T, Sum V, Sum Y
- L(Lambda, 람다): 순수형태 반응이 차지하는 비율로 심리적 자원의 경제적 사용지표이다. 람다 값이 낮다면 경험에 대한 개방성이 높고 람다 값이 높다면 경험에 대한 개방성이 낮다는 것을 의미한다. **2023년**

$$L = \frac{F(\text{순수형태 반응 수})}{R(\text{총 반응}) - F(\text{순수형태 반응 수})}$$

- EB(Erlebnistypus, 경험형): 인간운동반응과 가중치를 부여한 유채색 반응의 합 간의 관계다.

$$EB = Sum\ M : WSum\ C$$

$$WSum\ C = 0.5 \times FC + 1.0 \times CF + 1.5 \times C$$

- EA(Experience Actual, 경험실제): 사용 가능한 자원의 지표로 EB에서의 두 항의 합으로 산출한다.

$$EA = Sum\ M + Sum\ C$$

- EBPer(EB Pervasive, EB 지배성): 의사결정 활동에서 EB 스타일의 우열과 관련된 비율로, EB에서 뚜렷한 스타일이 나타날 때만 계산하며, 뚜렷하지 않을 경우 N/A(not applicable)로 기록한다.

> **EB 지배성을 계산할 경우**
> 1. EA 값이 4.0 이상이어야 하고, L(Lambda)가 1.0 미만이어야 하며
> 2. EA 값이 4.0~10.0일 경우, 최소한 EA 값이 2점 차이가 나야 계산한다.
> 3. EA 값이 10.0을 초과할 경우, 최소한 2.5점보다 큰 차이가 나야 계산한다.

- eb(experience base, 경험기초): 모든 비인간 운동 결정인과 음영 및 무채색 결정인 간의 관계로 수검자가 경험하는 자극 부담에 대한 정보를 제공한다.

$$eb = Sum\ FM + m : Sum\ c' + Sum\ T + Sum\ Y + Sum\ V$$

- es(experienced stimulation, 경험자극): eb 요소들의 합으로, 수검자가 경험하는 자극 요구들과 관련된다. 스스로 통제력을 잃을 정도의 힘든 상황임을 말해 준다.

$$es = Sum\ FM + m + Sum\ c' + Sum\ T + Sum\ Y + Sum\ V$$

- D(D Score, 점수 D): 스트레스에 대한 내성과 통제의 요인과 관련된다. EA와 es의 관계에 관한 정보를 제공한다.

  D = (EA−es)를 표준편차에 기초한 척도화된 차이 점수로 전환한 값

  (EA−es)가 +2.5~−2.5 사이에 오면 D 점수는 0

  (EA−es)가 +2.5보다 크면 점수는 2.5점당 1점씩 증가

  (EA−es)가 2.5보다 작으면 점수는 2.5점당 1점씩 감소

- Adj es(Adjusted es, 조정 es): D 점수가 상황의 요인에 영향을 받는지 여부와 관계가 있다.

$$Adj\ es = es - (m-l) + (SumY-l)$$

- Adj D(Adjusted D score, 조정 D 점수): D 점수는 현재 통제 능력을 나타내며, 상황요인을 제거한 Adj D는 스트레스 내성 및 일반적인 통제 능력에 대한 정보를 제공한다.

Adj D＝(EA－Adj es)를 D 점수 환산표에 적용시켜 구한다.

② 관념 영역(ideation section)

- 빈도 자료: MOR, Raw Sum6, Level 2의 특수점수(Special Scores), M－, Mnone
- a:p(Active:Passive Ratio, 능동:수동 비율): 관념과 태도에 대한 융통성과 관련 있다.

$$a{:}p = M^a + FM^a + m^a : M^p + FM^p + m^p$$

(※ a－p로 기호화한 운동 결정 인은 양쪽 모두에 포함)

- $M^a{:}M^p$(M Active:Passive Ratio, M 능동:수동 비율): 사고 특성과 관련된다. 인간운동반 응만 해당된다.
- INTELL(Intellectualization Index, 주지화 지표): 방어 전략으로 주지화를 사용하는 정도

$$주지화 지표 = 2AB + Art + Ay$$

[※ 추상화(AB), 예술(Art), 인류학(Ay)]

③ 정서 영역(affect section)

- 빈도 자료: Pure C, S, CP
- 형태－색채 비율(Form－C or Ratio, FC: CF＋C): 정서 표출의 통제 및 조절과 관련 있다.
- 감정 제한 비율(Constriction Ratio, Sum C´: WSum C): 지나친 정서의 통제, 내면화
- 감정 비율(Affective Ratio, Afr): 정서적 자극에 대한 관심을 시사한다.

$$Afr = \frac{VIII + IX + X카드\ 반응\ 수}{I + II + III + IV + V + VI + VII카드\ 반응\ 수}$$

**학습 plus**

**로샤에서의 정서반응의 다양한 조합**

- C와 Cn 반응은 정서적 충동에 압도당하는 정도를 나타낸다.
- S 반응은 부정적인 태도, 분노를 다루는 방식, 반항적인 경향성을 나타낸다.
- 색채 투사(CP)는 받아들일 수 없는 불쾌한 정서 대신 대안적인 정서로 대체하는 능력을 나타내는 지표로 드문 반응 이다.

- 복합성 지표(Complexity Ratio, Blends: R): 수검자의 심리적 복잡성을 반영한다.

$$Complexity\ Ratio = Blends : R$$

[혼합반응(Blends)과 전체 반응 수(R)의 비율]

**혼합반응의 해석**

• 혼합반응이 없다는 것은 사고나 지각의 깊이가 매우 좁고 제한되어 있음을 시사한다.

• 혼합반응이 지나치게 많다면 수검자가 감당할 수 있는 선을 넘어서 비정상적인 수준으로 복잡한 것을 의미한다.

• 질적인 측면을 함께 분석해 보면, 우선 색채가 우세한 혼합반응은 정서에 쉽게 압도당하는 것을 의미하며 형태가 우세한 혼합반응은 그 반대다.

• 색채 음영이 혼합된 반응(C', Y, T, V)이라면 고통스럽고 성가시고 혼란스러운 정서 경험을 나타내며 우울 프로토콜이라고 볼 수 있다.

④ 중재 영역(mediation section): 내담자가 관습적이고 수용 가능한 반응을 하는지, 아니면 독특한 반응을 하는지 그 경향성을 측정하는 지표다.

   • 빈도 자료: 평범 반응(P), S−

   • XA+%(Form Appropriate Extended, 적절한 형태 확장형): 반점의 형태를 알맞고 적합하게 사용했는지 판단하기 위해 마련된 것이다.

$$XA\% = \frac{FQ가 +, o, u인 \ 반응 \ 수}{R}$$

   • WDA%(Form Appropriate−Common Areas, 적절한 형태 일반영역): D 영역 반응의 합에 대한 반응의 형태질의 비율로 잉크 반점 형태를 적절하게 사용했는지 판단하기 위한 공식이다.

$$WDA\% = \frac{FQ \ 기호가 +, o, u인 \ W, D \ 반응 \ 수의 \ 합}{W와 \ D \ 영역 \ 반응들의 \ 합}$$

   • X−%(Distorted Form, 왜곡된 형태): 지각적인 왜곡을 나타내는 비율을 나타낸다.

$$X-\% = \frac{FQx-의 \ 합}{R}$$

   • X+%(Conventional Form, 관습적 형태 사용): 대상을 보편적 · 관습적 수준에서 정의 내리는 것을 비롯해 형태를 적정 수준에서 사용하는 정도를 나타내는 변인이다.

$$X+\% = \frac{FQx가 +, o인 \ 반응 \ 수의 \ 합}{R}$$

   • Xu%(Unusual Form, 드문형태 사용): 윤곽을 적절하지만 비관습적인 형태로 사용한 반응의 비율이다.

$$Xu\% = \frac{FQx가 \ u인 \ 반응 \ 수의 \ 합}{R}$$

⑤ 처리 영역(processing section): 내담자의 인지 과정 중 정보의 입력 단계에서 어떤 일이 일어나는지를 나타낸다.

- 빈도 자료: Zf, PSV, DQ+, DQv
- 경제 지표(Economy Index, W:D:Dd): Economy lndex=W : D : Dd
- 열망 지표(Aspirational Index, W:M): Aspirational Ratio=W : M
- 처리 효율성 (Processing Efficiency, Zd): Zd=ZSum−Zest

⑥ 대인 지각 영역(interpersonal section)

- 빈도 자료: COP, AG, Food, Pure H, PER
- GHR:PHR: GHR 반응 수의 합을 좌항에, PHR 반응 수의 합은 우항에 기입한다.
- SumT: 핵심 영역에 기입된 재질(T) 반응 수의 합을 기입한다.
- a:p: 관념화 영역에 기록된 능동 운동과 수동 운동 간의 비율(a:p)을 기록한다.
- 소외지표(Isolation Index, Isolate/R): 사회적 고립과 관련 있으며, 5개의 범주(식물, 구름, 지형, 풍경, 자연)를 포함하며, 그중 구름과 자연 범주는 두 배로 계산한다. **2023년**

$$Isolate/R=\frac{Bt+2Cl+Ge+Ls+2Na}{R}$$

- 대인관계에 대한 관심(Interpersonal Interest): 사람에 대한 관심의 정도를 나타낸다.

$$Human\ Cont=H+(H)+Hd+(Hd)$$

⑦ 자기지각 영역(self perception section)

- 빈도 자료: Fr+rF, FD, MOR, An+Xy
- SumV: 핵심 영역에 기입했던 음영 차원(V) 반응 수의 합을 기록한다.
- H: (H)+Hd+(Hd)
- 자기중심성 지표(Egocentricity Index, [3r+sum(2)]/R): 자기에게 몰두하는 정도를 나타낸다.

$$[3r+sum(2)]/R=\frac{3\times(Fr+rF)+Sum(2)}{R}$$

## 4. 로샤 검사의 특수지표

### (1) 우울증 지표(depression index: DEPI)

7개 변인 중 5개 이상 해당될 경우 우울증이 고려된다.

① [FV+VF+V>0] 또는 [FD>2]: 과도한 내성과 자기비난
② [Col−Shd Blends>0] 또는 [S>2]: 분노감정
③ [3r+(2)/R>.44 and Fr+rF=0] 또는 [3r+(2)/R<.33]: 자신에 대한 지나친 관심 또는 관심 없음

④ [Afr<.46] 또는 [Blends<4]: 정서조절 능력의 부족

⑤ [Sum Shading>FM+m] 또는 [SumC>2]: 높은 부정정서

⑥ [MOR>2] 또는 [2AB+Art+Ay>3]: 손상된 자기상이나 주지화 방어기제

⑦ [COP<2] 또는 [(Bt+2Cl+Ge+Ls+2Na)/R>.24]: 대인관계 회피, 고립

## (2) 자살지표(S-CON)

12개 중 8개 이상 해당되면 표시, 14세 이상 수검자일 경우만 고려한다.

① FV+VF+V+FD>2

② Col 또는 Shading Blends>0

③ 3r+(2)/R<.31 또는 >.44

④ MOR>3

⑤ Zd>+3.5 또는 Zd<−3.5

⑥ es>EA

⑦ CF+C>FC

⑧ X+% <.70

⑨ S>3

⑩ P<3 또는 P>8

⑪ Pure H<2

⑫ R<17

## (3) 대응결함지표(Coping Deficit Index: CDI)

환경적 요구 · 스트레스 상황 대처 손상 측정, 4개 또는 5개 이상이면 산출

① [EA<6] 또는 [AdjD<0]

② [COP<2] 및 [AG<2]

③ [lighted Sum C<2.5] 또는 [Afr<.46]

④ [Passive>Active+1] 또는 [Pure H<2]

⑤ [Sum T>1] 또는 [Isolate/R>.24] 또는 [Food>0]

## (4) 과잉경계지표(HVI): 타인을 거리를 두고 의심하는 상황

다음 ①을 만족시키고 아래 ②~⑧ 7개 중 최소한 4개가 해당될 경우 체크한다.

① FT+TF+T=0

② Zf＞12

③ Zd＞＋3.5

④ S＞3

⑤ H＋(H)＋Hd＋(Hd)＞6

⑥ (H)＋(A)＋(Hd)＋(Ad)＞3

⑦ H＋A : Hd＋Ad＜4 : 1

⑧ Cg＞3

## (5) 강박증 지표(OBS): 강박사고 및 행동의 정도 측정

① Dd＞3

② Zf＞12

③ Zd＞＋3.0

④ Populars＞7

⑤ FQ＋＞1

⑥ 다음 중 한 가지 이상 해당될 경우 체크

- ①~⑤ 모두 해당
- ①~④ 중에서 2개 이상이 해당되고 FQ＋＞3
- ①~⑤ 중에서 3개 이상이 해당되고 X＋%＞.89
- FQ＋＞3 및 X＋%＞.89

## (6) 지각적 사고 지표(Perceptual Thinking Index: PTI)

왜곡된 사고와 부정확한 지각 정도 측정, 4개 이상 해당될 경우 산출

① [XA%＜.70] 및 [WDA%＜.75]

② X－%＞.29

③ [LVL2＞2] 및 [FAB2＞0]

④ [R＜17] 및 [WSUM6＞12] 또는 [R＞16] 및 [WSUM6＞17]

⑤ [M－＞1] 또는 [X－%＞.40]

CHAPTER 06 / 투사 검사2 – TAT, DAP, HTP, SCT

## 1. 주제통각검사(TAT) 2014년, 2015년, 2016년, 2017년, 2018년, 2019년, 2021년, 2023년

(1) TAT(Thematic Apperception Test)의 개요

① 1935년 하버드 대학교의 머레이와 모건(Murray & Morgan)은 『공상연구방법론(A Method for Investigating Fantasies)』을 통해 처음 주제통각검사를 소개하였다.

② 3회의 개정을 거쳐 1943년 하버드 출판부에서 출판된 TAT가 현재 로샤 검사와 함께 세계적으로 널리 사용되고 있다.

③ TAT에서는 모호한 사진을 보고 수검자가 꾸며 내는 이야기 주제를 해석함으로써 수검자가 가지고 있는 무의식적인 주제와 공상을 파악할 수 있다.

④ 로샤 검사가 사고의 형식적·구조적 측면을 본다면, 주제통각검사는 주로 사고의 내용을 본다.

⑤ 머레이는 TAT에 대해 "수검자가 의식적으로 잘 인식하지 못하는 욕구, 정서, 기분, 콤플렉스, 성격 갈등의 일부를 드러내는 방법이며, 무의식에 가려 있어 인정하고 싶지 않거나 인정하기 어려운 억제된 경향성을 표현한다."고 보았다.

⑥ 머레이(Murray, 1938)는 주제를 개인의 욕구와 환경의 압력의 결합 또는 통합되어 나타나는 역동적 구조로 보았다.

⑦ 머레이는 TAT 검사를 심리치료 과정의 첫 단계로 시행하거나, 단기 정신분석치료과정으로 사용할 수도 있다고 제안했다.

⑧ 벨락은 그는 TAT의 기본 가정으로 통각(apperception), 외현화(externalizationn), 정신적 결정론(psychic determination)을 제시하고 있다.

⑨ '통각(apperception)'이란 '지각에 대한 의미 있는 해석'으로 객관적 자극 요소와 주관적(내적) 경험의 상호작용으로 이루어진다.

⑩ 벨락은 아동용 주제통각검사(Children Apperception Test: CAT)를 고안하였다.

(2) TAT의 기본 가정(Bellak, 1959)

| 통각<br>(apperception) | 한 사람의 지각 과정은 그 사람의 내적 욕구와 공상에 의해 어느 정도 변형되고 왜곡되므로, TAT에서 나타나는 지각은 순수한 지각 과정이 아닌 통각 과정이다. |

| 외현화<br>(externalization) | 전의식적 혹은 무의식적 수준에 있는 내적 욕구가 의식화되고 표현된다. |
|---|---|
| 정신적 결정론<br>(psychic determination) | 정신적 결정론은 외적 자극에 대한 반응으로 이야기되는 모든 것은 역동적인 의미가 있다는 것이다. |

**(3) TAT의 구성 및 실시** 2014년. 2015년. 2016년. 2018년. 2019년. 2023년

① TAT는 30장의 (흑백) 그림카드와 1장의 백지카드 등 총 31장으로 구성되어 있다.

② 아동용 주제통각검사(CAT) 카드는 기본 9장, 보충 9장으로 구성되어 있다.

③ 그림 카드 뒷면에는 남성공용도판(BM), 여성공용도판(GF), 성인공용도판(MF), 미성인공용도판(BG), 성인남성전용도판(M), 성인여성전용도판(12F), 소년전용도판(B), 소녀전용도판(G)으로 구분되어 있다.

④ 숫자로만 표시되어 있는 11장의 카드는 남녀 모두에게 적용되는 공용도판이다(공용도판 11장: 1, 2, 4, 5, 10, 12, 14, 15, 16, 19, 20).

⑤ 모든 수검자에게 같은 카드를 제공하기보다는 성, 연령을 고려하여 20개의 카드를 선정하고 2회에 걸쳐 실시한다. 1회 시행시간은 대략 3시간 정도 소요된다. 회기 간 하루 정도의 간격을 둔다. 보통 1회기에 1~10번 카드를, 2회기에 11~20번 카드를 시행한다. 그러나 한국의 임상 및 상담 장면에서는 풀배터리 검사를 할 때 TAT를 잘 사용하지 않는 경향이 있고 사용하더라도 수검자 특성에 맞는 카드 몇 개만 골라서 1회만 사용하는 경우가 많다.

⑥ 수검자의 증상과 특성을 고려 검사자가 12장 정도의 카드를 선별하여 1회 진행의 단축검사를 실시한다.

⑦ 검사 시 수검자의 상황, 지능, 연령을 고려하여 지시문을 융통성 있게 다르게 제시할 수 있다.

⑧ 검사자는 수검자에게 각각의 카드에 대해 대략 5분 정도 이야기해 줄 것을 요청한다.

⑨ 그림에 나타난 장면이 있기까지 어떤 일이 있었는지, 현재 무슨 일이 일어나고 있는지, 인물들이 무엇을 생각하고 있는지, 현재 상황이 앞으로 어떤 결과로 이어질 것 같은지와 같이 각 그림에 관한 과거, 현재, 미래 그리고 등장인물의 생각과 느낌은 반드시 지시문에 포함시켜 실시해야 한다.

⑩ 16번 백지카드에서는 수검자에게 '어떤 그림이 있다고 상상해 보고 그에 대한 이야기를 꾸며 보세요.'라고 요청하고 카드에 없는 자극이나 대상을 언급한다면 그 의미를

해석한다. 다만 상상력이 결여된 수검자에게는 16번 백지카드에서 정보가 없고 유용성이 제한될 수 있다.

⑪ 피검자가 이야기할 때는 그 흐름을 반영하므로 방해하지 않고 그대로 기록지에 기술한다.

⑫ 이야기를 만드는 수검자의 성향이나 내적 갈등 등이 직접적, 간접적으로 표현된다.

(4) 도판의 내용과 해석

| 도판 | 내용 및 해석 |
|---|---|
| 1 | • 한 소년이 탁자 위의 바이올린을 바라보면서 무엇인가 골똘히 생각하고 있다.<br>• 부모와의 관계, 부모의 압박과 요구에 대한 반응, 자율성 대 권위상에 대한 복종 간의 갈등, 성취욕구, 성취를 이루는 방식과 관련이 있다. |
| 2 | • 시골 풍경으로 한 젊은 여자가 책을 들고 서 있고, 뒷배경에는 한 남자가 들에서 일을 하고 있고, 한 아주머니는 나무에 기대어 먼 곳을 응시하고 있다.<br>• 해석: 가족관계의 역동, 이성관계, 성역할, 인물들 간의 분리 및 결탁, 자립 및 복종과 관련이 있다. |
| 3BM | • 한 소년이 의자에 기대어 머리를 파묻고 있고 그 옆에는 권총이 놓여 있다.<br>• 우울감, 공격성 충동 통제, 죄책감 등의 주제가 드러난다. |
| 3GF | • 한 젊은 여자가 오른손으로 얼굴을 가리고 왼손으로 문에 기대고 있다.<br>• 우울감, 배우자 또는 부모와의 관계에서 나타나는 갈등이 표현되기도 한다. |
| 4 | • 한 여성이 한 남자의 어깨를 잡고 있고, 그 남성은 몸과 고개를 돌린 채 다른 쪽으로 달려갈 듯한 자세를 취하고 있다.<br>• 성역할, 이성관계, 배우자 또는 부모에 대한 태도와 갈등과 관련이 있다. |
| 5 | • 한 여성이 방문을 열고 방 안을 들여다보고 있다.<br>• 중년 부모와 자녀의 관계, 자위행위, 두려움, 죄책감 등과 관련 있다. |
| 6BM | • 나이 지긋한 여성이 창밖을 보고 있고 젊은 남성이 약간 고개를 숙인 채 밑을 내려다보고 있다.<br>• 모자 갈등, 죄책감, 의존, 독립, 과잉보호와 관련된 내용이 드러나기도 한다. |
| 6GF | • 한 여성이 소파에 앉아 어깨 뒤를 바라보고 있고, 뒤에는 나이 든 남자가 파이프를 물고 여자를 바라보고 있다.<br>• 해석: 성역할, 이성관계에 대한 태도가 드러난다. |
| 7BM | • 머리가 하얀 남자가 젊은 남자와 머리를 맞대고 무엇인가 이야기를 하고 있다.<br>• 해석: 부자 관계, 권위적 인물에 대한 갈등이 투사되기도 한다. |

| 7GF | • 소녀가 인형을 안고 오른쪽을 응시하고 있고, 소녀 옆에는 한 여자가 책을 들고 소녀 쪽을 바라보고 있다.<br>• 모녀간의 욕구와 압력, 어머니 또는 자녀에 대한 태도가 나타날 수 있다. |
|---|---|
| 8BM | • 젊은 남자가 앞을 바라보고 있고 그 옆에는 장총이 보인다. 그 뒷배경에는 흐릿하게 처리되어 있는 모습으로 명의 남자는 누워 있고 두 남자 중 하나는 누군가의 배를 향해 칼을 들이밀고 있다.<br>• 공격성의 부인이나 억압, 야망, 성취동기, 오이디푸스 갈등 등이 드러날 수 있다. |
| 8GF | • 한 젊은 여성이 턱을 괴고 허공을 응시하고 있다.<br>• 미래에 대해 공상, 현재 경험하고 있는 갈등이나 욕구가 드러날 수 있다. |
| 9BM | • 네 사람의 남자가 풀밭에 누워 편안하게 쉬고 있다.<br>• 동년배 남성들과의 관계에서 느끼는 정서적인 태도, 사회적 관계가 표현될 수 있다. |
| 9GF | • 한 젊은 여성이 나무 뒤에서 한 손에 수건과 책을 들고 있고, 드레스를 손으로 잡고서 다른 곳을 향해 뛰어가고 있는 또 다른 젊은 여성을 바라보고 있다.<br>• 동성 간, 자매간 또는 모녀간의 경쟁심을 암시하는 주제가 자주 드러나기도 한다. |
| 10 | • 한 여성과 남성이 서로를 안고 있다.<br>• 부모와 자녀관계 또는 남녀관계에 대한 지각이나 감정이 드러난다. |
| 11 | • 높은 절벽 위로 길이 있고 그 길 위쪽으로 모호한 형상이 보이며, 왼쪽 바위벽에는 용처럼 생긴 동물 머리와 목이 나와 있다.<br>• 유아적·원시적 두려움, 외부로부터의 위협적인 공격에 대한 태도와 대처양식이 표현된다. |
| 12M | • 한 젊은 남자는 눈을 감고 누워 있고, 그 옆에 나이 든 남자가 몸을 구부린 채 누워 있는 남자의 얼굴 위로 손을 뻗고 있다.<br>• 의존욕구, 수동성, 성인 남성에 대한 공포감과 두려움이 표현되기도 한다. |
| 12F | • 한 젊은 여성의 뒤에 숄을 쓴 이상한 차림의 늙은 여자가 있다.<br>• 두 여자 간의 갈등, 고부갈등, 선과 악에 대한 주제가 드러나기도 한다. |
| 12BG | • 숲속 시냇가에 나룻배가 하나 있고, 주변에는 무성한 나무와 숲이 있다.<br>• 자살, 죽음, 우울 경향이 잘 나타난다. |
| 13MF | • 한 남자가 한 손을 들어 얼굴을 가리고 고개를 숙이고 서 있고, 그 뒤에는 여자가 반쯤 가슴을 드러내고 침대에 누워 있다.<br>• 성적 갈등, 성에 대한 태도, 성적인 욕구와 억압, 죄책감 등이 표현된다. |
| 13B | • 한 아이가 통나무로 만든 오두막집 문턱에 턱을 괴고 앉아 있다.<br>• 분리불안, 부모에 대한 태도, 외로움, 자기를 들여다보는 것과 관련된 태도를 드러낸다. |
| 13G | • 한 어린 소녀가 나선형 계단을 올라가고 있다.<br>• 성취 지향적인 모습, 성적 욕구나 그와 관련된 죄책감 등이 드러나는 경우가 있다. |

| 14 | • 깜깜한 방에서 밝은 빛이 오는 창가의 문을 열어 놓고 남자가 한 발을 올려놓고 있다.<br>• 자살에 대한 공상과 충동, 부모 혹은 가족에 대한 의존과 독립 갈등이 나타나기도 한다. |
|---|---|
| 15 | • 괴상하게 보이는 남자가 무덤의 묘비 앞에 두 손을 오므리고 서 있다.<br>• 적대감, 죄책감, 죽음에 대한 공포, 우울증적 성향이 노출될 수 있다. |
| 16 | • 백지카드<br>• 평소에 품고 있는 소망, 백일몽, 공상 및 과거, 현재, 미래가 표현되기도 한다. |
| 17BM | • 벌거벗은 듯한 남자가 밧줄을 잡고 공중에 매달려 있다.<br>• 자신의 신체상에 대해 가지고 있는 이미지와 남성적 성 정체감의 내용이 투사된다. 해결할 수 없는 어려운 상황으로부터 도피하고자 하는 욕구도 표현된다. |
| 17GF | • 강물 다리 위 난간에 한 여자가 몸을 앞으로 숙이고 서 있고, 위에는 높은 빌딩과 햇빛이 강렬하며 아래는 몇몇 남자가 보인다.<br>• 우울감과 자살공상이 노출된다. |
| 18BM | • 한 남자를 뒤에서 3개의 손이 잡고 있고 남자가 뒤를 돌아보고 있다.<br>• 공격성에 대한 두려움, 주인공의 자기지각과 상황 대처 능력을 알 수 있다. |
| 18GF | • 한 여자가 난간에 기대어 넘어져 있는 다른 사람을 붙들어 안고, 그 사람의 목은 뒤로 젖혀 있다.<br>• 공격성에 대한 두려움, 회피, 모녀갈등, 내재된 적대감 등이 표현될 수 있다. |
| 19 | • 눈에 덮인 오두막집 위로 구름이 덮여 있다.<br>• 불안, 안전에의 욕구, 환경의 어려움, 극복 방법에 대해 알 수 있다. |
| 20 | • 깜깜한 밤에 한 사람이 가로등 불빛을 받으면서 서 있다.<br>• 어둠 및 불안에 대한 공포, 고독, 외로움, 18BM과 마찬가지로 두려움을 다루는 방식, 수검자의 신체적 위험에 대한 반응이 나타난다. |

(5) 욕구-압력 분석법(Murray) **2018년, 2019년, 2021년, 2023년**

① TAT 해석 방법에는 표준화법(Hartman), 대인관계법(Arnold), 직관적 해석법(Bellak), 지각법(Rapaport), 욕구-압력 분석법(Murray)이 있으며, 일반적으로 욕구-압력 분석법이 가장 널리 사용되고 있다.

② 분석 단계

| 단계 | 분석요인 | 해석 과정 |
|---|---|---|
| 제1단계 | 주인공 | 수검자의 이야기 속에서 자신을 동일시하는 주인공을 찾는다. |
| 제2단계 | 환경자극의 요구와 압력 | 주인공을 둘러싼 환경자극에 주의를 기울이고 그 특징을 검토한다.<br>예 친화, 공격, 지배, 모범, 존경, 재해, 운명, 죽음, 질병의 압력 등 |

| 제3단계 | 주인공의 욕구 | 이야기 속 주인공의 주된 욕구는 무엇인지 세심하게 주의를 기울인다.<br>예 성취, 인정, 섭식, 자유, 복종, 공격, 비난 회피 등의 욕구 |
|---|---|---|
| 제4단계 | 대상에 대한<br>주인공의 감정 | 주요 대상에 대해 주인공이 느끼는 감정이 무엇이고, 긍정적인지, 부정적인지, 즉 심적 부착(cathexis)을 분석한다. |
| 제5단계 | 내적 심리상태 | 이러한 욕구와 환경의 압력 관계에서 주인공의 내적 심리상태는 어떠한지 분석한다. |
| 제6단계 | 행동 표현 방식 | 환경 자극 또는 압력에 대한 주인공의 행동 표현 방식을 평가한다. |
| 제7단계 | 이야기의 결말 | 이야기의 결말을 평가한다. |

## (6) TAT에서 나타나는 진단별 반응특징 2015년. 2016년. 2019년

| 구분 | 내용 |
|---|---|
| 조현병 | • 기괴한 언어표현, 이야기 구조나 문법이 파괴, 일관성 있는 언어표현의 결핍이 나타난다.<br>• 사회적으로 바람직하지 않은 주제(공격적, 성적인 도착), 비논리적이고 모순되는 내용, 망상적 내용, 상징 등이 표현된다.<br>• 등장인물들의 감정적 관여가 부족하고, 고립되고 철수된 모습을 보인다. |
| 우울증 | • 정신 신체 지연이 나타나 반응이 느리고 이야기가 짧다. 등장하는 인물이나 배경 표현이 음울하고 저조한 기분을 드러낸다.<br>• 고립감, 무가치감, 삶과 죽음에 대한 갈등, 자살 암시, 등장인물의 무기력함 등이 자주 등장한다. |
| 조증 | • 사고 비약, 언어표현 압박감(pressured speech)으로 인해 말이 많고 빠르게 이야기를 한다.<br>• 부인(denial), 과잉보상(over compensation)의 방어기제를 자주 사용한다.<br>• 우울, 죄책감, 분노, 무기력감과 같은 감정을 부인하고 유쾌함, 장난스러움(playfulness), 매우 좋은 기분 등이 표현된다. |
| 연극성 성격 | • 표현되는 내용과 주제가 가변적이다.<br>• 언어표현이 피상적이고 성적인 내용이 다수 표현된다.<br>• 부정적인 감정을 억압하고 부인하는 경향이 있어서 긍정정서가 더 두드러진다. |
| 경계선 성격 | • 이야기 내용에서 감정적인 불안정성이 두드러진다.<br>• 인물 묘사 시 극단적으로 좋고 나쁨에 대한 표현이 빈번하다.<br>• 강렬한 분노 등이 이야기에서 표현되기도 한다. |
| 강박장애 | • 전체적인 그림보다는 세부적인 것에 치우쳐 이야기한다.<br>• 망설이거나 주저하는 경향이 나타난다.<br>• 복종, 근면 등의 주제가 드러난다. |

| | |
|---|---|
| 편집성<br>성격장애 | • 검사의 목적과 의도를 의심하는 경향이 있다.<br>• 선과 악의 이분법적인 사고를 드러낸다.<br>• 이야기를 만들어 내면서 방어적으로 자기 개인의 이야기가 아니라는 입장을 취한다.<br>• 사소한 단서에도 과도하게 민감하게 이야기를 꾸며 내고, 인물의 성별이나 나이 등을 잘못 지각하는 경우가 많다. |
| 불안 상태 | • 모호하고 당혹함을 암시하는 표현이 많고 검사자에게 자신이 이야기하는 것이 맞는지 자주 질문을 한다.<br>• 도판 내의 인물과 자신을 동일시하고 내용상 두려움, 공포, 욕구 좌절 등이 표출된다. |

참고: 최정윤(2016).

## 2. 인물화 검사(DAP) 2015년, 2016년

### (1) 인물화 검사(DRAW A PERSON: DAP)의 개요

① 굿이너프(Goodenough)는 1926년 아동의 지능을 간편하게 측정할 목적으로 DAP를 고안했다.

② 그림을 심리학적 평가도구로 최초로 사용한 그림 검사의 효시로 볼 수 있다.

③ DAP를 사용해 나가면서 지능뿐만 아니라 투사적 성격검사로서의 유용성이 확인되었다.

④ 인물화는 그 그림을 그린 사람의 신체 이미지나 자기 이미지를 투사한다고 가정한다.

⑤ 마코브(Machover, 1949)는 '자기표현의 수단으로서의 신체'를 강조하면서 "투사된 신체 심상은 수검자의 충동, 불안, 갈등, 보상 등을 반영한다."고 주장하였다. 또한 "인물화 검사에서 그려진 인물은 바로 그 사람이며 종이는 환경을 의미한다."고 하였다.

⑥ 클렙스(Klepsch, 1982)는 인물화에는 개인의 성격, 타인과의 관계 속에 있는 자기, 그가 속한 집단의 가치규범 및 태도가 드러난다고 보았다.

⑦ 옥덴(Ogden, 1982)은 인물화 검사에 자기 이미지, 되고 싶은 자신의 모습(ideal self) 또는 자신의 인생에서 가장 중요한 인물이 가진 속성 등이 투사되는 경우가 많다는 것을 언급했다.

⑧ 벅(Buck, 1948)은 DAP를 HTP로 확장시켰으며 양적인 채점 체계도 개발하였다.

**(2) 인물화 검사의 장점**

① 종이와 연필과 그림을 그릴 수 있는 공간만 있다면 누구에게나 어디서나 실시할 수 있다.

② 길어야 10분 정도의 짧은 시간에 결과를 얻을 수 있으며, 실시와 해석이 간편하다.

③ 언어소통이 곤란한 언어장애자나 외국인 또는 문맹자에게도 실시할 수 있다.

**(3) 도구 및 실시방법**

① 종이는 세로로 제시하며 "사람을 한 명 그려 주세요."라고 지시한다.

② 피검자의 반응을 유도하거나 제한할 수 있는 지시나 설명은 삼가는 것이 좋다.

③ '그림 솜씨를 보려는 것은 아니니 그리고 싶은 대로 그리면 된다'는 정도의 설명을 해 준다.

④ 그림이 완성되면 그려진 인물을 통해 연상되는 사람, 그려진 인물의 성별, 나이, 직업, 자세, 표정, 기분, 성격이나 인상, 미래의 꿈이나 소망 등 그림에 대한 연상을 이끌어 낼 수 있는 다양한 질문을 할 수 있다.

## 3. 집-나무-사람 그림검사(HTP) 2014년, 2015년, 2016년, 2021년, 2022년, 2023년

**(1) HTP(House-Tree-Person)의 개요**

① DAP(인물화 검사, Draw A Person)은 마코브(Machover, 1949)가 개발, 사람을 그리게 하고 사후 질문을 통해 자기상, 신체상, 이상적 자기, 성 정체감 등 다양한 정보를 얻을 수 있다.

② HTP는 1948년 벅(Buck)이 개발하고, 해머(Hammer)와 함께 발전시켰다. 이후, 코피츠(Koppitz)가 HTP의 투사적 채점 체계를 제시하였다.

③ 번스와 카우프만(Burns & Kaufman)은 동작성 HTP(Kinetic-HTP)를 고안하였다.

④ 짧은 시간 내에 간편하게 실시할 수 있으며, 수검자가 반응을 능동적으로 구성해 나간다.

⑤ 언어적·문화적 제약이 적다는 강점이 있다. 즉, 지적 능력이나 언어능력에 제약이 있는 사람, 문맹자, 다른 문화권의 사람, 수줍음이 많고 위축되어 있는 사람 등 언어표현이 서툰 사람들에게도 실시가 가능하다.

⑥ HTP는 언어를 매개로 하는 로샤나 TAT와 달리, 비언어적인 방식으로 표현되는 성격의 단면을 파악하는 것을 가능하게 한다.

⑦ 개인의 의식적인 방어가 덜 관여하며 수검자가 인식하지 못하는 내면세계까지 반영

한다.

⑧ 복잡한 채점 절차가 없이 그림만으로 직접 해석이 가능하다.

(2) HTP의 시행 2015년, 2016년, 2022년, 2023년

① 그림 단계

- 백지 여러 장(5장 이상), HB연필, 지우개, 초시계를 준비한다.
- "지금부터 몇 가지 그림을 그려 봅시다. 잘 그리고 못 그리는 것은 상관없으므로, 제가 말하는 그림을 자유롭게 그려 보세요."라고 지시한다.
- 검사는 '집-나무-사람' 순으로 한다.
- 집 그림의 경우 수검자에게 용지를 가로로 제시하며, 나무 그림, 사람 그림을 그리도록 할 때에는 용지를 세로로 제시한다. 각 그림을 그릴 때, 종이를 한 장씩 차례로 제시한다.
- 사람을 그릴 때, 얼굴만 그린다면 전신을 그리도록 지시하며, 만화적이거나 막대형 그림이라면 '온전한 사람'을 다시 그리도록 한다. 첫 번째로 그린 사람이 여자인지 남자인지 묻고 이후에 반대 성의 사람을 그리도록 지시한다.
- 검사자는 모호한 상황에서의 수검자의 대처능력을 파악하기 위해 수검자의 반응과 태도, 말과 행동을 상세히 기록한다. 이와 함께 각 그림마다 소요된 시간을 기재한다. 그리는 시간이 정해져 있지는 않기 때문에 강박적으로 세밀하게 그림을 묘사하는 경우에도 중간에 제지하지 않는다.

② 질문 단계

- 그림을 그린 후 그림을 통해 표현된 수검자의 욕구나 갈등, 압박의 투사를 알아보기 위해 사후 질문을 한다.

| 집<br>(House) | • 이 집은 어떤 집입니까?/어느 곳에 있습니까?<br>• 이 집에는 누가[어떤 사람(들)이] 살고 있습니까?<br>• 이 집에 있는 사람들은 무엇을 하고 있습니까?<br>• 이 집의 분위기는 어떻습니까?<br>• 이 집의 상태는 어떻습니까?<br>• 이 집에 사는 사람들의 소원이 있다면 무엇일까요?<br>• 이 집은 앞으로 어떻게 될 것 같습니까? |
|---|---|

| 나무<br>(Tree) | • 이 나무는 어떤 나무입니까?<br>• 이 나무는 몇 년 정도 되었습니까?<br>• 이 나무는 어느 곳에 있습니까?<br>• 이 나무 주변에는 무엇이 있습니까?<br>• 이 나무의 (건강) 상태는 어떻습니까?<br>• 이 나무에게 소원이 있다면 무엇일까요?<br>• 이 나무는 앞으로 어떻게 될 것 같습니까? |
| --- | --- |
| 사람<br>(Person) | • 이 사람은 몇 살쯤 되었습니까?<br>• 이 사람은 누구입니까?/생각하며 그린 사람이 있습니까?<br>• 이 사람의 직업은 무엇입니까?<br>• 이 사람은 지금 무엇을 하고 있는 것 같습니까?<br>• 이 사람의 기분은 어떤 것 같습니까?<br>• 이 사람은 지금 무슨 생각을 하고 있는 것 같습니까?<br>• 이 사람의 성격(장점 혹은 단점)은 어떤 것 같습니까?<br>• 이 사람의 소원이 있다면 무엇일까요?<br>• 이 사람은 앞으로 어떻게 될 것 같습니까? |

(3) 집-나무-사람의 투사적 상징 2016년

① 집 그림: 집 그림은 부부관계, 가족들과의 상호작용 및 가정생활에 대한 표상과 연관된 생각, 감정, 소망이 반영된다. 가족 내에서의 자기지각, 상징적 의미의 자기초상이나 내적 공상이 드러나기도 한다. 집 그림을 구성하는 필수요소는 문, 창문, 벽, 지붕이며 6세 이상의 수검자가 이를 하나라도 빠트리고 그리면 인지적 혹은 정서적 문제를 고려한다.

② 나무 그림: 자신의 신체상이 투영된다. 자기개념이 심층적·무의식적 수준에서 투사되며 인생 성장에 대한 상징이자 환경에 대한 적응의 정도가 반영된다.

③ 사람 그림: 심리적 자화상으로 볼 수 있으며 자기개념, 자기표상, 자신에 대한 태도 등이 더 직접적이고 의식적인 수준에서 반영된다. 자신의 모습에 대한 갈등과 방어뿐만 아니라, 대인관계 방식, 중요한 타인에 대한 표상 및 환경에 대한 지각 등이 드러난다.

(4) 그림의 구조 및 표현 방식에 대한 해석 2016년. 2018년

① 검사 소요시간 및 수검태도

• 지나치게 빠른 수행은 무성의, 회피적 또는 충동적 행동 경향성을 고려할 수 있다.

- 지나치게 오래 걸렸을 경우는 수검자의 갈등과 관련, 강박성향, 완벽주의를 시사한다.
- 전반적으로 그리는 속도 자체가 느린 경우에는 무력감, 낮은 동기 수준, 정신운동 속도의 저하 가능성을 고려해 볼 수 있다.

② 그림의 순서

- 일반적 순서와 다르게 그렸다면 현실 검증력의 저하, 사고 장애, 발달장애의 가능성을 고려해 볼 수 있다. **예** 사람 그림은 일반적으로 '얼굴-눈-코-입-목-몸-팔-다리' 순으로 그린다.
- 그림을 그리는 동안 수행의 질, 수행 속도, 그림을 묘사하는 정교함의 정도에 변화를 살펴본다.

③ 그림의 크기

- 일반적 크기: 용지의 2/3 정도의 크기로 그림을 그리는 것이 일반적이다.
- 지나치게 큰 그림은 심신 에너지의 항진, 충동성, 행동화 경향, 과도한 자신감, 자아 팽창적인 과대 사고 등을 시사한다.
- 지나치게 작은 그림은 위축감, 무력감, 지나친 자기억제, 불안감, 부적절감, 자신감 저하 등을 반영한다. 우울한 사람들에게서도 지나치게 작은 그림이 관찰된다.

④ 그림의 위치

- 일반적으로 용지의 중앙에 그리며 이는 수검자가 적정 수준의 안정감을 유지하고 있음을 반영한다. 지나치게 가운데를 고집하는 것은 융통성의 부족을 반영하기도 한다.
- 용지의 우측에 치우친 그림은 욕구지연 능력, 자기통제 성향 등 비교적 안정된 성향을 반영한다.
- 용지의 좌측에 치우친 그림은 충동성, 행동화 경향, 즉각적 만족추구 등을 반영한다고 본다.
- 용지의 상단에 치우친 그림은 정서적 불안정성, 현실과의 괴리 등을 반영한다고 본다.
- 용지의 하단에 치우친 그림은 안정감을 강조하고 있으나 불안정감 혹은 우울 상태일 수도 있다.
- 용지의 귀퉁이에 그린 그림은 자신감 저하나 위축감, 두려움 등을 시사한다.

⑤ 선의 강도/필압
- 심신 에너지 수준, 긴장된 정도, 충동성 등에 대한 정보를 제공한다. 에너지의 수준을 보여 준다.
- 강한 필압은 높은 수준의 심신 에너지를 나타내며, 자신감, 충동성, 공격성 등을 암시하기도 한다.
- 약한 필압은 낮은 에너지 수준, 위축감, 무력감, 부적절감. 우유부단, 자기억제 성향, 우울증 상태나 불안장애, 만성 조현병환자 등에서 나타난다.

⑥ 그림의 선의 질/방향
- 직선의 긴 획을 많이 사용한 그림은 단호함, 안정감, 높은 포부 수준을 반영한다.
- 짧게 끊어서 그리는 그림은 쉽게 흥분하거나 충동적인 성향과 관련이 있다.
- 스케치하듯 그린 그림은 징확함이나 신중함을 추구, 우유부단함, 불안정감 등을 반영한다.
- 빽빽한 선으로 채워진 그림은 높은 수준의 긴장감, 공격성을 고려해 볼 수 있다.
- 음영 처리를 하는 경우는 불안감, 우울감, 갈등상태 등을 시사한다.

⑦ 그림의 세부 묘사
- 과도한 세부 묘사는 강박적 성향, 억제적 경향, 주지화 경향 등을 나타낸다.
- 생략된 세부 묘사는 위축감, 공허감, 낮은 에너지 수준 등 우울한 상태를 반영할 수 있다.

⑧ 지우기
- 지나친 수정은 내면의 불확실성, 불안감, 우유부단함, 자신에 대한 불만족감 등을 시사한다.
- 수정을 통해 그림의 질이 향상되는 경우는 적응적인 상태를 나타낸다.

⑨ 그림의 대칭성
- 지나친 대칭의 강조는 경직된 성격 특성, 정서의 과도한 억압과 통제, 주지화 경향, 강박적 성향 등을 나타낸다.
- 대칭성이 결여된 그림은 정신증적 상태나 뇌손상, 지적장애 등을 시사할 가능성이 높다.

⑩ 투명성(투시)
- 투시 그림은 지적장애, 뇌손상, 인지적 · 심리적 미숙함을 나타낸다.
- 정신증적 상태에서 보이는 현실 검증력의 문제나 판단력 저하 혹은 심리적 퇴행 등

을 시사한다. 뇌손상 환자들 중에도 투시 그림을 그리는 경우가 있다.

• 그러나 6세 미만인 미취학 아동들이 그리는 투시 그림은 정상 범주로 해석된다.

**투시화(투명성) 2021년**

• 투시화의 의미: 성격 통합 상실, 현실 검증장애, 병적 징조
• 신체 내부의 장기 투시: 조현병

## (5) 그림 내용 및 주제에 대한 해석 2014년. 2018년

### ① 집

| 분류 | 내용 |
|------|------|
| 지붕 | • 개인의 정신생활, 즉 내적인 공상, 생각, 관념 및 기억을 반영한다.<br>• 지붕은 나무 그림의 수관이나 사람 그림의 머리와 유사한 상징적 의미를 지닌다.<br>• 지붕을 생략하는 경우 현실 검증력의 손상, 지적장애 등을 고려할 수 있다.<br>• 빗금, 덧칠 등으로 지나치게 강조한 경우는 내적공상과 인지활동의 활발함을 나타낸다. 정교한 지붕은 불안을 유발하는 내적공상의 통제를 위한 강박적 시도일 수도 있다. |
| 벽 | • 수검자의 자아강도를 나타내며 나무 그림의 기둥이나 사람 그림의 몸통과 유사한 상징으로 해석되기도 한다.<br>• 허술한 벽은 자아강도가 약함을 나타내며, 정교한 벽은 자기통제감을 유지하려는 완벽주의적이고 강박적인 성격특성을 반영한다.<br>• 벽을 그리지 않은 경우는 현실 검증력의 손상이나 자아기능의 붕괴를 고려할 수 있다.<br>• 방의 내부를 그린 투시도의 경우에도 지적장애, 조현병 스펙트럼 장애를 고려할 수 있다. |
| 문 | • 환경과의 직접적 접촉 및 소통방식에 대한 정보를 제공한다.<br>• 문이 생략된 그림은 환경과의 소통이 차단되어 있는 회피적이고 철수적인 태도를 반영한다.<br>• 문의 개방성 정도는 외부 환경을 향한 자기노출의 정도나 욕구를 반영한다.<br>• 자물쇠를 그린 경우 방어적이고 경계적인 태도를 취하고 있음을 반영한다. |
| 창문 | • 외부 환경과의 상호작용, 대인관계에 대한 수검자의 주관적 경험을 반영한다.<br>• 창문이 생략된 그림은 대인관계에 대한 불편감, 위축감을 반영하고, 지나치게 크거나 많은 창문은 자기개방이나 관계에 대한 욕구가 지나침을 반영한다.<br>• 커튼이나 창틀 등은 창문의 개방성 혹은 폐쇄성 정도를 나타낸다. |

| 굴뚝 | • 굴뚝은 가족관계의 분위기, 가족 교류의 양상 등에 대한 정보를 제공한다.<br>• 성적인 욕구나 충동을 반영하기도 한다.<br>• 연기를 지나치게 많이 그리거나 강조한 경우는 가족 내 정서적 긴장감이나 애정<br>욕구의 좌절감 혹은 결핍감 등을 반영한다. |
|---|---|
| 기타<br>부수적 사물 | • 태양은 강한 애정 욕구, 의존성 혹은 이에 대한 좌절감을 반영한다.<br>• 구름은 만연되어 있는 모호한 불안감을 나타낸다.<br>• 나무, 꽃, 잔디는 생동감과 에너지를 반영하나, 지나친 경우는 강한 의존욕구를<br>반영한다.<br>• 울타리 담장은 방어적이고 경계적 태도를 반영한다. |
| 조망/<br>원근감 | • 외부 환경이나 대인관계에 대한 수검자의 관점과 태도를 반영한다.<br>• 위에서 아래로 내려다보는 조망(bird's eye view)은 표면적으로 드러나는 우월감<br>과 환경에 대한 불만감과 벗어나고자 하는 욕구 등이 내재해 있음을 나타낸다.<br>• 아래에서 위로 올려다보는 조망(worm's eye view): 애정 욕구의 좌절, 열등감, 부<br>적절감 자기비하적 태도 등을 반영한다.<br>• 멀리 떨어져 있는 듯이 그린 집은 가정과의 정서적 거리감과 무력감을 반영한다. |

② 나무

| 분류 | 내용 |
|---|---|
| 수관/잎 | • 수관은 내적인 공상과 사고 활동을 주로 반영하며, 집 그림의 '지붕'이나 사람 그<br>림의 '머리'와 유사한 상징적 의미를 갖는다.<br>• 크고 펼쳐진 수관은 적극적인 공상 활동을 나타내며, 때로는 현실에 대한 불만족<br>으로 공상에 지나치게 몰두할 가능성을 시사한다.<br>• 덧칠한 수관은 불안감, 우울감 과민함 등 불안정한 정서 상태를 반영한다.<br>• 가지나 수관에 비해 잎이 지나치게 큰 경우는 내면의 부적절감을 과잉 보상하려<br>는 경향을 반영하고 끝이 뾰족한 잎은 공격적인 행동화 경향을 나타낸다. |
| 기둥 | • 수검자 성격 구조의 견고함과 자아강도 및 기본적인 심적 에너지를 반영한다.<br>• 집 그림의 '벽'이나 사람 그림의 '몸통'과 유사한 상징으로 해석된다.<br>• 기둥에 그려진 옹이구멍은 성장과정의 심리적 외상 경험을 상징한다.<br>• 옹이구멍 안의 동물, 열매는 손상된 자아의 힘을 회복, 보상하고 싶은 욕구를 나<br>타낸다고 본다. |
| 가지 | • 환경 혹은 타인과의 접촉을 통해 성취를 이루고자 하는 소망, 심리적 자원과 능력<br>을 반영한다. 사람 그림의 '팔'과 유사한 상징적 의미를 지닌다.<br>• 크고 굵은 나뭇가지는 높은 성취 동기나 포부 수준을 나타낸다.<br>• 가늘고 빈약한 가지는 성장이나 목표 추구에 대한 두려움, 자신감 부족을 나타낸다.<br>• 나뭇가지를 생략하는 경우는 환경과의 상호작용 상황에서 매우 억제되고 위축되<br>어 있거나, 우울감이나 무력감을 경험하는 수검자에게서 나타나기도 한다. |

| 뿌리 | • 자신에 대한 안정감, 현실 접촉의 정도를 반영한다.<br>• 뿌리와 땅을 동시에 생략한 그림은 불안정감, 부적절감을 나타낸다.<br>• 뿌리를 지나치게 강조한 그림은 자신에 대한 불안정감을 과잉 보상하려는 시도로 볼 수 있다. |
|---|---|
| 기타<br>부수적 요소 | • 열매, 새, 동물, 그네 등 부수적 요소는 아동의 그림에서 더 많이 나타나며, 세상과 상호작용하는 것에 대한 불안을 보상하려는 욕구를 반영하는 것으로 본다.<br>• 특히 열매 그림은 구강기 수준의 의존욕구나 애정과 관심에 대한 욕구를 반영한다. |
| 내용 및<br>주제 | • 과일나무는 아동의 의존 욕구나 애정 욕구를 주로 반영한다. 성인의 경우 이러한 욕구와 관련, 미숙함을 나타낸다.<br>• 가지가 축 처진 버드나무는 우울감을 반영한다.<br>• 땅에 떨어진 열매나 나뭇잎 그림은 대인관계에서의 좌절감과 그로 인한 정서적 고통을 반영한다.<br>• 나무를 열쇠구멍처럼 하나의 선으로 그린 경우는 검사에 저항적임을 나타낸다. |

③ 사람

| 분류 | 내용 |
|---|---|
| 머리 | • 지적 능력, 공상활동, 충동과 정서를 지적으로 통제하는 정도 등을 반영하며, 집 그림의 지붕이나 나무 그림의 수관과 유사한 의미를 지닌다.<br>• 지나치게 큰 머리는 지적 욕망이나 공상에 지나치게 몰두하고 있음을 나타낸다.<br>• 그러나 6세 이하의 어린 아동의 경우 흔히 가분수 형태의 그림을 그리기도 한다.<br>• 머리를 그리지 않은 경우는 심한 사고 장애나 뇌손상 혹은 불쾌한 생각을 제거하고자 하는 욕망을 반영한다. |
| 얼굴 | • 측면을 향한 얼굴 심리적 혹은 외모에 대한 자신감 부족, 사회적 접촉의 회피를 반영한다. 뒤통수를 그리는 경우는 극도의 회피적인 태도를 나타낸다.<br>• 눈은 '세상을 향한 마음의 창'으로 눈의 크기는 사회적 관계에 대한 욕구와 관심, 민감함의 정도를 반영한다.<br>• 코는 환경으로부터 정서적 자극을 받아들이고 반응하는 방식을 반영하며, 외모에 대한 관심의 정도나 성적 상징 등을 나타내기도 한다.<br>• 입은 의사소통에 있어서 표현수단이며 애정욕구 등 심리적 성향을 반영한다.<br>• 목은 충동 및 행동 반응(몸)과 이를 지적으로 통제하고자 하는 욕구(머리)를 나타낸다. |
| 사지<br>(팔다리) | • 팔은 대인관계 욕구, 문제해결 능력을 나타낸다.<br>• 손은 대인관계 상호작용이나 생산적 활동능력을 반영한다.<br>• 다리와 발은 목표에 접근하게 해 주는 대처 능력, 현실 상황을 지탱해 나가는 능력을 상징한다. |

| 기타<br>신체부위 | • 몸통은 개인의 기본적인 추동(drive)과 내적인 힘을 상징한다.<br>• 어깨는 신체적 힘에 대한 욕구, 책임감을 상징한다.<br>• 가슴은 남자의 경우 능력이나 힘에 대한 주관적인 지각, 여자의 경우 성적 욕구나 성적 매력의 과시를 반영한다.<br>• 신체 기관 중 심장, 폐, 장기 등 내부 기관이 투시된 그림은 정신증적 상태에서 보이는 현실 검증력 손상을 시사한다. |
|---|---|
| 의상 | • 옷은 자기방어 혹은 자기과시를 나타낸다.<br>• 너무 많은 옷이나 많은 장식은 관심과 주목을 받고 싶은 욕구, 자기과시적 태도 등을 나타낸다. |

## 4. 문장완성검사(SCT)의 이해 2015년, 2018년, 2019년, 2021년

### (1) 문장완성검사의 개요

① 1897년 에빙하우스(Ebbinghaus)가 피검자의 정신능력을 측정하려고 최초의 미완성 문장을 활용하였다.

② 융(Jung, 1910)은 단어연상검사를 통해 피검자의 무의식적 태도를 분석하였다.

③ 제2차 세계대전 동안 병사들에 대한 성격 평가와 배치를 위한 도구로 검사 배터리에 포함되어 사용되었다.

④ 로터(Rotter)의 문장완성검사(RISB), 삭스(Sacks)의 문장완성검사(SSCT), 로데(Rohde)의 문장완성검사(RSCM), 로에빙거(Loevinger)의 문장완성검사(WUSC)가 있다.

⑤ 문장완성검사(Sentence Completion Test: SCT)는 자유연상을 토대로 하는 투사적 검사로 여러 개의 미완성 문장들에 대해 수검자가 떠오르는 대로 문장을 완성하도록 하는 검사이다.

⑥ 다른 투사적 검사와는 달리 검사 자극이 분명하며, 피검자가 검사 자극 내용을 지각하기 때문에 의식적 수준의 심리적 현상을 측정한다.

⑦ 문장완성검사는 다른 검사에 대한 부가적인 정보를 제공해 줄 뿐만 아니라 다른 검사에 의해 나타난 역동적 내용을 확인해 줄 수 있는 매우 간단하면서도 유용한 검사이다.

⑧ 로샤(Rorschach) 검사나 주제통각검사(TAT)에 비해 더 구조화되어 있어, 투사 검사로 보기 어렵다는 견해도 있다.

⑨ 다른 투사 검사와는 달리 검사 자극이 분명하여, 피검자가 검사 자극 내용을 지각하기 때문에 의식적 수준의 심리적 현상을 측정한다. 한편으로는 수검자가 미처 자각하지

못하고 있는 내면의 정신역동과 성격 특성에 관한 정보도 얻을 수 있다.

⑩ 검사시간에 제한이 없으며 집단적인 검사가 가능하다. 또한 검사문항을 수정하거나 추가적 질문이 가능하다.

⑪ 개발자에 따라 40문항, 60문항 등 여러 유형이 있다. **예** 이우경(2018)의 문장완성검사는 아동 30문항, 청소년 40문항, 성인 50문항으로 구성되어 있다.

⑫ 수검자의 언어표현 능력이 검사 결과에 영향을 미치기 때문에, 언어발달이 완성되지 못한 유아에게는 적용하기 어렵다.

## (2) SCT의 시행 및 해석

### ① SCT의 시행방법

- 지시문

  "다음에 제시된 문장은 뒷부분이 빠져 있습니다. 각 문장을 읽으면서 맨 먼저 떠오르는 생각으로 뒷부분을 이어 문장이 완성되도록 하십시오. 반드시 자기의 솔직한 마음을 그대로 나타내야 하며 빠트리지 말고 모두 써넣으십시오."
- 정답은 없다. 처음 떠오른 생각을 작성하도록 한다.
- 글씨나 문장을 잘 쓰고 못 쓰고는 의미가 없다.
- 원칙적으로 시간제한은 없으나, 가능한 한 빨리 작성하도록 한다.
- 문장을 지우고 다시 쓰는 경우 두 줄을 긋고 빈 공간에 쓰도록 안내한다.

## (3) 삭스 문장완성검사(Sacks Sentence Completion Test: SSCT)

① SSCT는 가족, 성, 대인관계, 자아개념의 4가지 영역에 대해 중요한 태도를 측정할 수 있는 미완성 50문항으로 구성되어 있다. 아동용은 33문항이다.

② SSCT의 4가지 주요 영역의 특징 2017년, 2020년, 2021년

| 영역 | 특징 |
|------|------|
| 가족 | • 아버지, 어머니 및 가족에 대한 태도를 측정한다.<br>**예** "우리 가족은 나에 대해 _____" |
| 성 | • 이성 관계 및 결혼에 대한 태도를 측정한다.<br>**예** "내 생각에 남자들은(여자들은) _____" |
| 대인관계 | • 친구와 지인, 권위자에 대한 태도를 측정한다.<br>**예** "윗사람이 내 앞으로 다가오면 _____" |
| 자아개념 | • 자신의 능력, 과거 미래, 두려움과 죄책감 그리고 목표 등을 측정한다.<br>**예** "나는 어렸을 때 _____" |

> **학습 plus**
>
> 삭스(J. Sacks)의 문장완성검사(SSCT)의 평점기록지에 포함되는 태도 14가지 2017년
>
> - 어머니에 대한 태도
> - 아버지에 대한 태도
> - 가족에 대한 태도
> - 여성에 대한 태도
> - 남성에 대한 태도
> - 이성관계 및 결혼생활에 대한 태도
> - 친구나 친지에 대한 태도
> - 권위자에 대한 태도
> - 두려움에 대한 태도
> - 죄책감에 대한 태도
> - 자신의 능력에 대한 태도
> - 과거에 대한 태도
> - 미래에 대한 태도
> - 목표에 대한 태도

## (4) 이우경(2018)의 문장완성검사

① 국내에서 개발된 문장완성검사는 몇 가지 버전이 있는데 주로 문항 응답을 질적으로 분석하는 방법을 사용하고 있다.

② 이우경의 문장완성검사에서도 양적인 수치보다는 주제 영역별로 분류하여 질적인 분석을 제시하고 있다.

③ 주제 영역

- 자기(강점, 약점 자기개념)
- 가족(엄마, 아빠, 형제자매, 가족 분위기, 자녀)
- 타인 및 세상(친구, 여성, 남성, 타인, 세상, 권위상)
- 꿈, 욕구, 가치
- 시간 조망(과거, 미래)
- 부정적 감정과 스트레스 대처 방식(두려움, 불안, 후회, 부러움, 스트레스 반응)
- 사랑, 성, 결혼
- 건강, 죽음, 영성

④ 내용 요약

- 분류표에서는 위 주제를 토대로 인지, 정서, 행동, 가족 및 대인관계, 기타 영역으로 요약하고 있다.

| SCT 내용 요약 |
| --- |
| 1. 인지(인지 삼제: 자기에 대한 태도, 세상에 대한 태도, 미래에 대한 태도) |
| 2. 정서(핵심 정서와 갈등, 정서 강도 등) |
| 3. 행동(부정적 감정과 스트레스 반응, 대처방식 등) |
| 4. 가족 및 대인관계(가족에 대한 태도, 대인지각) |
| 5. 기타(사랑, 성, 결혼, 가치, 목표, 꿈, 욕구, 건강, 종교) |

CHAPTER **07** / **진로검사, 신경심리검사, K-CBCL**

## 1. 진로검사

### (1) 진로검사의 개요

① 진로검사란 진로탐색 및 선택, 진로변경 등 진로의사 결정과정에서 나타나는 개인의 심리적 속성을 알아보는 검사이다.

② 개인의 특성을 파악하고, 진로문제를 진단, 합리적인 진로의사 결정을 돕는 것을 목적으로 한다.

③ 검사의 내용에 따라 흥미검사, 적성검사, 가치검사, 진로선택 및 발달을 측정하는 검사가 있다.

### (2) 진로검사의 기능

① 개인차를 예상하고 직업적, 교육적으로 진로선택의 성공 가능성을 추론하는 예언(prediction) 기능을 한다.

② 가치관, 흥미, 적성 등과 같은 특성에서 사람들 간의 유사성과 차이점에 대한 판별(disc rimination) 기능을 한다.

③ 개인의 의사결정, 진로성숙도, 인지적 변인 등에 대한 내용을 확인하여 적절한 선택이 가능할지에 대한 진단(monitoring 또는 diagnosis) 기능을 한다.

④ 진로상담 및 교육의 성과에 대한 평가(evaluation) 기능을 한다.

### (3) 진로상담과정에서 검사의 기능(Nathan & Hill, 1992)

① 진로에 관련된 자기진단을 위한 체계를 제시한다.

② 자기평가에 대한 객관성 및 신뢰성을 향상시킨다.

③ 새로운 시각으로 자신을 바라볼 수 있도록 돕는다.

④ 진로에 대한 장기적 관점을 가질 수 있게 한다.

⑤ 진로 의사결정의 위험요소를 줄이도록 한다.

⑥ 일과 관련된 과거의 행동을 설명할 수 있게 한다.

### (4) 내용별 진로검사의 분류체계 및 검사의 종류

| 대분류 | 중분류 | 심리검사의 종류 |
|---|---|---|
| 인지적 검사<br>(능력검사) | 지능 | 한국판 웩슬러 지능검사, K-ABC 등 |
| | 성취 | 기초학습 기능검사, 대학수학능력검사 등 |
| | 적성 | GATB 일반적성검사, 성인용 직업적성검사 등 |
| 정의적 검사<br>(태도검사) | 흥미 | 진로탐색검사, 직업선호도검사, 스트롱 검사 등 |
| | 가치 | 직업가치관검사 |
| | 성격 | MMPI, MBTI, CPI, Big5 검사 등 |
| | 진로선택 및<br>발달검사 | 진로결정수준검사, 진로성숙도검사, 진로신념검사, 구직욕구진단검사 등 |

### (5) 직업흥미 검사 시 주요 지침

① 직업흥미 검사는 능력을 측정하는 것이 아니라 좋아하는 것이나 싫어하는 것을 측정하는 것이다.

② 검사 시 내담자가 긍정적으로 동기화되어 있고 검사의 목적을 잘 이해하고 있어야 한다.

③ 일반적 흥미검사는 도시공학과 전기공학 사이의 선택처럼 세밀한 구분이 필요한 피검자에게는 유용하지 않다.

④ 내담자가 정서적으로 불안정한 상태에서는 흥미검사를 사용하는 것은 부적절하다.

⑤ 청소년들의 흥미는 쉽게 변할 수 있으므로 너무 오래전에 받은 흥미검사 결과는 신뢰하기 어렵다.

⑥ 내담자의 선택의 이유 탐색 시에는 흥미검사보다 직업카드 분류가 더 유용한 정보를 준다.

## 2. 진로검사1 – 홀랜드 직업 탐색검사

### (1) 홀랜드 직업 탐색검사(Self-Directed Search: SDS)의 개요

① 1953년 홀랜드(John L. Holland)가 직업선호도검사(Vocational Preference Inventory: VPI)를 최초로 개발하였고 현재 진로탐색검사(Holland et al., 1994)가 사용되고 있다.

② 안창규(1996)가 표준화 과정을 거쳐 홀랜드 진로탐색검사(중·고생용) 및 홀랜드 적성탐색검사(대학생 및 성인용)를 개발하였고 현재 활발하게 사용되고 있다.

③ 홀랜드의 진로탐색검사(SDS)는 홀랜드의 직업적 성격 유형론에 근거하여 개발된 검사다.

## (2) 홀랜드의 직업적 성격유형론의 기본 가정

① 현실형, 탐구형, 예술형, 사회형, 진취형(기업형), 관습형이라는 6가지 직업적 성격유형이 있고 대부분의 사람들은 그중의 한 가지 유형이나 그 조합으로 분류될 수 있다. 이를 육각형 모형 RIASEC model이라고 한다.

② 개인의 직업적 환경도 6가지 유형 및 그 조합으로 분류될 수 있다.

③ 개인은 자신의 능력과 기술 발휘, 태도와 가치 표현, 적절한 역할수행이 가능한 환경을 찾는 경향이 있다.

④ 개인의 행동은 성격 특성과 환경 특성의 상호작용에 의해서 결정되고, 그 결과는 직업 선택, 전직, 직업적 성취, 유능감, 사회적 행동으로 표현된다.

## (3) 홀랜드 검사의 실시

① 중학생 이상(만 13세 이상), 한글 해독 능력이 있는 누구에게나 실시할 수 있다.

② 시간제한은 없으나, 검사 소요 시간은 대략 40~50분 정도다.

③ 개별적으로 실시하는 것이 효과적이나 집단검사로도 활용될 수 있다.

## (4) 홀랜드의 6가지 직업적 성격의 특성 2019년

① 현실형(R: Realistic Type)

| | |
|---|---|
| 성격특징 | • 남성적이고 솔직하며, 성실하고 과묵하고 실질적이며, 안정적이고 보수적이다.<br>• 체계적이며, 신체적 기술을 활용하거나 현장에서 수행하는 활동을 선호한다.<br>• 추상적 개념을 다루는 일이나 친밀한 대인관계와 관련된 일은 선호하지 않는다. |
| 직업활동 | • 구체적이고 신속한 일의 성과가 드러나는 활동에 보람을 느낀다.<br>• 기술자, 엔지니어, 항공기 조종사, 운동선수, 농부, 전기기사 등 |

② 탐구형(I: Investigative Type)

| | |
|---|---|
| 성격특징 | • 탐구적, 논리적, 분석적이며 지적 호기심이 높고 내성적이며 신중하다.<br>• 새로운 지식추구, 추상적인 문제 분석, 논리적인 탐구활동을 선호한다.<br>• 대인관계 및 공동 작업. 사회적 반복 활동을 선호하지 않는다. |
| 직업활동 | • 첨단기술이나 복잡한 과제 등에 도전하고 호기심을 충족하는 데 보람을 느낀다.<br>• 과학자, 물리학자, 의료기술자, 인류학자, 지질학자, 설계기술자 등 |

③ 예술형(A: Artistic Type)

| 성격특징 | • 상상력이 풍부하고 감수성이 높으며 자유분방하고 개방적이다.<br>• 예술적이고 창조적인 문학, 미술, 연극 등의 문화 관련 분야의 활동을 선호한다.<br>• 사무적, 기술적, 구조화된 상황, 독립적이지 않은 상황을 선호하지 않는다. |
|---|---|
| 직업활동 | • 내면세계를 작품으로 표현하거나 새로운 것을 창조할 때 보람을 느낀다.<br>• 예술가, 무대감독, 작곡가, 배우, 무용가, 디자이너 등 |

④ 사회형(S: Social Type)

| 성격특징 | • 협력적이고 이해심이 많고 친절하며 지도력, 원만한 대인관계능력이 있다.<br>• 개인적 이익보다 타인을 돕고, 교육하고 성장시키는 일을 선호한다.<br>• 기계적, 과학적, 논리적, 분석적인 활동을 선호하지 않는다. |
|---|---|
| 직업활동 | • 함께 타인의 복지를 위해 일하고 서로 신뢰하는 일을 할 때 보람을 느낀다.<br>• 사회복지사, 교육자, 유치원교사, 상담사, 간호사, 종교지도자 등 |

⑤ 기업형(E: Enterprising Type)

| 성격특징 | • 통솔력, 지배력, 설득적, 경쟁적이며 말을 잘하고 외향적이며 열성적이다.<br>• 지위와 권한을 가지고 조직을 이끌고 관리, 통제하는 활동을 선호한다.<br>• 관찰적, 상징적, 체계적인 활동은 선호하지 않는다. |
|---|---|
| 직업활동 | • 적절한 권한을 가지고 조직의 목표를 달성하는 활동에 보람을 느낀다.<br>• 기업경영인, 정치가, 판사, 연출가, 관리자, 보험설계사 등 |

⑥ 관습형(C: Conventional Type)

| 성격특징 | • 보수적, 안정적, 계획적이며 정확하고 책임감이 강하다.<br>• 구조화되고 체계적인 작업환경에서, 숫자를 이용해 계산적 능력을 발휘하는 활동을 선호한다.<br>• 비구조화된 상황, 창의성, 모험을 요하는 활동을 선호하지 않는다. |
|---|---|
| 직업활동 | • 조직의 목표달성에 기여하고 그 결과에 보람을 느낀다.<br>• 공인회계사, 은행원, 법무사, 세무사, 경리사원, 컴퓨터 프로그래머 등 |

**(5) 홀랜드(Holland)의 해석-5가지 이차적 가정**

① 일관성(Consistency)

- RIASEC 육각형에서 인접한 유형일수록 밀접한 관계가 있고 공통점을 더 많이 가지고 있으며 일관도가 높다고 본다. 예를 들면, 실제적(R)이면서 탐구적(I) 유형이 실제

적(R)이면서 사회적(S)인 유형보다 더 일관성이 있다.

- 높은 일관도는 안정된 진로결정 및 직업경력과 관련이 있으며 직업적 성취와 목표를 꾸준히 추구해 온 사람들에게서 나타난다.

② 변별성(Differentiation)

- 어떤 사람이나 환경이 얼마나 잘 구별되는지를 말하는 것으로 직업적 흥미특성이 얼마나 뚜렷하게 나타나는지를 보여 준다.
- 어떤 한 가지 유형에 지배되는 경우는 변별성이 높고 많은 유형에 유사성을 보이는 것은 변별성이 낮다. 변별성이 높은 사람은 직업적 경쟁력이 높고, 직업에 대해 높은 만족도를 보일 가능성이 크다.

③ 정체성(Identity)

- 성격과 환경의 정체성이 얼마나 분명하고 안정되어 있는가를 평가한다.
- 성격적 정체성은 분명하고 안정된 삶의 목표, 흥미, 재능을 지니는 것을 말하고, 환경적 정체성은 환경이나 조직의 분명하고 통합된 목표와 일, 일관된 보상으로 평가한다.

④ 일치성(Congruence)

- 개인과 직업적 흥미와 직업환경 간의 적합성의 정도에 관한 것이다.
- 사회적(S) 성격유형을 가진 사람은 사회적인 환경에서 더 활발하고 만족스럽게 일한다.

⑤ 계측성(타산성)

- 흥미유형과 환경유형 간의 관계는 육각형 모델에 따라 결정되며 그들 간의 거리는 이론적 관계와 반비례한다.

> **학습 plus**
>
> **분화도(differentiation)**
> - 개인의 직업적 흥미나 특성이 얼마나 명확하고 구체적인지를 나타내는 개념이다.
> - 특정한 유형과 유사하며 다른 유형과는 유사하지 않을 경우 분화도가 높고 여러 가지 유형에서 유사하다면 분화도가 낮은 것이다.

> **긍정응답률**
> - 각 항목에 대해 긍정적으로 응답한 비율을 나타내며, 긍정응답률이 낮은 경우(24% 이하)는 특정 직업 선택만을 고수, 편협함, 낮은 자아개념, 무력감 등의 가능성이 있다.
> - 긍정응답률이 높은 경우(65% 이상)는 너무 다양한 흥미나 능력으로 인해 특징지을 수 없거나 비현실적인 진로성숙도, 성격적 문제 등의 가능성이 있다.

## 3. 진로검사2 – 직업적성평가

### (1) 직업적성평가의 개요

① 적성(aptitude)이란 특수하고 구체적인 영역에서 개인이 발휘 가능한 구체적인 기술과 능력 혹은 잠재력을 말한다.

② 적성검사는 직무수행에 필요한 개인의 잠재적 능력을 측정하여 해당 분야에 대한 개인의 인지적 약점과 강점을 알려주고 그 직무를 얼마나 잘 수행할 수 있는지를 예측해 준다.

③ 표준화 적성검사, 행동관찰, 포트폴리오 평가 등으로 직업적성을 평가하고 있으며 이 중 표준화 적성검사가 가장 널리 상용되고 있다.

④ 1970년대 미국의 GATB(General Aptitude Test Battery)를 기초로 우리나라에서도 일반 직업적성검사를 개발하였으나 널리 활용되지 못했다.

⑤ 현재 커리어넷의 직업적성검사, 워크넷의 청소년용 및 성인용 적성검사가 온라인 검사로 널리 사용되고 있으며, 노동부의 성인용 직업적성 검사가 가장 널리 사용되고 있다.

### (2) 노동부 성인용 직업적성검사

① 실시시간은 90분으로 만 18세 이상의 성인 구직자를 대상으로 실시한다.

② 언어력·수리력 등 11개의 측정요인을 가지며, 직업적 자질 및 능력을 파악하여 피검자에게 가장 적합한 직업 분야를 탐색하는 검사이다.

▶ **노동부 성인용 직업적성검사의 적성요인과 하위내용**

| 적성요인<br>(문항 수) | 주요내용 | 하위검사 |
|---|---|---|
| 언어력(43) | 일상생활에서 사용되는 다양한 단어의 의미를 정확히 알고 글로 표현된 문장의 내용을 바르게 파악하는 능력 | 어휘력검사 |
| | | 문장독해력검사 |
| 수리력(26) | 사칙 연산을 이용하여 수리적 문제들을 풀어내고 일상생활에서 접하는 통계적 자료들의 의미를 정확하게 해석하는 능력 | 계산력검사 |
| | | 자료해석력검사 |
| 추리력(24) | 주어진 정보를 종합해서 이들 간의 관계를 논리적으로 추론해 내는 능력 | 수열추리1검사 |
| | | 수열추리2검사 |
| | | 도형추리검사 |

제1교시 / 제3과목(필수)

| 공간지각력(26) | 물체를 회전시키거나 재배열했을 때 변화된 모습을 머릿속에 그릴 수 있으며, 공간 속에서 위치나 방향을 정확히 파악하는 능력 | 조각맞추기검사 |
| | | 그림 맞추기 검사 |
| 사물지각력(30) | 서로 다른 사물들 간의 유사점이나 차이점을 빠르고 정확하게 지각하는 능력 | 지각속도검사 |
| 상황판단력(14) | 실생활에서 자주 당면하는 문제나 갈등 상황에서 문제를 해결하기 위한 여러 가지 가능한 방법들 중 보다 바람직한 대안을 판단하는 능력 | 상황판단력검사 |
| 기계능력(15) | 기계의 작동원리나 사물의 운동원리를 정확히 이해하는 능력 | 기계능력검사 |
| 집중력(45) | 작업을 방해하는 자극이 존재함에도 불구하고 정신을 한곳에 집중하여 지속적으로 문제 해결할 수 있는 능력 | 집중력검사 |
| 색채지각력(18) | 서로 다른 색을 정확히 구별하고, 서로 다른 색의 혼합 결과를 판단하는 능력 | 색혼합검사 |
| 사고유창력(2) | 주어진 상황에서 짧은 시간 내에 서로 다른 많은 아이디어를 개발해 내는 능력 | 사고유창력검사 |
| 협응능력(5) | 눈과 손이 정확하게 협응하여 세밀한 작업을 빠른 시간 내에 정확하게 해내는 능력 | 기호쓰기검사 |

출처: 심리검사와 상담(2판).

## 4. 신경심리검사

(1) 신경심리검사의 개요

① 신경심리학은 뇌와 인간의 행동, 정서 및 인지 간의 관계를 연구하는 학문이며 임상 장면에서는 뇌의 구조적, 기능적 문제가 행동으로 어떻게 표현되는지를 다룬다.

② 신경심리평가는 뇌의 기능을 측정하고 그 결과를 분석하고 해석하는 일련의 과정을 말한다.

③ 신경심리평가는 진단, 환자관리 및 치료계획, 재활 및 치료평가, 연구, 법정 장면에서의 자문 등을 목적으로 실시한다.

④ 주의력, 언어능력, 시공간 능력, 기억력, 관리기능 및 전두엽 기능 등 인지 영역에 특화된 개별 신경심리검사와 배터리형 신경심리검사가 개발되어 있다.

⌒⌒ **학습 plus**

**신경심리검사의 목적**

- 진단: 두뇌 외상이나 뇌기능 장애의 진단 및 신경학적 장애에 대한 진단을 목적으로 한다.
- 환자 관리 및 치료 계획: 환자의 인지 정도 및 반응 양상 등을 파악하고 필요한 치료 및 재활 기법 등에 도움을 준다.
- 치료: 재활 및 치료평가 등 치료효과를 민감하게 측정한다.
- 연구: 외과적 수술, 약물치료, 재활치료의 검증, 뇌지도 연구, 노화에 따른 뇌기능 및 인지기능 변화에 대한 추적 연구, 뇌와 행동 간의 한계를 규명할 목적으로 사용된다.
- 법정 장면에서의 자문: 교통사고, 산업재해 및 기타 상해 등 각종 손해배상소송에서의 뇌손상과 관련된 자문, 범죄자의 정신상태를 감정에 사용된다.

## (2) 평가 영역별 주요 신경심리검사

| 영역 | 특성 및 문제 | 신경심리검사의 종류 |
|---|---|---|
| 주의력 | 각성의 문제, 지속적 주의력의 문제, 주의 배분, 주의 전환의 문제 | • 시간지남력 및 장소지남력<br>• 숫자 바로 따라 하기, 거꾸로 따라 하기<br>• 순서화(Letter-Number Sequencing)<br>• 지우기(Cancellation Test)<br>• 연속수행력검사(Continuous Performance Test: CPT)<br>• 선로잇기 검사(Trail Making Test)<br>• 스트룹 검사(Stroop Test) |
| 언어능력 | 언어표현력, 언어이해력, 따라 말하기, 이름 대기 등의 능력 결함, 단어의 발음곤란 | • 언어유창성 검사<br>• 보스턴 진단용 실어증 검사<br>• 웨스턴 실어증 검사<br>• 보스턴 이름 대기(Boston Naming Test) |
| 기억과 학습 | 청각적·시각적 장·단기 기억문제, 기억정보의 학습, 저장 및 공고화, 인출문제 | • 웩슬러 기억검사<br>• 레이-킴(Rey-Kim) 기억검사<br>• 숫자 외우기(바로 따라 하기, 거꾸로 따라 하기)<br>• 레이 청각 언어 학습검사<br>• 레이 복합도형 검사(Rey Osterrieth Complex Figure) |
| 시공간 구성 능력 | 시지각 능력과 구성 능력, 수동적 조작능력곤란, 좌우 구별의 문제 | • 벤더 게슈탈트 검사<br>• 레이 복합도형 검사(Rey Osterrieth Complex Figure)<br>• 겹친 오각형(MMSE) 검사, 시계 그리기 등 |

| 관리기능/전두엽 기능 | 계획능력 저하, 무감동, 사회적 영향에 대한 인식부족, 복잡하고 다중적인 과제 처리곤란 | • 위스콘신 카드분류 검사(Wisconsin Card Sorting Test: WCST)<br>• 킴스 전두엽 관리기능 검사<br>• 단어유창성 검사<br>• 런던탑 검사<br>• 스트룹 검사<br>• 레이 복합도형 검사(Rey Osterrieth Complex Figure) |
| --- | --- | --- |

## 5. 신경심리검사1 – 벤더 게슈탈트 검사(BGT) 2015년, 2016년, 2018년, 2022년, 2023년

### (1) BGT(Bender Gestalt Test)의 개요 2018년

① BGT(Bender, 1938; Hutt, 1985)는 시각–운동 능력의 발달이나 뇌의 기질적인 문제를 확인할 목적에서 개발되었으며, 이후에는 시공간 구성 능력을 평가할 목적에서 널리 사용되어 온 초기 신경심리검사 중 하나다.

② 벤더(Bender)는 형태심리학의 창시자 베르타이머(Wertheimer)가 형태 지각 연구에 사용한 다양한 도형 중 벤더가 9개를 선별하여 정신병리의 유형과 지각 간의 관계 연구를 위한 검사도구로 사용하였다.

③ 허트(Hutt)는 1985년에 'HABGT(Hutt Adaptation of the Bender Gestalt Test)'를 개발하였고 전통적으로 사용되던 모사 단계 다음, 변용모사 단계, 연상 단계, 순간노출 단계 및 지연회상 단계 등을 추가하였다.

④ 브래니건과 데커(Brannigan & Decker)는 2003년에 원판 BGT의 9개 도형에 7개 도형을 추가(4세~7세 11개월을 위한 자극 4장, 85세 이상을 위한 자극 3장 추가) 총 16개의 도형으로 된 BGT–II를 출시하였고, 이는 모사 단계와 회상 단계로 구성되어 있다.

### (2) BGT의 특징 2016년, 2023년

① 형태심리학과 정신역동이론을 기반으로 하고 있으며 도형에 대한 지각, 재생을 관찰함으로써 성격을 추론할 수 있다.

② 뇌기능장애를 진단하는 데 활용되며 뇌손상이 심할 경우 모사의 정확도가 떨어진다.

③ 언어능력이나 언어표현이 제한적인 사람이나 방어가 심한 수검자에게도 적용 가능하다.

④ 아동(4세 이상)과 성인 모두에게 실시할 수 있다.

⑤ 지각 및 운동 기능을 측정할 수 있다.

⑥ 항목별 5점 척도로 평정하는 채점 체계를 갖추고 있다.

⑦ 검사상황에 대한 공포를 완화하고 검사자와의 관계 형성을 위한 완충검사의 역할을 한다.

## (3) BGT의 실시 방법 2016년

① 모사 단계(copy phase)

- 책상 위에 검사용지, 연필, 지우개를 준비하고 9장의 자극카드를 보이지 않게 뒤집 어 둔다.
- '지금부터 카드를 한 장씩 보여드리겠습니다. 카드에 있는 간단한 그림을 보고 종이 에 그대로 따라 그리도록 합니다. 이 검사는 그리기 실력을 보는 검사가 아닙니다. 그러나 가능한 정확히 그리도록 노력하시고 빨리 그리든 천천히 그리든 원하시는 대로 하시면 됩니다.'라고 지시한다.
- 지시 사항 후 도형 A부터 도형 8까지 순서대로 제시한다.

② 회상 단계(recall phase)

- 9장의 모사가 끝나면 모든 카드를 치운 후, 깨끗한 A4용지를 다시 제공하고 '지금까 지 보고 그린 그림들을 기억해서 생각나는 대로 모두 그려 보시기 바랍니다.'라고 지시한다.

③ 순간노출 단계(tachistoscopic phase)

- 모사 단계와 달리 5초 동안 카드를 제시하고 5초가 지나면 카드를 치운 후 해당 도 형을 기억해 그리도록 하는 것을 도형 A부터 도형 8까지 순서대로 실시한다.
- 뇌의 기질적 손상 등 뇌손상에 의한 정신장애가 의심되는 경우 변별을 위한 보충 자 료로 사용된다.
- 순간노출 단계는 기질적 장애 환자에게는 매우 위협적이며, 주의집중과 단기기억의 손상으로 인해 검사시행 시 많은 곤란을 드러낸다.

④ 변형모사 단계(elaboration phase)

- 모사 단계 후 새로운 용지를 제시하고 앞에서 그린 그림을 자신이 원하는 방식으로 고쳐 그리게 한다.

⑤ 연상 단계(association phase)

- 수검자의 성격적 특성 및 역동적인 면의 정보를 얻기 위해 변용묘사 단계에서 그린 그림을 연상하게 한다.

⑥ 한계음미 단계(testing the limits phase)
- 모사 단계에서 도형의 일탈이 일어날 경우, 뇌기능장애인지 실수인지 확인하기 위해 재모사를 시행한다.
- 기질적 장애일 경우에는 재모사 단계에서도 수정이 일어나지 않는다.

> **학습 plus**
>
> **BGT의 시행 순서**
> - 용도에 따라 BGT의 6가지 실시단계를 조합하여 사용한다.
> - 일반적으로 모사 단계-회상 단계-한계음미 단계의 순서로 실시한다.
> - 주의집중 및 단기기억에 관련된 뇌의 기질적 손상을 측정하기 위해서는 순간노출 단계를 우선적으로 실시한다. 즉, 순간노출 단계-회상 단계-한계음미 단계의 순서로 실시한다.
> - 투사 검사로 활용하기 위해서는 모사 단계-변용모사 단계-연상 단계로 실시한다.

### (4) BGT의 시행상 유의사항

① 시간제한은 없으나 검사자는 전체검사의 소요시간을 기록한다.
② 검사용지는 세로로 제시하며, 수검자가 가로로 돌리면 한 번은 세로로 고쳐 주고 더 이상은 관여하지 않는다.
③ 기본 지시 후에 나오는 질문은 지시범위 내에서 답변하고 그 외 질문에는 '하고 싶은 대로 하면 됩니다.'라고 말한다.

### (5) BGT의 해석

① 허트(M.Hutt)의 BGT 평가항목 2016년, 2017년, 2018년, 2019년, 2021년, 2022년
- 객관적 분석 시 각각의 항목을 수치화하여 규준에 맞추어 양적으로 채점한다.

| 평가항목 | 내용 | | |
|---|---|---|---|
| 조직화<br>(organization) | • 배열순서<br>• 중첩 | • 도형 A의 위치<br>• 용지 회전 | • 공간 사용 |
| 형태의 일탈<br>(deviation of form) | • 폐쇄곤란<br>• 각의 변화 | • 교차곤란 | • 곡선 묘사곤란 |
| 형태의 왜곡<br>(distortion of form) | • 단순화<br>• 정교화<br>• 퇴영 | • 단편화<br>• 보속성(고집화)<br>• 재모사 | • 중첩(중복)곤란<br>• 지각적 회전 |

> **학습 plus**
>
> **단순화와 단편화**
>
> • 단순화: 주어진 도형자극을 훨씬 단순화하여 그리는 것을 말한다. 충동통제의 곤란과 관계가 있다. **예** 도형 A의 두 부분을 떨어뜨려서 그릴 때, 6번 도형의 곡선 수가 적을 때, 도형 7, 8의 부분을 직사각형으로 그릴 때 등
>
> • 단편화: 형태가 온전하지 않고 나누어져 있는 부분으로 모사하였거나 주어진 도형을 완성하기 못하여 원래의 형태를 알아볼 수 없게 그리는 경우다. 지각운동 장애와 추상적 사고능력의 저하와 관계가 있다.

② BGT 도형모사 곤란반응 2016년. 2022년

| 폐쇄곤란<br>(closure difficulty) | • 한 개의 도형 내에서 폐쇄된 곡선을 완성시키지 못하거나 맞닿는 부분들을 접촉시키는 것을 어려워하는 경우이다.<br>• 도형 A, 2, 4, 7, 8에서 주로 발생한다.<br>• 대인관계에서의 누려움이나 관계유지의 어려움을 반영한다. |
|---|---|
| 교차곤란<br>(crossing difficulty) | • 선이 교차하는 지점에서 중복해서 그리거나, 지우고 다시 그리기, 지나치게 강한 압력으로 그리기 등의 경우이다.<br>• 도형 6과 7에서 주로 나타나는 교차의 어려움이다.<br>• 심리적 차단의 지표로 강박증, 공포증 등으로 대인관계 어려움을 시사한다. |
| 곡선곤란<br>(curvature difficulty) | • 곡선이 증가하거나 감소, 또는 곡선을 직선이나 뾰족한 선으로 그리는 경우를 말한다.<br>• 주로 도형 4, 5, 6에서 곡선의 변형이 일어나는 경우이다.<br>• 정서적 장애의 민감한 지표로 정서 및 행동의 감소, 증가를 나타낸다. |
| 중복곤란<br>(overlab difficulty) | • 도형이 겹치거나 접촉된 부분을 그릴 때 어려움을 겪는 것을 말한다.<br>• 도형 4, 6, 7에서 주로 나타나며 도형 A와 4에서 명백하게 겹치게 그리거나 도형 7에서 겹치게 그리지 못하는 것으로 나타날 수 있다.<br>• 뇌손상에 의한 정신장애(기질적 뇌손상)와 가장 관련이 높고 민감하다는 평가가 있다. |

## 6. 한국판 아동·청소년 행동평가 척도(K-CBCL) 2018년

(1) 개요

① 1983년 미국의 심리학자 아헨바흐와 에델브록(Achenbach & Edelbrock)이 개발하고 1991년에 개정한 CBCL(Child Behavior Checklist)을 우리나라 오경자 등이 1997년에 번역하여 표준화했다.

② 아동 및 청소년의 사회적응 및 정서 행동문제에 대한 행동평가 척도이다.

③ 검사 대상 연령은 4~18세이고 부모를 비롯한 주 양육자가 평정한다. 교사가 평정하는 척도(Teacher's Report Form: TRF)도 개발되어 있다.

④ 120문항으로 구성되어 있으며 0~2점(0점: 전혀 아니다~2점: 자주 그런 편이다)까지의 3점 척도로 평정한다.

## (2) 검사의 구성

| 전체 척도 | 하위 척도 |
|---|---|
| 문제행동 증후군 척도 | 불안/우울, 위축/우울, 신체증상, 사회적 미성숙, 사고의 문제, 주의집중 문제, 비행, 공격성, 내재화 문제, 외현화 문제, 총문제 행동, 성문제, 정서불안정 |
| 적응 척도 | 사회성, 학업수행, 총 사회능력 |

| 전체 척도 | 하위척도 | 문항 수 | 비고 |
|---|---|---|---|
| 사회능력 척도 | 사회성 | 6 | 사회능력 척도는 6세부터 적용 |
| | 학업수행 | 7(6)* | 학업수행 척도는 초등학교 이상에만 적용 |
| | 총사회능력 | 13(12) | 사회성+학업수행=13 |
| 문제행동 증후군 척도 | 위축 | 9 | |
| | 신체증상 | 9 | |
| | 불안/우울 | 14 | |
| | 사회적 미성숙 | 8 | |
| | 사고의 문제 | 7 | |
| | 주의집중 문제 | 11 | |
| | 비행 | 13 | |
| | 공격성 | 20 | |
| | 내재화 문제 | 31* | 위축, 신체증상, 불안/우울 척도의 합−문항 103 |
| | 외현화 문제 | 33 | 비행, 공격성 척도의 합 |
| | 총문제행동 | 117 | 문항 2, 4를 제외한 전체 문항의 합 |
| | 성문제 | 6 | 4~11세만 적용 |
| | 정서불안정 | 10 | 6~11세만 적용, 한국판에만 추가한 특수척도 |

*학업수행에서 초등학생은 영어를 제외하여 6문항이다.

*문항 103은 위축과 불안/우울 척도에 중복으로 포함되어 한 번 뺀다.

# 제4과목(필수)
# 이상심리

제4과목
필수
# 이상심리

CHAPTER 01 / **이상심리학의 개념**

## 1. 이상심리학의 개요

### (1) 이상심리학(abnormal psychology)의 정의

이상심리학은 이상행동(abnormal behavior)과 정신장애(mental disorder)의 특성, 원인 및 치료와 관련된 내용을 연구하는 학문이며 이상행동은 객관적인 관찰과 측정이 가능한 개인의 부적응 심리특성을, 정신장애는 특정한 이상행동의 집합체를 의미한다.

### (2) 이상행동 및 정신장애의 판별기준 2023년

① 주관적 정서적 고통: 개인이 처한 상황에 비해 현저한 주관적 고통과 불편감을 느끼게 하는 행동을 이상행동으로 규정한다.

② 심리적 부적응: 개인의 인지적·정서적·행동적·신체 생리적 기능의 저하나 손상으로 인해, 사회적 관계나 직업적 상황에서 부적응을 초래할 때 이상행동으로 본다.

③ 통계적 규준의 일탈: 한 개인의 생각, 감정, 행동 등이 통계적 평균으로부터 매우 벗어나 있을 때, (흔히 ±표준편차 떨어지면) 비정상으로 간주한다.

④ 사회적·문화적 규준의 위반: 개인이 속한 문화나 집단은 특유의 규칙과 규범이 있는데, 이에 어긋나거나 일탈된 행동을 이상행동으로 본다. 그러나 문화적 상대성으로 인한 한계가 있다.

⑤ 위험성의 관점: 자신 혹은 타인에게 위해가 될 가능성이 지속적으로 제기된다면 이상이라 할 수 있다.

### (3) 이상심리의 발달 모형 2022년. 2023년

① 동일결과론과 다중결과론이 있는데 이는 행동발달의 보편적 주제를 기반으로 설명하고 있다.

② 동일결과론(equifinality): 아동기에 각기 다른 경험과 경로를 거쳤다고 하더라도 동일한 질병을 나타낼 수 있다.

③ 다중결과론(multifinality): 아동기에 동일한 하나의 경험을 했다고 하더라도 다양한 질병을 보일 수 있다.

## 2. 이상심리의 분류 및 평가

### (1) 분류의 장점과 단점 2019년

| 장점 | 단점 |
|---|---|
| • 관련된 사람들에게 공통 용어를 제공하여 효과적으로 의사소통할 수 있다.<br>• 연구자나 임상가(정신건강의학과 의사, 임상/상담심리전문가 등)에게 효과적인 정보를 제공한다.<br>• 연구 및 이론개발에 기초를 제공하여 체계적 연구가 이루어질 수 있게 한다.<br>• 원인의 이해를 증진, 증상에 대한 진단 및 분류 작업이 용이하다.<br>• 치료효과 예상 및 장애진행 과정을 예측할 수 있게 한다. | • 환자에 대한 고정관념을 형성하고 낙인효과를 가져올 수 있다.<br>• 자기이행적 예언(self-fulfilling prophecy)의 결과를 초래할 수 있다.<br>• 치료의 예후나 정신과에 대한 선입견을 형성할 수 있다. |

### (2) 정신장애 분류체계의 흐름

① 히포크라테스(Hippocrates, 기원전 4세기, 그리스): 정신장애를 조증, 우울증, 광증 세 가지 유형으로 분류하고, 그 원인을 신체적 요인의 불균형, 즉 점액, 혈액, 황담즙, 흑담즙 네 개의 체액의 균형이 깨어진 것이라 보았다.

② 컬런(Cullen, 1710~1790, 영국): 신경증(neurosis)이란 용어를 처음 사용했다.

③ 피넬(Pinel, 1745~1826, 프랑스): 사슬과 매질이 아니라 온정과 친절로 돌봐야 한다고 주장, '도덕치료'가 시작되었으며, 이는 20세기에 개방병동정책과 지역사회 정신의학 운동으로 이어졌다.

④ 크레펠린(Kraepelin, 19세기 말, 독일): 정신 의학자. 정신장애의 체계적 분류 작업을 시작하였고, 조발성 치매(dementia praecox, 정신분열증의 초기 용어)라는 용어를 제시하였다.

⑤ 블로일러(Bleuler): 1923년 정신분열증(schizophrenia)이란 용어를 제시하고 4A 증상(Association, Affetivity, Ambivalence, Autism)으로 구성된다고 주장했다.

⑥ DSM(정신장애 진단 및 통계 편람): 미국정신의학회에서 발간한 진단체계로 각 장애의 진단을 위한 기준과 주요 임상적 특징을 기술하고 있으며, 1952년 첫 발간, 이후 여러 번 개정을 거쳐 현재, 2013년에 개정된 DSM-5가 사용되고 있다. DSM-5는 ICD-11과

조화를 이루도록 개정되었다. 2022년에 DSM-5-TR 버전이 출간되었다.

⑦ ICD(세계질병분류): 세계보건기구(WHO)에서 발간하는 진단체계로 정신장애의 분류와 진단 기준을 포함하고 있다. 2019년에 승인된 ICD-11은 2022년 1월 1일부터 효력 발생, 사용되고 있다.

| 신경증(neurosis) | 정신증(psychosis) |
|---|---|
| • 현실적 판단력이 있다. | • 현실검증에 뚜렷한 손상이 있다. |
| • 불안장애, 우울증으로 나타난다. | • 조현병이 대표적 장애이다. |
| • 문제가 있음을 지각한다(병식 있음). | • 자기상태에 대한 이해가 없다(병식 없음). |
| • 사회적 적응에 경미한 문제가 있다. | • 사회적 적응에 심각한 문제가 있다. |
| • 외래치료나 방문치료로 치료 가능하다. | • 입원치료가 필요하다. |

**◈◈ 참고:** 신경증이라는 용어는 DSM에서 더 이상 사용하지 않고 있으나 ICD에서는 사용하고 있고 불안장애, 강박장애 등을 포괄적으로 지칭하는 용어로 임상가들 사이에서 여전히 통용되고 있다.

## (3) 이상심리에 대한 분류 및 접근법 2022년

① 개별 기술적(idiographic) 접근: 이상심리를 가진 개인의 고유하고 독특한 특성을 중점적으로 규명한다.

② 법칙정립적(nomothetic) 접근: 대규모 집단을 통한 규준 연구를 통해 일반적인 법칙을 도출하고 이 규준에서 벗어날 경우 이상심리라고 간주한다.

③ 차원적(demensional) 접근: 특정 질병의 위치를 연속선에서 기술하고 평가한다. 즉, 이상과 정상의 문제는 정도의 문제일 뿐, 질적이 차이는 없다고 본다.

④ 범주적(categorical) 접근: 고전적인 접근방식으로 각 질병의 병태생리학적 원인은 독특하다고 가정한다. 즉, 이상행동은 정상행동과 질적으로 구분되는 별개의 범주로 본다.

⑤ 원형적(prototypical) 접근: 특정 질병의 전형적인(필수적인) 특성을 기술하고 다른 유형(원형)의 변이도 함께 고려한다.

## (4) DSM-5의 주요 개정사항 2016년, 2017년, 2019년, 2020년, 2021년

① 표기법의 변경: DSM-5로 변경 시, 이후 개정을 쉽게 하기 위해 기존의 로마자였던 숫자표기법을 아라비아 숫자로 바꾸었다.

② 다축진단체계 삭제: DSM-IV의 다축체계(5개의 축)를 임상적 유용성과 타당성의 부족을 이유로 삭제하였다. 그러나 내용의 일부는 DSM-5의 진단 속에 포함되었고 축Ⅴ의 GAF 점수는 그대로 사용하기로 하였다.

③ 차원적 평가 도입: 장애의 유·무로 분류하던 범주적 평가(categorical evaluation)를 보완, 차원적 평가(dimensional evaluation)를 도입, 혼합모델(hybrid model)을 적용하였다.

④ 인권 존중: 가치의 다양성, 문화적 차이를 고려하였으며, 정신지체는 지적발달장애로, 치매는 신경인지장애로, 말더듬은 아동기 발병 유창성 장애로 바꿔 표기함으로써 환자를 존중하는 진단명을 제공하려 노력했다.

▶ **DSM-5에서 새롭게 추가되거나 사라진 진단명** 2016년, 2018년, 2019년

| | | |
|---|---|---|
| 새롭게<br>추가된 진단명 | • 자폐스펙트럼장애<br>• 월경 전 불쾌감 장애<br>• 수집광<br>• 회피적·제한적 음식섭취장애<br>• REM수면 행동장애<br>• 파괴적 기분조절 장애 | • 사회적 의사소통장애<br>• 피부뜯기 장애<br>• 중독장애-도박장애<br>• 폭식장애<br>• 하지불안증후군<br>• 성별불쾌감장애 |
| 사라진 진단명 | • 아스퍼거 장애<br>• 성정체감 장애<br>• 주요 우울증 삽화의 사별 배제 | • 정신분열증 하위유형<br>• 아동기 붕괴성장애<br>• 일반 의학적 상태로 인한 정신장애 |

(5) **DSM-Ⅳ에서 DSM-5로의 정신장애 주요 범주 변화비교** 2016년, 2017년, 2020년, 2021년

① 정신지체(Mental Retardation)가 신경발달장애 하위유형인 지적발달장애(Intellectual Developmental disorder)로 변경되었다.

② 표현성 언어장애와 혼재 수용-표현성 언어장애가 언어장애에 통합되었으며, 음성학적 장애와 말더듬기가 발화음 장애로 통합되었고 의사소통장애가 새롭게 추가되었다.

③ 자폐성 장애, 아스퍼거 장애, 아동기 붕괴성 장애, 달리 분류되지 않는 광범위성 발달장애 등의 전반적 발달장애가 자폐스펙트럼장애로 통합되었다.

④ 아동·청소년기에 처음 진단되는 장애라는 진단명이 삭제되었다. 2021년

⑤ 주의력 결핍 및 과잉행동장애가 아동·청소년기에 통상 처음 진단되는 장애의 하위유형에서 신경발달장애의 하위유형으로 이동되었다. 또한 최소 발병연령이 '7세 이전'에서 '12세 이전'으로 확장되었다.

⑥ 치매를 비롯한 뇌손상으로 인한 인지기능 저하 등이 심각도에 따라 주요 신경인지장애, 경도 신경인지장애로 분류되었다.

⑦ 조현병 하위유형분류(망상형 또는 편집형, 해체형 또는 혼란형, 긴장형, 감별불능형 또는 미분화형, 잔류형 등)가 모두 폐지되고 '조현 스펙트럼 장애'로 명명되었다. 조현형성격장

애는 조현 스펙트럼 장애와 성격장애에 이중으로 소속되었다.

⑧ 기분장애가 우울장애와 양극성 장애로 나뉘면서 양극성 장애가 독립된 장애 범주로 분류되었다. 또한 우울장애에는 파괴적 기분조절 부전장애와 월경 전 불쾌감 장애가 추가되었다. 또한 주요 우울증 삽화에서 '애도기간 중'(사랑하는 사람과의 사별 후 2개월까지 나타나는 우울증상)이라는 단서가 과학적 근거 부족으로 제외되었다.

⑨ 불안장애에 속해 있던 강박장애와 외상후 스트레스장애는 각각 강박 및 관련 장애와 '외상 및 스트레스 관련 장애'로 독립되었다. 그리고 강박 및 관련 장애에는 저장장애, 피부뜯기 장애가 추가되었다.

⑩ 유아기, 아동기 또는 청소년기에 통상 처음 진단되는 장애의 하위 유형이었던 분리불안장애와 선택적 함구증은 불안장애 범주에 포함되었고, 배설장애는 독립된 장애범주로 분류되었다.

⑪ 신체형 장애는 신체증상 및 관련 장애로 명칭이 변경되고 신체증상장애, 질병불안장애, 전환장애, 허위성 장애로 구별하였다. 건강염려증이 질병불안장애로 대체되었다.
**2021년**

⑫ 물질 관련 장애는 '물질 관련 및 중독장애'로 확장, 물질 관련 장애와 비물질 관련 장애로 분류되었다. 기존의 물질 의존과 물질 남용을 물질사용장애로 통합하고, 경도, 중도, 고도 또는 중증도의 세 등급으로 구분되었다. 또한 병적 도박이 '도박장애'로 '비물질 관련 장애'로 분류되었다.

⑬ DSM-5는 정신장애를 20개의 주요한 범주, 300여 개 이상의 하위범주를 제시하고 있다.

⑭ 2022년에 DSM-5의 텍스트 개정판(DSM-5-TR)이 발간되었다.

• DSM-5-TR은 DSM-5의 이후에 추가적인 연구와 피드백을 바탕으로 개정된 부분을 반영하고 있다.

• DSM-5의 주요 기준들과 매우 유사하지만, 새로운 연구 결과나 임상 경험을 반영하여 몇 가지 항목이 수정되었다.

• 새로운 질환 분류, 기준의 변경 또는 추가, 질환의 정의와 특징에 대한 보다 정확한 설명 등을 포함하고 있다.

• 대부분 장애에 대한 본문은 아주 큰 의미 있는 재개정도 있었고 최소 일부 재개정이 있었다(DSM-5의 연구진단에 있었던 복합성 애도장애가 지속적 비탄장애로 외상후 스트레스장애의 하위장애로 분류되었다).

- 가장 광범위하게 개정된 부분은 유병률, 위험 및 예후 인자, 문화 관련 진단 특징, 성별 및 성별 관련 진단 특징, 자살생각 및 행동과의 연관성, 동반 질환이다.
- 개정된 내용이 가장 적은 부분은 진단적 특징 및 감별 진단이다.

#### ▶ DSM-5-TR에 제시된 정신장애 범주와 하위장애

| 범주 | 하위장애 | |
|---|---|---|
| 신경발달장애 | • 지적발달장애<br>• 자폐스펙트럼장애<br>• 운동장애-틱장애 | • 의사소통장애<br>• 주의력 결핍 및 과잉행동장애<br>• 특정학습장애 |
| 조현병 스펙트럼 및 기타 정신증적 장애 | • 조현병<br>• 조현양상장애<br>• 조현형(성격)장애 | • 조현정동장애<br>• 단기증신병적장애/망상장애 |
| 양극성 및 관련 장애 | • 제1형 양극성 장애<br>• 순환성장애 | • 제2형 양극성 장애 |
| 우울장애 | • 주요 우울장애<br>• 월경 전 불쾌감 장애 | • 지속성 우울장애(기분저하증)<br>• 파괴적 기분조절 부전장애 |
| 불안장애 | • 특정공포증<br>• 사회공포증(사회불안장애)<br>• 분리불안장애<br>• 범불안장애 | • 광장공포증<br>• 공황장애<br>• 선택적 함구증(무언증) |
| 강박 및 관련 장애 | • 강박장애<br>• 수집광(저장장애)<br>• 피부뜯기 장애(피부벗기기 장애) | • 신체이형장애(신체변형장애)<br>• 발모광(모발뽑기 장애) |
| 외상 및 스트레스 사건 관련 장애 | • 외상후 스트레스장애<br>• 반응성 애착장애<br>• 탈억제성 사회적 유대감 장애(탈억제 사회관여장애)<br>• 적응장애 | • 급성 스트레스 장애<br>• 지속적 비탄장애(DSM-5-TR 추가) |
| 해리성 장애 | • 해리성 기억상실증<br>• 이인증/비현실감 장애 | • 해리성 정체감 장애 |
| 신체증상 및 관련 장애 | • 신체증상장애<br>• 기능성 신경학적 증상장애(전환장애) | • 질병불안장애<br>• 인위성(허위성) 장애 |
| 급식 및 섭식장애 | • 이식증<br>• 회피적/제한적 음식섭취장애<br>• 신경성 폭식증 | • 되새김장애(반추장애)<br>• 신경성 식욕부진증<br>• 폭식장애 |

| 배설장애 | • 유뇨증 | • 유분증 |
|---|---|---|
| 수면-각성 장애 | • 불면장애<br>• 기면증(수면발작증)<br>• 일주기 리듬 수면-각성 장애 | • 과다수면장애<br>• 호흡관련 수면장애<br>• 사건수면(수면이상증) |
| 성관련<br>장애 | **성기능부전**<br>• 사정지연<br>• 여성극치감장애<br>• 성기 골반 통증/삽입장애<br>• 조기사정 | • 발기장애<br>• 여성 성적 관심/흥분 장애<br>• 남성 성욕감퇴 장애 |
| | **변태성욕<br>장애**<br>• 관음장애<br>• 마찰도착 장애<br>• 성적가학장애<br>• 물품음란장애(성애물장애) | • 노출장애<br>• 성적피학장애<br>• 아동성애장애(소아애호장애)<br>• 복장도착장애(의상전환장애) |
| | **성별불쾌감<br>장애**<br>• 아동의 성별불쾌감(성불편증) | • 청소년 및 성인의 성별불쾌감 |
| 성격<br>장애 | **A군**<br>• 편집성성격장애<br>• 조현형(분열형)성격장애 | • 조현성 성격장애 |
| | **B군**<br>• 반사회성 성격장애<br>• 경계선 성격장애 | • 연극성 성격장애<br>• 자기애성 성격장애 |
| | **C군**<br>• 회피성 성격장애<br>• 강박성 성격장애 | • 의존성 성격장애 |
| 파괴적 충동조절 및<br>품행장애 | • 적대적 반항장애<br>• 반사회적 성격장애<br>• 병적도벽(도벽증) | • 품행장애<br>• 간헐적 폭발장애<br>• 병적방화(방화증) |
| 물질<br>관련<br>및<br>중독<br>장애 | **물질 관련**<br>• 알코올<br>• 대마<br>• 흡입제<br>• 담배 관련 장애<br>• 진정제, 수면제 또는 항불안제 관련 장애 | • 카페인<br>• 환각제<br>• 아편제<br>• 자극제 관련 장애 |
| | **비물질 관련**<br>• 도박장애 | |
| 신경인지장애 | • 섬망 | • 주요 및 경도 신경인지장애 |
| 기타 정신장애 | • 다른 의학적 상태에 기인한 달리 명시된 정신장애<br>• 다른 의학적 상태에 기인한 명시되지 않은 정신상태<br>• 달리 명시된 정신장애<br>• 명시되지 않은 정신장애 | |

| 추가연구가 필요한<br>진단적 상태 | • 악화된 정신병 증후군<br>• 카페인사용장애<br>• 태아기 알코올노출과 연관된 신경행동장애<br>• 비자살적 자해장애 | • 단기 경조증 동반 우울삽화<br>• 인터넷게임장애 |
| --- | --- | --- |

## 3. 이상심리학의 주요 이론

### (1) 정신분석적 이론 2018년, 2019년, 2022년

① 심리적 결정론: 프로이트(Freud)는 인간의 모든 행동은 원인이 있으며, 이상행동의 원인을 초기 아동기의 무의식적 갈등의 결과라고 본다.

② 삼원구조이론: 성격은 쾌락원리의 원초아(Id), 현실원리의 자아(Ego), 도덕원리의 초자아(Superego)에 기초한다.

③ 불안과 방어기제: 자아의 기능 약화로 원초아적 욕망이 표출될까 두려움을 느끼는 것을 신경증적 불안이라고 하며, 이러한 불안을 감소시키기 위해 억압, 부인, 합리화 등의 방어기제를 사용한다. 자아와 원초아의 갈등은 신경증적 불안을 발생시키고, 초자아와 원초아의 갈등으로 도덕적 불안이 야기된다.

④ 심리성적 발달이론: 성격의 발달은 구강기, 항문기, 남근기, 잠복기, 성기기의 발달단계를 거치며 이루어지고 이 과정에서 과도한 욕구 충족이나 결핍에 의해 영향을 받는다.

⑤ 치료의 목표: 무의식의 의식화를 통해 욕구와 동기를 발견하고, 이해하며 갈등 해결 및 자아를 강화시키고, 이상행동이나 정신장애를 일으키는 미숙한 방어기제를 다룬다.

⑥ 치료방법: 자유연상, 꿈 분석, 전이분석, 저항분석, 해석 등을 통해 통찰을 유도하고 훈습의 과정을 거쳐 적응적 행동을 실천하게 한다. 2019년

### (2) 인지(행동)적 이론 2019년

① 인지치료: 벡(Beck)은 심리적 문제는 왜곡된 인지과정(역기능적 자동적 사고)으로 인한 것이며 그러한 인지과정의 수정을 통해 문제를 해결하고 증상을 개선시키기 위한 이론과 치료법을 고안했다.

② 능동적 인간: 인간은 능동적으로 자신과 세상에 대해 의미를 부여하는 존재이고 그 의미를 토대로 반응전략을 세우며 살아간다.

③ 역기능적 신념: 부정적이고 왜곡된 인지내용으로 구성된 인지 도식(schema), 역기능적 신념을 지닐 때 이상행동과 정신장애가 일어난다.

④ 치료 방법: 합리적 정서치료, 인지치료, 인지적 재구성, 대처기술 훈련, 문제해결 훈련, 심리도식 치료(Schema Therapy), 인지행동치료 제3 동향인 수용전념치료(ACT), 변증법적 행동치료(DBT), 마음 챙김(MBCT) 등이 있다.

## (3) 인본주의 이론

① 자아실현: 로저스(Rogers)는 인간의 자기결정 및 자아실현 경향을 강조하며 인간중심적 접근방법을 제시했고, 매슬로우(Maslow)는 자아실현을 위한 존재로 인간을 규정하고 욕구위계설을 제시했다. 이러한 자아실현 경향이 차단될 때 이상행동과 정신장애가 나타난다.

② 미래지향적 존재: 인간은 자유롭고 자신의 행동에 책임지며 목적적, 합리적, 건설적인 방향으로 지속적 성장을 추구하는 존재이다.

③ 가치 조건화: 어린 시절에 타인의 평가가 자아개념의 발달을 촉진시키고 내면화되어 행동의 기준과 규범이 된다. 부모의 가치로 평가된 자기개념과 자신의 유기체적 경험 간의 괴리로 인해 불안과 부적응 상태를 겪게 된다.

④ 치료방법: 문제가 아니라 인간 자체에 초점을 두고 내담자와 평등한 관계 맺기를 통해 성장 과정을 돕고 잠재력을 개발, 현재와 미래의 문제들에 대처할 수 있도록 돕는다. 기법의 사용을 최대한 억제한다.

## (4) 행동주의 이론 2019년

① 행동형성: 파블로프는 고전적 조건형성, 스키너는 조작적 조건형성, 반두라는 사회학습이론(모방학습)을 통해 인간의 행동이 습득되고 유지되는 과정을 제시했다.

② 학습과 강화: 인간의 모든 행동은 환경과의 상호작용에 의해 학습된 것이며, 어린 시절에 경험한 잘못된 학습과 강화로 인해 부적응적이고 비효과적인 행동을 습득하고 유지함으로써 이상행동과 정신장애가 나타난다는 주장이다.

③ 치료방법: 소거, 강화, 처벌, 체계적 둔감법, 모방학습 등이 있다.

## (5) 사회문화적 이론 2015년

① 사회적 존재: 사회적 존재인 인간의 이상행동은 사회문화적 요인으로 유발된다.

② 사회적 유발설: 낮은 사회계층으로 인해 부당한 대우, 교육기회 결여, 취업기회, 취업조건들이 불리해지며 스트레스와 좌절을 겪고 정신장애로 발전할 수 있다.

③ 사회적 선택설: 정신장애의 결과 사회 적응력이 낮아진 중상류층도 하류 계층으로 옮기

게 된다.

④ 사회적 낙인설: 정신장애로 인한 사회적 낙인은 재활을 어렵게 하고 심리적 고통을 악화시킨다.

## (6) 생물학적(의학적) 이론 2016년, 2018년, 2019년, 2023년

① 이상행동을 질병(의학적 관점) 과정으로 보고, 모든 질병은 신체적 원인론에 기인한다는 입장에서 생물학적 치료(약물치료 등)를 우선시한다.

② 뇌기능 이상: 이상행동이나 정신장애는 뇌의 생화학적 이상에 의해 일어날 가능성이 있다. 2023년

③ 유전적 요인: 유전적 이상으로 인해 뇌의 구조적 결함이나 신경생화학적 이상이 초래되고, 이는 정신장애를 유발할 수 있다고 본다.

④ 손상 측정: 뇌의 손상 정도는 CT, MRI, PET 등의 다양한 뇌영상술(brain imaging)을 통해 측정하고, 뇌의 손상 영역과 관련된 심리적 기능은 신경심리검사를 통해 측정한다.

⑤ 신경전달물질: 도파민, 세로토닌, 노르에피네프린의 과다나 결핍이 정신장애와 관련 있다. GABA, 글루타메이트(glutamate), 아세틸콜린(acetylcholine) 등 다양한 신경전달물질도 정신장애와 관련 있는 것으로 알려지고 있다. 2016년, 2015년

⑥ 치료방법: 약물치료, 전기충격치료, 뇌 절제술 등이 있다. 2019년

| 도파민 (dopamin) | 정서적 각성, 주의집중. 쾌락, 수의적 운동과 같은 심리적 기능에 영향을 미치며, 결핍은 파킨슨병, 과다는 조현병을 초래한다고 알려져 있다. |
| --- | --- |
| 세로토닌 (serotonin) | 기분조절, 수면, 음식섭취, 공격성, 통증에 영향을 끼치며 신경계통 부위에서 억제적 기능을 한다. 저하는 공격성을 증가시키고, 우울증과 관련 있다. |
| 노르에피네프린 (norepinephrine) | 정서적 각성, 공포, 불안과 관련 있으며, 우울증에도 영향을 미친다. |

### 학습 plus

**변연계, 기저핵, 소뇌, 대뇌피질의 주요 기능 2020년**

• 변연계(limbic system): 학습과 기억뿐만 아니라 생존에 관련되는 감정작용, 정서, 공포조건 형성, 투쟁 혹은 도피 반응과 밀접한 관련이 있다. 체온, 혈압, 심박동, 혈당을 조절한다. 변연계에는 편도체, 해마, 대상회, 뇌궁, 시상하부, 시상이 포함된다.

  – 편도체(amygdala): 정서적 사건 및 경험과 연합된 기억을 형성하고 저장하는 데 중요한 역할을 하며, 사랑, 행복, 애정, 공포, 불안, 고역에 이르는 다양한 범위의 정서를 통제하는 데 중요한 역할을 한다.

- 해마(hippocampus): 학습과 기억에 중요하며, 단기기억 및 장기기억의 응고화와 연관되어 있다. 해마의 손상은 기억상실을 유발한다. 임상적 수준의 우울이나 PTSD로 고통받는 사람들은 해마가 줄어드는 반면, 공간 탐색 등 새로운 경험을 한 사람들은 해마가 커진다.
- 시상하부(hypothalamus): 신체 내부의 상태를 조절하는 데 필수적이며 안정적인 체온 유지 등의 항상성 유지를 위한 중추이기도 하다. 갈증과 식욕 조절과도 관련이 있다. 뇌하수체로 가는 신호를 모니터링하여 스트레스 호르몬 방출을 지시한다. 섭식장애, 수면장애, 성문제와 같은 다른 조절기능과도 연결되어 있다.
- 기저핵(basal ganglia): 자발적인 운동행동 및 운동협응 기능을 한다. 걷거나 웃기 같이 기저핵에서 나오는 움직임은 자동적이다. 파킨슨병 환자는 기저핵의 운동을 활성화시킬 수 있는 도파민의 분비수준이 낮은 것에 영향을 받는다.
- 소뇌(cerebellum): 운동, 학습 및 인지와 관련이 있다. 운동계획, 인지, 자율적 기능 및 고차원적인 문제해결 과정의 조절, 운동기술 조절 등 다양한 기능을 한다. 피아노나 자전거 타기를 배우는 것과 같이 빠르고 숙련된 동작을 결합하는 것을 도와준다.
- 대뇌피질(cerebral cortex): '대뇌겉질'이라고도 한다.: 뇌의 상위영역으로 언급되며 언어, 기억, 시각처리와 같은 상위차원의 기능을 한다. 흥분성과 억제싱의 두 가지 형태의 신경세포가 있다. 전두엽, 두정엽, 측두엽, 후두엽의 4개 엽으로 이루어져 있다.

## (7) 통합이론 2015년, 2017년, 2022년

① 다양한 요인: 이상행동에 대한 원인을 생물학적 · 심리적 · 사회적 측면 등의 다양한 요인으로 설명하고 있다.

② 취약성-스트레스 모델(vulnerability-stress model): 한 개인에게는 유전적 이상, 뇌신경 이상, 성격특성, 어린 시절 부모의 학대 등 취약한 특성이 있고 이러한 특성과 스트레스 경험이 상호작용하여 이상행동이나 정신장애가 유발된다고 본다.

③ 생물심리사회적 모델(biopsychosocial model): 생물학적 · 심리적 · 사회적 요인의 상호작용에 의해 신체질환 및 정신장애가 발생한다고 보고 다차원적 접근을 주장하는 체계이론에 근거한다. 전체론(Holism), 동일결과론(Equifinality), 다중결과론(Multifinality), 상호적 인과론, 항상성 유지론(Homeostasis) 등으로 설명된다.

- 동일결과론(Equifinality)의 원리: 다양한 원인이 동일한 정신장애를 유발할 수 있다. 예를 들면, 아동기에 각기 다른 경험과 경로를 거쳤지만 동일한 질병을 나타낼 수 있다.
- 다중결과론(Multifinality)의 원리: 동일한 원인적 요인이 다양한 결과를 유발할 수 있다. 예를 들면, 아동기에 같은 경험과 경로를 거쳤지만 다양한 결과(질병)를 보일 수도 있다.
- 동일결과론과 다중결과론은 행동발달의 보편적 주제를 인정한다.

CHAPTER 02 / DSM-5에 근거한 정신장애

## 1. 신경발달장애(Neurodevelopmental Disorders)

| 신경발달장애(Neurodevelopmental Disorders) 2016년, 2019년, 2020년, 2021년, 2022년, 2023년 | |
|---|---|
| 특징 | 뇌손상이나 발달 지연과 관련된 장애로 유아 및 아동의 발달시기에 시작하고 제한적인 손상에서부터 전반적인 손상에 이르기까지 다양하다. |
| 하위 장애 | • 지적발달장애 • 의사소통장애 • 자폐스펙트럼장애<br>• 주의력 결핍 및 과잉행동장애 • 운동장애-틱장애 • 특정학습장애 |

### (1) 지적발달장애(intellectual disorder) 2018년

① 지적발달장애의 특징

- 초기 아동기나 청소년기에 주로 발병하며 같은 성별, 연령, 사회문화적 배경을 가진 또래보다 전반적 정신능력의 결함, 일상에 대한 적응기능의 손상을 보인다.
- 표준화된 지능검사에서 IQ 70 미만(평균에서 2 표준편차 이하)일 때 지적장애 진단이 내려지며 18세 이전에 발병한다.
- 개념적 영역, 사회적 영역, 실행적 영역의 세 개 영역에서 평가하며, 적응기능의 정도에 따라 경도, 중등도, 고도, 최고도로 구분되며, 유병률은 대략 1%이며, 여성보다 남성에게 더 흔하다.

② 지적발달장애의 진단 기준 2014년

- 지적발달장애는 발달시기에 시작하여 개념·사회·실행 영역에서 지적 기능과 적응 기능 모두 결함이 있다. 다음의 3가지 진단 기준을 충족해야 한다.
  - 임상평가와 표준화된 개별 지능검사에서 지적 기능(추론, 문제해결, 계획, 추상적 사고, 판단, 학습능력, 경험을 통한 학습)의 결함이 있다.
  - 적응 기능의 결함으로 인해 개인의 독립과 사회적 책임감에 필요한 발달적·사회문화적 기준을 충족시키지 못한다. 주변의 지속적인 지지나 도움 없이는 가정, 학교, 일터, 지역사회와 같은 다양한 환경에서 한 가지 이상의 일상활동(의사소통, 사회적 참여, 독립적인 생활) 기능에 결함이 있다.
  - 지적 결함과 적응 기능의 결함이 발달 시기 동안에 시작된다. 심각도에 따라 경도, 중등도, 고도, 최고도로 구분한다.

③ 지적발달장애 등급의 구분 기준 2014년

| 등급 | IQ 수준 | 특징 및 기능 |
|------|---------|--------------|
| 경도<br>(mild) | 50~55에서 약 70 미만<br>(지적발달장애의 85%) | • 초6 정도의 지능<br>• 적절한 교육과 훈련이 가능하고 도움과 지원을 받아 사회적, 직업적 생활 가능 |
| 중등도<br>(moderate) | 35~40에서 50~55<br>(지적발달장애의<br>약 10%) | • 초2 정도의 수준<br>• 의사소통 기술 습득이 가능<br>• 지도 감독하에 사회적·직업적 기술 습득을 통해 비숙련 또는 반숙련 일을 수행하는 것이 가능 |
| 고도<br>(severe) | 20~25에서 35~40<br>(지적발달장애의<br>약 3~4%) | • 초보적 언어 습득 및 기본적 자기 보살핌이 가능함<br>• 완전한 감독하에 부분적으로 비숙련 단순 작업을 통해 자활이 가능 |
| 최고도<br>(profound) | 20 또는 25 이하<br>(지적발달장애의<br>약 1~2%) | • 학습 및 사회적 적응이 거의 불가능<br>• 걸음걸이, 운동기능에 이상이 나타나기도 함<br>• 전체적으로 자활이 불가능하며 아동기 이후 지속적으로 보살핌과 지도 감독이 필요함 |

④ 지적발달장애 원인과 치료
- 다운증후군이나 취약X증후군과 같은 유전자 이상, 임신 중 태내 환경의 이상, 임신 및 출산 과정에서 열악한 산모의 상태, 후천성 아동기 질환, 열악한 환경적 요인 등이 있다.
- 최우선의 치료는 예방이며, 치료가 어렵다. 이차적인 정신질환과 합병증, 후유증 및 사회적응에 대한 치료가 필요하며 개인정신치료, 가족치료, 행동치료, 약물치료를 시행할 수 있다.

(2) **의사소통장애**(communication disorder) 2014년. 2015년. 2016년. 2018년. 2019년
지능 수준이 일반적인 데 비해 의사소통에 사용되는 말이나 언어의 사용에 결함이 있는 경우로, 언어장애, 발음장애, 아동기 발병 유창성 장애, 사회적 의사소통장애가 해당한다.
① 언어장애
- 어휘, 문장구조, 언어이해와 생성의 결함으로 언어 습득과 사용에 어려움을 겪는 경우로 말 또는 글로 하는 의사소통과 몸짓언어에서 장애를 보인다.
- 단순하고 빈곤한 어휘, 빈번한 문법적 오류, 단어나 어휘의 부적절한 사용, 서술 능

력의 부족으로 나타난다.

- 어휘, 몸짓, 언어 신호를 만들어 내는 표현성 언어능력이 손상되어도 언어의 의미를 이해하고 수용하는 수용성 언어능력은 정상인 경우도 있다.
- 초기발달기에 나타나지만 4세 정도까지는 정상적 언어발달의 변형과 구별하기 어렵다. 그러나 발병 후에는 성인기까지 지속된다.
- 수용성 언어 문제가 있는 아동은 언어이해뿐만 아니라 독해 및 표현의 결함이 있어서 언어이해의 문제가 없고 표현의 결함만 있는 표현성 언어문제가 있는 아이보다 치료가 어렵다.
- 유전적 경향으로 가족 구성원이 언어 손상을 경험할 확률이 더 높다.

② 발음장애
- 언어 명확성이 떨어지고, 의사소통 전달에 어려움이 있다. 말소리 장애에는 음성학적 장애와 조음장애가 있다.
- 발화 시 소리 생성이 연령과 발달단계의 기대수준에 맞지 않고 이 결함이 신체적·구조적·신경학적 또는 청력 손상의 결과로 생긴 것이 아닐 때 진단된다.
- 말소리 장애는 초기발달기에 나타나며 치료에 대한 반응이 좋고 시간이 지나면 개선되는 경우가 많다. 그러나 언어장애와 동반되면 예후가 좋지 않고 학습장애가 따를 수 있다.
- 수술이나 심리치료를 통해 신체적·심리적 문제를 다룰 수 있고, 언어치료를 통해 발음 습관을 교정할 수 있다.

③ 아동기 발병 유창성 장애(childhood onset fluency disorder) 또는 말더듬(stuttering)
- 말더듬증이라고도 하며, 연령과 발달단계에 맞지 않게 말의 유창성이나 속도에 장애를 보인다. 음이나 음절을 자주 반복하거나 길게 하는 특징이 있다.
- 노래, 소리 내어 읽기, 애완동물과 이야기 시에는 이런 장애가 나타나지 않을 때도 있다.
- 6세 무렵에 나타나고, 발병 연령대는 2~7세다. 약 8세 무렵에 아동기 발병 유창성 장애의 심각도를 통해 앞으로 회복될지, 청소년기 이후까지 지속될지를 예측할 수 있다.
- 스트레스나 불안에 의해 비유창성이 더 악화될 수 있고, 사회적 기능의 손상이 동반될 수 있다.
- 말더듬이 발생하는 상황과 심리적 요인을 분석하고, 과도하게 유발되는 불안과 공

포를 다루어 주어 말더듬 증상이 개선될 수 있다.

④ 사회적 의사소통장애(pragmatic communication disorder) **2017년**

- 언어적 · 비언어적 의사소통을 할 때 사회적인 규칙을 이해하고 따르는 데 있어서 문제가 있고, 듣는 사람 혹은 상황적 요구에 따라 말을 바꾸며 대화를 나누고 이야기 규칙을 따르지 못하는 등의 장애를 나타낸다.
- 효과적인 의사소통, 사회적 참여, 사회적 관계, 학업성취, 직업 수행의 문제가 생길 수 있다.
- 흔히 4세 이상이 되면 적절한 언어능력을 갖게 되기 때문에 이 연령이 되어야 사회적 의사소통의 특정한 결함을 인지할 수 있다. 시간이 지나면 나아지기도 하지만 성인기까지 지속되는 경우도 있다.

**(3) 자폐스펙트럼장애(autism spectrum disorders) 2014년, 2016년**

① 자폐스펙트럼장애의 특징

- 자폐스펙트럼장애는 과거의 유아기 자폐증, 아동기 자폐증, 고기능 자폐, 달리 분류되지 않는 전반적 발달장애, 아동기 붕괴성 장애, 아스퍼거 장애(Asperger's disorder) 등을 아우르는 진단이다.
- 사회적 의사소통과 사회적 · 감정적 상호작용의 손상이 심하다는 것이 필수 증상이며, 제한적이고 상동적인 행동을 반복하고 제한된 관심과 흥미, 활동을 보이는 것이 특징적이다.
- 생애 첫해 또는 두 번째 해 내에 나타난다. 청소년, 성인이 되면 불안, 우울의 가능성이 있다. 유병률은 전체인구의 1%이고, 남성이 4배 이상 더 많다.

② 자폐스펙트럼장애의 진단 기준(DSM-5)

- 다양한 분야에서 사회적 의사소통, 사회적 상호작용의 결함이 지속적으로 나타난다.
  - 사회적 · 정서적 상호작용의 결함을 보인다(예 비정상적인 사회적 접근, 정상적인 대화를 하지 못함. 흥미나 정서를 교류하지 못하고, 사회적 상호작용을 개시하거나 적절하게 반응하지 못함).
  - 사회적 상호작용에 필요한 비언어적 의사소통에 결함을 보인다(예 언어적 · 비언어적 의사소통이 불완전하고, 비정상적인 눈맞춤과 몸짓언어를 보이고, 몸짓을 이해하고 사용하는 데 있어서 결함을 보이고, 표정, 비언어적 의사소통이 전반적으로 결여됨).
  - 관계를 발전시키고 유지하고 이해하는 데 있어서 결함을 보인다(예 다양한 사회적 맥락에 맞게 적응하는 것이 어렵고, 상상 놀이를 하거나 친구를 사귀는 것이 어렵고, 또래

에 대한 관심이 없음).

- 제한적이고 반복적인 행동이나 관심, 활동이 다음 항목들 가운데 적어도 2개 항목으로 표현된다.
  - 상동증적이거나 반복적인 운동 동작, 물건 사용 또는 말하기[예 단순 상동증적 움직임, 장난감을 배열하기, 반향 언어(echolalia), 독특한 문구 반복하기 등]
  - 같은 것을 고집함, 일상적인 것에서 융통성 없는 집착, 의례적인 언어적·비언어적 행동 양상(약간만 바뀌어도 극심하게 고통스러워하고, 변화를 어려워하고, 사고방식이 경직되어 있고, 같은 길을 고집하고, 같은 음식을 먹고, 의례적인 인사 등을 보임)
  - 강도나 초점에 있어서 비정상적인 매우 제한되고 고정된 흥미를 보임(예 특이한 물체에 강한 애착과 집착을 보이고 지나치게 제한적이고 고집스러운 흥미를 보임)
  - 감각정보에 대한 과잉 또는 과소 반응, 감각영역에 대한 특이한 관심(예 통증, 온도에 대한 무관심, 특정 소리나 감촉에 대한 부정적 반응, 과도하게 냄새 맡기, 물체 만지기, 빛이나 움직임에 대해 시각적으로 매료되기)
- 이러한 증상이 반드시 초기 발달시기부터 나타나야 한다.
- 이러한 증상은 사회적, 직업적 또는 다른 중요한 기능 영역에서 임상적으로 유의한 고통이나 손상을 초래한다.

**학습 plus**

**자폐스펙트럼장애에 대해 DSM-5-TR에서 수정된 내용**
- DSM-5에서는 진단 기준 A의 조건에 대한 내용이 모호했으나, DSM-5-TR에서 진단 기준 A의 증상 3개 모두 충족 시 진단을 내릴 수 있음을 명시하였다.
- 진단 기준 A: 다양한 분야에 걸쳐 나타나는 사회적 의사소통 및 사회적 상호작용의 지속적인 결함으로 현재 또는 과거력상 다음과 같은 특징이 모두 나타난다.

③ 자폐스펙트럼장애의 원인
- 생물학적 원인: 소뇌의 비정상적 발달로 주의력 조절, 언어나 표정 단서의 파악, 사회적 정보처리 등에 어려움을 겪는다. 기능적 자기공명영상(fMRI) 연구결과, 뇌용량과 백질이 증가되거나 뇌 변연계, 뇌간핵과 편도핵에 구조 이상이 있다고 밝혀졌다. 언어 및 운동 과제를 수행할 때 뇌 측두엽과 전두엽 활동이 감소된다.
- 사회문화적 원인: '역기능적 가족'과 '사회적 스트레스'가 원인이라는 관점이 있다.
- 마음 이론(theory of mind): 자신의 의도, 신념, 정신 상태에 의거해서 타인의 마음을 이해하는 것을 말한다. 대략 3~5세가 되면 아동은 다른 사람의 입장을 고려하며 그 사람이 무엇을 할지 예상할 줄 알게 된다. 그러나 자폐증을 가진 사람은 마음 이

론을 발달시키지 못해 일종의 마음 맹목(mindblindness) 상태가 되어 다른 사람의 관점을 잘 이해하지 못하고, 가상놀이나 관계를 맺고 상호작용하는 능력을 획득하지 못한다.

④ 자폐스펙트럼장애의 치료

- 약물치료: 사회적 상호작용 결함이나 의사소통 문제를 전혀 해결해 주지 못한다. 정서적인 흥분을 가라앉히기 위해 안정제나 선택적 세로토닌 재흡수 억제제(SSRIs)를 사용하는 것이 때로는 효과적일 수 있다.
- 행동주의 치료: 바람직한 행동을 시연하고 따라 하게 해서 특정 행동 기술을 배우게 할 수 있다(모델링과 조작적 조건형성).
- 부모교육: 엄청난 양육 스트레스로 고통받는 자폐스펙트럼장애를 가진 아동을 둔 부모에게 감성과 욕구를 돌보는 정서적 개입과 자폐아동 부모들의 자조모임을 통해 정서적 지지와 실질적 도움을 준다.

## (4) 주의력 결핍 및 과잉행동장애(ADHD) 2016년. 2020년. 2022년

① ADHD(Attention Deficit/Hyperactivity Disorder)의 임상적 특징

- ADHD의 필수 증상은 부주의 · 과잉행동 및 충동성이며, 과도한 좌불안석이나 심사숙고 하지 않고 성급하게 행동하거나 즉각적 욕구만족을 위한 행동으로 나타난다.
- 12세 이전에 나타나며, 장애의 발현은 가정, 학교, 직장에서 모두 발현한다. 언어 · 운동 · 사회성 발달 지연이 동반되며, 특정학습장애 진단을 받지 않아도 학업 및 직업 수행시 손상이 발생한다.
- ADHD는 아동의 약 5%, 성인의 약 2.5%에서 나타난다. 남성이 약 2:1의 비율로 나타난다. 4세 이전에는 주의력 결핍 과잉행동과 정상적인 행동의 구별이 어렵고 유치원이나 초등학교에 입학 시 증상이 드러난다.
- 초기 청소년기를 지나면서 뇌의 자연성숙으로 증상이 개선되지만 일부 아동의 경우 반사회적 행동으로 바뀌기도 한다. 과잉행동은 줄어들지만 좌불안석, 부주의, 계획성 부족, 충동성은 성인기까지 지속되는 경우도 많고, 성인기까지 증상이 개선되지 않아 일상적 · 직업적 기능이 손상된다.

② ADHD의 진단 기준 2016년. 2018년. 2022년

- 기능과 발달을 저해하는 지속적인 부주의 증상과 과잉행동-충동성이 다음 증상 1과 2의 특징을 갖는다.

제1교시 제4과목(필수)

---

[증상 1] 부주의(다음 9가지 중 6가지 이상이 적어도 6개월 동안 발달 수준에 적합하지 않고 사회적 · 직업적 활동에 부정적인 영향을 미칠 정도로 지속됨)

- 종종 세부적인 면에 대해 면밀한 주의를 기울이지 못하거나, 학업, 작업 또는 다른 활동에서 부주의한 실수를 저지른다.
- 종종 과제를 하거나 놀이를 할 때 지속적으로 주의를 집중할 수 없다(강의, 대화, 긴 글을 집중해서 읽기 어려움).
- 종종 다른 사람이 직접 말을 할 때 듣지 않는 것으로 보인다(주의를 방해하는 자극이 없는데도 마음이 다른 곳에 가 있는 것처럼 보임).
- 종종 지시를 완수하지 못하고, 학업, 잡일, 작업장에서의 임무를 수행하지 못한다(과제를 하다가 주의력이 떨어지면서 곁길로 샘).
- 종종 과업과 활동을 체계화하지 못한다(물건을 정리하지 못하고 순차적인 과제 처리가 어려움, 정신이 없고 체계적이지 못한 작업, 시간 관리를 잘 하지 못함, 마감 시간을 잘 지키지 못함).
- 종종 지속적인 정신적 노력을 요구하는 과업(학업 또는 숙제 같은)에 참여하기를 피하고, 싫어하고, 저항한다(예 학업 또는 숙제, 후기 청소년이나 성인의 경우 보고서 준비, 서류 작성, 긴 서류 검토가 어려움).
- 종종 활동과 과제에 꼭 필요한 물건들(예 학습 과제, 연필, 책, 도구, 지갑, 열쇠, 서류, 안경, 휴대전화 등)을 잃어버린다.
- 종종 외부 자극에 의해 쉽게 산만해진다.
- 종종 일상적인 활동을 잊어버린다(예 심부름, 전화 회답하기, 청구서 지불, 약속 지키기 등).

---

[증상 2] 과잉행동 및 충동성(다음 9가지 중 6가지 이상이 적어도 6개월 동안 발달 수준에 적합하지 않고 사회적 · 직업적 활동에 부정적인 영향을 미칠 정도로 지속됨)

- 종종 손발을 가만히 두지 못하거나 의자에 앉아서도 몸을 꼼지락거린다.
- 종종 일정 시간 앉아 있어야 하는 교실이나 다른 상황에서 자리를 떠난다.
- 종종 부적절할 정도로 지나치게 뛰어다니거나 기어오른다(청소년 또는 성인에서는 주관적인 좌불안석으로 국한).
- 종종 조용히 여가 활동에 참여하거나 놀지 못한다.
- 종종 '끊임없이 활동하거나' 마치 '브레이크 없는 자동차'처럼 행동한다(예 음식점이나 회의실에 장시간 가만히 앉아 있지 못하고 불편해함).
- 종종 지나치게 수다스럽게 말을 한다.
- 종종 질문이 채 끝나기 전에 성급하게 대답한다(다른 사람의 말을 가로챔, 대화 시 차례를 기다리지 못함).
- 종종 차례를 기다리지 못한다(줄 서 있는 동안).
- 종종 다른 사람의 활동을 방해하고 침범한다(대화나 게임, 활동에 참견함, 다른 사람의 허락을 구하지 않고 다른 사람의 물건을 사용함).

---

- 몇 가지 부주의 또는 과잉행동-충동성 증상이 12세 이전에 나타난다.
- 몇 가지 부주의 또는 과잉행동-충동성 증상이 2가지 이상의 환경에서 존재한다.
  예 가정, 학교나 직장, 친구들 또는 친척들과의 관계, 다른 활동
- 증상이 사회적, 학업적 또는 직업적 기능의 질을 방해하거나 감소시킨다는 명백한 증거가 있다.

:: **다음 중 하나를 명시할 것**

부주의 혹은 과잉행동-충동성 증상이 12세 이전에 나타난다.

세부 진단(혼합형, 부주의 우세형, 과잉행동-충동 우세형) 2022년

③ ADHD의 원인과 경과

- 기질적인 원인: 행동 억제 능력의 부족, 조절력과 통제감 부족, 부정적 정서성과 연관이 있다.
- 환경적 원인: 극소 저체중(1,500g) 출생 아동에게서 ADHD 위험이 2~3배 크다고 보고되고 있다. 또한 아동학대, 방임, 위탁 양육을 경험한 아동에게서 많이 나타난다. 가계연구에 의하면, 가정 내의 환경적 스트레스도 ADHD와 관련성이 매우 높다. 전반적인 기능 영역에 영향을 미치며, 학업 수행, 또래 관계, 부모-자녀 관계에 어려움을 초래한다.
- 뇌손상: 출생 시 미세한 뇌손상, 출생 후의 고열, 감염, 독성 물질(예 납), 대사장애, 외상 등으로 인한 뇌손상, 태아기 알코올 노출과 관련이 있을 수 있다.
- 신경전달물질: 도파민과 같은 신경전달물질의 비정상적 활동과 뇌의 전두-선조체 영역의 비정상도 밝혀졌다.

④ ADHD의 치료 2016년

- 약물치료: ADHD 아동의 상당수는 약물치료를 받고 있다. 메틸페니데이트(상품명: Ritalin)라는 약이 ADHD 아동을 조용하게 하는 데 효과가 있고, 복잡한 과제를 해결하고 공격성과 충동성을 통제하는 데 도움이 된다고 알려져 있으나 약물 부작용으로 식욕 저하가 나타나고, 장기 복용을 하게 되면 부작용이 생길 수 있다.
- 심리치료: 주로 행동치료가 사용되며, 조작적 조건형성 원리나 사회학습 이론에 기초를 두고 있으며, 강화와 처벌을 통해 ADHD 아동이 보이는 바람직하지 못한 행동을 소거시킨다. 학업수행의 어려움을 겪을 때 학습치료가 적용된다. 인지치료와 부모교육을 병행하는 것도 매우 효과적이다. 소리 내어 생각하기(think aloud), 치료자의 인지과정을 모델링 등을 통해 ADHD 아동은 스스로 생각하여 문제를 해결하는 방법을 배우고, 문제해결 능력 및 자기통제력을 향상시킬 수 있다.

(5) 특정학습장애(specific learning disorder) 2014년, 2015년, 2023년

① 특정학습장애의 특징 및 진단

- 지능은 정상이나, 자신의 지능수준에 비해 읽기, 쓰기, 산술 계산(덧셈, 뺄셈 등 연산 절차) 등의 영역에서 학습부진을 보이는 경우를 말한다.

- 단어를 정확하고 유창하게 읽고 쓰고(철자법 등) 이해하는 능력과 철자, 산술 계산, 수학적 추론 등 핵심적인 학업 기술을 취득하는 데 지속적인 어려움을 보인다.
- 학습장애는 부족한 학습 기회 또는 부적합한 교육에 따른 결과가 아니라 핵심 학업 기술의 획득실패로 다른 과목의 학습이 어려운 것으로, 난독증(dyslexia)이 가장 대표적이다.
- 보유한 학습기술에 대한 개인의 수행이 연령 평균보다 낮다.
- 학습장애 진단은 정규 학습과정이 시작된 후에 진단될 수 있으며, 개인의 의학력, 발달력, 가족력, 교육력, 학습 곤란에 대한 과거력과 현시점의 발현, 학업적 및 직업적 기능, 학교 기록, 임상 면담, 학업성취도에 대한 표준화된 검사 결과 등을 종합하여 진단을 내릴 수 있다.
- 남자아이에게서 2:1 정도의 비율로 더 흔하다.

② 특정학습장애의 원인
- 출생 전후의 외상이나 생화학적 또는 영양학적 요인에 의한 뇌손상이 인지처리 과정의 결함을 초래한다.
- 뇌의 좌-우반구의 불균형, 산모의 알코올·담배·약물 복용 등도 위험 요인이 있다.
- 여러 정보를 통합, 처리하는 작업기억(working memory)의 용량의 부족으로 인해 장기기억에 정보를 저장하는 것이 어렵다는 가설도 있다.

③ 특정학습장애의 치료
- 학습기술 교육: 읽기·쓰기·산술 과제를 해결하는 데 필요한 구체적 학습기술을 체계적으로 가르치는 것이 필요하다.
- 계획 및 관리 기술: 정리하고 계획하기, 주의력과 듣기 능력 향상시키기, 시간 관리하기가 필요하다.
- 과제 쪼개기: 지시를 내릴 때는 짧고 분명하게 하고 과제를 부분으로 쪼개서 하도록 하며, 조금씩 자주 공부하게 하는 것도 한 가지 방법이다.
- 약물복용: 학습장애와 ADHD는 공존하는 경향이 있으므로 그럴 경우, 약물을 복용하게 하고 자존감과 자신감을 키워 주는 것이 필요하다.

**(6) 운동장애(motor disorder)** 2015년. 2016년. 2018년. 2019년

연령이나 지능 수준에 비해 움직임 및 운동 능력이 현저하게 미숙하거나 부적응적인 움직임을 반복하는 것으로 하위유형에는 틱장애, 발달적 협응장애, 상동증적 운동장애가

있다.

① 틱장애(tic disorder) 2015년, 2016년, 2017년, 2018년

- 틱장애의 임상적 특징
  - 갑작스럽게 나타나고, 반복적이고 비율동적인 운동 또는 음성 증상을 말한다. 눈을 깜박이거나 헛기침을 하는 것이 가장 흔한 틱 증상이다.
  - 운동 틱에는 단순 운동 틱(눈깜빡임, 얼굴 찡그림, 머리 흔들기 등), 복합 운동 틱(외설적 행동, 타인행동 모방, 자신 때리기 등)이 있다.
  - 음성 틱에는 단순 음성 틱(킁킁거리기, 헛기침하기 등)과 복합 음성 틱(욕설하기, 남의 말 따라 하기, 소리나 단어 반복하기 등)이 있다.
  - 틱장애는 여자아이보다 남자아이에게서 더 흔하다. 전형적으로 4~6세에 시작되며 10~12세에 가장 심하고, 이후 점점 감소하다가 성인기에는 증상이 없어지는 경우가 많다.
- 틱장애의 진단 기준(DSM-5)

| 뚜렛장애 | 지속성(만성) 운동 틱 또는 음성 틱 장애 2016년 |
|---|---|
| • 여러 가지 운동 틱과 한 가지 또는 그 이상의 음성 틱이 장애의 경과 중 일부 기간 동안 나타나지만, 2가지 틱이 반드시 동시에 나타나는 것은 아니다.<br>• 틱은 좋아졌다가 나빠졌다가 하지만 첫 발병 이후 1년 이상 지속된다.<br>• 18세 이전에 나타난다. | • 한 가지 혹은 여러 가지 운동 틱 또는 음성 틱이 장애의 경과 중 일부 기간 동안 나타나지만 2가지 틱이 모두 나타나지는 않는다.<br>• 틱은 좋아졌다가 나빠졌다가 하지만 첫 발병 이후 1년 이상 지속된다.<br>• 18세 이전에 나타난다. |

- 틱장애의 원인
  - 유전적인 영향: 뚜렛장애를 가진 어머니의 아들에게서 나타나는 비율이 높다. 뚜렛장애는 ADHD, 강박장애와 관련성이 높아서 공통적인 유전 요인이 관여하는 것으로 알려져 있다.
  - 도파민 과잉활동: 도파민 억제제가 틱 증상을 억제하는 것으로 보아 도파민 과잉활동이 원인으로 제기되고 있다.
  - 기저핵의 이상으로 운동장애가 나타난다는 가설도 있다.
- 틱장애의 치료
  - 약물치료: 도파민계에 작용하는 전형적 항정신병 약물인 할로페리돌(haloperidol), 피모짓(pimozide), 플루페나진(fluphenazine)이 효과적이다.

제1과목 제4과목(필수)

- 행동주의 치료: 습관 반전 훈련(Habit Reversal Training: HRT), 상황 자각 훈련, 경쟁반응 연습을 한다.
- 인지치료: 자기 이미지에 대한 완벽주의적인 기대가 틱 증상을 유발할 수 있기 때문에 인지재구성을 통해 수정해 준다.
- 또래나 부모교육: 환경적으로 또래나 부모가 틱에 대해 부정적으로 반응할 수 있으므로 이 행동을 보다 수용적으로 받아들일 수 있도록 교육한다.

② 발달적 협응장애(developmental coordination disorder)

- 앉기, 기어다니기, 걷기, 계단 오르내리기, 페달 밟기, 단추 잠그기, 퍼즐 맞추기 등이 지연되고, 습득이 되더라도 또래에 비해 움직임이 서투르고 느리고 정확성이 부족하다.
- 발달적 협응장애는 과거력, 신체 검진, 학교 또는 직장에서의 보고, 표준화된 심리검사들을 통합하여 진단을 내린다.
- 유병률은 5~11세 아동에서 5~6%로 보고된다. 여성에 비해 남성에서 더 흔하다. 장기적으로는 호전을 보이기도 하지만 아동의 약 50~70%에서 운동 협응 문제가 청소년기까지 지속되기도 한다. 발병은 아동기 초기에 시작된다. 예 퍼즐 맞추기, 모형 만들기, 공놀이, 손글씨 쓰기, 소지품 정리하기
- 성인은 복잡하고 자동적인 운동 기술이 요구되는 과제에서 수행의 어려움을 보인다. 예 운전이나 도구 사용

③ 상동증적 운동장애(stereotypic movement disorder) 2017년

- 반복적이고, 억제할 수 없고, 목적 없어 보이는 운동 행동을 반복하는 것(상동증적 행동)이 특징적이다. 대개 생후 첫 3년 내에 시작된다.
- 비자해적 상동증적 운동의 경우 몸 흔들기, 양손 퍼덕거리기 또는 돌리기, 얼굴 앞에서 손가락 튕기거나 펄럭이기, 팔 흔들거나 퍼덕거리기, 고개 끄덕이기가 있다.
- 자해적 상동증적 행동의 예는 반복적으로 머리를 벽에 박기, 얼굴 때리기, 눈 찌르기, 손이나 입술 또는 신체 부위를 물어뜯기 등인데, 하루에도 여러 차례 나타나고 몇 초에서 수분 혹은 그 이상 지속된다.
- 지적발달장애가 있는 사람의 약 4~16%가 상동증과 자해를 보인다. 심한 지적발달장애가 있거나 시설에 거주하는 지적발달장애가 있는 사람의 10~15%에서 자해를 동반한 상동증적 운동장애가 나타난다.

## 2. 조현병 스펙트럼 및 기타 정신증적 장애

| 조현병 스펙트럼 및 기타 정신증적 장애의 하위 장애와 특징 2020년 | | |
|---|---|---|
| 하위장애 | 특징 | 진단 부합 기간 |
| 조현병 | 망상, 환각, 와해된 언어, 밋밋하거나 부적절한 정서, 긴장증 등 다양한 정신증적 증상 | 6개월 이상 |
| 조현정동장애 | 사고장애와 주요 우울 삽화 혹은 조증 삽화 혼재 | 6개월 이상 |
| 조현양상장애 | 망상, 환각, 와해된 언어, 밋밋하거나 부적절한 정서, 긴장증 등 | 1~6개월 |
| 단기정신병적장애 | 망상, 환각, 와해된 언어, 긴장증 등 다양한 정신증적 증상 | 1일 이상 1개월 이내 |
| 망상장애 | 다른 적응기능은 비교적 온전하나, 한 가지 이상의 망상 지속 (색정형·과대형·질투형·피해형·신체형 망상 등) | 1개월 이상 |
| 조현형(성격)장애 | 경미한 조현 증상이 성격의 일부처럼 지속적으로 나타남 | |

(1) 조현병 2014년, 2015년, 2016년, 2017년, 2018년

① 명칭의 변경

- 에밀 크레플린(Emil Kraepelin, 1856~1926): 조발성 치매(dementia praecox)라고 불렀다.
- 스위스 정신과 의사 브로일러(Eugen Bleuler, 1857~1939): 정신분열증(schizophrenia) 이라는 명칭을 사용했다.
- 2011년 대한신경정신의학회는 이 용어가 편견과 낙인을 조장한다고 하여 조현병으로 변경했다

② 조현병의 임상적 특징 2014년, 2017년, 2018년, 2020년

- 다양한 인지, 행동, 정서적 기능 부전을 포함하기 때문에 장애 특유의 단일한 증상은 없으며 환자마다 세부적인 증상과 특징은 다르다.
- 진단을 내리기 위해서는 직업, 사회 영역의 기능 손상과 관련된 징후와 증상군을 분석해야 한다.
- 조현병의 발병 연령은 대체로 10대 후반과 30대 중반 사이에 나타나며, 남자의 경우는 평균적으로 20대 초·중반, 여자의 경우는 20대 후반에 발병한다. 청소년기 이전과 40대 이후에 처음으로 발병하는 경우는 매우 드물다.
- 음성 증상의 발현과 장애 지속기간이 길어지는 경우는 치료 예후가 좋지 않다.
- 남자에게서 발생률이 높게 나타나지만, 증상과 발현 징후가 더 짧은 면을 감안해서 정의한다면 남녀의 위험률은 유사하다.

▶ **조현병의 양성증상(positive symptom)과 음성증상(negative symptom)** 2014년, 2016년, 2018년, 2022년

| 양성증상(positive symptom) | 음성증상(negative symptom) |
|---|---|
| • 없어야 할 것이 있다는 의미로 병적으로 과도하거나 괴상한 증상이다.<br>• 망상, 환각, 환청, 와해된 언어나 행동 등이 있다.<br>• 약물치료에 반응하고 예후가 좋은 편이다. | • 있어야 할 것이 없다는 의미로 무엇인가 결핍되고, 병리적인 결함이 있는 것을 말한다.<br>• 무감동(감정적 둔마, 제한된 정서표현), 무언어증, 무의욕, 의욕결핍이나 표현불능, 사회적 고립 등이 있다.<br>• 약물치료에 잘 반응하지 않고 예후가 나쁜 편이다. |

③ 조현병의 진단 기준(DSM-5) 2016년, 2017년, 2018년, 2019년, 2023년

- 다음 증상 중 2가지(또는 그 이상)가 1개월 중 상당기간 동안 존재해야 한다.
  - 망상
  - 환각
  - 와해된 언어(예 빈번한 탈선 또는 지리멸렬한 언어)
  - 극도로 와해된 행동 또는 긴장성 행동
  - 음성증상(예 감정 표현의 감소 혹은 무의욕증)
- 장애가 발병한 이후 상당 시간 동안 일과 대인관계 또는 자기관리와 같은 주요 영역 중 한 가지 이상에서 기능 수준이 발병 전 성취수준 이하로 현저히 저하된다(혹은 아동기나 청소년기에 발병하는 경우, 기대 수준의 대인관계, 학문적·직업적 기능을 성취하지 못함).
- 장애의 지속적 징후가 최소 6개월 이상 계속된다.
- 조현정동장애와 정신병적 증상을 동반한 우울 또는 양극성 장애는 배제된다.
- 장애가 물질(예 약물, 치료약물)의 생리적 효과나 다른 의학적 상태로 인한 것이 아니다.

▶ **정신병적 장애를 정의하는 핵심적 특징**

| 망상(delusions) | 모순된 증거를 고려하고도 쉽게 변경되지 않는 고정된 믿음을 지니고 있다.<br>예 색정, 피해, 관계, 신체, 종교, 과대, 혼합, 불특정 |
|---|---|
| 관계 망상 | 자신이 어떤 사람이나 조직 혹은 다른 집단에 의해서 해를 입거나 괴롭힘을 당할 것이란 믿음이 가장 흔하게 나타난다. |
| 과대 망상 | 자신이 특출한 능력이나 부 혹은 명성을 갖고 있다고 믿는다.<br>예 자신이 ~유명한 누구다. |

| 색정 망상 | 다른 사람이 자신을 사랑하고 있다고 잘못 믿고 있는 경우다.<br>예 특정 연예인이 나를 사랑한다. |
|---|---|
| 허무망상 | 대참사가 일어날 것이란 신념을 수반한다.<br>예 종말론, 미래 예언 |
| 신체 망상 | 건강과 장기기능에 대한 집착에 치중한다.<br>예 성형중독, 다이어트중독 |
| 괴이한 망상 | 외부 세력이 자신의 장기를 떼어 갔다거나 상처나 흉터가 없는데도 누가 자신에 장기를 바꿔치기했다고 주장한다. |
| 괴이하지 않은 망상 | 확실한 증거가 없음에도 자신이 경찰에게 감시당하고 있다고 믿는다.<br>예 도청당하고 있다. |
| 사고 탈취 | 자신의 생각이 어떤 외부 세력에 의해 제거되어 버렸다는 믿음을 갖고 있다. |
| 사고 주입 | 외계의 사고가 자신의 마음에 밀려 들어와 있다는 믿음이다. |
| 조종 망상 | 자신의 신체나 행위가 어떤 외부 세력에 의해 작동, 조작되고 있다는 믿음이다. |

∷ 마음이나 신체에 통제 상실을 표현하는 망상은 일반적으로 괴이한 것으로 고려된다.

④ 조현병의 원인 2014년, 2015년, 2016년, 2017년

- 생물학적 요인: 유전적 요인, 신경전달물질의 이상(도파민과 세로토닌), 출생 전후의 생물학적 환경, 출생 시의 문제, 출생 직후의 문제, 뇌의 구조적 또는 기능적 측면의 이상에 대한 연구가 진행되고 있다.
- 소질−스트레스 모델: 조현병에 대한 취약성의 정도는 개인마다 다르며 유전적 요인과 출생 전후의 신체적 · 심리적 요인에 의해 결정된다고 보는 이론이다. 취약성을 지닌 사람에게 감당할 수 없을 만큼의 스트레스 사건이 발생, 그 상호작용으로 조현병이 발병할 수 있다고 주장한다.
- 심리적 요인
  - 정신분석적 입장: 자아 이전의 단계로 퇴행, 자아통제를 재정립하려는 노력에서 기인한다고 본다.
  - 인지적 입장: 사고장애이며, 비정상적인 감각을 스스로 이해하려는 과정에서 현실과 괴리된 부적절한 해석, 즉 피해망상이나 신념을 만들어 낸다고 본다.
- 조현병(정신분열병)을 일으키는 엄마(schizophrenogenic mother)
  - 이중구속 이론(double−bind hypothesis): 부모의 모순적이고 갈등적인 메시지가

조현병 유발에 영향을 미친다고 본다.

- 표현된 정서(Expressed Emotion: EE): 비난하고 적대적, 정서적으로 과잉 개입하는 것이 증상 악화를 촉진시킨다고 본다.

• 세로토닌-도파민 가설(Medtzer, 1993): 신경전달물질인 세로토닌, 도파민의 수준이 높으면 조현병의 증상이 나타난다는 가설이 제기되었다.

⑤ 조현병의 치료 **2015년, 2016년**

• 약물치료

- 도파민 D2 수용체를 차단하는 기능을 하는 항정신병 약물이 60개 이상 개발되었다.

- 1세대 항정신병 약물: 망상과 환청과 같은 정신병적 증상을 목표로 클로르프로마 진(chlorpromazine)과 할로페리돌(haloperidol)이 개발되었다.

- 2세대 항정신병 약물: 클로자핀(clozapine), 리스페리돈(risperidone), 올란자핀 (olanzapine), 쿠에티아핀(quetiapine), 아리피프라졸(aripiprazole) 등이 개발되었다. 이 중 클로자핀이 가장 널리 사용되고 있다.

• 심리 사회적 접근

- 인지교정 또는 인지재활: 인지기능의 손상이 병전부터 발생해서 증상이 가라앉은 후에도 지속되어 사회적 기능을 저해한다고 보고 인지 결함을 수정하려는 치료 프로그램들이 개발되었다. 보상전략을 사용하여 기억력, 주의력, 변별력, 실행기 능 등의 결함을 향상시킬 수 있도록 돕는다.

- 인지행동치료: 망상과 같은 양성증상의 감소, 재발방지, 사회적 무능력 감소, 현 실 검증력을 강화시킨다.

- 환경치료와 토큰경제: 환경치료(milieu therapy)는 정신병원과 같은 시설이나 기 관에서 입원 환자들에게 활동을 강화하고, 자기 책임감을 갖도록 해서 사회적 분 위기나 환경에 적응해 나가도록 도와주자는 것이며 토큰경제는 행동주의 원리에 입각, 조작적 조건형성을 체계적으로 적용하는 기법이다.

- 개인치료 및 심리 교육적 접근: 다양한 대처기법과 기술을 가르치고, 증상교육 및 약물교육을 한다.

- 사례관리: 주택, 치료, 고용 등 환자들에게 필요한 서비스를 제공하여 지역사회에 서 보다 더 잘 기능하게 하기 위해 정신건강의학과 의사, 임상심리사, 사회복지 사, 간호사들이 다학제적 사례관리를 하고 있다.

- 사회기술 훈련: 대화기술, 작업기술, 약물 및 증상관리 기술 등을 제공하여 일상

환경에 적용하도록 돕는다.

- 정신사회재활: 건강한 면에 초점을 두고 지역사회 내에서 가능한 정상적인 생활을 유지할 수 있도록 돕기 위해 각 지역마다 정신건강복지센터가 설립되고 환자가 필요로 하는 영역에 집중하여 서비스를 한다.

## (2) 조현정동장애 2016년, 2019년

① 사고장애와 기분장애를 동시에 보이는 장애로, 조현병의 연속 기간 동안 조현병의 진단 기준(망상, 환청 등)과 동시에 주요 기분(주요 우울증 또는 조증) 삽화가 있어야 진단이 내려진다.

② 평생의 유병 기간 동안 주요 기분(주요 우울증 또는 조증) 삽화 없이 망상이나 환각이 2주 이상 존재한다.

③ 양극형은 초기 성인에게서 더 많이 나타나고, 우울형은 나이 든 성인들에게서 더 흔하다.

④ 발병시기가 빠르고, 갑작스러운 환경적 스트레스에 의해 급성적으로 시작, 심한 정서적 혼란을 나타낸다. 병전 적응 상태가 양호하고 조현병에 비해서는 예후가 좋다.

## (3) 조현양상장애 2014년, 2015년, 2020년

① 조현양상장애 증상은 '망상, 환각, 와해된 언어, 극도로 와해된 행동 또는 긴장증적 행동'으로 조현병과 같다.

② 증상 지속 기간은 전조기, 활성기, 잔류기로 구분되며, 최소 1개월 이상, 6개월 이내로 지속되며 6개월 이상 지속되면 진단이 조현병으로 바뀌게 된다.

## (4) 단기정신병적 장애 2016년, 2019년

① 조현병의 주요 증상 중 한 가지 이상이 최소 1일 이상 1개월 이내 나타나며 증상이 사라지면 병전 수준으로 기능이 완전히 회복된다.

② 손상의 수준이 심각할 수 있고 자살행동의 위험성이 증가할 수 있다.

③ 평균 발병 연령은 30대 중반이나 생에 전반에 걸쳐 발병 가능하고 유병률은 여성이 2배 높다.

## (5) 망상장애 2018년, 2019년, 2022년

① 현실판단력의 장애로 망상이 생기며 한 가지 이상의 망상이 1개월 이상 지속된다.

② 망상장애에서 나타나는 망상은 조현병의 망상과 달리 괴이하지 않은 망상이다.

③ 망상장애 환자는 병식이 없어 치료 거부가 심하고 치료관계 형성이 어려우며, 항정신병 약물치료도 쉽지 않다.

| 망상장애의 유형(진단 시 다음 중 하나를 명시할 것) 2015년, 2022년 | |
|---|---|
| 색정형<br>(애정형) | 망상의 중심 주제가 다른 사람이 자신을 사랑하고 있다는 내용이다. |
| 과대형 | 망상의 중심 주제가 어떤 굉장한(확인되지 않은) 재능이나 통찰력을 갖고 있다거나 어떤 중요한 발견을 하였다고 확신한다. |
| 질투형 | 망상의 중심 주제가 자신의 배우자나 연인이 외도를 하고 있다는 내용이다. |
| 피해형 | 망상의 중심 주제가 자신이 음모, 속임수, 염탐, 추적, 독극물이나 약물 주입, 악의적 비방, 희롱, 장기 목표 추구에 대한 방해 등을 당하고 있다는 믿음을 수반한다. |
| 신체형 | 망상의 중심 주제가 신체적 기능이나 감각을 수반한 경우 적용되며, 감염, 피부에 벌레가 살고 있다는 생각, 신체의 일부에서 나는 체취에 관한 내용이 있다. |
| 혼합형 | 어느 한 가지 망상적 주제도 두드러지지 않은 경우 적용된다. |

## (6) 조현형 성격장애

'조현병 스펙트럼 및 기타 정신병적 장애'와 '성격장애'에 모두 속하는 장애로 친밀한 대인관계의 불안감, 인간관계를 맺는 능력의 결함, 인지 및 지각적 왜곡, 기이한 행동으로 인해 생활 전반에서 대인관계 및 사회적 적응에 손상을 나타낸다(12. 성격장애 설명 참고).

| 조현병, 조현정동장애, 정신병을 동반한 조울증/우울장애의 감병 진단 포인트 | |
|---|---|
| 조현병 | 망상, 환각이 기분 삽화와 상관없다. |
| 조현정동장애 | 주요 기분 삽화 증상이 전체 지속기간 중 대부분 존재하며 기분 삽화 없이 최소 2주간 분명한 망상, 환각이 존재한다. |
| 정신병을 동반한<br>조울증/우울장애 | 기분 삽화 동안에 망상, 환각이 존재하며, 기분 삽화가 없어지면 망상, 환각도 없다. |

# 3. 양극성 및 관련 장애

| 양극성 및 관련 장애(DSM-5의 분류 기준) | |
|---|---|
| 제1형 양극성 장애 | 조증 삽화(일주일) 기준을 충족한다. |

| 제2형 양극성 장애 | 1회 이상 주요 우울 삽화와 경조증 삽화(4일)가 번갈아 나타난다. |
| --- | --- |
| 순환성 장애 | 2년간 경조증 삽화의 진단 기준을 충족하지 않는 경조증 기간과 경미한 우울증 기간이 혼재한다. |

- DSM-Ⅳ에서는 우울장애의 하위장애, DSM-5에서는 우울장애와 별도의 장애로 분류되었다.
- 양극성 장애는 우울한 기분상태와 고양된 기분상태가 번갈아 나타나는 장애로 제1형 양극성 장애, 제2형 양극성 장애, 순환성 장애의 3가지로 분류된다.

## (1) 양극성 장애의 진단 기준

### ① 조증 삽화 2020년

- 비정상적으로 들떠 있거나, 의기양양하거나, 기분 과민, 목표 지향적 활동, 에너지 증가가 최소한 7일간 거의 매일 나타난다.
- 다음 중 3가지 이상을 보이며 평소에 비해 변화가 뚜렷하고 심각한 양상으로 나타난다.
  - 자존감이 증가하거나 과대감을 느낌
  - 수면 욕구 감소
  - 말이 많아지거나 끊을 수 없을 정도로 말을 계속 함
  - 사고비약, 사고가 빠른 속도로 꼬리에 꼬리를 무는 듯한 경험
  - 주의산만이 지나쳐 주관적으로 보고하거나 객관적으로 관찰 가능
  - 목표지향적 활동 증가, 정신운동 초조
  - 과도한 쇼핑, 과소비, 무분별한 성행위, 어리석은 사업 투자 등 지나친 활동
- 기분장애가 사회적·직업적 기능의 뚜렷한 손상을 초래할 정도로 심각하거나, 자해나 타해를 예방하기 위해 입원이 필요하다. 또는 정신병적 양상이 동반된다.

### ② 경조증 삽화 2023년

- 비정상적으로 들떠 있거나, 의기양양하거나, 기분 과민, 목표 지향적 활동, 에너지 증가가 최소한 4일간 거의 매일 나타난다.
- 기분장애 및 에너지 증가 및 활동을 보이는 기간 중에 다음 증상 가운데 3가지 이상을 보이며 평소에 비해 변화가 뚜렷하고 심각하다.
  - 자존감이 증가하거나 과대감을 느낌
  - 수면 욕구 감소

- 말이 많아지거나 끊을 수 없을 정도로 말을 계속 함
- 사고비약, 사고가 빠른 속도로 꼬리에 꼬리를 무는 듯한 경험
- 주의산만이 지나쳐 주관적으로 보고하거나 객관적으로 관찰 가능
- 목표 지향 활동이 증가, 정신운동 초조
- 과도한 쇼핑, 과소비, 무분별한 성행위, 어리석은 사업투자 등 지나친 활동
- 삽화는 증상이 없을 때와 다른 명백한 기능 변화를 동반한다.
- 기분장애와 기능 변화가 타인에 의해 관찰된다.
- 사회적 · 직업적 기능의 현저한 손상을 일으키거나 입원을 요할 정도로 심각하지는 않다.

③ 주요 우울 삽화
- 다음의 증상 중 5가지 이상이 거의 매일 적어도 2주 이상 지속된다.
  - 하루 중 대부분 거의 매일 우울한 기분이 지속(아동 · 청소년의 경우 과민한 기분으로 나타남)
  - 대부분의 일상 활동에 대한 흥미나 즐거움이 현저히 감소
  - 다이어트를 하지 않아도 체중이 현저히 감소(1개월 동안 5% 이상의 체중 변화)하거나 증가, 거의 매일 식욕의 감소나 증가가 나타남
  - 거의 매일 불면증이나 과다수면
  - 거의 매일 정신운동성 초조나 지체
  - 거의 매일 피로나 에너지 상실
  - 거의 매일 무가치감과 부적절하거나 지나친 죄책감
  - 거의 매일 사고력 · 집중력의 감소 또는 우유부단함
  - 반복적으로 죽음에 대한 생각을 하거나 구체적인 계획 없이 반복적인 자살사고 또는 자살시도나 자살수행에 대한 구체적인 계획
- 증상이 사회적, 직업적 또는 다른 중요한 기능 영역에서 임상적으로 유의한 고통이나 손상을 초래한다.

④ 양극성 장애의 원인
- 생물학적 원인: 뇌의 구조적 이상, 유전적 요인(높음), 신경전달물질 이상이 보고된다.
- 심리적 원인: 취약한 기질적 성향과 심리적 스트레스 사건과의 상호작용으로 보기도 한다.
  - 정신분석적 입장: 조증을 무의식적 상실이나 자존감 손상에 대한 방어나 보상작

용으로 본다.

- 인지적 입장: 인지적 왜곡으로 인해 자기중심적, 낙관적, 긍정적 사고를 비현실적이고 과다하게 지니게 되어 조증이 나타난다.

⑤ **양극성 장애의 치료** 2018년

- 약물치료: 기분안정제인 리튬(lithium)이 처방되며, 다른 기분안정제와 혼합복용 시 더 효과적이다.
- 심리치료: 개인심리치료, 집단치료, 가족치료를 병행하는 것이 더 효과적이며 CBT 등은 약물치료 순응도를 높인다.
  - 인지행동치료(CBT): 장애의 특성에 대한 정신건강 교육을 실시하고 경고신호 감지 및 모니터링을 통해 생활스트레스를 관리한다.
  - 대인 및 사회적 리듬치료: 식사, 수면 주기, 다른 일상 활동을 규칙적으로 조절하고 대인관계 안정성을 다룸으로써 양극성 장애의 재발을 막는 데 효과적이다.

## (2) 제1형 양극성 장애 2016년, 2018년, 2020년

① 조증 삽화(manic episode) 진단 기준을 적어도 1회 부합한다.

② 조증 삽화는 적어도 7일(1주일) 이상 지속되는데, 경조증 삽화나 주요 우울 삽화에 선행하거나 뒤따른다.

③ 조증 증상은 목표지향적 활동 증가(무리한 사업투자), 자기파괴적 행동(과소비, 지나친 성관계), 극단적 에너지 증가, 망상, 적대적·공격적 행동으로 나타난다.

④ 1년 유병률은 0.6%, 초기 발병 연령은 약 18세이며, 남녀 평생 유병률은 비슷하다.

## (3) 제2형 양극성 장애 2023년

① 과거 한 번 또는 그 이상의 주요 우울증 삽화를 경험한 적이 있으며 조증 삽화는 1회도 없고 경조증 삽화 진단 기준을 만족시켜야 한다.

② 남성보다 여성이 흔하고, 5~15%는 발병 후 5년 정도 지나면 1형 양극성 장애로 전환된다.

## (4) 순환성 장애(순환 감정장애) 2015년, 2016년, 2017년, 2019년, 2020년

① 1, 2형 양극성 장애로 발전될 확률이 매우 높으며 물질 관련 장애나 수면장애를 동반할 수 있다.

② 적어도 2년(아동·청소년은 1년) 동안 경조증 삽화의 진단 기준을 충족하지 않는 경조

제1교시

제4과목(필수)

중 기간과 주요 우울 삽화 진단 기준을 충족하지 않는 우울증 기간이 있다.

③ 2년 이상의 기간 동안 경조증 기간과 우울증 기간이 절반 이상을 차지하고, 증상이 없는 기간이 2개월 이상 지속되지 않는다.

④ 주요 우울 삽화, 조증 삽화 또는 경조증 삽화가 존재하지 않는다.

⑤ 청소년기나 성인기 초기에 주로 발병하며, 남녀 발병률은 비슷하다.

## 4. 우울장애 2023년

우울증은 모든 연령대에 발병할 수 있는 매우 흔한 심리적 장애로 여자에게 더 흔하며, 아동기에 비해 청소년기에 증가한다. 자살의 원인이 될 수도 있으며 재발할 수 있다.

| 하위장애 | 우울장애의 하위장애와 특징 |
|---|---|
| 주요 우울장애 | 2주 정도 거의 매일 우울한 기분을 느끼고 거의 모든 활동에 있어 흥미나 즐거움의 상실을 보임 |
| 지속성 우울장애 (기분저하증) | 2년(아동·청소년의 경우 1년) 동안 우울한 기분이 없는 날보다 있는 날이 더 많으며 우울감이 지속됨 |
| 파괴적 기분조절부전장애 | 만성적이면서 지속적으로 과민성을 특징적으로 보임 |
| 월경 전 불쾌감 장애 | 불안정한 기분, 과민함, 불쾌감, 불안 증상을 특징적으로 보이며 월경주기 전에 시작되어 월경 시작 시 혹은 직후에 사라짐 |

### (1) 주요 우울장애

① 주요 우울장애의 임상적 특징

- 2주 정도 거의 매일 우울한 기분을 느끼고 거의 모든 활동에 있어 흥미나 즐거움의 상실을 보이는 것이 특징적이다.
- 식욕과 체중 변화, 수면의 질 저하, 정신운동 활동의 변화, 에너지 저하, 무가치감이나 죄책감, 집중력의 저하와 결정하기의 어려움, 죽음에 대한 반복적인 생각 또는 자살 생각이나 계획 및 시도 등이 나타난다.
- 아동·청소년의 경우는 슬프고 낙담스러운 정서보다는 민감하거나 까다로운 기분 상태를 보이는 경향이 있다.
- 주요 우울장애의 유병률은 약 7%이며, 18~29세 집단에서 60세 이상의 집단보다 3배 이상 높다.
- 사춘기에 발병하거나 정신병적 양상 혹은 양극성 장애 가족력이 있을 경우 발병 초

기에는 주요 우울증 진단을 받았다가 이후에 양극성 장애로 발전할 가능성이 높다.

- 주요 우울장애에서 자살 위험요인으로는 과거 자살시도력, 독신 남성, 경계선 성격 장애 동반 등이 있으며, 이러한 경우 자살을 시도할 가능성이 높다.

② 주요 우울장애의 진단 기준 2020년, 2022년, 2023년

- 다음의 증상 중 5가지 이상이 거의 매일 적어도 2주 이상 지속된다.
  - 하루 중 대부분 거의 매일 우울한 기분이 지속(아동·청소년의 경우 과민한 기분으로 나타남)
  - 대부분의 일상 활동에 대한 흥미나 즐거움이 현저히 감소
  - 다이어트를 하지 않아도 체중이 현저히 감소(1개월 동안 5% 이상의 체중 변화)하거나 증가, 거의 매일 식욕의 감소나 증가가 나타남
  - 거의 매일 불면증이나 과다수면
  - 거의 매일 정신운동성 초조나 지체
  - 거의 매일 피로나 에너지 상실
  - 거의 매일 무가치감과 부적절하거나 지나친 죄책감
  - 거의 매일 사고력·집중력의 감소 또는 우유부단함
  - 반복적으로 죽음에 대한 생각을 하거나 구체적인 계획 없이 반복적인 자살사고 또는 자살시도나 자살수행에 대한 구체적인 계획
- 증상이 사회적, 직업적 또는 다른 중요한 기능 영역에서 임상적으로 유의한 고통이나 손상을 초래한다.

## (2) 지속성 우울장애(기분저하증)

① 지속성 우울장애의 임상적 특징

- 대부분 생애 초기 아동기, 청소년기, 성인 초기에 발병하여 서서히 만성적인 경과를 거친다.
- 기능수준은 다양하지만 만성화를 밟기 때문에 주요 우울장애보다 예후가 더 좋지 않을 수 있다.

② 지속성 우울장애의 진단 기준

- 적어도 2년 동안 하루의 대부분 우울한 기분이 있고, 우울 기분이 없는 날보다 있는 날이 더 많고 이러한 증상을 주관적으로 보고하거나 객관적으로 관찰할 수 있다(아동·청소년은 기분이 과민한 상태로 나타나며 기간은 1년 정도).
- 다음 중 2가지 이상의 증상이 나타난다.

– 식욕부진이나 과식

– 불면증이나 과다수면

– 기력 저하나 피로감

– 자존감의 저하

– 집중력의 감소나 우유부단

– 절망감

③ 2년(아동·청소년은 1년) 동안 2개월 연속 증상이 존재하지 않았던 경우가 없었다. 2023년

④ 주요 우울장애 진단 기준을 만족하는 증상이 2년간 지속적으로 나타날 수 있다.

### (3) 월경 전 불쾌감 장애 2018년

① 월경 전 불쾌감 장애의 임상적 특징

- 월경 전 불안정한 기분, 과민함, 불쾌감과 불안증상으로 월경주기 전에 시작되어 월경 시작 시 혹은 직후에 사라진다.
- 기분과 불안증상이 포함되며 행동 및 신체증상이 동반된다.
- 초경 이후 언제든 시작되며 폐경에 가까울수록 증상이 악화된다고 보고되고 있다.

② 월경 전 불쾌감 장애의 진단 기준 2018년, 2023년

- 대부분의 월경 주기에서 월경 시작 일주일 전에 다음 B와 C 진단 준거 5가지 이상이 시작되어 월경이 시작되고 수일 안에 증상이 좋아지며, 끝나면 증상이 약화되거나 없어진다(A).
- 다음 중 적어도 한 가지 이상은 포함되어야 한다(B).
  - 매우 불안정한 기분(갑자기 울고 싶거나 슬퍼지거나 거절에 대해 민감해짐)
  - 뚜렷한 과민성, 분노, 대인갈등이 증가
  - 뚜렷한 우울 기분, 절망감, 자기비난적인 사고
  - 뚜렷한 불안, 긴장, 신경이 곤두서는 느낌, 과도한 긴장감
- 다음 중 한 가지 이상이 추가적으로 있어야 하며 진단 기준 B 증상과 더불어 총 5가지 증상이 있어야 한다(C).
  - 일상활동 시 흥미 저하(직업, 학교, 또래집단, 취미)
  - 집중이 어렵다는 주관적인 느낌
  - 기면, 쉽게 피곤함, 무기력감
  - 식욕 변화, 과식이나 특정 음식의 탐닉
  - 과다수면 또는 불면

– 압도되거나 통제력을 잃을 것 같은 주관적 느낌

– 유방의 압박감, 부종, 두통, 관절통, 근육통, 체중이 증가된 느낌 등의 신체적 증상

:: 주의점: 진단 기준 A~C에 해당하는 증상이 전년도 대부분의 월경 주기에 존재

- 증상이 직업이나 학교, 일상적인 사회활동과 대인관계를 유의하게 저해한다.

## (4) 파괴적 기분조절 부전장애(파괴적 기분조절 곤란장애)

### ① 파괴적 기분조절 부전장애의 임상적 특징

- DSM-5에 새로 추가된 장애로 만성적이고 지속적인 과민성이 특징적으로 나타난다.
- 과민한 기분은 좌절에 대한 반응으로 일어나는 것으로 언어적·행동적으로 강렬한 분노발작을 표현하며 가정과 학교에서 1년 이상 나타나고 발달 수준에 맞지 않아야 한다.
- 남자 아동과 학령기 아동에게서 더 높은 비율로 나타난다.

### ② 파괴적 기분조절 부전장애의 진단 기준 2020년

- 분노발작이 언어(폭언), 행동(사람, 사물에 대한 물리적 공격성)으로 나타나며, 상황이나 촉발 자극에 비해 강도나 지속 시간이 매우 비정상적이다(㉠).
- 분노발작이 발달 수준에 맞지 않는다(㉡).
- 분노발작이 보통 일주일에 3번 이상 발생한다.
- 분노발작 사이에 기분이 지속적으로 과민하거나 거의 매일, 하루 중 대부분 화가 나 있으며 부모나 교사, 또래집단이 객관적으로 관찰할 수 있다.
- 위의 증상이 12개월 이상 지속되며 증상이 없는 기간이 연속 3개월 이상 되지 않는다.
- 위의 증상 중 ㉠과 ㉡이 가정, 학교, 또래집단 중 최소 2가지 이상에서 나타나며 최소 한 가지 이상에서 증상이 매우 심하다.
- 6세 이전 또는 18세 이후에 처음으로 진단될 수 없다.

:: 이 진단은 적대적 반항장애, 간헐적 폭발장애, 양극성 장애와 동반이환될 수 없으나 주요 우울장애, 주의력 결핍 및 과잉행동장애, 품행장애, 물질사용장애와는 동반이환될 수 있다. 만일 적대적 반항장애 진단 기준을 모두 만족시킨다면 파괴적 기분조절 부전장애만 진단 내린다. 조증 또는 경조증 삽화를 경험했다면 파괴적 기분조절 부전장애 진단을 내릴 수 없다.

## (5) 우울장애의 원인

### ① 정신분석 이론: 상실 경험으로 사랑하는 대상을 향한 슬픔과 분노 등 복합적인 감정이 자신을 향하게 되면 우울감이 심해진다. 대상관계이론에서는 주변 사람과의 관계가

안정적이지 못한 데서 우울해진다고 본다.

② 행동주의이론(학습된 무기력): 우울하고 불안할 때 무력감을 학습하고 우울하게 되면 힘든 사건을 통제할 수 없다는 절망감이 뒤따르고 우울 증상이 반복된다.

③ 인지모델: 우울증 증상은 대부분 정동 혹은 기분 증상이지만, 부정적인 자동사고, 인지적 오류와 왜곡, 역기능적인 인지도식 등 인지가 선행해서 정서 및 기분 증상을 일으킨다고 본다(**예** 자신이 실패자라고 생각하면 그런 생각이 우울한 기분을 낳는다).

| 귀인이론(절망감 이론) 2014년 | 인지삼제 2018년 |
|---|---|
| • 부정적인 사건을 내부적 · 안정적 · 전반적 원인에 돌림으로써 우울증에 더 취약하게 한다.<br>• 불안장애와 우울장애 환자 모두 무기력을 느끼지만 유독 우울증 환자는 통제력을 회복하기 어렵다고 느끼고 절망하기 쉽다. | • 우울을 불러일으키는 인지삼제로 자기, 세상, 미래에 대해 부정적인 생각을 자동적으로 하게 된다.<br>• "나는 바보 같아." "아무도 나를 좋아하지 않아." "앞으로도 내 삶은 절망적이야." |

④ 생물학적 이론: 유전적 요소, 카테콜아민 가설, 시상하부의 기능이상, 내분비 호르몬의 이상(세로토닌 수준 저하, 코르티졸 수준 상승) 등이 있다.

**:: 카테콜아민 가설**
교감신경의 작용을 항진시킬 수 있는 화합물인 카테콜아민(catecholamine) 결핍이 우울장애와 관련이 있다는 가설이다.

## (6) 우울장애의 치료

① 생물학적 치료

- 전기충격요법(Electroconvulsive Therapy: ECT): 우울증 치료에서 가장 논란이 된 생물학적 치료이다. 65~140볼트의 전기를 0.5초 동안 뇌로 흘려보내 몇 분간 뇌발작을 일으키는 방법이다.
- 약물치료: 모노아민옥시다제(MAO) 억제제와 삼환계, 플루옥세틴(상품명: 프로작), 설트랄린(상품명: 졸로프린) 등 선택적 세로토닌 재흡수 억제제(SSRIs)가 있다.

② 심리적 개입 2018년

- 정신분석: 내담자 또는 환자가 자유롭게 연상하게 하고 연상, 꿈, 저항, 전이 등을 해석한 후 과거의 갈등적인 사건과 현재 느끼는 감정을 연결시켜 재검토하도록 한다.
- 행동치료: 환자의 긍정적 행동을 증가시키기 위한 다양한 전략을 사용한다. 바람직한 행동에 대해 보상해 주고 우울한 행동을 체계적으로 무시하며, 사회기술을 통해 우울한 사람의 사회적 능력을 향상시킨다.

- 인지모델: 역기능적 사고 과정을 검토하고 우울을 촉발하는 사고 오류를 알아차리게 한다.
- 대인관계치료(Interpersonal Psychotherapy: IPT): 우울을 촉발한 생활스트레스를 확인하고 기존의 관계 갈등을 해결하고 새로운 중요한 인간관계를 형성하는 기술을 가르친다.
- 마음챙김 기반 인지치료: 반복적인 우울 삽화를 보이는 사람들의 유지치료로 활용된다.
- 행동 활성화 치료(Behavioral Activation: BA): 에어로빅이나 피트니스와 같은 신체활동을 강조하는 것이 자기개념을 향상시키고 우울감을 약화시키는 데 효과적이라고 보고되고 있다.

## 5. 불안장애 2014년, 2020년, 2022년, 2023년

제1교시 제4과목(필수)

| 하위 장애 | 특징 |
|---|---|
| 특정 공포증 | 공포와 불안이 특정 상황과 대상에만 국한된다. |
| 광장공포증 | 다양한 상황에 실제로 노출이 예상되는 상황에서 극도의 공포와 불안이 유발되는 증상이다. |
| 사회공포증 (사회불안장애) | 한두 가지 특정 사회적 상황을 두려워하는 것이 특징적이다. |
| 공황장애 | 반복적으로 예기치 못한 공황발작이 일어나는 것이다. |
| 분리불안장애 | 집이나 애착 대상과 분리되는 것에 대해 과도하게 공포와 불안을 느낀다. |
| 선택적 함구증 | 대부분 정상적인 언어능력을 갖추고 있지만, 먼저 말을 꺼내지 못하거나 사람들이 질문해도 답하지 않는다. |
| 범불안장애 | 많은 사건이나 활동에 대해 과도하게 불안해하고 걱정한다. |

### (1) 특정공포증 2018년, 2022년

① 특정공포증의 임상적 특징

- 극심한 공포와 불안이 특정 상황에만 국한되어 나타나는 장애로 심할 경우, 공포나 불안이 공황발작 형태로 나타난다.
- 아동기에 많이 발생하지만, 어느 연령에서나 발생 가능하며, 여성이 남성보다 2배 정도 많다.

- 외상성 사건을 접한 후, 다른 사람의 외상 사건을 목격한 후, 예기치 않은 공황발작이 공포 상황에서 발생한 이후, 비행기 사고를 뉴스에서 본 이후에도 발생할 수 있다.

② 특정공포증의 진단 기준
- 특정 대상, 상황에 대하여 극심한 공포나 불안이 유발된다(예 비행기 타는 것, 높은 곳, 동물, 주사 맞기, 피를 보는 것 등).
- 공포 대상과 상황은 대부분 즉각적으로 공포나 불안을 유발한다.
- 공포 대상 혹은 상황을 회피하거나 매우 극심한 불안과 공포를 지니면서 참는다.
- 공포나 불안이 특정 대상이나 상황의 실제적인 위험에 비해 극심하며 사회문화적으로 흔히 받아들여지는 것보다 심하다.
- 공포나 불안, 회피 반응이 대체로 6개월 이상 지속된다.
- 공포, 불안, 회피로 인해 사회적, 직업적 또는 다른 중요한 기능 영역에서 임상적으로 유의한 고통이나 손상을 초래한다.
- ✷✷ 동물형(거미, 곤충, 개), 자연환경형(고소, 폭풍, 물), 혈액-주사-손상형(바늘, 침투적인 의료 시술), 상황형(비행기, 엘리베이터, 폐쇄된 장소), 기타(질식, 구토를 유발하는 상황)

(2) 광장공포증 **2017년, 2018년, 2022년**
① 광장공포증의 임상적 특징
- 다양한 상황에 실제로 노출되거나 노출이 예상되는 상황에서 현저한 공포와 불안이 유발되는 것을 말한다.
- 실제 상황 외에 광장공포 상황이 일어날 것이라는 예견만으로도 발생 가능하다.
- 전형적 공황발작이나 제한적인 공황발작의 형태로 나타날 수 있다.
- 여성이 남성보다 2배 이상 높고 청소년 후기나 성인 초기 발병률이 높다.
- 경과는 지속적이고 만성적이며, 불안장애, 우울장애, 성격장애, 물질사용장애 같은 것이 경과에 영향을 미친다.
② 광장공포증의 진단 기준(DSM-5)
- 다음의 5가지 상황 중 2가지 이상의 상황에서 현저한 공포와 불안을 느낀다.
  - 대중교통 수단을 이용하는 것(예 자동차, 버스, 배, 비행기, 기차)
  - 열려 있는 공간에 있는 것(예 주차장, 시장, 다리)
  - 밀폐된 공간에 있는 것(예 상점, 영화관, 공연장)
  - 줄을 서 있거나 많은 군중 속에 서 있는 것
  - 집 밖에 혼자 있는 것

- 공황발작과 유사한 증상 혹은 무능력하거나 당혹스럽게 되는 다른 증상(예 노인의 경우 낙상에 대한 공포, 실금에 대한 공포)이 생겼을 때 도움을 받을 수 없거나 그 상황에서 벗어나기 어려울 것이라는 불안 때문에 이러한 상황을 두려워하거나 회피한다.
- 광장공포 상황은 항상 불안과 공포를 일으킨다.
- 광장공포 상황을 적극적으로 회피하고, 다른 사람이 옆에 있어 줄 것을 요구하거나 극도의 공포와 불안 속에서 견딘다.
- 공포, 불안, 회피 반응이 대개 6개월 이상 지속된다.
- 공포, 불안, 회피로 인해 사회적, 직업적 또는 다른 중요한 기능 영역에서 임상적으로 유의한 고통이나 손상을 초래한다.

### (3) 사회불안장애(사회공포증) 2014년. 2016년. 2018년. 2019년. 2022년

① 사회불안장애의 임상적 특징
- 사회불안장애는 한두 가지 특정 사회적 상황을 두려워하는 것이 특징이며 사회공포증이라고도 불린다.
- 사회적 상황은 공중화장실 이용, 대중 앞에서 밥 먹기, 발표하기 등을 말한다.
- 떨림 공포, 연단 공포, 낭독 공포, 수행 공포, 쓰기 공포, 공중화장실 공포, 시선공포, 자기시선공포 등이 있다.

② 사회불안장애의 진단 기준
- 대화를 하거나 낯선 사람을 만나는 것과 같이 타인에게서 관찰될 수 있는 하나 이상의 사회적 상황에 노출되는 것을 극심하게 두려워하거나 불안해한다.
- 수치스럽거나 당황한 것으로 보이거나 다른 사람을 거부 혹은 공격하는 것으로 보이는 등 다른 사람에게 부정적으로 평가되는 쪽으로 행동하거나 불안 증상을 보일까 봐 두려워한다.
- 이러한 사회적 상황이 거의 항상 공포나 불안을 불러일으킨다.
- 이러한 사회적 상황을 회피하거나 극심한 공포와 불안을 견딘다.
- 불안과 공포가 실제 상황 혹은 사회문화적 맥락에서 볼 때 실제 위험에 비해 비정상적으로 극심하다.
- 공포, 불안, 회피 반응이 대개 6개월 이상 지속된다.
- 공포, 불안, 회피로 인해 사회적, 직업적 또는 다른 중요한 기능 영역에서 임상적으로 유의한 고통이나 손상을 초래한다.

제1과목 제4과목(필수)

**(4) 공황장애(panic disorder)** 2016년, 2018년, 2020년, 2022년

① 공황장애의 임상적 특징

- 공황발작(panic attack)은 전혀 예상하지 못한 상황에서 갑작스럽고 이유 없는 고통이 갑자기 밀려오는 것으로 '곧 죽을지도 몰라'라는 강렬한 불안이 엄습해 오는 경우를 말하며 공황장애는 이러한 공황발작을 반복적으로 경험하는 경우를 말한다.
- 다코스타 증후군(Dacosta's Syndrome: DSM-Ⅲ), 군인심장증후군(Soldier's Heart), 로작증후군(Rojak Syndrome)이라고도 불리었다.
- 청년기(청소년기 후반~30대 중반)에 주로 발병하며 평균 발생연령은 25세이다.
- '공포스러운 발작'(제한된 증상의 발작으로 공황장애의 모든 진단 기준을 만족시키지 않는 경우) → 공황발작, 공황장애를 일으키는 위험요소이다.

② 공황장애의 진단 기준 2023년

- 예기치 못한 공황발작이 반복적으로 지속된다. 공황발작은 극심한 고통이 갑작스럽게 발생하여 몇 분 이내에 최고조로 이른다. 다음 중 4가지 이상의 증상이 있다.
  - 심계항진, 가슴 두근거림, 심박수 증가
  - 발한
  - 몸이 떨리거나 후들거림
  - 숨이 가쁘거나 답답한 느낌
  - 질식할 듯한 느낌
  - 흉통, 가슴 불편감
  - 메스꺼움, 복부 불편감
  - 현기증, 불안정감, 멍한 느낌 또는 쓰러질 것 같음
  - 오한 또는 화끈거리는 느낌
  - 감각 이상(감각이 둔해지고 따끔거리는 느낌)
  - 비현실감(현실이 아닌 것 같은 느낌) 또는 이인증(내가 내가 아닌 것 같은 느낌)
  - 스스로 통제할 수 없을 것 같은 두려움이나 미칠 것 같은 두려움
  - 죽을 것 같은 공포
- 적어도 1회 이상 발작 뒤에 1개월 이상 다음 중 한 가지 조건을 만족해야 한다.
  - 추가적인 공황발작이나 그 결과(심장발작, 미치는 것, 통제력 잃음)를 걱정
  - 부적응적인 변화, 즉 공황발작을 회피하기 위해 익숙한 환경을 피하는 것

③ 공황장애의 원인 2014년

- 신경생물학적 요인: 과잉호흡 이론, 질식 오경보 이론, 뇌의 청반핵이 지나치게 민감해지는 경우 등의 요인으로 설명되고 있다.
- 정신분석적 입장: 불안을 야기하는 충동에 대한 방어기제가 제대로 작동하지 못하거나 무의식적인 상실 경험, 분리불안 경험의 재현으로 공항발작이 발생한다고 본다.
- 인지적 입장: 클락(D. Clark)이 제시한 공황장애의 인지모델로 내적·외적 자극에 대한 신체감각을 위험한 것으로 인식하는 파국적 오해석에 의해 공황장애가 유발된다고 설명하고 있다.

④ 공황장애의 치료 2014년, 2016년, 2020년

- 약물치료: 세로토닌 재흡수 억제제, 모노아민 재흡수 억제제, 삼환계 항우울제, 벤조다이아제핀 계열의 약물 등이 사용되는데, 부작용 가능성이 있다.
- 심리치료: 인지행동치료가 효과적이며, 불안을 조절하는 복식호흡 훈련, 긴장이완 훈련, 신체감각에 대한 해석의 인지적 수정, 점진적 노출법, 강력 노출법 등을 사용한다.

## (5) 분리불안장애

① 분리불안장애의 임상적 특징

- 집이나 애착 대상과 분리되는 것에 대해 과도하게 공포와 불안을 느끼는 장애를 말한다.
- 아동에서 청소년에 걸쳐 지속되다가 성인이 되면 대체로 증상이 완화되지만 아동기에 치료가 되지 않으면, 성인기에도 분리불안장애가 지속될 수 있다.
- 12세 미만의 아동에서 가장 흔한 불안장애의 유형으로, 여아에게 더 많이 발견된다.

② 분리불안장애의 진단 기준

- 애착 대상과 분리되는 것에 대한 공포나 불안이 발달 수준에 비해 부적절하고 지나치며 다음 중 3가지 이상을 보인다.
  - 집 또는 애착 대상과 떨어져야 할 때 과도한 고통을 반복적으로 경험함
  - 주요 애착 대상을 잃어버리거나 질병, 상해, 재앙 혹은 죽음과 같은 해로운 일이 애착 대상에게 일어날까 봐 지속적으로 불안하고 두려워함
  - 길을 잃어버리거나 납치를 당하거나 사고를 당하거나 아프게 되는 것 등 안 좋은 일이 발생하여 주요 애착 대상과 떨어질까 봐 지속적으로 염려함

－분리에 대한 공포 때문에 집 외에 학교, 직장 혹은 다른 장소로 나가는 것을 거부하거나 거절함

－집이나 다른 장소에서 주요 애착 대상 없이 혼자 있는 것에 대해 지속적으로 과도하게 두려워하거나 거부함

－집을 떠나 잠을 자는 것이나 주요 애착 대상이 없는 곳에서 자는 것을 과도하게 거부하거나 거절함

－분리 주제와 연관된 악몽을 반복적으로 꿈

－주요 애착 대상과 분리될 때 두통, 복통, 구토와 같은 신체증상을 반복적으로 호소함

• 공포, 불안, 회피 반응이 아동 · 청소년은 4주 이상, 성인은 6개월 이상 지속된다.

• 장애가 사회적, 직업적 또는 다른 중요한 기능 영역에서 임상적으로 유의한 고통이나 손상을 초래한다.

## (6) 선택적 함구증(무언증) 2018년, 2019년, 2022년

### ① 선택적 함구증(무언증)의 임상적 특징

• 특정 상황에서 말을 하지 않지만 집과 같은 친숙한 환경에서는 말을 한다.

• 대부분 정상적인 언어능력을 갖추고 있지만, 먼저 말을 꺼내지 못하고 질문에도 답하지 않는다.

• 선택적 함구증은 과도한 부끄러움, 당황스러운 상황에 대한 공포, 사회적 고립과 위축, 매달리기, 거부증, 분노발작, 사소한 반항 행동이 동반된다.

• 보통 5세 이전에 발병하며 유병률은 0.03~1% 정도로 드문 장애이다.

### ② 선택적 함구증(무언증)의 진단 기준(DSM-5)

• 다른 곳에서는 말을 할 수 있음에도 말을 해야 하는 특정 사회적 상황(예 학교)에서 일관성 있게 말을 하지 않는다.

• 학습 혹은 직업상의 성취나 사회적 의사소통을 방해한다.

• 증상이 최소 1개월 이상 지속된다.

• 사회적 상황에서 필요한 말을 하는 것에 대한 지식이 부족하거나, 언어가 익숙하지 않아 말을 하지 않는 것은 아니다.

## (7) 범불안장애

### ① 범불안장애의 임상적 특징

- 많은 사건이나 활동에 대해 과도하게 불안해하고 끊임없이 걱정하는 장애이다.
- 걱정은 전반적이고, 극심하고, 고통을 주며, 기간이 더 길게 지속된다.
- 안절부절못하거나, 낭떠러지에 선 느낌과 쉽게 피곤해지고, 집중하기 힘들며, 근육 긴장과 동반하여 떨림, 발한, 오심, 설사 등의 신체증상과 극대화된 놀람이 나타난다.
- 평균 발병 연령은 30세 정도로 다른 불안장애보다 늦게 발생하며 남성보다 여성이 높다.

### ② 범불안장애의 진단 기준 **2023년**

- 직장이나 학교와 같이 일상 활동에서 과도하게 불안하거나 걱정을 하고 적어도 6개월 이상, 최소한 한 번에 며칠 이상 발생한다.
- 이런 걱정을 통제하는 것이 어렵다고 느낀다.
- 불안과 걱정은 다음의 6가지 증상(증상들이 적어도 6개월 이내에 며칠 이상 존재해야 함) 중 3가지 이상의 증상을 동반한다(아동은 한 가지 항목만 필요). **2022년**
  - 안절부절못하거나 가장자리에 선 느낌
  - 쉽게 피로해짐
  - 집중하기 힘들거나 머릿속이 하얗게 되는 느낌
  - 과민성
  - 근육의 긴장
  - 수면 장해
- 불안, 걱정 또는 신체증상이 사회적, 직업적 또는 다른 중요한 기능 영역에서 임상적으로 유의한 고통이나 손상을 초래한다.

### ③ 범불안장애의 원인

- 생물학적 요인: 뇌의 일부 뉴런은 신경전달물질인 GABA를 생산하는데 GABA 수용기가 너무 작거나 수용기가 신경전달물질을 빨리 결합하지 못해 불안증상이 일어날 수 있다.
- 질적 요인: 행동 억제, 부정적 정서성, 특히 신경증적 경향성, 해로운 것을 회피하는 성향 등이 있다.
- 환경적 요인: 아동기 역경, 부모의 과잉보호와 연관되어 있다고 하며 이 장애의 아동은 불안을 통제하기 위해 방어기제를 발동시킨다.

제4과목(필수) 제1장

- 정신분석적 입장: 원초아 충동 표현이 누군가로부터 처벌을 받거나 위협을 당하게 되면 도덕적 불안을 경험하게 된다.
- 인지론적 관점: 역기능적 사고방식이 불안과 같은 심리문제를 유발한다고 가정한다.

④ 범불안장애의 치료
- 벤조다이제핀류의 항불안제는 장기 복용 시 신체적 의존성이 생기고 다른 약물과 함께 복용하면 해롭다.
- 심리적 개입법으로 이완훈련(relaxation training)은 몸을 이완시키거나 불수의적인 생리과정을 조절하는 것으로 효과적이다.
- 인지치료로 부적응적이고 역기능적인 신념을 바꾸거나 걱정에 초점을 맞추어 치료한다.
- 마음챙김 인지치료나 수용전념치료 등에서는 생각의 흐름을 단순한 마음의 사건으로 인정하고 수용하게 도움을 주는 것이 치료의 핵심이다.

## 6. 강박 및 관련 장애

강박증은 DSM-IV까지는 불안장애에 속했으나 DSM-5와 DSM-5-TR에서는 불안장애에서 분리되어 강박 및 관련 장애로 분류되었다.

| 강박 및 관련 장애 2021년, 2023년 | |
|---|---|
| 특징 | 강박적인 집착, 반복적인 행동 |
| 하위<br>장애 | • 강박장애<br>• 신체이형장애(신체변형장애)<br>• 수집광(저장장애)<br>• 발모광(모발 뽑기 장애)<br>• 피부뜯기 장애(피부벗기기 장애) |

(1) 강박장애 2015년, 2016년, 2017년, 2018년, 2019년, 2020년, 2021년

① 강박장애의 임상적 특징 2015년
- 강박장애(obsessive compulsive disorder)는 아동·청소년을 비롯해 성인에 이르기까지 빈번하게 발생하는 장애이며, 강박장애의 특징적인 증상은 강박사고와 강박행동이다.
- 강박사고: 반복적이고 지속적으로 나타나는 오염에 대한 사고, 폭력적이거나 공포

스러운 장면과 같은 이미지, 누군가를 찌르는 것과 같은 충동 등이 포함된다. 강박
사고는 침습적이고 원치 않는 방식으로 불안감과 괴로움을 초래한다.

- 강박장애 환자는 강박사고를 일으키는 유발자극을 피하려고 하고, 사고 억제를 통
해 강박적인 생각을 무시하거나 억누르려고 하며, 강박행동을 통하여 이를 중화시
키려고 한다. 강박행동은 행동적 관점에서 불안 회피를 추구하는 우연 연합으로 설
명된다.

② 강박장애의 진단 기준

- 강박사고와 강박행동 혹은 둘 다 존재한다. 강박사고와 강박행동은 다음과 같이 정
의된다.

| 강박사고 | • 반복적이고 지속적인 사고, 충동 또는 심상이 어느 시점에서 침투적이고 원치 않는 방식으로 경험되며, 대부분 현저한 불안이나 고통을 일으킨다.<br>• 이러한 사고, 충동, 심상을 무시하거나 억압하려고 시도하고, 다른 생각이나 행동(강박행동)을 통해 중화하려고 한다. |
|---|---|
| 강박행동<br>2016년 | • 반복적인 행동(예 손 씻기, 정돈하기, 확인하기), 심리 내적인 활동(예 기도하기, 숫자 세기, 속으로 단어 반복하기)을 강박적 사고에 대한 반응으로 하거나 엄격한 규칙에 따라 수행한다.<br>• 강박행동이나 정신 내적 활동은 불안감이나 괴로움을 예방하거나 감소시키고 두려운 사건이나 상황이 일어나는 것을 방지하려는 목적으로 수행되지만, 이 행동이나 행위들은 그 행위의 대상과 현실적인 방식으로 연결되어 있지 않거나 분명히 지나친 것이다. |

- 강박사고나 행동은 시간을 소모하게 해서(하루에 1시간 이상) 사회적, 직업적 또는
다른 중요한 기능 영역에서 유의한 고통이나 손상을 초래한다.

**⠿ 다음의 경우 명시할 것**
- 병식이 좋거나 양호함: 강박적 믿음이 진실이 아니라고 확신하거나 진실 여부를 확실하게 인지하지 못한다.
- 병식이 좋지 않음: 강박적 믿음이 아마 사실일 것으로 생각한다.
- 병식이 없음/망상적 믿음: 강박적 믿음이 사실이라고 완전히 확신한다.

③ 강박장애의 원인

- 생물학적 요인: 세로토닌 활동 저하와 뇌의 기능이상(안와 전두피질, 기저핵)으로 반
복되는 생각이나 행동이 끊임없이 발생한다.
- 정신분석적 요인: 불안을 유발하는 원초아 충동과 불안을 줄이기 위한 방어기제가
무의식 속에서 일어나지 않고 강박장애의 형태를 취하며, 이를 방어하기 위해 역사

고나 강박행동으로 나타난다고 보았다. 이를 통제하기 위해 네 가지 방어기제인 격리, 대치, 반동형성, 취소의 방어기제가 주로 사용된다.

- **학습이론**: 강박행동은 학습된 행동, 고전적 조건형성을 통해 두려운 생각과 경험으로 연합되어 불안이 유발된다.
- **인지행동적 입장** **2015년, 2019년**
  - 침투적 사고와 그에 대한 자동적 사고가 강박장애의 원인이 된다.
  - 이러한 침투적 사고에 대한 평가 과정에서 나타나는 파국적 오해석이 주요 원인이다.
  - 침투적 사고(intrusive thought)란 우연히 의식에 떠오르는 원치 않는 불쾌한 생각으로 자아 이질적이다.
  - 사고-행위 융합: 인지적 오류로 생각을 한 것만으로도 행위를 한 것과 동일한 것으로 보고 오해석함으로 불안이 상승한다(도덕성 융합, 발생가능성 융합).
  - 추론 융합(inferential fusion): 추론 과정에서 상상한 가능성과 현실적 가능성을 혼돈하고 상상한 가능성에 근거를 두고 행동하는 것을 말한다.
  - 중성화 전략: 평상시의 성향과 달리 폭력적·성적·종교적 강박사고가 나타날 수 있는데, 이런 충동과 심상, 생각을 없애기 위해 주변인이나 스스로에게 안심을 구하는 행동을 하거나 좋은 생각하기, 기도하기 등 정신적인 의례 행동을 할 수 있다.

---

**학습 plus**

**사고-행위 융합(thought–action fusion)**
- 도덕성 융합(moral fusion): 나쁜 생각을 품었다는 것 자체만으로 행위를 한 것과 마찬가지라고 생각하고 과도하게 죄책감을 느끼며 강박행동에 몰두하는 것을 말한다.
- 발생가능성 융합(likely fusion): 일어날지도 모르는 해로운 결과에 대한 과도한 책임감 때문에 그 가능성을 줄이기 위해 손을 씻거나 반복적으로 확인하는 강박적 행동에 몰두하는 것을 말한다.

---

| 강박장애와 많이 쓰는 방어기제 | |
|---|---|
| 격리(isolation) | 생각에 동반되는 감정을 잘 표현하지 않고 고립시키는 방어기제로, 예컨대 공격적인 내용의 강박사고에 몰두하는 환자는 그와 관련된 분노 감정을 잘 인식하지 못한다. 이 때문에 감정이 잘 안 느껴지고 메마르게 느껴진다. |
| 전치(displacement) | 원래의 갈등과 욕구를 다른 대상으로 대체하여 불안을 감소시킨다. 예를 들면, 부부 갈등의 문제를 피하기 위해 집안 청소를 지나치게 많이 하거나 몸을 몇 시간씩 씻는 행동을 할 수 있다. |

| 반동형성<br>(reaction formation) | 공격적인 주제의 강박사고에 몰두하는 사람이 실제 마음과는 달리 평소에는 주변 사람에게 온순하고 친절하게 행동한다. |
|---|---|
| 취소(undoing) | 이미 일어난 일을 소거 혹은 무효화하려는 시도로 죄책감이나 불안을 방어하기 위해 하는 행동으로, 죄책감을 느낄 만한 성적·공격적 사고를 하고 난 뒤 죄를 사하려는 듯 성호를 긋는 등의 행위를 하는 것을 말한다. |

④ 강박장애 치료

- 약물치료: 강박장애에 대한 약물 치료로는 세로토닌 활동을 증가시키는 항우울제가 효과적이다. 클로미프라민과 플루옥세틴(프로작) 같은 세로토닌 시스템에 영향을 주는 약들이 강박 증상을 상당히 호전시키고 있다.
- 노출 및 반응 방지(Exposure and Response Prevention: ERP): 가장 효과적인 행동치료법으로 환자가 힘들어 하는 자극을 0~100점으로 위계를 정해서 상상이든 직접적이든 반복적으로 자극에 노출하게 한다. 불안과 고통을 유발하는 자극 상황에 노출하게 한 다음 의례적인 행동을 못하게 하는 것이다.
- 사고 중지(thought stop) 기법: 강박사고에 적용하는 기법으로 괴로운 생각을 중단할 수 없다고 느끼고 무기력한 사람에게 사용하면 효과가 있다. 사고 중지 기법은 끔찍하고 부끄럽고 재앙적이고 강박적인 반추에 효과가 있다.

| 강박사고 범주 | 특징 및 의례적 행동의 예시 |
|---|---|
| 실수 | • 스스로 매우 합리적이고 조심성 있다고 생각하는 사람, 책임지는 위치의 사람에게 흔히 나타난다.<br>• 자신도 모르는 사이에 실수를 하지 않을까 염려되어 완성된 자료들을 계속 확인한다. |
| 세균과 오염 | • 청결과 건강 유지를 중시하는 사람에게서 나타난다.<br>• 공중화장실의 손잡이를 만졌다. → 내 손이 위험한 병균에 오염되었을지도 몰라. 사람하는 사람에게 병균을 옮길 수 있어 → 사랑하는 사람이 질병에 걸릴 거야. |
| 폭력과 공격성 | • 스스로를 세심하고 배려심이 많고 친절하다고 생각하는 사람에게서 흔히 나타난다.<br>• 나도 모르게 욕설이나 상스러운 말이 나오려고 한다. 성관계에 대한 생각이 난다. 하나님이 내게 벌을 내리면 어떻게 하지? |
| 대칭 | • 물건이 항상 대칭을 이루게 하고 홀수로 되어 있으면 짝수로 만들려고 과도하게 애쓴다. |

## (2) 신체이형장애(신체변형장애) 2016년, 2022년

### ① 신체이형장애의 임상적 특징

- 자신의 외모가 기형이거나 문제가 있다고 주관적으로 생각하여 과도하게 왜곡하고 집착하는 장애로 '신체추형장애'라고도 한다.
- 하나 이상의 신체 결함에 과도하게 집착하는 것이다. 신체에 대한 걱정은 뭔가 '매력적이지 않다'부터 '끔찍하다' '괴물 같다' 등 다양하다.
- 반복적으로 거울을 보고 확인하거나(외현적 행동), 타인과 외모 비교하기(내현적 행위)를 보인다.
- 15~20세 사이의 청소년기(사춘기)에 주로 발생하며, 여성이 남성보다 많다.
- 생물학적 요인으로는 세로토닌(Serotonin)의 기능이상, 사회문화적 요인으로는 사회문화적 기대와 가치, 미모의 수준과 개념 등이 원인이라고 본다.

### ② 신체이형장애의 진단 기준

- 타인이 잘 알아볼 수 없거나 미미한 정도인 하나 이상의 신체 외모 결함을 의식하고 지나치게 몰두하며 집착을 보인다.
- 외모에 대한 걱정 때문에 거울 보기, 과도한 치장, 피부 뜯기, 안심을 구하려는 행동 등 반복적 행동을 보이고 정신 내적인 행위(자신의 외모와 타인의 외모를 비교하기)를 한다.
- 외모에 대한 집착이 너무 커서 사회적, 직업적 또는 다른 중요한 기능 영역에서 임상적으로 유의한 고통이나 손상을 초래한다.

### ③ 신체이형장애의 원인

- 원인에 대해 알려진 바가 많지 않지만 유전적 속성이나 외모를 중시하는 분위기에 영향을 받는 것으로 알려져 있다.
- 정신분석적 입장에서는 무의식적인 성적, 정서적 갈등이 신체 부위로 전위된 것이라고 본다.
- 인지행동적 입장에서는 신체변형장애를 가진 사람은 매력을 일차적인 가치로 생각하기 때문에 '내 외모에 결함이 있다면 나는 무가치한 사람이다'라는 핵심 신념이 크게 작용한다.
- 생물학적 입장에서는 세로토닌과 관련되어 나타난다고 주장한다. 또한 조현병, 기분장애, 성격장애와 같은 다른 정신장애에서 기인한다고 보기도 한다.

④ 신체이형장애의 치료

- 약물치료: 세로토닌 재흡수 억제제(SSRIs: 클로미프라민, 플루복사민) 계열의 항우울제가 효과적인 것으로 알려져 있다.
- 심리치료: 인지행동 치료방법으로 노출치료와 반응억제(ERF)기법이 어느 정도의 효과가 있다.

## (3) 저장장애(수집광)(hoarding disorder) **2017년**

① 저장장애의 임상적 특징

- 언젠가 필요할 거라는 생각에 불필요한 물건을 버리지 못하고 계속 저장하여 생활 공간이 잡동사니로 가득 차 원래의 용도로 쓰이지 못하게 된다.
- 2가지 문제행동: 불필요한 물건을 버리지 못하고 저장하는 강박적 저장(compulsive hoarding), 불필요한 물건을 수집하여 집안으로 가져오는 강박적 수집(compulsive collecting)이 있다.
- 물건을 자신과 동일시 하여 감정적 애착과 책임감을 지니고 있어 버리는 생각만으로도 자신이 버려지는 고통을 경험한다. 주로 신문, 잡지, 오래된 옷, 서류 등을 강박적으로 수집하고 저장한다.
- 없어져도 별로 괴로워하지 않는 경우에는 저장장애로 진단하지 않는다. 우유부단, 완벽주의, 회피, 꾸물거림, 조직화 및 계획의 어려움, 산만함의 특성을 가지고 있다.

② 저장장애(수집광)의 진단 기준

- 실제 가치와 상관없이 가지고 있는 소지품을 버리지 못하고 소지품과 분리되는 것을 지속적으로 어려워한다.
- 이런 어려움은 소지품을 보관해야 하는 인지적 필요와 소지품을 버리는 것을 고통스러워하는 것에 의해 발생한다.
- 소지품을 버리기 어려워해서 물건들이 모여 쌓이게 되고 소지품의 원래 용도를 심각하게 저해하며 생활공간을 어지럽힌다.
- 자신과 타인을 위한 안전한 환경을 유지하는 것을 포함하여 이러한 증상이 사회적, 직업적 또는 다른 중요한 기능 영역에 임상적으로 유의한 고통이나 손상을 초래한다.
- 증상이 뇌손상이나 뇌혈관 질환, 프래더-윌리 증후군과 같은 다른 의학적 상태에 의한 것이 아니다.
- 저장행동이 다른 의학적 상태(강박사고, 주요우울장애의 에너지 감소, 조현병이나 다른

장애에서의 망상, 주요 신경인지장애에서 인지 능력 결함, 자폐스펙트럼장애에서 제한된 흥미 등)로 인한 것이 아니다.

③ 저장장애(수집광)의 원인

- 정신역동적 입장: 항문기적 성격 특성 중 인색함을 반영하거나 성격이 항문기에 고착되어 반항적 공격성으로 저장장애가 나타난다고 본다. 대상관계이론가들은 전이 대상으로써 다양한 물건에 과도한 정서적 애착을 나타내는 것이라고 본다.
- 인지행동적 입장: 정보처리 결함으로 인해 의사결정에 어려움, 유목화의 결함, 기억의 결함, 손실의 과장된 평가가 형성되고 수집행동을 한다고 보고 있다.
- 신경심리학적 입장: 뇌의 전두엽 부위가 제 기능을 못할 때 저장 강박장애를 보인다고 보고된다.

④ 저장장애(수집광)의 치료

- 인지행동치료: 강박적 수집치료에 주로 적용되며, 물건수집의 이유를 자각하게 하는 동시에 소유물을 가치와 유용성에 따라 정리하는 방법을 교육한다. 이를 통해 보관하고 버릴 물건을 명료하게 결정할 수 있는 의사결정 기술을 향상시키는 것이 중요하다.
- 약물치료: 강박장애에 처방되는 삼환계 항우울제나 선택적 세로토닌 재흡수 억제제와 같은 항우울제를 사용한다.
- 타인의 감정에 둔감하고 자기중심적 경향이 있어 치료자와 관계 형성이 어렵고 치료에 성공하기 어렵다.

## (4) 모발뽑기장애(발모광)(hair-pulling disorder, trichotillomania)

① 모발뽑기장애(발모광)의 임상적 특징

- 털뽑기장애 혹은 발모광은 DSM-IV에서 충동통제장애로 분류되다가 DSM-5부터는 강박증 관련 장애로 묶이게 되었다.
- 가장 중요한 특징은 반복적으로 몸에 난 털을 뽑는 것이다.
- 불안이나 지루한 감정에 의해 촉발되기도 하며, 털을 뽑으려는 충동에 저항하려는 시도에서 긴장감이 증가하고, 털을 뽑는 행동 이후에 만족감, 쾌감, 안도감 등의 감정을 느낄 수 있다.
- 여성이 남성에 비해 10:1 정도로 발생 비율이 높다.
- 털과 관련된 다양한 행동 또는 의례와 동반되어 나타나고, 털을 뽑은 이후에 눈으로 관찰하고 만지거나 입으로 갖고 놀거나 삼키기도 한다. 이로 인해 복통, 토혈, 구토,

장폐색, 심지어 장 천공까지 발생하는 의학적 문제도 생길 수 있다.

② 모발뽑기장애(발모광)의 진단 기준

- 반복적으로 털을 뽑아 탈모로 이어진다.
- 털을 뽑는 행위를 줄이거나 멈추려는 반복적인 시도를 한다.
- 털을 뽑는 행동이 사회적, 직업적 또는 다른 중요한 기능 영역에서 임상적으로 유의한 고통이나 손상을 초래한다.
- 털을 뽑는 행동이 피부과적 질환과 같은 의학적 상태나 신체변형장애에서 외모 결함을 개선하기 위해 하는 것과 다르다.

③ 모발뽑기장애(발모광)의 원인과 치료

- 행동주의이론: 모발뽑기장애가 다른 습관과 유사하게 학습된다고 보고 있다.
- 정신분석적 입장: 어린 시절 정서적 결핍과 관련되어 있다고 본다. 거부적이고 가학적인 어머니, 무능하고 유약한 아버지가 원인이라는 입장이다.
- 약물치료: 리튬, 항불안제, 선택적 세로토닌 억제제 등과 같은 항우울제가 효과적이라고 본다.
- 행동치료: 증상을 자각하게 하는 자기관찰, 다른 행동을 하게 하는 습관반전법, 모발뽑기를 멈춰야 하는 이유를 작성하여 반복적으로 읽게 하는 동기 향상법, 내면독백 변화시키기 등이 적용된다.
- 바이오피드백, 은밀한 감각화(covert sensitization), 혐오치료, 소거, 반응 방지 등이 있다.
- 가장 효과적인 기법은 습관반전 훈련(habit-reversal training: HRT; Peterson et al., 1994)이다.
  - HRT는 틱이나 손가락 빨기, 털뽑기장애 같은 습관 장애를 치료하기 위한 행동 기법이다.
  - HRT는 목표 행동을 자각하기, 대안적인 대처 기술을 가르치기, 동기를 유지하기, 일반화시키기 등의 내용으로 구성된다.

(5) 피부뜯기 장애(피부벗기기 장애) [excoriation(skin-picking) disorder]

① 피부뜯기 장애의 임상적 특징

- DSM-5에서 강박증이나 신체변형장애와 동반되는 현상으로 인해 강박증 관련 장애로 분류되었다.

제1교시 제4과목(필수)

- 반복적으로 스스로 자신의 피부를 뜯는 것을 말하며, 흔히 얼굴, 팔, 손 부위를 뜯고 신체 여러 곳으로 옮겨 간다.
- 대부분 손톱으로 뜯지만 족집게나 핀, 기타 다른 도구를 사용할 수도 있다.

② 피부뜯기 장애의 진단 기준(DSM-5)

- 반복적으로 피부를 뜯어 피부 병변으로 이어진다.
- 피부뜯기 행동을 줄이거나 멈추려는 시도를 반복적으로 한다.
- 사회적 · 직업적 기능 영역을 손상시킨다.
- 정신병적 장애에서 망상이나 환촉, 신체변형장애에서 외모 결함을 개선하기 위해 하는 행동과 다르다.

③ 원인

- 정신역동적 입장: 미해결된 아동기의 정서적 문제와 관련 있으며, 권위적 부모에 대한 억압된 분노의 표현으로 설명한다.
- 인지행동적 입장: 스트레스 대처방식 중 하나로 간주한다. 자기-진정하기와 자기-자극하기를 통해 적정한 수준의 각성을 유지하는 것으로 설명한다. 즉, 스트레스로 흥분된 각성수준을 감소시키기와 각성수준을 높이기를 반복하고 있다. 미세한 피부 문제를 찾아 고침으로써 완벽한 상태를 추구하는 완벽주의 성향과도 관계가 있다고 본다.
- 생물의학적 입장: 신경전달물질인 도파민과 관련 있다고 본다. 도파민 기능을 촉진하는 코카인이나 메타암페타민은 피부에 벌레가 기어가는 듯한 가려움증을 유발, 피부뜯기 행동을 촉발시킨다.
- 수용증진 행동치료(Acceptance-Enhanced Behavior Therapy: AEBT): 피부뜯기 행동을 유발하는 단서나 자극 등을 알아차리게 하고, 자극 통제 기법을 사용한다. 피부뜯기 행동을 자각하고 '경고 신호(예 충동, 부정 정서, 뜯을 부위에 손을 대는 전조 행동 등)'가 일어났을 때 경쟁 반응을 하게 하는 것이 핵심이다.

④ 치료

- 약물치료: 강박장애의 치료약물과 선택적 세로토닌 재흡수 억제제 계열의 항우울제가 사용된다.
- 행동치료: 증상자각, 습관반전훈련 등 모발뽑기장애와 유사한 치료법을 사용한다.

## 7. 외상 및 스트레스 사건 관련 장애 2022년, 2023년

| 외상 및 스트레스 사건 관련 장애 | |
|---|---|
| 특징 | 외상이나 스트레스 사건 후에 나타나는 부적응 증상 |
| 하위<br>장애 | • 외상후 스트레스장애　　• 급성 스트레스 장애<br>• 반응성 애착장애　　　　• 탈억제성 사회적 유대감 장애(탈억제 사회관여장애)<br>• 적응장애　　　　　　　• 지속적 비탄장애 |

### (1) 외상후 스트레스장애(post traumatic stress disorder) 2016년, 2023년

① 외상후 스트레스장애의 임상적 특징
- PTSD는 원래 DSM-IV에서는 불안장애에 속했으나 DSM-5부터는 외상 및 스트레스 사건 관련 장애로 새로운 진단 범주로 제시되었다.
- PTSD는 한 가지 이상의 외상 사건에 노출 후 공포 반응, 무력함, 경악 등 다양한 감정과 행동증상이 나타나는 것으로 사람마다 스트레스 반응이 달라 임상적 발현 양상이 다양하다.
- 외상 사건에는 전쟁에 노출되거나, 신체 공격, 약탈, 강도, 아동기 신체 학대 등 위협적이고 실제적인 신체적 폭력에 노출되거나, 강제적인 성적 침해, 알코올, 약물에 의한 성학대, 성적인 인신매매 등 실제적인 성적 외상 사건에 연루, 납치, 인질, 테러, 고문, 전쟁 포로로 감금된 것, 자연재해나 인간이 일으킨 재앙, 심각한 차량사고 등이 있다. 사건을 목격하는 것으로는 위협적이고 심각한 상태, 비정상적인 죽음, 폭행에 의한 타인의 성적·신체적 학대, 가정폭력, 사고, 전쟁 또는 재앙, 자녀의 의학적인 참사 등이 있다.
- 남성보다 여성에게서 더 흔히 나타나는 것은 여성이 강간이나 데이트 폭력 등 대인관계 폭력 같은 외상 사건을 더 경험할 가능성이 높기 때문이다.

| PTSD 증상의 주요 영역 4가지 | |
|---|---|
| 침투 | 외상 사건이 악몽이나 침투적인 이미지로 반복적으로 재경험한다. |
| 회피 | 외상을 떠오르게 하는 흔적, 생각, 감정을 피한다. |
| 부정적인 인지와 기분 | 수치심, 분노, 자신 및 타인에 대한 왜곡된 생각과 비난이 증가한다. |
| 각성 및 반응성 | 과잉 각성, 놀람, 공격성, 무모한 행동 등 지나친 감정 반응이 나타난다. |

제1교시
제4과목(필수)

② 외상후 스트레스장애의 진단 기준: 7세 이상의 아동, 청소년, 성인에 적용 2019년

- 실제적이거나 위협적인 죽음이나 심각한 상해 또는 성폭력에의 노출 경험이 다음 중 한 가지 이상에서 나타난다.
  - 외상 사건을 직접 경험함
  - 다른 사람에게 일어나는 외상 사건을 직접 목격함
  - 외상 사건이 친한 가족이나 친한 친구에게 일어났다는 것을 알게 됨
  - 외상 사건의 혐오스러운 세부 내용에 반복적으로 혹은 심하게 노출됨(예 사람의 유해를 처음 수거하는 초기 대응자, 아동 학대의 세부 사항에 반복 노출된 경찰 등)
- 외상 사건과 관련된 침습적 증상이 한 가지 이상 존재한다.
  - 외상 사건이 반복적 · 불수의적 · 침습적으로 떠오르는 고통스러운 기억들
  - 꿈의 내용과 정동이 외상 사건과 관련되어 반복적으로 나타나는 고통스러운 꿈
  - 외상성 사건이 재생되고 있는 것처럼 느끼고 행동하게 하는 해리 반응(플래시백)을 보임
  - 외상 사건과 유사하거나 외상 사건을 상징하는 내적 · 외적 단서에 노출되면 극심하고 장기적인 심리적 고통을 느낌
  - 외상 사건과 유사하거나 외상 사건을 상징하는 내적 · 외적 단서에 노출되면 뚜렷한 생리적 반응을 보임
- 외상과 관련된 자극을 회피한다(다음 중 한 가지 이상).
  - 외상 사건과 관련되는 고통스러운 생각, 감정, 대화를 회피함
  - 외상 사건과 관련되는 고통스러운 기억, 생각, 감정을 불러일으키는 외부 단서(사람, 장소, 대화, 행동, 대상, 상황)를 회피하거나 회피하려는 노력을 함
- 외상 사건과 관련된 인지 및 기분의 부정적인 변화가 있다(다음 중 2가지 이상).
  - 외상 사건의 중요한 부분을 회상할 수 없음
  - 자기, 타인, 세상에 대한 지속적이고 과장된 부정적인 신념이나 기대를 지님(예 '나는 나쁘다.' '누구도 믿을 수 없다.' '이 세상은 위험하다.' 등)
  - 외상 사건의 원인이나 결과에 대해 지속적으로 왜곡된 인지를 가짐(예 자기 자신이나 타인의 탓으로 돌림)
  - 지속적인 부정적인 정서 상태(예 두려움, 경악, 분노, 죄책감, 수치심 등)
  - 주요한 활동에 대해 관심이 줄고 참여하는 것이 현저하게 줄어듦
  - 다른 사람으로부터 동떨어진 느낌과 소원한 느낌

- 긍정 정서(예 행복, 만족감, 사랑의 감정 등)를 경험하지 못함
- 외상 사건과 관련된 각성, 활동 수준이 현격하게 변화된다(다음 중 2가지 이상).
    - 자극이 거의 없거나 아예 없는데도 사람 또는 사물에 대해 언어적·신체적 공격성을 보이는 과민한 행동과 분노 폭발
    - 무모하고 자기파괴적인 행동
    - 과잉 각성
    - 과도한 놀람 반응
    - 집중의 어려움
    - 수면 장해
- 장애의 지속기간이 1개월 이상이어야 한다.

③ 외상후 스트레스장애의 원인 **2015년**

- 외상 사건이 분명히 존재하고 다음과 같은 개인적 위험요인이 있다.

| 외상 이전 요인 | 정신장애에 대한 기질 혹은 성격적 취약성, 아동기 외상경험 등이 발병 가능성을 높인다. |
|---|---|
| 외상 과정 중의 요인 | 외상 경험 자체의 특성, 강도가 심하고 자주 노출되고 가까운 가족에게 일어나고 타인의 악의에 의한 것일수록 증상이 커진다. |
| 외상 이후 요인 | 가족, 사회적 지지체계 부족, 최근 생활의 스트레스, 결혼과 직장생활의 불안정, 부적절한 대처기술 등이 위험요인이 된다. |

- 정서처리이론(emotional processing theory): 외상 경험과 관련된 부정적 정보의 연결망으로 이루어진 공포 기억구조가 형성되어 증상을 유발한다.
- 이중표상 이론(dual representation theory): 언어적으로 접근 가능 기억과 상황적으로 접근 가능 기억의 두 가지 기억 체계로 인해, 의도적 외상경험 회상 시 기술하지 못하는 기억 불능과 수시로 떠오른 외상 사건의 기억침투가 상반되어 고통을 일으키고 외상후 스트레스장애를 일으킨다.

④ 외상후 스트레스장애의 치료

- 심리적 사후보고: 위기개입의 한 형태로 재앙을 경험한 사람이 재앙과 관련된 후유증에서 벗어날 수 있게 하는 치유과정이다. 결정적 사건발생 며칠 내에 자신의 감정과 반응을 두루 이야기하게 함으로써 재경험하게 도와주며 현재 감정을 인식하고 표현하게 돕는다. 주로 집단치료의 형태로 이루어진다.
- 인지행동치료: 지속적 노출치료로 외상 사건에 지속적으로 노출시키는 것이 가장

제1교시 제4과목(필수)

효과적이다.

- 인지처리치료(CPT): 외상 사건을 좀 더 상세하고 정교하게 재평가하여 사건에 부여한 부정적 의미를 수정하고 기억회피를 줄여 주는 것이 핵심이다.
- 안구운동 둔감화 재처리 치료(EMDR): 샤피로(Shapiro)가 개발, 외상 기억을 떠올리게 하는 동시에 뇌의 정보처리 시스템을 활성화시켜 기억을 재처리하도록 돕는다.

> **학습 plus**
>
> **안구운동 둔감화 재처리 치료(Eye Movement Desensitization and Reprocessing: EMDR)**
> - 임상심리학자 샤피로가 개발, 8단계의 표준 프로토콜로 구성
> - 외상 기억의 괴로운 내용을 떠올리게 하고 치료자의 손가락 움직임을 눈으로 따라가게 하여 외상 기억과 관련된 부정적 사고, 감정 및 심상을 점차 약화시키고 외상 기억의 정보처리가 촉진될 수 있도록 한다.
> ① 환자의 과거력을 파악하고 치료 계획을 세우기, ② 준비하기, ③ 평가하기, ④ 탈감각 및 재처리, ⑤ 긍정적 인지 주입, ⑥ 신체 스캔, ⑦ 종결, ⑧ 재평가

- 외상중심 인지행동치료(TF-CBT): 애착 외상을 경험한 아동과 청소년을 위해 개발된 치료법으로 '대처기술 단계 → 외상처리 단계 → 공고화 및 종결단계'로 이루어진다.

## (2) 급성 스트레스 장애

① 급성 스트레스 장애의 임상적 특징
- 급성 스트레스 장애는 외상 사건 노출 후 3일에서 1개월까지 지속되는 장애다.
- 증상이 1개월 이상 넘어가면 PTSD로 진단이 바뀐다.

② 급성 스트레스 장애의 진단 기준 2016년, 2017년, 2023년
- 실제적이거나 위협적인 죽음이나 심각한 상해 또는 성폭력에의 노출이 다음 중 한 가지 이상의 방식으로 경험된다.
  - 외상 사건을 직접 경험함
  - 다른 사람에게 일어나는 외상 사건을 직접 목격함
  - 외상 사건이 친한 가족이나 친한 친구에게 일어났다는 것을 알게 됨
  - 외상 사건의 혐오스러운 세부 내용에 반복적으로 혹은 심하게 노출됨(예 사람의 유해를 처음 수거하는 초기 대응자, 아동학대의 세부 사항에 반복 노출된 경찰 등)
- 외상 사건이 일어난 후 시작되거나 악화된 침습적 증상, 부정적 기분, 해리, 회피와 각성의 5개 범주에서 다음 증상 중 9가지 이상이 나타난다.

| 침습 증상 | • 외상 사건이 반복적·불수의적·침습적으로 떠오르는 고통스러운 기억들<br>• 꿈의 내용과 정동이 외상 사건과 관련되어 반복적으로 나타나는 고통스러운 꿈<br>• 외상성 사건이 재생되고 있는 것처럼 느끼고 행동하게 하는 해리 반응(플래시백)<br>• 외상 사건과 유사하거나 외상 사건을 상징하는 내적·외적 단서에 노출되면 심한 심리적 고통과 생리적 반응을 보임 |
|---|---|
| 부정적 기분 | • 긍정 정서(행복, 만족감, 사랑의 감정 등)를 경험하지 못함 |
| 해리 증상 | • 주위 환경 또는 자기 자신에의 현실에 대한 변화된 감각(스스로를 다른 사람의 시각에서 관찰, 혼란스러움, 시간이 느리게 가는 것 등)<br>• 외상성 사건의 중요한 부분을 회상할 수 없음 |
| 회피 증상 | • 외상 사건과 관련되는 고통스러운 생각, 감정, 대화를 회피함<br>• 외상 사건과 관련된 고통스러운 기억, 생각, 감정을 불러일으키는 외부 단서(사람, 장소, 대화, 행동, 대상, 상황)를 회피하려는 노력을 함 |
| 각성 증상 | • 수면 곤란<br>• 자극이 거의 없거나 아예 없는데도 사람 또는 사물에 대해 언어적·신체적 공격성을 보이는 과민한 행동과 분노 폭발<br>• 과잉 각성<br>• 집중의 어려움<br>• 과도한 놀람 반응 |

• 장애 기간은 외상 노출 후 3일에서 1개월까지다.
• 장애가 사회적, 직업적 또는 다른 중요한 기능 영역에서 임상적으로 유의한 고통과 손상을 초래한다.

## (3) 반응성 애착장애

### ① 반응성 애착장애의 임상적 특성

• 양육자와의 애착외상으로 인해 생후 9개월 이상 만 5세 이전 아동에게 주로 발병하며, 신체적·지적·정서적 발달이 지체되기도 하고, 사회성 발달에 어려움을 겪는다.
• 다른 사람과의 관계를 두려워하거나 회피하는 억제형(inhibited type) 애착장애를 말한다.

### ② 반응성 애착장애의 진단 기준(DSM-5)

• 성인 보호자에 대해 억제되고, 정서적으로 위축된 행동을 일관적으로 보이고 다음 중 2가지 모두로 표현된다.

- 아동은 고통스러운 상황에서 위안을 구하지 않거나 최소한으로만 찾음
- 고통스러운 상황에서 아동은 위로하는 것에 대해 거의 반응하지 않거나 혹은 최소한으로 반응함
- 지속적인 사회적 · 감정적 문제가 다음 중 최소 2가지 이상으로 나타난다.
  - 타인에 대해 최소한의 사회적 · 정서적 반응을 함
  - 긍정적 정서가 제한됨
  - 성인 보호자와 별로 위협적이지 않은 상호작용 동안에 이유 없이 짜증, 슬픔, 두려운 감정의 에피소드를 보임
- 아동이 불충분한 양육의 극단적인 형태를 경험한 것이 최소한 한 가지 이상에서 분명하게 드러난다.
  - 성인 보호자로부터 위로와 자극, 애정 등 기본적인 감정적 요구에 대한 지속적 결핍이 사회적 방임이나 박탈의 형태로 나타남
  - 주 보호자가 수시로 바뀌어 안정 애착을 형성할 기회가 제한됨(위탁 보육에서)
  - 선택적인 애착을 형성할 기회를 심각하게 제한하는 독특한 환경(예 아동이 많고 보호자는 적은 보육원 같은 기관)에서 양육됨
- 진단 기준이 자폐스펙트럼장애를 만족시키지 않는다.
- 5세 이전에 시작된다.
- 아동의 발달 연령이 최소 9개월 이상 되어야 한다.

**⁛ 다음의 경우 명시할 것**

지속성: 장애가 현재까지 12개월 이상 지속되어 왔다.

③ 반응성 애착장애의 원인과 치료

- 애착 외상(attachment trauma)이라는 환경적 촉발요인을 지니고 있는 경우가 많고, 부모의 양육 행동과 아동의 기질적 특성이 상호작용하여 반응성 애착장애가 발생한다고 본다.
- 치료와 예방은 안정적으로 양육자와 친밀한 관계를 맺도록 해 주어야 하며, 아동의 경우 놀이치료가 적합하다.

---

**반응성 애착장애 치료의 3가지 모듈**
- 장애를 가지고 있는 아동과 치료 회기를 진행한다.
- 부모, 즉 양육자와 치료 회기를 진행한다.
- 아동-부모와 함께 치료 회기를 진행하는 것의 균형을 적절하게 맞추는 것이 필요하다.

**(4) 탈억제성 사회적 유대감 장애(disinhibited social engagement disorder) 2018년**

① 탈억제성 사회적 유대감 장애의 임상적 특징

- 반응성 애착장애 아동과 비슷한 양육 경험을 하였지만, 이들과 달리 무분별한 사회성과 과도한 친밀감을 표현, 낯선 성인에게 부적절한 친밀감을 나타내는 탈억제형(disinhibited type)이다.

- 반응성 애착장애와 탈억제성 사회적 유대감 장애는 아동기에 처음 발견되는데 평생 동안 영향을 미칠 수 있다.

② 탈억제성 사회적 유대감 장애의 진단 기준(DSM-5)

- 아동이 낯선 성인에게 지나치게 접근하고 소통하며 다음 중 2가지 이상의 행동 양식을 보인다(A).

  - 낯선 성인에게 다가가고 소통할 때 조심성이 약화되어 있거나 없음
  - 과도하게 친근한 언어 또는 신체 행동을 보임
  - 낯선 환경에서 성인 보호자와 모험을 할 때 주변 환경을 경계하는 정도가 떨어지거나 없음
  - 낯선 성인을 따라가는 데 있어 주저함이 없거나 적음

- 진단 기준 A의 행동이 주의력 결핍 및 과잉행동장애의 충동성에 국한되지 않고, 사회적으로 탈억제된 행동을 포함한다(B).

- 충분하지 못한 양육의 극단적인 양식을 경험한 것이 최소한 한 가지 이상에서 분명하게 드러난다(C).

  - 성인 보호자로부터 위로와 자극, 애정과 같은 기본적인 감정적 요구에 대한 지속적 결핍이 사회적 방임이나 박탈로 나타남
  - 주 보호자가 수시로 바뀌어 안정 애착을 형성할 기회가 제한됨(위탁 보육에서)
  - 선택적인 애착을 형성할 기회를 심각하게 제한하는 독특한 환경에서 양육됨(아동이 많고 보호자는 적은 보육원 같은 기관)

- 진단 기준 C의 양육이 진단 기준 A의 원인이 되는 것으로 추정된다.

- 아동의 발달 연령이 최소 9개월 이상 되어야 한다.

**(5) 적응장애**

① 적응장애의 임상적 특징

- 주요 생활 사건에 대한 적응 실패로 인한 정서적 행동적 부적응 상태를 말한다.

- 적응장애를 일으키는 스트레스는 연인과 헤어지는 것과 같은 단일한 사건일 수도

있고, 가족의 죽음, 직업문제, 결혼생활의 문제 등 복합적인 요인이 작용할 수도 있다.

② 적응장애의 진단 기준

- 인식 가능한 스트레스 요인에 대한 반응으로 감정 또는 행동 증상이 스트레스 요인이 시작한 지 3개월 이내에 생긴다.
- 이런 증상이 임상적으로 두드러지며, 다음 중 한 가지 또는 모두에서 분명히 나타난다.
  - 증상의 심각도 혹은 강도가 외적인 맥락과 문화적 요인을 고려하더라도 스트레스 요인의 심각도나 강도와 맞지 않는 현저한 고통을 초래한다.
  - 사회적, 직업적 또는 다른 중요한 기능 영역에서 유의한 고통이나 손상을 초래한다.
- 스트레스와 관련된 장애는 다른 정신질환의 준거를 만족시키지 않으며, 이미 있는 정신질환이 단순히 악화된 것이 아니다.
- 증상은 정상적 애도 반응이 아니다.
- 스트레스 요인 또는 결과가 끝난 후 증상이 6개월 이상 지속되지 않는다.

③ 적응장애의 원인과 치료

- 강력한 스트레스 사건 자체, 그에 대한 심리적 반응과 대처방식, 사회적 지지 자원의 부재가 원인이 될 수 있다.
- 개인의 다양한 특성, 즉 성격특성, 자존감과 자신감, 문제해결 능력, 자신과 세상에 대한 신념 등이 스트레스 대처능력에 영향을 미친다.
- 개인의 환경적 요인이 적응장애에 중요한 영향을 미칠 수 있다.
- 정신분석적 입장: 생후 초기의 어머니 역할과 양육 환경이 성장 후 스트레스 반응에 영향을 미친다고 주장한다.

④ 적응장애의 치료

- 심리치료: 스트레스 사건에 대한 심리적 고통과 충격을 공감하며 심리적인 지지를 제공하고, 효과적인 대처행동을 할 수 있도록 돕는다.
- 약물치료: 우울증이 동반될 경우에는 항우울제를 사용하고, 불안 증상이 동반될 때는 항불안제를 사용하되, 짧은 기간 약물을 사용하는 것이 좋다.

◎◎ 학습 plus

**DSM-5-TR에서 외상 및 스트레스 관련 장애에 추가된 하위장애**

**지속성 비탄장애(prolonged grief disorder)**

1. 지속성 비탄장애의 임상적 특징
   - DSM-5의 3편에 있던 '추가 연구가 필요한 진단적 상태'에 포함되었던 지속성 복합 애도장애(persistent complex bereavement disorder)가 DSM-5-TR에서는 '지속성 비탄장애'라는 명칭으로 본 진단에 추가되었다.
   - 지속적이고 부적응적인 비탄 반응으로 친밀한 관계가 있던 사람이 사망한 이후 진단될 수 있는 장애이다.

2. 진단 기준
   A. 사별을 당한 개인과 친밀했던 사람의 최소 12개월 전의 죽음(아동과 청소년에게서는 최소 6개월 전)
   B. 죽음 이후, 다음의 증상 중 한 가지나 둘 모두로 특징되며, 임상적으로 현저한 정도로 대부분 날에 나타나는 지속적인 비탄 반응의 발생, 추가로 증상은 최소한 지난달 동안 거의 매일 발생한다.
      1) 죽은 사람에 대한 강한 갈망/동경
      2) 죽은 사람에 대한 생각과 기억에 집착(아동과 청소년은 집착이 죽음의 상황에 집중될 수 있다.)
   C. 죽음 이후, 다음 증상 중 최소 3개 이상이 임상적으로 현저한 정도로 대부분 날에 나타난다. 추가로 증상들은 최소한 지난달 동안 거의 매일 발생한다.
      1) 죽음 이후 정체성 붕괴(◎ 자신의 일부가 죽은 것처럼 느낌)
      2) 죽음에 관한 현저한 불신감
      3) 그 사람이 죽었다는 것을 상기시키는 것들에 대한 회피(아동과 청소년에게서는 상기시키는 것을 피하려는 노력으로 특징될 수 있다.)
      4) 죽음과 관련된 강한 감정적 고통(◎ 분노, 통한, 슬픔)
      5) 죽음 이후 자신의 관계나 활동으로 다시 회복하는 것의 어려움(◎ 친구와 관계 맺기, 흥미 추구나 미래에 대한 계획에 문제)
      6) 죽음의 결과로 감정적 마비(감정적 경험의 부재나 현저한 감소)
      7) 죽음의 결과로 삶이 의미 없다는 느낌
      8) 죽음의 결과로 강한 외로움
   D. 장해가 사회적, 직업적 또는 다른 기능 영역에서 임상적으로 현저한 고통이나 손상을 초래한다.
   E. 사별 반응의 기간과 심각도가 그 개인의 문화와 맥락에서 기대되는 사회적, 문화적 또는 종교적 규준을 분명히 넘어간다.
   F. 증상이 주요 우울장애나 외상후 스트레스장애와 같은 다른 정신질환으로 더 잘 설명되지 않으며, 물질(◎ 치료약물, 알코올)이나 다른 의학적 상태의 생리적 효과에 기인하지 않는다.

3. 부수적 특징
   - 종종 부적응적 인지, 죽음에 대한 죄책감, 미래의 기대수명 및 삶의 목적 감소
   - 종종 동반 신체증상은 죽은 사람이 경험한 것들과 연관될 수 있음
   - 자기관리 및 관심의 감소와 관련된 위해한 건강 행동
   - 죽은 자에 관한 환청은 정상 비탄 기간에 나타날 수 있으나 지속적 비탄장애의 증상이 있는 경우 더 흔함
   - 환청은 죽음과 관련된 사회적 정체성 및 목적의 붕괴와 연관될 수 있음
   - 분노, 안절부절못함, 죽음에 대하여 다른 사람 비난하기
   - 수면의 양과 질의 감소

4. 위험 및 예후인자(risk and prognostic factors)
   - 위험성은 다음과 같은 경우 높아짐
     : 죽음 이전에 죽은 사람에 대한 높은 의존성, 아이의 죽음, 폭력적이거나 예상치 못한 죽음, 경제적 스트레스 요인

5. 성 및 젠더와 관련된 진단적 쟁점(sex and gender related diagnostic issues)
- 일부 연구는 사별한 여성에서 더 높은 장애 유병률이나 증상 심각성을 발견하였지만, 다른 연구는 젠더 차이는 작거나 통계적으로 유의미하지 않다고 결론

6. 자살사고 혹은 행동과의 연관성(association with suisidal thoughts or behavior)
- 주요 우울증과 외상후 스트레스장애의 영향을 보정한 후에도 자살사고의 위험성은 높음
- 지속성 비탄 장애증상은 자살사고와 생애 전반에 걸쳐, 범국가적으로 일관된 관련성을 보임
- 사별한 개인의 오명, 소외, 좌절된 소속감, 회피와 심리적 고통이 자살사고와 연관
- 사별이 비폭력적인 원인보다는 폭력적 상달(⬛ 살인, 자살, 사고)인 경우 자살사고의 우위험성이 더 큼
- 아동의 죽음을 경험한 사람은 아동이 25세 미만인 경우 자살사고와 연관된 지속성 비탄장애 증상이 더 잘 발달한 가능성이 높음

7. 감별진단(differential diagnosis)
- 정상적 비탄: 심각한 비탄 반응이 최소한 12개월(아동이나 청소년은 6개월)은 지속적으로 존재한다는 점에서 정상적 비탄과 구별됨
- 우울장애
  - 기분저하, 울음, 자살사고를 포함한 몇 가지 증상을 공유함
  - 지속적 비탄장애에서는 고통이 일반적인 기분저하를 반영하기보다는 사랑하는 사람의 상실 및 분리 감정에 집중됨

8. 동반이환(comorbidity)
- 주요 우울장애, 외상후 스트레스장애, 물질사용장애와 가장 흔하게 동반됨

# 8. 해리성 장애

| 해리성 장애 | |
| --- | --- |
| 특징 | 의식, 기억, 자아정체감 및 환경지각의 급격한 변화 |
| 하위 장애 | • 해리성 기억상실증<br>• 해리성 정체감 장애<br>• 이인증/비현실감 장애 |

## (1) 해리 장애 2014년, 2016년, 2022년

① 해리(dissociation)는 자기 자신, 시간, 주위 환경에 대해서 의식이 단절된 현상을 말한다.

② 압도될 것 같은 외상으로부터 자신을 보호하는 기능을 한다는 점에서 적응적이다. 다만, 과도하거나 부적응적 양상의 경우 '해리 장애'로 진단된다.

③ '의식, 기억, 정체성, 감정, 지각, 신체표상, 운동통제 및 행동의 정상적 통합의 붕괴 또는 비연속성'을 특징으로 한다.

(2) 해리성 기억상실증 2017년. 2020년. 2023년

① 해리성 기억상실증의 임상적 특징
- 기억에 성공적으로 저장되었지만 통상적으로는 쉽게 기억해야 할 중요한 자전적 정보를 회상하는 능력이 상실되는 것이다.
- 갈등상황에 처하고 참을 수 없는 부정적인 정서, 예컨대 수치심, 죄책감, 절망감, 분노 등을 경험하는 사람들에게서 나타날 수 있다. 남성보다 여성에게 더 흔하게 나타나며 사춘기와 청년기에 흔하게 나타나기도 한다. 주로 외상이나 아동학대 과거력을 가진 사람들에게서 이런 역동에 의해 발생한다.
- 국소적인 기억상실은 제한된 기간 동안 일어났던 일을 기억하지 못하는 것으로 흔히 발생하고, 전반적인 기억상실은 자신의 생활사에 대한 기억을 전부 잃어버리는 것으로 드물게 발생한다.
- 뇌손상이나 뇌기능 장애가 아닌 심리적 이유로 급성으로 나타났다가 갑자기 사라질 수 있고, 심한 경우에는 만성화되어 지속적으로 심각한 기억상실을 보여서 사회적 지지를 받아야만 일상생활을 할 수 있을 정도가 되기도 한다.
- 상실된 기억이 되살아나면서 감당하기 힘들 때 자살시도 등이 발생할 수 있다.

② 해리성 기억상실증의 진단 기준 2023년
- 일상적으로 일어나는 망각과는 다르며, 보통 외상 혹은 스트레스성의 중요한 자전적 정보를 회상하는 능력이 상실된다. 주로 특별한 사건에 대한 국소적 또는 선택적 기억상실이 있고, 정체성과 생활사에 대한 전반적 기억상실도 있다.
- 증상은 사회적, 직업적 또는 다른 주요 기능 영역에서 임상적으로 유의한 고통이나 손상을 초래한다.
- 장애가 물질의 생리적 효과나 신경학적 상태 또는 복합 부분발작, 일과성 기억상실, 두부손상, 외상성 뇌손상, 다른 신경학적 상태와 같은 의학적 상태에 의한 것이 아니다.
- 장애는 해리성 정체성 장애, 외상후 스트레스장애, 급성 스트레스 장애, 신체증상장애, 주요 또는 경도 신경인지장애에 의해 더 잘 설명되지 않는다.

:: **다음의 경우 명시할 것**
해리성 둔주 동반: 정체성이나 다른 중요한 자전적 정보에 대한 기억상실과 관련된 목적이 있는 여행 또는 어리둥절한 방랑

③ 해리성 기억상실증의 원인
- 정신분석적 입장: 억압과 부인의 방어기제를 통해 불안을 일으키는 심리적 경험내용이 의식에 이르지 못하게 하는 능동적인 정신과정이다.
- 행동주의적 입장: 학습에 의해 습득되며, 불안이나 죄의식으로부터 자신을 보호하기 위해 지속적으로 해리 증상을 경험한다.
- 생물학적 입장: 지각, 기억, 언어 기능을 담당하는 시스템과 상호작용하는 의식적 자각 시스템에 의해 이루어진 정신활동이 자각시스템 자체의 손상이나 다른 시스템과의 연결에 손상이 생김으로 인해, 각각의 기능은 그대로 유지된 상태로 해리 증상을 경험한다.

④ 해리성 기억상실증의 치료
- 인지행동치료: 외상에 기저하는 특정 인지 왜곡을 확인하고 교정하게 되면 외상 사건을 보다 상세하게 회상할 수 있다.
- 최면: 최면은 증상의 강도를 조절하고, 환자에게 정서적인 지지를 제공해 주면서 자아를 강화시킬 수 있게 해 주어 해리된 자료를 처리하고 통합할 수 있게 도와준다.
- 약물치료: 만성적이고 잘 회복되지 않는 해리성 기억상실증 환자에게는 벤조디아제핀과 암페타민류의 약물을 사용할 수 있다. 또한 바르비투르(barbiturate) 계열의 약물을 정맥주사로 투여하면 효과가 빠르다.

### (3) 해리성 정체감 장애

① 해리성 정체감 장애의 임상적 특징 **2016년**
- 해리성 정체성 장애(dissociative identity disorder)는 다중인격(multiple personality)이라고 알려져 있는 장애로 적어도 2가지 이상의 각기 구별되는 정체감이나 성격 상태가 존재하는 것을 말한다.
- 둘 이상의 별개의 성격 상태는 하위 성격(sub personalities) 혹은 대체 성격(alternate personalities)이라고 하며, 각 성격은 개별적인 기능 상태를 나타내는 독특한 기억, 행동, 사고, 감정을 가진다. 자아-이질적이어서 당혹스러운 느낌으로 경험된다.
- 해리성 정체감 장애와 빙의 경험은 근본적으로 동일하다. 개인의 생각과 행동이 외부의 존재에 의해 지배되는 현상으로 자아정체감의 뚜렷한 변화와 기억상실이 나타난다.

| 해리성 정체감 장애의 해리성 기억상실 |
|---|
| • 개인의 생활사건 중 과거 기억의 공백 |
| • 경험성 기억의 쇠퇴(**예** 오늘 무슨 일이 일어났는지에 대한 기억, 작업 수행, 컴퓨터 사용, 읽기, 운전과 같은 숙련된 기술에 대한 기억) |
| • 자신이 한 것으로 기억할 수 없는 일상적인 활동이나 수행의 증거(**예** 설명할 수 없는 물건이 쇼핑백이나 가방에 들어가 있는 것, 상처를 발견하는 것, 자기가 한 것이 틀림없지만 기억할 수 없는 글이나 그림을 발견하는 것 등)<br>⠿ 이러한 기억상실은 스트레스성 또는 외상 사건에만 국한되어 있지 않고, 가끔 일상생활도 기억할 수 없다. |

② 해리성 정체감 장애의 진단 기준

- 2개 이상의 별개의 성격 상태가 존재하는 정체성의 붕괴다. 어떤 문화권에서는 빙의 경험으로 정의된다. 정체성 붕괴는 자기 감각과 행위 주체감에 대한 뚜렷한 비연속성을 포함하며 정동, 행동, 의식, 기억, 지각, 인지 그리고 감각운동 기능에서 변화가 나타난다.
- 매일의 일상 사건이나 중요한 개인적 정보 또는 외상 사건을 기억할 때 반복적으로 공백이 나타나는데, 이는 일상적인 망각으로는 설명되지 않는다.
- 증상은 사회적, 직업적 또는 다른 주요 기능 영역에서 임상적으로 유의한 고통이나 손상을 초래한다.
- 장애는 널리 받아들여질 수 있는 문화적 혹은 종교적 관례로 볼 수 있는 것이 아니다.
- 증상은 물질의 생리적 효과나 다른 의학적 상태에 의한 것이 아니다.

③ 해리성 정체감 장애의 원인

- 외상모델: 아동기의 고통스러운 외상경험을 회피하기 위해 사용한 방어기제로서의 해리 경험이 점차 정교해져 해리성 정체감 장애로 발달되었다.
- 클러프트(Kluft)의 4요인 모델

| 해리 능력 | 외상에 직면 시 현실로부터 해리될 수 있는 내적 능력 |
|---|---|
| 압도적인 외상 경험들 | 신체적, 성적 학대 등 감당할 수 없는 압도적인 외상경험들 |
| 응집력 있는 자아의 획득 실패 | 대체 인격의 증가와 발달로 인해 하나의 응집력 있는 자아형성 실패 |
| 진정 경험의 결핍 | 충격으로부터 회복시켜 줄 타인의 달램, 위로, 진정 경험 부재 |

- 행동주의적 입장: 심한 스트레스 상황에서 평소와 다른 사회적 역할을 선택하고 행동 후 보상을 받았을 경우 유사한 상황에서 새로운 역할의 행동을 하는 것을 학습한다.

④ 해리성 정체감 장애의 치료

- 치료의 목적은 인격 간의 통합을 통한 적응기능의 향상이다.
- 클러프트의 세 가지 치료지침
  - 치료자는 환자의 주된 인격뿐만 아니라 다른 인격과도 견고한 치료적 관계를 형성해야 한다.
  - 과거의 고통스러운 외상 경험을 드러내고 정화시킬 수 있도록 돕는다.
  - 치료자와의 안전한 관계를 경험, 외상적 경험을 정화하고 인격들 간에 원활한 협동을 이루도록 돕는다.

(4) 이인증/비현실감 장애

① 이인증/비현실감 장애의 진단 기준

- 이인증, 비현실감 또는 2가지 모두에 대한 지속적이고 반복적인 경험을 한다.
  - 이인증: 비현실감, 분리감 또는 사고, 느낌, 감각, 신체나 행동에 관해 외부 관찰자가 되는 경험(인지 변화, 왜곡된 시간 감각, 비현실적이거나 결핍된 자기, 감정적 또는 신체적 마비)
  - 비현실감: 비현실적이거나 자신의 주변 환경과 분리된 것 같은 경험(개인 또는 사물이 비현실적이거나 꿈속에 있는 것 같거나 안개가 낀 것 같거나, 죽을 것 같거나, 시각적으로 왜곡된 것 같은 경험)
- 이인증이나 비현실감을 경험하는 동안 현실 검증력은 유지된다.
- 증상은 사회적, 직업적 또는 다른 주요 기능 영역에서 임상적으로 유의한 고통이나 손상을 초래한다.
- 장애는 물질의 생리적 효과나 다른 의학적 상태로 인한 것이 아니다.
- 장애는 조현병, 공황장애, 주요 우울장애, 급성 스트레스장애, 외상후 스트레스장애 또는 다른 해리장애와 같은 다른 정신질환에 의한 것으로 설명되지 않는다.

② 이인증/비현실감 장애의 원인

- 정신분석적 관점: 이인증과 비현실감 장애는 자아통합 실패로 현실 인식의 어려움에서 자아를 방어하기 위한 정서적 반응으로 이해한다. 자아정체감의 갈등을 반영하며 어린 시절의 갈등에서 비롯된 파괴적 추동과 박해 불안에 대한 방어로 해석한다.
- 자기심리학: 자신이 무너지는 공포에 맞서서 자신을 자신의 관점이 아닌 타인과 외

부의 시선과 관점에서 바라보는 것이라고 설명한다.

- 알로(Arlow, 1996): 일상에서는 통합적으로 기능하던 '행동하는 자기'와 '관찰하는 자기'가 불안하고 공포스러운 상황에서 별개로 기능하게 되어 이인증을 경험하게 된다.

③ 이인증/비현실감 장애의 치료

- 정신역동치료: 증상에 대한 통제를 돕기 위해 외상적 기억들을 정화시키는 데 중점을 둔다.
- 인지행동치료: 심리적 교육을 통해 증상에 대한 정보를 주고 이해를 도와 파국적 귀인을 하지 않도록 돕는다.
- 약물치료: 세로토닌 재흡수 억제제(SSRIs) 계열의 항우울제나 벤조디아제핀 계열의 항불안제가 효과가 있는 것으로 알려져 있다.

## 9. 신체증상 및 관련 장애 2022년

| 신체증상 및 관련 장애 | |
|---|---|
| 특징 | 원인이 불투명한 신체증상의 호소, 건강에 대한 과도한 염려 |
| 하위 장애 | • 신체증상장애<br>• 질병불안장애<br>• 기능성 신경학적 증상장애(전환장애)<br>• 인위성(허위성) 장애 |

### (1) 신체증상장애

① 신체증상장애의 임상적 특징

- 신체증상장애는 일상생활에 지장이 있을 정도의 신체증상을 심하게 호소하지만 의학적으로 검증 가능하지 않은 경우를 말한다.
- 여러 의사를 전전하는 doctor shopping으로 인해 국가적으로 막대한 의료비와 보험비를 부담하고 있다.
- 여성이 남성보다 더 많이 증상을 호소하며, 아동은 복통, 두통, 피로, 오심 등을 주로 호소한다.

② 신체증상장애의 진단 기준

- 고통스럽거나 일상생활에 지장이 될 정도로 한 가지 이상의 신체증상이 있다.
- 다음 중 적어도 하나 이상의 신체증상 혹은 건강염려와 관련된 지나친 생각과 감정

혹은 행동을 보인다.

- 신체증상의 심각성에 대해 편향되어 지속적으로 몰두함

- 건강이나 증상에 대한 지속적으로 높은 수준의 불안을 지님

- 이러한 증상이나 건강 염려에 대해 지나친 시간과 에너지를 쏟음

- 한 가지 증상을 지속적으로 보이지는 않아도, 증상이 있는 상태가 대개 6개월 이상 지속된다.

**∷ 다음의 경우 명시할 것**

- 통증이 우세한 경우(과거, 동통장애)
- 지속성: 지속적인 경과가 극심한 증상, 뚜렷한 증상, 긴 기간(6개월 이상) 지속

③ 신체증상장애의 원인과 치료

- 정신분석적 입장: 억압된 감정이 신체적 통로를 통해 표출된 것이다. 감정표현 불능증인 사람들은 자신의 감정과 감정상태를 나타내는 신체적 변화의 차이를 잘 구별하지 못해 발생한다.

- 인지적 입장: 신체적, 감각적 변화에 예민하고 건강에 대해 경직된 신념을 가지고 있으며 증상을 증폭시켜 지각하기 때문에 신체화 증상을 겪는다.

- 기질적으로 불안과 우울이 공병으로 나타나는 경우가 많으며 환경적으로 교육수준과 사회경제적 수준이 낮고 스트레스에 취약한 사람들에게 발병 빈도가 높다.

- 효과가 입증된 치료법이 없다. 환자는 자신의 증상이 신체적 증상이 아니고 심리적 요인에서 비롯된 것임을 인정하지 않고 저항하며 치료에 비협조적인 경향이 있어서 치료 예후가 좋지 않다. 따라서 장애의 속성을 교육시키고 질병 가능성에 대한 환자의 우려를 안심시키는 것이 우선된다.

## (2) 질병불안장애

① 질병불안장애의 진단 기준

- 심각한 질병에 걸려 있거나 걸리는 것에 대해 집착을 보인다.

- 신체증상은 없고, 있다고 하더라도 경한 상태다. 다른 의학적 상태가 나타나거나 의학적 상태가 악화될 고위험이 있을 경우 병에 대한 집착이 지나치거나 너무 부적절하다.

- 건강에 대한 높은 수준의 불안을 느끼고 건강 상태에 대해 쉽게 놀라는 반응을 보인다.

- 지나치게 건강 관련 행동(예 반복적으로 질병 의심 부위 체크)을 하고 부적응적인 회피(예 의사와의 약속이나 병원을 피함) 행동을 보인다.
- 질병에 대한 집착이 6개월 이상 존재하고 걱정하는 특정 질병이 수시로 바뀐다.
- 의학적 처치를 추구하는 유형: 자주 의사를 찾아가고 검사를 받는다
- 의학적 처치를 회피하는 유형: 의료 보호를 받으려고 하지 않는다.

② 질병불안장애의 원인과 치료
- 생활스트레스나 건강위협 요인에 의해 촉발되며 어린 시절 학대를 받았거나 심각한 질환을 경험한 경우 이 장애로 발전할 가능성이 높다고 알려져 있다.
- 노출 및 반응 방지 기법 등 행동주의 치료가 효과적이며 약물치료로는 강박증에 효과적인 항우울제에 잘 반응한다고 알려져 있다. 인지치료는 질병과 관련된 불합리한 신념과 역기능적 도식을 찾아서 질병 관련 불안을 통제하도록 도와줄 수 있다.

## (3) 전환장애 2023년

① 기능성 신경학적 증상장애(전환장애)의 임상적 특징
- 신경학적 손상을 호소하는 한 가지 이상의 신체 및 운동기능 이상 증상과 감각기관의 이상 증상을 보인다.
- 과거 '히스테리' 또는 '히스테리성 신경증'이라 불리며 프로이트가 정신분석을 발전시키는 계기가 된 장애이다.

② 기능성 신경학적 증상장애(전환장애)의 진단 기준 2023년
- 한 가지 이상의 변화된 수의적 운동 또는 감각기능 이상을 보인다.
- 임상 검사 소견이 증상과 신경학적 혹은 의학적 상태와 불일치하는 증거를 보인다.
- 증상이나 결함이 사회적 · 직업적 기능을 손상시킨다. 2023년

**다음 중 하나를 명시할 것**
- 쇠약감 혹은 마비 동반
- 비정상적 운동 동반(떨림, 근육긴장 이상, 근경련, 근육간대경련, 보행장애)
- 삼키기 증상 동반 2023년
- 언어증상 동반(발성 곤란, 불분명한 말 등)
- 발작 혹은 경련 동반
- 무감각증이나 감각 상실 동반
- 특정 감각 증상 동반(시각, 후각 또는 청각 장해)
- 혼합 증상 동반

제1과목(필수) 제4과목(필수)

| | 기능성 신경학적 증상장애(전환장애)에 흔히 나타나는 4가지 증상 |
|---|---|
| 운동기능 이상 | 비정상적 운동, 신체 협응 기능 손상, 신체 일부의 마비나 기능 저하, 불성증, 소변을 보지 못함, 목구멍이 막힘 |
| 감각기능 이상 | 신체 일부 촉각이나 통각 상실, 소리를 듣지 못함, 이중 시야 등 |
| 경련이나 발작 | 신체적 경련이나 발작, 나타났다가 사라지는 것이 반복된다. |
| 혼합 증상 | 위 3개 유형이 복합적으로 나타나는 경우 |

③ 원인

- 정신분석 이론: 억압된 욕구를 표현하고자 하는 것에 대한 두려움의 타협으로 해석한다.
- 행동주의 이론: 신체증상장애와 전환 증상이 일종의 보상작용을 한다고 설명한다. 증상의 발생으로 갈등의 의식화가 안 되는 일차적 이득과 그로 인한 의무와 책임에서 면제되는 것이 이차적 이득으로 이 이차적 이득이 증상발달의 주된 원인으로 본다.
- 생물학적 입장: 뇌의 손상이나 기능이상 때문에 나타난다(대뇌피질과 망상체의 기능이상).

④ 치료

- 치료자는 장애의 원인이 될 수 있는 외상 및 신체증상과 연결된 불안에 주목하며 통찰, 노출, 약물치료를 적용한다. 신체증상장애에 적용되는 치료법이 사용된다.
- 최면을 통해 정서적인 지지를 제공하고 회복에 대한 암시를 주는 것도 효과를 볼 수 있으며, 불안이 동반될 때는 항불안제를 사용하기도 한다.

(4) 인위성(허위성) 장애

① 인위성(허위성) 장애의 특징

인위성 장애는 뮌하우젠 증후군(Munchausen syndrome)이라고 알려져 있다. 환자 역할을 하기 위하여 자신이나 타인이 신체적 혹은 심리적 증상이나 징후가 있다고 허위로 꾸민다. 외적 보상이 없는 상황에서 부상이나 질병을 인위적으로 유도한 후에 자신이나 타인을 위한 치료행위를 한다.

② 인위성(허위성) 장애의 진단 기준

- 스스로에게 부여한 인위성 장애

    - 신체적 혹은 심리적 징후나 증상을 허위로 조작하거나 상해 혹은 질병을 유도하

는 데 확인된 속임수와 연관된다.

- 다른 사람에게 자신이 아프고 장해가 있고 상해를 당했다고 표현한다.

- 분명한 외적 보상이 없는 상태인데도 속이는 행동이 분명하게 드러난다.

- 타인에게 부여한 인위성 장애(과거 대리인에 의한 인위성 장애)

  - 다른 사람에게 신체적 혹은 심리적 징후나 증상을 허위로 조작하거나 상해 혹은 질병을 유도하는 데 확인된 속임수와 연관된다.

  - 제3자(피해자)가 아프고 장해가 있고 상해를 당했다고 다른 사람에게 표현한다.

  - 분명한 외적 보상이 없는 상태인데도 속이는 행동이 분명하게 드러난다.

③ 인위성(허위성) 장애의 원인과 치료

- 어린 시절 의학적 어려움을 겪은 사람, 의료계 종사자 등이 더 많이 걸리는 것으로 알려져 있다. 아동기의 학대와 불안정 애착 등이 원인이라고 알려져 있으나 근본 원인에 대해서 연구는 부족하다.

- 환자가 나타내는 증상을 빨리 인식하게 도움으로써 환자가 고통스럽고 위험한 진단 절차로 진입을 차단하는 것이 중요하다. 환자의 역할을 통해서 충족시키려던 무의식적인 소망을 현실적인 방법으로 충족하도록 유도한다.

## 10. 급식 및 섭식장애

| 급식 및 섭식장애(feeding and eating disorders) | |
|---|---|
| 특징 | 부적절한 섭식행동으로 인한 신체의 건강과 적응기능의 손상 |
| 하위 장애 | • 신경성 식욕부진증<br>• 신경성 폭식증<br>• 폭식장애<br>• 이식증<br>• 되새김장애(반추장애)<br>• 회피적/제한적 음식섭취장애 |

### (1) 신경성 식욕부진증(anorexia nervosa) **2023년**

① 신경성 식욕부진증의 특징

- 체중증가에 대한 극심한 두려움으로 음식 섭취를 제한하거나 거부함으로써 체중이 비정상적으로 감소한다. 자기인식의 장애로 인해 마른 체형임에도 뚱뚱하다고 왜

곡되게 지각하는 경향이 있다.
- 심한 저체중의 경우 우울 기분, 사회적 위축, 과민성, 불면증, 성행위에 대한 흥미 감소 등의 부수적 징후와 증상을 보인다.
- 일반적으로 청소년기나 성인기 초기에 시작되며, 대학 진학을 위해 고향 집을 떠나는 것과 같이 압박감을 주는 생활사건과 연관이 있다.
- 신체적으로는 백혈구 감소, 빈혈증, 탈수 상태, 저마그네슘증, 저아연증, 저염소혈증, 저칼륨증, 대사성 산증이 유발되며, 무월경에 변비, 복통, 추위에 대한 내성 저하, 무기력증, 과도한 에너지 소모가 발생한다. **2020년**

② 신경성 식욕부진증의 진단 기준
- 필요한 양에 비해 음식을 섭취하는 것을 지나치게 제한하여 연령, 성별, 발달 과정 및 신체 건강 수준에 비해 유의하게 저체중이 유발된다.
- 저체중임에도 불구하고 체중 증가와 비만에 대한 극심한 두려움이 있다.
- 기대되는 체중이나 체형을 경험하는 방식에 심각한 장해가 생기고, 체중이나 체형이 자기 평가에 미치는 영향이 지나치며, 현재 저체중의 심각성에 대한 인식이 지속적으로 결여되어 있다.

**●● 다음 중 하나를 명시할 것**
- 제한형: 지난 3개월 동안 폭식하거나 하제를 사용하지 않음(즉, 스스로 유도하는 구토 또는 하제, 이뇨제, 관장제의 남용이 없음) **2023년**
- 폭식 및 하제사용형: 지난 3개월 동안 폭식, 혹은 하제를 사용함(즉, 스스로 구토를 유도하거나 하제, 이뇨제, 관장제를 남용함)

**●● 현재의 심각도를 명시할 것**
성인의 경우 심각도의 최저 수준은 체질량 지수(BMI)를 기준으로 한다. 아동·청소년의 경우 BMI 백분위수에 해당하는 기준을 사용한다. 심각도 수준은 임상 증상, 기능 장애 정도 그리고 관리의 필요성에 따라 증가한다. **2023년**
- 경도: $BMI \geq 17kg/m^2$
- 중등도: $BMI\ 16 \sim 16.99kg/m^2$
- 고도: $BMI\ 15 \sim 15.99kg/m^2$
- 극도: $BMI < 15kg/m^2$

③ 신경성 식욕부진증의 원인 **2014년, 2016년**
- 정신분석적 관점: 성적인 욕구에 대한 방어로 음식을 거부하는 것으로 해석한다.
- 행동주의 관점: 체중이 늘어나는 것에 대한 두려움으로 음식회피 반응을 이해한다.
- 인지적 관점: 자신의 신체에 대한 왜곡된 지각을 핵심으로 본다.
- 생물학적 관점: 취약한 특정 유전자의 존재, 비정상적인 세로토닌의 활동 등을 언급한다.

- 설정점 이론(set point model): 시상하부의 기능에 장애가 생기면 적정한 체중 수준 (set-point)이 낮아지는 것으로 본다.
- 자가중독이론(auto addictive model): 굶는 동안 엔돌핀 수준증가로 입맛이 억제되고 긍정정서경험에 대한 의존성이 높아져 자기기아(self-starvation) 행동과 같은 절식행동이 지속된다는 주장이다.

④ 신경성 식욕부진증의 치료

- 정상체중 회복과 영양부족을 만회하기 위해 정상적인 섭식을 돕는다.
- 섭식장애를 악화시키는 생활스트레스 관리도 중요하다.
- 적절한 약물치료, 개인 및 가족치료 등 다양한 방법으로 신경성 식욕부진증의 악화 요인을 제거해 나가는 것이 효과적이다.

## (2) 신경성 폭식증(bulimia nervosa) 2016년. 2018년. 2020년

① 신경성 폭식증의 특징

- 짧은 시간에 매우 많은 음식을 먹는 폭식 행동과 이로 인한 체중증가에 대한 두려움으로 하제사용 또는 구토 등의 보상행동을 반복하는 것이 특징이다. 구토로 인한 치과적 문제가 발견된다.
- 폭식 삽화 도중 혹은 삽화 후에 해리 상태를 보고하기도 하는 등 조절 능력을 상실한다. 이들은 음식 섭취 문제를 부끄러워하고 증상을 숨긴다.
- 폭식의 선행 사건으로는 부정적 정서가 압도적이며, 그 외에 대인관계 스트레스, 체중과 체형에 대한 부정적인 느낌, 지루함 등이 있다.

② 신경성 폭식증의 진단 기준 2022년

- 반복적인 폭식 삽화는 다음 2가지 특징이 있다.
  - 일정 시간 동안(예 2시간 이내) 보통의 사람들이 비슷한 상황에서 같은 시간 동안 먹는 것보다 분명하게 많은 양의 음식을 먹는다.
  - 폭식 삽화 동안 먹는 것을 조절하는 능력이 상실된다(예 먹는 것을 멈출 수 없으며, 무엇을 또는 얼마나 많이 먹어야 할지 조절할 수 없는 느낌).
- 체중 증가를 막기 위해 반복적이고 부적절한 보상행동으로 구토 유도 또는 하제나 이뇨제, 관장약, 기타 약물을 남용하거나 금식 및 과도한 운동과 같은 행동을 보인다.
- 폭식과 부적절한 보상행동 모두 평균적으로 적어도 일주일에 1회씩 3개월 동안 일어난다.

제1교시 제4과목(필수)

- 체중과 체형이 자기 평가에 지나치게 큰 영향을 미친다.

**❖ 심각도를 명시할 것**
- 경도: 평균적으로 일주일에 1~3회 부적절한 보상행동 삽화
- 중등도: 평균적으로 일주일에 4~7회 부적절한 보상행동 삽화
- 고도: 평균적으로 일주일에 8~13회 부적절한 보상행동 삽화
- 극심: 평균적으로 일주일에 14회 이상 부적절한 보상행동 삽화

③ 신경성 폭식증의 원인
- 체중에 대한 염려, 낮은 자존감, 우울, 사회불안, 아동기의 불안장애가 신경성 폭식증의 위험요인이다. 마른 체형을 강요하는 사회문화적 분위기의 영향도 배제할 수 없다.
- 정신분석 이론 : 부모에 대한 무의식적 분노가 음식으로 대치되어 폭식행동이 유발된다고 한다.
- 행동주의 이론: 과체중에 대한 두려움으로 음식에 대한 접근-회피행동의 반복으로 이해한다.

④ 신경성 폭식증의 치료
- 인지행동치료 및 인지행동치료의 제3 동향이라고 하는 마음챙김 인지치료와 수용전념치료가 효과적이라고 알려져 있다.
- 인지적 재구성 방법을 통해 음식과 체중에 대한 비합리적 신념과 태도의 변화를 위해 심상화를 통한 신체적 둔감화를 사용할 수 있다. 우울증, 성격장애, 약물남용 등의 공존병리가 있는 경우 함께 다루어 준다.

**(3) 폭식장애 2019년**

① 폭식장애의 특징
- 증상의 강도나 기간 등 신경성 폭식증과 비슷하지만 부적절한 보상행동이 나타나지 않는다.
- 과체중이거나 비만인 경우가 많다.

② 폭식장애의 진단
- 반복적인 폭식 삽화가 다음 2가지 특징으로 나타난다.
  - 일정한 시간 동안(예 2시간 이내) 보통의 사람들이 비슷한 상황에서 동일한 시간 동안 먹는 것보다 분명하게 많은 양의 음식을 먹는다.
  - 폭식 삽화 동안 먹는 것을 조절하는 능력이 상실된다(예 먹는 것을 멈출 수 없으며,

무엇을 또는 얼마나 많이 먹어야 할지 조절할 수 없다는 느낌).

- 폭식 삽화는 다음 중 3가지 이상이 관련된다.
  - 평소보다 많은 양을 급하게 먹음
  - 배가 불러서 불편하게 느껴질 때까지 먹음
  - 배고프지 않은데도 많은 음식을 먹음
  - 많이 먹는 것에 대한 불편감 때문에 혼자 먹음
  - 폭식 후 스스로에 대한 역겨움, 우울감, 큰 죄책감을 느낌
- 폭식으로 인해 분명한 고통이 있다.
- 최소 3개월 동안 일주일에 1회 이상 발생한다.
- 신경성 폭식증에서 보이는 부적절한 보상행동이 나타나지 않으며, 신경성 폭식증 혹은 신경성 식욕부진중 기간에만 발생하지 않는다. **2019년**

③ 폭식장애의 원인과 치료

- 엄격한 절식에 대한 반작용으로 절식과 폭식의 악순환이 나타나는 경우가 많다.
- 부정정서도 폭식에 영향을 준다.
- 인지행동치료, 대인관계심리치료, 약물치료가 효과적이라고 알려져 있다.

(4) 이식증(pica) **2014년**

① 이식증의 임상적 특징과 진단

- 아동의 발달 연령에 부적절하고 사회적 관습이나 문화적으로 받아들일 수 없는 비영양성, 비음식(예 종이, 천, 흙, 머리카락)을 먹는 행동이 1개월 이상 지속될 때 이식증으로 진단한다.
- 비타민, 무기질의 결핍을 초래하며 장폐색, 장천공, 납 중독 등의 의학적 이상을 야기한다.
- 최소 2세 이후에 진단 가능하다.
- 흔히 지적발달장애를 동반하며, 지적발달장애가 심할수록 이식증의 빈도도 증가한다.

② 이식증의 원인과 치료

- 환경적 방임, 가정의 경제적 빈곤, 지도감독의 부재, 발달 지연이 이식증 위험을 증가시킨다.
- 아동기에 흔히 발병하고 성인의 경우 지적발달장애나 기타 정신질환이 있는 경우

발병할 수 있다.

- 부모가 아동이 먹는 것에 세심한 관심을 기울여서 적절하게 교육하는 것이 필요하다.
- 영양분 결핍에 의한 증상이라면 결핍된 양분을 보충해 준다.

## (5) 되새김장애(반추장애)

### ① 되새김장애의 임상적 특징과 진단 기준(DSM-5) 2017년

- 되새김장애는 음식물을 먹은 후 반복적으로 역류시키는 행동을 1개월 이상 지속할 때 진단한다.
- 위장의 문제나 구역질 반응조차 없는 상태에서 부분적으로 소화된 음식을 입 밖으로 뱉어 내거나 되씹은 후 삼키는 행동을 한다.

### ② 되새김장애의 원인과 치료

- 부모의 무관심, 정서자극의 결핍, 스트레스가 많은 생활환경, 부모 아동관계의 갈등이 원인으로 알려져 있다.
- 정신분석적 입장: 엄마로부터 오는 과잉 자극에 대처하려는 시도로 본다.
- 행동주의적 입장: 모의 관심이나 맛있는 음식 등 정적강화에 의해 지속, 강화되는 행동으로 본다.
- 생물학적 입장: 식도역류와 같은 신체적 기제가 관여하는 것으로 본다.
- 영양학적 개입과 행동치료를 통해 개입해야 한다. 아동이 부모와 정서적 관계를 잘 맺고 유지하도록 부모교육이 필요하며 심한 경우 음식을 토하지 못하게 하는 외과적 처치가 필요할 수도 있다.

## (6) 회피적/제한적 음식섭취장애

### ① 회피적/제한적 음식섭취장애의 임상적 특징

- 6세 이하의 아동이 음식섭취를 회피하거나 제한하여 1개월 이상 심각한 영양부족과 체중감소가 나타나는 경우를 일컫는다.
- 정서적으로 무감각하거나 위축되어 있으며, 발달지연을 보이는 경우가 많다.

### ② 회피적/제한적 음식섭취장애의 진단

- 섭식 또는 급식 장애가 지속적으로 나타나 적절한 영양과 에너지가 부족하게 되고 다음과 같은 문제가 나타난다.
  - 심각한 체중 저하(아동에게 기대되는 체중에 미치지 못하거나 성장이 더딤)
  - 심각한 영양결핍

- 위장관에 의한 급식 혹은 경구영양제에 의존

- 정신사회적 기능에 많은 영향을 미침

- 장애는 구할 수 있는 음식이 없거나 문화적으로 허용되는 처벌 관행에 의한 것이 아니다.

- 섭식장애는 신경성 식욕부진증이나 신경성 폭식증의 경과 중 나타나는 것이 아니고 체중이나 체형에 관한 장애 증거가 없어야 한다.

- 동반되는 의학적 상태로 인한 것이 아니고 다른 정신질환으로 더 잘 설명되지 않는다.

③ 회피적/제한적 음식섭취장애의 원인과 치료

- 정서적으로 무감각하거나 위축되어 있고 발달장애 아동인 경우가 많은 것으로 보아 부모-자녀의 상호작용이 영향을 준다고 짐작된다.

- 환경적으로 가족의 불안이 높고 섭식장애를 가진 어머니와 연관이 높다.

- 적절한 체중에 미달된 이유로 소아과에 입원한 아동 중 절반은 특별한 신체증상 없이 음식섭취장애를 나타낸다.

- 생후 1년 이내에 흔히 발생하지만 2~3세 아동에게도 나타나며 시간이 지나면서 장애가 사라지는 경향이 있다.

## 11. 배설장애

| 배설장애 | |
|---|---|
| 특징 | 소변이나 대변을 부적절한 장소에서 반복적으로 배설 |
| 하위장애 | • 유뇨증<br>• 유분증 |

(1) 유뇨증

① 유뇨증의 임상적 특징

- 주간형 유뇨증은 여아에게 많고 9세 이후에는 흔하지 않으며, 야간형 유뇨증은 흔히 수면 초기에 나타나며 REM 수면 단계에서 소변보는 꿈과 함께 발생한다.

- 친구 집에 자는 등의 사회적 활동에 제약이 있고 친구들로부터 놀림, 배척, 부모에 대한 불안과 분노, 낮은 자존감 등의 문제를 나타낼 수 있다.

- 5세까지 소변 가리기를 못하면 일차성 유뇨증, 일정 기간 분명하게 가린 후 발생하

면 이차성 유뇨증을 진단한다.

② 유뇨증의 진단 기준

- 침구 또는 옷에 불수의적이든 의도적이든 반복적으로 소변을 본다.
- 이러한 행동은 임상적으로 뚜렷하게 나타나고 적어도 연속적인 3개월 동안 주 2회 이상 나타나며 사회적, 학업적(직업적) 또는 다른 중요한 기능 영역에서 유의한 고통과 손상을 초래한다.
- 생활연령이 적어도 5세 이상이다.
- 이러한 행동은 물질(예 이뇨제, 항정신병 약물)의 생리적 효과나 다른 의학적 상태(예 당뇨, 척수이분증, 발작장애)로 인한 것이 아니다.
  :: 다음 중 하나를 명시할 것: 야간형 단독, 주간형 단독, 주야간형 복합

③ 유뇨증의 원인과 치료

- 정신분석적 관점에서는 아동의 불안과 기저의 갈등 때문으로 해석한다.
- 가족이론에서는 가족 간 상호작용의 문제를 지적한다.
- 행동주의 이론에서는 강압적인 배변훈련에 귀인시킨다.
- 대부분 특별한 치료 없이 교정되지만 고전적 조건형성 방법을 응용한 치료방법이 가능하다.

(2) 유분증

① 유분증의 임상적 특징

- 유분증은 반복해서 옷에 배변하는 증상으로 낮에 나타나는 경우가 대부분이다. 심각한 사회성 문제, 수치심 등을 유발한다.
- 유분증이 있는 아동은 흔히 유뇨증도 있으며 남자 아동에게서 더 흔하다.

② 유분증의 진단 기준(DSM-5)

- 부적절한 장소(예 옷, 바닥)에 불수의적이든 의도적이든 반복적으로 대변을 본다.
- 이러한 상황이 적어도 3개월 동안 월 1회 이상 나타난다.
- 생활연령이 적어도 4세 이상이다.
- 이러한 행동은 물질(예 완화제)의 생리적 효과나 변비를 일으키는 기전을 제외한 다른 의학적 상태로 인한 것이 아니다.
  :: 다음 중 하나를 명시할 것: 변비 및 범람 변실금을 동반하는 경우와 동반하지 않는 경우

③ 유분증의 원인과 치료

- 반복적인 변비, 부적절한 배변훈련이나 스트레스 상황이 원인으로 지목된다.

- 행동주의적 접근과 의학적 접근이 필요하다. 식이요법도 유용하며 정서적인 문제와 반항성 장애, 주의력 결핍 및 과잉행동장애 증상이 동반될 수 있으며 가족문제도 영향을 줄 수 있으므로 다각적으로 치료방법을 고려하여야 한다.

## 12. 수면각성장애 2022년

| 수면각성장애 | |
| --- | --- |
| 특징 | 수명의 양이나 질의 문제로 인한 수면각성에 대한 불안과 불평 |
| 하위 장애 | • 불면장애<br>• 과다수면장애<br>• 기면증(수면발작증)<br>• 호흡관련 수면상애<br>• 일주기 리듬 수면–각성 장애<br>• 사건수면(수면이상증) |

### (1) 불면장애

① 불면장애의 특징

- 잠이 드는 것과 수면상태 유지의 어려움과 수면의 양이나 질에 불만족한 상태이다. 다른 정신질환이나 의학적 상태의 경과 중에 발생하기도 하고 단독으로 발생하기도 한다.
- 수면시작 불면증, 수면유지 불면증, 수면종료 불면증이 있다.

② 불면장애의 진단 기준(DSM-5)

- 수면의 양이나 질이 매우 불만족스럽고 다음 중 한 가지 이상의 증상이 나타난다.
  - 수면 시작이 어려움(아동의 경우 보호자 없이 잠들기 어려움)
  - 수면 유지의 어려움으로 자주 깨거나 깬 다음에 다시 잠들기 어려움
  - 이른 아침에 눈이 떠져서 다시 잠들기 어려움
- 수면문제가 적어도 일주일에 3회 이상 발생한다.
- 수면문제가 적어도 3개월 이상 지속된다.
- 수면문제가 적절한 수면 기회가 주어졌음에도 불구하고 발생한다.

③ 불면장애의 원인

- 불면장애는 생리적, 인지적 각성 및 수면을 방해하는 행동적 요인 등이 복합적으로

작용하여 발생한다.

- 수면에 불리한 환경과 수면을 방해하는 행동이 조건형성이 되어 수면문제를 심화시킬 수 있다.

④ 불면장애의 치료

- 수면 위생에 대한 교육과 숙면을 취할 수 있는 환경이나 습관을 교육하는 것이 중요하다.
- 인지행동치료: 수면일지를 작성하고 입면시간, 수면시간, 수면의 질 등을 점검하여 불면에 대한 불안과 걱정을 줄이는 작업도 의미가 있다.
- 약물치료: 심한 경우 벤조디아제핀, 졸피뎀 등의 약물치료가 필요하다.

(2) 과다수면장애

① 과다수면장애의 특징

- 과다수면장애는 수면의 양이 지나치게 많거나 잠에서 깨기 어렵다거나 깨어서도 각성을 유지하지 못하는 특징이 있다.
- 긴 야간 수면과 주간의 지속적인 졸음은 작업 효율성의 저하, 집중력 감소 등 일상생활에 지장을 초래한다.

② 과다수면장애의 진단 기준(DSM-5)

- 주요 수면시간이 7시간 이상임에도 불구하고 과도한 졸림을 호소하며 다음 중 한 가지 이상의 증상을 호소한다.
  - 같은 날에 반복적으로 수면에 빠지거나 반복적으로 깜박 잠이 듦
  - 하루에 주요 수면 삽화가 9시간 이상 지속되지만 피로가 해소되지 않음
  - 갑자기 깬 후에 온전한 각성 상태를 유지하기 곤란함
- 과다수면이 일주일에 3회 이상 발생하고, 적어도 3개월 이상 지속된다.
- 과다수면이 인지적, 사회적, 직업적 또는 다른 중요한 기능 영역에서 유의한 손상이나 고통을 초래한다.

③ 과다수면장애의 원인과 치료

- 심리적 스트레스와 알코올 사용으로 일시적으로 수면의 양이 늘어날 수도 있고 심한 우울증의 경우 과다수면이 나타날 수도 있으나 정확한 인과관계를 보여 주는 연구는 부족하다.
- 암페타민과 같은 자극제를 사용할 수 있고 SSRIs와 같이 진정작용 없는 항우울제가 도움이 되기도 한다.

(3) 수면발작증(기면증)

① 수면발작증의 임상적 특징과 진단 기준

- 깨어 있는 상황에서 갑자기 수면 상태로 빠져드는 수면발작을 일컫는다.
- 잠에 빠지는 것은 불가항력적으로 일상적인 활동(**에** 운전, 회의, 대화, 성관계 등) 중에 일어나는 것이 특징이다.
- 수면발작 상태에서는 흔히 강렬한 감정을 경험한 후 갑자기 근육이 긴장이 풀리며 주저앉을 것 같은 탈력발작이 나타난다.
- 수면발작증으로 인한 수면은 5~20분간 지속되며 하루 2~6회 정도 일어난다.
- 잠에서 깨어날 때 REM 수면이 반복적으로 나타나며 수면이 시작되거나 끝날 때 환각을 경험하거나 수면 마비가 나타날 수 있다.
- 이런 일이 3개월 이상 지속되면 수면발작증으로 진단한다.

② 수면발작증의 원인과 치료

- 기분장애를 동반하는 경우가 많고 물질의존장애, 불안장애와 공존율이 높다. 일반적으로 유전의 영향이 큰 것으로 알려져 있다.
- 각성수준을 유지 : 각성 상태를 유지시키는 약물을 사용하고 당분이 많은 음식을 피하며 운동이나 사회활동수준 증가로 각성을 유지하는 것이 중요하다.
- 심리치료 : 심리치료를 통해 자신의 상태를 받아들이고 수면발작 시의 대처와 직업선택 등을 고려하며 장애에 대한 두려움을 극복하고 일상을 유지하는 것이 중요하다.

(4) 호흡 관련 수면장애

① 호흡 관련 수면장애의 임상적 특징

- 수면 중의 호흡장애로 인하여 과도한 졸음이나 불면증이 유발되는 경우를 말한다. 호흡장애로 인해 수면 중에 저호흡과 무호흡 현상으로 자주 잠에서 깬다.
- 호흡 관련 수면장애의 주된 증상은 과도한 졸음이다. 이는 야간 수면 시 호흡장애로 숙면이 방해받아 야기된다.

| 호흡장애 3가지 유형 | |
| --- | --- |
| 폐쇄성 수면 무호흡증/<br>호흡저하증 | 흔한 경우로 수면 도중에 기도가 막혀 다섯 번 이상의 무호흡증이나 호흡저하증이 반복적으로 나타난다. |
| 중추성 수면 무호흡증 2022년 | 기도 막힘은 없고, 신경학적 질환이나 심장질환 등으로 인해 수면 중에 5번 이상의 호흡정지가 발생한다. |

| 수면 관련 환기 저하증 | 수면 중에 호흡 기능이 저하되면서 동맥의 이산화 탄소 수준이 증가하는 현상이다. |
|---|---|

② 폐쇄성 수면무호흡 저호흡 진단 기준

- ㉠이나 ㉡ 중 1가지 이상 증상이 있다.
- ㉠: 수면다원 검사에서 수면 시간당 적어도 5회 이상 폐쇄성 무호흡이나 저호흡이 있고, 다음 중 1가지 이상의 수면 증상이 있다.
  - 야간 호흡장애: 코골이, 거친 콧숨/헐떡임, 또는 수면 중 호흡 정지
  - 충분한 수면을 취했음에도 주간 졸림, 피로감
- ㉡: 동반된 증상과 관계없이 수면다원 검사에서 확인된 수면 시간당 15회 이상 폐쇄성 무호흡 또는 저호흡을 나타낸다.
- 심각도: 경도는 무호흡 저호흡 지수가 15 이내, 중등도는 15~30, 고도는 30을 초과한다.

③ 호흡 관련 수면장애의 원인과 치료

- 40~60대 이상에서 발생하며 노인에게 더 흔하다.
- 비만이나 기도구조의 이상으로도 발병할 수 있다.
- 폐색성 수면 무호흡증은 체중 감량을 통해서 치료되는 경우도 있으므로 체중 감량이 중요하며 흡연, 알코올 섭취, 약물복용을 감소시키고 반듯한 수면자세 유지가 중요하다.

## (5) 일주기 리듬 수면각성 장애

① 일주기 리듬 수면각성 장애의 임상적 특징 2019년

- 수면-각성 주기의 변화로 인해 과도한 졸음이나 불면증이 반복적으로 유발되는 것을 일컫는다. 수면-각성 주기의 변화로 인해 과도한 졸음이나 불면이 반복되는 경우이다.
- 인간의 생체시계는 24시간보다 길어서 취침/기상 시간을 조금씩 늦추는 것은 쉽지만 앞으로 당기는 것은 어렵다. 생체시계는 뇌 시상하부의 시교차상핵(SCN)에 위치한다.
- 청소년기에는 일주기 리듬에 기인하며 멜라토닌의 생성량이 많기 때문에 일주기 리듬이 쉽게 뒤로 밀릴 수 있어 아침에 일찍 일어나기 힘들어할 수 있다.

<기출 Check>

일주기 생체시계를 조절하는 요인 중 가장 큰 역할을 하는 것은 빛이다. 일주기리듬을 조절하는 인자는 외인성(빛, 어둠, 기온, 식사 등)과 내인성(수면-각성주기, 체온주기 등)이 있는데 그중 빛의 영향이 가장 크다. 빛은 눈을 통해 시상하부의 시교차상핵(생체시계가 위치함)에 전달되어 일주기 리듬을 조절한다.

② 일주기 리듬 수면각성 장애의 진단 기준 **2017년**
- 일차적으로 일주기 리듬의 변화 또는 내인성 일주기 리듬과 개인의 환경 또는 사회적 · 직업적 일정에 의해 요구되는 수면-각성 일정 사이의 조정 불량으로 수면 교란이 지속되거나 반복된다.
- 수면방해는 과도한 졸림이나 불면 또는 2가지 모두를 초래한다.
- 수면 교란은 사회적 · 직업적 또는 다른 중요한 기능 영역에서 임상적으로 유의미한 고통이나 손상을 초래한다.
- 다음 세부 유형을 명시

| | |
|---|---|
| 지연된 수면단계형 (올빼미형) | 개인의 수면-각성 주기가 사회적으로 요구되는 것보다 지연되는 경우를 말한다. |
| 조기수면단계형 | 개인의 수면-각성 주기가 사회적으로 요구되는 것보다 앞서 있는 경우를 말한다. |
| 교대근무형 | 교대근무에 의해 요구되는 수면-각성주기와 개인의 수면-각성주기가 불일치하는 경우를 말한다. |
| 불규칙한 수면-각성형 | 수면-각성 주기가 일정하지 못해서 하루에도 여러 번 낮잠을 자고 밤에 주된 수면을 취하지 않는 경우를 말한다. |
| 비24시간 수면-각성형 | 개인의 수면-각성 주기가 24시간 환경과 일치하지 않아서 잠들고 깨어나는 시간이 매일 지속적으로 늦어지는 경우를 말한다(예 시각장애인). |

- 증상이 1~3개월 나타나는 '삽화성', 증상이 3개월 이상 지속되는 '지속성', 2회 이상의 삽화가 1년 내에 발생하는 '재발성'으로 구분하여 명시한다.

③ 일주기 리듬 수면각성 장애의 원인과 치료
- 지연된 수면단계형은 청소년에게서 더 흔하고 야간교대 근무자의 경우 교대근무형 수면각성 장애 위험이 있다.
- 광노출치료가 도움이 될 수 있다. 광노출치료는 2~3일간 7,000~12,000lux의 밝은 빛에 노출시킴으로써 수면단계에 변화를 주는 치료법이다.

## (6) 수면이상증(사건수면)

① 수면이상증(parasomnias) 2015년, 2018년

- 수면이상증은 수면상태에서 일어나는 비정상적인 행동이나 경험을 말한다. 이는 숙면을 방해하여 일상생활에 지장을 초래한다.
- 비REM 수면각성장애(수면 중 보행/수면 중 경악), 악몽장애, REM 수면행동장애, 하지불안증후군이 포함된다.

② 비REM 수면각성장애

- 주된 수면시간의 첫 1/3 기간에 수면에서 불완전하게 깨는 경험을 반복적으로 하는 경우이다.
- 수면 중 보행이나 수면 중 경악의 형태로 나타난다.

| 수면 중 보행<br>sleep<br>walking | • 수면 중 잠자리에서 일어나 걸어 다니는 경우로 몽유병이라 불리기도 한다.<br>• 벤조디아제핀 등 항불안제가 효과적이며, 이완치료나 최면술을 사용하기도 한다. |
|---|---|
| 수면 중 경악<br>sleep<br>terrors | • 수면 중에 심장이 빨리 뛰고 호흡이 가빠지며, 진땀을 흘리는 등의 자율신경계의 흥분과 더불어 강렬한 공포를 느껴 자주 잠에서 깨는 경우를 말한다.<br>• 잠의 내용을 상세하게 기억하는 악몽 장애와 달리 꿈의 내용을 회상하지 못한다.<br>• 청소년기까지 지속될 경우 심리치료가 필요하고, 항불안제와 같은 약물이 도움이 될 수 있다. |

③ 악몽장애(nightmare disorder) 2023년

- 주된 수면이나 낮잠을 자는 동안에 생존, 안전, 자존감의 위협과 같은 여러 가지 무서운 꿈을 꾸어 잠에서 깨어나는 일이 반복되는 경우를 말한다.
- 생생하게 기억나는 꿈들의 반복적 발생이 일반적으로 야간 수면시간의 후반기 동안 일어난다.
- 불쾌한 꿈으로부터 깨어나면 빠르게 지남력을 회복하고 각성한다.
- 악몽기의 지속 기간에 따라 급성, 아급성, 지속성을 구분하여 명시하고, 현재의 심각도를 명시한다(경도: 평균적으로 주당 1회 미만, 중등도: 주 1회 이상, 고도: 매일 밤마다 발생). 2023년
- 아동기부터 나타나지만 청소년기 후기나 성인 초기에 가장 많이 발생한다.
- 남성과 여성 모두 10~13세 사이에 유병률이 증가하지만 여성에서는 20~29세까지 증가하고 여성이 남성에 비해 2배의 유병률을 보인다.

④ REM수면행동장애

- 수면 중 소리를 내거나 옆 사람을 다치게 할 수도 있는 복잡한 동작을 반복적으로 하면서 깨어나는 경우를 말한다. 깨어날 때 명료하게 깨어나고 의식이 혼돈되거나 지남력을 상실하지 않는다.
- REM 수면 중에 복잡하고 활기찬 움직임이 나타나는 것이 특징이다.
- 유병률에 대해서는 50대 이상의 남성에게서 많이 나타나고, 심리사회적 스트레스를 유발원인으로 본다.
- 발성 및 복합 운동 행동과 관련된 수면 중 각성의 반복적인 삽화가 적어도 수면 개시 후 90분 이후 REM수면 중에 발생하며 수면 후반부에 빈번하다. 낮잠 중에는 드물게 발생한다.

⑤ 하지불안증후군(초조성 다리증후군)

- 수면 중에 다리의 불쾌한 감각 때문에 다리를 움직이고 싶은 충동을 느끼는 경우를 말한다.
- 주로 40대 이상에서 진단된다.
- 생물의학적 입장에서는, 수면 중의 도파민 수준 저하 또는 철분 부족이 하지불안증후군을 유발할 수 있다고 추정하고 있다.

⑥ 수면이상증의 원인과 치료

- 유전적 요인의 영향을 무시할 수 없지만 정서적, 신체적 스트레스가 원인일 수 있다.
- 성격장애, 기분장애, 불안장애와 관련된 경우도 많다.
- 약물로는 벤조디아제핀 같은 항불안제가 효과적이며 이완치료나 최면치료가 사용되기도 한다.

## 13. 성관련 장애

| 성관련 장애 | | |
|---|---|---|
| 분류 | 성기능부전(성기능) | 변태성욕장애(성도착) | 젠더불쾌감장애 |
| 특징 | 원할한 성행위를 저해하는 성기능의 문제 | 성적인 욕구를 부적절한 대상이나 방식에 의해 해소하는 행위 | 생물학적 성(性)에 대한 심리적 불편감과 고통 |

제1교시 제4과목(필수)

| 하위 장애 | • 사정지연<br>• 발기장애<br>• 여성극치감장애<br>• 여성 성적 관심/흥분 장애<br>• 성기 골반 통증/삽입장애<br>• 남성 성욕감퇴 장애<br>• 조기사정 | • 관음장애<br>• 노출장애<br>• 마찰도착 장애<br>• 성적피학장애<br>• 성적가학장애<br>• 아동성애장애(소아애호장애)<br>• 물품음란장애(성애물장애)<br>• 복장도착장애(의상전환장애) | • 아동의 젠더불쾌감(성 불편증)<br>• 청소년 및 성인의 성별 불쾌감 |

## (1) 성기능 부전

### ① 성기능 부전의 종류와 특징

- 사정지연: 사정에 도달하지 못하거나, 사정에 도달하는 시간이 지연되어 사정에 어려움을 겪음. 지연의 시간적 정의는 명확한 경계가 없다.
- 발기장애: 다음 증상 3가지 중 하나가 있다.
  - 거의 대부분의 성적 활동 상황에서 심각한 수준으로 발기의 어려움을 겪음
  - 발기를 유지하는 데 어려움을 겪음
  - 발기 후 단단함이 별로 없음
  - 증상은 최소한 6개월 이상 지속됨
- 여성극치감장애: 극치감의 지연 또는 뚜렷한 부재, 극치감 감각의 강도가 현저히 감소한다.
- 여성 성적 관심/흥분 장애: 성적 활동이 결여되거나 관심이 감소하고 성적 사고나 환상의 결핍이 있다. 성적 활동 개시 욕구의 감소로 파트너의 성적 활동 시도에 성적 흥분이나 쾌락의 결핍 및 감소, 내적·외적 성적 단서에 대한 성적 관심과 흥분의 결핍이 특징이다.
- 성기 골반 통증/삽입장애: 성교 중 삽입통증, 성교 중이나 삽입 시도 중 현저한 음부나 질의 통증 혹은 골반통, 질 통증이나 골반통에 대한 분명한 두려움이나 불안, 질 내삽입 시도 동안 골반저근의 현저한 긴장과 조임으로 고통받는다.
- 남성 성욕감퇴 장애: 성행위, 성적인 생각이나 공상, 성적 활동에 대한 욕구가 결여되어 있다.
- 조기사정: 질 내 삽입 이전 또는 직후에 대략 1분 안에 사정을 하는 것이다. 후천형은 40대 이후에 갑상선기능항진, 전립선염 등과 같은 의학적 상태로 주로 발생한다.

② 성기능 부전의 원인 및 치료

- 정신분석이론: 성기능 부전의 원인은 성기능 수행 시의 불안에서 비롯된다고 한다. 유아기에 생긴 뿌리 깊은 무의식적 갈등이나 최근의 경험에서 야기된다.
- 인지이론: 성에 대한 역기능적 신념, 즉 "성적인 능력은 나의 자존감과 존재가치에 매우 중요하다." "성기능이 떨어지면 나는 무능한 사람이다."와 같은 비합리적 신념에 근거한다.
- 가장 효과적인 치료: 마스터스와 존슨이 제시한 성치료 프로그램으로 성적 수행에 대한 두려움과 관찰자적 태도를 극복하는 데 초점을 둔 치료다. 이는 상대방을 만족시켜야 한다는 불안을 감소시키면서 동시에 성행위 시 느끼는 감각에 집중하게 하여 관찰자적 부정적 태도를 탈피하도록 도움을 준다.

## (2) 변태성욕장애(성도착장애)

① 변태성욕장애의 종류와 특징 2016년, 2018년, 2019년, 2022년, 2023년

- 관음장애: 다른 사람이 옷을 벗고 있는 모습을 몰래 훔쳐봄으로써 성적 흥분을 경험한다. 18세 이상, 6개월 이상 반복되는 경우에 진단한다.
- 노출장애: 타인을 향한 성기 노출 행위를 통한 반복적이고 강렬한 성적 흥분을 경험한다.
- 마찰도착 장애: 동의하지 않은 사람에게 성기나 신체 일부 접촉행위를 통해 성적 흥분을 느낀다. 6개월 이상 반복되는 경우에 진단한다.
- 성적피학장애: 굴욕을 당하거나 고통을 당하는 행위를 통한 성적 흥분을 느낀다. 6개월 이상 지속되는 경우에 진단한다.
- 성적가학장애: 상대방에게 고통이나 굴욕감을 느끼게 함으로써 성적 흥분을 느낀다. 6개월 이상 지속되는 경우에 진단한다.
- 아동성애장애(소아성애 장애): 사춘기 이전의 아동(보통 13세 이하)을 대상으로 성적 공상이나 성행위를 6개월 이상 반복적으로 나타내는 경우를 말한다.
- 물품음란장애(성애물장애): 무생물인 물건에 대해 성적 흥분을 경험하고 집착한다.
- 복장도착장애(의상전환장애): 이성의 옷으로 바꿔 입음으로써 성적 흥분을 경험한다. 물품음란장애를 동반하는 경우, 이성의 옷으로부터 성적 흥분을 느낀다.

② 변태성욕장애의 원인과 치료

- 정신분석 이론: 신경증 증상을 유발하는 억압되어 있는 성적 공상들의 변형이 의식

화되면서 자아동조적인(ego syntonic) 쾌락행동으로 표현된 것이라고 본다. 특히 오이디푸스 콤플렉스가 잘 해소되지 않은 사람들은 아버지에 의한 거세불안이 있고 이것이 성도착장애의 형태로 나타날 수 있다 주장한다.
- 행동주의 이론: 성적 흥분이 부적절한 대상에 잘못 조건형성이 되었기 때문이라고 본다. 따라서 혐오조건 형성을 통해 부적절한 행동을 제거하고 부족한 대인관계기술, 자기주장 훈련 등을 통해서 정상적인 이성관계를 통해 성적 욕구를 해소하도록 돕는다.

## (3) 젠더불쾌감장애(gender dysphoria)

### ① 젠더불쾌감의 임상적 특징 2020년
- 젠더불쾌감은 주어진 성에 대해 정서적·인지적 불만족을 느끼고 개인에게 생물학적으로 부여된 성과의 불일치로 인해 고통을 느끼는 것을 말한다.
- 젠더불쾌감 환자는 경험되는 성별과 생물학적 성별의 불일치를 경험하지만, 그렇다고 해서 항상 1차·2차 성징을 제거하고 다른 젠더의 성징을 갖기를 원하지는 않는다.

### ② 젠더불쾌감의 진단 기준 2017년
- 아동에서 젠더불쾌감: 자신에게 주어진 성별과 경험된/표현된 성별에 있어서 뚜렷한 불일치가 최소 6개월 이상 다음의 6가지를 보인다(1번은 반드시 포함).
  - 다른 젠더가 되고 싶은 갈망, 자신이 다른 젠더라고 주장함
  - 남자아이는 다른 젠더의 옷을 입거나 여성 복장 흉내 내기를 좋아함. 여자아이는 오로지 전형적인 남성 복장만을 고집하고 여성 복장을 하는 것을 거부함
  - 가상놀이나 환상놀이에서 이성 역할을 강하게 선호함
  - 다른 젠더가 주로 하는 놀이, 인형, 게임, 활동을 강하게 선호함
  - 다른 젠더 놀이 친구를 강하게 선호함
  - 남자아이는 전형적인 남성 장난감, 게임, 활동을 심하게 거부하고, 난투 놀이를 강하게 회피함. 여자아이는 여자 인형, 게임, 활동을 강하게 거부함
  - 자기의 해부학적 성별을 강하게 혐오함
  - 자신이 경험한 성별과 일치하고자 하는 일차 혹은 이차 성징에 대한 강한 욕구
- 청소년과 성인에서 젠더불쾌감: 자신의 경험하고 표현된 성별과 주어진 성별 간 현저한 불일치가 최소 6개월 이상 다음의 6가지를 보인다.

- 자신의 경험된/표현된 일차 또는 이차 성징 사이의 현저한 불일치

- 자신의 경험된/표현된 성별의 현저한 불일치로 인해 자신의 일차 또는 이차 성징을 제거하고 싶은 강한 갈망

- 다른 젠더의 일차 또는 이차 성징에 대한 강한 갈망

- 다른 젠더가 되고 싶은 강한 갈망

- 다른 젠더로 대우받고 싶은 강한 갈망

- 자신이 다른 젠더의 전형적인 느낌과 반응을 가지고 있다는 강한 확신

③ 젠더불쾌감의 원인과 치료

- 유전자 이상, 태내 호르몬의 이상이 젠더불쾌감의 원인으로 지목된다. 정신분석 이론에서는 남근기에 다른 젠더의 부모에게 과도하게 동일시한 결과로 보며 학습이론에서는 학습과 강화의 역사로 본다.

- 생물학적 치료인 호르몬치료가 있다. 1~2년간의 호르몬치료 후에 성전환수술도 가능하며 점차 증가하는 추세이다.

## 14. 성격장애

| 성격장애 | | |
|---|---|---|
| 특징 | 부적응적인 사고, 감정, 행동패턴으로 나타나는 성격의 문제 | | |
| 분류 | A군 성격장애 | B군 성격장애 | C군 성격장애 |
| 특징 | 고립, 기이함 | 극적인 정서변화 | 불안, 두려움 |
| 하위<br>장애 | • 편집성 성격장애<br>• 조현성 성격장애<br>• 조현형 성격장애 | • 반사회성 성격장애<br>• 연극성 성격장애<br>• 경계선 성격장애<br>• 자기애성 성격장애 | • 회피성 성격장애<br>• 의존성 성격장애<br>• 강박성 성격장애 |

제1교시 제4과목(필수)

## (1) 성격장애(personality disorder)의 이해

### ① DSM-5의 성격장애의 분류와 주요 특징(Weiissman, 1993) **2014년, 2015년, 2016년, 2018년, 2020년**

| 군집 | 군집 특성 | 성격장애 | 성격장애 특성 | 성차 |
|------|-----------|----------|---------------|------|
| A군 | 이상하고, 기이한, 사회적으로 고립된 | 편집성 | • 의심이 많고 타인을 불신<br>• 자신은 잘못이 없고 타인이 공격을 한다고 왜곡<br>• 남 탓 | 남성 > 여성 |
| | | 조현성 | • 사회적 관계 손상<br>• 타인과 애착을 형성할 능력과 욕구 부족<br>• 고립된 생활 | 남성 > 여성 |
| | | 조현형 | • 특이한 사고 패턴<br>• 괴이한 지각<br>• 사회적 상호작용과 의사소통의 어려움 | 남성 > 여성 |
| B군 | 극적, 변화가 많은 감정적, 충동적이고 변덕스러운 | 반사회성 | • 도덕적, 윤리적 발달 저조<br>• 타인을 조종하고 무책임함<br>• 죄책감, 공감능력의 결여 | 남성 > 여성 |
| | | 경계선 | • 충동성<br>• 부적절한 분노 표현<br>• 극적인 기분 변화<br>• 만성적 공허감<br>• 반복적이고 잦은 자해 시도 | 남성 < 여성 |
| | | 연극성 | • 자기 극화<br>• 관심을 얻지 못하면 참지 못하고 감정적 대처 | 남성 < 여성 |
| | | 자기애성 | • 과대성<br>• 타인으로부터 관심을 받는 것에 몰두함<br>• 자기 과시가 심하고 공감능력이 결여되어 있음 | 남성 > 여성 |
| C군 | 불안해하고 두려워하는 | 회피성 | • 거절이나 사회적으로 무시당하는 것에 대해 과민함<br>• 수줍어하고 사회적 관계를 맺는 것에 불안을 느낌 | 남성 = 여성 |
| | | 강박성 | • 질서, 규칙, 사소한 것에 지나치게 몰두<br>• 완벽주의적인 성향<br>• 감정표현과 따뜻함이 부족함<br>• 경직되고 즐기지 못함 | 남성 > 여성 |
| | | 의존성 | • 혼자 있는 것을 힘들어하고 타인에게 의존<br>• 우유부단함 | 남성 < 여성 |

② 성격장애(personality disorderr)의 진단 기준 2016년

- 내적 경험과 행동의 지속적인 패턴이 개인이 속한 문화에서 기대되는 것으로부터 현저하게 편향되어 있다. 이 패턴은 다음의 사항 중 둘(또는 그 이상)의 영역에서 나타난다.
  - 인지(자신과 다른 사람 및 사건을 지각하고 해석하는 방법)
  - 정동의 정도(감정 반응의 범위, 강도, 가변성, 적절성)
  - 대인관계기능
  - 충동 조절
- 지속적인 패턴이 개인 및 사회 상황의 광범위한 범위에 걸쳐서 경직되어 있고 전반적으로 나타난다.
- 지속적인 패턴은 임상적으로 유의한 곤란 또는 사회, 직업, 기타 중요한 기능 분야에서 손상을 유발한다.
- 패턴은 안정적이고 오랫동안 있어 왔으며, 최소한 청소년기 또는 초기 성인기부터 시작되었다.
- 지속적인 패턴이 기타 정신장애의 양상이나 결과로는 더 잘 설명되지 않는다.
- 지속적인 패턴은 물질의 직접적 생리적 영향이나 일반적 의학적 상태에 의하지 않는다.

> **학습 plus**
>
> **성격장애에 대한 대안적 DSM-5 모델**
> - 대안적 DSM-5 모델에서 성격장애는 성격(자기와 대인관계 기능)의 손상과 병리적 특질(부정적 정서성, 애착 상실, 적대성, 탈억제, 정신병적 경향성)로 특징지어진다.
> - 성격에서 자기는 정체성과 자기 주도, 대인관계 기능은 공감과 친밀감을 요소로 하고 있다.
> - 이 모델에서 도출될 수 있는 특정 성격장애는 6가지, 즉 조현형, 반사회성, 경계선, 자기애성, 강박성, 회피성 성격장애이다.

## (2) 편집성 성격장애 2020년

① 편집성 성격장애의 임상적 특징

- 지나친 의심과 적개심이 공격적인 언행으로 표출되기도 하고, 주변 사람을 불편하게 만들고, 조용하면서도 노골적인 냉담함으로 표현될 수 있다.
- 자신에 대한 타인의 비판은 못 받아들이면서 타인에 대해 비판적이며 자신의 결점을 주변의 탓으로 돌리는 투사방어기제를 많이 사용한다. 소송을 하고 법적 분쟁에

연루된다.
- 아동기와 청소년기에 외톨이로 지낸 경우가 많고 또래 관계가 원만하지 못하고 사회불안, 과민성, 독특한 사고나 언어 그리고 특이한 환상을 보이는 경우가 많다.
- 자신의 문제를 스스로 인식하지 못하여 자발적으로 치료를 찾지 않으며, 치료적 관계를 맺기도 어렵다.

② 편집성 성격장애의 진단 기준(DSM-5)
- 타인의 동기를 악의적인 것으로 해석하는 등 타인을 전반적으로 의심하고 불신하며 증상이 주로 초기 성인기에 시작되고 여러 상황에서 다음 중 4가지(또는 그 이상) 항목으로 나타난다.
  - 충분한 근거 없이 타인이 자신을 착취하거나, 해를 끼치거나, 속이려 한다고 의심한다.
  - 친구나 동료의 충정이나 신뢰에 대해 근거 없는 의심에 사로잡혀 있다.
  - 어떤 정보가 자신에게 나쁘게 이용될 것이라는 잘못된 두려움 때문에 타인에게 비밀 등을 털어놓기를 꺼린다.
  - 보통의 악의 없는 말이나 사건에도 숨겨진 위협 또는 자신의 품위를 손상하는 의미가 있다고 해석한다.
  - 지속적으로 원한을 품는다. 즉, 모욕, 무례 또는 경멸을 용서하지 못한다.
  - 다른 사람이 볼 때는 분명하지 않은 자신의 성격이나 평판에 대한 공격을 지각하고, 즉시 화를 내거나 반격한다.
  - 정당한 이유 없이 배우자 또는 애인의 정절에 대해 반복적으로 의심한다.
- 조현병, 정신병적 양상을 동반한 양극성 장애 또는 우울장애, 다른 정신병적 장애 경과 중 발생한 것은 편집성 성격장애로 진단하지 않으며, 다른 의학적 상태의 생리적 효과로 인한 것이 아니다.

③ 편집성 성격장애의 원인
- 유전적 소인도 있다고 하나, 정확히 밝혀진 연구가 없다.
- 심리사회적 요인: 초기 부모와의 관계에서 기본 신뢰가 형성되지 않았기 때문에 발생한다고 본다. 초기 양육과정에서 돌봄의 결여, 혹독한 부모로부터 자신과 타인에 대해 좋지 못한 태도를 내재화하여 '사람들은 다 악의적이다' '사람들은 나에게 위협이 된다' 등의 역기능적인 신념을 갖게 된다.

④ 편집성 성격장애의 치료

- 대상관계 치료: 분노 다루기, 만족스러운 관계 맺기, 실제 관계에 적용 및 탐색하기가 있다.
- 인지적 접근: 타인의 말과 행동에 왜곡된 해석을 하지 않고 보다 객관적이고 현실적인 해석을 돕고, 다른 사람의 관점을 수용하고 인식할 수 있게 도와준다.
- 집단치료, 사회기술 훈련 같은 행동치료는 대체로 잘 맞지 않는다.
- 문제나 갈등의 원인을 자신의 내부에서 찾고 해결해야 한다는 것을 알게 해 주는 것이 중요하다.

## (3) 조현성(분열성) 성격장애 2020년. 2023년

① 조현성 성격장애의 진단 기준(DSM-5)

- 사회적 관계로부터 동떨어져 있고, 대인관계에서 감정 표현의 범위가 제한된 패턴이 전반적으로 나타나며, 이는 초기 성인기에 시작되고 여러 상황에서 다음 중 4가지 이상으로 나타난다.
  - 가족과의 관계를 포함해서 친밀한 관계를 바라지도 않고 즐기지도 않는다.
  - 항상 혼자서 하는 활동을 선택한다.
  - 다른 사람과의 성적 경험에 대한 관심이 거의 없다.
  - 거의 모든 분야에서 즐거움을 취하려 하지 않는다.
  - 일차 직계 가족 이외의 친밀한 친구가 없다.
  - 다른 사람의 칭찬이나 비난에 무관심해 보인다.
  - 감정적으로 냉담하고 유리되어 있고, 단조로운 정동의 표현을 보인다.
- 단, 조현병, 정신병적 양상을 동반한 양극성 장애 또는 우울장애, 다른 정신병적 장애 혹은 자폐스펙트럼장애의 경과 중 발생한 것은 조현성 성격장애로 진단하지 않으며, 다른 의학적 상태의 생리적 효과로 인한 것이 아니다.

② 조현성 성격장애의 원인

- 편집성 성격장애와 마찬가지로 인간에 대한 기본적 신뢰감이 부족하고, 타인과 관계를 맺는 능력에 심각한 결함을 보이며 '나 혼자 있는 게 낫다' '다른 사람과 어울리면 골치 아픈 일만 일어난다' 등의 역기능적인 신념을 갖고 있어서 스스로를 고립시키며 살아간다.
- 아동기나 청소년기에 이미 또래와 어울림이 부족하고 사회적으로 동떨어져 있고,

학업 부진 양상도 나타나며 성인기 초기를 거치면서 은둔형 외톨이 모습으로 비춰
질 수 있다. 2023년

③ 조현성 성격장애의 치료

- 긍정적인 애착관계를 맺도록 상호작용을 돕는 것이 치료의 핵심이다.
- 행동기법: 역할연기, 노출기법 등을 사용하여 구체적 사회기술을 가르치기, 사회기
  술 증진, 새로운 대인관계 형성을 돕는 구조화 집단치료가 도움이 된다. 그러나 적
  극적 참여가 이루어지지 않고 치료 효과는 제한적이다.

**(4) 조현형 성격장애** 2016년

대인관계로부터의 철수, 인지적-지각적 왜곡, 사고와 행동의 혼란 3가지 요소로 나타
난다.

① 조현형 성격장애의 진단 기준

- 친밀한 대인관계에 대한 뚜렷한 불안감, 인간관계를 맺는 능력의 결함, 인지 및 지
  각적 왜곡, 기이한 행동으로 인해 생활 전반에서 대인관계 및 사회적 적응에 손상이
  나타나며, 이런 증상이 성인기 초기에 시작되고 여러 상황에서 다음 중 5가지(또는
  그 이상) 항목으로 나타난다.
  - 관계사고(심한 관계망상은 제외)
  - 행동에 영향을 미치며 하위문화(subculture)의 규범에 맞지 않는 이상한 믿음이나
    마술적 사고(예 미신, 천리안, 텔레파시 또는 '육감'에 대한 믿음, 아동 · 청소년은 기이한
    공상에 몰두)
  - 신체적 착각을 포함하는 이상한 지각 경험
  - 이상한 생각이나 말(예 모호하거나, 우회적이거나, 은유적이거나, 과도하게 정교한 또
    는 상동적인)
  - 의심하거나 편집증적 사고
  - 부적절하거나 제한된 정동
  - 기이하거나 엉뚱한 괴짜 같은 행동이나 외모
  - 일차 친척 외에 친밀한 친구나 막역한 친구가 없음
  - 친숙해져도 불안이 감소하지 않고, 자기에 대한 부정적 판단보다는 편집증적 두
    려움과 관련된 과도한 사회불안을 보임
- 조현병, 정신병적 양상을 동반한 양극성 장애 또는 우울장애, 다른 정신병적 장애
  혹은 자폐스펙트럼장애 경과 중 발생한 것은 여기에 해당되지 않는다.

② 조현형 성격장애의 원인과 치료

- 유전적 요인: 도파민 과활성화, 뇌실 확장, 측두엽 축소와 회백질 손실 등의 요인이 있다.
- 생물학적 요인: 조현병 가계에 조현형 성격장애가 많다. 유전적으로 두 장애가 유사하다.
- 심리치료: 세상과의 연결을 돕고, 과도한 자극을 줄여 주고 외로움, 소외감 등의 감정을 잘 인식하도록 돕는다. 지지적 정신치료가 적합하며 환자의 기묘한 행동과 사고방식을 우습게 여기거나 판단적 모습을 보이지 않아야 한다.
- 인지치료: 비정상적인 사고나 지각을 객관적으로 평가하고, 부적절한 것을 무시하도록 하며, 부적절하거나 마술적인 예언은 부정확함을 지적해 줘야 한다. 말하기 연습, 사회기술 훈련, 옷 입기, 예절과 같은 일상생활 기술훈련 등 행동요법도 필요하다.
- 약물치료: 관계 사고와 불안, 강박적 반추 및 신체화 등의 증상이 있을 경우에만 소량의 신경이완제가 효과적이다.

> **학습 plus**
>
> **조현형 성격장애 치료전략 4가지(Beck & Freeman, 1991)**
> 1. 사회적 고립을 줄일 수 있도록 건전한 치료적 관계를 수립한다.
> 2. 사회 기술훈련과 상황에 따른 적절한 언행의 모방학습으로 사회적으로 적절한 행동을 증가시킨다.
> 3. 내담자의 두서없는 사고 양식으로 인해 방해받지 않도록 치료 회기를 구조화하고 체계적으로 진행한다.
> 4. 내담자가 정서적 느낌이 아니라 객관적 증거에 기반하여 자신의 사고를 평가하도록 가르친다.

## (5) 반사회성 성격장애 2015년, 2016년

① 반사회적 성격장애의 임상적 특징

- 다른 사람의 권리를 무시하거나 침해하는 행동양식을 지속적으로 보이는 것으로 아동기나 성인 초기에 시작하여 지속된다.
- 사이코패스, 소시오패스, 비사회성 성격장애 등으로 사용되기도 한다.
- 거짓말과 속임수를 사용하기 때문에 이들에 대해 정확한 정보를 얻으려면 주변 사람의 면담에서 얻은 정보와 통합하는 것이 필요하다.

② 반사회성 성격장애의 진단 기준

- 15세 이후에 시작되고 다른 사람의 권리를 무시하는 행동 양상을 보이고, 다음 중 3가지 이상을 충족한다.
  - 체포의 이유가 될 만한 행위를 반복하는 등 법적 행동과 관련된 사회적 규범을 따

르지 못한다.

- 반복적으로 거짓말을 하고, 가짜 이름을 사용하고 자기 이익이나 쾌락을 위해 타인을 기만하는 사기성이 있다.
- 충동적이고 미리 계획을 세우지 못한다.
- 싸움이나 폭력 등으로 나타나는 성마름과 공격성
- 자신 혹은 타인의 안전을 무시하는 무모함
- 일정한 직업을 유지하지 못하거나 마땅히 해야 할 재정적 의무를 책임감 있게 이행하지 못하는 등의 지속적인 무책임성
- 다른 사람을 해치거나 학대하거나 다른 사람의 것을 훔치는 것에 대해 아무렇지 않게 느끼거나 합리화하는 등 양심의 가책이 결여되어 있다.
  - 최소한 18세 이상이어야 한다.
  - 15세 이전에 품행장애가 시작된 증거가 있다.

③ 반사회적 성격장애의 원인
  - 정신분석 이론: 부모의 애정결핍에서 비롯되어 기본적 신뢰의 상실이 원인. 특히 가정폭력, 부모의 갈등과 이혼, 빈곤 등의 환경적 스트레스가 영향을 미친다고 본다.
  - 행동주의 이론: 모델링, 모방을 통해 반사회성 행동이 학습. 이들의 부모 역시 반사회성 성격장애를 가질 확률이 높다고 본다.
  - 인지적 관점: '내 행동은 어떤 것도 정당화될 수 있다' '내가 공격하지 않으면 다른 사람이 먼저 공격할 것이다' 등의 역기능적 신념이 증상을 일으킨다.
  - 생물학적 요인
    - 낮은 세로토닌: 충동적이고 공격적인 행동
    - 전두엽 기능 결함: 계획과 실행 능력 저하
    - 자율신경계, 중추신경계의 낮은 각성: 보통 사람에 비해 불안을 덜 느낌
    - 뇌와 신체 각성이 낮게 나타남: 경고, 위험 단서, 스트레스 상황에서 위험 상황에 스스로를 빠뜨림
    - 같은 실수 반복, 부주의한 경향
    - 치료동기 부족, 권위에 불신, 감정의 행동적 발산 경향: 치료 성공률이 떨어진다.

④ 반사회적 성격장애의 치료
  - 인지행동치료: 자신의 행동에 책임지도록 교육하고 타인의 감정이나 욕구를 조망해 보는 능력을 길러 주려고 하지만 그다지 효과적이지는 못하다.

- 약물치료: 불안, 분노, 우울 등의 증상에 도움을 줄 수 있지만 이들은 약물을 지속적으로 복용하려 하지 않는다.

## (6) 연극성 성격장애 2016년

### ① 연극성 성격장애의 특징

- 자기중심적이고 감정적이어서 세부적인 것에 약하기 때문에 다른 사람에게 의존한다.
- 다른 성격장애에 비하면 연극성 장애 환자는 치료를 받으러 오는 경우가 많고 알코올 문제, 섭식문제, 우울증 문제가 동반되어 입원을 하기도 한다.
- 치료 시 치료자를 기쁘게 할 의도로 통찰을 얻은 것처럼 행동하고 변화할 것처럼 행동하지만 그런 척하는 경우가 많고 변화로 이어지지는 않는다.

### ② 연극성 성격장애의 진단 기준

- 지나친 감정 표현과 관심을 끌려는 행동이 성인기 초기에 시작하여 여러 상황에서 광범위하게 나타난다. 다음 중 5가지 이상의 항목을 충족시킨다.
  - 자신이 관심의 초점이 되지 못하는 상황을 불편해한다.
  - 다른 사람과의 관계에서 흔히 상황에 부적절하게 성적으로 유혹적이거나, 도발적으로 행동을 하는 특징을 보인다.
  - 감정의 변화가 급격하고 감정 표현이 피상적이다.
  - 타인의 관심을 끌기 위해 항상 자신의 외모를 이용한다.
  - 지나치게 인상적으로 말하지만 내용은 없는 대화 양식을 가지고 있다.
  - 자기 극화, 연극성, 과장된 감정 표현을 한다.
  - 피암시성이 높아 타인이나 상황에 의하여 쉽게 영향을 받는다.
  - 대인관계를 실제보다 더 친밀한 것으로 생각한다.

### ③ 연극성 성격장애의 원인 및 치료

- 정신분석 이론: 어린 시절의 오이디푸스 갈등을 잘 극복하지 못한 것에 기인함 — 여성은 어머니에게 실망을 느끼고 아버지에게 집착하면서 아버지의 관심을 얻기 위한 유혹적이고 과장된 감정표현 양식을 어린 시기에 습득한다는 것이다.
- 인지적 관점: '모든 사람으로부터 사랑을 받아야 한다' '다른 사람으로부터의 관심과 애정만이 나를 행복하게 해 줄 수 있다'와 같은 역기능적 신념이 증상을 일으킨다.
- 인지치료: 자신이 무기력하다는 역기능적 신념을 바꾸게 하고, 객관적이고 명확한 사고방식으로 문제를 해결할 수 있게 돕는다.

(7) **경계선 성격장애** 2014년, 2016년, 2019년, 2020년

① 경계선 성격장애의 임상적 특징

- 대인관계, 자아상 및 정동의 불안정, 충동성이 성인기 초기에 시작되어 광범위한 형태로 여러 상황에서 나타나며 만성적인 공허감과 권태감, 우울함을 느낀다.
- 신경증적 상태와 정신병적 상태의 경계를 의미하며, 평상시에도 위태로운 상태에 놓인 것처럼 보인다.
- 타인으로부터 버림받는 것을 매우 두려워하며, 이성에 대해 강렬한 애정과 증오를 나타낸다.
- 위기상태에서 매우 충동적·논쟁적이고 타인에게 책임을 전가하며, 분노를 터뜨려 통제력을 상실하기도 한다.
- 성적 일탈, 약물남용, 도박, 무절제한 낭비 등을 하며, 자신의 분노를 표출하거나 좌절상황이나 타인에게서 동정을 얻기 위해 자해·자살의 위협을 보이기도 한다.

② 경계선 성격장애의 진단 기준

- 대인관계, 자아상 및 정동의 불안정성, 현저한 충동성이 초기 성인기에 시작되며, 다음 중 5가지 이상을 충족한다.
  - 실제적으로 혹은 상상으로 버림받지 않기 위해 필사적으로 노력한다.
  - 이상화와 평가절하의 양극단을 왔다 갔다 하면서 불안정하고 격렬한 대인관계 패턴을 보인다.
  - 정체성 장해: 자기상 혹은 자기개념이 매우 불안정하다.
  - 자신을 손상할 수 있는 2가지 이상의 충동성(예 낭비, 섹스, 물질 남용, 무모한 운전, 폭식 등)
  - 반복적인 자살행동, 자살 제스처, 자해행동
  - 현저한 기분의 반응성(예 강렬한 삽화적 불쾌감, 과민성, 불안이 보통 수시간 지속되며 드물게 수일간 지속됨)에 기인한 정동의 불안정성
  - 만성적인 공허감
  - 부적절하고 강렬한 분노 또는 분노 조절의 곤란(자주 울화통을 터뜨리거나 늘 화를 내거나 자주 몸싸움을 함)
  - 스트레스를 받는 상황에서 일시적으로 피해 사고 혹은 해리 증상

③ 경계선 성격장애의 원인

- 정신분석적 입장: 오이디푸스 갈등 시기 이전의 어머니와 맺었던 관계경험에 의해

발생한다.

- 생물학적 입장: 선천적으로 충동적, 공격적인 기질의 유무 등 다양한 주장이 제기되고 있다.

④ 경계선 성격장애의 치료

- 약물치료: 분노, 충동성, 정서 불안정 등을 조절하기 위하여 항우울제나 항정신병약물 또는 기분 조절제 등이 증상에 따라 이용된다.
- 심리치료: 개인 심리치료가 가장 일반적, 정신치료와 인지행동치료 등이 포함된다.
- DBT(변증법적 행동치료)와 인지행동치료의 효과가 밝혀져 있다.

## (8) 자기애성 성격장애 2016년, 2018년, 2019년, 2020년

① 자기애성 성격장애의 특징

자기애성 성격장애를 가진 사람은 과대성, 과대한 숭배요구, 공감의 결여를 특징으로 한다. 이들의 자기지각은 부풀려져 있고 자신이 매우 특별한 사람이라고 생각하며 타인이 그렇게 인정해 주기를 바란다. 그러나 외적으로 드러난 팽창된 자기감과 달리 실제로 그들의 자존감은 취약해서 비판이나 상처에 민감하다.

② 자기애성 성격장애의 진단 기준

- 과대성, 숭배 요구, 공감 결여가 광범위한 양상으로 나타나며, 초기 성인기에 시작하고, 다음의 5가지 이상을 보인다.
  - 자기중요성(성취와 능력을 과장, 상응하는 성취 없이 특별대우를 받는 것을 기대)에 대한 과대한 느낌을 가짐
  - 무한한 성공, 권력, 명석함, 아름다움, 이상적인 사랑과 같은 공상에 몰두함
  - 자신은 특별하므로 특별한 사람이나 지위가 높은 사람에 의해서만 이해되고 교제해야 함
  - 과도한 숭배를 요구함
  - 특별한 자격을 가지고 있다고 느낌(특별히 호의적인 대접을 받고 자신의 기대에 타인이 자동적으로 순응하기를 비합리적으로 기대함)
  - 착취적인 대인관계
  - 공감의 결여
  - 다른 사람을 시샘하거나 다른 사람이 자신을 시샘한다고 믿음
  - 거만하고 건방진 행동이나 태도를 보임

제1교시
제4과목(필수)

③ 자기애성 성격장애의 원인 및 치료

- 정신분석 이론: 어린 시절 냉담하고 거부적인 부모로부터 양육된 사람에게서 나타난다고 본다.
- 자기 심리학: 유아기 때 과대한 자기상에 대한 좌절을 겪지 않았거나, 너무 심하게 좌절 경험을 한 경우 자기애적 손상이 일어나 병적인 자기애가 발생한다.
- 사회문화적 관점: 가족의 가치와 사회적 기준이 없어지면서 자기중심적이고 물질만능주의인 젊은 세대를 중심으로 개인주의 및 과도한 경쟁이 두드러짐에 따른다.
- 정신분석치료: 근본적 취약성과 방어를 인식하고 통찰하게 도와준다.
- 인지치료: 자기중심적 사고와 감정에 초점을 맞추고 다른 사람의 의견을 수용하고 공감능력을 길러 준다.
- 어느 치료법이든 이들이 가진 예민성과 취약성인 자기애적 손상에 대한 취약성을 공감해 주고, 치료 과정에서 생기는 좌절과 실망을 명료화시켜 주는 것이 필요하다.
- 취약성을 직접 해석해 주고 직면시켜 이들이 자신의 과대성과 이로 인한 부적응인 결과들을 인식할 수 있어야 성격 변화가 일어난다.

(9) 회피성 성격장애

① 회피성 성격장애의 임상적 특징

- 사회관계를 억제하고 부정적 평가를 받는 것에 대해 지나치게 예민한 증상이 특징이다.
- 스스로 부적절하다고 느끼고 자신감이 매우 낮기 때문에 새로운 대인관계를 불편해하고 어색해한다.

② 회피성 성격장애의 진단 기준

- 사회적 억제, 부적절감, 부정적 평가에 대한 예민성이 광범위하게 나타나고, 초기 성인기에 시작되며, 다음 중 4가지 이상을 충족한다.
  - 비판이나 거부, 인정받지 못할 것 같은 두려움 때문에 대인 접촉과 관련되는 직업 활동을 회피함
  - 자신을 좋아한다는 확신이 서지 않으면 사람들과 어울리는 것을 피함
  - 창피를 당하거나 조롱을 당할까 봐 두려워 친근한 대인관계 이내로 관계를 제한함
  - 사회적 상황에서 비난과 거절당하는 것에 대해 집착함
  - 부적절감으로 인한 새로운 대인관계 상황에서 억제되어 있음
  - 자신을 사회적으로 서투르고, 개인적으로 매력이 없고, 타인에 비해 열등한 사람으로 지각함

－당황스러운 일이 생길까 봐 새로운 일에 참여하거나 개인적인 위험을 감수하는 것을 몹시 꺼림

③ 회피성 성격장애의 원인 및 치료

- 정신분석 이론: 주된 감정은 수치심이며, 특히 아동기에 또래로부터 창피를 당하거나 거절을 받은 경험이 회피성 성격장애 형성에 영향을 줄 수 있다.
- 인지이론: 타인에게 비판을 받는 것에 대한 두려움에 초점을 맞춘다
- 행동주의 이론: 정상적인 사회기술을 잘 습득하지 못하고, 사회적 상황을 자꾸 회피하다 보니 사회적 결함이 더 굳어지는 악순환이 계속된다.
- 정신분석치료: 자신의 무의식적 갈등을 인지하고 해소하도록 돕는 것이 중요－수치심 다루기
- 인지치료: 불편한 신념과 역기능적 사고를 변화시켜 자기상을 높여 준다.
- 행동치료: 주장기술 훈련, 사회기술 훈련 등을 통해 사회적 상호작용을 촉진한다.
- 우울과 불안 증상 동반 시 항불안제, 항우울제가 사회불안을 감소시킬 수 있다.

⑽ 의존성 성격장애 **2017년**

① 의존성 성격장애의 특징

의존성 성격장애는 타인의 도움이 없이는 아무것도 할 수 없을 것이라는 두려움 때문에 주요 타인과 분리되지 못하고 복종적인 행동을 지속적으로 하는 특징이 있다. 사회적 관계는 자신이 의존할 수 있는 소수의 사람들로 제한된다.

② 의존성 성격장애의 진단 기준 **2023년**

- 타인의 돌봄을 받고자 하는 과도한 욕구로 인해 복종적이고 매달리는 행동과 이별에 대한 두려움을 나타내며, 이러한 증상이 초기 성인기에 시작되어 다음 중 5가지 이상을 충족시킨다.
  - 타인의 충고나 확신 없이는 일상적인 결정을 내리는 것이 어려움
  - 자기 삶의 가장 중요한 부분들에 대해 타인이 책임을 져 줄 것을 필요로 함
  - 지지와 인정을 얻지 못할까 봐 두려워 타인과 의견이 다르다는 것을 표현하기 어려움
  
  ∷ 보복에 대한 현실적인 공포는 제외
  - 자기 혼자 뭔가를 시작하는 것이 어려움(동기나 에너지 결핍 때문이라기보다는 자기 판단이나 능력에 대한 자신감의 결여 때문) **2023년**

－타인의 돌봄과 지지를 얻기 위해 불쾌한 일을 자원해서 함

－혼자서는 자신을 돌볼 수 없다는 심한 두려움 때문에 혼자 있으면 불편해하고 무력감을 느낌

－친한 사람과의 관계가 끝나면 자신을 돌봐 주고 지원해 줄 다른 관계를 급하게 찾음

－혼자 남아 자신을 스스로 돌봐야 하는 것에 대한 두려움에 비현실적으로 집착함

③ 의존성 성격장애의 원인 및 치료

- 정신분석 이론: 부모의 과잉보호－구강기에 고착－구강기에 해결되지 않은 갈등이 평생 돌봄 욕구를 불러일으켜 의존성에 취약, 혼자 됨에 대한 불안, 비관주의, 수동성과 같은 특징을 보인다.

- 대상관계이론: 초기의 부모상실이나 거부가 정상애착과 분리경험을 방해하여 일부 아동의 경우 평생 지속적인 유기불안을 갖게 된다고 설명한다.

- 행동주의 이론: 이들의 부모가 어린 시절 매달리거나 부모에게 충성하는 행동은 보상해 주고 독립적으로 행동하는 것에 대해서는 사랑을 주지 않는 식의 처벌 행동을 보인 것이 의존성을 강화시킨다고 보고 있다.

- 인지이론: '나는 이 세상을 헤쳐 나가기에는 적합하지 않다' '나에게는 보호해 줄 사람이 언제나 필요하다' 식의 역기능적 사고가 의존성을 일으킨다고 본다.

- 정신분석치료: 환자가 가진 의존 욕구와 치료자에 대한 전이 감정을 해석해 줌

- 인지치료: 내담자가 자신의 삶을 스스로 통제할 수 있다는 자신감을 갖도록 한다.

- 행동주의 치료: 주장훈련을 시켜주고, 스스로 무능하다는 생각에 도전하게 하고, 결정을 내리거나 자기주장을 할 때 생기는 불안을 견디도록 지지해 준다.

- 집단치료: 집단 구성원의 지지와 격려가 도움을 줄 수 있고 행동시연 등을 통해 감정표현을 하고 문제해결 기술을 배울 수 있다.

(11) 강박성 성격장애 2017년

① 강박성 성격장애의 임상적 특징

강박성 성격장애는 완벽함, 정리, 통제에 집착하기 때문에 유연성, 개방성과 효율성이 부족하다. 일이나 성과에 지나치게 몰두하며 여가 활동이나 대인관계는 소홀히 한다. 인지적으로 경직되어 있고 완고하여 자신은 불편함을 못 느끼지만 주변 사람은 불편할 수 있다.

② 강박성 성격장애의 진단 기준

- 정리정돈, 완벽함, 정신적 통제 및 대인관계 통제에 지나치게 집착하는 행동 양상이

생활 전반에 걸쳐 나타나며, 이로 인해 융통성, 개방성, 효율성이 떨어진다. 초기 성인기에 시작되며, 다음 중 4가지 이상이 나타난다.

– 세부, 규칙, 목록, 순서, 조직화 또는 일정에 집착하여 활동의 중요한 부분을 놓침
– 일의 완수를 방해할 정도의 완벽함을 보임(지나치게 엄격한 기준이 충족되지 않아서 계획을 완수할 수 없음)
– 여가 활동이나 친구 교제를 하지 않고 일이나 생산적인 것에 지나치게 헌신함
– 지나치게 양심적이고 꼼꼼하며, 융통성이 없음
– 감상적인 가치가 없는데도 낡고 가치 없는 물건을 버리지 못함
– 자신의 일하는 방식에 정확히 복종하지 않는 한 타인에게 일을 위임하거나 타인과 일을 함께하지 않음
– 자신과 타인에게 돈을 쓰는 데 매우 인색하고 미래의 재앙을 대비해서 돈을 모아야 하는 것으로 인식함
– 경직성과 완고함을 보임

③ 강박성 성격장애의 원인과 치료
• 정신분석 이론: 항문기 단계로 퇴행된 것
– 항문기 단계의 지나치게 엄격한 배변훈련 때문에 이 단계로 고착되어 항문기 성격을 가지게 되고, 규칙성, 완고성, 인색함, 정서적 억제, 자기회의, 강한 도덕의식과 같은 성격을 보인다는 것이다.
– 통제와 독립에 대한 부모와의 초기투쟁이 성격의 뿌리에 내재되어 있는 공격 충동을 부추긴다.
• 인지이론: '나는 내 자신과 주변 환경을 완벽히 통제해야 해' '실수를 한다는 것은 실패한 것이다'와 같은 비합리적인 생각이 강박적 성격의 기저에 있다. 흑백논리를 가지고 있어 '모 아니면 도' 식의 사고를 하고 잠정적 실수나 오류를 과장한다.
• 정신분석치료: 기저에 깔린 불안 감정을 수용, 자신의 한계를 받아들이면서 강박성 성격장애를 지닌 사람이 위험을 감수하도록 도와준다.

## ◐ 성격장애의 종류와 핵심신념 및 주요행동

| 성격장애 | 핵심신념 | 주요행동 |
|---|---|---|
| 편집성 | • 사람들을 믿을 수 없다.<br>• 항상 조심하고 경계해야 한다. | 숨겨진 동기를 찾아내고 경계하고 예민하게 굴기 |

| 조현성 | 다른 사람들과 거리를 두고 지내는 편이 낫다. | 다른 사람들과 거리를 두고 지내기 |
|---|---|---|
| 조현형 | • 관계를 맺는 것은 혼란스럽고 별로 도움이 안 된다.<br>• 사람들과 어울려 봤자 별 소용이 없다. | 불가사의한 힘이나 사건에 주목하기 |
| 연극성 | 사람들은 나를 흠모하고 내 명령에 따를 뿐이다. | 극적인 감정표현으로 매혹하기 |
| 자기애성 | • 나는 특별하니까 특별대우를 받을 만하다.<br>• 나는 남들보다 우월하다. | 다른 사람들을 착취하고 이용하기 |
| 경계선 | • 나는 처벌받아 마땅하다.<br>• 최악의 가능성은 누군가로부터 버림받는 것이다. | 거부에 민감하게 반응하기, 고통에서 벗어나기 위해 자살시도 |
| 반사회성 | • 나는 사회적 규칙을 깨도 된다.<br>• 다른 사람들은 모두 바보 멍청이다. | 공격하기, 조종하기, 강탈하기 |
| 회피성 | • 사람들이 내 진짜 모습을 알게 되면 나를 싫어할 것이다.<br>• 사람들에게 거절당하는 것은 매우 끔찍한 일이다. | 평가 상황 회피하기 |
| 의존성 | 내가 살아가려면 다른 사람의 도움이 있어야 한다. | 의존적 관계 형성하기 |
| 강박성 | 사람이라면 매사에 더 잘해야 하고 더 열심히 노력해야 한다. | 규칙 준수, 완벽주의, 통제하기 |

## 15. 파괴적 충동조절 및 품행장애 2023년

| 파괴적 충동조절 및 품행장애 | |
|---|---|
| 특징 | 충동통제의 곤란으로 인한 타인의 권리침해와 사회적 규범의 위반행위 |
| 하위<br>장애 | • 적대적 반항장애<br>• 품행장애<br>• 반사회적 성격장애<br>• 간헐적 폭발장애<br>• 병적도벽(도벽증)<br>• 병적방화(방화증) |

## (1) 적대적 반항장애

### ① 적대적 반항장애의 임상적 특징

- 어른에게 거부적이고 적대적이며 반항적인 행동을 지속적으로 나타내는 것을 말한다.
- 분노와 짜증, 논쟁적이고 반항적인 행동, 복수심이 핵심 증상이다.
- 주로 집에서 나타나는 경우가 많다.
- ADHD, 품행장애가 동반되기도 한다. 특히 아동기 발병 품행장애의 경우 품행장애보다 발달적으로 먼저 적대적 반항장애가 나타나기도 한다. 2023년

### ② 적대적 반항장애의 진단 기준 2022년

- 분노/과민한 기분, 논쟁적/반항적 행동, 복수심 등이 최소 6개월 이상 지속되고, 다음 중 적어도 4가지(또는 그 이상)가 존재한다.

  〈분노/과민한 기분〉
  - 자주 버럭 화를 낸다.
  - 자주 기분이 상하거나 쉽게 짜증을 낸다.
  - 자주 화내고 원망한다.

  〈논쟁적/반항적 행동〉
  - 자주 권위적인 인물과 논쟁한다.
  - 자주 적극적으로 어른의 요구나 규칙을 무시하거나 거절한다.
  - 자주 고의적으로 타인을 귀찮게 한다.
  - 자주 자신의 실수나 잘못된 행동을 남의 탓으로 돌린다.

  〈복수심을 가짐〉
  - 지난 6개월 동안 적어도 2번 이상 악의에 차 있거나 앙심을 품고 있다.

  ⁝⁝ 5세 이하 아동의 경우 최소 6개월 동안 거의 매일 이런 행동이 나타나고, 5세 이후에는 6개월 동안 일주일에 최소 1회 이상 상기 행동이 나타난다.

  ⁝⁝ **현재의 심각도를 명시할 것**
  - 경도: 증상이 한 가지 상황(집, 학교, 직장, 또래집단)에서만 나타나는 경우
  - 중등도: 증상이 적어도 2가지 상황에서 나타나는 경우
  - 고도: 증상이 3가지 이상의 상황에서 나타나는 경우

### ③ 적대적 반항장애의 원인

적대적 반항장애의 원인은 잘 알려져 있지 않지만 부모와 자녀 간의 갈등이 중요한 역할을 한다. 기질적으로 자기주장과 독립성이 강한 아동에게 지배적인 성향이 강한

부모가 과도하게 힘이나 권위로 억압하려고 할 경우 부모와 자녀 간의 갈등과정에서 아동은 적대적 반항장애를 드러낼 수 있다.

④ 적대적 반항장애의 치료

아동이 성장하면서 자연스럽게 사라질 수도 있지만 부모나 교사와의 관계 및 교우관계를 악화시키고 학업성취도를 저하시키고 품행장애나 기분장애로 발전할 수 있는 위험성이 있다. 아동은 심리치료를 하고 부모교육을 통해서 효과적인 부모-자녀 의사소통과 관계 개선이 필수적이다.

## (2) 품행장애

① 품행장애의 특징

- 3가지 핵심 증상: 분노하며 짜증 내는 기분, 논쟁적이고 반항적인 행동, 복수심
- 기질적으로 까다롭고 통제하기 어려운 성향인 경우가 많고, 언어성 지능도 떨어지는 편이다.

② 품행장애의 진단 기준

- 다른 사람의 기본 권리를 침해하고 나이에 맞는 사회적 규범 및 규칙을 위반하는 지속적이고 반복적인 행동 양상을 보이며, 지난 1년간 다음 진단 기준 15가지 중 3가지 이상에 해당되며, 지난 6개월 동안 적어도 한 가지 이상이 기준에 해당된다.

  〈사람과 동물에 대한 공격성〉
  - 자주 다른 사람을 괴롭히거나, 위협하거나, 협박한다.
  - 자주 몸싸움을 건다.
  - 다른 사람에게 심각한 신체적 손상을 일으킬 수 있는 무기를 사용한다(예 방망이, 벽돌, 깨진 병, 칼 또는 총).
  - 사람에게 신체적으로 잔혹하게 대한다.
  - 동물에게 신체적으로 잔혹하게 대한다.
  - 피해자와 대면한 상태에서 도둑질을 한다(예 노상강도, 날치기, 강탈, 무장강도).
  - 다른 사람에게 성적 행위를 강요한다.

  〈재산 파괴〉
  - 심각한 손상을 입히려는 의도로 일부러 불을 지른다.
  - 다른 사람의 재산을 일부러 파괴한다.
  - 사기 또는 도둑질

- 다른 사람들의 집, 건물, 차를 파괴한다.
- 어떤 물건이나 다른 사람의 호의를 얻기 위해, 또는 의무를 회피하기 위해 거짓말을 흔히 한다(예 다른 사람을 속임).
- 피해자와 마주치지 않은 상황에서 귀중품을 훔친다(예 부수거나 침입하지 않고 상점에서 도둑질하기, 문서 위조).

〈심각한 규칙 위반〉
- 부모의 금지에도 불구하고 13세 이전에 자주 밤늦게까지 집에 들어오지 않는다.
- 친부모 또는 양부모와 같이 사는 동안 적어도 2번 이상 가출하거나 장기간 집에 돌아오지 않는 가출이 1회 이상이다.
- 13세 이전에 무단결석을 자주 한다.
- 행동장애가 사회적 · 직업적 기능 영역에서 임상적으로 유의한 손상을 초래한다.
- 18세 이상일 경우, 반사회성 성격장애의 진단 기준에 맞지 않아야 한다.

:: 다음 중 하나를 명시할 것
- 아동기 발병형: 10세 이전에 품행장애 진단 기준 가운데 적어도 한 가지 이상 발생
- 청소년기 발병형: 10세 이전에는 품행장애의 진단 기준을 충족시키지 않음

③ 품행장애의 원인과 치료
- 환경적으로 폭력적이고 강압적이거나 또는 무관심하고 방임적인 부모의 양육태도와 부모불화, 가정폭력, 아동학대, 부모의 정신장애, 알코올 문제 등 가정환경이 주요 원인으로 지목된다.
- 부모-자녀 간의 상호작용 및 의사소통이 개선되어야 하고 부모의 양육태도 변화가 중요하다.
- 효과적인 분노 표출 방법이나 욕구 충족 방법을 습득하여 좌절과 불만을 사회적으로 용인되는 방법으로 표현하도록 하는 것이 중요하다.
- 새로운 적응 기술과 좌절에 대한 인내력을 키우고 궁극적으로 긍정적인 자아상을 회복하도록 하는 것이 중요하다.

(3) 간헐적 폭발장애
① 간헐적 폭발장애의 임상적 특징
- 공격적 충동이 조절되지 않아 심각한 파괴적 행동으로 나타나는 경우를 말한다.
- 언어적 공격뿐 아니라 재산 파괴와 신체적 공격을 포함하는 폭발적 행동이 반복적으로 나타나는데 공격의 강도가 자극 사건이나 심리사회적 스트레스 사건에 비해

지나치게 심하다는 것이다.

② 간헐적 폭발장애의 진단 기준 2022년

- 공격적인 충동을 통제하지 못해서 반복적으로 행동 폭발을 보이며, 다음 중에서 한 가지를 특징적으로 보인다.
  - 언어적 공격(분노발작, 신랄한 비난, 언어적 논쟁이나 싸움)과 신체적 공격(재산, 동물, 사람에 대한)이 3개월 동안 평균 일주일에 2번 정도 발생한다. 신체적 공격성은 재산피해나 재산파괴를 초래하지 않고 동물이나 사람에게 해를 입히지는 않는다.
  - 재산파괴, 동물이나 사람에 대한 상해를 입히는 신체 폭행이 12개월 동안 3회 보인다.
- 반복적인 행동 폭발 동안에 표현되는 공격성의 정도가 정신사회적인 요인에 의해 촉발되거나 유발되더라도 그 정도가 심하다.
- 공격적인 행동 폭발이 미리 계획된 것이 아니며(예 충동적이거나 분노로 유발된 행동), 뚜렷한 목표(예 돈, 힘, 친밀감)를 얻기 위한 것이 아니다. 2023년
- 반복적인 공격적 행동 폭발이 개인에게 현저한 직업적 · 대인관계 기능에 손상을 가져오며 경제적 · 법적 문제에 연루된다.
- 생활연령이 적어도 6세 이상이다.

③ 간헐적 폭발장애의 원인과 치료

- 간헐적 폭발장애의 원인은 어린 시절 부모나 타인에게 학대를 받거나 무시당한 것이 원인이라는 주장이 있지만 정확하게 밝혀진 바는 없다. 다만 가족의 분위기가 폭력적일 경우 이런 장애가 나타날 가능성은 크다.
- 유전적 취약성도 높고 스트레스 통제력과 관련이 있다.
- 치료 역시 많이 연구되지 않았다. 리튬, 카바마제핀, 벤조디아제핀 등의 약물이 공격성 완화에 도움이 될 수 있다.
- 치료에 오는 경우가 드물지만 치료의 목표는 과거에 누적된 분노나 적개심을 비공격적인 방법으로 표출하게 하는 것이다.
- 스트레스 인내력을 증강하고 분노조절 기법이 필요하다.

(4) 병적도벽(도벽증)

① 병적도벽의 임상적 특징

- 병적도벽은 남의 물건을 훔치고 싶은 충동을 참지 못해서 반복적으로 도둑질을 하

는 것으로 절도광이라고도 한다.

- 돈이 필요하거나 물건이 꼭 필요해서 훔치는 것이 아니라 물건을 훔치기 직전에 긴장감을 느끼고 절도에 성공했을 때 기쁨, 만족감, 안도감을 느끼는 것이 중요하다.

② 병적도벽의 진단 기준

- 개인적으로 쓸모가 없거나 금전적으로 가치 없는 물건을 훔치려는 충동을 통제하는 데 반복적으로 실패한다.
- 훔치기 직전 긴장감이 고조된다.
- 훔쳤을 때 기쁨, 충족감, 안도감을 느낀다.
- 훔치는 행동이 분노나 복수를 나타내는 것이 아니고 망상이나 환각에 의한 것도 아니다.
- 훔치는 것이 품행장애, 조증, 반사회성 인격장애에 의해 잘 설명되지 않는다.

③ 병적도벽의 원인과 치료

- 병적도벽은 뇌의 기질적 이상으로 충동조절 능력과 행동 억제 능력의 저하에 기인한다. 뇌부위 중 전두엽의 대뇌피질이 퇴화되어 있고 뇌측실이 커진 것으로 보고되어 있다.
- 정신분석 이론에서는 아동기의 잃어버린 애정과 쾌락에 대한 대체물을 추구하는 행위라는 견해가 있다.
- 치료법은 잘 알려져 있지 않지만 정신역동적 치료 사례나 행동치료 사례가 보고되어 있다.

(5) 병적방화(방화증)

① 병적방화의 임상적 특징

병적방화는 불을 지르고 싶은 충동으로 수차례 반복적으로 방화를 하는 것이다. 불을 내기 전에 긴장감, 정서적 흥분을 느끼며 불과 관련된 상황에 매력을 느낀다.

② 병적방화의 진단 기준

- 한 번 이상의 고의적이고 목적이 있는 방화를 한다.
- 방화 행위 직전 긴장감, 정서적 흥분이 고조된다.
- 불에 대한 그리고 불과 연관되는 상황적 맥락에 매료되고, 흥미, 호기심을 느낀다.
- 불을 지르거나 목격하거나 그 결과에 참여할 때 기쁨, 만족, 안도감을 느낀다.
- 방화는 금전적 이득, 사회, 정치적 이념의 표현, 범죄 활동의 은폐, 복수심과 분노

표현, 생활환경을 개선, 망상이나 환각에 대한 반응으로 또는 판단력 결여(신경인지장애, 지적발달장애, 물질 중독)로 행해지는 것이 아니다.

③ 병적방화의 원인과 치료

- 정신분석 이론: 성적 욕구의 해소 차원에서 불을 지른다는 것이 정신분석 이론 설명이다. 프로이트는 불의 상징적 의미에 대해서 불의 따뜻한 느낌은 성적인 흥분 시일어나는 감각과 비슷한 감각을 일으킨다고 주장한다.
- 뇌의 기능적 결함도 원인이 될 수 있다. 지적발달장애, 알코올 중독 환자, 성도착장애 환자가 방화 행동을 자주 보인다.
- 다른 충동통제 장애의 경우와 같이 정신역동치료나 행동치료에 대한 사례가 보고되고 있으나 과학적이고 체계적인 연구는 거의 없다.

## 16. 물질 관련 및 중독장애 2023년

| 물질 관련 및 중독장애 | | |
|---|---|---|
| 특징 | 알코올, 담배, 마약과 같은 물질이나 도박과 같은 행위에 대한 중독 | |
| 분류 | 물질 관련(10개) | 비물질 관련 |
| 하위 장애 | • 알코올<br>• 카페인<br>• 대마<br>• 환각제<br>• 흡입제<br>• 아편제<br>• 진정제/수면제 또는 항불안제 관련 장애<br>• 자극제 관련 장애<br>• 담배 관련 장애(중독은 없지만 사용장애와 금단이 있음) | • 도박장애 |

(1) 물질 관련 장애-알코올 관련 장애

① 알코올 관련 장애의 임상적 특징

- 알코올 관련 장애는 알코올 사용장애, 알코올 중독, 알코올 금단으로 크게 구분한다.
- 품행장애가 있거나 중독을 일찍 경험할 경우 10대 중반에도 발생한다.
- 30대 후반부터 많이 나타나지만 치료에는 50대 이후 만성이 된 후에 오는 경우가 흔하다.

- 자살자의 25%가 알코올의존자이며 이들의 자살 가능성은 일반인의 60~120배 정도이다.

② 알코올 관련 장애의 진단 기준

| 알코올 사용장애(alcohol use disorders)의 진단 기준 |
| --- |

A. 문제성 알코올 사용이 임상적으로 현저한 손상이나 고통을 일으키고 지난 12개월 동안 다음 중 최소한 2가지 이상이 나타난다.
- 종종 의도했던 것보다 알코올을 오랜 기간, 많은 양을 사용함
- 알코올 사용을 줄이고 조절하려는 욕구가 지속적으로 있거나 사용을 줄이거나 조절하려고 노력해도 실패함
- 알코올을 구하거나, 사용하거나 그 효과에서 벗어나려는 활동에 많은 시간을 보냄
- 알코올에 대한 갈망, 강한 바람 혹은 욕구를 지님
- 알코올을 반복적으로 사용하여 직장이나 학교 혹은 가정에서의 주요한 역할 수행에 실패함
- 알코올의 영향으로 지속적 혹은 반복적으로 사회적인 문제 및 대인관계 문제가 발생하거나 악화됨에도 불구하고 알코올 사용을 지속함
- 알코올 사용으로 인해 중요한 사회적, 직업적 혹은 여가 활동을 못하거나 포기함
- 신체적으로 해로운 상황에서도 반복적으로 알코올을 사용함
- 알코올 사용으로 인해 지속적 혹은 반복적으로 신체적·심리적 문제가 발생되거나 악화될 가능성이 높아도 계속 알코올을 사용함
- 내성(중독으로 인해, 혹은 원하는 효과를 얻기 위해 알코올 사용을 증가하거나 동일한 용량의 알코올을 계속 사용하면 효과가 현저히 감소함)
- 금단증상

**❖ 다음의 경우 명시할 것**
  - 경도: 2~3개 증상에 해당할 경우
  - 중등도: 4~5개 증상에 해당할 경우
  - 고도: 6개 이상 증상에 해당할 경우

| 알코올 중독의 진단 기준 |
| --- |

A. 최근의 알코올 섭취(alcohol intoxication)가 있다.
B. 알코올을 섭취하는 동안 또는 그 직후에 임상적으로 심각한 부적응적인 행동 변화 및 심리적인 변화가 발생한다(**예** 부적절한 성적·공격적 행동, 정서 불안정, 판단력 장해, 사회적·직업적 기능 손상).
C. 알코올 사용 중 또는 그 직후에, 다음 항목 가운데 한 가지 이상이 나타난다.

| | |
| --- | --- |
| • 불분명한 언어 | • 운동 조정 장해 |
| • 불안정한 보행 | • 안구진탕 |
| • 집중력 및 기억력 손상 | • 혼미 또는 혼수 |

제1교시 제4과목(필수)

| 알코올 금단의 진단 기준 |
| --- |

A. 심하게 장기적으로 알코올을 사용하다가 중단(또는 감소)한다.

B. 알코올을 사용하다가 중단하면 몇 시간 또는 며칠 이내에 다음 항목 가운데 2가지 이상이 나타난다.

- 자율신경계 기능 항진(발한 또는 맥박이 100회 이상 증가)
- 손 떨림 증가
- 불면증
- 오심 및 구토
- 일시적인 환시, 환청, 환촉 또는 착각
- 정신운동성 초조증
- 불안
- 대발작

C. 진단 기준 B의 징후 및 증상이 사회적, 직업적 또는 다른 중요한 기능 영역에서 임상적으로 유의한 고통이나 손상을 초래한다.

③ 알코올 관련 장애의 원인

- 생물학적 요인: 유전의 영향이 가장 크다. 핵심적인 신경전달물질은 '도파민'으로, 알코올이 뇌 안의 보상중추 혹은 쾌락 경로를 활성화시킨다고 알려져 있다.
- 정신분석적 관점: 알코올 중독자를 구강기 고착으로 보고 있다. 알코올 같은 물질에 의존적 관계를 형성함으로써 초기 아동기에 부모로부터 충족되지 못한 돌봄에 대한 미해결된 욕구를 충족한다는 견해이다.
- 주의력 결핍 및 과잉행동장애, 반사회인격장애 또는 자기주장을 잘하지 못하는 경우도 알코올 중독 가능성이 높다.
- 인지적 관점: 알코올에 대한 인지적 기대가 음주에 영향을 미치는 요인이라고 본다.

**학습 plus**

- 긴장감소 이론: 스트레스 상황에서 긴장 완화를 위해 술을 마시고 불안, 긴장, 죄의식 등이 감소하는 경험을 반복하며 음주행동이 강화
- 음주기대 이론: 알코올의 효과는 음주결과에 대한 기대나 신념의 결과, 직접적 경험뿐만 아니라 대리학습 등의 간접 경험을 통해 형성

- 사회문화적 요인: 음주문제에 관대한 문화권에 중독문제가 빈번하다. 사회적으로 불안정하고 하류층에 속할수록 알코올 중독에 더 취약하다. 알코올 중독은 '가족병'이라고 일컬어질 정도로 역기능적 알코올 중독 가족체계를 형성하며 가족 구성원 전체가 역기능적으로 된다.

④ 알코올 관련 장애의 치료

- 심각한 알코올 장애는 술로부터 차단되어 입원치료를 통한 약물치료가 필요하다.
- 경미한 알코올 사용장애에는 심리적 갈등을 완화하는 기술을 습득할 수 있도록 개

인심리치료, 스트레스 대처훈련, 사회 기술훈련, 자기주장훈련, 부부관계증진 훈련 등이 실시된다.
- 국가차원에서 알코올 중독 치료 센터 및 전문병원을 중심으로 '알코올 중독은 정신장애'라는 인식의 확산이 중요하다.
- 약물처방을 하는 정신건강의학과 의사와 환자 관리를 하는 간호사, 사례관리를 하는 사회복지사, 인지심리치료 등을 담당하는 임상심리사로 구성되는 다학제간 팀 접근이 필요하다. 또한 가족의 역할이 중요하므로 가족교육이나 가족치료를 병행하는 것이 필수이다.
- 12단계 촉진치료는 재발을 막을 수 있다는 점에서 효과적이다. 이는 1935년 전문가의 지원 없이 물질사용장애가 있는 사람들 사이에서 자조 운동으로 시작되었는데 가장 활발한 것이 익명의 알코올 중독자 모임(AA)이다.

## (2) 비물질 관련 장애-도박장애

### ① 도박장애의 분류

도박중독은 대표적인 비물질 관련 장애이며 행위중독에 속한다. 행위중독에는 도박 중독을 비롯해 섹스 중독, 게임 중독, 인터넷 중독 등이 있지만 임상연구 부족으로 도박중독만 포함되었다.

### ② 도박장애의 진단 기준

- 지속적이고 반복적인 문제성 도박 행동이 임상적으로 현저한 손상이나 고통을 일으키고, 지난 12개월 동안 다음 중 4가지 이상이 나타난다.
  - 바라는 흥분을 얻기 위해 액수를 늘리면서 도박하려는 욕구
  - 도박을 줄이거나 중지시키려고 하면 안절부절못하거나 과민해짐
  - 도박을 조절하거나 줄이거나 중지시키려는 노력이 계속 실패함
  - 종종 도박에 집착한다(예 과거의 도박 경험을 되새기고, 다음 도박에서 승산을 예상하거나 계획하며, 도박으로 돈을 벌 수 있는 방법에 몰두함)
  - 괴로움(예 무기력감, 죄책감, 불안감, 우울감)을 느낄 때 도박함
  - 도박으로 돈을 잃은 다음에 만회하기 위해 다음 날 도박판에 되돌아감
  - 도박을 했다는 것을 숨기기 위해 가족, 치료자 또는 타인에게 거짓말을 함
  - 도박으로 인해 중요한 관계가 위태로워지거나 일자리, 교육적·직업적 기회를 상실하거나 스스로를 위험에 빠뜨림

제1교시 · 제4과목(필수)

- 도박으로 야기된 절망적인 재정 상태에서 벗어나기 위해 돈 조달을 남에게 의존함

③ 도박장애의 원인

- 유전적 소인뿐 아니라 뇌 보상 중추에서 도파민의 과잉활동성이 원인으로 알려져 있다.
- 정신분석 이론: 피학적이거나 강박적인 인격 성향, 흥분추구, 권위에 대한 도전, 무의식적인 죄의식의 완화, 우울감을 없애려는 노력이 도박중독을 야기한다고 한다.
- 인지적 관점: 스스로 도박확률을 조절할 수 있다고 생각, 자신이 돈을 딸 주관적 확률을 높게 생각하는 인지왜곡과 미신적 사고가 있다.
- 학습이론: 돈을 벌었던 행동이 강화되는 정적강화 모델, 스트레스, 불안, 우울에서 도피하기 위해 도박에 몰두하는 부적강화 모델로 설명한다.
- 사회환경적 요인: 도박을 허용하는 문화와 도박시설에 대한 접근의 용이성 등도 원인이 된다.

④ 도박장애의 치료

- 생물학적 접근: 마약길항제와 같은 생물학적 접근이 사용되지만 크게 효과는 없다.
- 인지행동치료: 인지교정, 문제해결 기술훈련, 사회기술 훈련, 재발방지 등으로 구성된다. 왜곡된 사고와 믿음을 체계적으로 교정하여 도박갈망과 충동을 조절할 수 있게 하는 것이 인지행동치료의 핵심이다. 이와 더불어 도박갈망과 충동을 부추기는 상황을 피할 수 있는 기술, 스트레스나 감정관리, 가정 및 사회적응 훈련 등을 통해 재발을 방지하는 작업이 중요하다.
- 알코올 중독장애의 AA처럼 도박중독자(GA) 자조집단 프로그램이 도움이 될 수 있다.

## 17. 신경인지장애

| 신경인지장애 | |
| --- | --- |
| 특징 | 뇌의 손상으로 인한 인지기능의 심각한 저하나 결손 |
| 하위 장애 | • 섬망<br>• 주요 및 경도 신경인지장애 |

**(1) 섬망** 2017년, 2018년, 2020년, 2022년

① 섬망의 임상적 특징

- 섬망은 인지변화를 동반하는 주의 및 의식 장애로 주의를 집중하고 전환하는 능력이 손상되어 정보처리 능력이 떨어지고 의식장애가 동반되며 지남력이 심각하게 손상되는 장애이다.
- 일련의 증상이 갑자기 나타나고 그 원인이 제거되면 바로 사라지는 경우가 많다.
- 노인환자는 야간에 주로 섬망이 나타날 수 있다. 섬망이 나타나면 수면-각성 주기의 곤란이 일어나 주간에 졸리고, 야간에 초조하고, 수면 입면이 곤란하고, 온종일 졸리고, 밤새 각성이 나타난다.

② 섬망의 진단 기준

- 주의의 장애(주의를 기울이고, 집중, 유지, 전환하는 능력의 감퇴)와 의식의 장애(환경에 대한 지남력 감소)가 나타난다(A).
- 장애는 짧은 시간에 걸쳐(대개 몇 시간이나 며칠) 발생하고 주의와 의식의 변화를 보이며 하루 중 병의 심각도가 변동한다(B).
- 기억 결함, 지남력 장애, 언어, 시공간 능력 또는 지각 능력 등의 부가적 인지장애를 보인다(C).
- 진단 기준 A와 C는 이미 존재하거나, 확진되었거나 다른 신경인지장애로 설명되지 않고 혼수와 같이 각성 수준이 심하게 저하된 상황에서는 일어나지 않는다.
- 병력, 신체 검진에서 장애가 다른 의학적 상태, 물질 중독이나 금단, 독소 노출로 인한 직접적·생리적 결과이거나 다른 병인 때문이라는 증거가 있다.

> **학습 plus**
>
> **DSM-5-TR에서 섬망(delirium)의 진단 기준 A의 변경**
> - 진단 기준 A: 환경에 대한 인식 감소를 동반한 주의의 장해(즉, 주의를 기울이고 집중, 유지 및 전환하는 능력의 감소)가 나타난다.

③ 섬망의 원인 및 치료

- 섬망은 과도한 약물복용이나 신체적 질병(간질환, 당뇨, 뇌수막염, 파킨슨병 등)의 직접적인 결과로 발생한다.
- 진정제, 수면제, 항불안제 등의 특정 약물, 부탄가스, 알코올 등의 특정물질이나 약물의 과도한 중독, 금단 증상으로 발생할 수 있다(특정 물질로 인한 섬망은 청소년에게도 나타나고, 고열과 항클린성 약물 등으로 인한 섬망은 아동에게도 흔히 나타난다).

- 치료는 즉각적으로 이루어져야 하며 세균성 뇌막염과 같은 신경과적 질환이 잠재해 있을 가능성에 주의해야 한다.
- 과다행동 발현 시 진정제나 수면제 같은 약물사용이 도움이 된다.

**(2) 주요 및 경도 신경인지장애** 2014년, 2016년, 2018년, 2020년, 2023년

**① 신경인지장애의 특징**

- 신경인지장애(NCD)는 뇌의 질환 또는 손상과 관련하여 의식장애가 없이 기억장애를 포함하는 다양한 인지 기능의 장애가 지속적으로 나타나는 경우이다.
- 인지기능의 장애로는 기억력, 지남력, 시공간 인지력, 판단력, 추리력, 실행능력 및 언어능력의 장애를 포함한다.
- 인기기능의 장애는 일상생활 및 사회적, 직업적 기능의 저하를 초래한다. 신경인지장애는 뇌의 만성적 또는 진행성 질환으로 인한 증후군을 일컬으며 병인에 따라서 다양한 병명으로 분류된다(알츠하이머병, 전두측두엽변성증, 루이소체병, 혈관 질환, 외상성 뇌손상, 물질/치료약물 사용, HIV 감염, 프라이온 병, 파킨슨병, 헌팅턴병, 등 12가지 유형으로 분류).

**② 신경인지장애의 진단 기준**

| 주요 신경인지장애의 진단 기준 |
|---|
| A. 한 가지 이상의 인지영역(복합적 주의력, 실행기능, 학습 및 기억, 언어, 지각-운동 또는 사회인지)에서 이전 수행 수준보다 유의미하게 감퇴한다. |
| • 환자, 환자를 잘 아는 정보제공자 또는 임상의가 현저한 인지 기능 저하를 걱정함 |
| • 인지수행의 심각한 결함이 표준화된 신경심리 검사에 의해, 또는 다른 정량적 임상 평가에서 입증됨 |
| B. 인지결함이 일상 활동에서 독립성을 방해한다(계산서 지불이나 치료약물 관리와 같은 일상생활의 복잡한 도구적 활동에서 도움을 받아야 함). |

| 경도 신경인지장애의 진단 기준 2023년 |
|---|
| A. 한 가지 이상의 인지영역(복합적 주의력, 실행기능, 학습 및 기억, 언어, 지각-운동 또는 사회인지)에서 이전 수행 수준보다 경미하게 있다는 증거가 다음과 같다. |
| • 환자, 환자를 잘 아는 정보제공자 또는 임상의가 현저한 인지 기능 저하를 걱정함 |
| • 인지 수행의 경미한 손상이 표준화된 신경심리 검사에 의해, 또는 다른 정량적 임상 평가에서 입증됨 |

B. 인지결함이 일상 활동에서 독립성을 방해하지 않는다(계산서 지불이나 치료약물관리와 같은 일상생활의 복잡한 도구적 활동은 보존되지만 더 많은 노력, 보상전략 및 조정이 필요할 수 있음).

**⁑ 병인에 따라 다음 중 하나를 명시할 것**

알츠하이머병, 전두측두엽 변성증, 루이소체병, 혈관 질환, 외상성 뇌손상, 물질/치료약물 사용, HIV 감염, 프리온(prion) 질환, 파킨슨병, 헌팅턴병, 다른 의학적 상태, 다중 병인, 명시되지 않은 경우

③ 신경인지장애의 원인과 치료

- 중추신경계통의 손상, 즉 뇌세포의 손상으로 인해 신경인지장애가 발생한다.
- 알츠하이머병, 혈관성 질환, 루이소체질환, 전두측두엽 변성질환, 피크병, 헌팅턴병, 프리온 질환, 후천성 면역결핍증 등의 다양한 유발 원인이 있다.
- 알츠하이머로 인한 신경인지장애가 가장 많고, 혈관성 질환이 두 번째 흔한 원인이다.
- 약물치료: 신경인지장애는 기본적으로 뇌의 장애이므로 약물치료가 우선이다.
- 정신사회적 치료: 가족의 능력을 고려하여 현실적인 목표를 설정해야 한다.
- 인지훈련: 인지 기능의 유지 및 저하를 늦추기 위한 인지훈련이 가능하다.
- 그 외에 보건, 의료 측면의 서비스, 위기관리 서비스, 간호 측면의 서비스, 심리사회 측면의 서비스가 있다.

| 구분 | 섬망 | 신경인지장애 |
|---|---|---|
| 발병 양태 | 단기간(몇 시간~며칠) 발병과 하루 중 심각도의 변동이 있다. | 만성적이고 점진적으로 발생한다. |
| 의식 수준 | 의식의 장애가 뚜렷하다. | 장애 초기에는 의식 장애가 없다. |
| 각성 상태 | 혼미한 상태 | 각성수준은 비교적 정상이다. |
| 경과 | 가역적인 경우가 많다. | 진행성이며 인지 기능이 황폐화된다. |
| 발생률 | 노인은 물론 일반사람도 많음 | 연령이 65세 이상이면 발병률 증가 |

# 18. 임상적 주의 초점이 될 수 있는 기타 상태

진단 범주에 속하지는 않지만 임상적으로 관심과 보살핌이 필요한 여러 심리문제를 분류해 놓은 항목으로 다음 문제들이 있다.

**(1) 관계문제-가족양육/1차 지지집단 관계**

　　① 임상적 주의가 필요한 관계문제

| 가족양육 문제 | 1차 지지집단과 관련된 기타 문제 |
|---|---|
| • 부모-아동 관계 문제<br>• 형제자매 관계 문제<br>• 부모와 떨어진 양육<br>• 부모의 관계 고충에 의해 영향받는 아동 | • 배우자나 친밀 동반자와의 관계 고충<br>• 가정 내 고도의 표출정서<br>• 별거나 이혼에 의한 가족 붕괴<br>• 단순 사별 |

**(2) 학대와 방임 2023년**

| 아동학대와 방임문제 | 성인학대와 방임문제 |
|---|---|
| • 아동 신체적 학대<br>• 아동 성적학대<br>• 아동 방임<br>• 아동 심리적 학대 | • 배우자나 동반자 신체 폭력<br>• 배우자나 동반자 성적 폭력<br>• 배우자나 동반자 방임<br>• 배우자나 동반자가 아닌 사람에 의한 성인학대(스토킹, 공포감 유발 행위, 고립시킴 등) |

**(3) 교육과 직업 문제**

　　교육, 직업

**(4) 주거와 경제 문제**

　　주거, 경제

**(5) 사회환경과 연관된 문제**

　　생의 단계 문제, 혼자 살기와 관련된 문제, 문화적응의 어려움, 사회적 배척이나 거부, 부정적 차별이나 박해의 표적 등

**(6) 범죄 또는 법체계와의 상호작용과 관련된 문제**

　　범죄피해자, 구속 또는 구금 등

**(7) 상담과 의학적 조언을 위한 기타의 건강 서비스 대면**

　　성 상담, 기타 상담(영적, 종교적 상담, 다이어트 상담, 흡연 상담 등)

(8) 기타 정신사회적, 개인적, 환경적 상황과 연관된 문제

종교적·영적 문제, 원치 않는 임신 관련 문제, 임신 반복 관련 문제, 보호관찰관, 사례관리자 등과 불화, 테러 및 고문 피해자, 재앙/전쟁/기타 적대 행위 노출 등

(9) 개인력의 기타 상황 문제

심리적 외상의 기타 개인력, 자해의 개인력, 군대 배치의 개인력, 기타 개인적 위험 요인, 생활방식과 관련된 문제, 성인 반사회적 행동, 아동 또는 청소년 반사회적 행동

## 19. 추가 연구가 필요한 진단 상태

(1) 약화된 정신병 증후군
　① 약화된 정신병 증후군의 특징

환청, 망상 등 한두 가지 조현병 증상을 동반하지만 현실 검증력이 상대적으로 손상되지 않은 경우를 일컫는다.

　② 약화된 정신병 증후군-제안된 진단 기준
　　• 다음 증상 중 적어도 한 가지 증상의 약화된 형태가 임상적 주의가 필요한 정도 또는 빈도로 존재하고, 현실 검증력은 비교적 양호하다.
　　　– 망상
　　　– 환각
　　　– 와해된 언어
　　• 증상이 지난 1개월 동안 적어도 일주일에 1회 이상 나타난다.
　　• 증상이 전년도에 시작되었거나 악화되었다.
　　• 증상이 임상적 관심을 요할 만큼 고통과 장애를 초래한다.
　　• 증상이 정신병적 양상을 동반한 우울장애 혹은 양극성 장애 등의 다른 질환에 의해 설명이 잘 되지 않고 물질이나 다른 의학적 상태에 의한 것이 아니다.
　　• 다른 정신병적 장애의 진단 기준을 충족하지 않는다.

(2) 인터넷 게임장애 **2019년**
　① 인터넷 게임장애의 특징

IT산업의 발달로 인하여 인터넷과 스마트폰 중독 관련 장애의 하나로써 충동통제 문제를 가진 사람이 인터넷과 스마트폰을 통해 게임에 중독되는 경우를 말한다.

② 인터넷 게임장애-제안된 진단 기준

- 게임을 하기 위해, 다른 사용자들과 함께 게임을 하기 위해 지속적이고 반복적으로 인터넷을 사용하는 행동이 임상적으로 현저한 손상과 고통을 일으키며 다음 중 5가지 이상의 증상이 12개월 동안 나타난다.
  - 인터넷 게임에 몰두함(이전 게임 내용을 생각하거나 다음 게임 실행에 대해 미리 예상함. 인터넷 게임이 하루 일과 중 가장 두드러진 활동)
  - 인터넷 게임을 못하게 할 경우 금단증상(과민성, 불안 또는 슬픔으로 표현)
  - 내성(더 오랜 시간 동안 인터넷 게임을 하려는 욕구)
  - 인터넷 게임 참여를 통제하려고 시도하지만 실패함
  - 인터넷 게임을 제외하고 이전의 취미와 오락 활동에 대한 흥미 감소
  - 정신사회적 문제에 대해 알고 있음에도 불구하고 과도하게 인터넷 게임을 지속함
  - 가족, 치료자 또는 타인에게 인터넷 게임 시간을 속임
  - 부정적인 기분(무력감, 죄책감, 불안 등)에서 벗어나거나 이를 완화하기 위해 인터넷 게임을 함
  - 인터넷 게임 참여로 인해 중요한 대인관계, 직업, 학업 또는 진로 기회를 위태롭게 하거나 상실함

(3) 비자살적 자해장애

① 비자살적 자해장애의 특징

자살 및 자해와 관련된 새로운 진단은 비자살적 자해장애(non-suicidal self-injury: NSSI)로 추가적인 임상 연구가 필요한 진단이다. OECD 국가 중 자살률 1위를 차지하고 있는 우리나라의 경우 특히 더 주목할 필요가 있다.

② 비자살적 자해장애 진단 기준

| 비자살성 자해장애 진단 기준 |
| --- |

- 지난 1년간 5일 또는 그 이상 신체 표면에 고의적으로 출혈, 상처, 고통을 유발하는 행동(칼로 긋기, 불로 지지기, 찌르기, 과도하게 문지르기 등)을 자신에게 하고 자살의도가 없는 상태에서 신체 손상을 유발하는 자해 동을 한다.
- 다음 중 한 가지 이상의 기대하에 자해행행동을 한다.
  - 부정적 느낌 또는 인지 상태로부터 안도감을 얻기 위해
  - 대인관계 어려움을 해결하기 위해
  - 긍정적인 기분 상태를 유도하기 위해

- 다음 중 최소한 한 가지와 연관된 고의적 자해행동을 한다.
  - 우울, 불안, 긴장, 분노, 전반적인 고통, 자기비하와 같은 부정적 느낌 또는 생각이 자해 전에 일어남
  - 자해행위에 앞서 의도한 행동에 몰두하는 기간이 있고 이를 통제하기 어려움
  - 자해행위를 하지 않을 때에도 자해생각이 빈번함
- 행동은 사회적으로 제재되는 것이 아니며(예 피어싱, 문신, 종교적 혹은 문화적 의례의 일부), 딱지를 뜯거나 손톱을 물어뜯는 것에 국한되지 않는다.
- 행동 또는 그 결과가 대인관계, 학업 또는 다른 중요한 기능 영역에서 임상적으로 현저한 고통이나 방해를 초래
- 행동은 정신병적 삽화, 섬망, 물질중독 또는 물질 금단 기간에만 일어나는 것이 아니다. 신경발달장애가 있는 사람의 반복적인 상동증의 일부로 나타나는 것은 아니다. 또한 자해행동이 다른 정신질환이나 의학적 상태로 잘 설명되지 않는다.

## (4) 기타

그 외에도 단기 경조증동반 우울 삽화, 태아기 알코올 노출과 연관된 신경행동장애, 카페인 사용장애 등이 있다.

제1교시 제4과목(필수)

# 참고자료

## 제1교시 필수과목

### 제1과목 청소년 상담의 이론과 실제

강진령(2022). 학생 생활지도와 상담. 서울: 학지사.

권석만(2015). 현대 성격심리학. 서울: 학지사.

권석만(2012). 현대 심리치료와 상담이론. 서울: 학지사.

김계현, 김동일, 김봉환, 김창대, 김혜숙, 남상인, 천성문(2020). 학교상담과 생활지도(3판). 서울: 학지사.

김춘경, 이수연, 이윤주, 정종진, 최웅용(2016). 상담학 사전. 서울: 학지사.

김춘경, 이수연, 최웅용(2006). 청소년 상담. 서울: 학지사.

노성덕(2013). 전문상담교사 길라잡이. 서울: 학지사.

노안영(2018). 상담심리학의 이론과 실제(2판). 서울: 학지사.

박재황, 남상인, 김창대, 김택호(1993). 청소년상담교육과정개발연구. 부산: 한국청소년상담복지개발원.

이미리, 김춘경, 여종일(2019). 청소년 심리 및 상담. 서울: 학지사.

정순례, 양미진, 손재환(2020). 청소년 상담 이론과 실제(2판). 서울: 학지사.

천성문, 이영순, 박명숙, 이동훈, 함경애(2021). 상담심리학의 이론과 실제(4판). 서울: 학지사.

Jonas Ramnero & Niklas Tömeke(2015). *The ABCs of Human Behavior: Behavioral Principles for the Practicing Clinician*. 곽욱환, 박준성, 조철래 역(2016). 인간행동의 ABC. 서울: 삶과지식.

### 제2과목 상담연구방법론의 기초

고홍월, 권경인, 김계현, 김성회, 김재철, 김형수, 서영석, 이형국, 탁진국, 황재규(2019). 상담학 총서 12 상담연구방법론(2판). 서울: 학지사.

김동일, 금창민, 김지연, 남지은, 우예영, 이윤희, 이주영, 이혜은, 정여주(2022). 상담학 연구방법론. 서울: 학지사.

김석우, 구경호, 문영주, 유희정, 이승배, 장재혁(2022). 교육 & 사회과학 연구방법론. 서울: 학지사.

김영종(2023). 사회복지조사론 및 통계(3판). 서울: 학지사.

김재철(2019). SPSS와 함께하는 사회과학 통계자료분석. 서울: 학지사.

김춘경, 이수연, 최웅용(2006). 청소년 상담. 서울: 학지사.

박옥희(2020). 사회복지조사론(2판). 서울: 학지사.

성태제, 시기자(2020). 연구방법론(3판). 서울: 학지사.

성태제(2014). 알기 쉬운 통계분석(2판). 서울: 학지사.

손병덕, 신연희, 양혜원, 이상무, 장신재, 전미애, 황혜원(2021). 사회복지조사론. 서울: 학지사.

송관재, 김범준, 이재창, 이기학(2020). 직업상담학. 서울: 학지사.

신명희, 강소연, 김은경, 김정민, 노원경, 서은희, 송수지, 원영실, 임호용(2023). 교육심리학(5판). 서울: 학지사.

유진은, 노민정(2023). 초보 연구자를 위한 연구방법의 모든 것. 서울: 학지사.

이윤주, 문명현, 송영희, 김미연, 김예주, 김여흠, 지연정(2014). 알기쉬운 상담연구방법. 서울: 학지사.

임효진, 선혜연, 황매향, 여태철(2023). 교육심리학(개정판). 서울: 학이시습.

천성문, 함경애, 박은아, 김준성, 강문선(2022). 상담심리 연구방법의 실제. 서울: 학지사.

Carl J. Sheperis, J. Scott Young, & M. Harry Daniels (2016). *Counseling research* (2nd ed.). 김은하, 김창대, 김형수, 서영석, 정여주, 최한나 역(2022). 상담연구방법론. 서울: 학지사.

## 제3과목 심리측정 평가의 활용

권석만(2017). 성격심리학. 서울: 학지사.

김동민, 강태훈, 김명식, 박소연, 배주미, 선혜연, 이기정, 이수현, 최정윤(2019). 상담학 총서 11 심리검사와 상담(2판). 서울: 학지사.

김재환, 오상우, 홍창희, 김지혜, 황순택, 문혜신, 정승아, 이장한, 정은경(2014). 임상심리검사의 이해(2판). 서울: 학지사.

박경, 김혜은(2017). 심리평가의 이해와 활용. 서울: 학지사.

박영숙, 박기환, 오현숙, 하은혜, 최윤경, 이순묵, 김은주(2019). 현대 심리평가의 이해와 활용. 서울: 학지사.

성태훈(2020). 쉽게 풀어 쓴 로르샤하. 서울: 학지사.

성태훈(2022). 쉽게 풀어 쓴 MMPI-2/A. 서울: 학지사.

이우경, 이원혜(2019). 심리평가의 최신 흐름(2판). 서울: 학지사.

정종진(2021). BGT의 이해와 활용. 서울: 학지사.

하은혜(2021). 아동·청소년 심리평가. 서울: 학지사.

한경희(2023). MMPI-2-RF 핵심 가이드: 성격 및 정신병리의 평가와 해석. 서울: 마음사랑.

Alan F. Friedman, P. Kevin Bolinskey, Richard W. Levak, David S. Nichols (2015). *Psychological Assessment with the MMPI-2/MMPI-2-RF*(3rd ed.). 유성진, 안도연, 하승수 역(2020). MMPI-2 해설서. 서울: 학지사.

American Psychiatric Association(2022). *Diagnostic and statistical manual of mental disorders*(5th ed.). 권준수, 김붕년, 김재진, 신민섭, 신일선, 오강섭, 원승희, 이상익, 이승환, 이헌정, 정영철, 조현상,

김민아 역(2023). DSM-5-TR 정신질환의 진단 및 통계 편람(제5판 수정판). 서울: 학지사.

## 제4과목 이상심리

권석만(2023). 현대 이상심리학(3판). 서울: 학지사.

권석만 외 저(2017). 이상심리학시리즈(SET).

이우경(2021). DSM-5에 의한 최신 이상심리학. 서울: 학지사.

최정윤, 박경, 서혜희(2015). 이상심리학(3판). 서울: 학지사.

American Psychiatric Association(2013). *Diagnostic and Statistical Manual of Mental Disorders: DSM-5*(5th ed.). 서울: 학지사.

American Psychiatric Association(2022). *Diagnostic and statistical manual of mental disorders*(5th ed.). 권준수, 김붕년, 김재진, 신민섭, 신일선, 오강섭, 원승희, 이상익, 이승환, 이헌정, 정영철, 조현상, 김민아 역(2023). DSM-5-TR 정신질환의 진단 및 통계 편람(제5판 수정판). 서울: 학지사.

Donald W. Black & Jon E. Grant(2014). *DSM-5 Guidebook*. 강진령 역(2018). DSM-5 가이드북. 서울: 학지사.

George J. DuPaul & Gary Stoner(2004). *ADHD in the schools*(2nd ed.). 김동일 역(2007). ADHD 학교상담. 서울: 학지사.

Simpkins, C. Alexander & Simpkins, Annellen M. (2012). *Neuroscience for Clinicians: Evidence, Models, and Practice*. 채규만, 김지윤, 정진영, 전진수, 채정호 역(2021). 치료자를 위한 뇌과학. 서울: 학지사.

## 제2교시 선택과목

## 제1과목 진로상담

김봉환(2019). 진로상담의 이론과 실제. 서울: 학지사.

김봉환, 강은희, 강혜영, 공윤정, 김영빈, 김희수, 선혜연, 손은령, 송재홍, 유현실, 이제경, 임은미, 황매향(2018). 상담학 총서 06 진로상담(2판). 서울: 학지사.

김봉환, 정철영, 김병석(2006). 학교진로상담(2판). 서울: 학지사.

김지연, 고홍월, 김영화, 이혜은, 인효연(2022). 진로상담의 이론과 실제. 서울: 학지사.

김진규(2017). 심리검사의 이해와 활용. 서울교육대학교 교육대학원, 한국청소년상담복지개발원 자료.

정선철(2017). 진로상담의 이해. 서울: 태영출판사.

정철영, 임정훈, 이승엽, 이영광, 임소현, 임한려, 이유우, 박선영, 최로미, 조은혜(2023). 진로교육개론. 서울: 학지사.

Norman C. Gysbers, Mary J. Heppner, Joseph A. Johnston(2014). *Career counseling*(4th ed.). 김봉환 역(2017). 진로상담의 실제(개정판). 서울: 학지사.

## 제2과목 집단상담

강진령(2019). 집단상담의 실제(3판). 서울: 학지사.

강진령(2019). 집단상담과 치료. 서울: 학지사.

김춘경, 김숙희, 박지현, 배선윤, 손은희, 유지영, 전은주, 조민규, 진이주, 한은수(2021). 청소년 집단상담프로그램(2판). 서울: 학지사.

정성란, 고기홍, 김정희, 권경인, 이윤주, 이지연, 천성문(2019). 상담학 총서 04 집단상담(2판). 서울: 학지사.

정원철, 이명희, 박선희, 전예숙, 고영희, 김하영, 박소현, 이혜영, 곽연희, 하나연, 전미숙(2019). 알기 쉬운 집단상담. 서울: 학지사.

천성문, 박은아, 전은주, 김현진, 장은경, 박미영, 이은영, 박성현, 김현희, 김준성, 박선우(2021). 상담이론에 기초한 집단상담의 실제. 서울: 학지사.

천성문, 박은아, 조양순, 김명희, 손혜선, 김애리, 정희영, 김준성, 양도연, 이은영(2022). 집단상담 프로그램의 실제. 서울: 학지사.

천성문, 함경애, 박명숙, 김동원(2022). 집단상담. 서울: 학지사.

## 제3과목 가족상담

권수영, 박태영, 신혜종, 안미옥, 오화철, 이인수, 이진희, 이현숙, 이화자, 전명희, 정병호, 조은숙, 최규련(2020). 부부 가족상담 핸드북. 서울: 학지사.

김용태(2019). 가족치료이론(2판). 서울: 학지사.

김유숙(2022). 가족상담(4판). 서울: 학지사.

김혜숙(2022). 가족치료 이론과 기법(4판). 서울: 학지사.

이영분, 김유순, 신영화, 전혜성, 최선령(2020). 사례로 배우는 가족상담. 서울: 학지사.

전영주(1999). Divorce Therapy: Therapeutic issues in divorcing process. Korean Journal of Family Therapy, 가족과 가족치료, Vol.7(2), pp.75-95. 한국가족치료학회.

정문자, 정혜정, 이선혜, 전영주(2018). 가족치료의 이해(3판). 서울: 학지사.

최규련(2012). 가족상담과 치료(2판). 경기: 공동체.

최정숙, 강향숙, 김경희, 김선민, 김유정, 김주현, 김지혜, 박형원, 백형의, 우재희, 이영선, 이예승, 이인정, 이혜경, 임정원, 장수미, 정선영, 한인영(2020). 가족복지론(2판). 서울: 학지사.

한재희, 김영희, 김용태, 서진숙, 송정아, 신혜종, 양유성, 임윤희, 장진경, 최규련, 최은영(2018). 상담학 총서 05 부부 및 가족 상담(2판). 서울: 학지사.

Diane Gehart. (2014). *Mastering competencies in family therapy*(2nd ed.). 이동훈, 김지윤, 강민수, 양모현, 이화정, 김예진, 신지영, 서현정, 양하나, 정보영, 조은정, 최수정, 양순정 역(2021). 가족상담 및 심리치료 사례개념화. 서울: 학지사.

## 제4과목 학업상담

김계현, 김동일, 김봉환, 김창대, 김혜숙, 남상인, 천성문(2020). 학교상담과 생활지도(3판). 서울: 학지사.

김동일, 신을진, 이명경, 김형수(2011). 학습상담. 서울: 학지사.

김아영, 김성일, 봉미미, 조윤정(2022). 학습동기. 서울: 학지사.

문정화, 하종덕, 박경빈, 김선진(2019). 또 하나의 교육 창의성(3판). 서울: 학지사.

신명희, 강소연, 김은경, 김정민, 노원경, 서은희, 송수지, 원영실, 임호용(2023). 교육심리학(5판). 서울: 학지사.

이재규, 김종운, 김현진, 박혜숙, 백미숙, 송재홍, 신을진, 유형근, 이명경, 이자영, 전명남(2022). 상담학 총서 07 학습상담(2판). 서울: 학지사.

임성택, 이금주, 홍송이(2023). 학교 학습을 위한 교육심리학. 서울: 박영스토리.

정순례, 이병임, 조현주, 오대연(2021). 학습이론의 이해와 적용(2판). 서울: 학지사.

주은지, 최인선(2021). 학습상담. 서울: 학지사.

최지은(2011). Keller의 ARCS 동기모형을 적용한 영자신문 수업방안 연구. 건국대학교 교육대학원 교육학과 석사학위논문.

황매향(2016). 사례에서 배우는 학업상담의 실제. 서울: 사회평론아카데미.

황매향(2008). 상담학 Best Practice 시리즈 학업상담. 서울: 학지사.

## 〈홈페이지〉

사이버1388 청소년상담센터 https://www.1388.go.kr

학교밖청소년지원센터 꿈드림 https://www.kdream.or.kr

한국청소년상담복지개발원 https://www.kyci.or.kr

한국산업인력공단(Q-net) https://www.q-net.or.kr/man001.do?gSite=Q

## 편저자 소개

### 이우경(Lee Wookyeong)

이화여자대학교 상담심리학과 박사

정신건강임상심리사 1급

임상심리전문가

**현** 서울사이버대학교 상담심리학과 교수

〈주요 저·역서〉

문장완성검사(SCT)의 이해와 활용(학지사, 2018)

심리평가의 최신 흐름(2판, 공저, 학지사, 2019)

DSM-5에 의한 최신 이상심리학(2판, 학지사, 2021)

청소년을 위한 마음챙김 기술(공저, 학지사, 2021)

마음챙김 기반 인지치료(원서 2판, 공역, 학지사, 2018)

### 이미옥(Lee Miok)

차의과학대학교 의학과 임상상담심리전공 박사수료

청소년상담사 1급

임상심리사 1급

사회복지사 1급

상담심리사 1급(한국상담심리학회/한국심리학회)

전문상담사 1급(한국상담학회)

**현** 호시담 아카데미 부소장

〈주요 역서〉

마음챙김 기반 인지치료(원서 2판, 공역, 학지사, 2018)

# 청소년상담사 2급 필기
# 이론편

2024년 7월 25일 1판 1쇄 인쇄
2024년 7월 30일 1판 1쇄 발행

엮은이 • 이우경 · 이미옥
펴낸이 • 김진환
펴낸곳 • (주) **학지사**
　　　　　04031 서울특별시 마포구 양화로 15길 20 마인드월드빌딩
대 표 전 화 • 02)330-5114　　팩스 • 02)324-2345
등 록 번 호 • 제313-2006-000265호

홈 페 이 지 • http://www.hakjisa.co.kr
인스타그램 • https://www.instagram.com/hakjisabook

ISBN 978-89-997-3177-8　93180

정가 43,000원

엮은이와의 협약으로 인지는 생략합니다.
파본은 구입처에서 교환해 드립니다.

이 책을 무단으로 전재하거나 복제할 경우 저작권법에 따라 처벌을 받게 됩니다.

**출판미디어기업 학지사**

간호보건의학출판 **학지사메디컬** www.hakjisamd.co.kr
심리검사연구소 **인싸이트** www.inpsyt.co.kr
학술논문서비스 **뉴논문** www.newnonmun.com
교육연수원 **카운피아** www.counpia.com
대학교재전자책플랫폼 **캠퍼스북** www.campusbook.co.kr